# 문명의 그물

유럽 문화의
파노라마

# 문명의 그물

조홍식 지음

책과함께

# 차례

## 프롤로그: 나의 교향곡, 유럽 · 11

레이캬비크

아이슬란드

페로 제도(덴마크령)

노르웨이

스웨덴

오슬로

스톡

북 해

덴마크

코펜하겐

발

아일랜드

영국

더블린

네덜란드

베를린

암스테르담

런던

브뤼셀

독일

프라하

채널아일랜드(영국령)

벨기에

체코

룩셈부르크

브

빈

파리

대 서 양

리히텐슈타인

오스트리아

베른

스위스

류블

슬로베니아

프랑스

크로아티아

산마리노

헤

안도라

모나코

이탈리아

포르투갈

마드리드

로마

리스본

스페인

바티칸시국

지 중 해

지브롤터(영국령)

몰타

**일러두기**

· 본문에 나오는 주요 인물들의 정식 원어와 생몰년도는 '찾아보기(인명)'에 덧붙여두었다.

· 본문에서 외서는 번역한 제목만 표기하고, 관련 주석에서 저자와 제목의 원어를 표기하여
  출처를 밝혔다. 다만 주석으로 출처를 밝히지 않은 경우에는 본문에 원어 제목을 병기했다.

· 외국의 인명과 지명은 국립국어원의 외래어표기법을 따랐다.

· 참고한 외서 중 한국에 번역 출간된 것은 '참고문헌'에 번역서 정보를 밝혔다.
  다만 출처로서 번역서의 쪽수를 밝힌 경우에는 주석에도 해당 번역서 정보를 표기했다.

프롤로그
# 나의 교향곡, 유럽

최근 유럽에 부는 변화의 바람이 거세다. 2016년 영국의 유럽연합 (EU, European Union) 탈퇴 결정, 2017년 프랑스에서 30대 대통령의 당선과 혁명적 정계개편, 2018년 이탈리아에서 극우 민족주의와 포퓰리즘의 집권 등 뉴스의 롤러코스터에 정신이 없다. 그럼에도 유럽을 바라보는 안정된 잣대가 있을까. 이 책은 현실의 바람에 휘날리는 이파리와 가지를 넘어, 역사의 두꺼운 줄기와 깊은 뿌리를 향해 분석의 눈길을 돌리려는 시도다.

나는 이제 막 50대에 접어든 한국의 대학교수다. 1993년 프랑스 파리에서 박사학위를 받고 한국 학계에서 일한 지 25년째다. 이 책은 그동안 많은 시간을 함께한 유럽 지역 연구라는 나의 전공을 한 권으로 정리하고 싶은 '욕심'의 결과다. 이 기간에 한국의 유럽 연구는 놀랍게 발전했다.

유학을 마치고 귀국했을 때 나는 한국정치학회에서 〈유럽 공동통상

정책의 형성 과정〉이란 논문을 발표했다.[1] 박사학위의 한 부분을 발췌하여 소개했던 것이다. 잔뜩 긴장하고 올라선 학계 데뷔 무대에서 논문의 토론자는 무자비한 질문 공세로 나를 당황하게 만들었다. "한반도 국제관계에서 중요한 행위자는 주변 4강(미국, 일본, 중국, 러시아)인데 왜 우리와 무관한 유럽을 연구하는가. 게다가 왜 안보도 아닌 경제 문제를 다루는가." 요컨대 "대체 왜 이런 불필요한 연구를 하는가"라는 비판이었다!

그 이후로 많은 변화가 있었다. 당시 이미 미국과 유럽에서는 안보 중심의 국제관계학이 경제로까지 범위를 넓혀 국제정치경제라는 분야로 발전하는 중이었다. 1990년대 한국에서도 소장학자들이 모여 만든 '국제정치경제연구회'가 활발한 연구와 출판으로 이 학문 분야를 어느 정도 익숙하게 만들었다.[2] 특히 한국이 IMF 위기를 겪고 다양한 자유무역협정(FTA)을 추진하면서 국제관계의 경제 차원이 크게 부상했다.

같은 1990년대, 유럽을 전공하고 연구하는 학자들이 '유럽학회'를 출범시키면서 지역학 가운데 앞서 나가는 개척자의 역할을 담당했다. 유럽 통합의 발전이 국제무대에서 눈에 띄면서 한국에서도 자연스럽게 관심이 높아졌다. 또 IMF 위기와 한국·유럽연합 FTA는 대중에게 유럽연합의 중요성을 인식하게 했다.

데뷔 무대 토론자의 질책에 답이라도 하려는 듯, 나는 국제정치경제와 유럽 지역 연구의 학술활동에 동참하면서 해당 분야의 제도화에 나름 기여하려고 노력했다. 아마 이제 학회에서 앞서와 같은 식으로 지역 연구나 정치경제의 존재 이유를 질책하는 토론이나 질문은 나오기 어려울 것이다. 그만큼 두 연구 분야가 이제는 어느 정도 확고하게 자리를 잡은 셈이다.

이제 한국에도 유럽 연구의 다양한 시각이 존재하고, 특히 유럽연합을 소개하고 분석하는 책은 상당히 많다. 유럽에 관한 다른 저서와 비교했을 때, 이 책이 가지는 특징은 몇 가지로 요약할 수 있다. 각각의 특징은 내가 학자나 개인으로서 갖는 성향을 밀접하게 반영한다.

우선, 현재를 보면서도 역사의 뿌리를 찾으려는 노력을 들 수 있다. 이 책에서 우리가 다루는 유럽은 그리스-로마 시대, 즉 2000~3000년 전의 과거로 자주 거슬러 올라간다. 언어의 경우 그보다도 훨씬 이전부터 전해 내려오는 전통이다. 물론 유럽의 역사가 그리스-로마 시대부터 하나의 줄기로 일관된 발전 과정을 거쳐 오늘에 도달했다고 주장하는 것은 아니다.[3] 하지만 역사의 뿌리를 이해하지 못하고서 현대 유럽, 특히 유럽의 통합을 이해할 수는 없다는 사실을 밝히고 싶었다.

20~30대에 50년이나 100년은 무척 긴 시간의 단위였다. 내가 유럽 통합에 관심을 갖기 시작한 1980년대에, 유럽 통합의 초창기였던 1950년대는 아주 먼 과거로 보였다. 하지만 중년이 되어보니 시간의 다른 개념을 느꼈다. 수백 년도 그리 긴 시간은 아니라는 생각이 들기 시작했고, 수천 년 전의 역사가 현재까지 직·간접으로 영향을 미친다는 사실이 설득력을 갖기 시작했다. 역사의 깊이에 몰두하게 된 이유다. 내가 이상으로 추구하는 학문의 방향도 역사와 사회과학의 적절한 조화다. 인간 사이의 관계에서도 과거 경험의 누적이 현재의 많은 부분을 설명하지 않는가. 하물며 공동체라면 과거의 무게가 더욱 클 것이라는 영감(靈感)이 있었다. 당면한 사회 현상이나 문제의 원인과 결과를 현대에서 모두 확인하고자 하기보다는, 과거와의 연결고리에서 찾으려고 노력한 이유다.

다음은 유럽 전체를 포괄해서 담으려는 시도다. 프랑스, 독일, 영국

등을 각각 따로 놓고 보는 것도 의미 있는 작업이지만, 유럽을 하나의 단위로 본다면 새로운 사실을 발견하리라는 기대가 강했다. 특히 역사의 깊이를 감안한다면 독일이나 이탈리아가 하나의 나라로 등장한 것은 불과 200년도 되지 않는다! 영국과 프랑스도 중앙 세력의 역사는 조금 더 길지만 현대의 영토가 확정된 것은 아주 최근의 일이다. 적어도 한국, 중국, 일본처럼 한 나라를 형성한 역사가 1000년이 넘는 동아시아와는 매우 다르다는 말이다. 유럽은 한편으로 동아시아보다 훨씬 더 세밀하게 분열되어 있었지만, 다른 한편으로는 더 커다란 기독교 또는 유럽권역을 형성하고 있었다.

이 책이 추구하는 포괄성은 유럽의 다양한 분야를 광범위하게 포착하여 상호 연결고리를 찾으려는 노력을 동반한다. 차례에서 확인할 수 있듯이 이 책이 다루는 분야는 매우 다양하다. 하나의 유럽을 다양한 분야로 폭넓게 다룬다는 점에서 '통합 유럽의 만화경'이길 바랐다.

물론 각 분야의 전문가가 보면 나의 분석은 허점투성이일 수 있다. 그럼에도 불구하고 나는 이 야심찬 작업을 포기하지 않았다. 도보로 육지를 탐사할 때와 비행기로 내려다보는 지형이 서로 다르고 달에서 바라보는 지구가 다르듯이, 질문이나 시각의 범위에 따라 얻는 답은 달라지기 때문이다. 물론 내가 처음부터 이런 목적을 갖고 다양한 분야의 연구를 진행해온 것은 아니다. 오히려 잡다한 호기심이 부지불식간에 누적되다 보니 이런 결과를 낳았다고 말하는 것이 진실에 가깝다.

고도의 전문성을 요구하는 21세기 학술 공동체에서 성공하려면 아주 오랫동안 하나의 주제나 문제의식, 이론을 깊이 파야 하는데 나는 그런 집중력이 없음을 항상 아쉬워했다. 이것저것 신기하고 관심이 가는 분야가 많아 관련 책을 읽고 현장에 가서 살펴보고 경험하는 것을 무척 좋아한다. 박물관을 꼼꼼히 살피며 다니다가도 갑자기 영화를 수십 편씩 몰아보기도 하고, 주말이면 밤새 축구 경기에 몰두하기도 한다. 좁은 의미의 정치학하고는 별 상관이 없는 취미들이다.

솔직히 21세기 전문가나 학자의 기준에서 보자면 집중력 결핍이 심한 편이다. 하지만 삶에서는 약점을 장점으로 전환하는 꾀도 필요한 법, 수십 년을 떠돌며 잡식을 하다 보니 어느 순간 하나의 큰 그림이 그려지기 시작했다. 서로 연결되는 부분이 너무 많다는 사실에 적잖게 놀랐고, 그 역사의 전개에는 유사한 변화와 진화의 흐름이 있었다.

마지막으로 '그럴듯한 이야기'를 만들려는 집필 스타일이다. 인문·사회과학이 이야기를 통해 존재한다는 사실은 그리 색다른 주장은 아니다. 그럴듯한 이야기란 우선 내용 면에서 설득력이 있고 신빙성이 높아야 한다. 그렇다고 내용만 중시하고 형식을 포기해선 곤란하다. 많은 인문·사회과학 책은 형식을 무시하거나 경직된 방법으로 이야기를 풀어간다. 나는 이야기의 형식이 중요하며, 가능하면 쉽고 간결하게 전달해야 한다고 믿는다.

내가 학자가 된 것은 우연에 가깝다. 청소년 시절 내가 간절하게 바랐던 일은 소설가나 기자였다. 인간을 탐구하는 소설가와 사회현장을 달리는 기자에 매력을 느꼈기 때문이다. 직업으로 소설가나 기자의 꿈은 접었지만 글의 형식에 대한 관심은 남았다. 독자가 쉽게 이해할 수 있는 글을 써야 한다는 의무감은 나의 짧은 기자 생활에서 얻은 일생의 긴 교훈이다.

이 책은 프롤로그와 에필로그, 서장과 결장이 서로를 마주 보고 있으며, 가운데에 본격 주제를 다루는 12개 장이 있다. 내가 가장 좋아하는 소설가 가운데 한 명인 밀란 쿤데라는 《소설의 기술》이라는 책에서 글쓰기와 작곡의 공통점을 강조했다.[4] 말이든 소리든 흐름과 구성이라는 형식이 중요하다는 설명이다. 나는 이 책을 유럽에 대한 나의 교향곡이라고 상상하면서 구상하고 썼다. 내가 정말 즐기고 사랑하는 음악, 하지만 나는 아마도 이 생에서 작곡을 할 수는 없을 것이다. 대신 글쓰기로 나의 악보를 그린다는 행복한 상상은 지난한 집필 과정에서 나를 지탱해주는 에너지였다.

이런 긴 호흡의 작업은 많은 희생을 요구한다. 책의 집필은 엄청난 시간과 힘이 드는 과정이며, 본인뿐 아니라 주변의 가족이 불가피하게 영향을 받는다. 격려와 위로의 말을 아끼지 않는 아내 황세희에게 특별히 감사의 마음을 전한다. 아내는 나만큼이나 다양하고 폭넓은 관심사를 가진 '르네상스 우먼'이라 어떤 주제라도 뜨겁게 토론에 응해주곤 했다. '학자 스타일'의 지루하고 권위적인 글을 가장 신랄하게 꼬집는 것도 아내였다.

어린 시절, 세계에 대한 호기심을 키우는 환경을 만들어주신 부모님께도 감사의 말씀을 드린다. 넉넉지 못한 시절이었지만 책만큼은 아낌없이 구매했던 아버지 덕분에 나는 브리태니커 백과사전과 100권짜리 세계문학전집, 김찬삼의 세계여행기[5]를 뒤적이며 자랐다. 미술학원을 운영했던 어머니 덕분에 나는 그리스-로마 문화의 조각과 친할 수 있었고, 인상파 화가들처럼 현장에서 그림을 그려야 한다는 어머니의 원칙 덕분에 어릴 적부터 정말 다양한 지역을 여행할 수 있었다.

이 짧은 프롤로그에서 수많은 학술과 지식의 빚을 다 언급하기는 어려울 것이다. 내가 유학한 파리의 루이대왕고등학교와 파리정치대학, 앞에서 언급한 국제정치경제연구회와 유럽학회, 그리고 내가 전에 근무했던 세종연구소와 가톨릭대학교 국제학부 역시 내게는 소중한 학술적 성장과 진화의 토대였다고 할 수 있다. 객원으로 한 발을 담갔던 미국 하버드대학과 중국 베이징 외국어대학, 프랑스 파리1대학 역시 날카로운 자극의 과정이었다. 요즘은 통합유럽연구회와 동태(동아시아·태평양)포럼이라는 소모임에 종종 나가 생각과 경험을 공유하며 지낸다. 일일이 거명하기는 어렵지만 이 모든 그물에서 지적 우정을 나눌 수 있었던 선·후배와 동료 학자들에게 감사드린다.

이 책을 집필할 수 있었던 핵심 기반은 숭실대학교다. 이 대학에서 근무하면서 방학마다 유럽에 가서 현지조사를 할 수 있었던 것은 학교의 지원과 자유로운 연구 분위기 덕분이다. 특히 정치외교학과의 서병훈, 이정철, 김태형, 김지영, 신정섭 선생은 따뜻한 격려와 배려로 너무나 아늑하고 평안한 환경을 만들어주었다. 심심한 감사의 마음을 전한다. 또 정치외교학과 학생들은 여러 강의에서 이 책에 대해 질문과 토론으로 생각을 나누고 내용을 개선하는 데 동참한 최초의 비판적 독자라고 할 수 있다. 학생들과의 만남은 항상 기쁨이자 자극이며, 수업을 하면서 집필 작업의 기둥을 세울 수 있었다. 박한솔 학생은 이 프로젝트 조교로 일하면서 다양한 자료를 준비하는 데 기여했다.

끝으로 이 책이 현 상태로 세상을 보게 된 것은 류종필 책과함께 대표의 과감한 판단과 신뢰 덕분이다. 초고도 없는 상황에서 추진을 결정하고 무척 두툼한 분량의 원고에도 불평 한마디 없이 출판해주신 데 감사한다. 여러 차례 일을 함께하면서 항상 그 적극성과 추진력에 감탄한다. 또한 처음 손발을 맞춰 '읽기도 보기도 좋은 책'의 편집을 담당해주신 이정우 선생에게도 고마움을 전한다.

너무 일찍 세상을 떠나버린 세 분의 학자에게 이 책을 헌정한다.

역사학 분야에서 현대 유럽 통합의 전공자로 함께 통합유럽연구회를 만들었던 김승렬 선생은 2011년에 세상을 떠났다. 학회에서 글을 읽지도 않고 와서 토론하는 '사이비' 학자들을 야단치던 엄한 모습, 지방 학회에 가서 한 방을 쓰게 되었을 때 밤새 베개를 안고 학문과 인생에 대해 이야기를 나누던 기억이 여전히 생생하다.

라틴아메리카 지역과 정치경제를 전공한 이성형 선생은 2012년에 눈을 감았다. 척박하고 왜곡된 한국의 학계에서 지역 연구의 깃발을 높이 들고 외로운 길을 걸었던 선구자이며, 정치경제뿐 아니라 사회와 문화까지 관심의 폭이 넓었던 연구자의 모델이었다. 경향신문 국제칼럼의 공동 필진으로 송년회에서 마지막으로 만났던 가냘픈 모습이 아직도 가슴에 살아 있다.

미국 정치 연구에서 한동안 개척자의 역할을 담당한 최선근 선생은 2017년에 별세했다. 도중에 개인 사정으로 학자의 길을 떠나 다른 삶을 살았지만 학문을 대하는 신중한 태도와 뜨거운 열정은 그 누구보다 모범이었다. 아니 학문과 학자에 대한 높은 기대와 요구는 학계에 남아 있는 많은 사람들을 부끄럽게 할 만한 수준이었다.

세 분 모두 학계의 선배와 동료로서 지역 연구 분야에서 신나게 의기투합했던 분들이다. 연구에 대한 이들의 순수한 열의와 헌신의 태도는 남은 사람들에게 좋은 본보기다. 이 책을 본다면 무척 기뻐하면서도 따가운 비판과 충고를 아끼지 않았을 텐데, 아쉬움이 깊다.

2018년 파리에서 조홍식

**서장**
# 유럽 문명의 여정을 시작하며

#

## 유럽은 문명이다

유럽이란 무엇인가? 이 책은 이 간략한 질문에 대한 다소 긴 답이다. 좋은 질문은 간단하지만 우리를 혼란에 빠뜨린다. 가장 기본의 문제를 제기하면서 쉽게 답할 수 있으리란 환상을 주지만 사실은 무척 난해한 숙제를 안기기 때문이다.

유럽은 아시아의 서쪽에, 그리고 아프리카의 북쪽에 있는 대륙이라고 답해버리면 간단하다. 하지만 이런 반사적 답은 더 많은 질문을 낳는다. 그렇다면 대륙이란 무엇인가? 아시아와 아프리카는 언제부터 생겨났는가? 대륙 사이의 경계는 어떻게 만들어지는가? 좋은 질문은 쉬워 보이지만 감자 덩굴처럼 연달아 다른 질문들이 딸려 나온다.

이 책은 유럽을 하나의 문명으로 본다. 유럽을 문명으로 정의한다는 것은 유럽이 단순한 지리를 넘어 상당한 문화의 동질성을 가진 집합이라는 의미다. 아시아처럼 넓은 대륙에서 하나의 문명을 논하기는 어렵다. 동아시아의 중화 및 유교 문명과 남아시아의 힌두 문명, 그리고 서아시아의 이슬람 문명을 하나로 묶는 공통점을 찾기란 쉽지 않기 때문이다.

한편에서는 유럽도 영국, 프랑스, 독일 등의 민족을 중심으로 고유의 문화 또는 문명을 형성한다고 생각한다. 민족성이나 민족의 특징을 강조하는 접근법이다. 하지만 우리는 차이보다는 공통점을 강조할 것이다. 유럽 각 민족 문화의 독창성을 인정하지만 이들을 관통하여 포괄하는 하나의 문명을 보려는 시도다.

유럽이 하나의 문명이라 함은 유럽이 역사 경험의 깊은 누적 과정을 거쳤다는 의미다. 하나의 대륙을 포괄하는 문명이 하루아침에 형성될 리는 없다. 문명이 강이라면 상류의 빠른 속도로 흐르는 냇물이 아니라 도도한 흐름조차 감지하기 어려울 정도로 거대한 하류 델타 지역과 비슷하다.

유럽의 역사는 다양한 국가들이 매우 빈번하게 전쟁을 치러 피로 물든 폭력의 과거라고 해도 과언이 아니다. 두 차례의 세계대전 모두 유럽에서 진행되었다는 사실만 보더라도 이들의 야만적 충돌과 분열의 과거를 알 수 있다. 그럼에도 불구하고 유럽은 하나의 문명이었고 이를 유지·발전시켜왔다는 사실을 잊어서는 곤란하다. 유럽은 끊임없이 서로 전쟁을 하는 사이였지만 동시에 선전포고나 포로 교환 같은 '전쟁의 규칙'을 발전시켰고, 국제사회에서 다자 간 회의를 통해 '외교의 문화'를 창출해낸 문명이기도 했다.[1]

유럽이 오랜 기간 형성된 하나의 문명이라면 그 본질은 과연 무엇인가? 이 책은 유럽 문명을 기독교나 민주주의, 자본주의 등 특정 본질을 중심으로 설명하기보다는 그물이라는 형식을 통해 볼 때 가장 잘 이해할 수 있다고 주장한다. 다른 문명은 대부분 하나의 종교나 권력을 중심으로 형성되었다. 하지만 유럽의 문명은 다수의 중심과 주변이 형성하는 그물 속에서 구심력과 원심력의 긴장관계를 발전의 동력으로 삼은 역사의 결과다.[2] 서장에서는 이 핵심 주장을 상세하게 설명한다. 유럽 문명의 숲으로 떠나는 지적 여행의 오리엔테이션이라고 보면 된다.

#
## 유럽도 대륙?

세계지도에서 유럽은 초라하기 짝이 없다. 거대한 아시아는 떡하니 한가운데를 차지하고 있다. 아메리카와 아프리카도 커다란 덩치를 자랑하며 넓게 자리 잡고 있다. 오세아니아도 면적은 작지만 독립된 영역을 구축하며 도도히 고독을 즐기는 듯하다. 반면 유럽은 독자적인 대륙이라기보다는 마치 아시아에 붙어 있는 작은 혹 같다. 유라시아라는 표현처럼 유럽은 아시아의 한 부분이라고 해도 무리가 아닐 것이다. 적어도 지리적으로 유럽이 독립된 대륙으로 분류되어야 할 이유는 없어 보인다. 인도차이나와 아라비아반도가 아시아의 일부이듯이 말이다.

그럼에도 불구하고 유럽은 오대양 육대주의 당당한 멤버다. 면적으로 보나 인구로 따져보나, 또는 땅의 생김새로 살펴도 유럽을 하나의 대륙으로 보기는 무리다. 외계인이 바다와 육지가 표시된 지구의 지도를 보고 판단한다면 유럽을 대륙이라고 부르지는 않았을 것이다. 하지만 지구가 둥글다고 주장한 것도, 그리고 배를 타고 지구를 돌아 그 사실을 증명한 것도 유럽 사람들이다. 특히 지리라는 학문을 발전시켜 세계에 적용한 것도 유럽인이고, 따라서 세계지도를 그리면서 대양과 대륙을 구분해 부른 것도 그들이다.

유럽인은 자신들이 사는 작은 땅덩어리를 대륙이라 부르면서 아시아라는 거대한 영토에서 독립시켰다. 사실 자연지리의 원리에 따른다면 유라시아라고 부르는 게 더 적절해 보인다. 우랄산맥이 아시아와 유럽의 경계라는 핑계를 내세우기는 하지만 그렇다면 세계의 병풍이라 할 히말라야산맥이 아시아와 인도를 나누지 못할 이유가 없지 않은가. 또 인문지리의 인구와 문화라는 기준으로 보면 동아시아나 동남아시아, 남아시아, 서남아시아 등이 유럽처럼 대륙으로 독립하지 못할 이유가 없다.

그나마 유럽을 하나의 대륙으로 부르는 특혜를 준 것은 지리라는 학문의 객관성으로 포장한 애교에 가깝다. 일상에서 유럽은 자신을 중심으로 가까운 아시아를 근동, 조금 거리가 있는 아시아를 중동, 가장 먼 아시아를 극동이라 부른다. 한국에서 본다면 서쪽으로 멀리 위치한 아라비아반도 지역을 극서라고 불러야 하지만 서슴지 않고 유럽식으로 중동이라 부른다. 하긴 동아시아가 스스로를 극동이라 부르는 서구 중심의 습관도 아직 완전히 사라지지는 않았다.

유럽인들의 착각과 실수가 엄연한 현실로 굳어버린 것이 서인도제도라는 명칭이다. 지구가 둥글다는 사실에만 집착한 유럽 탐험가들은 대서양을 건너면 인도가 나올 것이라 상상했고, 실제로 육지가 발견되자 인도라고 생각했다.[3] 그리고 그곳에 사는 사람들을 인디언이라 불렀다. 하지만 그것은 원래 인도가 아니라 자신들이 모르던 땅을 인도라고 착각한 것이었다. 실수를 하면 바로잡는 것이 마땅하지만 유럽인들은 그냥 편리하게 동인도, 서인도로 나누어 불렀고 그 습관이 지금까지 남왔다. 철수를 갑돌이라고 착각했는데 실수를 바로잡기보다는 '진짜 갑돌, 유사 갑돌'로 부르겠다는 셈이다. 상대방이 스스로를 어떻게 생각하는가를 철저하게 무시한 채 유럽인의 잣대로 이름을 결정하는 일방적인 태도다.

유럽인들이 자기 맘대로 세계 지리를 재단하고 이름을 붙여 전 세계에 강요할 수 있었던 것은 오랜 기간 지배권력으로 군림했기 때문이다. 유럽인들은 초라한 땅덩어리를 대륙으로 과대포장하는 것은 물론 이를 세계의 중심으로 세우고 거대한 제국을 건설했다.

'아메리카' 대륙의 이름은 이탈리아 피렌체 출신의 탐험가 아메리고 베스푸치에서 유래한다. 북아메리카 최대 도시는 네덜란드인들이 세운 뉴암스테르담(New Amsterdam)에서 시작하여 영국령이 되면서 뉴요크(뉴욕, New York)로 발전했다. 또 유럽의 편의에 따라 아프리카의 기니(Guinea)에 이어 아시아에는 뉴기니(New Guinea)가 등장하며, 네덜란드의 제일란트(Zeeland)라는 지역은 오세아니아의 뉴질랜드(New Zealand)라는 자식을 두게 되었고, 스페인 왕 펠리페 2세의 이름을 딴 식민지 필리핀이 생겨났다. 이처럼 작지만 강한 유럽은 지구를 하나로 묶는 결정적 힘을 행사했다.

#
## 유럽＝유럽연합

유럽을 묻는 단순한 질문에 쉽게 답하는 또 다른 방법은 유럽연합이 바로 유럽이라고 말하는 것이다. 유럽연합이란 유럽 대륙의 28개국이 형성한 정치공동체로 분열과 전쟁의 역사를 극복하고 함께 평화와 번영을 추구하자며 만든 기구다. 지리 대신 정치로 정의한 '유럽=유럽연합'이라는 등식은 매혹적이다.

일단 대륙이라는 정의가 갖는 지리의 모호함을 수월하게 극복할 수 있다. 유럽연합을 구성하는 28개의 민족국가는 명확한 영토를 보유하고 있으며, 유럽이란 결국 유럽연합 회원국의 영토를 모두 합친 지역을 의미하게 된다. 예를 들어 러시아는 유럽연합의 회원국이 아니기 때문에 유럽에 속하지 않는다고 보아야 한다. 지리적으로 러시아의 현재 수도 모스크바나 과거의 수도 상트페테르부르크 모두 우랄산맥의 서쪽에 자리 잡고 있음에도 말이다.

물론 유럽연합을 통한 정의도 문제는 있다. 터키는 벌써 10년 넘게 유럽연합 가입을 위한 협상을 벌이고 있어 유럽인지 아닌지가 헷갈리는 경우다.[4] 영국 또한 2016년 국민투표에서 유럽연합 탈퇴를 결정한 뒤 정체가 모호해졌다. 나간다고 했으니 유럽연합의 회원국이 아니지만, 2019년까지 탈퇴 조건을 협상하는 단계가 남아 있어 그때까지는 회원국의 지위를 유지하기 때문이다. 누가 보더라도 유럽에 속하는 노르웨이나 스위스가 유럽연합 가입을 거부하는 특수한 상황도 상당한 혼란을 자아낸다. 하지만 복잡한 세상사에 애매한 경우나 예외가 없는 정의는 드물다.

유럽을 유럽연합이라고 보는 시각은 매우 편리하다. 유럽이라는 추상적 존재에 유럽연합이라는 구체적 정치기구를 짝지음으로써 정신과 육체가 결합하는 모양이다. 이런 관점에서 유럽연합은 유럽의 몸이다. 유럽연합은 유럽을 대표하여 미국과 협상을 벌이고, 북한의 핵실험이나 미사일 발사에 대해 비난 성명을 발표하기도 한다. 미국 연방준비제도이사회 의장 제롬 파월이 달러를 관리하는 총책이라면, 유럽에는 유럽연합 산하 유럽중앙은행 총재 마리오 드라기가 유로를 운영하는 수장이다.

나는 1980년대와 1990년대 프랑스에서 유학하면서 유럽연합이 출범하는 과정을 현장에서 지켜보았다. 민족주의 세계관을 가진 한국인 학생에게 서로 존중하고 협력하는 유럽 국제관계의 모습은 번개 같은 충격이었다. 그래서 박사 논문 주제로 유럽 통합을 선택했는데 이후 학자로 활동하면서 은연중에 '유럽=유럽연합'이라는 등식이 나의 의식을 지배한 듯하다. 강원택 교수와 함께 쓴 두 권의 유럽 입문서 제목은《유럽의 부활: EU의 발전과 전망》과《하나의 유럽: 유럽연합의 역사와 정책》이다. 제목의 유럽이 부제의 유럽연합으로 자연스럽게 대표되었던 셈이다.[5]

#
## 통합의 뿌리를 찾아

유럽을 유럽연합이라는 프리즘을 통해 바라보는 장점은 많다. 유럽연합은 국가들이 협상을 통해 국제법의 조약으로 맺어진 정치공동체다. 따라서 현실을 비교적 명확하게 재단하여 제시해준다. 유럽의 내부와 외부를 구별하고 과거와 현재를 나누며 행동의 테두리를 정해준다. 예를 들어 매년 5월 9일은 '유럽 데이'로 1951년 프랑스, 독일, 이탈리아, 베네룩스 3국 등 6개국이 파리조약을 체결하여 유럽석탄철강공동체를 출범시킨 통합의 첫걸음을 기념한다. 유럽 통합의 역사가 유럽의 역사인 것처럼 부풀려져 학자와 학생 들은 1957년의 로마조약, 1986년의 유럽단일의정서, 1991년의 마스트리히트조약, 2007년의 리스본조약 등을 외우며, 회원국의 점진적 확대 과정을 살펴보고, 정책 영역의 강화를 분석한다.

하지만 강의 때 유럽연합을 이렇게 설명하면 청중은 여지없이 졸거나 하품을 한다. 70년에 걸친 유럽 통합 과정에서 만들어진 수많은 조약과 의정서의 세부 내용이 지루함을 자아내는 것은 당연한 일이다. 그것은 한국의 역사를 가르치면서 한국의 헌법이나 정부조직법 변천사를 늘어놓는 것이나 마찬가지다. 회원국이 6개국에서 9개국, 12개국, 15개국, 25개국, 그리고 28개국으로 늘어나는 과정도 유럽 전공자에게는 나름 흥미롭지만 청중에게는 행정구역의 변천을 듣는 것만큼이나 재미없을 것이다.

더 근본적으로 '유럽=유럽연합'의 등식은 현실에 대한 착각을 불러일으킨다. 유럽이라는 이름은 유로파(Europa)라는 페니키아 공주의 이름에서 시작되었다. 이처럼 유럽 개념의 역사는 먼 과거의 고대 신화로 거슬러 올라간다. 개념의 역사가 수천 년에 달하는 유럽을 고작 70여 년 유럽 통합의 역사로 축소하는 것은 곤란하다. 그것은 한반도에서 반만 년에 달하는 개천(開天)의 역사를 한 세기도 못 채운 건국의 개념으로 대체하려는 시도만큼이나 무리다.

유럽 통합은 분명 인류사에서 놀라운 현상이다. 유럽은 5세기 로마제국 붕괴 이후 1000년 이상 이어지던 분열과 전쟁의 역사에 종지부를 찍는 데 성공했다. 유럽연합 내부에서 전쟁이나 무력분쟁은 이제 상상하기 어려운 일이 되었다. 유럽 통합은 또 세계에서 가장 커다란 규모의 단일시장을 만드는 데 성공했다. 유럽 시장은 세계 최강이라 불리는 미국 시장보다 규모가 크다. 분열과 전쟁을 종식하고 평화와 번영을 이룩하는 데 이만한 성공은 찾아보기 어렵다.

더 나아가 유럽은 평화와 번영을 관리하기 위해 회원국의 정책 권한을 한데 묶는 데도 성공했다. 산업, 무역, 에너지 등 경제 분야에서 시작한 정책 통합은 이제 화폐, 외교, 군사 등 민족국가의 전통 영역으로까지 확대되고 있다. 이런 유럽연합의 성공이 가시적으로 드러나면서 미국에서조차 '유러피언 드림'을 부러워하게 되었고, 유럽은 세계의 관심을 끌게 되었다.[6]

유럽은 어떻게 국가 간 경쟁, 분열, 대립, 충돌을 극복하고 협력, 합작, 화합, 통합으로 진전할 수 있었을까. 유럽 지역 연구를 지배한 이 핵심 질문의 전제는 서로 경쟁하고 충돌하는 약육강식의 국제질서다. 19세기는 세계를 무대로 유럽의 민족국가들이 벌인 제국주의 경합의 황금기였다. 20세기 전반기에 일어난 두 차례의 세계대전은 유럽에서 민족국가 간 영합 게임의 극단을 보여주었다. 이런 대립에서 통합으로 나아가는 비법은 무엇일까. 이 질문은 사회과학이나 국제정치학의 난제이기도 하다.

19~20세기의 민족과 제국의 경쟁에서 유럽 통합으로의 전환을 제대로 이해하기 위해서는 200여 년의 시간 지평으로는 부족하다. 더 깊은 역사적 뿌리를 파헤쳐야만 유럽연합이나 유럽 통합을 이해할 수 있고, 민족과 제국주의를 파악할 수 있다. 왜냐하면 민족국가의 시대가 역사의 전면에 등장하기 이전부터 이미 유럽은 존재했기 때문이다.

#

## 지리와 정치를 담는 문명

대륙이라는 지리적 정의나 유럽연합이라는 정치·제도적 정의에 비해 문명은 역사적이고 문화적이다. 지리는 웬만해서 바뀌지 않는다. 육지가 바다가 되고 화산 폭발로 섬이 생기기도 하지만 이는 천문학적 시간을 단위로 일어나는 변화다. 네덜란드처럼 바다를 메워 육지로 만드는 인간의 노력도 있지만 지구의 차원에서 보면 새 발의 피에 불과하다.

반면 정치는 비교적 빠른 시간에 변화무쌍하게 전개되기 때문에 정치를 바탕으로 유럽을 정의 내리기는 쉽지 않다. 2010년대 유럽연합의 쟁점은 그렉시트(Grexit)와 브렉시트(Brexit)였다. 그리스는 시리자(Syriza)라는 세력의 모험적인 극좌 정부가 집권하면서 유럽연합 탈퇴의 기로에 섰지만 결국 잔류를 선택했다. 반면 영국은 집권세력인 보수당이 분열된 가운데 국민투표로 유럽연합 탈퇴를 결정했다. 특정 시기의 일시적 정치 상황이 그리스의 잔류와 영국의 탈퇴를 결정했다는 말이다.

문명이란 개념은 이런 정치의 상황 논리와 지리의 영속성을 두루 포용할 수 있는 넓은 틀이다. 그리스와 영국은 2010년대 중반 국내 정치 상황으로 인해 상반된 선택을 했지만 두 나라 모두 유럽이라는 문명에 포함된다는 사실은 명백하다. 노르웨이와 스위스 역시 정치·문화적 이유로 유럽연합 가입을 거부하고 있지만 유럽 문명의 일원으로 오랜 역사를 함께해왔다는 것은 분명한 사실이다.

동시에 문명의 개념은 지리를 포괄한다. 러시아는 유럽연합에 속하지도 않고, 심지어 냉전기에 유럽을 위협하는 세력이었음에도 불구하고 유럽 문명의 한 부분으로 끌어안을 수 있다. 더 나아가 문명이라는 개념을 사용하면 지리적인 경직성도 극복할 수 있다. 예를 들어 예루살렘은 지리적으로 아시아에 속하지만 동시에 문명의 차원에서는 유럽의 기독교 성지다. 기독교는 유럽 문명을 규정하는 중심축이며, 예루살렘은 기독교의 발상지이자 성지로 십자군전쟁을 불러일으킬 만큼 유럽 역사를 지배했기 때문이다.

한국의 일반 독자에게 문명은 생소한 개념일 수 있다. 우리는 인류 최초의 문명으로 황하 문명, 인더스 문명, 메소포타미아 문명, 이집트 문명 등이 등장했다는 사실을 배웠지만 일상에서 사용하는 단어는 아니기 때문이다. 최근 들어 문명이라는 용어가 회자된 이유는 1990년대 미국의 보수적 정치학자인 헌팅턴이 《문명의 충돌》이라는 책에서 서구 문명과 이슬람 문명이 대립하고 충돌하는 시대가 열릴 것이라고 주장해 논쟁을 일으켰기 때문이다.[7] 조금 더 자세히 문명의 개념을 살펴볼 차례다.

#
## 문명과 문화

개념의 역사에서 문명은 비교적 늦게 등장한다.[8] 문명(civilisation)이라는 단어를 처음 사용한 것은 18세기 프랑스다. 당시 문명은 신조어로 예의 바른(poli), 질서 잡힌(policé), 교양 있는(civil, civilisé) 상태로 가는 변화를 의미했다. 문명보다는 문명화에 더 가깝다. 문명은 주로 야만과 대립되는 개념으로 사용되었다. 문명이란 사람이나 집단, 사회가 자연에 가까운 야만의 상태에서 예와 질서와 문화를 갖춘 상태가 되는 과정을 뜻했다. 따라서 문명과 문화(culture)는 하나의 짝을 이루어 어깨동무를 하고 사회에 확산되었다.

프랑스에서 만들어진 문명과 문화의 짝은 빠른 속도로 주변 나라로 퍼져나갔다. 영국에서는 문명(civilization)이 예의(civility)를 급속하게 대체했고, 독일에서도 교양(Bildung) 대신 문명(Zivilisation)이 유행했다.

예를 들어 헤겔은 1830년 베를린대학 강연에서 문명과 문화를 같은 의미로 번갈아가며 동시에 사용했다.

문명과 문화를 구별하여 사용하기 시작한 것은 19세기다. 독일의 사회학자 엘리아스는 문명화의 과정을 분석하면서 문명과 야만의 이분법 사고가 프랑스 궁정에서 형성되는 역사를 세밀하게 소개했다.[9] 문명화란 궁정사회에서 야만적 타자와 차별화하려는 노력과, 이렇게 형성된 문화가 모방을 통해 확산되는 이중 운동을 동반했다는 분석이다. 덧붙여 엘리아스는 당시 선진국이던 프랑스와 영국이 우월감을 갖고 문명이라는 개념을 선호했다면, 이들을 뒤따라가는 처지였던 독일은 노력이나 교육과 연결되는 문화라는 개념을 중시했다고 설명한다.

개념이 만들어지는 과정을 보면 문명/야만, 문화/자연 등 문명이나 문화는 좋은 상태로, 동시에 야만과 자연은 나쁜 또는 개선되어야 하는 상태로 이분법적으로 규정하는 시각의 결과임을 알 수 있다. 당시 유럽에서 가장 선진국이던 프랑스와 영국에서 문명의 개념이 발전하면서 사회적으로 적용되던 문명/야만의 계급적 구분이 유럽/세계의 문화·지리적 구분으로 확산되었다. 영국이나 프랑스는 세계 각지로 제국주의 지배를 넓혀가면서 식민 지역에 대한 '문명화의 의무'라는 도덕적 슬로건을 내세웠다. 이러한 역사와 악용의 사례 때문에 아직까지도 문명이라는 개념을 사용하는 것은 불편한 일이다.

사회과학이 발달하면서 문명과 문화는 서로 다른 의미로 정착했다. 문명은 주로 한 시대의 문화를 총괄해서 부르는 범주로 굳어졌다. 문명의 기준이 하나의 정해진 공식이 있는 게 아니라 다양하다는 생각은 이미 19세기 전반기에 확산되었다. 예를 들어 '기원전 5세기 고대 그리스 문명', 또는 '루이 14세 시기 프랑스 문명' 등의 표현이 사용되면서 문명이 복수의 세계로 진입했다. 앞에서 언급한 4대 고대문명도 이런 흐름의 결과다. 물론 문화가 매우 발전한 상태와 시기를 문명이라 불렀다.

반면 문화란 가치 판단 없이 인간의 특정 집단이 가지는 공통의 생활양식이나 습관을 지칭하는 개념으로 정착했다. 프랑스, 독일 등 민족의 문화를 말하는 것은 물론, 런던이나 밀라노 등 도시의 문화를 가리킬 수도 있고 노동자나 자본가 등 계급적 문화를 논할 수도 있다. 인류학이 발달하면서 과거 문명의 정의와 거리가 먼 원시적 삶의 부족들도 문화라는 개념으로 분석하게 되었다.

심지어 삶의 양식이 아니라 특정한 영역에서의 행동방식을 문화라는 개념을 적용하여 살펴보기도 한다. 예를 들어 한국의 시위문화, 프랑스의 여가문화, 일본의 노동문화 등의 표현에서 이런 세밀한 부분에까지 문화가 적용됨을 알 수 있다. 결국 문명이 초기에 가졌던 아우라에노 불구하고 악용의 역사 때문에 사회과학에서 거의 추방당했다면, 문화는 가치중립의 개념으로 변함으로써 활용도가 높은 용어로 발전했다.

#
## 브로델의 문명 정의

사회과학에서 문명이 다시 등장하게 된 것은 지역 연구(area studies) 분야에서다. '문화'라는 용어를 너무 다양하게 사용하다 보니 커다란 지역을 하나로 묶는 개념의 능력이 사라져버렸다. 따라서 문화권(cultural area)이라는 표현을 사용하기 시작했다. 하지만 여기서도 문화가 가지는 다양한 용도 때문에 여러 국가를 포괄하는 개념으로는 아쉬움이 남왔다.

문명은 문화처럼 무한정 분화할 수는 없다. 유럽을 서유럽, 그리고 다시 스페인, 또 카탈루냐나 바르셀로나 등으로 무한정 나누어 문명을 논할 수 없다는 말이다. 시간의 지평에서도 문명은 장기성을 가지기 때문에 커다란 지역을 포괄하는 개념에 더 적합하다.

프랑스의 역사학자 브로델은 역사학의 영역을 크게 넓혔다. 과거 정치사에 집중되었던 권력 중심의 역사학에서 일반 대중의 삶으로 관심을 넓혀 미시사, 생활사, 경제사회사 등의 영역으로까지 역사의 탐색과 고찰의 범위를 확장했다. 권력 중심의 궁궐의 역사가 아니라 대부분의 사람들이 어떤 삶을 누렸는가에 관심을 가져야 한다는 말이다. 예를 들어 14세기 중반 페스트가 유럽 전 지역에 유행하면서 유럽 인구의 3분의 1에서 절반까지 사망한 거대한 변화가 전통적인 권력투쟁과 전쟁의 역사보다 훨씬 더 중요하다는 사실을 지적했다.

브로델은 또한 장기(longue durée)적으로 지속되는 역사의 무게를 강조했다. 역사학은 변화의 학문이다. 시간이 지나면서 사건이 일어나고 변화하는 현실을 조망하면서 설명하는 학문이 아닌가. 브로델은 이런 변화를 살펴보는 데 각각 다른 시각을 적용해야 한다고 역설했다. 사회의 어떤 부분은 암살이나 전투, 사건을 통해 빠른 속도로 변하지만, 기술의 발전이나 경제활동 같은 부분은 비교적 느린 속도로 변한다.

브로델은 특히 무척 느린 속도로 변하는 부분의 중요성에 주목했다. 지리나 사람들의 사고는 거의 변하지 않는다. 적어도 사료 연구 같은 전통 역사학의 방법으로는 그 변화를 탐지하기 어렵다. 브로델이 《프랑스의 정체성》이라는 작품을 통해 로마 시대 이후 프랑스라는 나라의 정체성 형성을 탐구한 데서 그의 장기 역사 접근법을 확인할 수 있다.[10]

그는 또《문명의 문법》이라는 방대한 책에서 세계의 다양한 문명을 소개했다.[11] 언어에 문법이 존재하듯이 브로델은 각각의 문명에 일정한 구조와 규칙이 존재한다고 보았다. 브로델에게 문명이란 다양한 학문의 사회에 대한 접근을 종합하는 개념이다.

문명은 크게 네 개의 기둥으로 정의할 수 있다. 문명의 첫 번째 기둥은 공간이다. 문명이란 땅이고 지형이며, 기후이고 동물과 식물이다. 끝없이 펼쳐진 아라비아 사막을 빼고 아랍 문명을 말하기 곤란하다. 광활한 영토를 적시며 유유히 흐르는 누런빛의 황하를 건너뛰고 중국 문명을 상상하기는 어렵다.

문명의 두 번째 기둥은 사회다. 앞에서 유럽연합과 같은 정치의 정의는 너무 단기적이고 인위적이며 유동적이라는 사실을 확인했다. 정치보다 조금 더 장기적인 개념이 사회일 것이다. 브로델은 문명과 사회가 유기적으로 연결된 불가분의 관계라고 설명한다.

문명의 세 번째 기둥은 경제다. 자신의 대표작에《물질문명과 자본주의》라는 제목을 붙인 데서 알 수 있듯이, 브로델이 문명의 핵심 요소에 경제를 포함시킨 것은 전혀 놀라운 일이 아니다.[12] 경제가 종교나 정치로부터 독립하게 된 것은 18세기 애덤 스미스의《국부론》에서 시작하여 19세기 자유주의와 마르크스주의라는 두 주요 사상에 의해 완성되었다.[13] 심지어 자유주의나 마르크스주의는 경제 또는 하부구조가 인간 사회를 결정한다는 경제주의의 시각으로 발전하기도 했다.[14] 브로델은 이런 독립된 경제 영역을 문명을 규정하는 세 번째 기둥으로 파악하면서 경제활동의 규모와 속도, 리듬에 의해 문명의 삶이 좌우됨을 지적했다.

문명의 마지막 네 번째 기둥은 문화다. 사실 브로델은 집단적 멘털리티(mentalités collectives)라는 표현을 사용한다. 모든 것을 포괄하는 큰 의미의 문화라기보다는 의식, 가치관, 심리 상태, 집단 사고 등을 지칭하는 작은 의미의 문화라고 할 수 있다. 이 네 번째 기둥의 핵심 요소는 종교다. 그는 종교에 '문명의 심장'이라는 표현을 사용하기도 한다. 왜냐하면 윤리와 규칙, 삶과 죽음을 대하는 태도, 여성이나 아동의 역할 등 공동체의 핵심 문법을 종교가 제공하기 때문이다.

#
## 가장 긴 역사

브로델은 이처럼 문명을 형성하는 네 개의 기둥이 지리, 사회, 경제, 문화라고 설명한다. 하지만 브로델의 구분을 절대적으로 받아들일 필요는 없다. 권력과 관련된 문명의 특징은 사회, 경제, 문화 등에 골고루 나타난다. 정치 기둥을 하나 더해 다섯 개의 기둥이라고 할 수도 있다. 또는 경제나 문화를 사회에 포함시켜 지리, 정치, 사회의 세 개 기둥이라고 설명할 수도 있다.

문명이라는 개념으로 드러나는 특징은 시간의 장기성이다. 브로델은 "이처럼 문명이란 긴 역사들 가운데서도 가장 긴 역사"라고 말한다.[15] 역사라는 시간의 지평선은 다양하다. 신문이나 방송에 나오는 매일매일의 사건 전개가 만드는 역사가 있는가 하면 세기의 단위로 변화하는 집단 정체성의 역사도 있다. 이처럼 각각 다른 속도로 전개되는 역사 속에서 문명은 시간이 흘러도 쉽게 변하지 않는 그 무엇이고, 가장 긴 역사의 관점에서 파악해낼 수 있는 인간 집단의 핵심이다.

브로델은 문명이란 결국 구조라는 개념과 직결된다고 말한다.《문명의 문법》이 출간된 1960년대의 프랑스는 구조주의의 영향력이 무척 강하던 시기다. 언어학의 소쉬르, 사회학의 푸코, 철학의 알튀세르, 인류학의 레비-스트로스 등이 서로 다른 영역이기는 하지만 인간 사회를 규정하는 구조의 강력한 역할을 강조하던 상황이었다. 브로델은 역사학자로서 이들처럼 강력한 구조의 힘을 설파하지는 않았지만 문명이라는 개념을 통해 복합적인 형식의 구조가 공존하면서 서로 영향을 미친다는 비전을 제시했다.

뼈대는 뼈대지만 유연한 골격이라고 할 수 있다. 언어의 문법이 견고할지라도 장기적으로는 천천히 변화하는 것처럼, 문명의 규칙 역시 탄탄한 틀을 형성하더라도 부분의 변화를 거부하는 것은 아니다.

브로델은 이런 변화의 동력을 문명의 다양성과 외부와의 접촉이라고 보았다. 문명은 고대 그리스나 중국이 생각했듯이 야만과 대립하는 하나의 존재가 아니라 여러 개가 존재한다. 이들은 접촉하면서 서로 영향을 미치고, 쉽게 또는 힘들게 교류를 하며, 때로는 상대를 배척한다. 브로델은 특히 외부의 색다른 요소가 특정 문명 구조의 핵심을 건드릴 때 이를 거부하고 배척하는 반응이 나타난다고 설명한다. 대표적인 사례로 여성의 역할을 든다. 한 사회에서 여성의 역할은 문명의 구조를 보여주는 상징이며, 짧은 시간에 바뀌기 어렵기 때문에 외부의 충격에 종종 저항한다고 지적한다.

브로델이 제시한 문명의 개념은 우리가 유럽을 이해하는 데 매우 요긴하다. 아니 유럽뿐 아니라 다른 커다란 문화권을 설명하는 데도 좋은 지식의 도구를 제공한다. 지리와 경제, 사회와 문화라는 기준을 바탕으로 문명을 장기적으로 규정하고 이들 사이의 관계를 고찰하는 방법론이기 때문이다. 이 책에서는 유럽을 중심으로 문명을 탐색하고, 그것이 세계적으로 확산되는 모습을 살펴볼 것이다. 그리고 에필로그에서 유럽 문명과 다른 문명의 상호관계에 대해 세밀하게 논의할 예정이다.

## 시간의 지평선

문명이라는 개념을 통해 세상을 살펴보는 일은 눈에 잘 보이지 않는 구조를 드러내려는 노력이다. 어떤 변화는 우리의 눈에 쉽게 드러난다. "밥을 먹으니 배가 부르다"거나 "날카로운 창으로 짐승을 찌르니 죽는 다" 등의 매우 간단하고 단순한 일들이 있다. 섹스를 통해 임신하고 1년이 가까운 시간 동안 배가 서서히 불러오다가 아이를 낳는 경험도 시작과 끝, 원인과 결과를 쉽게 알 수 있는 이치들이다.

하지만 인간의 삶이라는 한정된 시간 속에서 장기의 인과관계를 알아내기란 쉽지 않다. 문명이란 개인이나 세대를 훌쩍 뛰어넘어 수백 년 또는 수천 년의 시간을 대상으로 하는 시간의 지평선이다. 단순한 경험의 인과관계를 초월하는 거대한 구조를 의미하며 눈에 쉽게 보이지도 않는다.

미국 하버드대학의 정치학자 피어슨[16]은 제도주의의 관점에서 인과관계의 다양성을 설명했다. 피어슨은 원인과 결과를 연결하는 시간의 지평선이 크게 네 가지라고 분석했다. 첫 번째 유형은, 짧은 시간에 응축된 원인이 단기적 결과를 초래하는 경우다. 토네이도가 대표적인 경우인데 삽시간에 회오리바람의 기둥이 형성되어 순식간에 자연과 인간에 충격을 가하는 유형이다.

하지만 빠르게 나타나는 원인이 반드시 빠른 결과를 초래하는 것은 아니다. 신속한 원인이 긴 시간대의 결과를 초래하는 경우도 있다. 이 두 번째 유형이 운석형이다. 우주에서 날아온 운석이 지구와 충돌하는 사건은 신속하게 일어나지만 그로 인한 동물의 멸종이라는 결과는 장기적으로 일어나기 때문이다.

세 번째 유형은 긴 원인이 짧은 결과를 초래하는 경우다. 피어슨은 지진을 예로 들면서 지구를 형성하는 거대한 판들이 장기의 움직임 속에서 지진이라는 결과를 만들어낸다고 설명한다. 지진은 장기의 시간으로 초래되지만 실제 땅의 흔들림과 갈라짐은 순식간에 일어난다는 점에서 긴 원인이 짧은 시간의 결과를 초래하는 모델이다.

마지막 유형은 원인과 결과의 시간대가 모두 장기로 이루어지는 경우다. 지구 온난화가 이에 해당한다. 온실가스의 배출과 누적은 긴 시간에 걸쳐 일어나며, 그로 인한 기후의 변화 역시 장기간에 걸쳐 나타나는 현상이기 때문이다. 인간의 행동이 장기적으로 초래하는 결과는 눈에 보이지 않는다. 후손들이 그 후과를 감당하게 될 것이다. 그뿐 아니라 오늘 닥치는 일들의 원인이 언제부터 쌓인 것인지도 쉽게 파악할 수 없다. 이처럼 원인과 결과가 모두 여러 세대를 뛰어넘어 나타나는 경우 원인과 결과를 찾는 일이 무척 어려워진다.

지구 온난화 같은 현실은 사회의 관심을 끌기가 어렵다. 자기 위주로 생각하는 사람들은 아주 오래된 원인이나 후대에야 나타나는 결과보다는 자신이 살아 있는 동안 일어나는 일에 더 관심이 많다. 멀고 깊은 기원보다는 당장 눈에 보이는 인과관계를 찾는 데 더 관심이 있다.

우리가 이 책에서 선택한 문명의 접근은 지구 온난화에 제일 가깝다. 문명은 한두 세대에 형성되지 않는다. 최초의 인류 문명이 만들어지는 시간대는 수천 년 또는 수만 년에 달했다고 보아야 할 것이다. 또 문명의 결과는 매우 긴 시간 동안 눈에 보일 듯 안 보일 듯 나타난다.

사람들은 문명의 특징을 그 장기성 때문에 자연스러운 본질이나 성격으로 이해하는 경우가 많다. 그래서 사회과학자들도 문명이라는 개념에 그다지 큰 관심을 보이지는 않는다. 왜냐하면 사회과학은 인과관계를 규명하는 것이 존재 이유이자 목적이기 때문이다. 불확실하고 확인하기도 어려운 관계에 매달리는 일을 시간 낭비라고 생각할 수 있다. 하지만 지구 온난화에서 알 수 있듯이 장기적이라고 해서 명백한 관계가 없는 것은 아니다. 단지 이를 상상하고 구성하고 증명하는 작업이 더 어렵고 고통스러울 뿐이다.

#
## 건축과 생물의 비유

앞에서 문명을 이야기하면서 구조, 틀, 기둥, 뼈대, 골격 등의 표현을 사용했다. 사회과학의 많은 용어들은 사실 구체적으로 볼 수 없다. 국가나 민족, 문명이나 문화를 손으로 만져보고 눈으로 확인하기는 어렵다. 접촉을 통해 느끼고 눈으로 확인할 수 있는 것은 이러한 개념의 일부이고 표현일 뿐이다. 문명의 개념을 설명하기 위해 동원되는 비유는 크게 두 가지다. 하나는 집이나 궁전같이 인간이 만든 건축물이다.

이 비유는 문명이 인간이 구상해서 인위적으로 만들어낸 결과물이라는 점을 강조한다. 문명이란 거의 대부분 야만으로 규정되는 자연의 상태로부터 벗어나는 과정을 의미한다. 당연히 자연과는 대비되는 인위의 성격을 가질 수밖에 없다. 게다가 구조, 틀, 기둥 등은 문명이라는 개념을 뒷받침하는 몇 가지 핵심 요소를 이해할 수 있는 적절한 비유다. 지리, 경제, 사회, 문화 등의 기둥은, 기둥 하나가 무너지면 문명이 균형을 잃고 한쪽으로 기울어질 수밖에 없다는 점에서 어느 정도 상호보완의 체계이기도 하다.

다른 비유는 사람이나 동물, 또는 식물과 같이 자연에 존재하는 사물들이다. 이 두 번째 방식은 문명이 가지는 통일성을 강조한다. 뼈대나 골격, 척추 등 문명을 설명하는 용어들은 마치 문명이 사람이나 동물처럼 자연스럽게 형성된 개체라는 사실을 강조한다. 조금 더 나아가면 머리와 두뇌에서 문명을 만들어나가고, 심장에서 문명의 리듬을 조절하며, 문명의 팔다리가 역동적으로 행동한다는 비유로 자연스럽게 연결된다. 문명이 생물처럼 탄생하고 성장하고 발전하여 왕성한 활동을 하다가 서서히 퇴보하고 노화하여 결국 소멸한다는 '생로병사'의 인식 역시 이런 비유에서 비롯된다.

이 두 가지 비유는 우리가 문명을 이해하는 데 많은 도움을 주지만 동시에 심각한 문제도 있다. 인간의 조형물이 의도와 계획에 따라 세워지는 데 비해 문명은 우연의 조합에 의해 장기간 진화해서 만들어진 결과이기 때문이다. 어떤 개인이나 집단이 문명을 계획할 수는 없다. 또한 학자의 주관적 평가가 과도하게 개입할 여지가 생긴다.

문명을 인간이나 동물에 비유하는 것도 문제가 있기는 마찬가지다. 우선 문명은 사람이나 동물처럼 안과 밖, 나와 타자가 명백하게 구분되지 않는다. 문명의 통일성은 논리 전개를 위해 잠시 가정할 수 있지만 실제로는 존재하지 않는다. 세계를 문명의 지역으로 나누고 경계를 정하려고 할 때 항상 부딪히는 문제다. 한국과 중국과 일본은 각각 하나의 문명이라고 정의할 수 있는가. 헌팅턴 같은 학자가 《문명의 충돌》에서 저지른 실수가 바로 문명권을 명확하게 나눌 수 있다고 가정한 점이다.

브로델은 '문명의 문법'이라는 표현을 사용함으로써 문명을 언어에 비유했다. 언어는 문명을 인간의 조형물이나 인간, 동물 등 생물체에 비유하는 것보다 문명의 본질을 더 잘 드러낸다. 언어는 누군가가 인위적으로 계획한 것이 아니라 장기의 형성 과정을 거쳐 복합적으로 만들어진다. 그리고 점진적으로 진화한다.[17] 언어는 실제 사용하는 사람과 집단에 따라 다양성을 드러내기 때문에 언어의 지도를 그리는 것은 쉽지 않다.

우리 시대에 문법은 국가 기관이 정하는 규칙이라고 착각할 수 있지만 실제 문법이란 국립국어원과 같은 기관에서 정하기보다는 자연스럽게 다수의 참여에 의해 만들어진 결과다. 또 아무리 강력한 기관에서 새로운 규칙을 정하더라도 모든 사람들에게 강제하기 어려운 성격을 가진다.

#

## 그물 같은 문명

나는 이 책에서 그물이라는 이미지와 비유를 자주 사용할 것이다. 그물의 개념이 건축과 생물의 비유가 갖는 단점을 어느 정도 피할 수 있다고 보기 때문이다. 그물도 건물처럼 사람들이 만드는 것은 마찬가지다. 그러나 딱딱한 건물의 구조보다는 그물의 느슨하고 유연한 연결이 문명의 개념을 더 잘 표현한다. 따라서 하나의 그물을 전제하기보다는 다양한 영역의 다수의 그물이 서로 겹치면서 연결되어 있는 문명을 그려본다.

그물은 또 동물처럼 생로병사하지 않으며, 안과 밖이 명백하게 구분되지도 않는다. 그물은 명확한 경계가 없이 서로 얽히고설켜 있어 그물의 끝이 어디인지 확인하기도 어렵다. 문법이라는 개념도 상당히 적절하지만 정해진 규칙이라는 생각이 과도하게 개입할 수 있다.

이 그물의 이미지는 담쟁이 같은 식물과 연결하면 적절할 것이다. 땅속에서도 복잡하게 뿌리내리고 뻗어나가며, 땅 위에서도 잎이 무성하게 번식하는 성격의 존재 말이다. 다른 담쟁이를 만나면 서로 얽히고설키다 경계가 모호해지고 잎이 너무 많아지면 숨을 쉬지 못하고 죽어버릴 수도 있는 식물은 문명과 매우 유사하다.

그물이라는 용어를 선호하는 또 다른 이유는 네트워크 이론과 긴밀하게 상통하기 때문이다. 과학사회학에서 발전한 행위자-네트워크 이론(Actor-Network Theory)은 인간만이 행동의 주체가 된다는 전통적인 시각을 버리고 사물도 행동에 개입하고 관여한다는 새로운 시각을 내세웠다.[18]

우리가 서울에서 부산까지 이동할 때 도로의 존재 여부나 교통수단의 선택은 엄청난 영향을 미친다. 전통 사회과학에서는 인간이라는 주체가 도로나 교통수단 등의 객관 조건을 감안하여 두 도시 간 이동을 결정한다고 가정했다. 인간과 사물을 구분하고 인간만이 행동의 주체가 될 수 있다는 시각이다.

하지만 행위자-네트워크 이론은 인간과 사물을 연결하는 네트워크를 인간 행동의 기본 단위로 삼는다. 이 이론에서는 인간의 행동에 영향을 미치는 사물을 행위소(行爲素, actant)라고 부른다. 서울과 부산 사이에 길이 한 번 만들어지면 그 길은 사람과 물자의 이동에 지속적으로 영향을 미친다. 오솔길, 마찻길, 고속도로, 철도, 고속철도 등 길의 성격에 따라 인간의 이동 행위가 변화한다는 뜻이다.

장기성을 중시하는 문명의 접근에서 이 이론의 의미는 대단히 중요하다. 언어가 문자화됨으로써 장기적인 영향력을 갖게 되고, 세대와 세대를 연결하는 기제로 부각되는 것은 물론, 변화에 저항하는 특성이 있다는 것은 잘 알려진 사실이다. 그래서 한 번 문자화된 언어는 변화의 속도나 폭이 크게 줄어든다. 사물이 언어에 담김으로써 자유가 구속된다고 할 수 있다.

문명은 다양한 영역에서 나타나는 이 같은 그물의 조합이자 집합이라고 할 수 있다. 문명도 변화하기는 하지만 한 번 만들어진 로마의 도로와 중세의 성당과 도시의 환경은 유럽의 사람들에게 여전히 일상 행동의 동반자라고 할 수 있다.

대부분의 사회가 보수 성향을 띠는 중요한 이유는 과거 인간의 행동이 사물에 새겨져 미래 인간의 행동을 감시하고 통제하는 기제로 작동하기 때문일 것이다. 이처럼 유연한 그물이라는 개념은 과거와 현재를 연결하고, 인간과 사물을 묶으며, 다양한 그물이 뒤엉키는 모습으로 문명을 만들어낸다.

#

## 한국에서의 지역 연구

한국 사회는 다양성보다 획일성의 사고가 지배하는 곳이다. 유행에 민감하고 한편으로 쏠리면 거침없이 그 방향으로 전체가 움직인다. 예를 들어 외국어 교육은 영어라는 하나의 외국어를 정해놓고 모든 학생에게 같은 언어를 강요한다. 다양성을 지향하는 사회라면 하나의 언어를 강제하기보다는 여러 개의 언어 가운데 선택하도록 하는 것이 당연하다.

학문에서도 이런 경향은 여지없이 드러난다. 인문학에 대한 멸시와 거부감, 그리고 응용과학에 대한 선호는 무서운 결과를 낳는다. 대학 교육의 장기 효과를 기대하기보다는 당장 쓸모가 있어야 한다는 조급증의 발현이다. 앞에서 지적한 단기 원인과 단기 결과라는 토네이도형 교육을 바라는 모양이다.

이런 상황에서 지역학을 한다는 것은 쉬운 일이 아니다. 지역학은 단숨에 공부해서 현실에 적용할 수 있는 기술이 아니다. 그 어느 학문보다 장기 투자를 필요로 한다. 우선 외국어를 배우는 지난한 과정을 거쳐야 한다. 또 인문학의 소양을 갖추지 않고 해당 지역을 이해하기란 불가능하다. 게다가 지역학은 하나의 학문 체계가 아니라 다양한 사회과학을 동원하여 해당 지역에 적용해야 하는 학제적 노력이다. 익혀야 하는 학문과 넘어야 하는 벽이 한둘이 아닌 셈이다.

여기에 유럽 지역학은 추가적인 어려움이 따른다. 유럽연합에는 20개가 넘는 공식 언어가 존재한다. 지역학의 출발점이라고 할 수 있는 언어의 장벽 앞에서 가슴이 턱 막힐 수밖에 없다. 한국인에게 강요된 영어만으로 유럽을 연구하는 것이 불가능하지는 않다. 하지만 영어는 영국의 언어로, 유럽 '대륙'에서 영어가 국어인 나라는 없다.[19] 게다가 영국은 유럽보다는 외부 세계를 지향하여 대륙 역사의 중심에서 벗어나 있는 경우가 많았다. 따라서 유럽 지역학을 연구하려면 영어 외에 다른 유럽 언어를 한두 개는 추가로 공부해야 한다.

언어의 다양성은 물론 역사와 문화의 다양성으로 연결된다. 한국에서 외국의 문학과 역사를 연구하는 학술제도는 유럽의 국가 단위로 조직되었다. 예를 들면 독문학, 불문학, 서문학 등의 학과가 존재해왔으며 프랑스사, 영국사, 독일사 등 국가별 역사가 학문 세계를 나누는 기준이 되곤 한다. 문학이나 역사를 보면 각 민족이나 국가의 단위가 중요하다는 사실을 부정할 수는 없지만, 문명이라는 더 큰 차원에서 보면 국가의 장벽이 장애로 작용하기도 한다. 결국 유럽 지역학을 위해서는 여러 나라의 역사와 문학을 포괄하여 학습하고 사고하는 추가의 노력이 필요하다.

왜 우리는 이처럼 광범위하고 힘든 연구에 뛰어들어야만 하는가. 달리 말해 왜 유럽을 공부하고 연구해야 하는가. 모든 지역학의 출발점은 '필요'다. 외국어를 배우는 이유는 외국인과 소통하고 교역하고 외교를 하기 위해서다.

유럽에서 지역 연구도 처음에는 순수한 지적 호기심이나 종교의 열정 등에서 출발했지만 가장 큰 동기는 세계를 향한 제국주의의 '필요'였다. 유럽에 이어 냉전시기 미국이나 소련에서도 지역 연구는 세계에 영향력을 확산하면서 획기적으로 발전했다. 결국 한국의 지역 연구도 현실적 유용성이라는 잣대에서 벗어나기는 어렵다.

#

## 유럽 연구의 존재 이유

다른 지역과 비교해 유럽의 사정이 그리 나쁜 것은 아니다. 유럽연합의 경제 규모는 세계 최대로, 한국처럼 수출에 의존하는 나라에게는 무척 중요하다. 물론 한국의 최대 수출국은 중국이고, 동아시아는 지리면에서 가깝기 때문에 중요한 지역이다. 하지만 세계화 시대에 한국의 주요 수출 시장은 동아시아와 미국, 유럽이라는 세 개의 거대한 지역에 공통으로 의존한다.

경제력에 금융이라는 분야를 더하면 유럽의 위상은 더욱 강화된다. 중국이 최근 생산력의 놀라운 부상을 경험했지만 아직 금융과 같이 장기로 형성되는 분야에서는 지배적 위상에 도달하지 못했기 때문이다. 덧붙여 유럽연합은 미국과 함께 세계경제 게임의 규칙을 정하는 데 중요한 역할을 하고 있다. 이처럼 유럽의 현실적 유용성은 '세력으로서의 유럽'이라는 표현으로 정리된다.

유럽 지역 연구의 두 번째 존재 이유는 '모델로서의 유럽'에서 찾을 수 있다. 한국 사회는 정치에서는 민주주의, 경제에서는 시장경제라는 기본 틀을 지향한다. 평등한 권리와 의무를 가진 개인을 시민으로 규정하고 이들이 형성하는 정치공동체에서 책임의 정치가 실현되는 민주주의는 하늘에서 뚝 떨어진 제도가 아니다. 개인이 자율성과 결정권을 가지는 분산된 경제 메커니즘으로서의 시장도 신이 내려준 선물이 아니다.

민주주의와 시장경제는 모두 유럽에서 특수한 역사 과정을 거쳐 형성된 모델이다. 이 모델은 때로는 제국주의 팽창에 의한 강요로, 때로는 다른 지역이 자발적으로 유럽을 모방함으로써 확산되었다. 한국이 민주주의와 시장경제라는 두 가지 기본 틀을 추구하는 과정에서 유럽의 사례에 대한 연구와 이해는 매우 중요하다. 유럽의 긴 역사적 형성 과정과 경험에서 많은 교훈을 얻을 수 있기 때문이다.

유럽은 세력과 모델일 뿐 아니라 우리의 거울이 될 수도 있다. 이는 유럽뿐 아니라 모든 지역 연구에 적용될 수 있는 인류학적 존재 이유다. 거울의 색깔에 따라 그곳에 비춰지는 우리의 모습은 달라진다. 한국인의 정체성이나 한국 민족의 특수성을 제대로 파악하기 위해서 과거의 역사와 전통을 아는 것만큼이나 타자와 비교를 통해 자신을 비춰보는 작업이 필요하다.

이는 상대 지역이 반드시 미국이나 유럽, 중국 같은 강대 세력이 아니라도 가능하다. 예를 들어 아프리카 지역은 중앙화된 국가 조직이 없었던 사회라는 점에서 많은 시사점을 준다. 아메리카 지역은 식민지로서 종주국의 성격과 특징이 어떻게 이식되는가에 대해 비교의 관점을 제공한다. 또 아프리카와 아메리카 두 지역 모두 경제 발전의 동학에서 동아시아와 비교해보기에 매우 적절한 곳이다.[20]

'거울로서의 유럽'은 우리에게 많은 질문을 던지게 한다. 예를 들어 유럽 지역 연구는 민족공동체의 절대성을 완화하고 그 상대성을 이해하는 데 큰 역할을 했다. 한 민족의 동질성과 역사성을 부정해야 한다는 말이 아니라 유럽에서의 민족 형성과 진화 과정에 비춰볼 때 우리의 민족의식이 얼마나 절대적이고 강력한지를 인식하게끔 만들어주었다는 뜻이다. 거울에 비춰진 이런 차이는 자신에 대한 후속 연구를 유도한다.

또 다른 사례로 유럽이라는 문명권의 지속되는 경쟁과 협력, 교류와 그물의 형성에 비추었을 때 동아시아 지역은 상대적으로 소원한 역내 관계를 유지했음을 볼 수 있다. 유교문화의 전통과 한자라는 문자를 공유하면서도 동아시아에서는 왜 교류와 경쟁이 유럽만큼 강한 역사의 동력이 되지 않았는가. 이런 문명 비교의 질문을 도출하는 일은 지역 연구의 중요한 성과 가운데 하나다.

# 유럽의 세계 지배

이처럼 유럽 연구의 필요성을 세력, 모델, 거울이라는 차원으로 정리할 수 있다. 이에 덧붙여 거시 역사에서 유럽은 어떻게 세계를 지배하게 되었는가. 이 질문은 앞의 세 가지 차원을 하나로 묶는 맥락을 형성한다.

유럽중심주의 시각을 가진 학자들은 유럽 문명의 본질적 우수성이 점차 발현되어 유럽이 세계를 지배하게 되었다는 주장을 폈다. 이런 학자들은 기독교에서 원인을 찾기도 하고 고대 그리스 문명의 합리적이고 비판적인 사고에서 유럽 발전의 근원을 찾기도 한다.[21] 이처럼 극단의 역사 결정론을 펴지는 않더라도 많은 학자들은 근대 유럽을 중세부터 잠재력이 발현되는 과정으로 묘사하곤 했다.

하지만 유럽과 아시아를 비교하는 많은 학자들은 유럽이 결코 아시아의 다른 문명이 도달했던 발전의 수준보다 월등하게 앞서지는 않았다고 분석한다.[22] 18세기 말에 유럽의 경제 수준은 동아시아의 중국이나 일본, 그리고 남아시아의 인도와 크게 다르지 않았다. 유럽의 경제가 이들 아시아의 문명을 앞지르기 시작한 것은 19세기 산업혁명 이후의 일이다.

정치나 군사력에 있어서도 세계 최초의 강력한 국가를 형성한 것은 유럽이 아니라 중국의 진시황이다. 기원전 3세기 중국 대륙을 통일한 진시황은 중앙집권적인 강력한 국가를 수립하여 문자와 도량, 언어와 관습, 행정과 제도를 하나의 체계로 만듦으로써 정치 근대화의 표준을 제시했다. 유럽에서 이와 유사한 국가를 수립한 것은 16~17세기 절대주의 군주국가의 시대에 이르러서다. 하지만 19세기 아편전쟁에서 유럽의 군사력은 중국을 압도했다.

이처럼 유럽은 경제와 정치 모두에서 오랜 기간 동아시아나 남아시아보다 오히려 뒤처져 있었다. 하지만 19세기가 되면 두 방면에서 모두 세계의 선두로 부상한다.

이 책에서 나는 유럽을 하나의 문명이라고 정의하고, 그것이 다양한 그물이 중복된 복합체로 형성되었다는 주장을 편다. 그리고 유럽 문명의 특징은 하나가 아닌 다양한 중심이 서로 견제하고 경쟁하는 체제라고 설명한다. 달리 말해 인류의 다양한 문명 가운데 하나였던 유럽이 세계를 지배하는 세력으로 부상하게 되는 과정은 역사적 우연들의 조합으로 만들어진 결과다. 그 조합의 가장 중요한 특징은 다원성과 경쟁 체제라고 할 수 있다.

중국은 이미 2000년 전에 중앙화된 국가를 형성한 이후 대륙 국가가 하나의 당위 또는 규범으로 뿌리를 내렸다. 중국은 이민족의 침입과 융화의 반복적 과정을 거치면서 하나의 문명 안으로 다양성을 받아들여 하나의 국가가 지배하는 양식을 보였다. 이런 피라미드형 국가에서 개인들은 경쟁할지 몰라도 집단 간의 체계적 경쟁은 일어나지 않는다.

반면 유럽에서는 로마제국이 붕괴된 이후 다양한 정치 단위가 공존하면서 경쟁하는 체제를 형성했다. 진화론의 시각으로 보면 경쟁에서 살아남으려면 최고의 모델을 채택할 수밖에 없다. 전통이나 과거에 집착해서 변화하지 못하면 경쟁에서 뒤처지고 결국 다른 정치 단위에 흡수되어 사라질 것이기 때문이다. 유럽 문명의 경쟁적 특징이 발전을 촉진했다는 논리는 경제사학자 존스의 《유럽의 기적》이나 정치사회학자 틸리의 《강제, 자본, 그리고 유럽국가 990~1992》 등의 저서에 자세히

소개되어 있다.[23]

중국과 유럽을 비교할 때 자주 등장하는 사례가 화약이다. 거대한 제국 중국에서 화약은 축제 때 황제를 즐겁게 하는 불꽃놀이에 사용되었다. 하지만 국가들이 서로 끊임없이 전쟁을 벌이는 유럽에서 화약은 총과 대포 같은 무기의 발달을 촉진했다. 틸리는 "국가가 전쟁을 치르고 전쟁은 국가를 만든다"라고 표현했다. 늘 전쟁 상태에 있던 유럽이 무기와 군사조직을 혁신하고 다른 지역에 비해 월등한 전투력을 갖춘 것은 놀라운 일이 아니다.

하지만 거시 역사의 비교가 이렇게 간단하게 정리되기는 어렵다. 왜냐하면 중국 역시 진시황의 통일 이전 춘추전국시대에는 다양한 정치 단위들이 경쟁하고 있었다. 이들은 최고의 무기와 군사조직을 갖추기 위해 경쟁했고 결국 진나라가 통일을 이루었던 것이다.

마찬가지로 유럽에서도 무한경쟁과 전쟁을 통한 승패와 흡수가 지속되면 어느 순간 통일이 이루어져야 한다. 하지만 유럽은 로마제국 붕괴 이후 한 번도 통일된 적이 없었다. 비슷한 비유로 자유시장에서도 경쟁이 일어나면 결국은 어떤 승자가 독점적 지위를 확보하는 상태로 귀결된다. 자유경쟁의 시간이 지나면 과·독점으로 귀결되는 것은 흔한 현상이다. 무한경쟁이 지배하는 세계화 시대에 소수의 거대한 공룡기업들이 독점적 지위를 차지하는 것을 보면 알 수 있다.

따라서 유럽 성공의 비밀은 어느 시대의 경쟁 그 자체보다는 경쟁체제의 장기 유지에 있다고 보는 것이 정확하다. 경쟁과 협력이 공존한다고 보아야 하며, 유럽에서 이런 다원성이 지속되는 비결을 살펴보아야 할 것이다. 역으로 협력이 사라지고 경쟁이나 약육강식의 원칙만이 남을 때 1차, 2차 세계대전과 같은 비극이 일어난다.

# 경쟁과 협력

유럽의 지리는 중국과 달리 분산적 성격이 강하다. 황하와 장강(長江)이라는 두 개의 거대한 강과 중원의 개념에서 볼 수 있듯이 중국은 통합의 지리 공간이 있다. 하지만 유럽은 많은 산맥과 강, 복잡한 해안선 등으로 지리 공간의 다양성이 존재한다. 이러한 지리 특성이 중세부터 민족 정체성으로 발전하면서 유럽 통일의 가능성이 줄어들었다.

하지만 유럽 다원성의 지속을 단순히 지리나 정치 요인만으로 설명하기는 어렵다. 오히려 유럽은 같은 문명에 속하기 때문에 공동의 규칙과 규범에 대한 이해가 있었고, 그 원칙은 약육강식의 흡수나 지배가 아니라 공존의 틀을 유지했다는 점에서 원인을 찾아야 할 것이다.

전통적으로 유럽의 전쟁은 정복의 목적보다는 상속 분쟁을 해결하는 방식이었고, 전쟁은 협상과 평화조약의 체결로 이어지는 국제관계의 한 유형이었다. 따라서 한 국가나 정치 단위가 무력을 통해 유럽을 하나로 묶는다는 목적 자체가 정당성이 결여된 계획이었던 셈이다. 중국에서 천하통일이 평화와 직결되는 등식이었다면, 유럽에서 천하통일은 기존 문명의 틀을 깨는 폭정의 대명사였다고 할 수 있다.

유럽을 포괄하는 여러 그물을 통해 볼 수 있는 것은 이처럼 경쟁과 협력이 공존하는 모습이다. 그리고 우리는 이 시스템이 어떻게 유럽의 발전을 가져왔는지를 살펴볼 것이다. 유럽의 외부 지향성은 이런 다원의 경쟁체제와 긴밀하게 연결된다. 왜 포르투갈과 스페인은 유럽 중심이 아닌 외부를 향해 모험과 탐험을 나서게 되었는가.[24] 그리고 왜 러시아는 서쪽의 유럽이 아니라 동쪽의 시베리아를 향해 세력을 확장함으로써 베링 해협을 건너 알래스카까지 진출하게 되었는가.

여기서도 우리의 문명론에 기초한 설명이 유효하다. 같은 문명 속에서 점령과 지배를 넓히기는 실제 어렵고 규범에도 어긋난다. 하지만 다른 지역을 점령하고 지배하는 것은 일단 군사적으로 수월했다. 또 문명화의 임무, 기독교 선교의 의무 등 유럽 문명 내에서 그럴듯한 명분을 내세울 수 있었다. 유럽은 15세기부터 앞선 교통수단과 군사력을 통해 세계로 뻗어나가기 시작했고, 결국 세계를 하나로 묶는 역할을 담당했다.

이 책에서 나는 유럽 문명을 형성하는 다양한 그물을 차근차근 소개해나갈 것이다. 언어나 종교 등 문화의 핵심부터 시작하여 미술, 음악, 학문 등으로 확장하여 문명의 다양한 그물을 묘사한다. 그다음에는 정치, 경제, 사회 분야에서 중추적인 역할을 하는 왕족 및 귀족, 전쟁, 도시 등을 살펴본 뒤 경제적 자본과 정치적 평등의 그물을 검토한다. 마지막으로 유럽의 해외 진출과 세계 지배에 결정적인 역할을 담당한 교통을 살펴보고, 축구의 그물이라는 사례를 통해 이야기를 마친다.

유럽의 다양한 그물은 세계에 널리 전파되어 이를 뒤덮는 결과를 낳았기 때문에 유럽과 세계의 상호관계를 언급하면서 우리의 여정을 마칠 예정이다. 당연한 말이지만 이 작은 책으로 유럽 문명의 그물을 모두 설명할 수는 없다. 일부 그물을 골라 소개함으로써 그 다양성과 풍부함을 보여주고 이런 그물들이 서로 복잡하게 영향을 미친다는 인식을 대표 사례를 통해 전달할 수 있다면 다행이다. 무엇보다 독자들이 이 그물과 그물을 통과하는 색다른 경험을 반복하면서 조금이라도 유럽 문명의 다양성과 통일성이 만들어내는 묘미를 맛볼 수 있기를 기대한다.

1장

언어의 그물

Góðan daginn
아이슬란드어

God mo
스웨덴어

God morgen
노르웨이어

God morgen
덴마크어

북 해

Good morning
영어

Dia dhuit ar maidin
아일랜드어

Goedemorgen
네덜란드어

Guten morgen
독일어

Dobr
체코

대 서 양

Dobro j
슬로베니아

Bonjour
프랑스어

Buongio
이탈리아어

Bom Dia
포르투갈어

Buenos días
스페인어

지 중 해

Bo
몰

ää huomenta
핀란드어

Доброе утро (Dobroye utro)
러시아어

e hommikust
에스토니아어

Labrīt
라트비아어

bas rytas
리투아니아어

добрай раніцы
(Dobraj ranicy)
벨라루스어

dobry
란드어

доброго ранку
(Dobroho ranku)
우크라이나어

é ráno
키아어

ggelt
리어

Bună dimineața
루마니아어

დილა მშვიდობისა
조지아어

Բարի առավոտ
아르메니아어

jutro
크로아티아−
니아어

흑 해

добро утро
(Dobro utro)
불가리아어

Günaydın
터키어

ëmëngjes
갈바니아어

Καλημέρα σας
그리스어

#

# 언어는 역사의 결정체

언어는 인간과 동물을 구분하는 가장 큰 기준이다. 생물학의 최근 첨단 연구는 동물도 나름의 방법으로 서로 소통한다는 사실을 밝혀냈다. 그중 고래 같은 동물은 상당히 발달한 언어를 사용한다. 하지만 가장 발달한 동물의 언어도 제일 미개하다고 여겨지는 인간 집단의 언어 수준에 미치지 못한다.

인간은 언어를 통해 서로 협력하고, 과거를 더욱 정확하게 기억하게 되었으며, 현실에 대한 이해의 폭을 넓힐 수 있었다. 따라서 언어를 빼놓고 인류 문명의 발전을 생각할 수는 없다. 성경을 보더라도 신이 세상을 만드는 것은 '말씀'을 통해서다.[1] 낮과 밤과 하늘과 땅, 그리고 인간이 세상에 등장하는 과정은 모두 언어 행위였다.

이런 의미에서 문명에 대한 이야기를 언어로 시작하는 것은 당연한 순서인지도 모른다. 모든 문명은 특정 언어나 문자와 밀접한 관계를 맺고 있다. 그리스 문명은 고대 그리스어라는 벽돌로 만들어진 궁궐이며, 로마 문명은 라틴어라는 대리석으로 지어진 전당이라고 할 수 있다.

언어는 단순한 소통수단이 아니라 복합적인 문화체계다. 컴퓨터에서 번역기를 돌려본 사람이라면 언어가 얼마나 복합적인 체계인지 체험했을 것이다. 왜냐하면 단어 하나에도 여러 가지 의미가 있으며, 그 의미는 영원히 고정된 것이 아니라 수많은 사람의 실천에 의해 끊임없이 변화하기 때문이다.

하나의 사례를 들어보자. 2008년 초여름 한국에서는 미국산 쇠고기 수입에 반대하는 시민의 저항이 거대한 시위 물결을 만들었다. 시민들은 한목소리로 "대한민국은 민주공화국이다"라는 헌법 제1조를 외쳤다. 민주주의나 공화국의 개념은 모두 유럽 문명의 역사 경험을 통해 만들어진 것이다. 한국에서 민주주의란 최고 권력자인 대통령을 직접선거로 선출한다는 뜻이 강하다. 하지만 '공화국'은 한국인에게 그때까지 큰 의미가 없었다. 공화국이란 그저 군주제 국가와 대립되는 형식의 나라, 즉 왕조가 집권하는 전통 국가가 아니라 국민이 대통령을 직접 뽑는 근대국가 정도로 여겨졌던 것이다.

하지만 유럽의 정치사에서 공화주의는 민주주의보다 먼저 등장한 사상이고 제도다. 공화국이란 원래 로마 시대의 라틴어 '레스푸블리카(Res Publica)'에서 비롯된 개념으로 공적인 일, 또는 공동의 관심사를 뜻한다. 공화국이란 국가의 형태이기에 앞서 정치의 본질과 정신을 지칭하는 규범이다. 공화주의는 공공의 선을 추구하고 사적 이익을 배제하며 시민의 참여를 기본으로 한다. 유럽에서 민주주의는 공화주의 뒤에 보통선거라는 특별한 제도의 도입과 연결되어 발전한 개념이다.[2]

우리는 유럽으로부터 민주주의와 공화국이라는 용어를 수입했지만 한국 고유의 실천을 통해 비슷하면서도 다른, 나름의 의미를 부여한 셈이다. 한국은 해방 이후 공화국이라는 국가 형태와 보통선거권을 상대적으로 쉽게 얻었다. 하지만 대통령 직선제의 민주주의는 오랜 투쟁을 거쳐 획득했다. 그리고 21세기 들어서야 형식의 공화국을 넘어 실천의 공화주의로 발전하게 되었다. 쇠고기 수입 같은 일상의 문제부터 국정농단과 부정부패에 이르기까지 공공의 문제는 토론의 장을 열어 결정해야 한다는 의미를 담으면서 말이다.

이처럼 언어는 공동체의 긴 역사적 경험을 담고 있는 체계다. 이런 점에서 언어야말로 문명의 이야기를 풀어가는 첫 단추로 적합하다. 언어란 소통수단일 뿐 아니라 의미와 상징의 체계이고 역사의 결정체이기 때문이다.


#

## 유럽인은 언어 천재?


유럽에는 언어에 뛰어난 재능을 가진 사람이 많다. 프랑스의 역사학자 뒤메질은 30개 언어를 알았다. 폴란드 출신의 교황 요한 바오로 2세도 모국어 폴란드어와 교회의 언어 라틴어 외에 영어, 프랑스어, 독일어, 이탈리아어, 스페인어, 포르투갈어, 러시아어, 크로아티아어 등 10개 언어를 했다. 5~6개 언어를 구사하는 사람도 쉽게 볼 수 있다. 그리스 출신으로 세계적 가수로 성장한 나나 무스쿠리는 7개 유럽 언어에 일본어까지 한다. 2012년 유럽연합의 조사에 따르면 유럽인의 10퍼센트가 세 개 이상의 언어를 구사한다.[3]

스위스는 공식 언어만도 독일어, 프랑스어, 이탈리아어, 로망슈어 등 네 개다. 스위스 사람들은 가족끼리 사용하는 모어 외에 다른 언어를 하나 정도는 구사하며, 중등교육을 받은 사람이라면 영어를 할 수 있기 때문에 최소한 세 개 언어를 안다. 대학교육까지 받았다면 한두 개의 언어를 더 배웠을 가능성이 높으므로 4~5개 언어를 할 줄 아는 스위스인이 적지 않다는 뜻이다. 벨기에도 프랑스어, 네덜란드어, 독일어 세 개의 국어를 갖고 있어 스위스와 비슷한 상황이다.

물론 스위스와 벨기에는 유럽에서도 특별한 사례다. 유럽 대부분의 국가는 하나의 국어를 가질 뿐이다.[4] 그러나 그런 나라의 사람들도 외국어에 능통한 경우가 많다. 우리는 한국 축구를 세계 수준으로 끌어올린 히딩크 감독을 기억한다. 그는 네덜란드 사람이지만 매우 능숙한 영어 실력을 보였다. 어떤 면에서 미국인이나 영국인이 능수능란하게 구사하는 영어보다 히딩크처럼 외국인이 또박또박 발음하여 말하는 국제 영어가 우리의 귀에는 더 쉽게 들렸다.

히딩크는 국제화가 일찍 진행된 축구계의 명사라고 치자. 네덜란드를 여행해본 사람들은 화장실에서 청소하는 아주머니도 꽤 영어를 잘한다는 사실에 놀란다. 유럽에선 화장실이 공짜가 아니라 청소하는 분들을 위해 팁을 놓고 가는 문화가 있다. 볼일을 보고 돈을 내지 않으면 "You have to pay, sir!(돈 내야 합니다, 선생님!)" 하고 능숙한 영어로 소리친다.

여행 중에 만나는 유럽인들도 대개 자연스럽게 영어를 구사한다. 특히 독일이나 스칸디나비아 친구들은 고등학교만 나와도 한국의 웬만한 박사들보다 유창한 영어로 말한다. 한국에 비해 학교에서 영어를 배운 기간이 훨씬 짧더라도 대개 유럽인들의 영어 실력은 뛰어나다.

유럽인은 원래 언어에 천재적인 능력을 타고나는 것일까? 아직 이런 유전적 요소를 증명하는 연구 결과를 들어보지 못했다. 혹자는 유럽의 교육 방식이 언어를 학습하는 데 적합하다고 주장할 것이다. 나는 한국의 주입식 교육의 한계를 직접 체험한 사람이기에 이런 주장을 반박하기는 어렵다. 하지만 유전자나 교육 방식보다 중요한 유럽의 특징은 언어의 상호 유사성이다.

#

## 유럽 언어의 세 가족

한국인에게 가장 친숙한 외국어는 영어다. 영어는 독일어, 네덜란드어, 스칸디나비아 언어와 매우 비슷하다. 영어에서 인사말은 'Good morning'이다. 독일에서는 'Guten morgen'이고, 네덜란드에서는 'Goedemorgen'이다. 덴마크어로는 'God morgen'이고, 스웨덴어로는 'God morgon'이다. 북해 연안의 나라들이 거의 공통적인 인사말을 가지고 있다고 해도 과언이 아니다. 예를 들어 "안녕하세요"가 인사말인데 어떤 외국어는 "안녕하슈", 또 다른 외국어는 "안녕하신가", 그리고 세 번째 외국어는 "안뇽"인 셈이다. 그렇다면 이들이 외국어를 배우는 일은 얼마나 쉬울까.

물론 유럽 전체가 이런 유사성을 갖는 것은 아니다. 아름답기로 유명한 프랑스어에서 인사말은 'Bonjour'다. 영어나 독일어와 전혀 다른 방식인 셈이다. 이탈리아에서는 'Buongiorno'라고 인사하고, 스페인에서는 'Buenos días', 포르투갈에서는 'Bom dia'라고 말한다. 북해를 둘러싼 유럽 국가들의 인사말이 비슷하듯이 지중해 서쪽에 있는 나라들

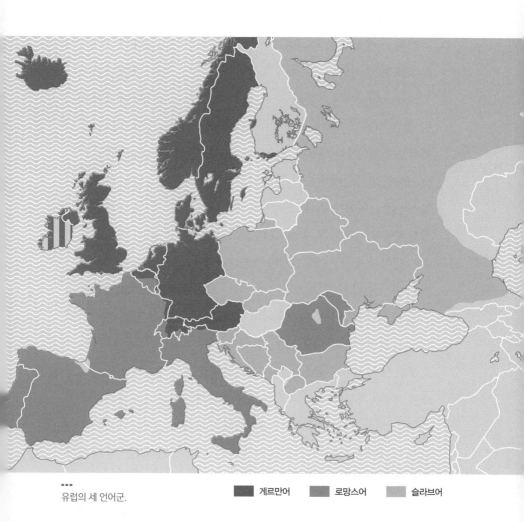

유럽의 세 언어군.

■ 게르만어  ■ 로망스어  ▨ 슬라브어

도 서로 비슷한 언어 구조를 가졌다.

바다를 중심으로 유사한 언어 집합이 포진하고 있듯이 동유럽에는 대륙을 중심으로 비슷한 언어들이 모여 있다. 폴란드어로 인사말은 'Dzień dobry'인데, 이웃의 체코 말로는 'Dobrý den'이다. 체코와 한동안 같은 나라를 형성했던 슬로바키아에서는 'Dobré ráno'이고, 더 남쪽의 슬로베니아와 세르비아, 크로아티아에서는 'Dobro jutro'다.

이처럼 인사말에서 드러나는 유럽 언어의 커다란 집합은 셋으로 나눌 수 있다. 영어가 속한 그룹은 게르만 언어의 계통이다. 고대 유럽의 동북쪽에서 생활하던 게르만족의 언어 집단이라고 할 수 있는데, 독일어와 영어가 속한 서게르만계와 스칸디나비아 언어들이 속한 북게르만계로 다시 갈라진다.[5] 서게르만 언어에는 영어와 독일어 외에도 네덜란드어, 스코틀랜드어 등이 포함되며, 북게르만 언어로는 덴마크어, 스웨덴어, 노르웨이어, 아이슬란드어 등이 있다.

프랑스어, 이탈리아어, 스페인어, 포르투갈어, 루마니아어 등은 로망스어군에 속하는데, 주로 지중해 부근 라틴계 국가들이 사용하는 언어다. 이 지역은 고대 로마제국의 핵심이었고, 제국의 언어인 라틴어가 시간이 지나면서 지역마다 변형되어 독특한 로망스 언어라는 한 부류를 만들었다.

동유럽에서 쉽게 발견할 수 있는 언어는 슬라브 언어군이다. 앞에서 살펴본 폴란드, 체코, 슬로바키아, 슬로베니아뿐 아니라 더 동쪽의 러시아, 벨라루스, 우크라이나 등의 언어도 모두 이 집합에 속한다. 발칸반도의 세르비아, 크로아티아, 불가리아 등도 슬라브 언어에 속한다.

이런 언어의 유사성을 인식하고 유럽 지도를 보면 네덜란드 사람인 히딩크가 왜 그렇게 영어를 잘하는지, 네덜란드의 환경미화원 아주머니의 영어가 왜 그리 유창한지, 그리고 스칸디나비아 젊은이들의 영어가 왜 그렇게 자연스러운지 쉽게 이해할 수 있다. 동시에 왜 프랑스나 이탈리아 사람들은 영어가 부자연스럽고 발음이 강하며 때로는 사전에도 없는 단어들을 영어인 것처럼 제멋대로 사용하는지도 알 수 있다. 이들은 비슷한 로망스어를 배우는 데는 뛰어나지만 게르만 쪽 언어를 배우기가 쉽지 않은 것이다.

프랑스 사람이 몇 달 동안 이탈리아에서 살면 이탈리아어를 할 수 있다는 말은 과장이 아니다. 스페인 사람은 포르투갈어를 굳이 배우지 않아도 어느 정도 소통이 가능하다. 또 러시아어와 우크라이나어는 서로 다른 언어로 분류되지만 실제 두 언어를 사용하는 사람들이 서로 소통하는 데는 별문제가 없다고 한다. 서울 사람이 부산에 가면 강한 사투리에 당혹스러워하지만 며칠 지나면 금방 적응하는 것과 같은 이치다.

#

## 인도유럽어의 기원

유럽의 언어가 게르만어, 로망스어, 슬라브어라는 세 개의 커다란 가족으로 나뉘지만 사실 이들은 모두 인도유럽어라고 하는 하나의 큰 집단에 속한다.[6] 이들 세 가족에 덧붙여 프랑스의 브르타뉴 지방과 아일랜드·웨일스 등에서 사용하는 켈틱 언어의 집단이나 라트비아·리투아니아어 등이 속한 발틱 언어군, 그리고 그리스어, 알바니아어, 아르메니아어 등도 모두 인도유럽어에 속한다.

더 놀라운 사실은 인도이란계라고 불리는 언어 집단 역시 같은 인도

유럽어에 속한다는 점이다. 현대의 터키 동부에서 이란, 아프가니스탄, 파키스탄, 인도, 방글라데시 등에서 사용하는 언어들이 프랑스, 영국 등의 언어와 한 가족에 속한다는 의미다.

영어에서 하나, 둘, 셋은 one, two, three이고, 프랑스어에서는 un, deux, trois다. 고대 라틴어에서는 unus, duo, tres인데, 이는 스페인어의 uno, dos, tres와 흡사하고 영어나 프랑스어에서 비슷하게 진화했음을 짐작할 수 있다. 놀라운 사실은 인도의 산스크리트어에서도 eka, duva, trayas 등 유사성을 발견할 수 있다는 점이다. 또 어머니, 형제, 자매를 의미하는 영어의 mother, brother, sister는 라틴어의 mater, frater, soror에서 유래하는데, 산스크리트어에서는 mater, bhrater, suesor다!

한국인들이 선진국이라고 생각하는 유럽과 후진국으로 바라보는 인도가 같은 언어 집단에 속한다는 사실에 놀랄지도 모르겠다. 하지만 언어는 선진국과 후진국으로 나뉘기 훨씬 이전에 형성되었기 때문에 오늘날의 시각으로 보면 곤란하다. 게다가 인도는 고대 인더스 문명이 꽃핀 곳으로 인류 역사 발전의 선봉에 서 있었다.

《총, 균, 쇠》의 저자 재레드 다이아몬드는 《제3의 침팬지》라는 인류의 기원과 진화를 다룬 저서에서 인도유럽어의 기원에 대해 상세하게 설명한다.[7] 인도유럽어의 모태는 5000여 년 전으로 거슬러 올라간다. 기원전 3000년쯤 흑해와 카스피해 사이에 위치한 평야 지역에 살던 집단이 인도유럽어의 기본형(Proto-Indo-European)을 사용했다.

이 시기부터 인도유럽어의 모태는 다른 지역으로 퍼져나가면서 분화의 과정을 거치기 시작한다. 다이아몬드는 가축을 기르고 철을 사용하기 시작한 집단의 우월성이 이 첫 번째 인도유럽어의 확산을 가져왔다고 설명한다. 가축은 고기와 젖을 제공하며, 이는 단백질 공급이 늘어난다는 것을 의미한다. 또 철의 활용은 도구나 무기의 생산을 뜻하며, 기원전 3300년경 바퀴를 발명함으로써 이 집단은 쉽게 이동할 수 있었다. 특히 말을 가축화하면서 기마부대를 보유하게 되었다는 사실이 집단의 확장성을 설명한다.

우리가 잘 아는 몽골제국도 유라시아를 연결하는 중앙아시아의 초원을 중심으로 형성되었다. 전쟁에서 기마부대의 기동성과 광활한 평야라는 지리가 결합하여 만들어낸 결과라고 할 수 있다. 우리는 이와 유사한 기마 집단의 확산을 반만 년 전의 유라시아에서 상상할 수 있다.

이처럼 다이아몬드는 인도유럽어 기본형을 사용하는 집단의 선진 군사·경제 패키지가 대서양부터 인도양에 이르는 광활한 지역에 확산되었을 것이라는 가설을 제시한다. 물론 인도유럽어 가운데 상당수는 현재까지 사용되고 있지만 다른 일부는 그 집단의 쇠퇴와 함께 사라지기도 했다. 대표적인 사례가 소아시아 지역(지금의 터키)에서 사용했던 아나톨리아어와 중국 서부 신장 지역의 토카리아어다.

#
## 인도유럽어의 확산

물론 언어는 확산된 군사·경제 패키지의 상징이다. 마르크스의 용어를 빌리자면 하부구조가 확산되면서 함께 상부구조가 함께 따라갔다고 볼 수 있다. 하지만 인도유럽어가 확산되었다고 해서 그 언어를 사용하던 사람들이 다른 집단을 완전히 대체했다고 보기는 어렵다. 선진 집단이 지배계급을 형성하면서 자신들의 언어를 강요하는 현상은 역사에서 빈번하다.

우랄계 언어의 기마민족인 헝가리인들이 중앙 유럽에 정착하면서 그 지역 주민들에게 자신들의 언어를 강요한 것도 비슷한 사례다. 마찬가지로 오스만제국의 튀르크인들이 중앙아시아를 지배하면서 기존의 인도유럽어를 대체했는데, 이 역시 대대적 주민의 교체라기보다는 언어의 강제라고 볼 수 있다. 언어란 누구나 배울 수 있는 문화 코드이기 때문에 이를 혈통과 동일시해서는 곤란하다.

인도유럽어는 분명 유럽을 하나로 묶는 언어의 그물이다. 유럽에서 인도유럽어 계통에 속하지 않는 언어는 바스크어, 헝가리어, 핀란드어, 에스토니아어 정도가 고작이다. 헝가리와 핀란드어는 우랄어 계통으로 시베리아에 사는 사람들의 언어와 한 가족이다. 프랑스와 스페인 국경 지역의 바스크어는 언어학자들도 아직 기원과 유래를 제대로 설명하기 어려운 매우 독특한 언어다.

인도유럽어는 15세기부터 다시 거대한 확장의 시기를 맞는다. 5000년 전쯤 기마부대와 가축을 동반하는 군사·경제 패키지가 유라시아 대륙의 서부와 남부로 확장했듯이 15세기부터는 대양을 통해 유럽의 세력이 세계로 퍼져나갔다. 유라시아 대륙에서 효율적 군사력의 기본이었던 기마부대는 아메리카에서도 능력을 발휘했고, 총기와 대포 등의 무기는 아프리카를 지배하는 데 결정적인 역할을 했다. 유럽인들이 옮긴 병균이 아메리카 인구를 거의 전멸시킴으로써 유럽은 아메리카를 수월하게 정복했다.[8]

19세기 들어 유럽은 아시아까지 무릎 꿇게 했고 서세동점의 시대를 열었다. 산업혁명을 통한 생산 능력의 확장, 그리고 군함의 발전과 군사 조직력의 강화 등을 포괄하는 새로운 군사·경제 패키지로 세계를 지배하면서 자신들의 언어를 확장하는 데 성공한 것이다.

21세기 현재 세계 인구의 절반이 인도유럽어를 사용한다. 인도는 중국 다음으로 인구가 많으며 곧 중국을 능가할 전망이다. 그 인도 언어의 대부분이 인도유럽어에 속한다. 남부의 드라비드어 계통 정도만이 예외다. 유럽연합의 인구만도 5억 명이 넘는 데다 러시아까지 합치면 더 커진다. 게다가 아메리카 대륙의 북쪽은 영어가, 남쪽은 스페인어와 포르투갈어가 지배한다. 대양주도 영어가 군림하며, 아프리카의 많은 지역에서 영어와 프랑스어를 국어로 사용하고 있다.

#

## 알파벳이라는 통일 문자

자신의 모어가 인도유럽어 계통에 속한다고 다른 인도유럽어를 쉽게 배울 수 있는지는 확실치 않다. 예를 들어 한국어를 하는 사람이 우랄알타이어계 핀란드어나 헝가리어를 쉽게 배운다는 말은 듣지 못했다. 인도 사람들이 영어를 잘하는 이유는 모어가 인도유럽어에 속하기 때문이 아니라 영국의 식민지 경험 때문일 가능성이 높다. 또 영어는 여전히 인도의 공식 언어가 아닌가.

일반인에게 중요한 것은 인도유럽어라는 언어학의 구분보다는 일상에서 접하는 문자일 것이다. 물론 무의식적으로 뇌에 새겨진 언어의 구조가 외국어 학습에 영향을 미칠 가능성은 있다. 그러나 적어도 의식적으로 이 언어가 친근하고 가깝고 배우기 쉽다는 느낌을 주는 것은 문자다.

우리가 유럽의 언어를 배우면서 제일 먼저 부딪히는 장벽도 다름 아닌 문자다. 알파벳을 그리면서 암기하는 일은 한글과 같이 과학적 구조의 문자에 비해 너무 어렵다. 스마트폰에서 한글의 모음은 ─, ·, ㅣ라는 세 개의 버튼으로 해결되지만 라틴 알파벳은 a, e, i, o, u, y로 두 배나 많다. 불행히도 한글은 한국에서만 사용하는 데 비해 라틴 알파벳은 유럽의 거의 모든 언어에서 사용한다.

A부터 Z까지 라틴 알파벳에는 모두 24개의 문자가 있다. 유럽에서 사용하는 언어 가운데 세계적으로 확산된 영어, 스페인어, 프랑스어, 포르투갈어는 모두 라틴 알파벳을 사용한다. 유럽에서 라틴 알파벳을 사용하지 않는 나라는 그리스, 러시아, 불가리아 등 소수다.

같은 문자를 사용하는 사람들은 의식적·무의식적으로 같은 문화에 속한다는 생각을 가진다. 또 심리적으로도 친근감을 느낀다. 빙하의 나라 아이슬란드인이 아열대에 가까운 이탈리아 남부에 가더라도 문자는 같은 라틴 알파벳이고, 대서양의 포르투갈인이 북극에 가까운 핀란드로 여행해도 역시 똑같은 라틴 알파벳으로 가득 찬 생활환경을 접하게 된다.

인류가 문자를 통해 문명을 이루고 발전할 수 있었다는 사실은 의심의 여지가 없다. 언어가 즉흥적인 의사소통의 가능성을 열었다면, 문자는 기록하고 남김으로써 세대에서 세대로 연결되는 문화적 지속성과 축적을 가능하게 했기 때문이다.

인류의 초기 문명에서 만들어진 문자는 상형문자다. 눈으로 접하는 현실을 단순한 그림으로 표현하여 문자로 사용하는 형식이다. 수천 개에 달하는 한자의 수에서 알 수 있듯이 상형문자는 발전을 거듭하면서 무척 복잡한 문자체계를 형성했다.

상형문자가 의미를 품은 글자라면 알파벳은 소리에 기초한 문자다.

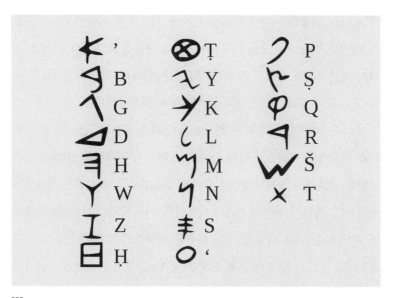

페니키아 문자.

특히 전형적인 알파벳은 모음과 자음의 조합으로 이루어지며 매우 적은 수의 기호로 복잡한 언어를 표기할 수 있는 놀라운 기술이다. 이런 첨단의 기술을 발명한 것은 페니키아인이다. 그들은 이집트 상형문자를 바탕으로 자음 중심의 새로운 문자체계를 발전시켰다. 지중해를 중심으로 해양제국을 건설했던 페니키아에서 새 문자는 특히 상인들이 거래 내용을 기록하는 데 큰 도움을 주었다. 이 페니키아의 알파벳은 기원전 9세기쯤 그리스 지역으로 전달되어 발전하면서 모음을 포함한 전형적 알파벳을 낳았다.[9]

고대 그리스의 알파벳은 약간의 변형을 거쳐 아직까지도 그리스에서 사용되고 있다. 우리가 수학에서 자주 활용하는 알파($\alpha$)와 베타($\beta$)와 감마($\gamma$), 또는 "알파에서 오메가($\Omega$)"라는 표현은 모두 그리스 알파벳의 문자를 언급한다. 그리스인들은 페니키아인 못지않은 해양 민족이었고,

그들 역시 지중해 지역에 알파벳 문자를 퍼뜨렸다. 게다가 그리스인들은 이 알파벳을 바탕으로 매우 수준 높은 문명을 꽃피웠다. 그리스 철학의 비판정신과 과학의 우수성, 풍요로운 신화의 세계와 기독교의 성경 등은 모두 고대 그리스어와 문자를 통해 퍼져나갔다.

유럽중심주의를 비판하는 학자들은 그리스 문명과 로마 문명, 특히 이를 대표하는 그리스와 라틴 알파벳이 서남아시아의 페니키아 문명이 고안한 알파벳에서 시작되었다는 점을 강조한다.[10] 이 기원을 잊어서는 곤란하다. 유럽의 문명이 메소포타미아와 이집트 등 아시아와 아프리카 문명에 큰 빚을 지고 있다는 사실은 명백하기 때문이다. 하지만 알파벳이라는 도구를 통해 문화 수준을 한 단계 더 끌어올려 오늘날까지 지속되는 장기 역사를 만들어낸 데에는 그리스의 기여 또는 부가가치가 대단히 컸다는 사실도 간과해서는 안 될 것이다.

#

## 알파벳의 문명

그리스로부터 알파벳이라는 문명의 핵심 도구를 이어받은 로마는 라틴 알파벳을 통해 거대한 지중해의 제국을 통치했다. 기원전 1세기경에는 우리가 오늘날 세계적으로 사용하는 라틴 알파벳이 거의 확정된다. 그때부터 이미 W를 제외한 23개의 문자가 지금과 같은 형태를 갖추었다.

일단 문자가 만들어지면 놀라운 지속성을 가진다. 유럽뿐 아니라 북아프리카와 서남아시아를 여행하면서 로마 문명의 유적을 거닐다 보면 건물이나 비석에 새겨진 글자를 만나게 된다. 그리고 2000년 전에도 현재와 같은 문자를 사용했음을 쉽게 확인할 수 있다.

알파벳은 모음과 자음을 조합하여 다양한 발음을 표기하는 선진적인 문자체계다. 이런 보물을 가진 인류 집단은 많지 않다. 크게 보면 유럽의 그리스·라틴 알파벳과 9세기경 불가리아에서 만들어진 키릴 알파벳 정도를 들 수 있다. 유럽의 서부는 라틴 알파벳이, 동부는 러시아의 키릴 알파벳이 지배하는 세상이 되었다. 캅카스 지역의 작은 나라 아르메니아와 조지아에도 알파벳이 존재하지만 매우 제한된 지역만 사용한다.

인도나 에티오피아의 문자는 아부지다(abujida)라고 불리는데 알파벳처럼 자음과 모음을 합쳐 소리를 만드는 형식이 아니라 하나의 발음을 하나의 문자로 표현하는 방식이다. 가, 나, 다, 라, 마, 바, 사 등 한국의 어린이들이 한글을 배울 때 사용하는 표의 발음이 각각 하나의 문자가 되는 셈이다. 발음에 기초한 일본어의 문자 히라가나와 가타가나도 아부지다 형식이다. 쉽게 상상할 수 있듯이 이런 문자는 더 복잡하고 배우기도 어렵다.

이와 비슷한 경우는 히브리어, 아랍어 등에서 사용하는 아브지드(abjid) 형식의 문자체계로 여기에는 모음이 없고 자음만 있다. 지역에 따라 고유한 모음을 자유롭게 조합하여 읽는 형식이다. 우리가 휴대전화로 문자를 보낼 때 'ㅇㅋ'라고 쓰면 오케이라고 이해하는 것과 같은 원리다. 문제는 이것이 오케이도 되지만 놀라움의 '이크', 토하고 싶다는 뜻의 '웨크' 등으로 이해될 가능성도 높다는 점이다.

알파벳의 간편함과 대중성은 중국에서도 확인할 수 있다. 중국은 수천 년 동안 한자를 사용해왔지만 20세기 들어 병음(핀인, 拼音)체제를 도입했다.[11] 중국인들은 국가 체면 때문에 아마도 계속 간체자의 한자를 공식적으로 사용할 것이다. 하지만 중국은 사실상 라틴 알파벳을 쓰는 나라라고 볼 수 있다.

예를 들어 베이징은 한자로 '北京(북경)'이라고 쓰지만 이를 컴퓨터에 입력하거나 스마트폰에서 문자로 쓸 때는 'bei jing'이라는 라틴 알파벳을 쓴 뒤 제안하는 한자 가운데 골라서 입력하는 방식을 사용한다. 한글로 단어를 입력한 뒤 제안하는 한자 가운데 골라서 변환하는 원리와 같다.

한글은 유럽에서 발달한 알파벳을 제외하고는 세상에서 거의 유일한 표음문자다. 유럽과 어떤 문화 교류나 영향을 통해 표음문자를 만든 것도 아니고, 우리가 독자적으로 창출해낸 이 문자체계는 페니키아, 그리스 등의 알파벳을 변환시켜 만든 라틴 알파벳보다도 훨씬 더 과학적인 원리와 세계관을 반영하고 있다. 매우 놀랍고 자랑스러운 현실이 아닐 수 없다.

이처럼 문자라는 기준으로 세계를 비교했을 때 유럽은 유일한 알파벳의 문명이라고 부를 수 있을 만큼 독자성을 가진다. 세계시장을 지배하려는 다국적기업 구글이 지주 회사의 이름으로 '알파벳(Alphabet)'을 선택한 것도 우연은 아니다. 현대 세계의 문자이자 대명사가 된 알파벳이라는 명칭으로 자사를 포장함으로써 문화성을 자랑하고, 동시에 서구를 그 뿌리와 기본으로 삼고 있음을 은연중에 과시한 것이다.

#

## 라틴어는 로마제국의 공용어

유럽인도어라는 언어 계통은 아시아와 유럽을 모두 아우른다. 좀 더 세밀하게 언어의 가족을 헤아린다면 유럽에서 게르만어, 로망스어, 슬라브어 등 적어도 세 개의 커다란 언어군이 경쟁한다. 유럽 전체를 하나의 문명으로 묶는 데 결정적으로 기여한 것은 2000여 년 전에 완성된 라틴 알파벳이라고 할 수 있다. 문자를 통해 표현되는 로마제국의 통일 유산은 라틴어라는 언어에서도 유사하게 나타난다.

2000여 년 전의 유럽을 상상해보자. 로마제국이 지배하는 지중해를 둘러싼 영토와 프랑스, 벨기에, 영국 등 오늘날 서유럽 지역에서 라틴어와 라틴 문자는 공식 소통의 도구였다. 물론 요즘처럼 모든 사람이 학교에서 라틴어를 배우고 일상생활에서 사용한 것은 아니었다. 라틴어는 거대한 제국의 엘리트들이 사용하는 언어였다. 일상생활에서는 라틴어보다 해당 지역의 언어가 사용되었다. 하지만 이 엘리트의 언어는 제국이 망한 뒤에도 계속 영향력을 가졌다.

가톨릭교회는 라틴어가 유럽의 언어로 자리매김하는 데 결정적인 역할을 했다. 4세기 말 기독교가 로마제국의 국교가 되면서 가톨릭교회는 히브리어와 그리스어로 된 성경을 라틴어로 번역했다. 불경이 산스크리트어와 동일시되고 유교 경전이 고대 중국어로 쓰였듯이 가톨릭은 라틴어와 불가분의 관계를 맺게 된 셈이다.

2장 '종교의 그물'에서 더 자세히 살펴보겠지만 처음부터 라틴어가 지배적이었던 것은 아니다. 초기 기독교 내부에는 그리스어와 라틴어가 서로 경쟁하는 관계였다가 점차 가톨릭의 라틴어와 정교의 그리스어로 분열되어갔다. 적어도 서유럽에서 라틴어는 교회와 종교의 언어이자 다양한 민족이 서로 소통할 수 있는 국제어의 기능을 했다. 20세기까지도 라틴어는 미사를 드리는 언어로 활용되었다.

가톨릭교회는 로마제국이 멸망한 후에도 서유럽에서 대단한 지위를 유지했다. 정치적 분열과 혼란에도 불구하고 가톨릭교회는 여전히 서유럽의 종교 중심이었고 가장 탄탄하고 오래된 조직이자 제도였다. 교회는 로마제국의 행정 그물을 그대로 물려받아 유지하는 유일한 조직이었다.[12] 유럽 역사에서 교회의 수많은 성직자가 정부의 수상이나 장관직을 담당한 이유다. 예를 들어 17세기 프랑스에서 리슐리외 추기경이나 마자랭 추기경은 모두 수상직을 역임했다.

중세에 전쟁하는 봉건 귀족과 달리 가톨릭교회는 기도하는 기능을 담당하면서 지식 중심의 역할도 맡았다. 교회는 지식과 교육을 담당하는 사회 기능을 수행하면서 라틴어를 중세 유럽의 공용어로 유지하고 발전시키는 데 결정적으로 기여했다. 유럽에서 대학의 기원 역시 가톨릭교회와 긴밀하게 연결되어 있으며, 공식 고등교육기관의 출범과 함께 라틴어는 유럽의 학술 공용어로 부상했다.

로마제국의 멸망부터 중세 후기까지 유럽의 구어(口語)는 다양했지만 공용 문어(文語)는 라틴어 하나였다. 중세 후기에 이르면 이탈리아, 프랑스, 영국, 독일 등에서 각각 민족 언어가 서서히 부상하지만, 중세 이후 르네상스 시대까지 라틴어는 여전히 유럽 지식인들의 공용 문어로 활용되었다.

16세기 유럽의 대표적인 지식인 에라스무스는 라틴어로 작품을 썼고, 따라서 자국 네덜란드뿐 아니라 유럽 전역에서 읽히는 작가가 될 수 있었다. 특히 16세기 르네상스 유럽에서는 보편적인 '문학의 공화국 (Republic of Letters)'이라는 이상이 지배했다. 그것은 문학처럼 인간의 본질을 다루는 영역에서 보편가치를 지향하는 작가들의 공동체가 존재해야 한다는 이상이었고, 실제로 이를 실천하기 위한 노력이 유럽 각지에서 이루어졌다.

# 민족 언어의 부상

18세기까지 라틴어는 여전히 유럽의 공용 문어로 사용되었다. 하지만 문어로 소통하는 데는 불편함이 따를 수밖에 없었다. 글을 읽고 쓰는 것은 교육받은 소수 엘리트만의 활동이었지만 이들조차 문어로 대화를 나누는 것은 쉽지 않은 일이었다. 따라서 르네상스 시대부터 특정 언어가 유럽에 광범위하게 확산되어 국제 언어로 사용되기 시작했다.

르네상스의 지리적 중심인 이탈리아의 언어이자 라틴어를 자연스럽게 계승한 이탈리아어는 초기에 최고의 위상을 차지했다. 예를 들어 오스트리아의 빈에서는 이탈리아어를 궁중 언어로 사용했다. 북유럽의 엘리트들이 이탈리아의 예술을 배우러 떠나는 그랑투르(Grand Tour)가 유행했을 때 그들은 당연히 이탈리아어를 배워야 했다. 사람들은 이탈리아에서 발전한 음악 장르 오페라는 당연히 이탈리아어로 불러야 한다고 생각했다.

하지만 문어 라틴어를 밀어내고 살아 있는 언어 이탈리아어가 공용어로 부상하자 유럽 특유의 경쟁 기제가 발동하기 시작했다. 무엇보다 르네상스 이후 프랑스어가 그 지위가 높아지면서 이탈리아어의 위상에 도전하게 되었다.

이탈리아가 여러 나라로 분열되어 있던 반면 프랑스는 중앙집권 국가였다는 사실이 프랑스어의 발전에 크게 기여했다.[13] 프랑스 왕실은 파리 지역의 언어를 전국에 강요했고, 17세기 루이 14세 때는 베르사유 궁이 유럽 문화의 중심으로 부상하면서 프랑스어가 유럽 전역에 확산되는 계기가 되었다.

16세기와 17세기 프랑스의 왕족이나 귀족이 이탈리아어를 배우는 것을 당연하게 생각했듯이, 18세기에 유럽 왕족이나 귀족은 프랑스어 배우는 것을 필수로 생각했다. 유럽 전 지역에서 왕족과 귀족은 프랑스어로 대화를 나누었다. 프랑스어는 새로운 국제 언어로 부상했다. 이 시기 프랑스 출신 가정교사와 보모는 유럽 전역에서 인기를 끌었다. 게다가 18세기가 되면 프랑스의 계몽주의가 유행하면서 프랑스어는 전통 귀족뿐 아니라 지식인의 언어로도 각광받기 시작했다.

#

## 18세기 프랑스어

문학이나 학문에서도 프랑스어는 유럽의 공용어가 되었다. 프랑스에서 출판된 글과 책이 유럽 전역에서 읽혔고, 다른 언어를 사용하는 지역에서조차 프랑스어로 쓰인 저서와 잡지 들이 늘어났다. 예를 들어 프랑스 출신 피에르 벨은 스위스 제네바에서 유학을 한 뒤 암스테르담에서 《문학 공화국의 뉴스(Nouvelles de la République des Lettres)》(1684~1718)라는 잡지를 프랑스어로 발간했다.

1737년 뒤늦게 대학을 세운 독일의 괴팅겐에서도 프랑스어가 중요한 학술 언어로 사용되었다. 1739년부터 출간된 《학술 가제트(Gazette savante)》, 《역사와 정치문제의 서한(Correspondance contenant principalement des questions historiques et politiques)》(1778~1782)이나 《정치 가제트(Gazette politique)》(1783~1793) 등의 잡지가 모두 프랑스어로 출간되었다. 마치 21세기 한국에서 학회마다 영어로 학술지를 발간하는 것이 유행이듯, 18세기 유럽에서는 프랑스어로 학술지나 잡지를 발간해야 유럽 전역에서 읽힐 수 있다는 생각이 일반적이었다.

1750년 프랑스의 대표적인 지식인 몽테스키외는 자신이 2년 전에 발표한 《법의 정신》이 유럽 전역에서 스물두 번이나 출판되었다고 자랑했다. 최근 연구에 따르면 실제로는 열두 번의 다른 판 번을 찍었고 세 차례의 번역이 이루어졌다고 한다.[14] 작가가 자신의 성공을 좀 과장한 셈이다. 아무튼 프랑스는 유럽인들에게 지식의 중심이었으며, 유럽이 다양한 나라로 이루어졌지만 지식인의 공간은 통일되어 있었다는 사실을 보여준다.

18세기 유럽이라는 지식의 그물은 문인이나 학자의 직접적인 교류 외에도 서로 편지를 주고받으며 이루어졌다. 오스트리아 귀족 빈디슈그래츠 백작은 요제프 2세 황제와 가까운 사이였다. 그는 공직에서 은퇴한 뒤 학문에 전념했으며, 유럽 곳곳의 지식인 250여 명과 서신을 주고받았다. 프랑스의 콩도르세와 달랑베르, 스코틀랜드의 애덤 스미스 등이 가장 잘 알려진 그의 교신 동료였다.

스위스 베른 출신의 폰 할러는 독일 괴팅겐대학의 해부학, 생물학과 의학 교수로, 유럽 각지의 무려 1200여 명과 서신을 주고받으며 근대 과학의 태동에 기여했다. 그는 스웨덴의 칼 폰 린네, 이탈리아의 카를로 알리오니 등과 긴밀한 사이였다. 유럽에서 이런 교류는 주로 프랑스어, 그리고 경우에 따라 라틴어와 이탈리아어로 이루어졌다.

1784년 프랑스의 학자 리바롤은 〈프랑스어의 보편성에 대하여〉라는 논문으로 베를린 학술원으로부터 상을 받았다. 프로이센의 수도 베를린의 학술원에서 프랑스어의 보편성을 다룬 논문에 상을 주었다는 사실 자체가 놀라운 일이다. 논문에서 리바롤은 고대 그리스의 그리스어 또는 로마제국의 라틴어처럼 이제는 프랑스어가 모든 민족이 사용하는 보편적 공화국의 언어가 되었다고 주장했다. 그는 독일어가 너무 복잡하고 어렵다고 비판하면서 스페인어, 이탈리아어, 영어 등 유럽의 주요 언어들이 보편적이지 못한 이유를 하나하나 설명했다. 지금 다시 읽어 보면 우스꽝스러운 주장도 많다. 특히 영어에 대한 비판은 그의 스코틀랜드인 아내와의 불행한 결혼생활에 기인한 것이라고 한다!

#

## 19세기 언어 경쟁

19세기 유럽의 민족주의 시대에 언어는 민족정신의 핵심으로 부상한다. 프랑스어가 공용어로 전파되고 지배적인 위치를 굳히면 굳힐수록 다른 나라들도 자기 민족 언어의 우수성을 강조하고자 했다. 유럽의 언어 그물 속에서 프랑스어의 보편적이고 지배적인 위상이 자연스럽게 작용과 반작용의 단계를 거치게 되었다는 뜻이다.

18세기 중반 독일의 여성 작가 루이제 고트셰트는《프랑스 보모 (Gouvernante française)》라는 작품에서 독일적인 모든 것을 증오하는 프랑스인 보모가 사실은 사기꾼이라는 내용의 이야기를 한다. 외국인의 위선을 폭로함으로써 자국의 진정한 가치를 부각하는 민족주의 스토리의 전형이라고 할 수 있다. 이 작가는 사실 몰리에르의 희곡《미장트로프(Le Misanthrope)》를 독일어로 번역할 정도로 프랑스 언어와 문학의 전문가였다. 그의 남편 요한 크리스토프 고트셰트는 프랑스 연극을 독일에 수입하여 소개하고 연출하는 일을 했다. 달리 말해 이들 부부는 프랑스 언어와 문학, 연극이 보편성을 주장하는 우수한 문화적 성과임에 틀림없지만, 결국은 각 나라가 이런 교류와 도입에서 더 나아가 자신만의 언어와 예술을 발전시켜야 한다는 의식에 불탔던 것이다.

19세기 독일에서 헤르더와 피히테는 언어를 통한 민족주의의 길을 열었다.[15] 헤르더는 한 민족의 언어와 정체성이 긴밀하게 연결되어 있음을 강조했다. 언어에는 특정 민족의 정신이나 경험, 역사가 그대로 담겨 있으며, 민족마다 언어가 서로 다른 것은 이런 정신, 경험, 역사가 다르기 때문이라고 보았다.

피히테는 1808년 프로이센과 프랑스가 전쟁을 벌이는 와중에 '독일 민족을 향한 연설'을 발표했다. 여기서 그는 게르만 계통의 언어가 유럽을 지배한다는 사실을 지적한다. 하지만 영어처럼 일부는 원래 게르만족의 영토에서 다른 영토로 확산되면서 오염된 반면, 태고의 영토에 남아 있던 독일어만이 순수성과 우수성을 보존할 수 있었다고 주장한다. 결국 독일어는 정치와 과학 양면에서 가장 훌륭한 언어이며 이를 적극 활용해야 한다고 말한다. 19세기 많은 유럽 국가에서 프랑스어가 세계를 하나로 묶는 경향의 국제주의를 의미했다면, 자국의 고유 언어는 민족과 애국주의의 새로운 상징으로 떠올랐다.

19세기 유럽 각지에서는 프랑스의 언어와 문학과 연극 등의 전통과 권위를 재현하려는 노력이 나타났다. 프랑스 민족이 자국의 언어를 자랑스럽게 내세우며 그 전통을 아카데미 프랑세즈를 통해 보호하고 가꿔가듯이 유럽의 다른 민족들도 유사한 언어의 정리나 사전의 편찬, 역사의 문학적 재발견 등의 노력을 기울였다. 과거 각국이 왕가의 영광스러운 과거를 칭송하기에 바빴다면, 1789년 프랑스 대혁명 이후에는 각 민족의 운명공동체를 기리며 각자의 언어와 문화를 통해 역사 정통성을 세우는 데 열심이었다.[16] 유럽이라는 그물 안에서 언어와 문화의 모방 및 경쟁이 활발하게 펼쳐진 것이다.

# #
# 프랑스어에서 영어로

18세기부터 21세기 현재까지는 유럽의 공용어가 프랑스어에서 영어로 서서히 바뀌는 길고 긴 과정이라고 볼 수 있다. 유럽에서 벌어지는 다양한 언어의 경쟁 과정은 무척 흥미롭다. 크게 보아 국력이 공용어의 채택에 반영되는 경향을 부정하기는 어렵다. 18세기 유럽에서 프랑스 왕국은 가장 거대한 영토를 가진 데다가 중앙집권 국가였고 문화의 첨단을 달렸다. 당시 프랑스어가 유럽의 공용어가 된 것이 그리 놀랍지 않은 현상이라는 말이다.

산업혁명으로 경제 부흥을 이끌었고, 18세기 식민지 확보 경쟁에서 승리한 영국의 언어가 프랑스어를 제치고 유럽에서 더 확산된 것도 자연스러운 일이었다.[17] 21세기의 중국처럼 19세기에 영국은 '세계의 공장'으로 불렸다. 철도의 그물이 촘촘하게 국토를 뒤덮었으며, 영국의 철강 생산은 세계 최고였다. 대영제국의 군함은 세계의 바다를 호령했다. 비즈니스를 하거나 외교 협상을 하는 데 영어의 사용이 과거보다 더 빈번해진 것은 자연스러운 흐름이었다.

또한 영국은 이미 18세기에 유럽에서 많은 엘리트들이 동경하는 정치제도를 가지고 있었다. 다른 나라에서 절대군주가 지배하고 있을 때 18세기 영국에서는 이미 의회민주주의가 자리 잡기 시작했다. 영국의 정치제도는 시민의 자유를 보장하는 체제였고, 19세기 유럽의 많은 지식인, 정치인, 사상가 들이 자유를 누리기 위해 영국으로 망명했다.

가장 대표적인 인물이 자본주의를 제일 맹렬하고 체계적으로 비판한 마르크스라고 할 수 있다. 독일 출신의 마르크스는 처음에 파리로 망명했다. 하지만 프랑스는 독재와 자유를 오가는 불안정한 상황이었다. 결국 그는 안정과 자유가 보장되는 영국을 선택했다. 그는 1849년 런던에 도착한 후 1883년에 사망할 때까지 자본주의의 수도에서 정치 활동과 집필을 하며 보냈다.

19세기 말과 20세기 초에 이르자 영어와 프랑스어는 국제무대에서 대등한 관계로까지 진화한다. 국제올림픽위원회(IOC)나 국제노동기구(ILO) 등 이 시기에 설립된 국제기구가 영어와 프랑스어를 공용어로 채택한 사실에서 이를 확인할 수 있다.

프랑스어가 국제사회에서 영어에 뒤처지게 된 결정적인 계기는 미국의 부상이다. 두 차례의 세계대전을 거치면서 프랑스와 독일 등 유럽 국가들은 크게 약화되었고, 대신 미국과 소련이 초강대국으로 부상했다. 영어는 미국의 힘을 빌려 더욱 막강한 영향력을 갖게 되었다. 영어가 프랑스어를 대체하는 현상은 국제무대에서 먼저 일어났고, 유럽에서 조금 늦게 진행되었다고 할 수 있다.

20세기 말까지만 하더라도 유럽에서는 영어가 아닌 다른 유럽의 언어를 제1외국어로 공부하는 경우가 많았다. 예를 들어 프랑스에서는 독일어나 스페인어, 이탈리아어를 배우고, 독일에서는 프랑스어, 러시아어 등을 선택하여 배우는 학생이 많았다. 하지만 20세기 말부터 세차게 불어닥친 세계화의 광풍은 유럽마저 영어가 지배하는 지역으로 바꿔놓았다. 2012년 유로 바로미터 조사에 따르면 유럽연합에서 영어가 국어가 아닌 나라의 국민 가운데 38퍼센트가 영어로 대화가 가능하다고 답했다. 반면 프랑스어로 소통이 가능하다고 답한 사람은 12퍼센트에 불과했다.[18]

21세기에 들어서면서 유럽연합은 구공산권에 속했던 나라들을 대거 영입하여 동유럽으로 영역을 확장했다. 이들은 소련의 지배 아래 강제로 러시아어를 배웠어야 하는 나라들이다. 이들이 유럽이라는 공동의 집으로 돌아오면 막강한 영향력을 가진 가까운 이웃 독일의 언어가 강화되리라는 기대가 있었다. 하지만 이들 국가에서조차 가까운 독일어보다는 세계적으로 통용되는 영어가 인기를 끌었다. 아이러니는 유럽이 이처럼 영어 공용어의 지역으로 변화해가는데, 막상 영국은 2016년에 유럽연합에서 탈퇴하는 결정을 내렸다는 사실이다.

#
## 현대판 바벨탑

창세기(11장 1~9절)에 등장하는 바벨탑의 이야기는 유럽연합의 상황을 연상하게 한다.[19] 하나의 언어를 사용하는 인간들이 서로 협력하여 하늘에 닿을 수 있는 탑을 건설하기 시작했는데, 이를 본 하느님이 언어를 여럿으로 나누자 인간들은 더 이상 협력하여 탑을 쌓아 올리지 못하게 되었다. 그 뒤 인간들은 세계 각지로 흩어져 각 민족의 언어를 사용하며 따로따로 살게 되었다는 이야기다.

바벨탑 이야기에 대한 해석은 여러 가지다. 그중 하나는 하느님의 영역인 하늘까지 도달하겠다는 인간의 오만함에 화가 난 하느님이 서로 다른 언어를 사용하게 하여 인간들의 협력을 불가능하게 만들었다는 해석이다. 에덴동산에서 하느님의 명령을 어기고 선악과를 맛본 아담과 이브가 낙원에서 쫓겨나는 신세가 되었듯이, 공통의 언어를 신의 영광을 찬양하는 데 사용하지 않고 서로 공모하여 신에게 도전하는 건축물을 세우려 했다는 것이다. 이런 해석이 그다지 놀라운 것은 아니다.

〈바벨탑〉(피터르 브뤼헐, 1563).

구약의 하느님은 인간처럼 화도 잘 내고 쉽게 흥분하는 성격이기 때문이다.

또 다른 해석은 언어 다양성의 기원을 설명한다는 것이다. 이 해석에서 중요한 부분은 인간이 탑을 만든다거나 그것이 신에 대한 도전으로 비쳐졌다는 사실이 아니라, 하나였던 공통의 언어가 다양하게 차별화함으로써 소통이나 협력이 어려워졌다는 점이다.

원래 하나였던 인도유럽어의 우수한 문화가 확산되면서 여러 언어로 분화되는 모습은 바벨탑 이야기와 매우 유사하다. 처음에 인도유럽어를 사용하던 민족은 다른 민족에 비해 발달한 문명 패키지를 보유하고 있었다. 따라서 방대한 지역을 점령하고 문화 영향력을 확산하면서 언어와 문명의 패키지를 광범위하게 전파했다. 하지만 시간이 지나면서 각 지역은 고유한 언어와 문명을 발전시키는 독자적 경로를 가게 된다.

처음에는 하나의 뿌리였지만 시간이 지나면 다양성이 발전하여 상호 소통조차 어려운 상태로 변화한다는 이치다.

유럽연합을 바벨탑에 비유하는 것은 언어의 다양성이라는 핵심 요소에 한정될 뿐이다. 다행히도 인간은 서로 언어가 달라도 협력하는 방법을 찾아낸다. 손짓 발짓으로 어느 정도 의사소통을 할 수도 있고, 교류를 지속하다 보면 공동의 언어를 만들어내기도 한다. 여러 문명이 교류하는 지역에서 크리올(creole)이라는 새로운 언어가 빈번하게 만들어지는 이유다.

유럽연합은 2018년을 기준으로 회원국이 28개국인데 모든 회원국의 국어를 공식 언어로 채택하고 있다. 따라서 유럽연합의 공식 언어는 모두 24개다. 28개가 아닌 24개인 것은 영어와 독일어 등 몇 개의 언어가 두 개 이상의 나라에서 사용되고 있기 때문이다.

한국에서는 한 나라에 하나의 국어가 있어야 한다는 생각이 지배적이지만 유럽에서는 반드시 자국만의 언어를 갖는 것은 아니며, 꽤 많은 나라가 다수의 국어를 보유하기도 한다. 예를 들어 독일어는 독일과 오스트리아, 벨기에, 룩셈부르크의 국어다. 벨기에에서는 프랑스어와 네덜란드어, 독일어를 공용으로 쓴다. 그리스어도 그리스와 키프로스에서 모두 사용하는 국어다. 헝가리어는 헝가리뿐 아니라 이웃 오스트리아, 루마니아, 슬로베니아, 슬로바키아 등에서 공용어의 지위를 누리고 있다.

바벨탑의 이야기에서 볼 수 있듯이 각자 다양한 언어를 사용한다면 소통과 협력이 어렵다. 유럽연합에서는 영어, 프랑스어, 독일어를 정치와 행정의 공용어(working languages)로 채택하고 있다. 유럽연합 집행위원회나 의회, 법원에서 일하는 공무원들은 대개 영어와 프랑스어, 또는 영어와 독일어를 사용할 줄 안다.

실제 유럽에서 언어교육 정책은 3개 국어 사용을 목표로 한다. 모국어를 제외하고 중등교육 과정에서 적어도 두 개의 외국어를 배우도록 하는 것이다. 그러면 세 개의 언어로 소통하는 능력을 배양할 수 있다는 계산이다.

#

## 언어 다양성

과거 민족주의의 시대에는 하나의 언어로 민족을 탄탄한 공동체로 묶는 것이 목표였다. 하지만 이제 유럽은 여러 개의 언어를 장려하여 언어 다양성을 만드는 것이 바람직하다는 생각을 공유하게 되었다. 그것은 유럽 통합이, 하나의 지배적인 헤게모니가 자신의 힘을 다른 나라에 강제하는 형태가 아니라 여러 나라가 각자의 정체성을 바탕으로 연합하는 모습으로 진행되었기 때문에 가능한 일이다.

앞에서 언급했지만 실제로 유럽의 학생들은 다른 어떤 언어보다도 영어를 배우기를 원한다. 국제적으로 가장 많이 통용되는 언어이기 때문이다. 하지만 두 번째 외국어는 활용 빈도가 높지 않더라도 자신의 선호와 개성을 살려 선택하는 경향이 있다.

유럽의 시민을 대표하는 의원들로 구성된 유럽의회에서는 24개 국어가 각기 공식 언어의 지위를 가진다.[20] 한 의원이 자신의 모국어로 발언을 하면 2단계의 통역 시스템이 가동된다. 예를 들어 에스토니아의 의원이 에스토니아어로 발언을 하면 영어나 프랑스어처럼 다수의 통역사들이 사용하는 중간 언어로 1차 번역한다. 이 중간 언어는 브리지 (bridge), 즉 다리라고 불린다. 그리고 이 중간 언어에서 다른 모든 공식 언어로 2차 통역한다. 에스토니아어에서 다른 23개 국어로 직접 통역하는 것보다 시간은 더 많이 걸리지만 통역사의 수를 현저하게 줄이는 묘안이다.

유럽연합에 24개의 공식 언어가 존재한다는 의미는 모든 법안이나 결정, 보고서, 서류 등이 24개 언어로 번역되어야 한다는 뜻이다. 일을 진행하는 과정에서 초기에는 영어, 프랑스어, 독일어 등으로 서류를 작성하여 진행하지만 장기적으로는 나머지 20여 개의 언어로 모두 번역한다. 효율성을 중시하는 현대 사회의 사고로 보면 커다란 낭비라고 할 수 있다. 하지만 큰 나라와 작은 나라, 국제 언어와 단순한 민족 언어 모두 존중받을 필요가 있다는 배려의 결과다.

당연히 유럽에서는 통번역 전문 인력과 양성 기관이 발전할 수밖에 없다. 세계적인 통번역 학교는 대개 파리와 스위스에 위치한다. 이에 비해 대학마다 영어 이외의 어문학과에 대해 가혹한 축소와 폐쇄의 압력을 가하고 있는 한국의 현실은 참담하다. 지성의 중심이라고 할 수 있는 대학에서조차 소수에 대한 이해와 존중과 배려의 필요성을 인식하지 못한다면 우리의 미래는 그다지 밝을 수 없다.

1992년 유럽 국가들은 '유럽 지역·소수 언어 헌장(European Charter for Regional or Minority Languages)'을 통해 작은 나라의 공식 언어뿐 아니라 각 국가 안에 존재하는 지역 언어나 소수민족 언어의 권리를 강조했다.[21] 이들도 충분히 보호받아 마땅하며 정식 교육의 대상이 되어야 한다는 것이다.

물론 프랑스와 이탈리아처럼 지방 언어가 민족국가의 통일성을 저해할 가능성 때문에 강력한 단일 언어 정책을 써온 나라들은 헌장에 서명했지만 비준에는 실패했다. 하지만 이들이 헌장의 원칙과 권리 선포에 동참하지 못했다고 해서 다양한 지방 언어의 교육과 확산에 적극 반대하는 입장은 아니다.

결국 바벨탑 이야기는, 인간이 하나의 언어만 사용한다는 잘못된 사고에서 비롯되는 오해다. 인간은 특정 언어를 갖고 태어나는 것이 아니라 어린 시절 언어를 배운다. 하나만 배우는 것도 아니다. 아버지와 어머니의 언어가 서로 다른 아이들은 쉽게 이중언어 사용자로 자라난다. 유럽에서는 시민들이 세 개의 언어를 사용할 수 있도록 정책으로 장려하고 있다. 여러 개의 외국어를 학습해본 사람이라면 알겠지만 말이란 처음에 하나 배우기가 어렵지 수를 더해갈수록 상대적으로 쉬워진다. 언어 학습 노력 체감의 법칙이라는 것이 존재한다는 말이다.

나는 이 장을 시작하면서 언어란 문명의 결정체이자 상징이라고 설명했다. 유럽은 분명 하나의 언어가 지배하는 문명이 아니다. 유럽에는 항상 언어의 다양성이 존재했고 지금도 수십 개의 공식 언어가 공존한다. 하지만 동시에 이들 언어는 서로 상당히 유사하며 알파벳이라는 같은 문자를 바탕으로 수천 년 동안 교류하면서 하나의 문화 토양을 공유해왔다. 통합과 다양성의 조화라는 유럽 문명의 특징을 언어와 문자에서부터 보여주는 것이다.

\* 유럽연합 공식 언어 ▨▨▨ 유럽연합 미소속 유럽 국가의 언어

| 게르만어군 | | |
|---|---|---|
| 언어 | 사용 국가 | 아침 인사말 |
| 독일어 | 독일, 오스트리아, 벨기에, 스위스, 룩셈부르크 | Guten morgen |
| 네덜란드어 | 네덜란드, 벨기에 | Goedemorgen |
| 영어 | 영국, 아일랜드, 몰타 | Good morning |
| 덴마크어 | 덴마크 | God morgen |
| 스웨덴어 | 스웨덴 | God morgon |
| 노르웨이어 | 노르웨이 | God morgen |
| 아이슬란드어 | 아이슬란드 | Góðan daginn |

| 로망스어군 | | |
|---|---|---|
| 프랑스어 | 프랑스, 벨기에, 룩셈부르크, 스위스 | Bonjour |
| 이탈리아어 | 이탈리아, 스위스 | Buongiorno |
| 스페인어 | 스페인 | Buenos días |
| 포르투갈어 | 포르투갈 | Bom Dia |
| 루마니아어 | 루마니아 | Bună dimineaţa |

| 슬라브어군 | | |
|---|---|---|
| 폴란드어 | 폴란드 | Dzień dobry |
| 체코어 | 체코 | Dobrý den |
| 슬로바키아어 | 슬로바키아 | Dobré ráno |
| 슬로베니아어 | 슬로베니아 | Dobro jutro |
| 세르비아-크로아티아-보스니아어 | 세르비아, 크로아티아, 보스니아 | Dobro jutro |
| 불가리아어 | 불가리아 | добро утро (Dobro utro) |
| 러시아어 | 러시아, 우크라이나 | Доброе утро (Dobroye utro) |
| 우크라이나어 | 우크라이나 | доброго ранку (Dobroho ranku) |
| 벨라루스어 | 벨라루스 | добрай раніцы (Dobraj ranicy) |

| 기타 언어 | | |
|---|---|---|
| 그리스어 | 그리스, 키프로스 | Καλημέρα σας |
| 헝가리어 | 헝가리, 오스트리아, 루마니아, 슬로베니아, 슬로바키아 | Jó reggelt |
| 핀란드어 | 핀란드 | Hyvää huomenta |
| 에스토니아어 | 에스토니아 | Tere hommikust |
| 라트비아어 | 라트비아 | Labrit |
| 리투아니아어 | 리투아니아 | Labas rytas |
| 아일랜드어 | 아일랜드 | Dia dhuit ar maidin |
| 몰타어 | 몰타 | Bonġu |
| 알바니아어 | 알바니아 | Mirëmëngjes |
| 터키어 | 터키, 키프로스, 불가리아, 마케도니아 | Günaydın |
| 아르메니아어 | 아르메니아 | Բարի առավոտ |
| 조지아어 | 조지아 | დილა მშვიდობისა |

**2장**

종교의 그물

# 유럽의 주요 성당과 교회

지도 위의 지명: 노르웨이, 스웨덴, 덴마크, 발, 북 해, 아일랜드, 영국, 네덜란드, 독일, 체코, 대 서 양, 벨기에, 룩셈부르크, 프랑스, 오스트리, 크로아, 포르투갈, 스페인, 지 중 해, 이탈리아, 바티칸시국

| 번호 | 이름 | 번호 | 이름 | 번호 | 이름 | 번호 | 이름 |
|---|---|---|---|---|---|---|---|
| 1 | 오슬로 대성당 | 14 | 코벤트리 대성당 | 27 | 산티아고 데 콤포스텔라 대성당 | 40 | 레핀 대성당 |
| 2 | 스톡홀름 대성당 | 15 | 브리스틀 대성당 | 28 | 부르고스 대성당 | 41 | 스트라스부르 대성당 |
| 3 | 로스킬레 대성당 | 16 | 솔즈베리 대성당 | 29 | 바르셀로나 대성당 | 42 | 안트베르펜 성모 마리아 대성당 |
| 4 | 투르쿠 대성당 | 17 | 윈체스터 대성당 | 30 | 성 가족 성당 | 43 | 성심 대성당 |
| 5 | 페테예베시 성당 | 18 | 켄터베리 대성당 | 31 | 팔마 대성당 | 44 | 룩셈부르크 노트르담 대성당 |
| 6 | 헬싱키 루터란 대성당 | 19 | 세인트폴 대성당 | 32 | 몽펠리에 생피에르 대성당 | 45 | 바르넬트 초석 교회 |
| 7 | 펀즈 대성당 | 20 | 웨스트민스터 대성당(성공회) | 33 | 생사벵쉬르가르탕프 교회 | 46 | 아헨 대성당 |
| 8 | 성 베드로 성당 | 21 | 웨스트민스터 대성당(가톨릭) | 34 | 샤르트르 대성당 | 47 | 쾰른 대성당 |
| 9 | 세인트자일스 대성당 | 22 | 일리 대성당 | 35 | 루앙 대성당 | 48 | 힐데스하임 대성당 |
| 10 | 더럼 대성당 | 23 | 파티마 성삼위 성당 | 36 | 불로뉴쉬르메르 노트르담 대성당 | 49 | 독일 교회 |
| 11 | 리버풀 대성당 | 24 | 산타엥그레시아 교회 | 37 | 아미앵 대성당 | 50 | 프랑스 교회 |
| 12 | 리버풀 메트로폴리탄 대성당 | 25 | 세비야 대성당 | 38 | 파리 노트르담 성당 | 51 | 프랑크푸르트 대성당 |
| 13 | 링컨 대성당 | 26 | 아빌라 대성당 | 39 | 랭스 대성당 | 52 | 보름스 대성당 |

•5

란드

•6 ● 93, 94

● 95, 96

러시아

• 90

우크라이나

키아

• 89      조지아 ● 98
루마니아      • 97 ● 99
      아르메니아
흑 해      • 100

불가리아

● 75, 76

• 77

터키

• 74

그리스

# 유럽은 기독교 공동체?

21세기 들어 유럽연합은 진정한 정치공동체로 발전하기 위해서는 헌법이 필요하다고 인식했다. 18세기 북아메리카의 영국 식민지들이 입헌회의를 열어 헌법을 창안해냈듯이 유럽에서도 다양한 세력이 참여하는 입헌회의가 열렸다. 이때 "유럽연합의 정체성은 무엇인가?"라는 질문이 진지하게 제기되었다. 왜냐하면 정치공동체는 서로 공유할 수 있는 가치를 중심으로 모였을 때 결속력이 강하기 때문이다.

가장 자연스럽게 제기된 유럽연합의 정체성은 기독교였다.[1] 특히 폴란드는 기독교를 유럽연합 헌법의 전문에 명백하게 표기하여 이를 중심으로 유럽의 문화 정체성을 세워야 한다는 입장이었다. 폴란드는 교황 요한 바오로 2세를 배출한, 가톨릭 전통이 무척 강한 나라다. 게다가 소련의 지배를 받던 공산 독재 시기 폴란드의 가톨릭교회는 자유와

94 문명의 그물

민주화의 희망을 품은 보루의 역할을 했다. 따라서 폴란드가 기독교를 유럽연합의 축으로 삼자는 주장은 놀라운 일이 아니었다. 아일랜드처럼 전통적으로 기독교의 영향력이 강한 일부 회원국은 폴란드의 주장에 공감했다.

그러나 대부분의 다른 국가들은 난색을 표했다. 기독교 정체성을 노골적으로 헌법에 명기할 경우 유럽연합이 포용의 공동체가 아닌 배타적 집합으로 돌변하고 그로 인해 내부 분열이 일어날 수 있기 때문이다. 많은 여론조사가 보여주듯이 유럽은 세계에서 세속주의가 제일 강한 지역이다.[2] 성당이나 교회에 다니지 않거나 신의 존재에 대해서 회의를 가진 사람들이 많다.

또한 유럽에서는 계몽주의의 영향으로 종교는 사적 영역에 머물러야지 정치에 개입해서는 안 된다는 원칙을 세웠다. 특히 프랑스 같은 나라는 공공장소에서 종교 성향을 드러내는 것조차 금지하는 정치문화가 있다. 이처럼 유럽의 많은 국가에서 기독교를 사회의 중심으로 삼는 데 반대하는 세력이 무척 강하다.

기독교를 헌법의 중심 가치로 내세울 경우 다른 종교를 배제하는 결과를 가져올 수 있다는 이유도 중요했다. 유럽의 거의 모든 국가에서 기독교는 다수를 차지한다. 발칸반도의 보스니아와 알바니아 정도가 이슬람교가 다수를 차지하는 예외다. 하지만 기독교도가 다수인 국가에도 이슬람과 유대교 등을 믿는 소수 종교 세력이 존재한다. 유럽연합 전체를 놓고 보면 수백만 명의 유대인과 1000만 명 이상의 무슬림이 있다.

결국 기독교를 유럽연합이라는 공동체의 정체성으로 규정해버리면 다른 종교 세력과 세속주의를 공동체 밖으로 밀어내는 효과를 낸다. 그 때문에 폴란드의 주장은 거부당했다. 어렵게 합의한 유럽 헌법도

2005년 프랑스와 네덜란드의 국민투표에서 반대에 부딪히면서 폐기될 수밖에 없었다. 유럽은 헌법 제정의 시도가 실패한 뒤 2007년 리스본 조약이라는 합의를 다시 만들었다. 물론 이 새로운 합의에도 기독교 정체성을 명시하지는 않았다.

역설적으로 종교와 정치를 명확하게 구분한 것은 바로 기독교 전통이다. "카이사르의 것은 카이사르에게로, 하느님의 것은 하느님에게로"[3]라는 성경의 입장은 매우 독특하고 특이하다. 그때까지 인류 사회는 종교와 정치가 하나로 통합된 형식이 지배했다. 제사장은 동시에 부족장이자 왕이었다. 하지만 기독교는 카이사르가 상징하는 세속권력의 독립성을 인정하면서 정치와 신앙의 영역을 구분했던 것이다.

이처럼 유럽 헌법안이나 리스본조약은 기독교를 공동체 정체성의 축으로 삼지는 않았다. 하지만 문명이라는 차원에서 유럽을 바라볼 때 기독교 정체성은 라틴어나 알파벳만큼이나 확실하고 뿌리 깊은 유럽의 핵심 징표다. 4세기 로마제국에서 기독교를 국교로 삼은 이후 지금까지 기독교는 유럽을 지배해왔고, 기독교 역시 유럽 없이 존재하기 어려운 불가분의 역사 현실이 되었다.

#

## 파리의 노트르담

내가 유럽 문명에 대해 경외심을 갖게 된 구체적인 계기는 노트르담 성당과의 만남인 것 같다.[4] 1982년 아프리카에 살던 한국인 중학생에게 파리의 노트르담 성당은 충격이었다. 거대한 국제도시 한복판에 자리한 노트르담은 하늘을 찌를 듯 웅장하고 산처럼 컸다. 성당을 장식하는 조각의 섬세함은 그 거대한 규모와 아주 대조적이었다. 작고 다양한 조각이 모여 총체적으로 전체를 만들어내는 거대하면서도 세밀한 모습에 경이로움을 느꼈다.

성당 내부의 어두운 공간에 스테인드글라스의 빛이 발하는 화려한 색상은 사막에서 만나는 오아시스의 신선함을 주었다. 하늘 한가운데로 치솟은 성당을 밖에서 바라볼 때와 내부의 분위기는 사뭇 다르다. 높은 기둥과 천장을 바라보면서 느끼는 인간의 취약하고 작은 모습은 오히려 내부에서 더 강하게 다가온다.

빙글빙글 도는 좁은 계단을 한참 올라가면 성당의 높은 탑 위에 도달한다. 하늘과 가까운 공간, 구름이 손에 잡힐 것 같은 허공에 조각된 키메라는 무섭다. 하지만 높은 탑에서 바라보는 성당의 전경은 아름답다. 유유히 흐르는 센강과 평평한 도시가 한눈에 들어오면서 하늘과 땅의 만남을 만끽할 수 있다.

무엇보다 이런 성당을 그 오래전에 만들었다는 사실이 믿기지 않았다. 중세의 제한적인 기술과 능력으로 이 거대한 믿음의 전당을 만들려면 얼마나 많은 노력과 희생이 따랐을까. 나는 노트르담을 볼 때마다 인간과 신과 종교에 대해 생각한다. 또 노트르담을 보면 종교적 의미를 넘어 프랑스의 정신이나 뿌리, 역사와 힘을 느낄 수 있다. 첫 만남의 기억이 되살아나면서 잠시 어린 시절로 돌아가는 듯한 착각에 빠지기도 한다.

노트르담의 매력이 어찌 한국인 소년만 유혹하겠는가. 노트르담은 파리의 상징으로 에펠탑과 함께 세계에서 가장 많은 여행객이 찾는 관광지 가운데 하나다. 또한 노트르담은 에펠탑이나 뉴욕의 마천루처럼 철강과 콘크리트를 사용한 근대적 건축이 아니라, 1000년 전에 지은 중세 고딕 건축의 대표적인 작품이다.

물론 중세 말기 명나라에 만들어진 베이징의 자금성도 그 규모는 엄청나다. 하지만 노트르담처럼 하늘을 가를 기세의 높이를 자랑하지는 않는다. 또 이집트에는 노트르담보다 더 오래되고 더 웅장한 피라미드가 있다. 하지만 노트르담과 같은 다양하고 세밀한 조각으로 장식되어 있는 것은 아니다. 게다가 피라미드는 잊힌 파라오의 무덤이지만 노트르담은 파리 대교구의 성당으로 수백 년 동안 미사가 멈추지 않았다.

노트르담의 공식 기록에 따르면 1163년에 공사를 시작하여 1345년에 완성되었다. 200년 가까이 지은 셈이다. 크기는 길이가 128미터에 폭이 48미터다. 보통 축구 경기장이 길이 105미터 정도, 폭이 68미터이므로 성당의 규모를 가늠할 수 있다. 또한 건물의 높이는 48미터, 첨탑의 높이는 69미터에 이른다. 1000년 전에 현대 축구장만 한 크기에 10층 높이의 거대한 성당을 지으려면 얼마나 많은 자본과 노동력과 예술가의 정성이 들어갔을지…….

12세기에 파리는 이미 프랑스의 중심이었고, 당시 프랑스는 유럽의 강대국이었다. 소규모 영주들이 지배하는 봉건 중세에 프랑스는 유럽에서 독보적으로 부유하고 강한 왕국으로 성장했다. 따라서 강대국의 역량을 한곳에 집중하여 노트르담과 같은 대성당을 건축하는 것이 쉽거나 당연한 일이라고 생각할 수 있다. 하지만 이는 착각이다.

#

## "성당으로 만든 하얀 망토"

파리에서 서남쪽으로 80킬로미터를 가면 샤르트르라는 도시가 나온다. 지방이라고 부르기도 민망할 정도로 가까운 거리다. 샤르트르의 대성당 역시 노트르담과 비슷한 시기인 1194년부터 1250년 사이에 건축되었고, 그 규모와 웅장함이 파리 못지않다. 첨탑의 높이는 파리 노트르담보다 높은 105미터에 이른다.

파리에서 남쪽으로 120킬로미터를 가면 나오는 부르고뉴 지방의 상스에도 12세기부터 짓기 시작한 대성당이 있다. 파리 북쪽으로 100킬로미터쯤에 있는 누아이용의 대성당 역시 12세기부터 건설되었는데 길이가 105미터에 달한다. 좀 더 가까이 북쪽으로 40킬로미터만 가면 나오는 상리스에도 12세기의 거대한 고딕 성당이 자리 잡고 있다. 130~140킬로미터 정도의 거리에는 서북쪽으로 루앙, 북쪽으로 랑과 아미앵, 동쪽으로 랭스 등의 도시가 있는데 모두 고딕 스타일의 거대한 성당이 있다.

이처럼 파리를 중심으로 중세 당시로서는 어마어마한 규모의 대성당들이 빼곡히 들어서 있다. 12세기부터 14세기 사이 프랑스 북부에서는 모든 에너지를 성당을 짓는 데 쏟아부었다고 해도 과언이 아니다.

역사학자 뒤비는 이런 현상을 중세의 경제 발전과 신앙심의 결합으로 설명한다.[5] 중세 도시를 중심으로 상업이 발달하면서 상당한 자본이 축적되었다. 하지만 "부자가 천국에 가기란 낙타가 바늘구멍으로 들어가는 것보다 힘들다"[6]는 성경 구절이 명백하게 경고하듯이 부의 축적과 영혼의 구원은 서로 화합하기 어려운 짝이었다. 이 때문에 부자들은 돈을 버는 대로 성당 건축을 위해 교회에 기부함으로써 영혼을 구원받으려 했다. 21세기 부자들이 돈이 쌓이는 것을 두려워하여 예술 진흥을 위해 기부한다면 얼마나 훌륭한 작품들이 만들어질까 상상해본다.

파리 지역만 그런 것이 아니었다. 밀도는 파리에 뒤지지만 프랑스 전역에 고딕 성당들이 지어졌다. 로렌 지방의 툴 대성당, 중부의 부르주

대성당과 리옹 대성당, 남부의 나르본 노트르담 성당과 툴루즈의 자코뱅 성당은 모두 중세 고딕 스타일의 건물이다.

프랑스에서 시작한 고딕 건축 양식은 점차 영국과 이탈리아, 스페인과 포르투갈, 독일 등지로 확산되면서 중세 유럽의 대표적인 상징으로 발전했다. 오늘날 관광객들은 바다를 건너고 알프스산맥을 넘어 독일의 쾰른 대성당이나 이탈리아의 밀라노 대성당, 영국의 캔터버리 대성당, 스웨덴의 웁살라 대성당이나 체코의 프라하 대성당 등을 관람한다. 이렇게 중세 도시자본의 발달과 깊은 신앙심의 조합이 만들어낸 예술의 경지를 감상할 수 있다.

기독교 시대가 시작된 뒤 첫 번째 1000년을 보내고 새천년을 맞는 시기에 프랑스의 수도승 라울 글라베르는 다음과 같이 기독교의 부상을 묘사했다.

> 새천년이 시작되고 3년이 채 지나지 않았는데 전 세계적으로, 특히 이탈리아와 갈리아(프랑스)에서는 성당들을 새로 짓기 시작했다. 기존의 성당들이 상당히 양호한 상태라 사용하는 데 전혀 문제가 없음에도 불구하고 말이다. 그것은 마치 각각의 기독교 공동체가 위대한 건축물을 통해 이웃의 다른 공동체를 능가하려는 모습이다. 그것은 또한 온 세상이 과거의 무게를 던져버리고 해방을 맞기 위해 성당으로 만든 하얀 망토를 두르는 모습이었다.[7]

글라베르의 증언은 고딕 건축보다 약간 앞선 로마네스크 시대의 이야기이지만 중세 유럽에 불기 시작한 종교와 건축의 열풍을 잘 보여준다. "성당으로 만든 하얀 망토(un blanc manteau d'églises)"라는 표현은

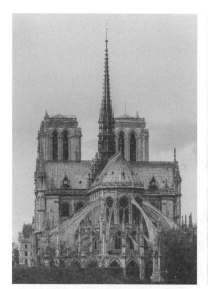

··· 
왼쪽 위부터 시계 방향으로 노트르담 성당의 동쪽 모습, 독일 쾰른 대성당, 이탈리아 밀라노 대성당 (©DXR / wikimedia, ©Zachi Evenor / flickr, ©Gunnar Klack / wikimedia).

새천년이 시작되는 시기에 유럽 전역이 성당의 그물로 덮이게 되었음을 말한다. 글라베르는 또 그물을 형성하는 지역마다 기독교 공동체 사이에 벌어지는 경쟁에 주목했다. 위대한 성당을 통해 공동체의 깊은 신앙심을 표현하고 이웃의 공동체보다 더 아름답고 높고 훌륭한 성전을 지으려는 의지 말이다.

이렇게 성당이 경쟁적으로 지어지면서 그것은 유럽의 문명이 입은 외투처럼 멀리서도 유럽을 알아보게 하는 표식이 되었다. 건축 양식의 유행에 따라 외투의 패션은 바뀌었다. 둥근 로마네스크에서 뾰족한 고딕으로, 그리고 르네상스 고전주의의 균형 잡힌 아름다움에서 바로크의 화려함으로 외투의 색깔과 모양은 변했지만 유럽은 여전히 성당의 망토를 갈아입으며 1000년을 살았다. 오늘날 성당 미사에 참석하는 사람은 줄고 신부와 수녀 등 성직자를 선발하기 어려운 지경이 되었지만 성당의 외투는 여전히 유럽의 특징으로 남아 있다.

#

## 기독교와 개인주의

기독교는 매우 특이한 종교다. 가톨릭은 세계에서 가장 거대하고 강력한 교회 조직을 형성했다. 21세기까지 가톨릭교회만큼 전 세계를 뒤덮는 드넓은 범위를 가진 조직은 없다. 가장 영토가 넓은 러시아도 가톨릭교회의 범위만큼 넓지는 않다. 교황은 피라미드 형식으로 구성된 가톨릭교회의 수장으로 조직과 신도에 대해 절대적인 권위를 가진다.

그 때문에 민족국가의 절대주권을 강조하는 나라들은 교황의 권위를 인정하지 않으려 한다. 예를 들어 중국의 공산당 정부는 바티칸 교황의 권위를 부정하면서 자국이 임명하는 성직자들이 중국의 가톨릭을 이끌도록 한다. 역사사회학이나 정치학은 가톨릭교회의 조직 구성이나 형식, 권력과 정보의 중앙화 등이 근대국가의 모델이 되었다고 분석한다.[8]

이슬람, 힌두교, 불교 등 가톨릭이 아닌 그 어떤 종교도 세계를 포괄하고 통제하는 중앙 조직을 갖지 못했다. 교황처럼 종교 조직을 대표하는 직책은 존재하지 않는다. 일부 작은 종교 조직에 교주가 있지만 교황청처럼 제도화되어 있는 것은 아니다. 예를 들어 달라이 라마를 교황처럼 볼 수도 있지만 그는 망명 티베트 불교의 정신적 지도자일 뿐 세계를 포괄하는 조직의 수장은 아니다. 가톨릭교회는 일찍이 근대국가의 모델을 제공했고 적어도 가톨릭 교도들 사이에서는 세계 정부의 역할을 한다.

이런 중앙집중의 조직 특성과 반대로 기독교는 개인주의의 성격이 강하다. 여기서 개인주의는 자신만을 생각하는 이기주의가 아니라 인간 개개인을 독립적인 개체로 인식한다는 의미다. 예를 들어 결혼을 남자와 여자 개개인의 만남이자 약속, 그리고 미래를 향한 계약과 제도로 보는 것은 개인주의적 사고다. 반면 결혼을 가족과 가족, 가문과 가문, 부족과 부족의 결합으로 보는 것은 집단주의의 시각이다. 현대 사회를 지배하는 개인주의는 역사적으로 서구에서 발달한 특별한 사고방식이다. 그리고 기독교는 이런 사고의 발달에 결정적으로 기여했다.

기독교가 갖는 개인주의 성향을 살펴보자. 우선 기독교는 유대교에 뿌리를 두고 있으며 유대교 및 이슬람과 함께 유대민족의 구약을 공유한다. 유대교, 기독교, 이슬람 세 종교는 모두 유일신을 믿는다는 공통점이 있다. 예를 들어 그리스-로마 신화처럼 다양한 신을 모시는 종교와는 커다란 차이점을 드러낸다.

그리스-로마 신화에서 여러 신들은 각자 맡은 역할이 있다. 제우스는 하늘에 태양을 실어 나르며 빛을 선사하고, 포세이돈은 바다를 다스린다. 하지만 기독교의 신은 전지전능하여 혼자서 세상을 다스린다. 기독교는 불교나 유교처럼 세계를 지배하는 커다란 원리, 힘, 에너지에 대한 믿음과도 다르다. 불교의 인과응보는 자연스러운 세상의 원리이지 신의 의지가 반영된 행위라고 보기 어렵다. 유교의 수신제가 역시 윤리적 인간이 되기 위한 노력이지 신의 개입을 요구하지 않는다.

하지만 기독교의 신은 유일할 뿐 아니라 인간과 매우 비슷하다. 창조주는 세상을 만들 때 인간을 자신과 닮은 모습으로 만들었다. "하느님이 자기 형상, 곧 하느님의 형상대로 사람을 창조하시되"라고 설명한다 (창세기 1장 27절). 신이 인간과 비슷하게 생겼다는 말이다.

창조주는 언어를 통해 세상을 만들었다. 인간처럼 말을 한다는 뜻이다. 창조주는 또 자신의 생각과 의지를 가지며 인간과 소통한다. 이처럼 기독교의 신은 개인의 모델이다. 우리와 비슷하게 생겼고, 우리처럼 말하고, 대화를 나눈다. 신은 우리의 실제 아버지와도 닮았다. 나를 만든 생부처럼 가깝지만 인류 모두 한 명의 아버지를 가진다. 이처럼 기독교는 세상을 하나로 묶는 매우 강력한 조직 능력과 한 가족 안에서처럼 개인들이 만나는 개별성을 동시에 가진다.

#

## 선택의 자유

자유로운 선택을 전제로 하는 신과 인간의 관계 역시 개인주의의 바탕이다. 창세기에서 아담은 자신을 창조한 신에게 반항한다. 신이 제공하는 순수한 행복에서 벗어나 자신의 삶을 찾겠다는 반항이다. 이처럼 개인은 신과 직접 관계를 맺는다.

시나이산에서 하느님이 모세에게 한 이스라엘 민족에 대한 약속도 자유로운 선택에 뿌리를 둔다. 하느님의 제안을 들은 모세는 산에서 내려와 이스라엘 민족에게 하느님의 계시를 설명하고 제안한다. 그리고 다시 산으로 올라가 하느님에게 그들의 결정과 약속을 전달한다.

구약에서 하느님과의 약속이 이스라엘 민족의 집단 선택이었다면, 신약에서 예수의 제안은 그야말로 인간 개개인에게 전하는 메시지다. "서로 사랑하라"는 복음은 개인에게 주문하는 삶의 태도다. 신약에 등장하는 집단이란 바리새인들이고, 성전의 상인들이며, 빌라도에게 예수를 처형하라고 외치는 군중이다.

이처럼 악으로 가득 찬 사회에서 구원은 개인 차원에서 이루어진다. 예수는 가난한 사람도 구원을 받을 수 있다고 했지만 혁명가처럼 빈곤층이나 노동계급의 집단적 구원을 말하지 않았다. 또 골고다 언덕에서 "나의 하느님, 나의 하느님, 어찌하여 나를 버리셨나이까"(마태복음 27장 46절)라는 절망의 외침은 가족도 친구도 사회도 도움을 줄 수 없는 고통의 순간에 홀로 되어버린 개인을 그대로 보여준다.

기독교의 개인주의 성격을 강조한 것은 프랑스의 인류학자 뒤몽이다. 그는 평생 인도를 연구한 학자로 인도의 힌두 문화를 전체주의로 파악했다. 힌두 사회에는 전체의 구조를 지탱하는 세밀한 위계질서가 존재하며, 개인은 그 질서 안에서만 존재할 수 있다. 물론 이는 사회인류학적 전체주의로 파시즘이나 나치즘 같은 정치적 전체주의와는 다르다.

그는 이런 인간을 '호모 히에라르키쿠스(Homo hierarchicus)', 즉 위계적 인간이라고 불렀다.[9] 전체의 한 부분으로서만 존재할 수 있는 인간이기에 인도의 카스트제도와 사회가 유지된다는 설명이다. 인도가 전체주의 사회의 극단적인 형태라면, 서구는 개인주의 사회의 극단이라고 말한다. 뒤몽은 서구 개인주의의 기원과 유래를 초기 기독교에서 찾는다.

프랑스의 사회학자 망드라스 역시 《유럽인들의 유럽: 서유럽의 사회학》에서 개인주의를 서구 문명의 바탕으로 주목하며 기독교와 로마 문명의 법적 전통을 강조한다.[10] 그는 기독교나 로마 사회처럼 개인을 중시하는 전통은 다른 종교나 문화에서 찾기 어려운 것이라고 분석한다. 기독교의 신과 개인의 직접 관계를 망드라스는 '복음의 개인주의(individualisme évangélique)'라고 부른다. 또한 고대 그리스와 로마는 일부일처제였다. 게다가 로마법은 토지나 사물에 대한 개인의 소유권을 인정했다. 이런 점에서 로마법은 공동 소유권 개념이 강한 다른 문화의 법 전통과 차이가 있다. 망드라스는 로마제국과 기독교의 이 독특한 문화가 만개하여 현대 서구의 개인주의 사회를 만드는 데 2000여 년이 걸렸다고 본다.

영국의 인류학자 구디는 《유럽에서 결혼과 가족의 발전》에서 기독교와 개인주의의 관계를 종교 자체의 특성보다는 교회의 전략에서 찾는다.[11] 특히 중세 기독교가 경제 이익을 추구하면서 만들어진 유럽 특유의 가족제도에서 개인주의의 기원을 찾는다. 망드라스가 지적하듯이 대부분의 문명에서 가족제도는 공동체의 재생산을 추구하고 재산을 유지하려는 성향을 반영한다. 현대에도 사촌 간의 결혼을 장려하는 일부 문화가 이를 잘 보여준다. 이는 가족 공동체의 재산이 밖으로 흘러나가는 것을 막으려는 전략이다.

가톨릭교회는 중세 가족제도에서 '야만적 습관'을 제거하고 새로운 기준과 규범을 세웠다. 우선 과부의 재혼에 대해 부정적 시각을 드러냈고, 형이 사망할 경우 동생이 형수를 취하는 제도를 금지했다. 또 입양을 반대하고 이혼이나 친척 간 결혼을 금지했다. 구디의 설명에 따르면 이런 교회의 입장은 종교적 이유보다는 교회의 이익과 직결된다. 자식이 없는 부부가 이혼도 못하고 입양도 못하면 죽은 남편의 재산은 아내에게 상속된다. 과부는 재혼도 어렵기 때문에 결국 재산은 교회로 귀속될 가능성이 높다.

　　물론 구디의 설명이 제대로 작동하기 위해서는 여성도 상속을 받을 수 있고 땅과 재산을 소유할 수 있어야 한다. 영국의 인류학자 맥팔레인은 영국에서는 이런 여성의 권리를 인정하는 개인주의적 문화가 13세기 무렵에 이미 존재했다고 분석했다.[12] 교회의 새로운 가족제도가 여성을 재산으로 보는 시각에서 권리를 가진 존재로 부상하게 만들었고, 이는 유럽에서 개인의 권리가 커지는 데 기여했을 것이다.

　　유럽 문명에서 기독교와 개인주의는 지난 2000여 년 동안 상호작용하면서 진화해왔다. 보통 사람들은 기독교는 집단주의라는 전통사회의 특징을 지니며, 반대로 개인주의는 18세기 계몽주의 시대부터 발전한 근대의 이념이라고 생각하는 경향이 있다. 하지만 이상의 연구들은 유럽의 가족제도가 장기간 변화하면서 기독교라는 종교가 품고 있는 씨앗으로부터 개인주의가 서서히 싹트기 시작했음을 보여준다. 브로델이 강조했듯이 문명이란 곧 역사 중에서도 제일 긴 역사에 관한 이야기다.

# 기독교의 아시아적 기원

기독교의 기원은 유대민족의 역사에 있다. 구약에서 전하는 유대민족의 역사가 지금의 서남아시아와 북아프리카를 중심으로 전개된다는 측면에서 기독교의 기원은 명백하게 아시아와 아프리카에 있다. 예수가 태어난 곳도 지금의 이스라엘 지역이고, 그곳에서 일생을 보낸 뒤 십자가에서 숨을 거두었다. 신약의 배경과 기원도 서남아시아에 있다는 뜻이다. 이처럼 구약과 신약 모두 아시아와 아프리카에서 전개되고 발전했다. 언어의 장에서 우리는 알파벳이 아시아의 페니키아에서 제일 먼저 발전하여 그리스와 로마로 확산되었음을 살펴보았다.

하지만 기독교의 아시아 기원을 확인하는 것과, 그런 이유로 기독교를 아시아의 종교 또는 문명이라고 규정하는 것은 매우 다르다. 예를 들어 불교는 인도에서 발생한 종교지만 실제 불교 문화를 꽃피운 곳은 중국, 동남아시아, 한반도, 일본 등이다. 기독교 역시 아시아에서 태어났지만 종교로 발전하여 문명의 토대가 된 것은 유럽에서다.

서남아시아에서 시작된 예수 그리스도의 가르침은 유대인 공동체를 중심으로 사방으로 퍼져나갔다. 고대에 유대인은 다양한 지역에 흩어져 살면서 디아스포라(diaspora)의 네트워크 공동체를 형성했다. 유대교가 선택받은 민족인 유대인의 종교였던 것과 달리 기독교는 하느님 앞에 평등한 모든 사람의 종교로 발전했다.

특히 예수의 중요한 메시지는 무척이나 근대적인 평등주의다. 예수는 전통 유대교와는 달리 가난한 사람과 여성을 차별하지 않았다. 자유인과 노예의 신분이 구별되던 고대 사회에서 기독교는 평등을 실천했고 남녀 차별이 확고한 사회에서 함께 모여 예배를 올렸다. 그것은 조선 말기 귀천의 구분과 남녀유별의 전통사회에서 기독교가 평등의 원칙으로 신도를 모을 수 있었던 현상과 매우 유사하다.

이스라엘은 지리적으로 아시아와 유럽과 아프리카가 맞닿는 곳이다. 유대인 공동체는 그곳에서 사방으로 뻗어나갔다. 지중해를 건너 남유럽과 북아프리카로 진출했고, 육로를 통해 아시아로 향했다. 이렇게 기독교는 유대인의 그물을 통해 세 대륙으로 확산되었다.

그중 한 갈래는 아프리카 지역 이집트의 콥트교와 에티오피아의 기독교다. 두 번째 갈래는 아시아로 향하여 중국과 몽골 지역까지 뻗어나갔다. 몽골 민족의 제국 건설 역사를 다룬 책 잭 웨더포드의 《칭기스 칸, 잠든 유럽을 깨우다》를 보면 12세기에 많은 몽골인들이 기독교도였음을 알 수 있다.[13] 세 번째 갈래는 유럽 쪽으로 가서 가장 큰 성공을 거두게 된다.

#
## 유럽 문명과의 결합

기독교가 유럽에서 성공한 제일 중요한 이유는 지정학이다. 일단 예수가 살았던 시대의 이스라엘은 로마제국의 영토였다. "모든 길은 로마로 통한다"라는 표현이 보여주듯이 도로와 항로 등 교통은 로마제국, 즉 지중해를 중심으로 엮여 있었다. 북아프리카와 남유럽은 고대 페니키아나 그리스 문명부터 이미 하나의 권역을 형성하고 있었으며, 유대인 공동체도 이 권역의 다양한 지역에 퍼져 있었다. 기독교가 로마제국의 울타리 안에서 일찍 확산된 것은 자연스러운 일이다.

로마제국이라는 정치공동체는 두 문화가 지배했다. 로마를 중심으로 라틴어와 라틴 문자의 문화권이 있었고, 그보다 앞서 선진문화를 형성했던 그리스어와 그리스 문자권이 여전히 강한 영향력을 가지고 있었다. 기독교는 로마제국 안에서 라틴 문화와 그리스 문화의 젖을 먹고 성장했다. 따라서 예수의 가르침은 그리스어와 라틴어, 그리스 문자와 라틴 문자를 중심으로 기록·보존·전파되었다. 즉 구약성경은 맨 처음에 유대인의 언어인 히브리어로 쓰였고, 이후에 그리스어로 쓰인 신약이 추가되었으며 점차 라틴어로 번역되었다.

언어는 인간의 사고를 지배한다. 문자는 이런 사고를 오랫동안 지속시키는 탄탄한 시멘트다. 그리스와 로마의 언어와 문자로 기독교의 가르침이 제일 먼저 만들어짐으로써 기독교와 유럽 문명은 불가분의 관계를 맺었다. 이에 덧붙여 기독교는 380년에 로마제국의 국교가 되면서 유럽 문명을 떠받치는 기둥이 되었다.

기독교가 로마제국의 동부 지중해 변방에서 발원한 것은 로마 문명이 절정에 달했던 고전기다. 로마의 고전기는 2세기까지 지속되다가 점차 쇠퇴의 길을 걸었다. 기독교가 로마의 국교가 되기 전 400여 년은 핍박과 멸시와 박해의 긴 여정이었다. 우리는 이미 기독교가 개인주의의 씨앗을 품고 있었음을 살펴봤다. 기독교의 개인주의 못지않게 중요한 씨앗은 평등사상이다. 노예, 가난한 사람, 병든 사람, 여성은 모두 기존 유대교나 고대 사회에서 건강하고 재산을 소유한 남성 시민이라는 주류에 동참할 수 없는 부류다. 하지만 예수는 이들과 함께하는 삶을 통해 평등의 유토피아를 설교하고 실천했다.

이런 가르침에 따라 고대 로마에서 기독교 공동체는 평등한 사회의 작은 모델이었고 결집력이 강한 공동체를 형성했다.《쿠오바디스(Quo

Vadis)》[14] 같은 소설이나 영화에 나오는 기독교인에 대한 박해는 사실 사회 질서에 대한 도전을 막는 일이었다. 기독교인 공동체의 상부상조 정신과 신속한 전파는 다른 종교의 의심과 경계심을 자아내기에 충분했다.

기독교를 국교로 채택한 것은 로마제국 말기의 총체적 위기를 극복하려는 국가의 시도 가운데 하나였다. 내부의 분열과 외부의 위협에 맞서 제국은 기독교 공동체의 결집력과 확장성에 기대보고자 했다. 기독교를 국교로 정한 사람은 로마의 테오도시우스 1세로, 그는 그리스 문명의 동로마와 라틴 문명의 서로마를 동시에 통치한 마지막 황제였다. 395년에 로마제국은 동서로 나뉘었고, 서로마제국은 476년에 멸망했다.

하지만 기독교는 로마제국의 뼈대를 활용하여 유럽의 정신세계를 지배하는 힘과 틀을 확보했다. 기독교가 로마 국교가 된 뒤 가장 큰 변화는 짐승을 잡아 피를 뿌리는 고대 그리스-로마의 제사가 금지된 것이다. 이제 예수의 피와 살을 상징하는 포도주와 빵이 살아 있는 생명에 대한 가시적이고 잔혹한 폭력을 대신하게 되었다. 문명 수준이 한 단계 높아진 셈이다.

#

## 기독교의 다양성

아시아에서 출범한 기독교는 로마제국의 틀 속에서 사방으로 확산되었고 마침내 제국의 국교가 되었다. 기독교 초기 500여 년 동안 지중해를 중심으로 제국의 다양한 지역과 도시에서 나름의 특성을 가진 교회와 종교공동체가 발전했다. 수많은 도시의 교회 가운데 특히 다섯 교회가 펜타르키(Pentarchy), 즉 5두 체제라는 이름으로 발전했다. 예수가 활동했던 예루살렘과 시리아의 안티오크, 이집트의 알렉산드리아, 그리고 제국의 수도인 로마와 콘스탄티노플의 다섯 개 도시가 서로 경쟁했다. 페르시아에서는 네스토리우스교라는 이름의 동방교회가 생겨났는데, 로마제국의 기독교 교회와는 거리가 있었다.

이 가운데 예루살렘과 안티오크, 알렉산드리아는 7세기 이슬람의 지배권으로 넘어가면서 자연스럽게 중요성이 감소했다. 결국 로마와 콘스탄티노플이 유럽 기독교를 동서로 나누어 경쟁하는 체제가 되었다. 초기에는 로마가 콘스탄티노플을 앞섰다. 베드로와 바울이 모두 로마에서 활동하다 순교했기 때문이다. 더욱이 로마는 당시 제국의 수도가 아니었던가.

하지만 콘스탄티누스 황제가 건설한 동로마제국의 새 수도 콘스탄티노플이 로마와 경쟁하기 시작했다. 특히 서로마제국이 5세기에 멸망하면서 동로마의 콘스탄티노플은 후발주자이지만 정치와 종교의 중심으로 부상했다. 로마 교회와 콘스탄티노플 교회는 경쟁과 갈등을 지속하다가 1054년에 공식 결별을 선언했다.

이런 기독교 분열의 원인을 종교 교리의 차이에서 찾을 수도 있다. 하지만 여기서는 역사와 정치의 차원에서 분열을 살펴보고자 한다.[15] 우선 로마제국은 군사 지배를 통해 하나의 정치 단위를 형성했지만 문화는 동쪽의 그리스와 서쪽의 라틴권으로 나뉘어 있었다.

기독교가 발전하던 초기에 사용한 언어는 그리스어다. 사도 바울은 유대인이면서 동시에 그리스 문화에 정통한 지식인이었다. 일부에서는 기독교가 유대교의 한 분파에서 보편 종교로 승화한 데는 바울이라는 고급 문화를 가진 지식인의 역할이 결정적이었다고 분석한다. 이처

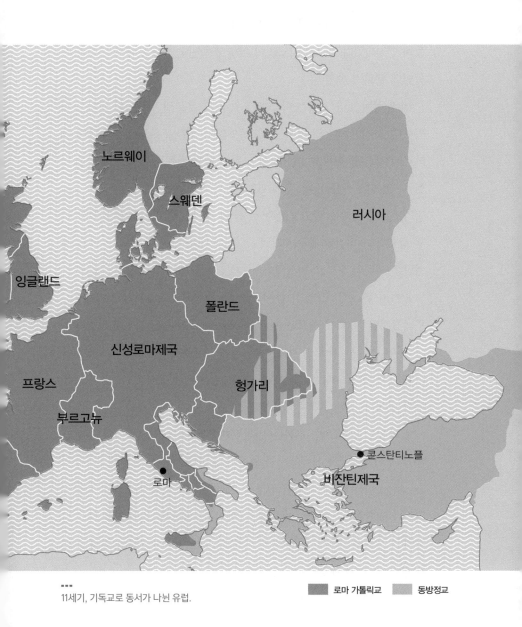

노르웨이

스웨덴

러시아

잉글랜드

폴란드

신성로마제국

프랑스

헝가리

부르고뉴

로마

콘스탄티노플

비잔틴제국

···
11세기, 기독교로 동서가 나뉜 유럽.

■ 로마 가톨릭교    ■ 동방정교

럼 기독교는 로마제국 안의 고급 문화를 상징하는 그리스 문화와 긴밀하게 연결되었다. 콘스탄티노플이 뒤늦게 출발했지만 로마에 도전할 수 있었던 문화적 배경이다.

이에 비해 로마 교회는 다소 열등한 라틴 문화권의 언어와 문자로 시작했다. 하지만 제국의 정치 수도라는 점을 십분 활용하여 성장했다. 펜타르키 가운데 로마 교회는 경쟁 교회가 없는 서쪽으로 활동 영역을 넓힐 수 있었다. 예를 들어 북아프리카에서 태어난 성 아우구스티누스는 밀라노에서 세례를 받고 라틴어로 글을 썼다. 서로마제국이 붕괴된 이후 동로마는 비잔틴제국이 되었고, 콘스탄티노플은 로마의 유산을 물려받은 제국의 수도로 번성했다.

로마와 콘스탄티노플의 동서 경쟁은 계속되었다. 5세기 로마제국은 무너졌지만 그 위에 새로운 왕국을 세운 게르만족은 기독교로 개종했다. 어떤 면에서 제국 붕괴에 따른 정치 분열은 로마 교회의 독립성을 더욱 강화했다. 교황은 다수 왕들을 대상으로 종교적 충성 경쟁을 부추길 만큼 강력한 권력을 가졌다.

반면 콘스탄티노플 교회는 비잔틴제국에 종속되는 역설의 결과를 낳았다. 이때 비잔틴제국에서는 황제가 교회를 좌우하는 황제교황주의(caesaropapism)라는 독특한 전통이 만들어졌다. 권력자가 직접 교황이 되거나 교황을 임명하는 이 제도는 장기적으로 세속권력과 교회가 결탁하는 현상을 초래하게 된다. 쉽게 말해 모든 권력자는 자신만의 교회를 세울 수 있기 때문이다.

결국 11세기 로마와 콘스탄티노플 두 교회의 공식 분열은 서쪽에 가톨릭교를, 동쪽에 동방정교를 낳았다. 그로부터 1000년이 지난 지금도 가톨릭과 동방정교는 유럽의 기독교를 둘로 나누는 커다란 장벽이다.

또 비잔틴제국이 쇠락하면서 황제교황주의의 경향으로 동방정교의 중심은 그리스에서 불가리아와 세르비아 등으로 넘어갔다. 15세기 비잔틴제국이 멸망한 뒤 이슬람을 앞세운 오스만제국이 발칸반도에 세력을 확장하면서 동방정교의 중심은 다시 모스크바로 이동했다. 가톨릭이 로마교황청 중심의 피라미드 체제를 유지했다면, 동방정교는 그리스, 불가리아, 세르비아, 러시아 등에서 독립적인 민족교회로 분화했다.

#
# 프로테스탄트의 등장

11세기의 종교 분열이 유럽의 기독교를 동서로 나누었다면 그로부터 500여 년 뒤인 16세기의 새로운 분열은 남북을 가르는 사건이었다.[16] 신교의 출발점은 1517년 독일의 마르틴 루터가 가톨릭교회의 면죄부 판매를 공개적으로 비판한 사건으로 거슬러 올라간다.

공동 전선을 벌인 것은 아니지만 16세기 독일의 루터와 스위스의 장 칼뱅 등은 기존의 가톨릭교회를 비판하고 새로운 기독교의 방향을 제시했다. 영국에서는 헨리 8세가 성공회를 설립함으로써 이런 대륙의 움직임에 동참했다. 이들 운동을 한국에선 신교 또는 개신교라는 다소 완곡한 명칭으로 부르지만 사실 프로테스탄트는 항거 또는 저항의 의미를 지닌다.

실제 신약에 나오는 예수의 언행은 권위적인 전통 종교에 대한 저항과 항거로 가득 찼다. 바리새인들과 사두가이파, 성전에서 군림하는 종교 지도자들은 대중을 잘못된 길로 인도하는 위선자로 묘사된다. 사회와 집단이 잘못되었다면 이를 개인의 양심과 믿음과 신앙으로 극복해야 한다는 것이 예수의 메시지다. 이는 개인주의의 기초일 뿐 아니라 기존 질서와 권위에 대한 항시적 감시와 비판을 요구한다. 그래서 이런 항의의 종교는 항상 새로운 해석과 도전을 낳기 마련이다.

16세기 유럽에서 프로테스탄티즘이 발흥하기 이전에도 기독교는 항상 다양한 해석과 대립의 역사를 되풀이해왔다. 페르시아의 네스토리우스교나 이집트의 콥트교는 아시아와 아프리카에 적응한 기독교라고 할 수 있다. 페르시아의 마니교나 유럽의 아리아교 역시 가톨릭과 경쟁하는 독특한 신앙체계다. 중세에도 지중해 연안의 카타리파(派)나 얀후스의 저항 등은 기독교에 대한 강력한 도전이었다. 따라서 16세기의 특징은 항상 존재했던 도전이 드디어 성공을 거두었다는 점이다.

앞에서 동서 분열을 살펴보면서 그리스와 라틴의 구분이 얼마나 중요한지 확인했다. 구교와 신교의 분열에서는 16세기 라틴의 서유럽에서 강력하게 부상하기 시작한 각 민족의 문화가 중요했다. 영국은 로마에서 가장 먼 지역 가운데 하나다. 영국 국왕은 독립에 대한 유혹을 강하게 느낄 수밖에 없었다. 성공회(Church of England)라는 영국만의 교회를 설립한 헨리 8세의 종교적 독립선언은 개인의 선택일 뿐 아니라 지정학의 요인을 반영하는 결과다.[17] 아직도 널리 읽히는 영국의 킹 제임스 성경 번역은 16세기에 시작되어 17세기 초에 완성되었다. 라틴어가 아닌 민족 언어의 성경이 등장한 것이다.

독일은 영국처럼 통일된 정치 단위를 형성하지 못했다. 하지만 독일도 시대의 흐름에 동참하여 문화와 언어를 통해 라틴권으로부터 정신적 독립을 추진했다. 루터는 종교 교리를 통해 가톨릭교회에 도전하는 동시에 성경을 독일어로 번역했다. 누구나 쉽게 하느님의 말씀을 읽을 수 있도록 히브리어와 그리스어, 라틴어로 쓰인 성경을 독일어로 번역한 것이다. 루터의 성경은 최초의 독일어 성경은 아니었지만 가장 영향력이 큰 번역이었다. 그리고 그는 이 성경 번역을 통해 독일이라는 문화 단위의 형성에 기여했다.

이상에서 추론할 수 있는 것은 신교의 등장이 종교 혁신에 그치지 않고 유럽의 문화 분화와 밀접하게 연결되어 있다는 사실이다. 프로테스탄트는 주로 게르만 언어권에 자리 잡았다. 반면 로망스어를 사용하는 대부분의 지역은 여전히 가톨릭교회의 영향권에 남아 있다. 두 언어권이 만나는 지역이나 슬라브어 지역에서는 신교와 구교가 공존하는 경향이 있다. 독일 남부와 오스트리아, 동유럽의 일부가 이에 해당한다.

#

## 기독교와 근대

대개 사람들은 기독교와 근대가 서로 대립하는 역사관을 갖고 있다고 생각한다. 특히 중세는 인간의 자율성보다는 신에 대한 복종을 강조함으로써 기독교가 사회 전체를 지배하던 암흑의 시기라고 본다. 인간 중심의 합리적인 사고와 논리보다는 종교가 강요하는 무조건의 사랑과 믿음이 당연시되던 시대였다는 것이다.

반면 근대의 시작을 알리는 르네상스란 고대 그리스-로마가 가졌던 인간 중심의 세계관을 다시 찾아 부활시키면서 종교와의 단절과 변화를 추구했던 시대로 묘사된다. 근대란 종교의 속박에서 벗어나 인간 중심의 세상을 만드는 과정으로 그려진다. 신에 대한 도전으로 소개되는 '프로메테우스의 꿈', 하늘을 날겠다는 '이카루스의 용기'는 이런 근대의 정신을 대변한다.

막스 베버는 《프로테스탄티즘의 윤리와 자본주의 정신》이라는 명저에서 근대 경제체제인 자본주의와 동시대에 등장한 프로테스탄티즘이라는 새로운 종교운동의 상호관계에 주목했다.[18] 과거 가톨릭 교리에 따르면 부자는 천국에 가기 어려운 존재였다. 기독교의 이상형은 청렴한 생활을 실천하며 자신이 가진 모든 부를 타인을 위해 베풀고 나누는 사람이다. 중세 도시의 상인들이 재산을 교회에 바쳐 웅장한 성당을 짓는 데 기여했다는 일화는 앞에서 이미 확인한 바 있다.

베버가 주목한 프로테스탄트의 윤리는 이런 전통적인 생각을 바꾸었다. 과거에는 사업가가 부를 축적하는 것을 탐욕이나 악으로 규정했지만, 프로테스탄트의 새로운 교리는 현세의 성공을 반드시 부정적으로만 보지 않고 신의 은총으로 해석하기도 한다.

개인의 사치나 탐욕은 여전히 비판의 대상이지만 사업의 성공과 확장을 신의 은총으로 해석함으로써 자본주의의 길을 활짝 열었다. 사업가들은 이제 신의 선택을 받은 소수가 될 수 있었다. 과거 중세처럼 몸과 마음을 바쳐 거지 수도승의 삶을 살지 않더라도 올바른 기독교도의 길이 생긴 것이다.

베버는 벤저민 프랭클린의 자서전을 인용해 자본주의의 정신을 예시한다. 프랭클린은 "시간이 돈임을 잊지 마라. (……) 신용이 돈임을 잊지 마라. (……) 돈이 번식력을 갖고 결실을 맺는 성격을 가진다는 점을 잊지 마라. (……) 한 마리의 암퇘지를 죽이는 것은 그로부터 번식될 1000마리의 새끼 돼지를 죽이는 것"이라고 강조한다. 프랭클린을 통해 드러나는 새로운 윤리는 바로 "인간은 돈벌이를 자신의 물질적 생활 욕구를 만족시키기 위한 수단으로 여기는 것이 아니라 삶의 목적 자체로 여기는 것이다".[19]

베버는 또 개인의 금욕과 저축을 정당화하는 프로테스탄티즘의 윤리와 자본주의 사이의 밀접한 관계를 찾아냈다. 프로테스탄트의 교리는 가톨릭보다 훨씬 강력하게 개인의 삶을 지배하려는 경향이 있으며, 특히 금욕과 절제, 성실과 근면을 강조한다.

과거 가톨릭교회가 개인의 삶을 통제했다면, 프로테스탄트는 개인의 양심에 따른 자율적 통제를 강조했다. 프로테스탄트는 게으른 삶은 하느님의 길에서 벗어나는 것이라고 강조했다. 열심히 일하고 노력하고 저축하는 것이 신을 섬기는 방식이라고 가르쳤다. 즉 가톨릭이 외부에서 주입식 교육에 의존하여 신도를 관리했다면, 프로테스탄트는 인간 내부의 자율 양심을 강조한 것이다.

#

## 다양한 근대의 경로

유럽의 지도에서 가톨릭과 프로테스탄트는 대륙을 남북으로 가른다. 실제로 북유럽은 산업혁명과 자본주의가 본격 발달한 지역이다. 반면 지중해 부근의 남유럽은 오랫동안 농업경제를 유지했으며, 북유럽보다 뒤늦게 자본주의와 산업혁명을 받아들였다.[20] 자본주의나 산업혁명 같은 변화뿐 아니라 유럽의 생활과 문화는 사실 종교 지도에 따라 많은 차이를 보여준다.

종교의 첫 번째 분열인 가톨릭과 정교의 대립은 정치 민주화의 차이로 나타난다. 서유럽에서는 자유민주주의가 일찍 발달한 반면, 동유럽에서는 오랫동안 절대군주제가 자리 잡다가 공산주의 체제가 되었다. 러시아는 아직 서유럽 같은 자유민주주의가 뿌리내리지 못하고 있다.

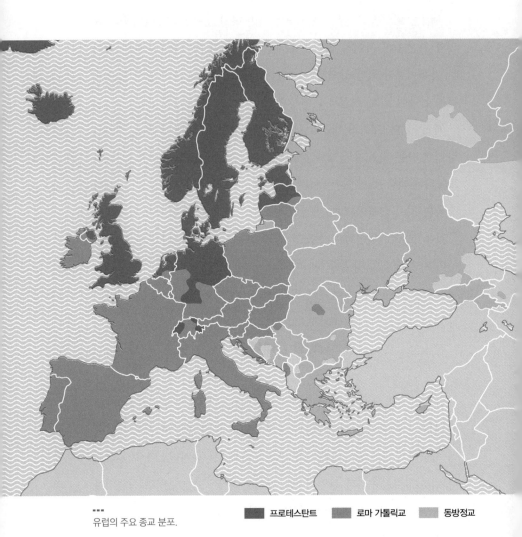

유럽의 주요 종교 분포.

프로테스탄트　로마 가톨릭교　동방정교

종교의 두 번째 분열은 서유럽을 다시 북쪽의 프로테스탄트 유럽과 남쪽의 가톨릭 유럽으로 나누었다. 서북부의 프로테스탄트 유럽이 개인주의, 자본주의, 민주주의의 삼위일체를 이루며 선두를 달렸다면, 서남부의 가톨릭 유럽은 이를 뒤따라가는 모양새다.

북부 유럽 사람들은 프로테스탄트의 영향을 받은 탓인지 근면성실하게 살아간다. 생활은 검소하며 개인주의 성향이 강하다. 그들은 신중하고 엄숙하며 신의 명령을 수행하듯이 모든 일을 성심성의껏 한다. 맛없는 음식도 신이 일용할 양식을 주신 것에 감사하며 꼭꼭 씹어 먹는다.

남부 유럽의 사람들은 삶의 기쁨을 누리는 데 열중한다. 좋은 음식을 가족이나 친구들과 나누는 것은 그들에게 커다란 기쁨이다. 좋은 포도주를 마시고 파티를 열기 위해 산다고 해도 과언이 아니다. 일이란 돈을 벌기 위한 수단일 뿐이다. 인간의 삶에서 규칙이란 형식적으로 존재하는 것이고 인간의 현실에 맞추어 유연하게 적용하는 틀일 뿐이다. 근면성실과 금욕보다는 일과 여가의 균형을 추구하고 기쁨과 노력이 공존하는 가치를 추구한다.

다소 과장된 남북 유럽의 대립이지만 유럽에서 생활해보면 이런 차이를 쉽게 발견할 수 있다.[21] 사실 프로테스탄트 유럽의 가장 극단적인 형식을 보편화한 것이 미국 문화다. 미국 문화의 뿌리인 청교도 (Puritanism)는 유럽의 프로테스탄트 가운데서도 가장 근본주의적이고 극단적인 종파다.

미국인이 보기에 유럽인은 그다지 열심히 일하지 않는 게으른 사람들이다. 그들은 먹고 마시는 데 인생을 허비한다. 반면 유럽인이 볼 때 미국인은 경제활동에 너무 많은 에너지를 소비하고 삶의 기쁨을 제대로 누리지 못하는 일벌레다.

물론 이런 도식적인 시각을 너무 강조하는 것은 곤란하다. 베버는 자본주의 정신과 프로테스탄트 윤리의 관계를 원인과 결과보다는 '선택적 친화력(elective affinity)'의 관계라고 보았다. 달리 말해서 프로테스탄트 교리가 자본주의를 만들어내거나 설명하지는 못한다는 뜻이다. 다만 종교 영역에서 프로테스탄트 교리가 있고, 경제 영역에서 자본주의라는 제도가 존재하는데, 이 두 영역 사이에 매우 설득력이 높은 연관성이 존재한다는 의미다.

종교와 경제가 정말 강력한 인과관계를 갖고 있다면 가톨릭 국가에서는 자본주의가 발달하기 어렵고, 유교가 지배하는 지역에서는 자본주의가 발전할 수 없다는 결론을 내려야 할 것이다. 하지만 잘 알다시피 자본주의는 프로테스탄트 지역에서 먼저 발달했지만 이후 가톨릭 지역으로 전파·확산되었고, 유교나 불교 문화를 가진 동아시아로 확장되었다.

다른 한편 가톨릭의 전통 속에서도 자본주의 발달의 시발점이 되었던 다양한 뿌리를 찾을 수 있다. 예를 들어 근대 공장이 만들어지기 이전에 가톨릭 수도원은 전형적인 기업의 모델이라고 할 수 있다. 임금노동은 아니었지만 수도원의 수도승들은 신에 대한 봉사로 하루 종일 정해진 시간표에 따라 살았고 사회의 기부에 의존하기보다는 노동을 통해 자급자족의 길을 선택했다. 생산성은 높아지는데 사치를 누릴 수는 없었기 때문에 수도원의 재산은 점차 쌓여갔다. 이는 자본주의 축적에 다름 아니었다.[22]

또 자본주의는 개인주의와 긴밀한 상호관계, 즉 선택적 친화력을 지니지만 동시에 대규모로 성장하기 위해서는 집단적 협력이 필수적이다. 가톨릭교회가 제공한 거대한 조직과 제도, 그리고 협력 체제는 근대적

기업이나 국가가 형성되는 과정에서 유익한 모델을 제공했다. 따라서 기독교와 근대를 대립시키기보다는 기독교라는 전통의 뿌리에서 어떻게 프로테스탄티즘과 자본주의의 근대가 잉태되었는지를 이해하는 것이 현명한 접근 방법이다.

#

## 교회와 권력의 동맹

기독교와 근대가 서로 대립한다는 인식은 민주주의의 등장과 함께 더욱 강화되었다. 하지만 자본주의와 기독교의 관계가 그렇듯이 기독교와 민주주의의 관계도 그리 간단하지는 않다.

우선 기독교가 종교와 정치의 구분을 가능하게 했다는 특징을 이미 지적했다. 황제, 즉 세속권력의 영역과 신과 종교의 영역을 명확하게 구분했기 때문이다. 동로마에서는 황제와 교황을 합친 황제교황주의가 발전했지만, 서로마 지역은 제국의 붕괴 이후 한 명의 교황과 다양한 세속권력이 경쟁 또는 협력을 했다.[23] 정치와 종교의 구분이 하나의 전통으로 뿌리내릴 수 있는 여건이 마련된 셈이다.

정치권력과 종교권력은 서로 구분되었지만 긴밀한 협력관계를 형성했다. 거대한 제국을 형성한 샤를마뉴는 800년 교황으로부터 제국의 황제로 인정받음으로써 정치권력을 종교로부터 인정받는 절차를 거쳤다. 권력의 정통성을 신의 은총으로 확보했던 것이다. 이후 신성로마제국의 황제나 다른 왕들도 교황 또는 교회의 인정을 통해 정통성을 강화하고자 했다.

16세기부터 프로테스탄트 국가들이 로마교황청으로부터 독립함으로써 정치와 종교의 관계는 좀 더 느슨해졌다. 이들 국가에서 종교는 이제 정치의 문제라기보다는 개인의 영역에 속하는 문제가 되었다.

역사적으로 프로테스탄트 국가들은 가톨릭 지역보다 근대성과 진보의 가치를 좀 더 수월하게 받아들였다. 오늘날에도 프로테스탄트가 지배하는 북유럽은 남유럽에 비해 여성의 권리나 동성 결혼, 낙태나 안락사 같은 문제에서 개방적인 입장을 드러낸다.

반면 가톨릭이 지배하는 국가에서는 근대국가의 형성이 교회와 긴밀한 관계 속에서 이루어졌다. 프랑스에서 강한 근대국가의 형성에 철학과 사상의 기반을 제공한 것은 왕권신수설(王權神授說)이다. 왕은 신의 위임을 받은 존재이므로 모든 권력은 왕에게 집중되어야 한다는 논리를 개발한 것이다.

중세의 왕은 귀족 가운데 제일 강한 한 사람에 불과했지만 16~17세기에는 왕권신수설을 통해 왕권이 강화되는 현상이 나타났다. 프랑스, 스페인, 포르투갈 등 남유럽의 국가들은 모두 가톨릭교회와의 긴밀한 관계를 바탕으로 성장했다.

18세기 유럽에서는 이런 대립이 노골적으로 드러난다. 프로테스탄트의 영국이나 네덜란드에서는 자유로운 의회민주주의가 발달한 반면, 가톨릭의 프랑스나 스페인에서는 왕권이 더욱 강화되는 방향으로 나아갔다.

이러한 이유로 프랑스에서 기존의 앙시앵레짐(Ancien Régime, 구체제)을 뒤집는 혁명 세력은 반(反)교회 경향이 무척 강할 수밖에 없었다. 왕권이 종교의 힘을 바탕으로 시민을 통제하고 지배했기 때문에 왕을 부정하는 공화국의 수립은 가톨릭교회를 동시에 부정할 수밖에 없었던 것이다.

# 기독교민주주의

따라서 19세기 유럽에서 자유주의나 공화주의를 주장하는 세력은 반(反)교회 성향을 띨 수밖에 없었다. 반면 가톨릭 세력은 보수주의와 군주제를 옹호하는 편에 섰다. 19세기 중반을 넘어 후반으로 오게 되면 자유주의나 공화주의뿐 아니라 대중조직으로 급성장한 사회주의 세력은 무신론을 넘어서 종교를 '인민의 아편'으로 규정했다.

농민들이 가톨릭교회의 충실한 신도였다면 도시의 노동자는 혁명의 사이렌에 춤추는 사람들이었다. 문제는 산업혁명과 함께 점차 이농과 도시화가 진행되었다는 점이다. 농촌의 신도들은 줄어들고 도시의 대중은 이제 교회를 부정하는 세력으로 돌변했다. 가톨릭교회도 역사의 변화를 부정할 수만은 없는 상황이 도래한 것이다.

1870년대부터는 가톨릭의 대국 프랑스에서 공화국이 확고하게 자리 잡게 되었다. 이탈리아와 독일도 통일국가를 이루면서 모든 성인 남성이 투표권을 가지는 일반투표제도가 정착했다. 교회의 입장에서는 근대의 선거와 민주주의를 외면할 수만은 없는 노릇이었다. 근대 정치의 숫자 싸움에서 교회는 노동조합이나 혁명조직 앞에서 비교할 수 없이 초라한 모습이 되었다.

결국 1891년에 교황 레오 13세는 '새로운 것(Rerum novarum)'이라는 칙령을 통해 자유민주주의의 원칙과 근대의 평등정치를 받아들였다. 왕권이나 군주제에 대한 미련을 버리고 가톨릭교도들이 공화주의 정치에 참여하는 길을 열었던 것이다.[24]

19세기 후반 유럽의 새로운 변화는 노동계급의 등장이었다. 교황은

2장 종교의 그물 | 125

사회주의 계급투쟁의 담론을 부정하면서 부르주아와 노동계급이 서로 협력해야 한다고 주장했다. 그렇다고 부르주아 편에서 노동계급의 양보만을 요구했던 것은 아니다. 교회는, 자본주의 자체가 물질문명으로 인간의 정신을 황폐하게 만드는 제도라고 규정하면서 종교를 통해 정신을 풍요롭게 하는 세상으로 나아가야 한다고 주장했다.

가톨릭교회의 이런 변화는 유럽에서 커다란 정치세력의 형성으로 이어졌다. 기독교 정신과 민주주의가 만남으로써 기독교민주주의라고 하는 유럽 최대 정치세력의 기원이 되었던 것이다.

한국에서 선거 때 가끔 등장하는 기독교라는 이름을 붙인 극우보수 정당을 생각하면 곤란하다. 유럽에서 기독교민주주의는 자본주의를 옹호하는 자유주의자들보다 훨씬 개혁 성향이 강한 중도파다. 전통의 유지를 주장하는 보수주의자들보다도 왼쪽에 위치한 정치세력이다.

기독교민주주의는 특히 독일과 이탈리아, 스페인에서 강한 전통을 갖고 뿌리를 내리게 되었다.[25] 근대국가와 민주정치를 먼저 시작한 영국이나 프랑스에서는 전통 민족주의 우파가 강한 반면, 나치즘이나 파시즘, 또는 독재 권위주의로 전통 민족주의가 몰락한 독일, 이탈리아, 스페인 등에서는 2차 세계대전 이후 기독교민주주의가 우파의 대표 세력으로 부상했다.

유럽의회에서 중도우파를 대표하는 기독교민주주의 세력은 유럽민중당(European People's Party)이라는 이름으로 가장 커다란 규모를 자랑한다. 2014년 유럽민중당은 유럽의회에서 751석 가운데 216석을 차지했다. 이들은 189석을 보유한 사회민주주의 세력과 함께 유럽의 정치를 이끄는 쌍두마차라고 할 수 있다.[26]

요즘 유럽에서 기독교민주주의의 정신을 가장 잘 대변하는 정치인은 독일의 앙겔라 메르켈 총리다. 그는 동독에서 루터교 목사의 딸로 태어났다. 2005년에 통일 독일의 총리가 되었고, 2018년 현재 13년째 재임하면서 다양한 세력과 계급을 아우르는 정치력을 발휘하고 있다. 그래서 무터(Mutter), 즉 어머니라는 별칭을 갖게 되었다. 그는 또 여론의 반대를 무릅쓰고 시리아 난민을 대폭 수용하는 정책으로 기독교의 인본주의 가치를 실현하여 유럽 언론으로부터 '유럽의 양심'이라고 불렸다.

#

## 유대인의 수난

기독교와 유대교, 그리고 이슬람은 모두 같은 뿌리에서 출발한 유일신 종교다. 기독교는 유대교의 전통에서 출발했지만 유대민족만을 위한 종교라는 배타성을 뛰어넘어 보편 메시지를 담은 종교로 발전했다. 이슬람 역시 유대교의 전통을 계승하며 7세기 아라비아반도를 중심으로 발전한 보편 종교다. 따라서 이 세 종교는 서로 많은 공통점을 가지며 전지전능의 유일신을 믿는다는 점에서 다른 모든 종교와 대비된다. 같은 뿌리를 가진 종교라면 형제 같은 사이인데 실제로는 가장 적대의 관계를 맺어왔다.

기독교가 초기에 전파되는 과정에서 유대민족이 지중해를 중심으로 형성한 디아스포라 그물에 크게 의존했다는 사실은 이미 지적했다. 로마제국 시대에 기독교와 유대교는 유대민족 종교의 두 분파라고 해도 과언이 아니었다. 하지만 배타적 유대교와 달리 기독교는 다른 민족으로 점차 확산되었고, 그 결과 꺼져가는 로마제국의 국교로까지 성장했다.

예수와 바울과 베드로는 모두 유대인이었지만 기독교가 전파되는 과정에서 하느님의 자녀로서 보편 인간이 부상했다. 이런 측면에서 보편의 기독교는 배타적인 유대교와는 다른 성격을 확보하게 된 것이다.

중세에 유대인들은 유럽은 물론 서남아시아와 아프리카 등 지중해 주변 지역에 광대한 디아스포라를 형성하고 있었다.[27] 유대인들은 이미 그리스와 로마 시대에 이탈리아나 이베리아반도 지역에 정착하여 공동체를 형성했다. 로마제국이 붕괴된 뒤에 남하한 게르만족이나 9세기에 배를 타고 침공한 바이킹보다 훨씬 오래전부터 이 지역에서 살아왔다는 의미다. 문제는 늦게 도착한 민족들은 기독교라는 종교를 채택함으로써 현지인들과 융합한 데 비해 유대인은 더 오래전부터 정착했음에도 자신들만의 종교를 유지함으로써 특수성을 간직했다는 점이다.

중세 교회는 돈을 빌려주고 이자를 받는 금융행위를 금지했다. 이자는 시간에 대한 보상이라고 여겼는데, 시간은 하느님에게 속하는 가치이므로 인간이 이에 대한 보상을 받아서는 안 된다고 생각한 것이다. 당시 유대인들은 기독교도가 아니라는 이유로 토지의 소유나 농업활동에서 많은 제약을 받았다. 이들은 당연히 도시에서 상공업이나 고리대금업 등으로 밀려나게 되었다. 따라서 기독교 유럽에서 유대인의 그물은 도시와 상공업, 금융업 등을 중심으로 형성되었다.

근대로 오면서 유대인들의 역할은 더욱 중요해졌다. 도시가 발달하면서 상공업과 금융업 등이 중요한 산업으로 부상했기 때문이다. 특히 서유럽에서 유대인들은 성공적인 도시민으로 부상했다. 하지만 동유럽에서 유대인은 잦은 집단학살의 대상이 되었다. 포그롬(pogroms)이라 불리는 유대인 집단학살은 불만이 누적된 도시에서 빈번하게 나타났다. 특히 근대화 과정에서 번영을 누리는 도시의 유대인 공동체는 불행한 다수에게 눈엣가시였다. 유대인 집단을 악의 근원으로 지목하는 희생양의 기제가 보편화되었고, 이들에 대한 공격을 가장 잔인하고 조직적으로 추진한 것이 나치즘의 유대인 집단학살 정책이었다.

유대인은 그야말로 놀라운 역사를 갖고 있다. 소수의 입장으로 민족성을 유지한다는 것은 쉽지 않다. 특히 유럽의 나라들은 다양한 민족으로 구성되었다. 기존의 민족과 새로 들어온 민족이 섞여 살면서 영토 중심의 민족이 형성되었다는 의미다.

만일 유대인 공동체가 이런 새로운 민족에 동참하려고 마음먹었다면 쉽게 동화할 수 있었을 것이다. 하지만 유대인 공동체는 1000년 넘게 민족의 정체성을 유지했다. 요즘처럼 소수민족의 문화를 존중하는 시대도 아니고 가혹한 탄압과 차별을 받으면서도 독자의 정체성을 유지했다는 것은 기적에 가깝다. 실제로 유대민족 말고 이런 경우를 인류 역사에서 찾아보기 어렵다.

유대인의 정체성은 종교에 기초한다. 유대민족은 최초로 유일신이라는 개념을 발전시켰고 그 힘은 기독교와 이슬람을 통해 보편 종교로 발전했다는 점에서도 확인할 수 있다. 이에 덧붙여 유대민족은 신으로부터 선택받은 민족이라는 개념을 발전시켰다. 선민사상은 탄압과 차별에도 불구하고 자신들만의 정체성을 유지할 수 있게 해주었다. 또한 유대민족은 예수를 죽였다는 이유로 비난의 대상이었다. 선택받은 자의 우월감과 차별받는 자의 고립이 결합하여 유대민족의 특수성을 만들어낸 것이다.

# 나치즘의 야만

나치의 유대인 학살은 인간의 야만적 광기와 근대 사회의 효율성이
빚어낸 비극이다. 과거에도 포그롬과 같은 유대민족에 대한 광기는 존
재했다. 모든 불행이 유대인 때문이라는 선동에 대중은 유대인을 공격
하고, 그들의 상점에 불을 질렀다. 하지만 전통사회는 유대인의 기독교
개종과 같은 선택을 통해 '구원의 길'을 열어놓았다.

나치는 근대 과학의 이름으로 유대인을 규정하고 개인의 선택과 상
관없이 유대인의 혈통과 민족을 말살하려는 정책을 폈다. 근대국가의
도구를 통해 유대인 명단을 작성하여 한 사람도 빠짐없이 살해하는 계
획을 추진했다.

나치즘은 누구를 제거했는지 확실하게 확인하기 위해 유대인이 수
용소에 도착하면 팔에 불로 지져 번호를 새겼다.[28] 시신으로 죽음을 확
인하는 것은 실수할 가능성이 높고 번거롭다고 생각했기 때문이다. 무
엇보다 낙인을 찍는 것은 인간성을 제거하는 수단이었다. 수용소에서
살아남은 유대인들은 평생 나치가 찍은 낙인의 번호를 안고 살아야 했
다. 어떤 이는 수술을 통해 낙인을 지워버리려 했고, 또 어떤 이들은 증
오의 기억으로 간직했다.

독일뿐 아니라 유럽이 과거의 나치즘을 부끄럽게 여기고 반성하는
이유는, 그것이 종교와 혈통이 다르다는 단순한 이유로 한 민족 전체를
말살하려고 한 야만의 시도였기 때문이다.[29] 여기서 개인의 선택이나
책임은 없다. 국가가 조직적으로 인간의 기본권, 즉 생명의 권리를 부정
하여 살인한 일이었기 때문이다.

최근 한국에서 유럽의 이민자나 이슬람 문제를 다루면서 유대인도 가해자의 한 부분으로 생각하거나 유대인의 과거를 이민자 및 이슬람 집단과 너무 쉽게 비교하는 것 같아 안타깝다.

유대인들은 유럽 대부분의 지역에서 아주 오래전부터 정착해서 살아온 터줏대감이다. 종교와 혈통만 다를 뿐 그 어느 독일인보다 오랜 기간 독일에서 살아온 시민들이었다. 표준 독일어를 누구보다 정확하게 구사했으며, 독일 문화에 대해 농촌에서 갓 올라온 사람들보다 더 잘 알았다.

이들은 다른 독일인들과 똑같이 전쟁터에 나가 싸웠으며, 독일 제국에 대한 충성심 또한 뒤지지 않았다. 그래서 유대인들은 마지막 순간까지 자신들이 도살장에 끌려간 가축처럼 죽임을 당하리라 믿지 않았다. 그들은 독일의 법치주의와 엄정성의 전통을 믿었고, 자신들이 희생하며 봉사한 조국이 한순간에 칼날을 돌릴 것이라 생각하지 못했다.

이런 엄청난 불행은 독일뿐 아니라 독일이 점령한 모든 유럽 지역에서 반복되었다. 나라마다 유대인을 얼마나 치밀하게 찾아내 학살했는지 정도의 차이는 있지만 자유민주주의를 경험했던 프랑스부터 독재가 지속되었던 폴란드까지 독일이 주도한 유대인 학살은 대륙 단위에서 진행되었다. 20세기 야만의 그물이 유럽을 뒤덮은 셈이다. 수용소와 가스실에서 집단 살인이 자행되었고, 유럽 각지의 경찰과 군대는 유대인을 찾아내어 철도 같은 근대 교통수단으로 수용소로 보냈다.

2차 세계대전이 종결된 후 유대인 학살이 만천하에 드러났을 때 유럽은 큰 충격에 휩싸였다. "우리가 도대체 무슨 짓을 한 것인가"라는 놀라움과 충격, 그리고 죄책감이 뒤늦게 찾아왔다.

독일뿐 아니라 유럽에서는 이 암흑의 시대와 야만의 경험을 잊지 않으려는 노력을 지속하고 있다. 기억하는 것만이 불행의 반복을 피하는 길이라는 사실을 상기하면서 말이다. 유럽인들은 유대인에 대해 결코 갚을 수 없는 빚을 지고 있으며, 대개 깊은 양심의 가책을 느낀다.

## 유럽과 이슬람

유대민족이 유럽 내부에서 타자의 역할을 2000년 가까이 해왔다면 이슬람교는 유럽의 기독교와 대립하면서 외부의 타자 역할을 담당했다. 두 종교는 같은 뿌리에서 나왔기 때문에 더욱더 대립할 수밖에 없는 측면이 있다.

게다가 두 종교 모두 유일신을 믿기 때문에 상대의 종교를 강하게 부정한다. 서로 자신이 믿는 신이 유일한 신이라고 주장한다. 그리고 이런 이유로 기독교 내부의 분열은 종교전쟁으로 이어지기도 한다.[30] 마찬가지로 이슬람 내부에서도 수니파와 시아파의 대립이 기독교와의 대립 못지않게 치열하고 잔인하게 전개된다.

우리는 여기서도 순수한 종교의 교리보다는 정치·사회적 설명을 통해 기독교와 이슬람의 대립을 본다. 유일신 종교의 한 갈래인 기독교가 1세기부터 5세기까지 로마제국에 전파되면서 엄청난 정치권력을 획득했듯이, 다른 갈래인 이슬람은 7세기부터 8세기까지 아랍 제국의 세력과 결합하면서 유럽을 포위하는 모습으로 발전했다. 기독교가 그리스와 로마라는 지중해 문명과 결합하여 유럽의 정체성을 형성했듯이 이슬람은 아랍 문명과 결합함으로써 아랍의 정체성이 되었다.

아랍인들의 이슬람 제국은 무하마드(570~632)의 지도 아래 예루살렘을 지배했고, 북아프리카를 집어삼킨 뒤 이베리아반도까지 점령했다. 732년에는 아랍 제국의 군대가 프랑스 중부의 루아르 강변까지 침략하여 샤를 마르텔의 군대와 전투를 벌였다. 따라서 기독교 유럽과 이슬람의 대립은 적어도 8세기부터 지금까지 지속되었다고 할 수 있다.

인간의 집단 정체성은 대부분 투쟁하는 과정에서 만들어진다.[31] 원래 차이가 존재하고 정체성이 다르기 때문에 투쟁을 한다고 착각하기 쉽다. 기독교와 이슬람은 서로 다르기 때문에 싸운다는 시각이다.

하지만 잘 생각해보면 싸울 이유만큼이나 형제처럼 잘 지낼 이유도 많다. 같은 뿌리를 두고 있고 하나의 신을 섬기며 우상숭배를 금지한다는 점에서 말이다. 역사를 제대로 살펴보면 사실은 싸움이 먼저 있었고 이런 싸움의 결과로 만들어진 차이와 대립의 정체성이 자손대대로 전파되는 경우가 더 많다.

아라비아 사막의 메카와 메디나에서 출발한 이슬람 제국은 불과 100여 년 만에 서남아시아를 지배하고, 지중해 연안의 북부 아프리카까지 손에 넣었다. 새로운 종교를 전파하면서 승승장구 제국의 힘을 확장했던 것이다. 서남아시아와 북부 아프리카의 이슬람 확장은 로마제국의 기독교 지역에서 이루어졌다. 아랍 이슬람 제국은 기독교가 지배하는 지역을 무력으로 점령하면서 형성되었다는 말이다.

지금의 스페인과 포르투갈이 있는 이베리아반도 역시 로마제국의 핵심 지역이다. 예를 들어 로마의 하드리아누스 황제는 이 지역 출신이다. 하지만 이베리아반도는 8세기부터 15세기까지 이슬람 세력의 지배를 받았다. 같은 반도를 놓고 기독교-이슬람-기독교의 정복과 재정복이 이어진 것이다.

8~9세기 프랑스는 게르만족의 한 부류인 프랑크족이 새로운 로마

를 지향하는 거대한 제국을 형성하는 본거지였다. 프랑스에서 아랍 세력과 기독교 제국이 서로 충돌한 전투가 역사에 남은 이유는 이슬람의 확산이 그곳에서 멈추었기 때문이다. 이슬람 세력이 만일 프랑스에서 승리를 거두었다면 역사는 어떤 방향으로 흘렀을지 알 수 없다.

#

## 대립의 정체성

기독교 유럽과 이슬람 아랍의 대립은 각자의 정체성 형성에 결정적이었다. 두 지역의 문명은 서로 대립하고 견제하는 관계였다. 유럽 내 기독교 문명을 형성하는 다양한 나라들이 협력과 경쟁이 공존하는 양상이었다면 유럽과 아랍은 상대의 존재 자체를 부정하는 적대적 대립관계였다.

물론 유럽과 아랍 세계의 상호관계를 완전한 단절이라고 부르기는 어렵다. 교류가 계속되었고 서로 영향을 미치며 견제했기 때문이다. 하지만 유럽이 형성했던 그물처럼 하나의 단위를 형성하는 통일성은 존재하지 않았다.

유럽과 아랍의 충돌은 십자군 원정이라는 경험을 통해 역사에 깊은 뿌리를 내리게 되었다. 유럽인에게 십자군 원정은 기독교 성지인 예루살렘을 되찾는 성전(聖戰)이었다. 분열된 유럽을 하나로 묶어 군사 원정을 조직함으로써 기독교권의 힘을 통일하려는 시도였다. 11세기부터 13세기까지 서유럽의 십자군은 서남아시아의 지중해 지역을 침공하여 식민 국가들을 세웠고 이슬람 세력과 잦은 충돌을 벌였다.[32]

다시 강조하지만 오늘날의 시각으로 보면 스페인이 기독교 국가이고 시리아가 이슬람 국가인 것이 당연해 보인다. 하지만 역사가 조금만 다른 방향으로 흘렀어도 스페인이 이슬람 국가로 남고 시리아가 십자군 당시의 기독교 왕국을 유지하여 유럽의 일부가 되었을지도 모른다. 아무튼 십자군전쟁은 거시 역사적으로 아랍 세력의 유럽 침투(이베리아)에 대한 유럽 세력의 반격(서남아시아의 지중해 연안)이라는 형식을 띤다.

역사는 작용과 반작용의 반복이다. 아랍의 이슬람 제국에 이어 중앙아시아에서 일어난 튀르크족의 이슬람 제국이 15세기에는 동로마제국의 콘스탄티노플을 멸망시키고 유럽 대륙으로 다시 침투하기 시작했다. 오스만제국은 17세기에 유럽의 발칸반도를 지배하는 것은 물론 유럽의 강대국 오스트리아의 수도 빈을 위협할 정도로 성장했다. 8세기 이베리아에서 북상하는 이슬람 군대를 프랑스에서 막았듯이 17세기에는 발칸을 통해 침략해오는 이슬람 세력을 오스트리아에서 간신히 막은 셈이다. 15세기 유럽은 이베리아반도에서 이슬람 군대에 승리를 거둠으로써 어느 정도 힘의 균형을 맞추었다고 볼 수 있다.

오스만제국은 콘스탄티노플을 이스탄불로 개명하여 제국의 수도로 삼았다. 그리고 기독교 유럽과 이슬람 아랍의 중간 지역을 차지하며 15세기부터 20세기까지 강대국으로 존재했다. 굳이 구분하자면 오스만제국은 이슬람 세력의 유산을 물려받은 계승자다. 그러나 오스만제국은 많은 기독교도가 사는 발칸반도를 지배했으며, 유럽의 세력과 대립하면서도 서로 교류하며 영향을 주고받았다. 오스만제국은 기독교 세력은 아니었지만 유럽의 외교와 정치의 그물에서 완전히 제외된 것은 아니었다.

이런 복합성은 20세기 들어 오스만제국이 붕괴되고 터키라는 민족국가가 수립되면서 더욱 강하게 드러났다. 무스타파 케말(대통령 재임

1923~1938)의 터키공화국은 이슬람 문명에 속하지만 근대 유럽의 정치와 문화를 수용하여 국제무대에서 성공하겠다는 집념을 드러냈다.

이처럼 7~8세기에 시작된 유럽과 아랍의 대립은 서로를 인정하고 공존하면서 발전하기보다는 침략과 전쟁으로 이어졌다. 더욱 심각한 것은 19세기와 20세기에 이런 힘의 균형이 깨지고 유럽이 일방적으로 지배하는 형국으로 바뀌었다는 점이다. 19세기 북아프리카는 영국과 프랑스와 이탈리아가 나눠 가지는 식민지로 전락하고 말았다. 오스만 제국이 1차 세계대전에서 패하면서 영국과 프랑스는 신탁통치라는 이름으로 아라비아반도에 영향력을 행사했다.

에드워드 사이드는 《오리엔탈리즘》에서 유럽인들이 이슬람이나 아랍 세계에 대해 갖고 있는 차별과 멸시의 편견이 어떻게 문학과 사회과학과 정책을 통해 확대 재생산되는지를 명백하게 보여주었다.[33]

#
## 불평등관계

서로 대등한 관계에서 경쟁할 때보다 힘이 한쪽으로 지나치게 기울어지는 불평등한 관계가 될 때 적대감은 더욱 극단적이고 강렬하게 형성된다.[34] 기독교 유럽과 이슬람 아랍의 대립은 이제 제국주의와 식민지 경험으로 인해 더욱 강화되었다. 게다가 유럽의 승인 아래 유대인들이 아랍의 영토에 이스라엘을 건국한 것은 유럽과 아랍의 대립을 더욱 자극했다.

또 제국주의와 식민지의 경험은 유럽과 아랍 세계 사이에 촘촘한 그물을 만들어놓았다. 불평등한 정치, 사회, 문화의 지배관계가 짧게는 수십 년에서 길게는 알제리처럼 100년 넘게 지속되었다. 이런 경우 긴밀한 관계의 그물이 형성되는 동시에 적대 감정이 쌓인다. 너무나 많은 것을 공유하지만 동시에 너무나 부당하고 불평등했기 때문에 쉽사리 잊거나 무시할 수 없는 적대감이 쌓인 가족과 같다고 할 수 있다.

특히 20세기 중반부터 이슬람 세계의 많은 사람들이 유럽으로 이주했다. 과거 식민지에서 제국의 중심으로 향하는 경우가 대부분이었다. 인도와 방글라데시와 파키스탄에서 영국으로 향하고, 북아프리카의 알제리, 튀니지, 모로코에서 프랑스로 간다는 말이다. 직접 식민지 경험이 없었지만 독일과 오스만제국은 동맹관계였다. 그래서 터키인들은 독일로 많이 갔다.

따라서 21세기 유럽에서 이슬람은 기독교 다음의 제2의 종교가 되었다. 유럽에서는 종교와 관련된 정확한 통계를 알기 어렵다. 나치의 유대인 학살로 이런 통계 수집의 위험성이 너무나 명백히 드러났기 때문이다. 이슬람 지역에서 유럽으로 이주한 사람은 1000만 명이 넘는 것으로 추정된다. 이들은 유럽에 적응하여 생활하면서도 이슬람을 종교 정체성으로 계속 유지하고 있다.

이제 유럽에는 이슬람의 예배 건물인 모스크가 매우 많이 들어서서 그물을 형성하고 있다. 물론 성당과 비교하기는 어렵지만 유럽의 이슬람 그물도 어느 정도 형성되는 중이다. 스위스 같은 일부 국가에서는 모스크 신축을 법으로 금지하는 등 경직된 반응을 보이기도 하지만 이슬람은 적극적인 신도들의 지원으로 매우 활발하게 종교 그물을 만들고 있다. 다만 무슬림의 유럽 확산의 역사가 짧다 보니 아직은 외부에서 유럽의 이슬람을 지원하고 조정하고 통제하는 경향이 강하게 나타난다.

이슬람 근본주의는 사우디아라비아에서 지원하는 것으로 알려져 있다. 알제리, 모로코, 터키 등 이슬람 세계의 주요 국가들은 유럽에 거주하는 자국 출신 이민자들을 통해 영향력을 행사하려 하고 있다.[35] 이에 대해 요즘 유럽에서는 무슬림의 유럽화를 유도하여 근대 이슬람을 만들어야 한다는 인식이 대두되고 있다.

이 장을 시작하면서 유럽의 정체성과 기독교를 둘러싼 논쟁을 소개했다. 유럽의 역사는 기독교와 불가분의 관계이며, 여전히 기독교는 유럽의 다수라고 할 수 있다. 하지만 현대 유럽의 문명을 하나의 종교를 중심으로 정의하는 것은 무리다. 유럽 문명의 핵심은 비록 기독교라는 뿌리에서 발전했지만, 다양한 기독교 종파 및 유대교와 이슬람, 그리고 근대의 세속주의까지 포괄하는 다양성과 관용 정신에서 찾아야 할 것이다.

## 유럽의 주요 성당과 교회

| 번호 | 국가 | 지역 | 이름 | 건축 시기 |
|---|---|---|---|---|
| 1 | 노르웨이 | 오슬로 | 오슬로 대성당 Oslo domkirke | 1694~1699 |
| 2 | 스웨덴 | 스톡홀름 | 스톡홀름 대성당 Storkyrkan | 1200년경 |
| 3 | 덴마크 | 로스킬레 | 로스킬레 대성당 Roskilde Cathedral | 1170년경 |
| 4 | 핀란드 | 투르쿠 | 투르쿠 대성당 Turun tuomiokirkko | 1300년경 |
| 5 | 핀란드 | 페테예베시 | 페테예베시 성당 Petäjäveden vanha kirkko | 1763~1765 |
| 6 | 핀란드 | 헬싱키 | 헬싱키 루터란 대성당 Helsingin tuomiokirkko | 1830~1852 |
| 7 | 아일랜드 | 펀즈 | 펀즈 대성당 The Cathedral Church of St. Edan | 1230년경 |
| 8 | 영국 | 벨파스트 | 성 베드로 성당 St. Peter's Cathedral, Belfast | 1860~1866 |
| 9 | 영국 | 에딘버러 | 세인트자일스 대성당 Saint Giles' Cathedral | 1120~1829 |
| 10 | 영국 | 더럼 | 더럼 대성당 Durham Cathedral | 1093~1133 |
| 11 | 영국 | 리버풀 | 리버풀 대성당 Liverpool Cathedral | 1904~1978 |
| 12 | 영국 | 리버풀 | 리버풀 메트로폴리탄 대성당 Liverpool Metropolitan Cathedral | 1962~1967 |
| 13 | 영국 | 링컨 | 링컨 대성당 Lincoln Cathedral | 1185~1311 |
| 14 | 영국 | 코벤트리 | 코벤트리 대성당 Coventry Cathedral | 1956~1962 |
| 15 | 영국 | 브리스틀 | 브리스틀 대성당 Bristol Cathedral | 1220~1877 |
| 16 | 영국 | 솔즈베리 | 솔즈베리 대성당 Salisbury Cathedral | 1220~1258 |
| 17 | 영국 | 윈체스터 | 윈체스터 대성당 Winchester Cathedral | 1079~1525 |
| 18 | 영국 | 켄트 | 켄터베리 대성당 Canterbury Cathedral | 1070~1834 |
| 19 | 영국 | 런던 | 세인트폴 대성당 St. Paul's Cathedral | 1677~1708 |
| 20 | 영국 | 런던 | 웨스트민스터 대성당(성공회) Westminster Abbey | 960~970년경 |
| 21 | 영국 | 런던 | 웨스트민스터 대성당(가톨릭) Westminster Cathedral | 1895~1910 |
| 22 | 영국 | 일리 | 일리 대성당 Ely Cathedral, Cambridgeshire | 1083~1375 |
| 23 | 포르투갈 | 파티마 | 파티마 성삼위 성당 da Santíssima Trindade | 2004~2007 |
| 24 | 포르투갈 | 리스본 | 산타엥그레시아 교회 Igreja de Santa Engrácia | 1681~1966 |
| 25 | 스페인 | 세비야 | 세비야 대성당 Catedral de Santa María de la Sede | 1401~1528 |
| 26 | 스페인 | 아빌라 | 아빌라 대성당 Catedral del Salvador de Ávila | 1091~1475 |
| 27 | 스페인 | 갈리시아 | 산티아고 데 콤포스텔라 대성당 Catedral de Santiago de Compostela | 1060~1211 |
| 28 | 스페인 | 부르고스 | 부르고스 대성당 Catedral de Santa María de Burgos | 1221~1567 |
| 29 | 스페인 | 바르셀로나 | 바르셀로나 대성당 Catedral de la Santa Creu i Santa Eulàlia | 1298~1448 |
| 30 | 스페인 | 바르셀로나 | 성 가족 성당 Sagrada Familia | 1882~진행중 |
| 31 | 스페인 | 팔마 | 팔마 대성당 Catedral de Santa María de Palma de Mallorca | 1229~1601 |
| 32 | 프랑스 | 몽펠리에 | 몽펠리에 생피에르 대성당 Cathédrale Saint-Pierre de Montpellier | 1364~1536 |
| 33 | 프랑스 | 푸아투샤랑트 | 생사벵쉬르가르탕프 교회 Abbaye de Saint-Savin-sur-Gartempe | 1050년경 |
| 34 | 프랑스 | 샤르트르 | 샤르트르 대성당 Cathédrale Notre-Dame de Chartres | 1145~1220 |

| 35 | 프랑스 | 노르망디 | 루앙 대성당 Cathédrale Notre-Dame de Rouen | 1063~1544 |
|---|---|---|---|---|
| 36 | 프랑스 | 불로뉴쉬르메르 | 불로뉴쉬르메르 노트르담 대성당 Basilique Notre-Dame de Boulogne-sur-Mer | 600~1100년경 |
| 37 | 프랑스 | 아미앵 | 아미앵 대성당 Cathédrale Notre-Dame d'Amiens | 1220~1270 |
| 38 | 프랑스 | 파리 | 파리 노트르담 성당 Notre Dame de Paris | 1163~1345 |
| 39 | 프랑스 | 랭스 | 랭스 대성당 Cathédrale Notre-Dame de Reims | 1211~1275 |
| 40 | 프랑스 | 레핀 | 레핀 대성당 Basilique Notre-Dame de l'Épine | 1405~1527 |
| 41 | 프랑스 | 스트라스부르 | 스트라스부르 대성당 Cathédrale Notre-Dame de Strasbourg | 1015~1439 |
| 42 | 벨기에 | 안트베르펜 | 안트베르펜 성모 마리아 대성당 Onze-Lieve-Vrouwekathedraal | 1353~1533 |
| 43 | 벨기에 | 브뤼셀 | 성심 대성당 Basilique du Sacré-Cœur de Bruxelles | 1905~1970 |
| 44 | 룩셈부르크 | 룩셈부르크 | 룩셈부르크 노트르담 대성당 Kathedral Notre-Dame | 1613~1938 |
| 45 | 네덜란드 | 바르네벌트 | 바르네벌트 초석 교회 De Hoeksteen, Barneveld | 2007~2008 |
| 46 | 독일 | 아헨 | 아헨 대성당 Aachener Dom | 796~805 |
| 47 | 독일 | 쾰른 | 쾰른 대성당 Kölner Dom | 1248~1880 |
| 48 | 독일 | 힐데스하임 | 힐데스하임 대성당 Hildesheimer Dom | 872~1000년경 |
| 49 | 독일 | 베를린 | 독일 교회 Deutscher Dom | 1701~1708 |
| 50 | 독일 | 베를린 | 프랑스 교회 Französischer Dom | 1701~1705 |
| 51 | 독일 | 프랑크푸르트 | 프랑크푸르트 대성당 Kaiserdom Sankt Bartholomäus | 600년경~1550 |
| 52 | 독일 | 보름스 | 보름스 대성당 Wormser Dom | 1181~1320 |
| 53 | 독일 | 슈파이어 | 슈파이어 대성당 Dom zu Unserer lieben Frau in Speyer | 1030~1061 |
| 54 | 독일 | 밤베르크 | 밤베르크 대성당 Bamberger Dom St. Peter und St. Georg | 1002~1012 |
| 55 | 독일 | 울름 | 울름 대성당 Ulm Minster | 1377~1890 |
| 56 | 독일 | 비스 | 비스 순례성당 Wieskirche | 1745~1754 |
| 57 | 독일 | 뮌헨 | 프라우엔 성모성당 Frauenkirche | 1468~1525 |
| 58 | 이탈리아 | 밀라노 | 밀라노 대성당 Duomo di Milano | 1386~1965 |
| 59 | 이탈리아 | 밀라노 | 산타마리아 델레 그라치에 성당 Santa Maria delle Grazie | 1463~1497 |
| 60 | 이탈리아 | 파도바 | 성 유스티나 성당 Basilica di Santa Giustina | 1501~1606 |
| 61 | 이탈리아 | 베네치아 | 산마르코 대성당 Basilica Cattedrale Patriarcale di San Marco | 978~1092 |
| 62 | 이탈리아 | 볼로냐 | 산페트로니오 성당 San Petronio Basilica | 1390~1479 |
| 63 | 이탈리아 | 모데나 | 모데나 대성당 Cattedrale Metropolitana di Santa Maria Assunta e San Geminiano | 1099~1319 |
| 64 | 이탈리아 | 라벤나 | 산비탈레 성당 Basilica di San Vitale | 526~547 |
| 65 | 이탈리아 | 피사 | 피사 대성당 Duomo di Pisa | 1063~1118 |
| 66 | 이탈리아 | 피렌체 | 산타마리아 노벨라 대성당 Basilica of Santa Maria Novella | 1278~1350년경 |
| 67 | 이탈리아 | 피렌체 | 산타마리아 델 피오레 대성당 Cattedrale di Santa Maria del Fiore | 1296~1436 |
| 68 | 이탈리아 | 아시시 | 산타마리아 델리 안젤리 성당 Basilica di Santa Maria degli Angeli | 1569~1679 |

| 69 | 이탈리아 | 로마 | 산타마리아 마조레 대성당 Basilica di Santa Maria Maggiore | 432~1743 |
|---|---|---|---|---|
| 70 | 이탈리아 | 로마 | 성 밖의 성 바울 대성당 Basilica of Saint Paul Outside the Walls | 300년경~1823 |
| 71 | 바티칸시국 | 바티칸시티 | 산피에트로 대성당 Basilica di San Pietro in Vaticano | 1506~1626 |
| 72 | 바티칸시국 | 바티칸시티 | 시스티나 성당 Cappella Sistina | 1473~1484 |
| 73 | 이탈리아 | 바리 | 바리 대성당 Cattedrale di Bari or Cattedrale di San Sabino | 1170~1178 |
| 74 | 그리스 | 테살로니키 | 아요스 디미트리오스 성당 Άγιος Δημήτριος | 629~634 |
| 75 | 불가리아 | 소피아 | 성 네델리야 교회 църква „Света Неделя" | 1856~1863 |
| 76 | 불가리아 | 소피아 | 알렉산드르 네프스키 대성당 Храм-паметник „Свети Александър Невски" | 1882~1912 |
| 77 | 터키 | 이스탄불 | 아야소피아 Ayasofya | 532~537 |
| 78 | 크로아티아 | 두브로브니크 | 두브로브니크 대성당 Katedrala Velike Gospe, Katedrala Marijina Uznesenja | 1672~1713 |
| 79 | 크로아티아 | 시베르니크 | 시베르니크 성 제임스 성당 Katedrala sv. Jakova | 1431~1536 |
| 80 | 크로아티아 | 포레츠 | 유프라시우스 대성당 Eufrazijeva bazilika | 350년경 |
| 81 | 크로아티아 | 자그레브 | 자그레브 대성당 Zagrebačka katedrala | 1093~1102 |
| 82 | 헝가리 | 에스테르곰 | 에스테르곰 대성당 Esztergomi bazilika | 1822~1869 |
| 83 | 오스트리아 | 잘츠부르크 | 잘츠부르크 대성당 Salzburger Dom | 1614~1628 |
| 84 | 오스트리아 | 린츠 | 린츠 신 대성당 Neuer Dom | 1862~1924 |
| 85 | 오스트리아 | 빈 | 슈테판 대성당 Stephansdom | 1137~1160 |
| 86 | 체코 | 프라하 | 성 비투스 대성당 metropolitní katedrála svatého Víta, Václava a Vojtěcha | 1344~1929 |
| 87 | 체코 | 젤레나호라 | 성 요한네포묵교회 Poutní kostel svatého Jana Nepomuckého | 1719~1727 |
| 88 | 슬로바키아 | 브라티슬라바 | 성 마틴 대성당 Katedrála svätého Martina | 1311~1452 |
| 89 | 루마니아 | 비에르탄 | 트란실바니아 요새성당 Biserici fortificate din Transilvania | 1400~1600년경 |
| 90 | 우크라이나 | 키예프 | 키예프 성 소피아 대성당 Собор святої Софії | 1037~1057년경 |
| 91 | 폴란드 | 리헤인 | 리헤인 성모 성당 Bazylika Najświętszej Maryi Panny Licheńskiej w Licheniu Starym | 1994~2004 |
| 92 | 폴란드 | 그다인스크 | 성모 마리아 대성당 Bazylika Mariacka | 1343~1502 |
| 93 | 러시아 | 상트페테르부르크 | 성 이사악 성당 Исаакиевский Собор | 1818~1858 |
| 94 | 러시아 | 상트페테르부르크 | 카잔 대성당 Казанский кафедральный собор | 1801~1811 |
| 95 | 러시아 | 모스크바 | 구세주 그리스도 대성당 Храм Христа Спасителя | 1839~1883 |
| 96 | 러시아 | 모스크바 | 상크트 바실리 대성당 Собор Василия Блаженного | 1555~1560 |
| 97 | 조지아 | 쿠타이시 | 바그라티 성당 ბაგრატი; ბაგრატის ტაძარი | 1000년경 |
| 98 | 조지아 | 므츠헤타 | 스베티츠호벨리 성당 სვეტიცხოველის საკათედრო ტაძარი | 300년경 |
| 99 | 조지아 | 트빌리시 | 성 삼위일체 대성당 სამების საკათედრო ტაძარი | 1995~2004 |
| 100 | 아르메니아 | 에치미아진 | 에치미아진 성당 Էջմիածնի մայր տաճար | 301~303 |

# 표상의 그물

# 유럽의 주요 박물관과 미술관

노르웨이

2

아이슬란드

아일랜드

대 서 양

영국

네덜란드

덴마크

북 해

독일

벨기에

체

프랑스

스위스

오스트

리히텐슈타인

슬로베

포르투갈

스페인

이탈리아

바티칸시국

지 중 해

9 ● 10, 11
● 8
● 7
● 12~14
15 ● ● 16~26
3 ● 4
● 5
53~56
52 ● ● 57
● 51
● 58~61
50 ●
41~49
68 ● 66
67
85
62
63~65
69 70
71, 72
33
40
39
35~38
28
29~32
27
34
73
1

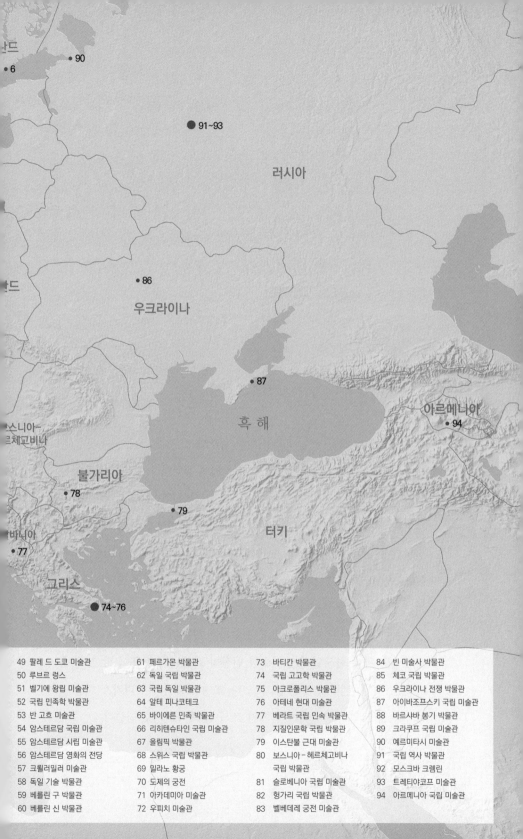

러시아

**90**

● 6

● 90

● 91~93

드

● 86

우크라이나

● 87

흑 해

아르메니아

● 94

스니아–
르체고비나

불가리아

● 78

● 79

터키

바니아

● 77

그리스

● 74~76

#

# 박물관 천국

　유럽을 방문하는 관광객은 거대한 규모의 박물관이 많다는 데 놀란
다. 파리의 루브르 박물관은 센 강변에 넓게 펼쳐져 어마어마한 규모를
자랑한다. 이곳에 전시된 작품을 제대로 감상하려면 며칠이 걸려도 모
자란다. 루브르는 고대 이집트부터 근대까지 세계의 문화와 예술을 총
집성한 박물관이며, 관람객 수는 세계 2위다(1위는 베이징의 고궁박물관
이다). 루브르의 〈모나리자〉나 〈비너스〉가 있는 전시장은 인증 사진을
찍는 인파로 항상 붐빈다.

　파리에는 루브르 박물관 말고도 수많은 박물관과 미술관이 있다. 오
르세 미술관은 한국인에게 친숙한 인상파 화가들의 작품이 많고, 현대
미술은 퐁피두센터에 가면 볼 수 있다. 로댕 미술관이나 피카소 미술관
등 작은 규모의 미술관까지 합치면 그 수를 헤아리기도 힘들다.

파리뿐 아니라 유럽의 웬만한 대도시에는 우리가 상상하기 어려운 규모의 대형 박물관이 여러 개 있다. 로마에는 바티칸 미술관부터 산탄젤로 성 국립박물관이나 보르게세 미술관까지 '박물관의 수도'라고 해도 과언이 아니다. 프랑스는 그래도 박물관과 미술관이 파리에 집중되어 있지만 이탈리아는 로마뿐 아니라 피렌체, 베네치아, 밀라노, 토리노, 나폴리 등 주요 도시의 박물관이 모두 수준급이다.

런던에는 대영박물관과 테이트 미술관이 루브르나 오르세와 어깨를 견준다. 빈과 베를린 역시 각각 오스트리아-헝가리제국과 독일의 수도로서 많은 박물관을 보유하고 있다. 게르만 문화권에서도 이탈리아처럼 지방 도시의 박물관이 매우 발달했다. 뮌헨, 드레스덴, 포츠담 등의 전시 작품은 다양하고 풍부하다. 이에 질세라 제국을 운영했던 러시아 상트페테르부르크의 예르미타시 미술관, 스페인 마드리드의 프라도 미술관, 네덜란드 암스테르담의 국립박물관도 관람객을 압도한다.

유럽은 그림과 조각을 박물관에만 조심스럽게 모시지 않는다. 대도시의 대성당, 중소도시의 성당, 시골 마을의 교회에서도 아름다운 건축과 조각과 벽화를 발견할 수 있다. 공원에 가면 다양한 조각이 산책하는 사람들을 맞이하며, 시청, 학교, 우체국, 역 같은 공공장소에서도 아름다운 건물과 이를 장식하는 그림이나 조각을 쉽게 접할 수 있다.

호텔 로비와 방, 레스토랑이나 개인 주택도 그림과 조각으로 장식하는 것은 매우 자연스러운 일이다. 아마 그림이나 조각 등 예술품의 수를 헤아리고 그 밀도를 따진다면 세계 각 대륙 가운데 유럽이 단연코 제일일 것이다.

루브르가 존재할 수 있는 이유는 단순히 프랑스의 몇몇 왕들이 예술을 사랑하여 좋은 작품을 많이 수집했기 때문만이 아니다. 프랑스가

18세기 말 혁명을 통해 일부 엘리트만 볼 수 있었던 작품을 일반 대중에게 개방했기 때문만도 아니다. 또 프랑스 정부가 수 세기 동안 많은 자금을 동원하여 훌륭한 작품을 사 모으는 노력을 기울였기 때문만도 아니다.

루브르라는 위대한 박물관이 만들어진 것은 이러한 노력에 덧붙여 프랑스가 다른 유럽의 강대국들과 경쟁하는 구도였기 때문이다. 파리와 런던과 로마가 서로 문화 도시의 명예를 독점하기 위해 수백 년 동안 겨루었기 때문이다. 또 작품이 생산될 수 있도록 많은 화가들이 활동했기 때문이다. 끝으로 이처럼 많은 화가가 작품활동을 통해 생계를 꾸릴 수 있었던 것은 미술품을 구매하여 거실과 침실을 장식하는 수집가 계층이 두터웠기 때문이다.

미술의 풍요는 유럽 사회와 문화의 특징이다. 최근 한국에서는 창조경제니 콘텐츠 산업이니 하면서 문화로 돈을 벌자고 눈이 벌겋다. 하지만 유럽의 역사는 손익계산의 태도로는 절대 유럽의 문화 수준에 도달하지 못했을 것이라는 교훈을 준다. 정신의 숭고함을 담아 영원을 지향하는 예술은 계산하는 물질주의와 친하기 어렵기 때문이다.

#

## 나체의 문화?

인간의 육체에 대한 태도는 문화마다 매우 다르다.[1] 현대 사회가 미개하다고 보는 문화일수록 나체에 가까운 모습으로 생활하지만, 문명이 발달한 사회에서는 옷과 각종 장신구로 몸을 치장하는 편이다. 남아메리카 아마존 밀림의 원시부족이나 아프리카 사막의 부시먼족, 뉴기니의 산악부족 사람들이 성기만을 가린 채 생활하는 모습을 텔레비전 다큐멘터리를 통해 쉽게 볼 수 있다.

그런데 현대 선진문명의 발생지라고 할 수 있는 유럽 또한 나체를 자연스럽게 생각하는 듯하다. 유럽의 박물관을 돌아보면 남녀를 막론하고 나체 조각들이 가득하다. 남성은 건강한 근육질의 몸매를 자랑하는 듯하고, 여성은 풍만한 가슴과 엉덩이에 잘록한 허리로 서 있다. 인간을 표현한 조각도 있지만 많은 경우 신을 묘사했다. 예를 들어 사랑의 신 비너스, 사냥과 달과 자연의 신 다이아나 등은 모두 로마의 신이다. 굳이 〈세계의 기원〉이라는 쿠르베의 문제작을 들지 않더라도 유럽 박물관을 채운 수많은 그림 가운데 상당수가 나체를 표현했다.

유럽의 해변에 가면 많은 여성이 가슴을 드러내고 일광욕을 하는 모습을 볼 수 있다. 비키니로 가렸다고 하더라도 바람에 날아갈 듯 아슬아슬한 모습이다. 북유럽의 공중 사우나에 가면 남녀가 나체로 목욕을 하고 수영을 즐긴다. 이 정도면 유럽 문화는 나체의 문화라고 생각할 만하다.

하지만 유럽은 나체를 쉽게 허용하는 문화가 결코 아니다. 앞에서 유럽 문명의 핵심에는 기독교가 있다고 설명했다. 수녀 복장을 보면 요즘 이슬람 문명권에서 볼 수 있는 히잡이나 부르카에 못지않은 은폐의 옷차림이다.

미니스커트와 비키니가 유럽에 등장한 것은 1970년대에 이르러서다. 1960년대만 해도 프랑스 앵커가 방송에서 무릎을 드러내는 치마를 입었다는 이유로 해고되었다. 복장과 나체에 관한 엄숙함은 적어도 기독교가 로마제국의 국교가 된 4세기부터 20세기 중반까지 유럽 사회의 규범을 지배했다고 보는 것이 정확하다.

그렇다면 4세기 이전 그리스-로마 문명에서 빈번하게 등장하는 나체상을 어떻게 설명할 것인가. 지중해 문화가 따뜻한 기후의 지역에서 발달했기 때문에 복장이 가벼웠고 나체가 자연스럽게 드러난다고 해석할 수도 있다. 하지만 더 뜨거운 기후임에도 불구하고 서남아시아의 유대교나 이슬람 문화는 인간의 나체는 물론 그림이나 조각으로 나체를 표현하는 것도 금지한다. 그리스-로마 문명의 나체는 자연환경보다는 문화에서 그 이유를 찾아야 한다.

헤르메스상이 표현하는 것은 특정 인간의 나체가 아니라 인류가 지향해야 하는 이상형의 몸이다. 비너스상이 보여주는 것은 섹시한 여성이 아니라 역시 인류가 상상할 수 있는 가장 완벽한 육체다. 이처럼 정신과 신앙을 중시했던 유일신 종교들과 달리 그리스-로마의 사고는 육체의 아름다움을 중시했다.

그리스-로마의 조각은 아름다움과 완벽함을 보여주는 모델이기 때문에 수학과 기하학의 비례를 반영해서 만들어졌다. 이들은 인간의 모습을 빌렸지만 그 완벽함이 신에 가까운 경지다. 달리 말해서 그리스-로마의 나체 조각은 현실을 표현하는 예술이 아니라 이상을 제시하는 모델이었다.

#

## 종교와 예술

예술과 나체의 관계를 통해 우리는 유럽의 미술이 그리스-로마와 기독교라는 두 뿌리와 함께 얽혀 발전했다는 점을 알 수 있다. 기독교 세력은 유럽을 지배한 이후 그리스-로마 문명의 많은 문화재를 파괴했다.

유일신은 우상숭배를 허락하지 않았고, 특히 인간의 나체를 드러내는 많은 조각은 타락과 부도덕의 상징으로 통했다.

세계를 지배하는 또 다른 유일신의 종교인 이슬람은 아예 그림 자체를 허용하지 않았다. 그래서 문자와 무늬로 아름다움을 표현하는 형식이 살아남았을 뿐이다. 같은 기독교지만 동로마제국에는 8세기(726~787)와 9세기(814~842) 두 차례에 걸쳐 우상파괴(iconoclasm)의 폭풍이 몰아쳤다. 십자가 같은 기독교의 상징을 제외하고 그림과 조각이 대거 파괴되는 결과를 낳았다.[2]

기독교의 지배가 무척이나 강했던 중세에 서유럽에서 그나마 미술이나 조각이 살아남을 수 있었던 것은 종교의 관점에서 유용성을 강조했기 때문이다. 예술을 소중하게 여겼던 사람들은 그림이나 조각을 통해 글을 모르는 대중의 신앙심을 더 강화할 수 있다고 주장했다. 그림과 조각이라는 예술이 우상숭배의 의심을 피해 살아남을 수 있었던 생존 전략은 바로 교육 효과에 있었다.

현대는 이미지가 넘쳐나는 시대다. 우리는 그림이나 조각에 매일 노출되어 있지만 그것의 힘을 제대로 인식하지 못한다. 하지만 이미지가 거의 없던 시대에 십자가를 지고 피를 흘리며 고통받는 예수의 모습은 언어만으로 상상하는 성경 구절보다 훨씬 큰 감동을 주었을 것이다. 문자보다는 시각의 그림과 조각이 더 직접적인 호소력을 발휘하고, 더 나아가 연극이나 영화 같은 살아 있는 공연이 더 강력하게 의미와 감정을 전달한다는 말이다.

중세 유럽 예술의 기본은 종교 예술이다. 성경에 등장하는 이야기를 표현하는 성화(聖畵)가 주류를 이룬다. 또한 종교 공간을 제외하고는 예술의 존재를 찾아보기 어려웠다. 중세의 그림과 조각은 대부분 성당

안에 있다. 예수와 주변 인물들의 삶은 성화나 조각에 등장하는 단골 모델이다. 매우 엄숙한 성경 이야기 가운데 나체가 종종 등장하기도 하지만 그것은 에덴동산에서 추방당하는 아담과 이브, 지옥의 불구덩이에서 고통받는 죄인들 같은 부정적인 이미지의 상징이었다.

그리스-로마 시대처럼 인간의 나체가 다시 긍정의 의미를 안고 조각이나 그림에 등장하는 것은 예수를 통해서다. 십자가에 못 박힌 예수는 나체로 육체의 고통과 정신의 혼란을 표현했다. 이어서 천사나 어린 예수를 나체로 표현했고, 르네상스 시대에 이르면 다시 고대 그리스-로마의 전통을 되살리는 나체들이 예술에 나타난다. 15세기 말 피렌체의 화가 보티첼리가 그린 〈비너스의 탄생〉은 유럽 미술사에서 아름다운 나체가 다시 등장하는 계기다. 이후 나체는 유럽 미술에서 중요한 장르가 된다.

게다가 그리스-로마 전통의 이상 모델로서의 나체뿐 아니라 실제 인간의 육체를 예술로 표현하는 양식이 보편화된다. 화가들의 작업실에서는 아름다운 육체를 자랑하는 모델들이 옷을 벗고 포즈를 취하는 일이 당연시되었다.

화가의 아내가 모델로 활동하는 경우도 쉽게 발견할 수 있다. 18세기 프랑스 궁정의 수석화가로 로코코의 대가인 부셰의 작업실에서는 그의 아내가 나체 모델로 활동했다. 모델의 나체는 성욕의 대상이 아니라 미의 기준을 제시하는 이상형이었다.[3]

인간의 나체를 그림이나 조각으로 표현하는 것은 분명 유럽 문명의 특징이다. 그것도 일본처럼 개인적인 용도의 삽화가 아니라 공공장소에 드러내놓고 전시하는 조각이나 그림에서도 인간의 나체는 자연스럽게 등장한다. 그리스-로마의 전통에서 인간의 육체는 이상형이나 순수

...
프랑수아 부셰가 그의 아내 마리-잔 뷔소를 모델로 그린 대표작 〈다이아나의 목욕〉(1742).

함을 상징하기 때문이다. 상당히 오랜 기간 동안 나체는 예술 속에서나 당당하게 등장했을 뿐, 현실에서는 여전히 기독교의 엄숙함과 경건함이 지배했다. 유럽 문명에서 고대 그리스-로마의 영향과 기독교의 힘이 서로 팽팽한 긴장관계를 형성했음을 확인할 수 있다.

#

## 표상의 문화

요즘 대학생들은 프레젠테이션(presentation)을 무척 중요하게 생각한다. 프레젠테이션을 훈련하는 소모임이나 프레젠테이션 실력을 겨루는 대회도 있다. '표현'이나 '소개' 같은 한국어가 아니라 굳이 프레젠테이션이라는 영어를 사용하는 것은 역시 "뭔가 있어 보이"도록 하는 장치인 것 같다.

학생이 수업에서 발표하는 것도 프레젠테이션이고, 직장인이 회의에서 발언을 할 때도 프레젠테이션을 하게끔 되어 있다. 발전한 사회, 소통하는 조직에서 프레젠테이션이란 필수 과정이고 능력이다. 프레젠테이션을 할 때 파워포인트 같은 프로그램을 활용하여 그림과 사진을 곁들여 자신의 생각을 표현하고 전달하기도 한다.

요즘 학생들은 미디어를 무척 좋아한다. 축제 때 무대에 등장하는 학생들이 자신의 활동이나 생각을 직접 말하기보다는 녹화하여 방영하는 모습을 보고 놀랐다. 축제에 직접 참여하지 못한다면 녹화 방송이 적절하겠지만 현장에 있는 사람이 왜 군이 녹화와 편집과 방영이라는 매체를 거쳐 자신을 '표현'하고 '소개'하는 것일까. 아마도 매스미디어의 시대에 자신도 유명 인사들처럼 영상의 주인공이 되고 싶은 욕망의 표현일 것이다. "텔레비전에 내가 나왔으면 정말 좋겠네"라는 가사나 날아다니는 마술 양탄자를 타듯 "방송을 탄다"라는 표현은 모두 이런 욕망을 드러낸다.

21세기 한국에서 쉽게 발견할 수 있는 이런 현대문명의 모습은 유럽 문명의 특징 가운데 하나인 '표상'의 문화에서 비롯된다. 대부분 유럽의 언어에서 표상은 유사한 공통의 어원을 가진다. 영어의 representation, 프랑스어의 représentation, 독일어의 Repräsentation, 스페인어의 representación 등이다.

프레젠테이션이란 표현 또는 소개의 의미다. 그 안에 있는 프레젠트 (present)란 여기, 현재, 선물, 소개 등의 다양한 뜻이 있는데 무엇인가를 직접 주거나 보여준다는 말이다. 표상, 즉 'representation'은 다시(re)

프레젠테이션을 한다는 말이다. 미디어를 통하고 거쳐 표현하거나 재현하는 것이 표상인 셈이다.

예술은 표상의 행위다. 그림을 그린다는 것은 자연이 되었건 사람이 되었건 대상을 다시(re) 표현(presentation)하는 행위이기 때문이다. 선사시대 동굴벽화는 통통한 동물과 건강한 사냥꾼, 풍만한 육체의 여성을 표현했다. 살찐 동물과 건강한 사냥꾼은 먹을거리에 대한 열망을 담은 표현일 것이다. 여성은 가족과 공동체의 재생산을 기원하는 수단이자 상징이었다. 모든 문명이 보여준 왕성하고 훌륭한 예술과 사회 문화는 표상이라는 기제를 통해 형성되었다.

#

## 의인화

유럽의 표상 문화에서 핵심은 의인화의 전통이다. 그것은 고대 그리스-로마의 전통과 기독교에서 공통으로 발견할 수 있다.

그리스-로마 신화는 표상의 세계라고 불러도 될 정도로 상징의 백화점이다. 태양의 신 제우스와 바다의 신 포세이돈, 사랑의 신 아프로디테, 지혜의 신 아테나 등등. 달리 말해서 태양과 바다를 다스리는 신뿐 아니라 사랑이나 지혜 같은 의미의 세계를 상징하는 신, 인간의 모습을 가진 신이 존재한다는 뜻이다.

유대교 전통에서 의인화는 어떤 면에서 훨씬 더 강렬하다. 신은 사람을 자신의 모습으로 창조했으며, 다른 신이나 우상을 배척하라고 명령한다. 유대교에서 한 걸음 더 나아가 기독교의 예수는 의인화의 결정판이다. 신과 인간이 서로 닮은 정도가 아니라 하나가 되었으니 말이다.

위에서부터 독일 베를린에 있는 '승리의 기둥'과 그 상단에 있는 빅토리아 여신상, 〈유로파의 납치〉(렘브란트, 1632), 〈4대륙〉(루벤스, 1615년경).

의인화의 전통이 표상 문화의 핵심이라는 사실은 유럽의 도시나 박물관을 산책하다 보면 쉽게 발견할 수 있다. 법원 앞에는 유스티시아(Justitia), 즉 정의의 여신이 저울을 들고 앉아 있는 모습을 발견할 수 있다.

원래 저울을 든 정의의 신은 고대 이집트의 마아트와 이시스로 거슬러 올라간다. 그리스 문화에서는 테미스 여신으로 등장한다. 정의의 상징인 이 여신은 왼손에 저울을 들고, 오른손에는 양날의 칼을 쥐고 있다. 칼은 법의 강제력을 의미하며, 저울은 이성과 합리성을 상징한다. 그리고 15세기가 되면 천으로 눈을 가린 여신이 등장한다. 신분이나 재산을 초월하는 공정성의 의무를 상기시키는 상징이다.

베를린의 유명한 관광 명소인 '승리의 기둥(Victory Column)'에는 승리의 여신 빅토리아 조각이 있다. 두 날개를 활짝 펴고 날아오를 것 같은 황금빛 여신의 모습이다. 이 기둥은 원래 1864년 덴마크에 대한 프로이센의 승리를 기념하기 위해 만들어지기 시작했다. 그런데 1873년에 프로이센이 오스트리아와 프랑스와의 전쟁에서도 승리를 거둔 뒤 독일 민족이 통일됨으로써 독일 건국의 상징이 되었다. 빅토리아는 유럽의 어느 나라에서나 승리를 상징하는 여신이며, 박물관에 가면 쉽게 볼 수 있다.

의인화의 또 다른 사례는 유럽, 아시아, 아프리카, 아메리카 등 대륙을 여성으로 표현한 것이다. 그중 유럽이라는 이름은 '유로파'라는 페니키아의 공주 이름에서 비롯한 것이다. 유로파가 유럽 대륙으로 오게 된 것은 제우스가 흰 황소로 변신하여 공주를 유혹해 납치했기 때문이다. 유럽의 미술관에 가면 '유로파의 납치'를 테마로 삼은 그림을 쉽게 발견할 수 있다. 또 파리의 오르세 미술관이나 룩상부르 공원에 가면 유럽과 아시아와 아프리카와 아메리카가 지구본을 들고 있는 조각상을 감상할 수 있다.

마리안(Marianne)은 프랑스 공화국을 상징하는 여성이다. 실존 인물이 아니라 프랑스 혁명의 정신을 반영하는 순수한 여성상이다. 영국에는 브리타니아(Britannia), 독일에는 게르마니아(Germania)라는 여성상이 있다.

유럽에서 자주 발견할 수 있는 의인화의 기제는 양방향으로 작동한다. 하나는 신과 같은 형이상학의 존재를 인간의 모습으로 표현하는 것이다. 정의나 승리 같은 개념, 유럽과 아시아 같은 대륙도 인간의 형상으로 표현한다. 인간이 자신의 모습을 반영하여 표상을 만드는 단계다.

그다음 단계이자 반대 방향은 표상이 인간에 영향을 미치는 부분이다. 유스티시아의 거울과 칼과 눈가리개는 공정한 법 집행에 대한 기대를 자아내고 기준을 제시한다. 빅토리아를 바라보는 베를린 시민과 독일 국민은 '상상의 공동체'에 강한 소속감을 가진다.[4] 대륙의 의인화는 땅덩어리를 공동체로 묶는 효과를 발휘한다. 프랑스의 마리안은 국민을 하나로 결집하는 공화국의 정신이다.

어느 문화에서나 나타나는 현상이지만 특히 유럽에서 예술은 표상의 기술로 크게 발전했다. 그리스-로마의 전통을 상당 부분 부정하는 중세에도 기독교의 성화 속에 복합적인 표상과 의미의 세계가 자리 잡았다.

예를 들어 베드로는 항상 천국의 열쇠와 책을 들고 있는 모습으로 표현된다. 바울은 칼을 들고 등장하며 종종 성경을 집필하고 있는 모습으로 묘사된다. 성경의 마태(마테오)는 날개 달린 사람으로, 마가(마르코)는 날개 달린 사자로 그려진다. 누가(루카스)는 황소나 붓, 팔레트 등으로, 요한은 독수리나 성배, 주전자 등으로 표현된다. 실제로 기독교 성인을 상징하는 표식을 엠블럼(emblem)이라 부르며, 이는 서양 예술사에서 중요한 의미의 세계를 형성한다.[5]

## 엠블럼에서 브랜드까지

언어가 인류 문명의 발전에 결정적인 기여를 했다는 것은 상식이다. 언어와 문자야말로 표상의 기초가 아닌가. 표상이 우리에게 발전을 가져오는 원리는 간단하다. 표상은 복잡한 현실을 단순하게 표현할 수 있도록 한다. 동시에 무척 단순한 단어와 문법을 통해 매우 복합적인 새로운 현실을 언급하고 상상하고 창조할 수 있다. 우리는 언어를 통해 한 번도 가보지 못한 천국과 지옥을 묘사할 수 있다. 유럽에서 그림과 조각은 언어와 문자를 보완하고 발전시키는 활력소였다.

중세 유럽에서 미술은 종교의 옷을 입음으로써 생존하고 발전할 수 있었다. 무지한 대중에게 종교를 가르친다는 의무를 띠고 우상숭배의 의심으로부터 벗어나는 데 성공했던 것이다.

종교 미술은 엠블럼이라는 상징과 의미의 새로운 세계를 열었고, 16세기와 17세기가 되면 종교의 엠블럼뿐 아니라 속세의 삶에서 도덕적 교훈을 주는 엠블럼도 인기를 끌었다. 1531년 독일 아우크스부르크에서 처음《엠블레마타(Emblemata)》라는 제목의 책이 출판되었다. 엠블레마타는 그리스어 '엠블레마(emblema)'의 복수형이다. 이후 파리, 런던, 빈, 리옹, 프랑크푸르트, 레이던, 로마, 뉘른베르크, 안트베르펜, 암스테르담, 로테르담, 밀라노, 바르셀로나 등 유럽 각지에서《엠블레마타》

3장 표상의 그물 | 159

해석서를 출간했다.

엠블럼은 기독교 성인을 표시하는 상징으로 시작하여 다양한 의미를 표상하는 단계로 발전했다. 중세에 종교의 성스러운 엠블럼이 유행하면서 속세에서도 훌륭한 개인이나 가문을 상징하는 문장(紋章)이 퍼지기 시작했다.

문장은 사실 무장(武裝)이라 불러야 마땅하다. 영어로는 'coat of arms'인데 전쟁터에서 방패나 코트에 개인이나 가문의 특징을 표현하는 방식이기 때문이다. 우리가 익숙하게 접하는 문장은 방패에 그려진 표상이다. 하지만 완전한 문장은 방패에 투구와 투구 장식까지 포함한다. 위대한 가문일수록 모토(motto)라 불리는 좌우명이나 가훈으로 구색을 맞추었다.

오늘날 우리가 유럽의 문장을 쉽게 접할 수 있는 것은 축구팀이다. 영국의 프리미어 리그, 독일의 분데스리가, 스페인의 프리메라 리가, 이탈리아의 세리에 A, 프랑스의 리그 앙 등 유럽의 축구팀들은 자신을 대표하는 문장을 자랑스럽게 내세운다. 12세기 정도부터 유럽에서 유행하기 시작한 기사들의 방패 문장 패션이 축구팀에게까지 전달된 결과다. 그 밖에도 도시, 가문, 군대, 대학 등 웬만한 역사를 자랑하는 기관은 고유의 문장을 가지고 있다. 물론 역사가 짧은 기관이나 조직일수록 고색창연한 문장으로 눈속임을 하려는 경우도 있지만 말이다.

유럽 귀족과 기사 들의 문장 문화는 국기(國旗)라는 형식으로 현대 세계에 보편화되었다. 유럽에서 가장 오래된 국기는 15세기로 거슬러 올라간다. 특히 덴마크의 십자가형 기는 스칸디나비아 나라들에서 국기의 기본 모형이 되었다.

15세기부터 만들어진 잉글랜드와 스코틀랜드와 아일랜드의 깃발은

17세기에 합쳐져 영국의 '유니언 잭(Union Jack)'이 되었다. 흰 바탕에 붉은 십자가가 그려진 잉글랜드 기는 '성 조지의 기'라고 불린다. 스코틀랜드의 성 앤드류 기는 푸른 바탕에 X자로 그려진 십자가를 담았다. 아일랜드의 성 패트릭 기는 흰 바탕에 X자 붉은 십자가가 있다.

많은 국가들이 모방한 삼색기는 네덜란드 지역 주민들이 입던 옷이 푸르고 붉고 흰색을 띤 데서 유래하며, 샤를마뉴 시대인 9세기부터 이 지역의 상징이 되었다. 가로로 색이 배열된 네덜란드 삼색기와 달리 프랑스 삼색기는 세로로 청색, 백색, 적색을 배치하여 자유, 평등, 박애를 표현한다.

십자가와 삼색기는 유럽에서 시작하여 전 세계로 전파된 가장 유행하는 국기 모형이다. 미국은 미합중국을 구성하는 주의 수만큼 별을 새긴 성조기를 만들었고, 소련은 혁명을 상징하는 붉은색에 망치와 낫을 그려 노동을 칭송하는 상징을 담았다. 이슬람권 국기에는 달과 별이 빈번하게 등장한다.

영국의 사회학자 빌리그는 《일상적 민족주의》라는 책에서 국기처럼 아무 말 없이 그냥 서 있는 일상생활의 장치들이 우리에게 민족이라는 공동체를 자연스럽게 느끼게 한다고 설명한다.[6] 매일 얼굴을 마주하고 생활하는 가족과 자연스럽게 정이 들고 친밀해지는 것과 같은 이치다. 올림픽에서 메달을 딴 선수들이 국기를 향해 엄숙하게 경례하고 기쁨의 순간을 공유함으로써 민족공동체 의식을 강화한다.

국기 같은 표상의 정치문화는 상표로 전환되어 엄청난 경제효과를 창출하기도 한다. 스마트폰에 그려진 작은 사과는 디지털 시장을 지배하는 상징이 되었다. 벤츠 자동차에 달린 삼각별의 로고는 중세 기사의 투구 위 빛나는 독수리처럼 차 주인을 우쭐하게 해준다.

명품 브랜드의 로고는 제품 가격을 높이는 마술을 부린다. 별과 줄 (stars and stripes)의 미국 국기 무늬가 새겨진 티셔츠나 청바지를 입음으로써 세계 최강대국의 국민임을 과시하듯이 고급 브랜드의 로고는 부나 계급을 뽐내는 수단이다.

#
## 공연의 전통

한자로 '표상(表象)'은 표현하고 상징한다는 뜻이다. 프랑스어 'représentation'은 공연이라는 뜻도 있다. 영어에서는 '퍼포먼스 (performance)'라는 단어로 공연을 지칭하는 경향이 있지만 영어도 대의민주주의라는 개념은 'representative democracy'라고 지칭한다. 공연이나 퍼포먼스는 무대 위의 행위에 초점을 맞추어 '살아 있는', '라이브의', '함께 숨 쉬는' 등의 의미가 강하다.

리프레젠테이션(re-presentation)은 무대에서 진행되는 현실이 진정한 현실이 아니라 다른 곳에 존재하는 현실을 재현한다는 뜻을 담는다. 무대에서 살인이 일어나도 그것은 진짜 사람을 죽이는 것이 아니라 살인의 재현이라는 의미다. 여기서 배우는 '창조한 현실'을 표상하는 일꾼이다. 관객은 배우가 표상하는 공연을 보면서 다른 세계를 느끼고 상상할 수 있다.

유럽에서 공연을 통한 표상의 문화는 그림이나 조각만큼이나 뿌리가 깊다. 고대 그리스에서 연극은 공동체의 중심을 형성했다. 지중해 고대 도시마다 커다란 극장이 있었다.[7] 둥근 형의 무대는 대개 언덕 아래에 위치한다. 언덕의 경사를 활용하여 반원형의 객석을 만들고, 무대

뒤 오케스트라라고 부르는 장소에서 음악과 춤을 선사했다.

아테네의 극장은 1만 7000석의 객석을 자랑하는 어마어마한 규모다. 대부분 고대 그리스나 로마의 극장은 수천 석에서 수만 석에 달하는 규모를 자랑한다. 공연 또는 연극이 그리스 도시에서 얼마나 중요한 공공 행사였는지 알 수 있다.

고대 그리스의 술의 신 디오니소스 축제 기간에는 연극 경연이 벌어졌다. 실력을 검증받은 극작가 세 명이 경연을 벌이는데 이들은 각자 세 편의 비극과 한 편의 풍자극을 선보였다.

가장 인기를 끈 작가는 그해 축제의 극작가로 등극한다. 소포클레스는 40여 차례 출전하여 스무 번 정도 우승을 차지했다고 전해진다. 아이스킬로스, 에우리피데스, 소포클레스 등 그리스 작가들의 작품은 이후에도 계속 공연되는 고전이 되었으며, 오늘날에도 여전히 새롭게 재해석되고 있다.

고대 그리스 극장의 반원형 구조는 현대 의회의 구조에서 그대로 재현되어, 연극과 정치의 연결고리를 쉽게 확인할 수 있다. 고대 그리스에서 연극 경연에 참가하는 배우들은 프로타고니스트(protagonist)라고 불렸는데, 이 단어는 아직도 주인공, 대회 참가자, 토론자 등의 뜻으로 사용되고 있다.

그리스 문화에서는 글로 쓴 것은 죽은 것이요, 말로 하는 것이 살아 있는 것이란 믿음을 가졌다. 대본은 글로 쓰되 이를 배우가 공연해야 생명력을 갖게 된다는 생각이다. 연극은 종교 의례 같았고, 시민들이 한자리에 모이는 정치 축제였으며, 배우의 연기는 대중 연설과 설득의 모델로 여겨졌다. 고대 그리스에서 대중 연설은 민주주의의 한 요소였다.

민주주의야말로 자기 자신의 이익을 위해서 발언하기보다는 공동체를 위해서 방향을 제시하는 일이 아닌가. 배우가 극본을 연기함으로써 작가의 세계를 재현하듯이 민주주의에서 정치인은 시민의 의사를 표명한다. 언어를 통해 청중과 소통하는 과정을 거쳐 대표와 시민이 하나가 되어야 한다.

공연(公演)이라는 단어에 포함되는 이 공적인 성격은 매우 중요하다. 밀실에 들어앉아 권력을 가진 사람들끼리 쑥덕거려 결정을 내리는 것이 아니라 그 누구를 제외함이 없이, 달리 말해 하늘을 우러러 부끄럼 없는 공개 설득으로 공동의 결정을 내린다는 원칙이야말로 고대 그리스 연극과 현대 민주주의 정치를 관통하는 기본 정신이다.

#

## 화폐에 그린 문화

유럽의 많은 국가들은 유로라는 하나의 화폐를 공유한다. 유럽의 강대국 가운데는 영국이 파운드라는 고유의 화폐를 고집하지만 독일, 프랑스, 이탈리아, 스페인 등 19개국은 모두 유로라는 단일화폐로 통합했다.

보통 동전이나 지폐에는 그 나라의 위인이 등장한다. 한국에서 1만 원권 지폐의 세종대왕이나 5만 원권의 신사임당이 대표적이다. 경제 가치와 역사 상징의 조우라고 할 수 있다.

그런데 유로화에 들어갈 인물을 선정하는 일은 쉽지 않았다. 서로 다른 역사를 가지고 있기 때문이다. 예를 들어 나폴레옹은 프랑스에서는 훌륭한 황제일지 모르지만 독일이나 이탈리아에서는 자국을 침략한 적국의 원수다. 또 비스마르크는 독일을 통일로 이끈 지도자였지만 프랑스와 오스트리아에는 쓰라린 패배를 안긴 침략자다.

---
유럽의 시대별 건축 양식을 담은 유로 지폐 뒷면.

경제 가치를 나타내는 화폐에 역사적인 인물 말고 무엇을 그려 넣을 수 있을까. 유럽의 화폐는 유럽 공통의 문화유산을 담고 있다.[8] 지폐에는 창이나 문, 다리 등의 모습을 그려 넣었는데 각 시대에 유행한 건축 스타일에 따라 모양이 달라지는 것을 역사를 따라 추적할 수 있다. 화폐에 예술사를 담은 셈이다.

유럽은 고대 그리스와 로마 시대를 상징하는 고전주의, 로마 이후 중세 초기에 유행한 11~12세기의 로마네스크, 로마네스크에 이어 발달한 12~14세기의 고딕, 그리고 15~16세기의 르네상스, 과장과 화려함을 과시하는 17~18세기의 바로크와 로코코, 산업혁명 이후 등장한 19~20세기의 철과 유리의 시대, 그리고 20세기 모던 스타일 등의 흐름을 경험했다. 이들 스타일은 각각 어떤 한 나라의 문화 기풍이라기보다는 유럽 전체를 포괄하는 각 시대의 유행이었다.

돈의 가치가 적을수록 더 먼 과거의 양식을 그려 넣었다. 5유로권에는 그리스-로마 시대의 고전주의 대문과 수로가 등장한다. "과거를 값싸게 여긴다"고 볼 수도 있지만 일상의 사용 빈도는 제일 높다. 그만큼 자주 접할 수 있는 화폐라고 하겠다.

10유로는 로마네스크, 20유로는 고딕, 50유로는 르네상스, 100유로는 바로크와 로코코, 200유로는 철과 유리, 500유로는 20세기 모더니즘이다. 그런데 최근 유럽연합은 500유로짜리 고액권이 부정부패와 범죄에 많이 활용된다는 이유로 이를 없애기로 결정했다. 유로 화폐에서 20세기 모더니즘이 사라진다는 말인데, 이를 다시 200유로권에 옮겨 넣을지는 알 수 없다.

#

# 로마네스크와 고딕

유럽의 건축 양식은 굳이 예술사를 전공하지 않더라도 어느 정도 쉽게 구별할 수 있다. 그리스와 로마의 건물은 나열된 둥근 기둥에 삼각형의 지붕을 올린 신전을 생각하면 된다. 아테네의 파르테논 신전이 대표적인 건물이다. 지중해 각지에 건설된 신전들은 약간의 차이가 있겠지만 이 모델을 재현한 모습이다.

로마 시대에도 그리스의 이런 원형 기둥과 삼각형 지붕의 전통은 지속되었으며, 이에 덧붙여 둥근 반원형의 아치가 새롭게 등장한다. 로마의 콜로세움을 살펴보면 그리스식 기둥이 다수 서 있는 가운데 많은 아치형을 볼 수 있다. 로마 건축의 기적이라고도 불리는 수로는 이런 아치로 만든 거대한 조형물이다. 그리스의 건축이 지중해 지역에 한정되었다면, 로마의 건축은 제국의 확장에 따라 프랑스와 도버해협을 건너 영국에까지 영향을 미쳤다.

유럽 중세의 로마네스크는 요즘 한국의 표현을 빌리자면 '로마틱한', '로마스러운' 정도의 의미다. 19세기 예술사 전문가들이 중세에 로마 시대 건축을 흉내 낸 스타일을 이렇게 지칭하기 시작했다. 따라서 로마네스크 스타일은 과거 로마 시대처럼 아치를 많이 사용한다. 또 동로마 및 비잔틴제국의 영향을 반영하여 돔 형식의 지붕도 등장한다.

유럽에서 시대의 차이는 정치와 종교의 변화를 반영한다. 과거 그리스-로마의 신전은 기둥과 지붕이 비교적 가볍게 서 있는 모습인데 그것은 고대 신전이 안과 밖을 크게 구분하지 않았기 때문이다. 콜로세움도 안과 밖이 완전히 구분되는 실내 경기장이 아니다.

중세의 주요 로마네스크 건축물은 성당과 성이다. 유럽 전역에 기독교가 확산되면서 신전 대신 성당이 들어섰다. 십자가 모양의 성당은 기독교 공동체가 친밀함과 유대감을 느낄 수 있는 공간이어야 했다. 이런 건물에서 로마 양식의 아치를 만들려면 벽을 두껍게 하고 창을 작게 낼 수밖에 없었다.

성은 전쟁이 빈번했던 중세의 새로운 건축물이다. 적의 공격으로부터 방어하기 위해서는 두꺼운 벽이 필요했다. 이 때문에 중세의 로마네스크 건축은 단순하면서 웅장한 위용을 자랑한다.

현재 고딕이라고 부르는 스타일은 로마네스크의 단점을 극복하기 위한 노력의 결과다.[9] 로마네스크의 아치는 건물을 높이 짓거나 창문을 크게 만드는 것이 수월하지 않았다. 고딕 양식의 가장 큰 특징은 첨두(尖頭)형 아치다. 로켓이나 대포알처럼 생긴 아치를 통해 벽을 가볍게 하면서도 더 높게 지을 수 있는 방법을 개발한 것이다. 창문도 더 많이, 더 크게 낼 수 있었다. 이는 고딕 양식과 스테인드글라스의 조합이 자연스럽게 발전할 수 있는 계기가 되었다. 종교가 지배하는 유럽 중세에 고딕 성당의 높고 장엄하면서도 세밀한 감동의 모습은 프랑스에서 시작하여 유럽 전역으로 퍼졌다. 종교의 장에서 프랑스 북부에 얼마나 많은 성당이 고딕 스타일로 건축되었는지 살펴보았다.

'고딕'이라는 명칭은 북부 유럽을 야만인의 문화라고 얕보던 이탈리아인들이 고트족의 이름을 붙인 데서 시작되었다. '로마스러운 것'이 로마네스크가 되었듯이, '고트족다운 것'이 고딕이 되었다고 볼 수 있다. 이탈리아인들의 이런 심술에도 불구하고 고딕 스타일은 12~14세기 이탈리아를 포함한 유럽 전역에 전파되었고 스칸디나비아부터 시칠리아까지 망토처럼 대륙을 둘러싸는 최고의 유행을 누렸다.

# 르네상스 이후

르네상스(Renaissance)는 '재생' 또는 '부활'이라는 의미다. 그리스-로마 시대의 고전주의가 부활한 스타일이라고 보면 된다. 르네상스 건축은 이런 고대의 전통을 이어받아 기둥과 아치, 돔이 빈번하게 등장하며 기하학적 균형과 대칭성을 중시한다. 피렌체에서 시작된 르네상스 건축은 유럽 전역으로 확산되었다. 당시 이탈리아의 도시국가들은 서로 경쟁하면서 로마의 영광을 재현하려 노력했다.

17세기와 18세기에는 바로크 양식과 로코코 양식이 유행했다. 바로크(baroque)는 '이상한', '괴팍한'이라는 뜻이다.[10] 기하학의 모양이나 균형을 중시한 르네상스 시대에 바로크는 균형을 깨고 정리된 모습을 무너뜨렸다.

한국에도 '바로크가구'라는 브랜드가 있는데 바로크란 소파의 화려한 장식과 동의어였다. 유럽의 바로크 건축도 마찬가지로 반원이나 첨두형 아치가 아니라 무척 현란한 모습으로 화려한 무늬를 자랑한다. 특히 가구처럼 건축에서도 섬세한 2차원의 디자인으로 3차원의 느낌을 주는 트롱프뢰유(Trompe l'oeil), 즉 눈속임 기법이 유행했다.

16세기 말 이탈리아에서 시작된 바로크풍의 건축은 북유럽을 뒤흔든 종교개혁에 대한 가톨릭교회의 문화 공세였다. 가톨릭교회의 성당에서 시작한 바로크풍은 유럽 전역으로 확산된 것은 물론 스페인과 포르투갈을 통해 아메리카와 아시아로까지 수출되었다. 프랑스에서는 베르사유 궁과 앵발리드 등이 대표적인 바로크 양식이다. 이는 유럽 전역에서 바로크가 유행하는 계기가 되었다.

19세기에 영국의 산업혁명이 베네룩스와 프랑스로 전파되었고, 후반기에는 독일과 동유럽, 남유럽으로까지 확산되었다. 산업혁명으로 철강산업이 발달하고 철도가 영토를 촘촘히 연결하는 그물을 쳤다. 이런 변화는 건축에도 영향을 미쳤다. 철과 유리를 활용한 건축물이 19세기 건축 스타일의 새로운 시대를 열었다.

1851년 런던에서 개최된 만국박람회를 위해 지어진 크리스털 팰리스(Crystal Palace)는 말 그대로 유리궁전이다. 길이 564미터, 높이 39미터에 달하는 엄청난 규모의 전시장을 철과 유리로 만들어 영국의 기술과 국력을 전 세계에 자랑했다.

파리를 상징하는 에펠탑 역시 철을 사용하여 1889년에 완성한 첨단 기술의 표현이었다. 높이 300미터에 달하는 에펠탑은 1931년 미국 맨해튼에 엠파이어스테이트 빌딩이 지어지기 전까지 세계에서 가장 높은 건축물이었다. 철과 유리를 대량 사용하는 산업화 시대의 건축은 유럽에서 시작했지만 미국에서 더욱 발전하여 지금은 전 세계 현대 건축 양식이 되었다.

이처럼 철과 유리가 새로운 재료로 부상하기는 했지만 건축 양식의 차원에서 보면 과거 스타일들의 재활용이 유행하기도 했다. '네오'라는 이름이 붙은 많은 건축물들이 등장하는 것도 이 시기다. 네오고전주의, 네오그리스 양식 등이 그것이다. 바로크나 로코코에 싫증을 느껴 다시 르네상스나 그리스-로마 시대의 고전주의로 돌아간다는 의미다.

스페인의 프라도 미술관이나 파리의 마들렌 성당은 19세기에 지어진 그리스-로마풍의 신고전주의 건물들이다. 고딕을 부활시킨 신고딕도 19세기에 화려하게 등장한다. 예를 들어 런던의 국회의사당인 웨스트민스터와 빅벤은 고딕풍으로 지어진 대표 건물이다.

그리스-로마 시대부터 2000여 년 동안 유럽에서는 각 시대마다 여러 스타일의 건축이 유행했는데, 19세기에 들어서면서는 역사적으로 누적된 다양한 스타일을 골라서 활용하는 다원주의 시대가 되었다고 할 수도 있다. 즉 미래 지향적인 철 골조의 유리 건물 옆에 고딕풍의 국회의사당이 들어서고, 곧이어 로마 시대를 연상시키는 신고전주의 건물이 등장하면서 공존하게 되었다는 뜻이다.

런던의 크리스털 팰리스와 웨스트민스터 의사당, 대영박물관이 각각 철과 유리 건축, 신고딕, 신고전주의를 대표하는 사례다. 더 나아가 크리스털 팰리스는 철강 기둥을 쌓는 데 고딕 양식을 활용했다. 누적된 유럽의 건축 스타일이 신소재와 결합하여 만들어낸 조합이다. 유럽은 여러 나라로 나뉘었지만 건축에서는 하나의 공간을 형성하여 스타일의 그물을 쳐왔던 것이다.

#

## 문화 사랑은 현군(賢君)의 조건

유럽에 가면 엄청난 규모의 박물관과 미술관이 깊은 감동을 선사한다. 이처럼 많은 미술과 조각을 생산해냈다는 것이 놀랍고, 그것을 주문하거나 구매한 사람들이 꾸준히 존재했다는 사실에 다시 한 번 감탄하게 된다. 유럽은 1500년 전 게르만족의 침략으로 로마제국이 무너진 뒤 끊임없이 전쟁의 소용돌이에 시달렸다. 그럼에도 불구하고 이 많은 예술품들이 보존되어 지금까지 전해졌다는 데 또 한 번 놀란다. 세계대전을 두 차례나 치르면서도 이 많은 박물관과 미술관 들은 어떻게 살아남을 수 있었을까.

유럽 박물관의 기원은 16세기 무렵으로 거슬러 올라간다. 당시 이탈리아 중부 토스카나 지역의 피렌체에는 메디치 가문이 르네상스 시대의 많은 예술품을 수집하여 소장하고 있었다. 이들은 새로운 정부 청사를 지으면서 예술품 전시를 위한 공간을 따로 마련했다. 오늘날 이탈리아에서 유명한 우피치 미술관의 기원이다. 이탈리아어 우피치(Uffizi)는 영어로 'office', 즉 사무실이라는 뜻이다.

메디치 가문은 예술가를 후원하여 수많은 작품을 주문했고, 이렇게 수집한 예술품은 이탈리아 르네상스의 꽃다발이라고 할 만한 최고의 선택이었다. 보티첼리, 다빈치, 미켈란젤로, 라파엘로, 뒤러, 렘브란트 등 이름만 들어도 전율을 느낄 만한 화가의 작품들이 즐비하다.

메디치 가문의 예술에 대한 집념과 이를 과시하려는 욕구는 어디에서 온 것일까. 메디치 가문이 15세기 피렌체공화국에서 권력을 잡을 수 있었던 것은 메디치 은행과 직물 무역으로 축적한 부 덕분이다. 메디치 은행은 당시 유럽에서 가장 크고 신뢰받는 은행이었다.

이들은 피렌체공화국에서 정치권력을 차지한 이후 16세기에 전성기를 맞았다. 프랑스 왕국에 두 명의 딸을 시집보내 여왕으로 만들었고, 무려 네 명의 교황을 배출하는 유럽의 명문가가 되었다. 상업과 은행업으로 성장한 이 가문이 정치권력을 잡아 피렌체에서 세습왕조를 형성하고 18세기까지 집권했다. 이들은 문화에 대한 아낌없는 투자를 통해 권력의 정통성을 확보하고자 했다.

16세기 메디치 가문의 딸 카트린 드 메디치와 스코틀랜드의 메리 스튜어트가 프랑스 왕실에서 고부관계로 만났다. 카트린은 이탈리아의 도시국가 가운데 강대 세력으로 부상한 피렌체와 동맹을 맺기 위한 선택이었고, 메리는 스코틀랜드와의 정략결혼으로 영국을 견제하려는 시도였다.

프랑스 왕실에서 북유럽의 왕족과 남유럽의 부르주아가 만난 셈인데 어린 메리는 시어머니 카트린을 졸부 장사꾼 집안의 딸이라며 업신여겼다.[11] 반면 부유한 이탈리아 도시국가 출신의 카트린은 예술의 소양과 지식을 뽐내면서 가난한 산악 국가 스코틀랜드 출신의 메리를 우습게 보았다.

이탈리아 도시국가를 지배하는 가문들은 이런 문화를 통한 정통성 확보에 경쟁을 벌였다.[12] 피렌체에 메디치가 있다면 밀라노에는 비스콘티가와 스포르차가가 있었고, 페라라에는 에스테 가문이, 만토바에는 곤차가 가문이 지배했다. 메디치 가문이 은행과 상업으로 성공했다면 밀라노의 스포르차 가문은 15세기 용병대장(condottieri) 출신으로 권력을 쥔 경우다. 당연히 그들에게 문화적 소양을 증명하고 과시하는 것은 중요한 일이었다.

만토바의 곤차가 가문 역시 예술 후원으로 유명했다. 작곡가 몬테베르디나 화가 루벤스는 모두 곤차가 가문의 빈첸초 1세의 후원을 받았다. 페라라의 에스테 가문은 이탈리아 시인의 대표 주자였던 토르쿠아토 타소와 극작가 조바니 바티스타 구아리니 등을 후원했다.

이탈리아의 문화 투자가 르네상스 시대에 파격적으로 증가한 데는 도시국가 간의 경쟁이 무척 중요한 역할을 했다. 당시 권력가들은 돈밖에 모르는 수전노 또는 무력으로 통치하는 폭군이라는 이미지를 불명예로 여겼다. 도시 간 경쟁에서 정통성과 헤게모니를 확보하기 위해서는 문화를 사랑하고 예술가를 후원하는 현명한 군주가 되어야 했다.

고대 그리스와 로마에서도 부자들이 큰돈을 기부하여 시민들에게 '빵과 서커스'를 제공하는 전통이 있었다. 가난한 사람들에게 식량을 나뉘주고 서커스를 위한 경기장을 짓는 데 돈을 대는 것은 지배층의 의무였다.[13] 이 같은 전통과 도시 경쟁에 힘입어 이탈리아는 예술의 중심지로 떠올랐다. 그리고 이탈리아의 이런 위상을 가장 잘 보여주는 관습이 그랑투르라는 제도다.

#

## 그랑투르

프랑스어로 '그랑(grand)'은 크다는 뜻이고, '투르(tour)'는 한 바퀴라는 뜻이다. 즉 그랑투르란 '크게 한 바퀴 돈다'는 의미다. 15세기부터 유럽의 엘리트 사이에서 그랑투르는 문화와 예술의 본고장인 이탈리아를 여행하면서 교양을 쌓고 정신 수준을 높이는 일종의 통과의례가 되었다.

독일이나 프랑스는 물론 베네룩스와 스칸디나비아, 영국 등의 엘리트들은 이탈리아에 가서 로마 시대의 유적과 르네상스 시대의 예술과 문화를 감상해야만 교양인으로 성장할 수 있다고 생각했다.[14] 이탈리아에 가서 몇 년 동안 살아보지 않고서는 문학이나 예술을 안다고 말하기 어려운 시대가 열렸다고 보면 된다.

프랑스는 16~17세기에 이탈리아와 경쟁하면서 유럽의 새로운 문화 중심으로 떠오르기 시작했다. 하지만 프랑스조차 이탈리아의 중요성을 인정하지 않을 수 없었다. 대표 사례로 국가가 개최하는 예술 기관의 다양한 경시대회에서 우수한 예술가로 선발되면 '로마상(Prix de Rome)'을 받고 몇 년 동안 이탈리아에 파견되는 특혜를 누릴 수 있었다. 요즘 표현을 빌리자면 전국대회에서 우승한 사람은 국비 장학생으로 이탈리아 유학을 갈 수 있었던 셈이다.

18세기 프랑스의 대표 화가 프라고나르는 미술 아카데미 대회에서 대상을 차지하여 로마에 파견되었다. 19세기에도 프랑스의 음악가 베를리오즈는 작곡 대회에서 우승한 뒤 로마에 파견되는 특혜를 누렸다.

자존심이 무척 강한 프랑스에서도 이탈리아가 문화와 예술의 기준이 되었다는 말이다. 음악이나 미술을 배우려면 당연히 이탈리아로 가야 했다. 그들은 이탈리아를 완벽하게 이해한 뒤 그리스까지 섭렵하면 금상첨화라고 생각했다.

이처럼 열심히 이탈리아 배우기에 노력한 프랑스는 어떤 의미에서 새로운 이탈리아, 즉 신흥 예술 중심으로 부상했다. 그 결과 독일, 영국, 스칸디나비아, 러시아 등에서 온 엘리트들은 그랑투르 일정에 파리까지 추가하게 되었다.

프랑스 북부에 위치한 파리는 야만의 경계 지역이라 해도 과언이 아니다. 로마제국의 지중해에서 한참 벗어난 지역이기 때문이다. 물론 지금의 독일처럼 완전히 로마제국 밖의 세상은 아니었지만 여전히 파리는 로마 중심의 세계에서는 변방에 불과했다. 그런 파리가 그랑투르에 포함될 수 있었던 것은 국가가 정책적으로 예술을 지원하는 후원자 역할을 톡톡히 했기 때문이다.

#

## 왕실의 박물관 경쟁

18세기에 유럽의 주요 도시들은 문화 중심이라는 명성을 얻기 위해 경쟁했다. 그곳의 군주나 수집가가 얼마나 많은 작품을 소유하고 있는지, 그리고 대중에게 이를 공개하는지가 중요한 변수가 되었다. 이런 점에서 합스부르크가가 지배하는 오스트리아 빈의 벨베데레 궁전은 대표적인 공개 미술관으로 유명했다.

유럽에서 경쟁과 모방은 늘 변화의 동력이었다.[15] 예를 들어 1770년대 오스트리아가 지배하던 벨기에에서는 브뤼셀에 큰 박물관을 만들어야 한다는 운동이 일어났다. 네덜란드와 벨기에를 중심으로 북유럽 미술은 매우 높은 수준에 도달했음에도 불구하고 이에 걸맞은 박물관이 없었기 때문이다.

박물관 추진위원회는 제국의 수도 빈에 보낸 서한에서 "빈, 피렌체, 파르마, 뒤셀도르프, 파리, 로마, 베네치아, 제노바, 베로나, 런던 등에는 모두 공개 박물관이 있는데 브뤼셀은 변변치 못하다"라고 강조했다.[16] 그만큼 유럽에 형성된 수도의 그물에 들어가려면 큰 규모의 박물관 하나 정도는 가져야 마땅했던 것이다.

이탈리아 도시들을 제외하면 유럽에서 예술의 수도를 자처할 수 있는 후보 도시는 런던과 파리였다. 런던에는 1753년 대영박물관이 설립되었지만 예술보다는 자연사 박물관이었다. 1768년에 설립된 로열 아카데미는 생존 화가의 작품만을 보유하고 있었다. 따라서 대중이 고전 작품을 감상하려면 1766년에 만들어진 크리스티의 경매에 구경 갈 수밖에 없는 처지였다.

파리는 이에 비하면 형편이 나았다. 1751년부터 프랑스 왕립미술조각아카데미는 2년마다 살롱을 개최하기 시작했고, 1781년에는 3만 5000명의 관객이 다녀갈 정도로 규모가 커졌다. 특히 이 왕립미술조각아카데미는 프랑스 전역에서 학생을 모집하는 중요한 교육기관으로 성장했다. 또 이 미술 교육 모델은 프랑스 화가들이 외국으로 진출하여 비슷한 기관을 세움으로써 유럽의 다른 도시로 전파되었다. 드레스덴,

빈, 코펜하겐, 상트페테르부르크 등에 설립된 미술 아카데미들은 모두 프랑스 화가들이 중추의 역할을 담당했다.

프랑스가 현대 박물관의 선구자가 된 계기는 프랑스 혁명이다. 공화국은 모든 것을 공개한다는 의미를 품는다. 예술품은 누군가의 소유물이 아니라 모든 시민이 누리는 인류의 자산이라는 생각이 퍼졌던 것이다.

특히 인류를 위한 보편정치 모델을 제공하는 프랑스 혁명은 루브르 박물관이 전 세계의 자산을 축적하고 정리하는 전시장이 되길 원했다. 프랑스는 1789년 혁명과 나폴레옹 제국의 등장, 그리고 왕정 복귀 등 복잡한 정치사를 겪었지만 1848년 혁명 이후부터는 국가의 문화자산을 대중에게 공개해야 한다는 현대 박물관의 원칙을 뚜렷하게 확립했다.

#
## 민족의 문화 경쟁

파리가 현대 박물관 설립의 선봉에 서자 이번에는 영국이 당황하여 경쟁에 뛰어들었다. 특히 프랑스가 혁명의 보편주의를 내세워 인류 역사의 중심을 지향하자 세계 제국을 가진 영국도 이에 질세라 백과사전식 박물관 설립에 나섰다.

1804년 영국 군대는 아테네에 있는 파르테논 신전의 대리석 기둥을 뽑아 영국으로 실어 날랐다. 이른바 엘긴(Elgin) 대리석이라 불리는 이 그리스 문명의 유적을 런던으로 옮겨 새로운 아테네를 만들려는 계획이었다. 게다가 이 시기에 프랑스 혁명으로 많은 왕족과 귀족 들이 외국으로 망명하면서 시장에 저렴한 예술품들이 쏟아져 나왔다. 영국으로서는 파리에 못지않은 소장품을 축적할 수 있는 절호의 기회였던 것이다.

고대문명의 유적과 유럽의 예술품을 축적한 뒤에는 영국의 위상에 걸맞는 박물관 건물을 지어야 했다. 여기서도 경쟁과 비교의 게임이 벌어진다. 파리 센 강변에 자리 잡은 거대하고 화려한 루브르 박물관과 런던의 초라한 내셔널갤러리 건물을 비교하면서 영국도 국력에 비례하는 건물을 신축하자는 주장이 나왔다.

영국에서 박물관의 위상은 런던이라는 수도 재건과 맞물렸다. 런던의 중심에는 대영제국의 영광을 상징하는 트라팔가 광장이 세워졌고, 그곳에 내셔널갤러리와 넬슨 제독의 동상이 자리 잡았다.[17] 1838년에 새로 개관한 내셔널갤러리는 세계에서 가장 부유한 나라에 걸맞은 최고의 예술품들을 모아놓았다고 자부했다.

과거 중세의 예술가들은 기독교의 엄숙한 분위기에서 대중 교육을 빙자하여 예술을 살렸다. 19세기 런던에서도 영국의 자유주의자들은 대중을 교육시킨다는 목표를 내세워 박물관을 무료로 개방함으로써 적극 진흥과 홍보에 나섰다. 그 결과 1851년에 내셔널갤러리에는 연간 100만 명 이상의 관람객이 몰리는 성공을 거두었다.

독일은 어떤 면에서 영국이나 프랑스보다 먼저 박물관을 대중에 공개했다. 18세기에 이미 독일의 다양한 제후국의 군주들이 소장품을 대중에게 공개하기 시작했다. 런던이나 파리는 이미 유럽인들이 선호하는 도시였다. 하지만 독일의 소규모 국가들은 주목을 받지 못했다. 따라서 이런 도시에서는 일찍이 예술품의 공개를 통해 관심을 끌고 위상을 높이려는 노력이 이루어졌다. 브라운슈바이크와 뒤셀도르프가 이미 18세기 초반에 개방형 박물관의 전통을 만들었고 드레스덴, 카셀, 뮌헨 등이 뒤따랐다.

19세기가 되면서 파리와 런던의 모델이 보여주듯 박물관은 왕실의 소장품을 자랑하는 수준을 넘어 국가의 힘과 능력을 보여주는 기관으로 발전했다. 독일에서도 강대국 프로이센을 중심으로 이런 변화가 일어났다. 1830년 프로이센의 수도 베를린에는 왕립박물관이 설립되었다. 도시의 중심에 신고전주의 양식으로 지어진 박물관은 대성당과 군수창, 즉 교회와 군대 사이에 자리 잡았다.

프로이센과 경쟁하는 강대국 바이에른도 질 수 없었다. 뮤지엄이라는 이름 자체가 구태의연하고 이탈리아나 프랑스를 흉내 내는 것 같은 느낌이 들었다. 바이에른은 그리스어를 찾아 피나코테크(Pinacothek)와 글립토테크(Glyptothek)라는 새로운 명칭을 사용했다. 그리고 1853년에는 대규모 뉴피나코테크를 개관하여 유럽 도시의 박물관 경연에 동참했다.

나폴레옹의 침략으로 몰락했던 스페인 왕실은 많은 예술품을 프랑스에 빼앗겼다가 1819년에 돌려받았다. 그리고 반환된 예술품들을 박물관에 전시함으로써 마드리드도 유럽의 도시 경쟁에 뛰어들었다.

당시 왕립미술조각박물관이라는 이름으로 개장한 이 기관은 1869년에 그 유명한 프라도 미술관으로 개명했다. 이곳에는 벨라스케스나 무리요, 고야, 파레 이 알카사르와 같이 스페인의 화풍을 대표하는 화가들의 작품을 전시함으로써 민족주의 성향을 드러냈다.

이처럼 유럽의 박물관 그물은 왕실과 왕실의 경쟁, 도시 간의 시기와 질투, 유럽의 문화 수도가 되기 위한 자존심 싸움이 만들어낸 결과였다. 특히 18세기와 19세기에는 왕실의 소장품 개방에서 시작하여 국민의 문화를 집대성하고 나아가 인류의 문화 전시장을 만들려는 야심찬 시도들이 이루어졌다. 20세기에도 이런 경쟁은 지속되었고, 21세기에도 유럽의 도시 간 경쟁은 세계로 범위를 넓혀 진행 중이다.

#

## 창조와 변화의 주체로서 예술가

현대 사회에서 예술가는 개인의 작업을 통해 자신만의 새로운 세계
나 시각, 표현 방법을 창조해내는 신 같은 존재다. 신이 만들어낸 세상
이 창조주 자신을 반영하듯이 예술품은 그 예술가의 정신과 사고를 반
영한다.

하지만 인류의 역사에서 예술가 개인이 주인공으로 부상한 것은 최
근의 일이다. 오히려 많은 예술품은 작가가 누구인지 모르는 경우가 허
다하다. 또 반드시 한 사람이 작품을 만들었다는 보장도 없다. 그리스
나 로마 시대만 보더라도 예술품은 완벽한 이상을 추구하는 하나의 방
법이었고, 세밀한 차이가 있을 수는 있지만 기본적으로 동일한 모델을
반복했다. 즉 예술은 매번 차이나 새로움을 추구하는 수단이 아니었다.

예술이 개인의 활동으로 정착하고, 개인의 정신과 창조력을 표현하
는 수단이 된 것은 유럽의 독특한 문명 경로의 결과다. 예술이 전통의
반복과 계승이 아니라 차이를 통해 항상 새로움을 추구해야 한다는 존
재 이유 또한 유럽 문명이 만들어낸 특수한 예술관이다. 이런 특징이
유럽에서 생성된 이유는 예술사나 예술사회학에서 설명해야 하는 과제
임에 틀림없다. 이런 전통은 가톨릭이 지배하는 서유럽을 중심으로 형
성되었다.

곰브리치는《서양 미술사》에서 이집트 예술의 특징을 아는 것, 즉 지
식을 표현하는 활동이라고 분석했다.[18] 이집트 사람들은 자신이 아는

세계를 그림으로 그렸다는 설명이다. 생각이 그림으로 표상되는 과정이라고 할 수 있다. 고대 그리스에서는 예술가들이 자연과 사물과 인간을 눈에 보이는 대로 그리는 단계로 발전했다고 말한다. 이집트의 기하학적인 벽화는 그리스 시대가 되면 우리가 눈으로 보는 사물이나 세상과 비슷한 모습의 그림이나 조각으로 진화한다.

중세 서유럽에서는 눈으로 보이는 것의 묘사에서 예술가의 감정을 투영하여 그림이나 조각으로 표현하게 된다. 예술가는 그림이나 조각에 자신의 슬픔이나 즐거움, 공포나 환희를 불어넣기 시작했다. 9세기 성화에서 이런 특징을 쉽게 발견할 수 있다. 곰브리치는 고대 이집트의 지식 예술에서 고대 그리스의 자연의 예술로, 그리고 중세 서유럽의 감정의 예술로 진화하는 과정을 설명한다.

14세기 이탈리아에서 지오토 디 본도네는 성당 벽화로 명성을 얻었다. 그는 깊이와 거리를 느낄 수 있는 기법을 사용하여 환상적 효과를 자아냈다. 특히 그는 우리가 실제로 대상을 보는 것과 같은 느낌을 창출함으로써 생각의 표상이 아니라 시각과 감정의 표상이라는 차원으로 그림을 발전시켰다. 파도바의 아레나 성당 벽화들은 이런 새로운 기법과 예술을 보여준다.

지오토는 피렌체 출신으로 당대에 예술가로서의 명성을 떨쳤을 뿐만 아니라 후대에까지 이름을 남기는 최초의 인물이 되었다. 중세에도 물론 훌륭한 화가나 조각가 들이 존재했고 유능한 사람들은 성당이나 수도원의 건축에 동원되었지만, 이들은 장인 또는 기술자의 역할에서 벗어나지 못했다. 하지만 지오토의 등장은 '예술의 역사'에서 '예술가의 역사'로 변하는 계기가 되었다.[19]

군주와 귀족이 지배하는 세상에서 예술가는 사회적으로 하찮은 존재였다. 군주나 귀족 또는 부유한 상인의 주문을 받아 종교 작품을 만들어내는 일에 종사하는 하인에 불과했다. 하지만 르네상스를 맞아 이탈리아에서는 예술가들이 자기만의 기술과 표현을 통해 감동적인 작품들을 생산하기 시작했고, 이런 개성은 각 예술가의 독자 영역으로 굳어졌다.[20]

말하자면 차이를 통한 경쟁이 시작되었고, 우수한 차이와 혁신이 감동을 선사하는 시대가 열린 셈이다. 지오토가 예술사를 예술가의 역사로 바꾼 이유다. 자신의 일과 작품에 대해 자부심을 가졌던 천재 예술가들이 서서히 사회로부터 인정을 받기 시작했다.

#

## 이즘(ism)의 예술사

프라하 성당은 1379년부터 1386년까지 교회 기부자들의 모습을 조각하여 설치했다. 여기에 조각가가 자신의 자각상(自刻狀)도 만들어 넣었다. 이는 최초의 예술가 자화상에 해당한다. 이 시기 유럽에서는 개인의 초상화와 조각이 유행했다. 이런 작업을 주도했던 페터 파를러는 자신의 형상을 주문자들 사이에 끼워 넣었다.

이후 유럽에서 권력자나 부호, 그리고 예술가들의 초상화와 자화상은 미술의 중요한 장르로 발전했다. 렘브란트가 노년에 그린 자화상은 가장 유명한 작품 가운데 하나다. 예술가들은 신과 같은 창조 행위를 하는 사람이지만 주문자의 요구에 따를 수밖에 없는 처지를 비관했을 것이다. 자신의 모습을 조각하거나 그려 후세에 남기는 일의 의미는 이런 배경 속에서 이해해야 한다.

미술의 기술에 있어서도 유럽은 이미 15세기부터 빠른 속도로 하나로 통합되어갔다. 대표적인 변화가 유화(oil painting)의 일반화다. 15세기 초까지 화가들은 오일이 아니라 달걀에 색채를 섞어 그림을 그렸다. 달걀은 금방 마르기 때문에 빠른 속도로 그림을 그려야 했다.

하지만 네덜란드의 화가 얀 반 에이크는 천천히 여유를 갖고 그림을 그리길 원했고, 그래서 달걀 대신 오일을 사용했다.[21] 유화는 세밀하고 섬세한 묘사가 가능해서 이 기법은 곧 유럽 전역으로 확산되었다. 당시 북유럽 네덜란드의 화풍은 꽃이나 보석, 천 같은 사물 표면의 아름다움을 세밀하게 표현하는 전통이 있었고, 이를 위해서는 유화가 적합했기 때문이다.

비슷한 시기 유럽에서는 구텐베르크의 금속 인쇄술로 출판의 획기적인 변화를 맞았다. 미술 시장에서는 이전에도 그림을 목판에 그려 다량으로 찍어내는 기술이 이미 유럽을 하나로 묶고 있었다. 구텐베르크의 인쇄술로 이제 문자는 금속 인쇄로, 그림은 목판 인쇄로 혼합한 책들이 인기를 끌기 시작했다. 인쇄와 출판은 유럽의 근대화에 결정적인 역할을 했다.

16세기가 되면 선택받은 소수의 천재 예술가의 지위는 급격하게 상승한다. 이탈리아의 다빈치나 미켈란젤로의 명성은 유럽 전체에 퍼져 교황이나 군주, 부자 들이 이들의 작품을 구하기 위해 경쟁하는 시대가 되었다. 다빈치나 미켈란젤로가 선택하는 일은 신이 은총을 내리듯 천재 예술가가 주문자에게 주는 일종의 특혜가 되었다.

미켈란젤로는 예술가로서 최고의 명성을 누리면서 더 이상 돈을 벌기 위해 작품을 만들지 않아도 되었다. 그는 노년기에 성 베드로 성당의 천장화를 그리면서 보수를 거부했다. 돈을 위해 일하는 사람이 아니라 신의 영광을 위해 봉사하는 예술가임을 강조한 것이다.

또 16세기는 유럽에서 근대 예술의 개념이 싹튼 시대다. 전통과 자연의 미를 추구하는 것이 아니라 항상 새롭고 혁신적인 접근을 보여주는 것이 예술의 본질이라는 인식이 퍼지기 시작했기 때문이다. 예술은 이제 전통의 계승과 반복이 아니라 변화와 혁신의 장이 되었다. 이런 혁신 예술의 개념은 지속보다는 변화를 추구하는 사회가 되는 데 기여했다. 그리고 유럽에서 근대 사회가 태동하는 배경과 원천이 되었다.

17세기부터 유럽의 예술은 자본주의의 역사와 맥을 같이한다. 네덜란드 황금시대에 부르주아 자본가들은 자신과 가족의 초상화를 갖기를 원했다.[22] 영국과 프랑스의 귀족과 부르주아도 이상적인 자연을 묘사한 그림을 집에 걸어두었다. 이제 예술가들은 교회나 권력층을 위한 봉사에서 다수의 부르주아 또는 시장의 기호를 살피며 작품을 생산하기 시작했다. 따라서 예술가에 대한 특정인이나 기관의 간섭과 주문의 영향력은 줄었지만 유행의 파도를 타면 부와 명성을 누리고, 시장으로부터 외면받으면 생존이 불가능한 시대가 온 것이다.

고대 이집트와 그리스, 중세 기독교 등 문명의 특징을 반영하는 예술은 사라지고 항상 변화하는 개인 중심의 예술 개념이 자리 잡았다. 유럽의 예술사는 이제 새로운 경향에 따라 서로 다른 풍(風, ism)이 차례로 행진하는 모습이 되었다. 유럽 차원에서 예술가들이 형성하는 그물을 통해 유행은 작용과 반작용의 과정을 거치면서 시대의 호흡을 만들어갔다.

# 가톨릭과 프로테스탄트의 예술관

앞에서 이미 살펴보았듯이 언어는 모든 문명의 기본 표상 기제다. 유럽도 예외가 아니다. 예를 들어 20세기 철학과 문학의 대가를 이룬 사르트르의 자서전 제목은 《말(Les Mots)》인데 직역하면 '단어들'이다.[23] 모든 문명은 단어라는 벽돌로 쌓았다고 할 수 있다.

하지만 유럽은 그림을 통해 세계를 표현하는 독특한 표상의 문화를 발전시켰다. 이런 점에서 보면 그림과 조각이야말로 유럽 문명의 특징이라고 할 수 있다. 유럽에는 그리스-로마 시대부터 미술의 그물이 형성되었고, 각 시대의 미술은 당대 사회를 반영하고 대변하는 역할을 했다.

물론 역사의 어느 시기에 기독교가 교육 기능을 위해 회화나 조각을 허용하고, 이슬람이 우상숭배라는 이유로 그림과 조각을 금지한 것은 우연에 가깝다. 왜냐하면 같은 기독교 안에서도 서로마의 가톨릭 세계에서 미술이 생존한 것과 달리 동로마 정교 세계에서는 미술과 조각을 우상으로 여겨 파괴하는 운동이 벌어졌기 때문이다. 기독교와 이슬람의 차이가 미술에 대한 태도를 결정한 것이 아니라 당시 상황이 우연하게 작동하여 다른 결과를 낳았다는 말이다.

문제는 역사의 우연이 제도로 굳어지기 시작하면 더 이상 변화를 추구하기가 쉽지 않다는 점이다. 유럽에서는 미술이 1000년 이상 내려온 전통으로 자리 잡으며 크게 진화한 반면, 아랍 세계에서는 금지의 벽을 허물기 어려웠다.

유럽에서 처음 그림과 조각이 종교의 교육 목적에 부합한다는 논리를 개발한 것은 미술에 종사하는 화가나 예술을 사랑하는 성직자의 임

기응변식 반응이었을지 모른다. 하지만 순간의 평계는 예술의 존재 이유가 되었다. 그리고 성화는 하나의 전통을 이루면서 새로운 길을 열기도 했다.

기독교는 가톨릭과 정교로 분열되었고, 16세기에 이르면 다시 가톨릭과 프로테스탄트로 갈라졌다. 종교개혁을 이끈 프로테스탄트 세력은 가톨릭이 우상숭배 같은 잘못된 관습에 빠져 있다고 비난했다. 교회의 재산 축적이나 예술에 대한 투자는 신앙심이 아닌 인간의 욕심을 충족시키려는 것이라고 보았다. 따라서 프로테스탄트가 우세한 북유럽에서 회화와 조각은 성당이나 교회, 공공기관으로부터 추방당했다.

제네바는 원래 보석 세공으로 유명한 도시다. 하지만 칼뱅의 종교개혁 운동으로 보석 같은 사치품은 지탄의 대상이 되었다. 결국 보석을 만들던 장인들은 더 근면한 삶에 필요한 시계라는 상품으로 방향을 틀지 않으면 생존이 곤란했다. 곰브리치는 프로테스탄트의 영향으로 북유럽에서 미술은 퇴보하거나 사라질 수밖에 없었고, 미술의 전통이 그나마 살아남은 곳이 네덜란드라고 말한다.

이처럼 16세기부터 19세기까지 유럽은 미술이 화려하게 발전하는 가톨릭의 유럽과 미술이 사라져버리는 프로테스탄트의 유럽으로 나뉜다.[24] 건축에서도 가톨릭과 프로테스탄트의 차이는 확연하게 드러났다. 북유럽 프로테스탄트 교회와 건물은 외부 장식이 없는 소박한 모습이다. 반면 남유럽의 가톨릭 성당과 건물은 예술가의 화려한 솜씨를 뽐낸다. 성당의 실내장식도 신의 영광을 노래하는 듯 현란한 디자인을 통해 꽃이 활짝 핀 분위기를 느끼게 해준다.

가톨릭 유럽과 프로테스탄트 유럽의 구분이 어느 정도 완화된 것은 19세기 근대로 들어서면서부터다. 유럽의 남북이 모두 종교의 영향력에서 벗어나 세속문화가 지배하는 세상, 신이 아닌 인간 중심의 세상으로 변했기 때문이다. 앞에서 박물관 경쟁에서 보았듯이 유럽의 도시들은 서로 다른 지역에 뒤지지 않기 위해 부단한 노력을 경주했다. 종교의 구분보다는 세속적 경쟁이 더 치열해진 셈이다.

#

## 미술과 정치

중세 성화는 종교의 시각으로 선과 악을 구분하여 명백하게 드러내는 방법이었다. 그림을 통한 선악의 표현은 14세기 정치에 그대로 적용되어 발전했다. 이탈리아 시에나의 로렌체티는 좋은 정치의 구현과 나쁜 정치의 폐해를 우화로 그려 시청에 벽화로 남김으로써 종교 교육에서 정치 교육으로의 진화를 상징했다.[25]

그 후 미술을 통한 정치적 목적의 추구는 유럽의 전통으로 자리 잡았다. 프랑스 혁명의 한 장면을 묘사한 들라크루아의 그림은 자유를 향해 투쟁하면서 전진하는 여성과 아이들을 등장시킴으로써 해방의 이상을 드러냈다. 피카소가 그린 〈게르니카〉 역시 20세기 스페인 내전에서 독재 군부세력이 공화주의자들을 탄압하고 학살한 사건을 고발했다.

유럽 예술사에서 순수예술과 사회참여 예술은 19세기에 강력하게 대립했다. 사회참여를 주장하는 쪽에서는 순수예술이 불평등한 사회 현실을 외면하는 부르주아의 놀음일 뿐이라고 비판했다. 그 결과 소비에트 혁명 이후 소련에서는 사회주의적 현실주의라는 스타일의 예술이 등장했다. 하지만 소련에서 예술은 정치 도구로 전락했다. 게다가 예술

시청 벽에 그려진 〈좋은 정부〉(로렌체티, 1337~1340).

을 통제하려는 검열과 탄압이 이어지면서 어렵게 획득한 예술가의 독립성이 무너지는 결과를 낳았다.

21세기에도 유럽의 표상의 문화는 다른 문화와 충돌한다. 중세부터 성화를 통해 신의 모습을 표현했던 유럽과 그림을 금지했던 이슬람은 오늘날에도 캐리캐처나 만평을 놓고 서로 대립한다.

유럽에서는 그림을 통한 표현의 자유 전통과 근대의 정치적 자유가 결합하여 풍자 만평이 발달했다. 만평은 종종 종교를 주제로 삼는다. 종교는 거대한 권력을 갖고 있으며, 따라서 이를 비판하는 것은 자연스러

운 일이라고 생각한다.[26] 하지만 이슬람권에서는 그림을 우상숭배로 보는 전통과 정치적 권위주의가 결합하여 종교 풍자를 신성모독이라 본다. 그 결과 폭력으로 반응한다.

2015년 파리에서 풍자 전문지 《샤를리 에브도(Charlie Hebdo)》 편집회의실에 기관총으로 무장한 테러리스트가 난입하여 언론인 다수를 학살했다. 유럽과 이슬람권의 가치 대립의 비극을 보여주는 사건이다. 이 잡지는 이슬람뿐 아니라 기독교나 정부, 정당 등 권력기관을 비판하고 풍자하는 언론이었다.

규모와 수준의 차이는 있지만 유럽은 나라를 막론하고 박물관 천국이다. 그림과 조각, 그리고 연극 공연은 유럽 문명의 특징과 핵심을 형성하는 표상의 활동 영역이라고 할 수 있다. 그리고 유럽의 표상의 그물은 미술에서 종교로, 그리고 종교에서 정치로 얽히면서 동시(同時)의 유행을 만들고 이즘을 초래했으며 연결된 무대에서 진화했다. 이 유럽의 문명은 근대화와 함께 세계에 전파되었지만 이슬람과의 비극적 대립에서 볼 수 있듯이 여전히 그 특수성이 사라졌다고 보기는 어렵다.

# 유럽의 주요 박물관과 미술관

| 번호 | 국가 | 지역 | 이름 | 설립연도 | 연 이용객 수 |
|---|---|---|---|---|---|
| 1 | 아이슬란드 | 레이캬비크 | 아이슬란드 국립 박물관 Þjóðminjasafn Íslands | 1863 | - |
| 2 | 노르웨이 | 오슬로 | 오슬로 국립 건축 디자인 박물관 Nasjonalmuseet for kunst, arkitektur og design | 2003 | - |
| 3 | 덴마크 | 아로스 | 아로스 오르후스 쿤스트뮤지엄 ARoS Aarhus Kunstmuseum | 1859 | 816,468 |
| 4 | 덴마크 | 훔레벡 | 루이지애나 현대 미술관 Louisiana Museum of Modern Art | 1958 | 647,857 |
| 5 | 덴마크 | 코펜하겐 | 덴마크 국립 미술관 Statens Museum for Kunst | 1896 | 424,710 |
| 6 | 핀란드 | 헬싱키 | 핀란드 국립 박물관 Kansallismuseo | 1916 | - |
| 7 | 아일랜드 | 더블린 | 아일랜드 내셔널갤러리 National Gallery of Ireland | 1864 | 641,572 |
| 8 | 영국 | 벨파스트 | 울스터 박물관 Ulster Museum | 1929 | 728,000 |
| 9 | 영국 | 글래스고 | 켈빈그로브 미술관 및 박물관 Kelvingrove Art Gallery and Museum | 1901 | 1,037,594 |
| 10 | 영국 | 에딘버러 | 스코틀랜드 국립 미술관 National Galleries of Scotland | 1819 | 1,460,324 |
| 11 | 영국 | 에딘버러 | 스코틀랜드 국립 박물관 National Museum of Scotland | 1866 | 1,768,090 |
| 12 | 영국 | 리버풀 | 리버풀 박물관 Museum of Liverpool | 2011 | 1,015,022 |
| 13 | 영국 | 리버풀 | 리버풀 세계 박물관 World Museum | 1851 | 716,579 |
| 14 | 영국 | 리버풀 | 머지사이드 해양 박물관 Merseyside Maritime Museum | 1980 | 845,709 |
| 15 | 영국 | 옥스퍼드 | 애슈몰린 박물관 Ashmolean Museum | 1683 | 747,874 |
| 16 | 영국 | 런던 | 국립 초상화 미술관 National Portrait Gallery | 1856 | 2,014,636 |
| 17 | 영국 | 런던 | 내셔널갤러리 National Gallery | 1824 | 6,031,574 |
| 18 | 영국 | 런던 | 런던 자연사 박물관 Natural History Museum | 1881 | 5,284,023 |
| 19 | 영국 | 런던 | 빅토리아 앤 앨버트 미술관 Victoria and Albert Museum | 1852 | 3,290,500 |
| 20 | 영국 | 런던 | 사치 갤러리 Saatchi Gallery | 1985 | 1,190,062 |
| 21 | 영국 | 런던 | 서머셋하우스 Somerset House | 1776 | 2,398,066 |
| 22 | 영국 | 런던 | 서펜타인 갤러리 Serpentine Galleries | 1970 | 945,161 |
| 23 | 영국 | 런던 | 영국 박물관 British Museum | 1753 | 6,820,686 |
| 24 | 영국 | 런던 | 왕립 미술 아카데미 Royal Academy of Arts | 1768 | 1,267,784 |
| 25 | 영국 | 런던 | 테이트 모던 Tate Modern | 2000 | 4,884,939 |
| 26 | 영국 | 런던 | 테이트 브리튼 갤러리 Tate Britain | 1897 | 1,378,272 |
| 27 | 포르투갈 | 리스본 | 아줄레주 박물관 Museu Nacional do Azulejo | 1965 | - |
| 28 | 포르투갈 | 코임브라 | 마차도 데 카스트로 국립 박물관 Museu Nacional de Machado de Castro | 1913 | - |
| 29 | 스페인 | 마드리드 | 레이나 소피아 미술관 Museo Nacional Centro de Arte Reina Sofía | 1992 | 3,185,413 |
| 30 | 스페인 | 마드리드 | 카이샤포룸 마드리드 미술관 CaixaForum Madrid | 2007 | 892,806 |

| 31 | 스페인 | 마드리드 | 티센보르네미사 미술관 Museo Thyssen-Bornemisza | 1992 | 944,827 |
|---|---|---|---|---|---|
| 32 | 스페인 | 마드리드 | 프라도 미술관 Museo del Prado | 1819 | 2,300,000 |
| 33 | 스페인 | 빌바오 | 빌바오 구겐하임 미술관 Guggenheim Museum Bilbao | 1997 | 931,015 |
| 34 | 스페인 | 발렌시아 | 발렌시아 현대 미술관 Institut Valencià d'Art Modern | 1989 | 1,163,419 |
| 35 | 스페인 | 바르셀로나 | 카탈루냐 국립 미술관 Museu Nacional d'Art de Catalunya | 1934 | 635,917 |
| 36 | 스페인 | 바르셀로나 | 바르셀로나 현대 미술관 Museu d'Art Contemporaní de Barcelona | 1995 | 643,274 |
| 37 | 스페인 | 바르셀로나 | 카이샤포룸 바르셀로나 미술관 CaixaForum Barcelona | 2002 | 892,806 |
| 38 | 스페인 | 바르셀로나 | 피카소 미술관 Museu Picasso | 1963 | 911,342 |
| 39 | 스페인 | 피게레스 | 달리 미술관 Teatre-Museu Dalí | 1974 | 1,333,430 |
| 40 | 프랑스 | 마르세유 | 유럽 지중해 문명 박물관 Musée des Civilisations de l'Europe et de la Méditerranée | 2013 | 1,824,000 |
| 41 | 프랑스 | 파리 | 국립 현대 미술관 Musée National d'Art Moderne | 1947 | 3,745,000 |
| 42 | 프랑스 | 파리 | 그랑팔레 Grand Palais | 1900 | 1,422,013 |
| 43 | 프랑스 | 파리 | 루브르 박물관 Musée du Louvre | 1793 | 9,260,000 |
| 44 | 프랑스 | 파리 | 오랑주리 미술관 Musée de l'Orangerie | 1852 | 900,000 |
| 45 | 프랑스 | 파리 | 오르세 미술관 Musée d'Orsay | 1986 | 3,000,000 |
| 46 | 프랑스 | 파리 | 케브랑리 미술관 Musée du quai Branly | 2006 | 1,307,326 |
| 47 | 프랑스 | 파리 | 파리 국립 자연사 박물관 Muséum national d'histoire naturelle | 1793 | 1,900,000 |
| 48 | 프랑스 | 파리 | 파리 시립 현대 미술관 Musée d'Art Moderne de la Ville de Paris | 1961 | 700,088 |
| 49 | 프랑스 | 파리 | 팔레 드 도쿄 미술관 Palais de Tokyo | 1937 | 723,259 |
| 50 | 프랑스 | 랑스 | 루브르 렁스 Louvre-Lens | 2012 | 824,898 |
| 51 | 벨기에 | 브뤼셀 | 벨기에 왕립 미술관 Koninklijke Musea voor Schone Kunsten van België | 1803 | 662,389 |
| 52 | 네덜란드 | 라이덴 | 국립 민족학 박물관 Reichsmuseum für Völkerkunde | 1837 | 76,315 |
| 53 | 네덜란드 | 암스테르담 | 반 고흐 미술관 Van Gogh Museum | 1973 | 1,608,849 |
| 54 | 네덜란드 | 암스테르담 | 암스테르담 국립 미술관 Rijksmuseum | 1800 | 2,450,000 |
| 55 | 네덜란드 | 암스테르담 | 암스테르담 시립 미술관 Stedelijk Museum Amsterdam | 1874 | 811,000 |
| 56 | 네덜란드 | 암스테르담 | 암스테르담 영화의 전당 EYE Film Instituut Nederland | 1952 | – |
| 57 | 네덜란드 | 오테를로 | 크뢸러뮐러 미술관 Kröller-Müller Museum | 1938 | – |
| 58 | 독일 | 베를린 | 독일 기술 박물관 Deutsches Technikmuseum Berlin | 1982 | 494,317 |
| 59 | 독일 | 베를린 | 베를린 구 박물관 Altes Museum | 1830 | – |
| 60 | 독일 | 베를린 | 베를린 신 박물관 Neues Museum | 1855 | 940,000 |
| 61 | 독일 | 베를린 | 페르가몬 박물관 Pergamonmuseum | 1910 | 1,260,000 |
| 62 | 독일 | 뉘른베르크 | 독일 국립 박물관 Germanisches Nationalmuseum | 1852 | – |
| 63 | 독일 | 뮌헨 | 국립 독일 박물관 Deutsches Museum | 1903 | 1,444,745 |

| | | | | |
|---|---|---|---|---|
| 64 | 독일 | 뮌헨 | 알테 피나코테크 Alte Pinakothek | 1836 | – |
| 65 | 독일 | 뮌헨 | 바이에른 민족 박물관 Bayerisches Nationalmuseum | 1855 | – |
| 66 | 리히텐슈타인 | 파두츠 | 리히텐슈타인 국립 미술관 Kunstmuseum Liechtenstein | 2000 | – |
| 67 | 스위스 | 로잔 | 올림픽 박물관 Musée olympique | 1993 | 250,000 |
| 68 | 스위스 | 취리히 | 스위스 국립 박물관 Landesmuseum | 1898 | – |
| 69 | 이탈리아 | 밀라노 | 밀라노 황궁 Palazzo Reale di Milano | – | 806,677 |
| 70 | 이탈리아 | 베네치아 | 도제의 궁전 Palazzo Ducale | 1340 | 1,307,230 |
| 71 | 이탈리아 | 피렌체 | 아카데미아 미술관 Galleria dell'Accademia | 1784 | 1,257,241 |
| 72 | 이탈리아 | 피렌체 | 우피치 미술관 Galleria degli Uffizi | 1581 | 1,900,000 |
| 73 | 바티칸시국 | 바티칸시티 | 바티칸 박물관 Musei Vaticani | 1506 | 6,000,000 |
| 74 | 그리스 | 아테네 | 국립 고고학 박물관 Εθνικό Αρχαιολογικό Μουσείο | 1829 | – |
| 75 | 그리스 | 아테네 | 아크로폴리스 박물관 Μουσείο Ακρόπολης | 2009 | 1,091,143 |
| 76 | 그리스 | 아테네 | 아테네 현대 미술관 Εθνικό Μουσείο Σύγχρονης Τέχνης | 2000 | – |
| 77 | 알바니아 | 베라트 | 베라트 국립 민속 박물관 muzeumet-berat | 1979 | – |
| 78 | 불가리아 | 소피아 | 지질인문학 국립 박물관 Национален музей „Земята и хората" | 1985 | – |
| 79 | 터키 | 이스탄불 | 이스탄불 근대 미술관 İstanbul Modern Sanat Müzesi | 2004 | 628,000 |
| 80 | 보스니아–헤르체고비나 | 사라예보 | 보스니아-헤르체고비나 국립 박물관 Zemaljski Muzej Bosne i Hercegovine | 1888 | – |
| 81 | 슬로베니아 | 류블랴나 | 슬로베니아 국립 미술관 Narodna galerija | 1918 | – |
| 82 | 헝가리 | 부다페스트 | 헝가리 국립 박물관 Magyar Nemzeti Múzeum | 1802 | – |
| 83 | 오스트리아 | 빈 | 벨베데레 궁전 미술관 Österreichische Galerie Belvedere | 1903 | 1,088,000 |
| 84 | 오스트리아 | 빈 | 빈 미술사 박물관 Kunsthistorisches Museum | 1891 | 559,150 |
| 85 | 체코 | 프라하 | 체코 국립 박물관 Národní muzeum | 1818 | – |
| 86 | 우크라이나 | 키예프 | 우크라이나 전쟁 박물관 Державний музей-заповідник «Битва за Київ у 1943 році» | 1945 | – |
| 87 | 우크라이나 | 페오도시아 | 아이바조프스키 국립 미술관 Феодосийская картинная галерея имени И. К. Айвазовского | 1845 | – |
| 88 | 폴란드 | 바르샤바 | 바르샤바 봉기 박물관 Muzeum Powstania Warszawskiego | 1983 | 630,000 |
| 89 | 폴란드 | 크라쿠프 | 크라쿠프 국립 미술관 Muzeum Narodowe w Krakowie | 1897 | – |
| 90 | 러시아 | 상트페테르부르크 | 예르미타시 미술관 Государственный Эрмитаж | 1764 | 2,898,562 |
| 91 | 러시아 | 모스크바 | 국립 역사 박물관 Государственный исторический музей | 1872 | – |
| 92 | 러시아 | 모스크바 | 모스크바 크렘린 Московский Кремль | 1495 | 1,758,460 |
| 93 | 러시아 | 모스크바 | 트레티야코프 미술관 Государственная Третьяковская Галерея | 1856 | 1,360,000 |
| 94 | 아르메니아 | 예레반 | 아르메니아 국립 미술관 Հայաստանի ազգային պատկերասրահ | 1921 | 65,000 |

# 4장

# 음악의 그물

| 1 하르파 콘서트홀 | 15 런던 콜리시엄 | 29 샹젤리제 극장 | 43 베토벤할레 |
|---|---|---|---|
| 2 오슬로 오페라하우스 | 16 로열 앨버트 홀 | 30 파리 국립 오페라 | 44 세기의 전당 |
| 3 오슬로 콘서트홀 | 17 바비칸 센터 | 31 파리 필아르모니 | 45 알테 오퍼 |
| 4 드로트닝홀름 궁정 극장 | 18 사우스뱅크 센터 | 32 아르스날 | 46 바덴바덴 축제 극장 |
| 5 덴마크 음악의 집 | 19 영국 왕립 오페라하우스 | 33 스트라스부르 오페라하우스 | 47 프라이부르크 콘서트하우스 |
| 6 오르후스 콘서트홀 | 20 카도간 홀 | 34 콘세르트헤보우 브뤼헤 | 48 가스타이그 필하모니 |
| 7 덴마크 왕립 극장 | 21 상카를루스 국립 극장 | 35 브뤼셀 예술 궁전 | 49 뮌헨 국립 극장 |
| 8 코펜하겐 오페라하우스 | 22 마드리드 왕립 극장 | 36 브뤼셀 플라제 | 50 바이로이트 축제 극장 |
| 9 티볼리 콘서트홀 | 23 바르셀로나 리세우 극장 | 37 조세핀 샤를로트 홀 | 51 라이프치히 게반트하우스 |
| 10 핀란드 국립 오페라 | 24 카탈루냐 음악당 | 38 데돌렌 콘서트홀 | 52 드레스덴 국립 오페라하우스 |
| 11 헬싱키 뮤직센터 | 25 카피톨 극장 | 39 안톤 필립스 홀 | 53 베를린 국립 오페라 |
| 12 더블린 국립 콘서트홀 | 26 모가도르 극장 | 40 네덜란드 국립 오페라 | 54 베를린 독일 오페라 극장 |
| 13 어셔 홀 | 27 바스티유 오페라 | 41 암스테르담 콘세르트헤바우 | 55 베를린 필하모니 |
| 14 셀도니언 극장 | 28 살 플레옐 | 42 파라디소 콘서트홀 | 56 엘베필하모니 |

폴란드
● 10, 11
● 103

● 104, 105
러시아

96
● 95
루마니아
흑 해
아르메니아
● 106
● 97, 98
● 77
세르비아
불가리아
● 76

그리스
● 74, 75

#

## 오케스트라와 군대

음악이야말로 유럽 문명의 근대성을 보여주는 정수다. 교향곡을 연주하려면 오케스트라 단원이 적어도 수십 명에서 100명 넘게 필요하다. 지휘자가 이끄는 대로 연주자들이 일사불란하게 협력하는 모습을 우리는 너무도 당연히 받아들이지만 사실 쉽지 않은 일이다.

바이올린과 비올라와 첼로와 콘트라베이스, 플루트와 클라리넷과 바순, 혼과 트롬본과 트럼펫와 튜바, 드럼과 하프 등 눈에 띄는 악기만도 이렇게 다양한데 오케스트라는 마치 한 사람이 노래를 부르는 것같은 통일된 소리를 만들어낸다. 지휘자의 지시에 따라 연주한다고 화합의 소리가 자동으로 만들어지는 것은 아니다.

다양한 악기와 단원이 하나의 소리를 내기 위해서는 많은 훈련과 연습이 필요하다. 각자 주어진 곡을 자신의 악기로 열심히 연마해야 하고, 같은 악기를 다루는 단원들과 함께 호흡을 맞춰 동시에 소리를 내야 하며, 다양한 악기의 소리를 조율하여 아름다운 음악으로 연주를 완성해야 한다. 오케스트라마다 특기가 있는 이유다. 예를 들어 베를린 필하모니의 베토벤이나 브람스의 연주는 타의 추종을 불허한다.

음악의 체인에서 오케스트라의 지휘자와 연주자들이 호흡을 맞춰 연습하기 이전에 우선 작곡을 하는 뛰어난 능력의 음악가가 필요하다. 작곡가는 각각의 악기에 대해 해박한 지식과 경험이 있어야 하고, 악기마다 연주해야 하는 음악을 만들어야 하며, 각각의 악기가 합쳐졌을 때 어떤 음악으로 승화할지를 상상하는 초인의 능력을 가져야 한다.

작곡가가 창조주라면 연주자는 대리인이다. 신이 상상한 음악을 실행하는 대리인 말이다. 그러나 아담과 이브가 신에게 반항했듯이 연주자가 창조주의 기대에 항상 부응하는 것은 아니다. 음악에서는 작곡가의 명령 이상을 수행할 수 있는 월등한 실력을 가진 연주자들이 필요하다.

음악 실력은 1~2년 연습한다고 갖춰지지 않는다. 아주 어린 나이부터 자신의 삶을 몽땅 쏟아부어야 한다. 그리고 실력자들끼리의 경쟁을 뚫고 선발된 극소수만이 오케스트라 단원이 될 수 있다. 훌륭한 음악은 뛰어난 작곡가와 숙련된 연주자의 오케스트라, 그리고 이를 리드하고 조율하는 지휘자가 동시에 존재해야 가능하다.

유럽의 음악과 군사력은 결국 같은 원리를 따른다. 매일 훈련을 하는 전문 군대를 가끔씩 전쟁에 동원되는 아마추어 군인들이 어떻게 당할 수 있겠는가. 조직력을 갖추고 일사불란하게 움직이는 유럽의 근대 군대는 수적으로 우세한 다른 대륙의 군대를 쉽게 제압할 수 있었다. 게다가 이들에게는 성능이 좋은 무기가 있었다.

소수의 스페인 군대가 어떻게 잉카제국을 멸망시키고 아메리카 대륙을 차지했으며, 유럽이 제한된 병력으로 어떻게 동양 최대의 강대국 청을 아편전쟁에서 누를 수 있었는지 오케스트라를 보면 이해하기 쉽다. 유럽 문명이 15세기부터 20세기까지 세계를 지배하게 된 것은 군사와 기업과 도시 등 다양한 분야에서 경쟁과 훈련을 통해 조직력을 쌓아온 결과다. 오케스트라의 클래식 음악 연주회는 이런 근대 유럽의 잠재력을 극명하게 보여주는 순간이다.

#

## 유럽 음악의 특징

유럽은 오래전부터 음악과 수학을 같은 성격으로 파악해왔다. 고대 그리스의 피타고라스 학파는 음악이야말로 가장 정확하게 수학의 세계를 표현하는 방법이라고 생각했다. 음악을 감성적인 예술로 생각하는 우리에게 음악이 수학이라는 인식은 무척 생소하다.

하지만 악보를 자세히 들여다보면 그것은 스피커나 이어폰에서 흘러나오는 음악의 감동보다는 수학의 증명 과정을 보는 것 같은 느낌을 준다. 수학 공식 못지않은 생소한 신호와 코드의 나열이기 때문이다.

5세기 기독교 이론가 성 아우구스티누스는 "음악은 움직이는 예술이기 때문에 감동적(musica est ars bene movendi)"이라고 말했다. 이는 조각이나 그림과의 커다란 차이점이다.

음악은 기본적으로 소리와 시간의 조합이다. 소리의 종류와 높낮이가 다르고, 소리를 내는 시간의 길이가 변화한다. 전자가 멜로디의 세계라면, 후자는 리듬의 세상이다. 멜로디와 리듬이 모여 음악을 이룬다. 성 아우구스티누스의 설명은 시간의 흐름 속에서 멜로디와 리듬의 움직임이 있기 때문에 인간에게 감동을 선사한다는 의미다.

여러 사람이 함께 노래를 부르거나 연주를 할 때 화합을 만들어내는 방법도 이 두 가지다. 어떤 경우에는 멜로디가 음악을 리드한다. 선생님이 오르간으로 학생들의 합창을 주도하는 모습이다. 또 다른 경우는 리듬으로 협력을 만드는 것이다. 리더가 막대기로 뱃머리를 치는 소리로 노를 젓게 만드는 방법이다. 오케스트라의 지휘자가 들고 흔드는 바통(bâton)은 프랑스어로 '막대기'라는 뜻이다. 음악을 수학이라고 보았던 유럽에서 멜로디보다는 리듬을 중요시하는 모습을 확인할 수 있다.

"나는 생각한다, 고로 존재한다(Cogito ergo sum)"라는 명제로 유명한 17세기 프랑스의 합리주의 철학자 데카르트 역시 음악과 수학을 세계를 구성하는 과학 원리의 상징으로 인식했다. 데카르트는 세상을 지배하는 일정한 법칙이 존재한다고 믿었다. 그리고 이 법칙들은 수학 공식으로 충분히 표현하고 파악할 수 있다고 생각했다. 여기까지는 근대 과학이 세상을 바라보는 일반 시각이다.

데카르트의 첫 번째 책이 1618년에 쓴 《음악 개요서정체(Musicae Compendium)》라는 것은 잘 알려지지 않은 사실이다. 이 저작은 데카르트가 세상을 떠난 뒤인 1650년에 출판되었는데, 유럽 근대를 연 철학자의 음악에 대한 관심을 보여준다.

데카르트는 마지막 작품인 《영혼의 열정(Les passions de l'âme)》에서, 인간은 영혼과 육체의 두 부분으로 만들어졌는데 육체를 통해 느끼는 열정과 감정을 영혼이 통제해야 한다고 주장했다. 음악은 바로 영혼의 예술이었다. 이처럼 유럽에서는 지난 2000년 동안 음악과 수학을 일맥상통하는 영역으로 바라보았고, 이성과 감정을 관통하는 기제로 인식했다.

냉철한 이성의 세계에서 수학 원리로 만들어지는 음악이지만 그것

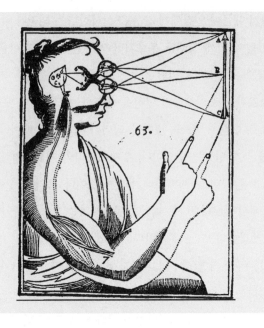

데카르트의 《영혼의 열정》에 실린 도판. 감각과 감정, 생리의 상호관계를 수학적으로 파악했다.

은 감정을 뒤흔들어놓는 강력한 힘을 발휘한다. 음악이 태초부터 종교 의식과 밀접한 관계를 가졌던 이유다. 사실 원시부족이나 발전한 문명 모두 종교 의식은 음악을 동반한다. 한국의 샤머니즘 전통에서도 무당이 굿판을 벌일 때는 음악이 동원되었으며, 국가 행사인 제사를 지낼 때도 제례음악이 연주되었다. 유럽에서는 고대 그리스부터 음악을 통해 정치 효과를 거두려는 전통이 강하다.

음악의 마술적 힘을 두고 플라톤은, 신이 인간에게 음악을 선사한 것은 단순히 육체의 쾌락을 위해서가 아니라 영혼의 동반자로서 주었다고 설명한다.

"음악 교육이 그 어떤 수단보다도 강한 이유는 리듬과 화음이 영혼의 안에까지 전달되기 때문이다."[1]

음악은 인간 안에 있는 통제 불능의 폭력성이나 정도에서 벗어나려는 마음을 바로잡아 질서의 틀로 돌아오게 한다. 플라톤의 '공화국'에서 음악은 시민을 통제하고 교정하는 정치적 도구였던 셈이다.

중세에는 가톨릭교회와 국가, 즉 종교권력과 세속권력이 모두 음악을 통해 사회를 통제하려고 했다. 물론 권력이 음악을 활용하여 사회를 통제한 것은 유럽만의 현상은 아니다. 하지만 플라톤 이후 내려오는 음악의 정치·교육 기능에 대한 명확한 인식은 정치권력과 음악의 긴밀한 관계를 형성했다.

#

## 기록의 음악

수학의 음악, 정치의 음악에 이어 유럽 음악의 세 번째 특징은 기록의 음악이다. 이는 다른 지역에 비해 유럽에서 음악이 눈부시게 발전하게 된 요인이다. 문자로 기록하지 않는 언어는 보존과 유지와 발전에 한계가 명확하듯이, 기록하지 않는 음악은 아무리 훌륭하고 감동스러워도 연주의 순간이 지나면 증발해버린다. 재현이 쉽지 않으며 역사 축적과 발전이 어렵다. 눈으로 보는 기록과 귀로 듣는 소리를 조합함으로써 유럽의 음악은 복합 체제로 발전할 수 있는 도구를 얻었다. 오선지에서 선의 높낮이는 멜로디의 높낮이를 표현했고, 콩나물처럼 생긴 기호는 리듬, 즉 시간의 길이를 뜻했다.

유럽에는 중세부터 음악을 기록하는 문화가 정착했고, 이는 유럽에서 다성음악이 발전할 수 있는 배경이 되었다. 다성음악은 'polyphony'의 번역어로 음악의 전문용어다.

다양한 음성이 공존한다고 무조건 다성음악이 되는 것은 아니다. 하나의 키를 중심으로 전개되는 다양한 음성을 화음이라고 부르며, 다성음악은 여기서 한 걸음 더 나아간다. 전문가들은 다성음악을 유럽 고전음악의 특징으로 꼽는데 그 핵심 아이디어는 다양성의 공존과 조화다.

그리고 이를 가능하게 하는 데 기록의 문화가 결정적으로 기여했다. 작곡가는 기록을 통해 오케스트라의 다양한 악기의 연주를 창조할 수 있고, 연주자들은 악기만큼 많은 악보를 통해 충실하게 작곡가의 작품을 재현할 수 있기 때문이다.

오스트리아 출신으로 영국에서 활동한 20세기의 대표적인 과학철학자 포퍼는 고전음악을 "서구 문명의 가장 놀라운 개성과 기적의 업적"이라고 칭송한 바 있다. 18세기까지 유럽과 대등한 정치·경제적 발전을 이루었다고 하는 중국이나 인도와 비교하더라도 유럽 고전음악 같은 복합성과 독창성을 발견하기는 어렵다.

인류학자 레비-스트로스는 또한 고전음악을 "인문학의 최고 신비"라고 찬양했다.[2] 고전음악은 문학이나 연극과 결합하여 오페라라는 형식으로 발전했고, 춤과 어우러져 발레라는 새로운 예술을 낳았다. 다성음악의 특징과 다양한 악기의 화합은 콘서트(concert)라는 개념을 낳았다. 인간의 협력으로 화합의 결과를 창출한다는 콘서트의 개념은 음악에서 점차 다른 분야로 확산하여 막강한 영향력을 발휘했다.

오선지 위의 기록을 통해 복합 예술로 발전한 음악은 이제 정치나 종교권력의 시녀가 아니라 자신만의 독립과 자율성의 세계를 구축하게 되었다. 이 이행 과정을 가장 잘 보여주는 것이 모차르트와 베토벤이라는 두 위대한 음악가의 대비되는 운명이다.

# #
# 모차르트와 베토벤

악성(樂聖)으로 불리는 모차르트와 베토벤은 유럽의 고전음악을 좋아하는 애호가가 아니더라도 누구나 아는 이름이다. 이들의 공통점은 아주 많다. 우선 동시대를 살았던 인물이다. 18세기에 태어나 절대왕정을 무너뜨린 프랑스 대혁명의 시대에 살았고, 영국에서 일어나기 시작한 산업혁명을 대륙에서 경험했다. 18세기는 계몽주의의 시대로 인간의 자연권이나 개인의 자유에 대한 인식이 널리 퍼지고 있었다.

두 사람은 또 같은 게르만 문화권 출신으로 가까운 지역에서 태어나 오스트리아 제국의 수도 빈에서 활동하다가 삶을 마쳤다. 모차르트는 잘츠부르크에서 태어난 음악가 집안의 신동이었고, 베토벤 역시 본의 음악가 집안에서 태어난 천재였다. 베토벤은 원래 벨기에 지역에서 살던 조상이 독일의 본으로 이주했지만 기본적으로 독일 또는 게르만 문화권의 정체성을 가졌다고 볼 수 있다.

당시 게르만 문화권에서는 빈에 수도를 두고 있는 오스트리아 제국이 막강한 힘을 자랑했다. 따라서 빈이 그 문화권의 중심 역할을 했다. 하지만 오스트리아는 게르만은 물론 헝가리, 체코, 폴란드, 이탈리아 등 다수의 이민족이 형성한 다민족 제국이었고, 또 게르만 문화권을 전부 통치하는 정치세력도 아니었다. 모차르트의 잘츠부르크도 독립된 정치 단위였으며, 베토벤의 본도 오스트리아 제국의 영토는 아니었다. 모차르트와 베토벤, 둘 다 국경을 넘나들며 살았던 유럽인이었다는 말이다.

동시대인이고 비슷한 지역 배경에도 불구하고 모차르트는 가난과 병에 시달리다 요절하여 비참하게 삶을 마감한 반면, 베토벤은 신체 장애 같은 개인의 불행에도 불구하고 50대 중반을 넘어서까지 음악계의 거장으로 활동하면서 존경을 받았다. 우리는 이런 모차르트와 베토벤의 차이를 우연하게 만들어진 개인사의 굴곡이라고 생각한다. 모차르트가 불치의 병에 걸려 죽을 수밖에 없었다거나 베토벤은 불굴의 의지를 가진 사람이었기 때문에 장애를 딛고 창작활동을 했다고 해석하곤 한다.

하지만 독일의 사회학자 엘리아스는 모차르트와 베토벤의 차이를 예리하게 분석했다. 예술사회학의 고전이라고 할 수 있는 저서《모차르트》에서 그는 아주 작은 시대적 차이가 이들에게 전혀 다른 삶의 조건을 제시했다고 말한다.[3] 모차르트는 1756년에 태어났고, 베토벤은 1770년에 태어났다. 즉 두 사람의 나이 차는 열네 살이다.

모차르트와 베토벤의 운명은 그 시대 예술가의 사회 지위와 밀접하게 연관되어 있다. 두 천재가 활동하던 18세기는 근대화의 기운을 느낄 수 있었지만 예술가는 여전히 군주나 귀족의 오락을 담당하는 하인의 지위를 벗어나지 못했다.

21세기의 시각으로 보면 모차르트와 베토벤 같은 천재는 사회로부터 엄청난 대접을 받았을 것 같다. 하지만 18세기에는 바흐 같은 당대 최고의 음악가도 자신이 일하는 도시를 마음대로 선택할 수 없었다. 1717년에 바흐가 바이마르를 떠나 쾨텐으로 가려고 하자 그를 하인으로 생각했던 바이마르 공작이 그를 한 달 동안 감옥에 가둘 정도였다.[4]

모차르트 역시 음악가로 활동하기 위해서는 귀족이나 군주의 마음에 들어야 하므로 하인처럼 명령에 따라야 했다. 하지만 그는 자신의 천재성을 잘 알고 있었고, 종처럼 살기를 거부했다. 예술가의 독립과 자존심을 내세운 그의 삶은 고난의 행군이 될 수밖에 없었다.

반면 베토벤이 빈에서 활동하던 시기에는 음악 시장(市場)이 어느 정도 형성되어 있어 굳이 군주나 귀족에게 종속될 필요가 없었다. 모차르트는 35세의 나이에 사망했지만 베토벤은 그 무렵 빈으로 와서 정착한다.

특히 베토벤이 왕성하게 활동했던 19세기는 프랑스 대혁명 이후 유럽에서 평등사상이 확산되던 때였다. 작곡가의 지위가 단숨에 높아진 것은 아니었지만, 작곡한 곡을 출판하면 아마추어 부르주아가 이를 구매하는 악보 시장이 탄탄하게 형성되어 있었다.

베토벤이 40세 이후 예술가의 자존심을 지키며 활동할 수 있었던 것은 이런 물질 조건이 충족되는 사회적 환경이 만들어졌기 때문이다. 그 덕분에 1810년에서 1827년 사이에 수많은 명곡이 탄생했다.

#

## 혁명의 시대와 변화

모차르트의 삶을 그린 영화 〈아마데우스〉에는 그가 오페라 〈피가로의 결혼〉을 준비하는 장면이 나온다. 프랑스의 희곡 작가 보마르셰가 쓴 원작에는 중세의 봉건질서를 우스꽝스럽게 표현하면서 비판하는 장면이 자주 나온다.

중세의 봉건 전통에 따르면 영주는 자신의 영지 안에 사는 처녀가 결혼할 경우 결혼식 전날 신부와 첫날밤을 보낼 수 있는 초야권(初夜權)을 가진다. 보마르셰는 피가로와 그의 신부가 이 초야권을 피하기 위해 꾀를 내는 과정을 재미있게 표현했다.

모차르트가 이 작품을 오페라로 만들려고 하자 오스트리아 궁정은 혁명 작품이라는 이유로 반대했다. 결국 모차르트는 1786년 이 작품을 오페라로 만드는 데 성공했지만, 우리가 익히 아는 천재 음악가도 정치권력의 눈치를 볼 수밖에 없었음을 보여준다. 영화에서 모차르트는 이 작품은 귀족 특권에 대한 비판이 아니라 인간의 삶을 표현한 것이라고 강변하면서 궁정의 검열을 통과해야만 했다.

1780년대의 빈에서 모차르트는 예술가로서 이 같은 수모를 겪었지만 1800년대 베토벤이 살았던 빈은 달랐다. 그 사이에 1789년 프랑스대혁명이라는 엄청난 격변이 있었기 때문이다.

나폴레옹이라는 유능한 지도자는 이 혁명의 이상을 유럽 전역으로 전파한다며 전쟁을 벌였다. 1804년 베토벤은 혁명의 전사 나폴레옹에게 헌정하기 위해 세 번째 교향곡을 작곡하고 있었다. 자유, 평등, 박애의 혁명정신을 유럽에 퍼뜨리고자 하는 영웅에게 바치는 선물이었다.

하지만 그해 가을 나폴레옹이 프랑스에서 황제로 등극했다는 소식을 들은 베토벤은 이제 나폴레옹도 한낱 독재자로 전락했다며 크게 실망했다. 그는 악보에 썼던 "보나파르트를 위하여"라는 부분을 찢어버렸다. 베토벤은 원래 교향곡을 주문했던 자신의 후원자 로브코비치 공작에게 이를 헌정했다. 이 교향곡은 〈에로이카〉, 즉 영웅이라는 이름으로 음악사에 남았다.

이처럼 모차르트의 시대와 베토벤의 시대는 달랐다. 모차르트가 봉건 사회에서 후원자들의 눈치를 봐야 했던 것과 달리 베토벤은 혁명의 기운이 왕성한 유럽에서 자신의 정치 성향을 마음껏 드러내며 음악의 이상을 펼 수 있었다. 자유, 평등, 박애의 혁명정신이 인류를 더 행복하고 평화로운 미래로 이끌 것을 희망했다. 베토벤의 이런 지향은 그의 마지막 교향곡 〈합창〉에서도 그대로 드러나며, 교향곡의 정점인 〈환희의 송가〉는 오늘날 유럽연합의 공식 음악으로 지정되었다.[5]

물론 프랑스에서 시작된 혁명의 바람이 특권과 불평등이 가득한 사회를 한꺼번에 바꿀 수는 없었다. 생전에 최고의 음악가로 인정받았던 베토벤 역시 결혼에서는 불평등의 굴레를 벗어날 수 없었다. 그가 사랑한 여성은 모두 귀족이었다. 위대한 음악가였지만 평민 신분이었던 베토벤과 귀족 딸의 결혼은 이루어질 수 없는 꿈에 불과했다. 이런 현실이 그로 하여금 더욱 강하게 평등한 세상을 꿈꾸게 했는지도 모른다.

#

## 음악의 지리

유럽 국가들은 예술의 다양한 장르에서 특기가 서로 다르다. 예를 들어 훌륭한 화가는 이탈리아나 프랑스 사람이 많다. 하지만 유명한 음악가는 대부분 독일이나 이탈리아 출신이다. 바흐, 헨델, 하이든, 모차르트, 베토벤, 슈베르트, 슈만, 브람스, 바그너, 말러, 브루크너, 쇤베르크 등등. 이탈리아는 비발디, 로시니, 베르디, 푸치니 등 오페라에서 전통이 강한 나라다.

엘리아스의 모차르트 사회학은 시대의 사회 배경뿐 아니라 음악의 지리 분포에 대해서도 놀라운 통찰력을 보여준다. 엘리아스는 정치권력의 중앙 및 분권화의 정도가 음악 분포에 큰 영향을 미쳤다고 설명한다.

클래식 음악이 하나의 예술 장르로 자리 잡아 발달한 것은 17~18세기 바로크 시대다. 당시 음악은 예술을 후원하고 즐길 수 있는 경제력을 가진 왕과 귀족을 중심으로 발전했다. 예를 들어 영국과 프랑스는 이미 런던과 파리를 중심으로 강력한 왕권이 형성되어 있었다. 따라서 이 두 도시에는 화려하고 훌륭하기는 하지만 제한된 수의 음악가 수요가 있을 뿐이었다.

반면 독일과 이탈리아는 19세기 후반이 될 때까지 통일을 이루지 못하고 매우 다양한 정치 단위가 경쟁했다. 중세부터 신성로마제국이 지배하던 이 지역에는 수십 개에서 수백 개에 달하는 정치 단위가 혼재하는 상황이었다.

여기서 흥미로운 사실은 경쟁의 요소다. 한 지역의 군주에게 오케스트라와 합창단을 보유한다는 것은 명예와 자존심이 걸린 문제였다. 파리나 런던만큼 화려하고 훌륭한 음악가를 고용하기는 힘들더라도 자신을 위해 특별한 음악을 작곡해줄 음악가를 가진다는 것은 중요했다.

"태양은 프랑스 국경을 넘어 빛을 발하여 독일의 많은 왕국에서는 각각의 국왕이 자신만의 성과 궁정과 축제와 음악을 갖고자 했다."[6]

여기서 태양이란 베르사유궁과 예술의 화려함을 말한다. 이처럼 독일과 이탈리아에서는 작은 군주들이 서로 경쟁하듯이 음악을 즐겼기 때문에 악기, 연주자, 작곡가 등의 공급이 그만큼 활발하게 이루어졌다고 볼 수 있다.

이에 덧붙여 한번 만들어진 전통은 스스로 재생산하는 경향이 있다. 21세기의 첨단산업조차 전 세계에 다양하게 분포하는 것이 아니라 실리콘밸리라고 하는 작은 지역에 집중되어 있다. 인간에서 인간으로 연결되는 자극과 가르침이 중요한 예술 분야의 전통은 쉽게 확산되거나 분산되기 어렵다. 이탈리아가 여전히 오페라의 본고장으로 남아 있고, 독일과 오스트리아의 교향악 전통이 확고하며, 파리와 상트페테르부르크의 발레가 독보적인 이유다.

모차르트와 베토벤의 서로 다른 사회에서 보았듯이 악보 시장이 형성되고 공연 시장이 만들어지는 19세기 부르주아 시대에는 정치 지도와 음악의 분포가 반드시 일치하지는 않는다. 그럼에도 불구하고 일단 만들어진 전통은 쉽사리 사라지거나 바뀌지 않는다. 산업혁명의 영국이나 프랑스의 지방 도시들이 경제적 풍요를 누린다고 갑자기 훌륭한 오케스트라를 보유하지는 못했다는 뜻이다. 이 두 나라의 지방 도시에서 독일이나 이탈리아와 견줄 만한 음악 인프라가 갖춰지는 것은 지방분권이 발전하는 20세기 후반이다.

#

## 오페라의 기원은 베네치아

음악의 지리는 이처럼 전통 및 지역 문화의 특성과 긴밀하게 연결되기 때문에 쉽사리 변하지 않는다. 하지만 영원한 위상도 없다. 예를 들어 오페라는 이탈리아라는 국가와 태생적 관계다. 하지만 조금만 자세히 살펴보면 이탈리아에서 오페라를 상징하는 도시는 장기 역사 과정에서 서서히 이동함을 발견할 수 있다. 이탈리아는 오페라의 조국이자 여전히 종주국이지만 중심 도시는 크게 변해왔다.[7]

오페라가 하나의 장르로 처음 발달한 곳은 17세기 이탈리아의 도시 국가 베네치아다. 1637년 베네치아의 산카시아노 극장에서 처음으로 오페라를 공연했다. 그리고 1720년대까지 한 세기 동안 베네치아의 부르주아들은 엄청난 돈을 오페라에 투자하여 이 도시에만 15개에 달하는 극장이 생겨났다. 베네치아는 오페라의 도시였다.

최초의 오페라는 1600년 프랑스 국왕 앙리 4세와 메디치가의 마리와의 결혼식을 위해 만들어진 〈에우리디체〉라고 알려져 있다. 앙리 4세는 잦은 전쟁 때문에 메디치가에 큰 빚을 지고 있었는데, 이 두 번째 결혼은 빚을 탕감하고 지참금까지 챙길 수 있는 기회였다. 두 사람의 결혼은 피렌체에서 4000명의 하객이 참석한 가운데 거행되었으며, 오페라 공연으로 결혼식 분위기를 돋우었다.

이어 오페라의 발전에 크게 기여한 몬테베르디의 작품 〈오르페오〉를 처음으로 무대에 올린 곳은 만토바였다. 다른 한편 오페라를 주문하는 사람은 주로 로마에 거주하는 귀족이나 성직자였다. 피렌체, 만토바, 로마 등이 베네치아와 경쟁하고 있었던 것이다. 이런 상황에서 베네치아가 부상한 데는 여러 원인이 작용했다.

베네치아는 동방 무역으로 부를 축적한 도시다. 로마가 종교권력의 중심이었고, 피렌체나 만토바는 귀족 전통을 가진 토스카나의 도시였지만 베네치아와 비교할 만한 자본의 중심은 아니었다.

또한 베네치아의 상인들은 연극을 즐기는 전통을 이미 갖고 있었다. 이탈리아의 코메디아 델아르테(commedia dell'arte) 전통은 베네치아에 확고한 뿌리를 내리고 있었고, 이는 자연스럽게 오페라의 열풍으로 이어졌다. 특히 계산에 빠른 부르주아들은 극장 건물에 투자를 하면 많은 이윤이 생길 것이라고 생각했다.

예나 지금이나 장사가 잘되는 것은 순수 경제 요인에만 의존하지 않는다. 베네치아에서 오페라가 발전한 것은 교회에서 운영하는 고아 합창단 덕분이었다. 그런 고아원에는 200명에서 1000명에 달하는 아이들이 있었는데, 그 가운데 상당수는 노래를 부르거나 악기를 배웠다.

신부였던 비발디가 오스페달리(Ospedali)라 불리는 고아 합창단에서 근무하며 심오한 음악의 세계를 창조했다는 사실은 잘 알려져 있다. 베네치아의 오페라극은 실력 있는 합창단들이 있었기에 발전할 수 있었다. 또한 베네치아에 가면 소녀 합창단이 부르는 천사의 노래를 들을

코메디아 델아르테(즉흥 연희극)의 한 장면(미켈란젤로 체르쿠오치, 1630~1640).

수 있다는 명성이 자자했다.

이처럼 이탈리아가 오페라의 고장이 된 것은 베네치아라는 도시의 다양한 요인들이 결합하여 만들어낸 결과다. 연극에 대한 기존의 전통과 음악에 대한 시민들의 애착, 극장을 만드는 데 적극 투자한 부르주아 계층과 이미 지중해 무역으로 축적한 자본, 합창단의 명성 등이 베네치아를 오페라의 수도로 발전시켰다.

#
## 오페라 중심의 이동

베네치아가 런던이나 파리처럼 강대국의 수도였다면 아마도 오페라의 수도라는 명성을 지금까지 지켰을지 모른다. 하지만 이탈리아는 다양한 도시가 경쟁하는 분권 체제였다. 베네치아의 명성은 한 세기 정도 지속되다가 18세기가 되자 흔들리기 시작했다. 특히 이탈리아 남부 나폴리의 도전이 거셌다.

나폴리는 베네치아처럼 커다란 고아원을 다수 운영했는데, 이를 음악가를 양성하는 직업학교로 발전시켰다. 게다가 오페라를 엄숙한 '오페라 세리아(opera seria)'와 재미있는 '오페라 부파(opera bouffa)'라는 두 장르로 나누면서 극장도 각 장르에 맞게 나누었다. 특히 오페라 세리아에서는 거세한 고음의 남성 가수인 카스트라토를 기용하여 큰 인기를 끌었다.

나폴리가 베네치아의 명성을 추월할 수 있었던 것은 정치권력의 지원 덕분이었다. 1734년 나폴리 왕국의 국왕이 된 부르봉가의 샤를은 왕궁과 연결된 거대한 극장을 지었다. 산카를로 극장은 곧바로 새로운 왕조의 권력을 과시하는 건축물이 되었고, 오페라 세리아를 상징하는 극장으로 부상했다. 특히 말굽 형태의 구조와 6층에 달하는 객석은 이탈리아 오페라극장의 모델이 되었다. 2400명 규모의 객석과 화려한 내부 장식은 북유럽에서 그랑투르를 하는 아마추어 예술가들에게 큰 인기를 끌었다.

18세기 중반이 되자 나폴리는 이탈리아 오페라의 수도로 부상한다. 나폴리에서 활동하면서 오페라 작곡가로 성장한 음악가들의 명성이 이탈리아와 유럽 전역에 퍼지면서 오페라의 유럽화, 유럽의 나폴리화라는 이중 운동이 발생했다.

런던, 파리, 드레스덴, 상트페테르부르크, 슈투트가르트, 마드리드의 오페라극장을 모두 나폴리 출신이 지배하게 되었다.[8] 이탈리아 음악에 대한 당시의 가이드북은 나폴리를 최고의 음악 성지로 꼽으면서 베네치아와 로마도 여전히 훌륭한 역할을 하고 있다고 소개한다. 반면 토리노와 밀라노에는 멋진 극장이 있다는 정도만 언급한다.

하지만 나폴리의 명성도 한 세기를 넘기지 못한다. 왕국 정부의 지원이 나폴리를 음악의 수도이자 오페라의 성지로 올려놓았지만 이를 지속하는 데는 역부족이었다. 특히 프랑스 대혁명 이후 유럽이 민족주의 시대로 돌입하면서 이탈리아를 대표하는 음악 도시의 위상을 놓고 나폴리와 밀라노가 경쟁했다. 밀라노는 이탈리아 왕국의 수도로, 나폴리는 나폴리 왕국의 수도로 각각 힘을 집중했다. 하지만 거대한 흐름은 밀라노를 중심으로 하는 민족주의 쪽으로 기울었다.

1778년 밀라노에 세워진 라스칼라 극장은 나폴리의 산카를로 극장 못지않은 웅장한 규모와 화려한 장식을 자랑했다. 1820년대부터는 로시니, 벨리니, 베르디 등이 밀라노에서 활동하면서 오페라의 헤게모니를 나폴리에서 밀라노로 완전히 옮겨왔다.

밀라노와 나폴리가 경쟁하는 과정에서 두 도시의 예술 전략 역시 중요했다. 나폴리는 '나폴리 오페라'라는 전통을 내세워 순수한 지역주의를 밀고 나갔다. 하지만 밀라노는 이탈리아 전체를 대표하는 도시가 되고자 했다. 이런 관점에서 1842년 베르디가 작곡한 〈나부코〉는 이탈리아의 통일을 바라는 세력들의 관심을 끌었고, 이는 밀라노의 라스칼라 극장이 민족 대표성을 확보하는 계기가 되었다.

19세기가 되면서 이탈리아뿐 아니라 유럽 전역에서 오페라를 통해 민족주의가 경쟁했다. 밀라노의 라스칼라 극장은 이탈리아의 전통을 이어받아 오페라의 새로운 성지로 떠오른 한편, 파리, 런던, 빈, 바이로이트 등에서는 새로운 헤게모니를 만들어 유럽의 음악 수도가 되고자 했다. 이처럼 유럽 음악의 지리는 도시 간의 경쟁을 통해 부침을 거듭해왔다. 그리고 이런 경쟁은 20세기를 거쳐 오늘날까지 지속되고 있다.

#

## 유럽 음악과 민족 스타일

유럽에서 음악의 발전은 교회와 밀접한 연관을 맺고 있다. 기독교권이 하나였듯이 음악의 영역도 통일되어 있었다. 특정 지역에서 새로운 음악이 유행하면 자연스럽게 유럽의 다른 지역으로 음악 양식이 퍼져나갔다. 중세의 그레고리안 성악은 프랑스의 가톨릭교회, 특히 수도원에서 신을 찬양하는 음악이었지만 빠르게 다른 지역으로 퍼져나갔다.

16세기부터 18세기까지 이탈리아 크레모나라는 도시에서 아마티, 구아르네리, 스트라디바르디 등의 장인 가문에서 만든 바이올린은 최고의 음질을 자랑했다. 오늘날에도 유명한 연주자들이 이 시대, 이 도시의 명인들이 만든 바이올린을 사용한다.

유럽 문명을 이야기하면서 반복하고 강조할 수밖에 없는 사실은 유럽에서 국가가 아주 늦게 만들어졌다는 점이다. 독일은 1871년에, 이탈리아는 1866년에 통일국가가 완성되었다. 그전에 유럽은 아주 다양한 정치 단위가 혼재했고, 민족은 지방, 도시, 제국 등 여러 정체성 가운데 하나일 뿐이었다.

유럽은 지역마다 서로 다른 언어와 관습을 갖고 있었지만 항상 공용어라고 할 수 있는 언어가 존재했다. 음악은 중세에 신의 영광을 찬양하는 유럽 공통의 언어였고, 근대에는 인간의 심오한 정신세계를 담은 창조의 언어로 통했다. 이런 점에서 오선지에 기록하는 유럽의 음악은 가장 먼저 유럽 통합을 이루어낸 원동력이라고 할 수 있다.

앞에서 음악의 지리에 민족의 특성이 존재한다는 사실을 지적했다. 오페라에서 이탈리아의 헤게모니는 17세기 초부터 적어도 19세기까지 베네치아, 나폴리, 밀라노로 이어졌다. 물론 19세기가 되면 이탈리아의 베르디와 독일의 바그너가 서로 다른 오페라 스타일로 경쟁한다. 바그너에게 오페라는 독일 민족의 특수성을 반영하는 관념과 체계의 세계였다.[9] 반면 베르디는 여전히 노래의 멜로디를 통해 성악의 아름다움을 표현하는 벨칸토(Bel canto)의 오페라를 상징했다. 바그너와 베르디는 각각 독일과 이탈리아의 오페라를 대표했고, 이들의 대립은 두 민족의 음악 전통을 확실하게 보여주었다.

오페라가 이탈리아를 배경으로 성장했다면, 오케스트라를 통한 관현악의 전통은 독일에서 발전했다. 특히 베토벤 이후 19세기로 들어서면서 궁정 중심의 음악에서 부르주아가 관객인 대중공연의 시대가 열렸다. 덧붙여 독일의 다양한 도시 경쟁이 관현악의 발전을 촉진했다. 우선 게르만 세계에서 오스트리아와 프로이센, 바이에른 등이 치열하게 경쟁했고, 엘리아스가 분석한 군주 간의 경쟁은 19세기 들어 도시 간의 경쟁으로 이어졌다.

음악 스타일에 있어서도 독일이 감정의 색채가 강한 낭만주의로 큰 성공을 거두었다면, 프랑스는 수학처럼 꼼꼼한 구조와 상쾌하게 묘사하는 인상주의적 스타일로 대응했다. 베토벤, 브람스, 말러로 이어지는 게르만 교향악의 계보는, 베를리오즈, 드뷔시, 라벨 등의 프랑스 교향악과 대비된다.

서구의 이런 성향은 러시아로 넘어가면서 민중성과 정열의 특징을 지니게 되었다. 차이콥스키, 무소륵스키, 스트라빈스키 등은 러시아의 색깔을 담아 유럽 음악을 더욱 풍부하게 했다.

#

## 민족음악 경쟁

민족주의 바람이 거셌던 19세기 유럽에는 대중적 뿌리와 전통을 강조하는 민족음악이 유행했다. 우선 애국가의 형식으로 민족정신을 담은 음악이 발전했다. 프랑스의 〈라마르세예즈(La Marseillaise)〉는 전형적인 혁명가로 군가나 행진곡풍의 흥겨운 리듬으로 전개된다. 물론 가사를 살펴보면 "무기를 들어 적군의 목을 딴다"는 등의 잔혹한 내용이 들어 있어 야만적으로 느껴지기도 한다.

이에 비해 영국의 국가는 성경 구절에서 "왕을 보호하소서(God save the King)"라는 가사를 따왔고, 흥은 덜하지만 느린 곡조에 엄숙함이 있다. 이에 질세라 오스트리아의 하이든은 황제 프리드리히 2세를 위해 멜로디를 작곡했다. 이 곡이 뒤에 독일의 국가가 된다.

독일, 이탈리아, 영국, 프랑스 등 대국의 음악 전통에 비해 취약했던 중소국가의 음악가들도 이런 민족주의 바람에 가세했다.[10] 체코의 스메타나가 작곡한 〈나의 조국〉이나 핀란드의 시벨리우스가 작곡한 〈핀란디아〉 등은 민족 자존심과 정체성을 표현한 음악이다.

드보르자크는 보헤미아 민족음악의 멜로디를 활용한 슬라브 춤곡을 작곡하여 체코인의 정체성을 확고하게 드러냈다. 헝가리의 리스트, 폴란드의 쇼팽, 덴마크의 닐센, 노르웨이의 그리그 등은 모두 민족의 색채를 강하게 드러낸 작곡가다. 하지만 이런 민족 스타일은 말 그대로 작풍일 뿐이지 유럽 고전음악의 틀에서 벗어난 것은 아니었다.

유럽이라는 문명의 틀을 만들고 유지하기 위해서는 사람들의 교류가 무엇보다 중요하다. 앞에서 18세기에 이미 나폴리 오페라의 작곡가들이 얼마나 유럽 각지에 널리 퍼져 활동했는지 살펴보았다. 17세기에 이탈리아의 륄리는 프랑스 궁정에서 루이 14세의 총애를 받으며 오페라를 발전시켰다.[11] 그는 원래 피렌체 출신으로 프랑스 궁정 오페라에서 작곡의 권리를 독점할 정도로 막강한 권력을 가졌다. 그는 특히 이탈리아 출신이면서도 이탈리아풍의 오페라를 배척하고 언어와 문학이 중요한 역할을 하는 프랑스 스타일의 오페라를 주창했다.

유럽에서 륄리의 경우는 예외가 아니다. 18세기 헨델은 중부 독일 할레에서 태어났지만 피렌체와 로마를 거쳐 하노버에서 교회 음악 총감독(Kapellmeister)으로 활동했다. 그러다가 1714년에 하노버의 군주가 영국 왕으로 즉위하자 그를 따라 런던으로 가서 활동했고, 1759년에 세상을 떠날 때까지 영국에 정착해 살았다.

하이든과 글루크 역시 게르만 문화권에서 태어났지만 유럽을 무대로 활동했다. 하이든은 오스트리아와 영국을 오가면서 작곡활동을 했고, 글루크도 밀라노와 런던, 파리와 빈을 오가면서 음악활동을 펼쳤다. 18세기에 이미 유럽의 음악시장은 하나로 통합되었다고 할 수 있다.

19세기와 20세기에는 민족주의의 영향으로 특정 국가가 성(城)처럼 폐쇄적인 모습을 보이기도 했다. 밀라노 라스칼라의 베르디, 바이로이트의 바그너 등은 대표 인물들이다. 하지만 이 시기에도 유럽 음악의 보편성은 지속되었다.

예를 들어 오페라를 작곡하면서 선택하는 문학작품은 자연스럽게 국경을 넘나들었다. 고대 그리스의 연극에서 많은 주제를 선택한 것은 유럽 공통의 문화자산을 활용한 것이라고 치자. 영국의 희곡 작가 셰익스피어는 다양한 나라의 음악으로 사랑받았다. 대표 작품으로 프랑스 베를리오즈의 〈로미오와 줄리엣〉, 이탈리아 로시니의 〈오셀로〉, 역시 이탈리아 베르디의 〈맥베스〉, 영국 벤저민 브리튼의 〈한여름 밤의 꿈〉 등을 들 수 있다.

독일을 대표하는 관현악단인 베를린 필의 상임 지휘자는 20세기 푸르트벵글러와 카라얀 등 순수 독일파로 명맥을 이었다. 하지만 1989년에 이탈리아의 라스칼라 음악감독이던 아바도를 상임 지휘자로 임명함으로써 개방성을 선언했고, 1999년에는 영국의 래틀, 2015년에는 러시아의 페트렌코를 선택함으로써 개방과 다양성의 전통을 수립했다. 이런 점에서 17세기 륄리가 세운 수백 년 전통의 파리 오페라에 한국의 정명훈이 1988년에 음악감독으로 취임한 것은 유럽의 음악이 세계 확산의 새로운 단계에 들어섰음을 알리는 신호였다.

# 도시의 자존심

17~18세기가 아직 궁정이나 귀족이 주도하는 클래식 음악의 앙시앵 레짐이었다면, 19세기에는 부르주아의 시대가 열렸다. 부르주아란 '도시민'이라는 뜻으로 유럽에서 도시의 그물이 서로 경쟁하는 시대가 시작되었다는 의미다. 오페라의 발전 과정에서 도시가 제일 먼저 발달한 이탈리아에서 베네치아, 나폴리, 밀라노로 이어지는 경쟁과 계승의 관계에 대해서는 앞에서 살펴보았다. 19세기 유럽의 도시 그물에서 당당한 위상을 자랑하려면 커다란 규모의 화려한 오페라하우스와 콘서트홀을 보유하는 것이 기본 조건이 되었다.

오페라라는 장르의 탄생과 밀접하게 연결된 베네치아와 나폴리와 밀라노에는 18세기에 대규모 극장이 들어섰다. 런던의 로열 오페라하우스나 모스크바의 볼쇼이 극장 역시 오랜 역사를 자랑하는 음악의 인프라들이다. 19세기에 들어서면서 주요 도시들은 가장 화려하고 아름다운 오페라극장을 보유하기 위해 경쟁을 벌였다.

1850년 마드리드의 왕립극장이나 1860년 상트페테르부르크의 마린스키 극장은 제국의 수도에 걸맞은 극장을 짓겠다는 야심찬 구상으로 설립되었다. 빈의 국립오페라극장(1869)이나 런던의 로열앨버트홀(1871), 파리의 가르니에궁(1875), 독일의 바이로이트 축제 극장(1876), 로마의 오페라하우스(1880), 암스테르담의 콘세르트헤바우(1888) 등은 산업혁명으로 도시의 발전이 본격 이루어지던 19세기 후반 유럽의 음악 시설의 경쟁과 모방을 잘 보여준다. 예를 들어 1884년의 오스트리아-헝가리제국의 부다페스트에 지어진 헝가리 국립오페라는 파리 가르니에궁을 본떠 지어졌다.

유럽의 전성기에 지어진 예술의 전당들은 지금까지도 유럽 도시의 영광을 표현하는 대표 건축이며, 유럽의 문화활동을 보여주는 시설이다. 런던의 로열앨버트홀은 5000여 명이 입장할 수 있는 거대한 규모의 극장으로 BBC의 프롬나드 콘서트가 열리는 곳이다. BBC 프롬나드란 부르주아의 엘리트 예술로 인식되었던 클래식 음악을 대중이 즐길 수 있도록 발전시킨 축제다. 점잖게 앉아서 듣던 클래식을 서서 들을 수 있게 한 것이다.

바이로이트의 바그너 축제는 여전히 전 세계 클래식 팬들로부터 사랑받고 있다. 이 축제의 표를 사는 것은 그야말로 하늘의 별따기다. 자신이 얼마나 바그너 음악을 사랑하는지 편지(이메일)를 보내야 하며, 이를 수년간 반복해 보내서 관심과 열정을 증명한 뒤에야 표를 구매할 차례가 돌아온다는 전설의 축제다.

런던의 프롬나드 콘서트가 대중화의 전략이었다면 독일의 바이로이트 축제는 엘리트화의 전략이다. 물론 이 엘리트주의는 단순히 돈으로 사람을 차별하는 것이 아니라 정성과 노력의 정도에 따라 차별하는 고도의 전술을 사용하지만 말이다.

#

## 극장과 사회

유럽의 극장은 각 시대의 사회 통념을 반영한다. 18세기 이탈리아 극장들은 말굽형으로 지어졌다. U자 모양의 극장으로 무대를 바라보는 객석이 여러 층으로 형성된 모습이다.

19세기에 접어들면 극장은 신발통 모습이 된다. 사각형 극장으로 앞의 무대에서 음악을 연주하고, 그것을 관객들이 바라보는 모습이다. 현대 대학 강의실이나 강당은 대개 이런 구조다.

20세기 민주주의와 대중의 시대가 열리면서 극장도 변했다. 오케스트라가 극장의 중심에 위치하고 객석이 이를 둘러싸는 형식이다. 좌석의 차별성을 최소화하면서 누구나 평등하게 음악을 즐길 수 있도록 하는 배치다. 가장 먼 좌석에서도 무대와의 거리가 30여 미터 이상 떨어지지 않게 배려하는 것이다.

1963년에 완성된 베를린 필하모니가 바로 이런 형식으로 새로운 시대를 열었다. 아이러니는 카라얀이라고 하는 매우 권위적인 지휘자가 이런 변화에 앞장섰다는 점이다. 그는 결코 시대나 기술의 변화를 거부하는 사람은 아니었다. 당시 일부 지휘자들은 자신의 표정이 관객들에게 보인다는 점 때문에 새 음악당에서 지휘하는 것을 거부했다고 한다. 반면 카라얀은 민주주의 개념의 콘서트홀을 추진한 것은 물론 연주회 장면을 텔레비전이나 영화 등으로 방영하는 데도 개척자의 역할을 담당했다.

유럽의 특징은 이런 오랜 경쟁이 오늘날까지 지속된다는 점이다. 베를린에 민주적인 콘서트홀이 생기자 파리도 이에 질세라 새로운 계획을 세웠다. 1989년 프랑스 대혁명 200주년을 맞아 파리는 새로운 오페라극장을 지었다. 100여 년 전에 지어진 가르니에궁에서는 주로 발레를 공연하고, 가극은 최신식 음향 시설을 갖춘 바스티유 오페라에서 공연하게 되었다.

파리라는 국제도시에 걸맞은 콘서트홀을 향한 집념은 2015년에 파리 필아르모니를 개관함으로써 구현되었다. 파리의 새 필아르모니를 축하하는 콘서트들에 유럽 전역에서 음악 애호가들이 몰려왔다. 이제 유럽은 고속열차와 저가 항공사가 각 도시들을 연결하고 있어 누구나 쉽게 다른 도시에 가서 주말을 보낼 수 있다. 자신의 도시뿐 아니라 유럽 어디서나 공연을 즐기는 시대가 되었다.

특히 유럽의 다양한 축제는 여름이나 부활절 휴가 때 음악을 즐기는 팬들로 성황을 이룬다. 베로나는 매년 고대 로마 극장에서 오페라 축제를 개최한다. 또 알프스의 시원한 기운을 느낄 수 있는 잘츠부르크나 루체른에서도 부활절과 여름에 고전음악 축제가 열린다.

20세기 종합예술인 영화의 팬들을 위한 축제도 베네치아, 베를린, 칸 등의 도시에서 열리고 있다. 미국의 할리우드가 대중영화를 지배하지만 예술성을 중시하는 유럽의 영화제는 여전히 영화계에서 권위와 전통을 자랑한다.

독일의 수도이자 인구 360만 명의 대도시인 베를린은 예외지만 나머지 축제의 도시들은 모두 작은 규모다. 베네치아가 26만 명, 베로나가 25만 명 등으로 그나마 많은 편이고, 잘츠부르크(15만 명), 루체른(8만 명), 칸(7만 명)과 같은 작은 도시들이 축제가 열리는 기간에는 전 세계인들의 관심 속에서 손님들을 끌어들인다.

#

## 음악과 미술의 공명

유럽에서 미술과 음악의 그물은 서로 밀접하게 얽혀 있어 메아리를 울려주는 공명(共鳴)관계다. 유럽 미술관에는 음악을 소재로 한 그림이 매우 많다. 정물화에서 과일과 그릇, 음식과 식탁이 자주 등장하는 만 큰 악기를 그린 작품도 많다. 콘서트라는 제목의 그림도 헤아리기 어려울 정도로 많은데, 몇 명의 연주자가 함께 악기를 다루는 모습을 쉽게 볼 수 있다.

유럽 문화에서 음악이란 화합의 전형을 의미한다. 콘서트는 '음악회'라는 뜻으로, 프랑스어에서 콩세르테(concerter)는 협의한다는 뜻이다. 명사형인 콩세르타시옹(concertation)은 협의 체제를 의미한다.

사회의 콩세르타시옹은 노조와 회사가 협의하는 체제, 또는 정부·노동·자본이 삼자회의를 열어 협의하는 시스템을 말한다.[12] 이처럼 회화에서 악기와 연주자, 그리고 이들이 함께 연주하는 모습의 그림이 그토록 자주 등장하는 이유는, 음악이 인간과 인간을 연결하여 서로 협의하게 만드는 게임이라고 생각하기 때문이다.

음악과 미술의 공명은 여기서 그치지 않는다. 연주자만을 그리던 화가들은 대규모 극장이 들어선 후에는 관객들까지 화폭에 담아 연주회장의 열기를 재현하고자 했다. 순간의 공연으로 사라지는 음악의 열기를 영원히 남을 수 있는 미술로 기억하려 한 것이다.

미술에서 추상화의 기원에는 음악을 색으로 표현하려고 했던 칸딘스키의 시도가 있다. 악기와 연주자와 관객을 통해 음악을 재생하고 기록하려는 시도를 넘어 소리와 리듬 자체를 미술로 표현하려고 한 그의 노력이 추상화의 탄생을 가져온 것이다.

무소륵스키의 〈전람회의 그림〉은 반대로 미술작품을 음악으로 표현하려는 시도였다. 개성이 강한 작곡가 무소륵스키는 빅토르 하트만이라는 건축가와 절친한 사이였는데 그가 세상을 떠나자 1874년에 〈전람회의 그림〉이라는 피아노곡을 작곡하여 헌정했다. 떠나버린 벗을 기리기 위한 행위였다.

하트만은 상트페테르부르크에서 미술을 공부한 뒤 프랑스와 이탈리아 등으로 여행을 떠났다. 러시아 예술가 지망생의 그랑투르였던 셈이다. 그의 곡 제목에는 '튈르리'나 '카타콩브', '리모주' 같은 지명이 등장한다. 튈르리는 루브르 박물관 옆에 있는 공원이다. 카타콩브는 파리의 지하무덤으로 공동묘지의 해골을 보관해놓은 곳이다. 리모주는 자기(磁器)로 유명한 프랑스 지방 도시다. 마지막 악장의 제목은 다시 러시아로 돌아와 '키예프'라는 민족 기원의 도시다. 서구의 선진성과 러시아의 뿌리를 융합하겠다는 무소륵스키와 하트만의 공통 목표를 발견할 수 있는 대목이다.

〈전람회의 그림〉은 프랑스의 작곡가 라벨의 오케스트라 버전이 가장 인기 있는데 이는 전혀 이상한 일이 아니다. 라벨을 비롯한 당시 프랑스의 음악가들은 인상파 화가들과 마찬가지로 이미지를 예술로 표현하려고 노력했기 때문이다. 일례로 드뷔시의 〈바다〉는 우리가 인상파 화가의 그림에서 볼 수 있는, 순간순간 변하는 바다의 다양한 모습을 음악으로 표현한 것이다.

러시아의 음악가 무소륵스키가 파리 풍경을 음악으로 작곡하자, 이번에는 프랑스 음악가 라벨이 다시 이를 오케스트라 버전으로 편곡했다. 돌고 도는, 얽히고설킨 유럽의 예술이다. 차이가 존재하지만 동시에 그 차이를 배우고 따라 하고 흉내 내는 관계다. 그럼으로써 예술은 더욱 풍요로워진다. 라벨의 편곡은 다시 런던이나 베를린, 밀라노의 오케스트라에 의해 재현되면서 유럽을 하나로 묶었다.

#

## 유럽이라는 무대

언어의 영역에 속하는 문학과 음악의 관계도 매우 깊다. 이미 영국 문학의 천재 셰익스피어가 얼마나 다양한 나라의 음악가들에게 공통의 재료를 선사했는지 살펴보았다. 유럽의 작가들은 음악을 사랑하고 즐기는 아마추어였다.

《적과 흑》으로 유명한 프랑스의 소설가 스탕달은《로시니의 인생》이라는 책을 집필했다.[13] 스탕달과 로시니는 둘 다 이탈리아 출신이다. 스탕달이 위대한 작곡가 로시니의 삶을 상상하여 그린 작품이다. 동시대에 살았지만 두 사람은 만난 적도 없었다. 로시니는 스탕달이 자신의 삶을 제멋대로 그렸다고 불평했다고 한다.

20세기 초에 활동한 프랑스의 작가 로맹 롤랑은《장 크리스토프》라는 소설에서 베토벤을 모델로 인류를 대표하는 음악가의 삶을 그렸다.[14]

프랑스 작가들이 이탈리아나 독일의 위대한 음악가를 모델로 삼아 작품을 구상했다는 뜻이다. 이런 사례에서 우리는 민족주의가 가장 강렬했던 19~20세기에도 작가들이 지향하는 인물과 위대한 사람은 반드시 자국의 동포가 아니라 유럽이라는 공동의 무대에서 빛나는 별들이었다는 사실을 알 수 있다.

20세기 전반기에 활약한 오스트리아의 작가 츠바이크는 문학적 상상력과 역사적 사실을 적절하게 혼합한 흥미진진한 전기(傳記)로 유명하다. 그가 다루었던 인물들의 면면을 보면 유럽이 하나의 공통된 역사로 묶여 있었음을 알 수 있다.

그가 오스트리아인 프로이트나 독일인 니체의 삶을 탐구한 것은 당연하다고 볼 수 있다. 또 오스트리아 합스부르크가에서 태어나 프랑스 왕실로 시집간 뒤 처형당한 마리-앙투아네트도 이해할 수 있다.

동시에 그는 포르투갈의 탐험가 마젤란, 이탈리아의 항해사 베스푸치, 스위스의 프랑스 출신 종교개혁가 칼뱅, 네덜란드의 인문학자 에라스무스, 스코틀랜드의 비운의 여왕 메리 스튜어트, 프랑스의 정치인 푸셰와 작가 발자크, 로맹 롤랑, 영국 작가 디킨스와 러시아 작가 도스토옙스키 등 유럽을 망라하는 전기작가였다.

그는 물론 빈에 살면서 독일어로 작품을 발표했다. 외국의 인물들도 충분히 독자의 관심을 끌 정도로 유럽의 문명은 개방성과 포괄성을 가졌던 셈이다.

# #
# 얽히고설킨 그물들

우리는 여기까지 유럽 문명의 기본 바탕이 되는 그물들을 살펴보았다. 유럽은 대부분 인도유럽어를 모태로 삼고 있는 언어 가족이라고 할 수 있으며, 라틴 알파벳의 문자문명을 발전시켰다. 게다가 고대 그리스와 로마 문명을 공통의 기반으로 삼으면서 끊임없이 교류했다. 따라서 새로운 사상이나 개념이 등장하면 함께 공유하는 역사를 이어왔다.

또한 분열이 반복되기는 했지만 그럼에도 불구하고 기독교를 중심으로 유럽은 하나의 그물을 형성했다. 성경과 성당과 성직자 조직은 유럽 사회를 지배하는 도구가 되었다.

앞 장에서 보았던 유럽의 표상의 문화 또한 건축부터 그림과 조각에 이르기까지 유럽이라는 하나의 무대에서 진화했다. 이 장에서 다루는 음악도 어떤 특정 국가나 지역을 중심으로 진행되는 것이 아니라 유럽이라는 공통의 장(場)에서 서로를 자극하며 발전했다.

각각의 그물은 유럽이라는 공간을 뒤덮는 역할을 한다. 우리가 여기서 독자를 위해 영역별로 구분한 각 무대와 그물은 사실 긴밀하게 연결되어 있다. 언어와 종교의 긴밀한 고리에 대해서는 이미 소개했다. 원래 성경은 유대민족의 히브리어로 작성되었지만 구약에서 보편성을 지향하는 신약으로 확장되면서 고대 그리스어가 기독교의 언어로 부상했다. 또 로마제국의 공식 종교로 채택된 기독교는 라틴어와 불가분의 관계를 맺게 된다. 언어의 그물과 종교의 그물이 서로 뒤엉키는 과정이라고 볼 수 있다.

종교와 언어와 표상의 문화가 갖는 긴밀한 관계 또한 이미 소개했다.

유럽에서 미술이 발전할 수 있었던 배경에는 미술이 오락이 아니라 대중을 위한 종교 교육의 언어였다는 점이 있었다. 그리스나 로마의 나체 조각 역시 눈의 쾌락을 위한 예술이 아니라 인간이 이상형에 도달하기 위한 수단이었다. 기독교 시대를 거치면서 나체는 성스러운 예수의 고통을 표현하기에 이르렀다.

이후 유럽에서 미술의 역사는 종교와 언어뿐 아니라 당대의 정치와 경제를 반영하는 방향으로 전개되었다. 교회를 위한 미술에서 군주와 귀족을 위한 미술로, 그리고 다시 부르주아나 대중을 위한 표현으로 변화했고, 최근에는 예술가 개인의 영감과 개성을 반영하고 표현하는 예술로 진화했다.

음악과 다른 그물도 세밀한 연결고리가 넘쳐난다. 미술이 종교의 치마폭에서 자라날 수밖에 없었듯이 유럽의 음악 또한 종교의 범주에서 벗어나지 못했다. 유럽의 음악은 교회의 테두리 안에서 신의 영광을 노래하고 기리기 위한 수단이었다. 유럽 클래식 음악의 출발점은 교회였고, 우리가 아는 훌륭한 작곡가들은 기본적으로 교회 음악가(Kappelmeister)였다.

음악의 아버지로 불리는 바흐는 기독교와 클래식 음악을 연결하는 상징의 고리다. 성당에서 시작한 음악은 점차 왕과 귀족들의 오락으로 발전했고, 오페라라는 화려한 공연의 형식을 갖추게 되었다. 신의 영광에 이어 권력자도 찬양의 대상이 되고 싶은 욕망이 작용했으리라. 미술이 신에서 왕으로, 그리고 귀족에서 부르주아로 대상을 넓혀갔듯이 음악도 처음에는 신을 찬양하는 도구였다가 왕과 귀족, 그리고 부르주아까지 유혹하는 예술이 되었다.

## 유럽의 주요 공연장

| 번호 | 국가 | 지역 | 이름 | 설립연도 | 좌석 수 |
|---|---|---|---|---|---|
| 1 | 아이슬란드 | 레이캬비크 | 하르파 콘서트홀 Harpa Concert Hall | 2011 | 1600 |
| 2 | 노르웨이 | 오슬로 | 오슬로 오페라하우스 Operahuset | 2007 | 1364 |
| 3 | 노르웨이 | 오슬로 | 오슬로 콘서트홀 Oslo Konserthus | 1977 | 1630 |
| 4 | 스웨덴 | 스톡홀름 | 드로트닝홀름 궁정 극장 Drottningholms Slottsteater | 1754 | 400 |
| 5 | 덴마크 | 올보 | 덴마크 음악의 집 Musikkens Hus | 2014 | 1298 |
| 6 | 덴마크 | 오르후스 | 오르후스 콘서트홀 Musikhuset Aarhus | 2007 | 1200 |
| 7 | 덴마크 | 코펜하겐 | 덴마크 왕립 극장 Det Kongelige Teater | 1874 | 1600 |
| 8 | 덴마크 | 코펜하겐 | 코펜하겐 오페라하우스 Operaen | 2005 | 1500 |
| 9 | 덴마크 | 코펜하겐 | 티볼리 콘서트홀 Tivolis Koncertsal | 1956 | 1692 |
| 10 | 핀란드 | 헬싱키 | 핀란드 국립 오페라 SuomenKansalisoopera | 1994 | 1350 |
| 11 | 핀란드 | 헬싱키 | 헬싱키 뮤직센터 Helsingin musiikkitalo | 2011 | 1700 |
| 12 | 아일랜드 | 더블린 | 더블린 국립 콘서트홀 An Ceoláras Náisiúnta | 1981 | 1200 |
| 13 | 영국 | 애딘버러 | 어셔 홀 Usher Hall | 1914 | 2900 |
| 14 | 영국 | 옥스포드 | 셸도니언 극장 Sheldonian Theatre | 1668 | 1000 |
| 15 | 영국 | 런던 | 런던 콜리시엄 London Coliseum | 1904 | 2359 |
| 16 | 영국 | 런던 | 로열 앨버트 홀 Royal Albert Hall | 1871 | 5544 |
| 17 | 영국 | 런던 | 바비칸 센터 Barbican Centre | 1982 | 2026 |
| 18 | 영국 | 런던 | 사우스뱅크 센터 Southbank Centre | 1951 | 2788 |
| 19 | 영국 | 런던 | 영국 왕립 오페라하우스 The Royal Opera House | 1731 | 2256 |
| 20 | 영국 | 런던 | 카도간 홀 Cadogan Hall | 1907 | 900 |
| 21 | 포르투갈 | 리스본 | 상카를루스 국립 극장 Teatro Nacional de São Carlos | 1793 | 1148 |
| 22 | 스페인 | 마드리드 | 마드리드 왕립 극장 Teatro Real de Madrid | 1850 | 1746 |
| 23 | 스페인 | 바르셀로나 | 바르셀로나 리세우 극장 Gran Teatre del Liceu | 1847 | 2292 |
| 24 | 스페인 | 바르셀로나 | 카탈루냐 음악당 Palau de la Música Catalana | 1908 | 2049 |
| 25 | 프랑스 | 툴루즈 | 카피톨 극장 Théâtre du Capitole | 1818 | 1156 |
| 26 | 프랑스 | 파리 | 모가도르 극장 Théâtre Mogador | 1913 | 1800 |
| 27 | 프랑스 | 파리 | 바스티유 오페라 Opéra Bastille | 1989 | 2700 |
| 28 | 프랑스 | 파리 | 살 플레옐 Salle Pleyel | 1927 | 1913 |
| 29 | 프랑스 | 파리 | 샹젤리제 극장 Théâtre des Champs-Élysées | 1913 | 1905 |
| 30 | 프랑스 | 파리 | 파리 국립 오페라 Palais Garnier | 1875 | 1900 |
| 31 | 프랑스 | 파리 | 파리 필아르모니 Philharmonie de Paris | 2014 | 2400 |
| 32 | 프랑스 | 메츠 | 아르스날 Arsenal | 1989 | 1500 |
| 33 | 프랑스 | 스트라스부르 | 스트라스부르 오페라하우스 Opéra de Strasbourg | 1821 | 1142 |
| 34 | 벨기에 | 브뤼헤 | 콘세르트헤보우 브뤼헤 Concertgebouw Brugge | 2002 | 1300 |
| 35 | 벨기에 | 브뤼셀 | 브뤼셀 예술 궁전 Paleis voor Schone Kunsten | 1929 | 2150 |

| 36 | 벨기에 | 브뤼셀 | 브뤼셀 플라제 Place Flagey | 1938 | 862 |
|----|--------|--------|---------------------------|------|-----|
| 37 | 룩셈부르크 | 룩셈부르크 | 조세핀 샤를로트 홀 Salle de concerts grande-duchesse Joséphine-Charlotte | 2005 | 1307 |
| 38 | 네덜란드 | 로테르담 | 데돌렌 콘서트홀 De Doelen | 1966 | 2700 |
| 39 | 네덜란드 | 헤이그 | 안톤 필립스 홀 Dr. Anton Philipszaal | 1987 | 1800 |
| 40 | 네덜란드 | 암스테르담 | 네덜란드 국립 오페라 Het Muziektheater | 1986 | 1689 |
| 41 | 네덜란드 | 암스테르담 | 암스테르담 콘세르트헤바우 Koninklijk Concertgebouw | 1888 | 2037 |
| 42 | 네덜란드 | 암스테르담 | 파라디소 콘서트홀 Paradiso | 1986 | 1500 |
| 43 | 독일 | 본 | 베토벤할레 Beethovenhalle | 1959 | 1980 |
| 44 | 독일 | 프랑크푸르트 | 세기의 전당 Jahrhunderthalle | 1963 | 4800 |
| 45 | 독일 | 프랑크푸르트 | 알테 오퍼 Alte Oper | 1880 | 2550 |
| 46 | 독일 | 바덴바덴 | 바덴바덴 축제 극장 Festspielhaus Baden-Baden | 1998 | 2500 |
| 47 | 독일 | 프라이부르크 | 프라이부르크 콘서트하우스 Konzerthaus Freiburg | 1996 | 1744 |
| 48 | 독일 | 뮌헨 | 가스타이그 필하모니 Gasteig | 1985 | 2387 |
| 49 | 독일 | 뮌헨 | 뮌헨 국립 극장 Nationaltheater München | 1818 | 2100 |
| 50 | 독일 | 바이로이트 | 바이로이트 축제 극장 Bayreuth Festspielhaus | 1876 | 1800 |
| 51 | 독일 | 라이프치히 | 라이프치히 게반트하우스 Gewandhaus | 1981 | 1900 |
| 52 | 독일 | 드레스덴 | 드레스덴 국립 오페라하우스 Sächsische Staatsoper Dresden | 1841 | 1323 |
| 53 | 독일 | 베를린 | 베를린 국립 오페라 Staatsoper Unter den Linden | 1955 | 1396 |
| 54 | 독일 | 베를린 | 베를린 독일 오페라 극장 Deutsche Oper Berlin | 1961 | 1954 |
| 55 | 독일 | 베를린 | 베를린 필하모니 Berliner Philharmonie | 1963 | 2440 |
| 56 | 독일 | 함부르크 | 엘베필하모니 Elbphilharmonie | 2017 | 2150 |
| 57 | 독일 | 함부르크 | 함부르크 국립 오페라 극장 Hamburgische Staatsoper | 1678 | 1674 |
| 58 | 이탈리아 | 토리노 | 토리노 토스카니니 극장 Auditorium Rai di Torino "Arturo Toscanini" | 1952 | 1587 |
| 59 | 이탈리아 | 밀라노 | 델리 아르침볼디 극장 Teatro degli Arcimboldi | 2002 | 2375 |
| 60 | 이탈리아 | 밀라노 | 라스칼라 La Scala | 1778 | 2030 |
| 61 | 이탈리아 | 제노아 | 카를로 펠리체 극장 Teatro Carlo Felice | 1991 | 2000 |
| 62 | 이탈리아 | 파르마 | 파르마 레지오 극장 Teatro Regio di Parma | 1829 | 1300 |
| 63 | 이탈리아 | 볼로냐 | 볼로냐 시립극장 Teatro Comunale di Bologna | 1763 | 1034 |
| 64 | 이탈리아 | 모데나 | 루치아노 파바로티 시립극장 Teatro Comunale Luciano Pavarotti | 1841 | 900 |
| 65 | 이탈리아 | 베네치아 | 라페니체 오페라 극장 La Fenice | 1792 | 1000 |
| 66 | 이탈리아 | 베네치아 | 산카시아노 극장 Teatro San Cassiano | 1637 | – |
| 67 | 이탈리아 | 트리에스테 | 주세페 베르디 극장 Teatro Lirico Giuseppe Verdi | 1801 | 1300 |
| 68 | 이탈리아 | 피렌체 | 피렌체 시립 극장 Teatro Comunale di Firenze | 1862 | 2000 |
| 69 | 이탈리아 | 로마 | 로마 오페라하우스 Teatrodell'Opera di Roma | 1880 | 1600 |
| 70 | 이탈리아 | 로마 | 파르코 델라 뮤지카 오디토리움 Parco della Musica | 2003 | 2756 |
| 71 | 이탈리아 | 나폴리 | 산카를로 극장 Teatro di San Carlo | 1737 | 3300 |
| 72 | 이탈리아 | 바리 | 페트루첼리 극장 Teatro Petruzzelli | 1903 | 1482 |

| 73 | 이탈리아 | 팔레르모 | 마시모 극장 Teatro Massimo | 1897 | 1387 |
|---|---|---|---|---|---|
| 74 | 그리스 | 아테네 | 스타브로스 재단 문화센터 Κέντρο Πολιτισμού Ίδρυμα Σταύρος Νιάρχος | 2016 | 1400 |
| 75 | 그리스 | 아테네 | 아테네 콘서트홀 Μέγαρον Μουσικής Αθηνών | 1991 | 1961 |
| 76 | 불가리아 | 소피아 | 불가리아 홀 Зала „България" | 1937 | 1200 |
| 77 | 세르비아 | 베오그라드 | 인민 대학 극장 Задужбина Илије М. Коларца | 1932 | 883 |
| 78 | 크로아티아 | 자그레브 | 바트로슬라브 리린스키 콘서트홀 Koncertna dvorana Vatroslava Lisinskog | 1973 | 1847 |
| 79 | 크로아티아 | 자그레브 | 자그레브 국립 극장 Hrvatskonarodnokazalište u Zagrebu | 1895 | 709 |
| 80 | 헝가리 | 부다페스트 | 부다페스트 헝가리 국립 오페라 Magyar ÁllamiOperaház | 1884 | 1260 |
| 81 | 헝가리 | 부다페스트 | 프란츠 리스트 음악원 Liszt Ferenc Zeneművészeti Egyetem | 1907 | 1100 |
| 82 | 헝가리 | 부다페스트 | 헝가리 예술의 전당 Müpa Budapest | 2005 | 1699 |
| 83 | 오스트리아 | 잘츠부르크 | 모차르테움 Mozarteum | 1914 | 807 |
| 84 | 오스트리아 | 린츠 | 린츠 브루크너 하우스 Brucknerhaus | 1974 | 1420 |
| 85 | 오스트리아 | 빈 | 레이문트 극장 Raimundtheater | 1893 | 1180 |
| 86 | 오스트리아 | 빈 | 빈 국립 오페라 극장 Wiener Staatsoper | 1869 | 2200 |
| 87 | 오스트리아 | 빈 | 빈 국민극장 Volksoper | 1898 | 1337 |
| 88 | 오스트리아 | 빈 | 빈 악우회 Wiener Musikverein | 1870 | 1744 |
| 89 | 오스트리아 | 빈 | 빈 콘체르트하우스 Konzerthaus | 1913 | 1840 |
| 90 | 오스트리아 | 빈 | 안 데어 빈 극장 Theater an der Wien | 1801 | 1000 |
| 91 | 오스트리아 | 그라츠 | 그라츠 오페라 Oper Graz | 1899 | 1186 |
| 92 | 체코 | 프라하 | 루돌피눔 Rudolfinum | 1881 | 1100 |
| 93 | 체코 | 프라하 | 스타보브스케 극장 Stavovské divadlo | 1783 | 659 |
| 94 | 체코 | 프라하 | 프라하 시민회관 Obecní dům | 1912 | 1067 |
| 95 | 루마니아 | 클루지나포카 | 클루지나포카 국립 극장 Teatrul Naţional Lucian Blaga | 1906 | 928 |
| 96 | 루마니아 | 이아시 | 이아시 국립 극장 Teatrul Naţional Vasile Alecsandri | 1815 | 560 |
| 97 | 루마니아 | 부큐레슈티 | 루마니아 국립 오페라하우스 Opera Naţională Bucureşti | 1954 | 952 |
| 98 | 루마니아 | 부큐레슈티 | 루마니아 아타나에움 Ateneul Român | 1888 | 794 |
| 99 | 폴란드 | 슈체친 | 슈체친 필하모닉 Filharmonia im. Mieczysława Karłowicza w Szczecinie | 2014 | 953 |
| 100 | 폴란드 | 바르샤바 | 바르샤바 국립 콘서트홀 Orkiestra Filharmonii Narodowej w Warszawie | 1901 | 1072 |
| 101 | 폴란드 | 카토비체 | 카토비체 국립 오케스트라 극장 Narodowa Orkiestra Symfoniczna Polskiego Radia z siedzibą w Katowicach | 2014 | 1800 |
| 102 | 폴란드 | 크라쿠프 | 크라쿠프 필하모닉 Filharmonia Krakowska | 1931 | 693 |
| 103 | 러시아 | 상트페테르부르크 | 마린스키 극장 Мариинский театр | 1860 | 1609 |
| 104 | 러시아 | 모스크바 | 모스크바 콘서바토리 Московская Государственная Консерватория им. П. И. Чайковского | 1901 | 1737 |
| 105 | 러시아 | 모스크바 | 볼쇼이 극장 Большой театр | 1776 | 2100 |
| 106 | 아르메니아 | 예레반 | 예레반 오페라 극장 Ալեքսանդր Սպենդիարյանի անվան օպերայի և բալետի ազգային ակադեմիական թատրոն | 1933 | 1300 |

5장

대학의 그물

노르웨이

스웨덴

북 해

덴마크

아일랜드

영국

네덜란드

독일

벨기에

대 서 양

스위스

프랑스

포르투갈

스페인

이탈리아

지 중 해

체

오스트리아

크로

| 번호 | 대학 | 번호 | 대학 | 번호 | 대학 | 번호 | 대학 |
|---|---|---|---|---|---|---|---|
| 1 | 오슬로 대학교 | 13 | 세인트앤드루스 대학교 | 25 | 바야돌리드 대학교 | 37 | 엑스마르세유 대학교 |
| 2 | 웁살라 대학교 | 14 | 글래스고 대학교 | 26 | 바르셀로나 자치 대학교 | 38 | 루벵 대학교 |
| 3 | 카롤린스카 인스티튜트 | 15 | 리버풀 대학교 | 27 | 캉 노르망디 대학교 | 39 | 레이던 대학교 |
| 4 | 스톡홀름 대학교 | 16 | 맨체스터 대학교 | 28 | 릴 가톨릭 대학교 | 40 | 암스테르담 대학교 |
| 5 | 룬드 대학교 | 17 | 케임브리지 대학교 | 29 | 파리 정치대학교 | 41 | 암스테르담 자유 대학교 |
| 6 | 오르후스 대학교 | 18 | 옥스퍼드 대학교 | 30 | 파리 소르본 대학교 | 42 | 바헤닝언 대학교 |
| 7 | 코펜하겐 대학교 | 19 | 런던 정치경제대학교 | 31 | 에콜 폴리테크니크 | 43 | 쾰른 대학교 |
| 8 | 헬싱키 대학교 | 20 | 유니버시티 칼리지 런던 | 32 | 푸아티에 대학교 | 44 | 괴팅겐 대학교 |
| 9 | 타르투 대학교 | 21 | 임페리얼 칼리지 런던 | 33 | 리옹 1 대학교 | 45 | 로스토크 대학교 |
| 10 | 라트비아 국립 대학교 | 22 | 리스본 대학교 | 34 | 리옹 카톨릭 대학교 | 46 | 그라이프스발트 대학교 |
| 11 | 성 패트릭 대학교 | 23 | 코임브라 대학교 | 35 | 툴루즈 대학교 | 47 | 훔볼트 대학교 |
| 12 | 애버딘 대학교 | 24 | 살라망카 대학교 | 36 | 몽펠리에 대학교 | 48 | 라이프치히 대학교 |

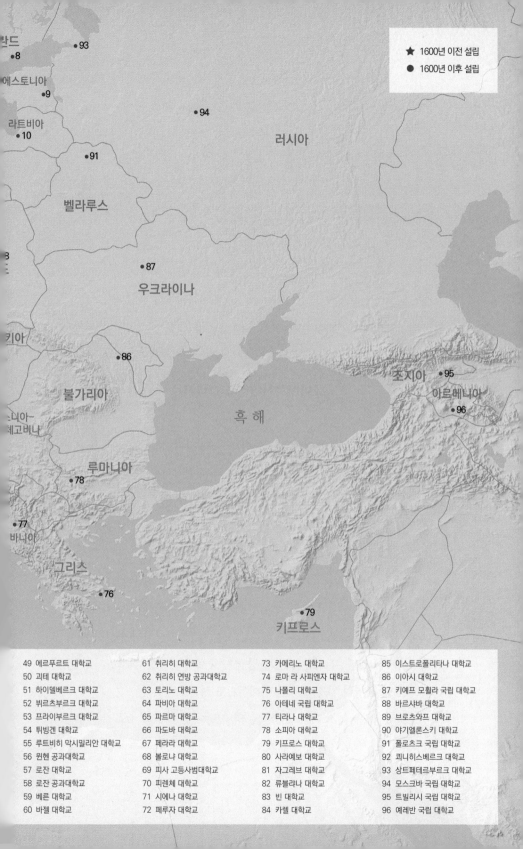

란드
●8

에스토니아
●9

라트비아
●10

●93

●94

러시아

●91

벨라루스

●87

우크라이나

키아

●86

불가리아

니아-
체고비나

루마니아

●78

바니아
●77

그리스

●76

조지아
●95

아르메니아
●96

흑 해

키프로스
●79

★ 1600년 이전 설립

● 1600년 이후 설립

#

# 유니베르시타스와 김나지움

　지금까지 살펴본 유럽의 그물들은 모두 인간의 정신 영역에 속한다. 언어와 종교, 예술이야말로 정신과 육체의 대립에서 인간성을 가장 잘 드러내는 분야가 아닌가. 이제 우리는 '지식의 유럽'으로 그물 탐험을 계속할 수 있다. 지식은 세계를 바라보는 시각과, 이해하고 설명하는 방법을 포괄하는 정신문명의 골수다.

　언어, 종교, 예술은 유럽의 특징을 잘 나타내지만 동시에 다른 문명에서도 비슷한 형식으로 존재한다. 반면 지식은 유럽에서 대학이라는 매우 특수한 제도로 정착하여 발전했다. 대학 제도는 시대에 따라 서서히 진화해왔지만 그 기본 개념과 양식은 중세와 현대를 연결한다는 점에서 유럽 문명의 가장 오래된 뼈대이기도 하다.

　오늘날 대학은 전 세계에서 학문의 전당이자 최고의 교육기관이다.

13세기 이탈리아의 볼로냐대학을 최초의 대학으로 꼽지만 실제로 유럽의 대학은 비슷한 시기에 여러 곳에서 동시에 만들어지기 시작했다. 라틴어로 유니베르시타스(Universitas)라고 불리는 대학의 모태가 볼로냐, 파리, 옥스퍼드에서 생겨났다. 일단 만들어진 대학 제도는 빠른 속도로 유럽 전역으로 확산되었다. 고딕 성당이나 클래식 음악과 마찬가지로 대학의 그물이 유럽을 뒤덮으면서 유럽 정체성의 중요한 요소가 되었다.[1]

이처럼 대학은 유럽에서 1000년 가까운 역사를 자랑한다. 하지만 학술의 전통이 중세에서 시작하는 것은 아니다. 다른 분야와 마찬가지로 고대 그리스와 로마 시대로까지 거슬러 올라간다. 특히 그리스 문명에서는 철학 교육을 중시했고, 정신을 단련하는 데 토론과 비판과 분석을 빼놓을 수 없는 요소로 인식했다.

그리스 아테네에는 김나지움(Gymnasium)이라는 학교가 있었다. 요즘 사람들이 '몸짱'이 되기 위해 가는 짐(Gym)의 어원이 김나지움이다. 실제로 김나지움에서는 학생들이 나체로 운동을 하곤 했다. 그리스에서는 정신과 육체가 모두 교육의 대상이었다. 또 나체로 남성미를 자랑하면서 육체를 단련하는 것이 신에 대한 예의라고 여겼다.

김나지움 가운데 가장 유명한 곳이 플라톤의 아카데미아(Academia)다. 고대 그리스의 대표 철학학교라고 할 수 있는 아카데미아에서는 철학자들의 교육과 토론이 이루어졌고, 6세기에 폐쇄될 때까지 1000년 동안 명맥을 유지하며 학술의 중심으로 기능했다. 16~17세기에는 '아카데미(Academy)'라는 이름의 다양한 학술·예술기관들이 생겨나면서 고대의 전통이 부활했다. 한국의 학술원이나 예술원도 따지고 보면 아카데미아의 후손인 셈이다.

■■■
〈아테네 학당〉(라파엘로, 1510~1511). 여러 철학자 가운데 플라톤과 아리스토텔레스가 중심에서 토론하고 있다.

또 다른 유명한 김나지움은 아리스토텔레스가 활동하던 리케움 (Lyceum)이다. 아리스토텔레스는 아테네 외곽에 자리한 리케움에서 제 자들을 가르쳤는데, 강의를 하면서 건물 주위를 맴돌곤 한 것으로 유 명하다. 특히 아리스토텔레스는 세계의 다양한 자연을 종합해 고찰하 려는 방대한 학술 프로그램을 도입했다. 그의 제자였던 알렉산드로스 는 마케도니아 왕이 된 후 이집트에서 인도까지 제국을 확장했는데, 스 승의 가르침을 잊지 않고 정복하는 곳마다 자연과 문화의 샘플을 수집 했다. 표상의 문화에서 보았지만 세계, 인류, 자연의 역사를 한곳에 모 아 분석하고 관찰하려는 박물관식 사고는 아리스토텔레스와 알렉산드 로스 대왕으로부터 싹튼 것이다. 리케움은 프랑스에서 고등학교를 지칭 하는 리세(Lycée)라는 이름으로 오늘날까지 명맥을 유지하고 있다.

대학이나 교육에서 빠뜨릴 수 없는 제도가 칼리지(College)다. 아카데미, 리세, 김나지움 등이 그리스 문화에 기원을 두고 있다면, 칼리지는 로마에서 비롯된 것이다. 라틴어로 콜레지움(collegium)이란 세 명 이상의 사람이 조직한 단체를 뜻한다. 고대 로마에서는 검투사나 포도주 상인들이 콜레지움 같은 직업단체를 조직하곤 했다. 칼리지는 나중에 대학 내부의 한 조직으로 발전하게 된다.

#

## 대학의 탄생과 확산

대학의 어원인 유니베르시타스는 '보편성(university)'과 '우주(Universe)'라는 이라는 의미를 동시에 가진다. 이처럼 대단하고 무시무시한 이름의 대학이지만 원래 의미는 로마 시대의 콜레지움과 그리 다르지 않다.

유니베르시타스는 교수와 학생들의 모임이다.[2] 과거 콜레지움과 마찬가지로 유니베르시타스는 교수와 학생이 각각 대표를 뽑아 교육 기간이나 과목, 학위 수여 등에 관한 규칙을 논의하고 결정하는 자율 단체였다. 대학이라는 새로운 단체와 제도의 형성을 이해하려면 그 시대의 상황을 잘 파악해야 한다.

예술의 발달 과정에서 확인했듯이 유럽은 기독교가 지배하는 사회였다. 교육과 연구 역시 기독교의 영향에서 벗어나지 못했다. 대학이 탄생하기 전 중세 유럽에서 교육을 담당한 것은 교회였다. 대성당에는 대성당 학교(Ecoles cathédrales)라는 부속 기관이 있었다.

교육 내용으로는 고대 그리스의 영향을 받은 기초 교양 과목이 있었는데,[3] 문과 분야의 3대 과목(trivium)으로 문법, 수사학, 변증법(또는 논리학)이 있었고, 이과 분야의 4대 과목(quadrivium)으로 대수학, 음악, 기하학, 천문학이 있었다. 그리고 이 모든 기초 교양의 맨 위에 성스러운 학문인 신학이 있었다.

하지만 중세에 도시가 발달하면서 점차 교회가 독점하던 교육 기능에 금이 가기 시작했다. 파리에서는 센강 왼쪽 기슭에서 유명한 학자들이 개인적으로 학생들을 가르치기 시작했다. 파리 근교나 프랑스 북부 지역에 있는 많은 대성당들은 산하에 학교를 두고 있었지만, 학생들이 교회보다는 사립학교에서 더 훌륭한 스승을 만나 학문을 더 깊이 있게 배울 수 있다고 생각했다. 이들이 점차 파리로 몰려와 일종의 수도권 집중 현상이 벌어졌다.

법학 교육의 전통이 특별히 강했던 볼로냐에서도 학생들이 출신 지역에 따라 나시오(natio)를 형성하면서 자율 조직을 만들었다. 나시오는 나중에 네이션(nation), 즉 민족이라는 개념으로 확장된다. 중세에 나시오는 말하자면 출신 지역에 따른 모임이나 단체를 의미했다. 한국 대학에서 출신 고등학교에 따라 학생들이 모임을 만드는 것과 유사한 중세 유럽의 현상이었다. 이탈리아의 롬바르디아나 토스카나, 프랑스의 프로방스 같은 출신 지역 학생조직이 만들어졌고, 이들은 다시 산내(山內, Citramontains), 산외(山外, Ultramontains) 조직으로 발전했다. 산내는 알프스 산맥 안쪽의 이탈리아 학생들이고, 산외는 산맥 너머 지역, 즉 프랑스, 영국, 독일 등의 학생들이다.

볼로냐, 파리, 옥스퍼드의 학생들이 공통으로 원했던 것은 자율성이다. 교육의 내용·과정·학위 등을 결정할 권리, 단체로서 인정을 받아 독립 운영을 할 수 있는 권리, 즉 해당 도시의 정치권력 또는 종교권력으로부터 간섭을 받지 않을 권리였다.

예를 들어 볼로냐에서는 12세기에 신성로마제국의 황제 바르바로사가 볼로냐 법학교를 특별히 보호해주겠다는 약속을 한 바 있다. 하지만 당시 법학교는 개인 교수를 중심으로 모인 작은 규모의 민간단체에 불과했다. 여기에 교황의 허락을 받아 공식 대학이 만들어지기 시작했다.

로마의 가톨릭교회는 대학의 자율성을 인정하면서 동시에 운영에 개입할 수 있는 상징적인 양보를 얻어냈다. 교구의 주교가 교수 허가증(licentia docendi)을 발급하는 권한을 확보한 것이다. 가톨릭교회는 이를 통해 사립학교를 교회의 통제 아래 둘 수 있었다. 실제로 교황이나 교회가 대부분의 교수를 선발하거나 임명했던 것은 아니지만, 이런 상징 권력은 교회의 보편 권위를 세우는 데 중요했다.

교수와 학생 단체의 입장에서는 교황의 권위를 활용하여, 해당 도시의 정치권력이나 시민들로부터 자율성을 확보하는 효과를 누렸다. 대학은 교황이 인정하고 보호하는 단체였기 때문에 정치권력으로부터 불가침의 영역을 보장받을 수 있었다.

대학의 출범으로 제일 손해를 보는 것은 해당 도시들이었다. 학생들에게 저렴한 집세와 면세 등의 특권을 제공해야 하는 데다, 교황이 인정하는 독립 대학을 둔다는 것은 도시가 이들에 대한 경찰권 행사를 포기한다는 뜻이었다. 그래서 혈기왕성한 학생들이 패싸움을 하거나 고성방가를 일삼아도 이를 제지할 방법이 딱히 없었다. 요즘 도시 중심에 외국 군대의 기지가 자리 잡아 많은 민원을 발생시키는 것과 유사하다.

볼로냐, 파리, 옥스퍼드의 모델이 만들어지자 유럽에서는 분리와 모방을 통해 빠른 속도로 대학이 늘어나기 시작했다.[4] 영국에서는 옥스퍼드에서 싸우고 나간 교수와 학생 들이 케임브리지대학을 세웠고, 이탈리아에서도 볼로냐에서 뛰쳐나간 교수와 학생 들이 파도바에 대학을 따로 차렸다. 프랑스 남부 몽펠리에에는 의학을 교육하던 민간단체가 교황의 관할권을 받아들임으로써 대학으로 발전한다.

자율적으로 발생한 최초의 대학들과 달리 13세기부터는 대학이 왕실에 의해 설립되기 시작했다. 특히 이베리아반도에서는 살라망카(1134), 바야돌리드(13세기 말), 리스본(1290), 레리다(1300) 등의 대학이 왕실이나 군주에 의해 설립되었다.

14세기가 되면 중·동유럽으로까지 대학 제도가 뿌리를 내린다. 신성로마제국의 카롤루스 4세는 1347년에 프라하대학을 설립했고, 크라쿠프(1364), 빈(1365) 등에도 대학이 들어섰다. 15세기에는 유럽의 주변부라고 할 수 있는 스코틀랜드와 스칸디나비아에도 대학이 생겼다. 세인트앤드루스(1413), 글래스고(1451), 애버딘(1495), 코펜하겐(1479), 웁살라(1477) 등의 대학이 이때 설립되었다.

최초의 대학에 이어 설립된 학교들은 군주 또는 도시의 명예와 필요에 따른 것이었다.[5] 이베리아반도의 다양한 대학이나 카롤루스 4세가 설립한 프라하대학은 최신식 교육기관을 보유하겠다는 야심을 반영한다. 프랑스나 이탈리아의 도시들도 대학을 보유함으로써 유럽의 지식 지도에서 당당한 위상을 차지하고 싶어했다. 군주 사이, 그리고 도시 사이의 경쟁이 이번에도 강력하게 작동한 것이다.

#

## 자율성의 원칙

유럽 전체를 대상으로 하는 학생 선발은 최초 대학의 자율성 모델을 지켜주는 역할을 했다. 왜냐하면 정치권력이나 교회가 대학의 자율성을 침범할 경우 교수나 학생 들은 다른 도시의 대학으로 빠져나갈 것이기 때문이었다. 나중에 군주에 의해 설립된 대학들도 학생을 모집하기 위해서는 더 많은 자율성과 더 많은 특혜를 약속할 수밖에 없었다.

중세 대학의 자율성을 위협하는 가장 큰 요소는 교회의 간섭이었다. 예를 들어 교황은 파리대학에 거지수도회 교수들이 강의를 할 수 있도록 압력을 넣었다. 거지수도회는 성 도미니크나 성 프란체스코가 만든 수도회로, 예수의 삶을 본받아 아무것도 소유하지 않고 세상을 떠돌며 하느님의 말씀을 전하는 새로운 형식의 수도사 집단이었다. 교황청의 요청에 따라 도미니크와 프란체스코 수도회의 교수들이 파리대학에서 강의를 하게 되었다.

이들은 기존 파리대학의 교수진 및 학생들과 분쟁을 일으키기도 했지만 대학을 주도하는 세력이 되지는 못했다. 교회의 간섭과 대학의 자율성이 어느 정도 균형을 이루며 공존의 길을 모색했던 것이다.

초기 유럽 대학의 학생 성분을 분석하면 중세 사회의 지배층이었던 귀족은 소수에 불과하다. 이들은 굳이 대학 교육을 받지 않아도 사회 신분이나 지배의 지위를 당연한 권리처럼 누릴 수 있었기 때문이다.

학생들은 대개 도시 중산층인 상인, 부유한 수공업자, 법관, 의사 등의 자식이었다. 이들에게 대학 교육은 높은 사회 지위를 얻을 수 있는 수단이었다. 특히 대학의 최고 학문인 신학을 공부하여 성직자의 길로 들어설 수 있었다. 귀족에 비해 성직은 어느 정도 개방된 성공의 길이었다. 또 대학에서는 신학과 함께 법학과 의학 분야에서 학생들을 배출했는데 특히 법조인은 열심히 일해서 부를 축적하면 귀족 신분을 살 수 있는 기회가 많았다. 이런 측면에서 대학은 신분제 봉건사회에서 계층

■■■
〈마을의 변호사 사무소〉(피터르 브뤼헐, 1617~1622). 많은 대학 졸업생들은 법조인으로 활동하며
부와 명성을 획득했다.

이동의 숨통을 터주는 역할을 일정하게 했다고 볼 수 있다.

무엇보다 중세의 대학은 이후 여러 부침을 겪지만 기본적으로 학문은 권력으로부터 자율성을 인정받아야 한다는 원칙을 확고하게 세웠다. 프랑스의 역사학자 뒤비는 중세 대학에서 바로 근대 유럽의 지식인상이 만들어졌다고 분석한다.[6] 동양처럼 군주에게 목숨을 걸고 올바른 소리를 하는 충신 모델이 아니라 자율성이 보장되는 대학 제도의 울타리 안에서 학생들에게 학문을 가르치는 모델이다. 선비의 용기가 더 감동을 줄지는 모르겠지만 대학의 자율성은 비판과 저항의 목소리를 키울 수 있는 기초가 된다.

유교사회에서 입신양명은 학문과 권력의 밀접한 관계를 상징한다. 반면 유럽에서 지식인은 진리의 탐구와 가르침을 평생의 업으로 생각하는 학자의 모델이다. 이는 학문과 권력의 시너지를 상정하는 동아시아와, 학문이 종교의 한 부분으로 시작한 유럽의 큰 차이이기도 하다.

유럽은 또 라틴어로 대학 교육을 실시함으로써 지식의 대륙 통합을 실현했다. 훌륭한 교수는 국가나 지역, 도시를 가리지 않고 유럽을 순회하며 강의를 하곤 했다. 1500년에 이르면 이런 대학은 유럽 전역을 지식의 망토로 뒤덮는다. 유럽에는 60여 개의 대학이 문을 열어 교육을 담당하고 있었다. 18세기 말에 이르면 대학은 140여 개로 늘어난다.

#

## 대학의 위기

대학의 그물은 유럽 전역을 포괄하는 학문의 네트워크를 형성했다. 웬만한 도시라면 대학을 보유해야 한다는 공식이 등장했다. 하지만 도시에 대학이 있다는 것은 수천 명의 젊은이들이 자율권을 확보하여 제 멋대로 행동할 수 있는 공간이 생긴다는 것이다. 또한 자유로운 사상을 가진 교수들이 활동하는 무대이기도 했다.

따라서 일부 대도시는 대학을 설립하는 일을 외면했다. 예를 들어 18세기 말까지 런던, 암스테르담, 안트베르펜, 브뤼셀, 루앙, 리옹, 마드리드, 밀라노, 베를린, 상트페테르부르크 등에는 대학이 없었다. 이들은 규모와 영향력이 큰 도시였지만 대학 같은 골칫거리는 마다했던 것이다. 도시마다 사정은 다르지만 대개 정치권력이나 도시의 부르주아 세력이 대학 설립을 반대했다.

16세기부터 18세기까지 유럽은 절대왕정이 지배하는 중앙국가의 건설이 한창 진행되었다. 이 과정에서 대학에 대한 정부의 통제 또한 강화되었다. 파리의 경우 대학이 여전히 상당한 자율성을 가졌지만 이는 예외에 속했다. 초기 대학인 볼로냐대학에서마저도 점차 학생의 자율권이 줄어들고 교수와 시와 정부의 대표가 학교 운영에 적극 개입하게 되었다.

살라망카, 크라쿠프, 코임브라, 볼로냐, 파도바 등에는 대강당과 도서관 같은 근사한 건물이 정부나 군주의 지원으로 세워져 아직도 그 위용을 자랑하고 있다. 이처럼 정부는 화려한 대학 건물을 짓는 데 예산을 대고 교수 봉급을 책임지는 대신 학교 운영에 대한 간섭을 강화했다.

대학의 수가 많아지면서 경쟁도 치열해졌다. 특히 학생들이 자유롭게 이동할 수 있는 체제에서 경쟁은 더욱 심할 수밖에 없다. 신성로마제국이나 중·동부 유럽에서 프랑스나 이탈리아로 유학 가는 학생들이 늘었다. 아무래도 오랜 전통을 자랑하는 초기의 대학들이 많은 학생을 끌 수 있었다.

물론 종교개혁 이후 신교 지역의 레이던이나 괴팅겐은 지적 호기심이 많은 가톨릭 학생들을 유혹하기도 했고, 프랑스에서 신교 목사가 되려는 학생들이 제네바, 바젤, 하이델베르크 등으로 유학을 떠나기도 했다.

하지만 문제는 일부 소규모 대학이 등록금만 내면 쉽게 학위를 주는 학위 장사에 나섰다는 점이다. 그랑투르에 나선 북유럽의 학생들이 파리나 로마에서 몇 년 놀다가 부근의 작은 대학에서 학위를 사서 귀국하곤 했다.

유명한 대학에서도 학위를 둘러싸고 부정행위와 부패가 만연했다. 《신데렐라》의 작가 페로는 친구 두 명이 오를레앙이라는 대학이 있는 도시에 도착한 그날 저녁에 등록금을 지불하고 형식적인 시험을 치른 뒤 바로 학위를 받았다는 이야기를 전한다.[7] 이 정도는 아니더라도 돈을 받고 논문을 대신 써주거나 대리시험을 쳐주고, 우편으로 시험을 치르는 등 부정행위가 많았다고 한다.

이런 현상은 학위가 특정 직업에 필요한 수단이 되면서 더욱 심해졌다. 변호사나 공무원이 되기 위해 학위가 필요한데 공부하기는 싫으니 이런 현상이 나타났던 것이다. 또 13~15세기와 달리 16~18세기에는 귀족들이 대거 대학으로 몰려왔는데, 이들에게 학위는 귀족의 작위를 빛내주는 장식품에 불과했다.

이미 수백 년의 역사를 자랑하는 대학들이 관성에 빠지고 일부가 부패로 얼룩지면서, 진정한 학문의 발전은 대학 밖에서 이루어지는 현상이 나타났다. 대학의 관성은 교육 내용에서 확인할 수 있다. 18세기 대학은, 철학은 아리스토텔레스, 신학은 피에르 롱바르, 의학은 히포크라테스라는 중세부터 내려오는 틀에서 벗어나지 못했다.

# 새로운 도전

학문의 발전은 대학 밖에서 활발하게 진행되었다. 16세기의 문헌학, 성서 해석학과 신학이 그랬다. 과학의 하비, 데카르트, 뉴턴 등은 대학 교수가 아니었다. 17세기 근대 법학의 그로티우스나 푸펜도르프 그리고 18세기 계몽주의 철학의 볼테르, 디드로, 루소 역시 대학에서 활동한 인물이 아니다.

새로운 학문의 세계를 여는 연구뿐 아니라 학생 교육에서도 대학은 뒤로 처졌다. 16세기 가톨릭교회 내부에 형성된 예수회는 교육활동을 열심히 벌였다. 이들은 대학의 중심 파리에서조차 대학을 위협하고 능가했다. 17세기 예수회의 루이대왕칼리지가 소르본을 누르고 우수한 학생들을 독점하게 된 것이다. 종교개혁 이후 다수가 프로테스탄트로 개종했던 폴란드와 리투아니아를 다시 가톨릭으로 복귀하게 만드는 데도 예수회의 활발한 교육활동이 크게 기여했다.

16세기 프랑스의 프랑수아 1세는 궁정에 학술기관을 설립했다. 1530 년에 설립된 왕립강사칼리지(Collège des Lecteurs Royaux)는 대학에서 가르치지 않는 학문을 자유롭게 교육하는 기관으로 발전했다.[8] 예를 들어 왕립칼리지(Collège royal, 프랑스 대혁명 이후 콜레주드프랑스로 개명)에서는 라틴어 대신 그리스어, 아랍어, 히브리어, 아람어 등을 교육했고 수학, 철학, 의학 등의 석좌교수를 두기도 했다. 교수진에는 독일이나 이탈리아 출신도 많이 있었다.

콜레주드프랑스는 아직도 전통을 이어 각 분야의 최고 권위자를 교수로 임명하여 일반 대중에게 공개 강의를 제공한다. 인문·사회과학에서는 한국에도 잘 알려진 푸코나 부르디외가 콜레주드프랑스 교수를 역임했다.

요즘도 세계 최고 석학의 강의를 대중에게 선사하는데, 청강생은 대부분 호기심이 많은 노인들이다. 유명 강사의 강연을 들으려면 높은 강의료를 지불해야 하는 자본주의 시대에, 누구나 세계 석학의 강의를 들을 수 있다는 것은 감동적이다.

17세기 절대왕정의 절정기였던 태양왕 루이 14세 때 연구와 교육을 동시에 담당하는 기관들이 설립되기도 했다. 1635년에는 왕립식물원을 개설하여 식물과 동물의 세계를 탐구하고 분석하도록 했다. 이 기관은 뷔퐁이라는 당대 최고의 과학자를 만나 세계 최초의 종합 연구기관으로 발전했다. 파리 식물원에 가면 아직도 이 전통을 확인할 수 있다. 1667년에는 파리 천문대를 세워 하늘과 우주를 탐색하고 연구하는 기관으로 삼았다.

고대 그리스의 아카데미아는 15세기 이탈리아에서 부활한다. 학문과 예술에 관심이 많은 사람들의 민간단체였던 아카데미는 17세기 영국과 프랑스에서 왕립기관으로 활성화되었다.

1636년 프랑스에서 언어와 문학을 중심으로 아카데미 프랑세즈가 출범했으며, 1662년에 영국에서 왕립학술원이 만들어졌고, 1666년에 프랑스 왕립과학원이 문을 열었다. 이는 다시 유럽 다른 국가들에서 아카데미가 창설되는 모델로 작용한다. 1700년에는 베를린 과학원이, 1725년에는 상트페테르부르크 과학원이 개설되었다.[9]

이처럼 수도마다 아카데미들이 우후죽순 생겨나자 지방의 대도시들도 이에 질세라 아카데미 만들기에 동참했다. 이들 아카데미는 교육 기능은 전혀 없었지만 해당 분야에 관심을 가진 회원들이 모여 토론을 하는 공간과 도서관 등을 제공하는 학술기관이었다.

#

## 지식, 예술, 권력의 용광로

18세기 파리에서 유행했던 살롱(Salon)의 전통도 학문의 발전에 기여하면서 대학에 도전했다. 살롱은 직역하면 '거실'이다. 살롱은 예술을 사랑하는 귀족이 파티를 열어 문인, 예술인, 학자 들이 서로 자유롭게 토론하고 교류할 수 있는 장을 의미한다.[10] 문화를 사랑하는 루이 14세가 베르사유에서 연극과 음악과 오페라를 보호하고 장려했듯이, 귀족들도 제한된 수준에서나마 예술의 후견인이자 아마추어임을 과시하고자 했다.

예를 들어 프랑스 계몽주의는 살롱을 중심으로 발전했다고 해도 과언이 아니다. 특히 사고의 혁신과 변화는 베르사유 같은 왕궁보다는 자유로운 분위기의 살롱에서 움틀 가능성이 높았다. 살롱은 대개 귀족이나 부호의 여주인이 손님을 맞는 형식이었기 때문에 여주인의 이름이 살롱 명칭으로 통했다.

프랑스 대혁명의 최전선에 있었던 롤랑 부인의 살롱은 왕정에서 공화정으로 나아가야 한다고 주장했던 지롱드파의 모임 장소로 유명했다. 당시 많은 사람들처럼 롤랑 부인도 혁명의 폭풍 속에서 결국 단두대에서 처형당하는 비극을 맞았다. 살롱의 여주인은 단순히 손님들에게 다과를 내놓는 역할이 아니라 살롱의 정치 성향을 대변하는 상징이었기 때문이다.

백과사전 편찬으로 유명한 수학자 달랑베르와 철학자 디드로는 레

〈조프랭 부인의 살롱〉(르모니에, 1812). 수요일마다 예술가와 문인 들이 모이던, 당대 가장 유명한 살롱 중 하나였다.

스피나스 살롱의 대표적인 인물들이다. 세상의 모든 지식을 책으로 엮겠다는 야심찬 사업은 계몽주의 계획의 상징이었다. 달랑베르는 레스피나스 부인의 저택에 거주할 정도로 이 살롱의 핵심 멤버였다. 디드로의 《달랑베르의 꿈》이라는 철학 작품에서 달랑베르와 레스피나스 부인은 현실과 환상과 신화와 꿈에 대한 대화를 나누는 모습으로 등장한다.

18세기 프랑스에서 시작한 살롱의 전통은 19세기가 되면 국경을 넘어 유럽의 다른 나라로 전파되었고, 또 부르주아 계층까지 포함하면서 사회 기반을 넓힌다. 경쟁이 중세의 대학을 유럽에 전파했듯이 파리의 살롱 역시 유럽의 다른 나라로 광범위하게 확산되었다.

이탈리아에서는 16세기부터 도시의 군주 부인들이 예술가를 후원하고 모임을 주관하는 전통이 이미 존재하고 있었다. 프랑스 계몽주의의 유행으로 살롱이 더 유명해지면서 명칭도 프랑스어로 보편화되었지만 살롱의 원조는 이탈리아의 살로네(salone)다. 19세기 이탈리아에서 살롱은 여론이 형성되는 장소였다. 밀라노의 마페이 살롱, 피렌체의 페루치 살롱, 토리노의 올림피아 로시 사비오 살롱 등이 명성을 날렸다.

18세기 영국에서도 살롱이 중요한 역할을 했다. 예를 들어 엘리자베스 몬터규 부인의 살롱은 블루스타킹 협회(Blue Stockings Society)라는 명칭으로 불렸는데, 블루스타킹은 지적이고 교양 있는 여성을 의미했다. 블루스타킹의 어원에 대해서는 논의가 분분하다. 다만 귀족 부인은 원래 검은 실크스타킹이 정장 차림이고 블루스타킹은 조금 더 캐주얼한 복장이라, 지성이 있는 여성들이 옷맵시를 자랑하기보다는 토론을 위해 편한 복장으로 모였을 것이라는 설이 설득력이 있다. 아무튼 프랑스에서는 바블뢰(bas bleus), 영국에서는 블루스타킹이라는 명칭이 지식인 여성을 지칭하는 말이었다.

1848년 민중의 봄 이후 런던으로 망명한 대륙 혁명세력에게 토론 장소를 제공한 것은 러시아 출신의 브뤼닝크 부인이었다. 1860년대에는 테일러 부인이 이른 시기에 페미니즘 살롱을 제공했다.

#

## 여론의 탄생

독일의 살롱은 특히 유대인에게 중요한 역할을 했다. 왜냐하면 유대인은 19세기 사회에서 성공을 하더라도 주류 독일인과 어울릴 수 있는 교류의 장소가 부족했기 때문이다. 특히 유대인 여성은 독일 주류 사회와 교류하는 것이 거의 불가능했다. 살롱은 자연스럽게 유대인과 비유대인, 정·관계 및 학계의 인물들이 교류할 수 있는 장을 제공했다.

독일에서는 헤르츠 부인, 오스트리아에서는 블로흐-바우어 부인 등이 살롱을 운영했다. 아델 블로흐-바우어는 오스트리아 화가 클림트의 대표작 모델이기도 하다. 살롱에 모인 사람들은 예술과 철학, 문학과 음악에 대해 논했다. 이런 살롱 문화는 폴란드, 스칸디나비아, 스페인 등으로도 널리 퍼져나갔다.

독일의 철학자이자 사회과학자인 하버마스는《공공영역의 구조적 변화》라는 저서에서 여론과 공공영역이 생겨나는 데 살롱이 중요한 역할을 했다고 분석한다.[11] 궁중문화는 왕이라는 권력자를 중심으로 형성된 문화로 궁중은 명령과 지배의 공간이었다. 반면 자유로운 대화와 교류가 가능한 살롱은 유럽에서 처음으로 공공영역의 개념이 발전하는 데 기여했다. 하버마스가 말하는 공공영역은 사적인 영역과 구분되는 개념이다.

우리가 집에서 가족끼리 대화하는 것은 사적인 성격이 강하다. 직장이나 교회 등 여러 사람이 모이는 장소에서 이야기를 나누면 어느 정도 공적인 성격을 가진다. 하지만 직장이 토론을 위해서 존재하는 것이 아니고, 교회는 같은 신앙을 가진 신도들이 종교 의식을 행하는 곳이다. 공적인 성격이 있지만 공공영역이라고 부르는 데는 한계가 있다.

그러나 살롱은 처음으로 토론하고 의견을 교환하는 공간으로 구상되었다. 주제는 정치와 예술, 사회 현상과 동물의 세계 등 무척 다양하지만 이곳에서 나눈 대화는 사적 이야기처럼 순식간에 사라지는 것이 아니라 사회의 공동 삶에 영향을 미치는 여론으로 발전한다. 반면 궁중문화는 토론이나 교환을 위한 장이 아니다. 권력의 위계질서가 존재하며 사람들이 군주에게 잘 보이기 위해 경쟁하는 장이다. 자유로운 토론이 가능한 근대 공공영역과는 사뭇 다르다.

프랑스의 문학평론가이자 인류학자인 지라르는 프루스트의 《잃어버린 시간을 찾아서》를 분석하면서 살롱이야말로 인간 사회의 경쟁과 모방의 원리를 가장 세밀하고 적나라하게 보여준다고 설명한다.

프루스트는 20세기 초 프랑스 상류사회를 배경으로 게르망트 공작부인의 살롱과 베르뒤랭 부인의 살롱이 서로 경쟁하는 모습을 소개한다. 부인들은 명사들을 초빙하기 위해 경쟁한다. 출세하고 싶은 젊은 청년은 살롱에 초대받기 위해, 그래서 사회적으로 인정을 받고 강력한 명사에 줄을 대기 위해 혼신의 힘을 다해 노력한다. 프루스트는 이런 경쟁에서 그들의 안간힘이 얼마나 헛된 것인지를 묘사한다.

지라르는 프루스트가 그 어떤 사회과학자보다 훌륭하게 인간 사회의 작동원리를 보여준다고 분석한다.[12] 왜냐하면 작품 속 인물들이 진정으로 추구하는 것은 특정 살롱에 초대받는 것 자체가 아니라 경쟁하는 다른 인간에 대한 승리이기 때문이다. 살롱에 대한 프루스트의 묘사와 지라르의 분석은 유럽의 살롱 문화가 모방과 경쟁으로 확산되었음을 잘 보여준다.

살롱의 시초는 문화적으로 가장 앞섰던 16세기의 이탈리아, 17~18세기의 프랑스와 영국이 아닌가. 이는 수백 년 전 대학에서 나타난 현상과도 유사하다. 지식과 예술과 권력을 용광로처럼 녹여버리는 장으로서 살롱은 유럽 특유의 현상이다. 대학이나 아카데미와 달리 살롱은 다른 대륙으로 그다지 전파되지 않았다.

# 새로운 대학의 등장

중세 대학은 기독교 신학과 긴밀한 관계를 맺으며 출범했다. 기초 학문은 사실 신학을 위한 준비 과정으로 인식되었고, 교양학부, 법학부, 의학부 등이 존재했지만 실제로 신학부가 최고 위치에 있는 학부였다. 중세의 대학은 교황의 승인을 받아 설립되었고, 그 덕분에 해당 도시나 정치권력으로부터 상당한 특권을 얻어낼 수 있었다.

중세 대학에서는 아리스토텔레스를 중시했고, 현실의 목표와 거리를 두는 이상주의의 틀에서 벗어나지 못했다. 요즘 실용 학문이라고 부르는 지식은 대학에 진입하기 어려웠다.

예를 들어 거지수도회의 전도사를 양성하는 스투디아(studia)는 요즘의 교육대학이나 사범대학에 해당하는데 대학에 진입하지 못했다. 상업이 발달했던 이탈리아에서는 일명 주판학교라는 것이 존재했는데 21세기 최고의 인기를 끄는 경영대학에 해당한다. 하지만 중세 유럽 대학에선 학문으로 인정하지 않았다. 의학도 대학의 학부로 전통을 자랑하기는 했지만 손으로 수술을 하는 외과는 대학 제도 밖에서 수련 과정을 차릴 수밖에 없었다. 육체와 정신의 활동을 뚜렷하게 구분하는 전통 때문이다. 유니베르시타스는 보편성의 이름을 가졌지만 사실상 실기 위주의 교육을 철저하게 배제했던 것이다.

근대와 함께 나타나는 새로운 부류의 대학은 실용 분야에서 국가의 지원을 받고 출범함으로써 기존의 유니베르시타스와 본격 경쟁할 수 있는 기반을 갖게 되었다. 특히 프랑스는 앙시앵레짐의 구체제 시대부터 이미 국가가 경제에서 중요한 역할을 담당했다.

프랑스에는 정부가 후원하는 전문직 양성을 위한 학교들이 18세기 중반부터 생겨난다.[13] 1743년에는 교량도로학교(Ecole des Ponts et Chaussées), 1760년대에는 수의학교(Ecoles vétérinaires), 1783년에는 광산학교(Ecole des Mines) 등이 설립되었다. 도로와 교량을 건설하고, 광산을 개발하며, 축산업을 장려하는 과정에서 전문가들이 필요했기 때문이다.

기존 대학에서는 이런 전문가를 전혀 양성하지 못했다. 사회의 새로운 필요를 위해 새로운 교육기관이 설립되었다는 사실은 곧 기존의 대학이 그만큼 관성에 젖어 시대의 요구에 부응하지 못했다는 의미다. 석탄이라는 땔감을 구하거나 가축을 잘 돌봐서 먹을거리를 늘리는 일과 같은 실용 기술을 대학에서 가르친다는 것은 상상할 수 없는 일이었다.

1789년 프랑스 대혁명은 이런 새로운 학교의 발전에 크게 기여했다. 정치 변화를 맞아 전문가에 대한 사회의 요구와 직업학교라는 제도의 혁신이 정통성을 부여받았기 때문이다.

혁명정부는 이들 학교가 전문가를 양성하여 국가의 일꾼을 생산하는 의무를 담당하게 했다. 교육 과정에 교회의 개입을 배제함으로써 종교 색채를 완전히 제거했음은 물론이다. 또한 졸업생을 국가가 채용하여 현장에 투입함으로써 취업 걱정을 덜어준 것은 물론 교육을 통한 계층 이동의 길을 열어주었다. 국가가 학교의 교육 과정에 적극 개입하고, 학생 수를 통제함으로써 교육의 효과와 졸업생의 특권을 보호해주었다. 이런 프랑스의 변화는 21세기까지 이어져, 이론 교육에 치중하는 유니베르시테(Université)와 실용적인 전문교육을 담당하는 그랑제콜(Grandes Ecoles)로 고등교육이 이원화되었다.

# 제도의 다양성

유럽의 대학 제도를 국가별로 비교해보면 이런 역사의 변화를 확인할 수 있다. 예를 들어 영국은 프랑스에 비해 고등교육에 대한 국가의 개입이 약했다. 중세부터 지배적 위상을 차지했던 옥스퍼드대학과 케임브리지대학이 근대화 과정에서도 여전히 놀라운 중심 역할을 수행했다. 수도 런던에 옥스브리지(Oxbridge, Oxford+Cambridge)와 경쟁할 수 있는 대학이 없었던 것도 이런 지속성을 설명해주는 요소다.

반면 강한 혁명 의지를 가진 프랑스 정부는 역사가 깊은 기존 대학을 보수세력의 진영으로 파악하고 새로운 학교들을 적극 지원했다. 프랑스는 또 20세기 중반 연구 기능을 대학으로부터 분리하여 거대한 규모의 연구 인력을 가진 국립과학연구원(Centre National de Recherche Scientifique: CNRS) 제도를 만들었다. 이곳에서 연구자들은 교육의 의무로부터 해방되어 연구에 전념할 수 있었다.

영국에서는 옥스퍼드대학과 케임브리지대학이 중세부터 명성을 유지하며 대학의 새로운 기능, 즉 실용학문의 포함, 연구 기능 확대, 전문가 양성 등의 역할을 도맡았다. 반면 프랑스에서는 전통 대학과 다른 전문가 양성기관을 설립하고, 연구 기능도 독립시킴으로써 철저한 분업 체제를 만들었다.

독일의 경우 영국이나 프랑스와 가장 큰 차이점은 지리적 분산이다. 이는 19세기 후반에야 민족통일을 이룬 정치사를 그대로 반영한다. 중세에 이미 영국과 프랑스는 정치 통일을 시작했지만 신성로마제국은 극단적 분열의 상징이었다. 파리대학이나 옥스퍼드대학이 가졌던 중심

기능을 독일에서는 그 어느 대학도 갖기 어려웠다.

독일이나 이탈리아에서는 각 지역마다 주요 도시를 중심으로 대학이 발전했고, 이런 전통은 지금까지 어느 정도 지속되고 있다. 한국에서도 대학의 수도권 집중이나 서열화에 대한 많은 논의가 이루어지고 있는데, 유럽의 역사에 비춰본다면 우리도 영국이나 프랑스처럼 아주 오래된 국가 중앙화의 유전자가 있다고 보아야 할 것이다.

1000년 가까이 영국이나 프랑스의 청년은 학문을 배우고 엘리트가 되기 위해 가야 하는 도시나 명문 대학이 정해져 있었다. 반면 독일이나 이탈리아에서는 대개 자신이 태어나 자란 도시에서 대학을 가거나, 아니면 아예 유럽 전역을 대상으로 고민한 뒤 외국으로 유학을 가는 전통이 존재해왔다.

#

## 제도의 모방

영국, 프랑스, 독일을 중심으로 비교의 관점에서 살펴보았는데 이 같은 각국의 특징은 19세기 이후 강화되었다. 하지만 이들 사이에 존재하는 상호 모방과 개선 역시 무시할 수 없다. 각자 고유한 특징과 스타일을 유지하면서도 외국의 성공 모델은 기꺼이 도입하여 발전시키는 정신이다.

예를 들어 프랑스에서 전문인력을 양성하는 특수 대학들이 성공을 거두자 독일에서도 이런 모델을 도입하여 학교를 세웠다. 프랑스 공과대학 가운데 최고 명문인 에콜폴리테크니크의 모델은 1825년 독일 카를스루에에 전해졌고 이어 베를린, 빈, 다름슈타트, 아헨 등으로 확산되었다.[14] 이 모델은 대서양을 건너 매사추세츠공과대학(MIT) 같은 미국 공과대학의 모태가 되었다.

카를스루에에서 프랑스의 전문교육을 수입했다면 베를린에서는 1810년 훔볼트가 종합 학문의 전당으로서 근대 대학을 열었다. 이과와 공과 등 새로운 학문을 대거 포함시킨 새로운 개념의 대학이다.[15] 훔볼트는 프랑스 계몽주의 사상을 이어받아 백과사전식 종합 학문과 이를 위한 대학을 꿈꾸었던 것이다.

영국이나 프랑스가 대학의 오랜 전통에 얽매여 있었다면, 프로이센이라는 신흥 세력은 베를린에 새로운 형식의 종합대학이라는 제도 개혁을 이룰 수 있었다. 국가나 경제와 마찬가지로 교육에서도 프로이센은 후발주자의 장점을 최대한 살렸던 것이다. 베를린대학의 창립 에너지는 혁명 프랑스의 강한 국력이 교육에서 비롯된다는 인식에서 비롯되었다. 민족주의 경쟁이 교육 분야에 미래를 위한 집중 투자를 촉발했다는 말이다.

19세기 말에는 독일 모델이 프랑스로 건너온다. 프랑스의 권력 엘리트의 산실이라고 할 수 있는 파리정치대학은 1870~1871년 프랑스가 프로이센과의 전쟁에서 패한 뒤 만들어졌다. 국가 개조를 위해서는 국가 엘리트의 교육이 중요하다는 인식에서다.[16] 프랑스의 식자층은 파리에 베를린대학 같은 훌륭한 교육기관이 없어서 전쟁을 준비하고 국력을 키우는 엘리트가 부족하다고 생각했다. 이 역시 민족주의 경쟁이 엘리트 교육의 변화로 직결된 경우다.

파리정치대학 모델은 다시 도버해협을 건너갔다. 영국의 진보세력은 신흥 엘리트 교육이 필요하다는 인식에서 런던정치경제대학을 세웠다. 그들은 옥스퍼드와 케임브리지 출신들이 당시 집권세력인 보수당이나 자유당에서 기득권을 지키는 데만 관심을 가진다고 생각했다. 그들은 사회주의 성향의 엘리트를 양성해야 정치의 진보를 실현할 수 있다는 장기 계획을 세웠다. 이로써 파리정치대학과 런던정경대학은 사회과학 엘리트 교육의 모델이 되었다.[17]

이처럼 유럽 국가들은 다른 나라의 좋은 모델을 수입하여 답습해왔다. 이는 유럽이 하나의 문명권을 형성하고 있었기에 가능한 일이다. 새로운 시대 요구가 생겨나면 나라마다 대응하는 방식이 달랐지만 길게 보면 가장 우수한 제도로 수렴되는 효과를 나타냈다.

#

## 유럽에서 미국으로

프로이센은 영국이나 프랑스, 또는 이탈리아처럼 오랜 전통이 없었기 때문에 오히려 기존의 틀에 구애받지 않고 새로운 형태의 종합대학을 설립할 수 있었다. 후발주자의 이점이라고 볼 수 있다. 하지만 미국은 프로이센보다도 훨씬 큰 규모의 국가로 유럽의 대학 모델을 한층 더 발전시키는 성과를 이루었다.

21세기 세계의 대학을 주도하는 것은 미국이다. 과거 미국의 학자들이 유럽에 와서 배워가는 입장이었다면, 이제는 유럽의 학자들이 미국 대학에 가서 배우는 세상이 되었다. 왜, 언제부터 미국의 대학들이 세계의 중심으로 부상할 수 있었는가. 달리 말해서 미국이 유럽에 비해 누릴 수 있었던 후발주자로서의 이점은 무엇이었는가.

미국 대학 성공의 제일 큰 요인은 개방성이다. 유럽의 대학은 중세 신분사회에서 부르주아들이 교육을 통해 상류층으로 진출할 수 있는 사다리 역할을 했다. 근대로 넘어오면서 왕족이나 귀족 들도 지식의 중요성을 인식했다. 이에 따라 유럽의 대학은 전통 엘리트와 신흥 엘리트가 공통으로 거쳐야 하는 일종의 통과의례가 되었고, 근대 사회의 귀족 작위였다. 프랑스의 사회학자 부르디외가 고위 공무원을 두고 '국가 귀족(Noblesse d'Etat)'이라고 부른 것도 이런 연유다.[18]

유럽에서 대학은 엘리트 교육의 전통 코스였지만, 신생 국가 미국에서는 누구나 평등하게 대학에 진학하여 상류층으로 진출할 수 있는 기회를 갖게 되었다. 대학 진학에 대한 계급의 사고가 유럽보다 유연하고 개방되었다는 말이다. 20세기가 되면 미국의 대학 진학률은 유럽을 앞질러 더 많은 젊은이들이 대학 교육의 혜택을 누리게 되었다.

미국의 또 다른 후발주자로서의 이점으로는 민간 중심의 대학 체제를 들 수 있다. 민간 중심의 사립대학이 처음부터 이점으로 작동하지는 않았다. 유럽처럼 왕이나 국가가 돈을 대서 대학을 설립하면 아무래도 훨씬 쉽게 운영할 수 있지만, 돈을 모금하여 설립하고 등록금과 학비로 운영되는 미국의 대학은 설립과 운영이 모두 어렵다.

하지만 부모로부터 재산을 물려받는 상속자보다 자수성가한 자식이 더 경쟁력을 갖는 일이 빈번하듯이 미국의 대학은 생존하기 위한 노력과 실력을 쌓아야 했다. 국가에 의존하는 유럽의 대학은 변화와 적응에 느리고 관성과 경직성이 강하다. 어느 조직이나 환경에 대한 적응과 변화가 무척 중요한데 유럽보다는 미국의 대학들이 혁신을 추진하기에 더 적합한 환경이라고 할 수 있다.

미국은 경쟁의 강도와 범위도 유럽보다 강하고 넓다.[19] 유럽의 대학들은 서로 경쟁하고 모방하는 관계였고, 그 덕분에 더욱 발전할 수 있었다. 미국은 유럽의 이 같은 시스템을 더 큰 대륙에서 실현할 수 있었다. 미국은 사회 개방성에 더해 전국을 대상으로 대학들이 경쟁해야만 했다. 유럽은 나라마다 법률과 제도가 다르기 때문에 경쟁을 완화하는 장벽도 있었다. 하지만 미국은 언어가 통일되어 있었기에 대학 경쟁이 더욱 치열했다.

#

## 미국의 추월

미국의 대학이 드디어 유럽을 초월한 것은 20세기 중반이다. 20세기 초까지만 해도 미국은 유럽의 다양한 모델 가운데 영국의 전통을 자연스럽게 받아들여 발전시켰다. 하지만 이탈리아의 파시즘(1922~1943)과 독일의 나치즘(1933~1944)을 피해 미국으로 이주하는 학자들이 늘어나기 시작했다. 특히 1930년대 반유대인 정책이 강화되면서 많은 지식인들이 미국으로 건너갔다.

그 결과 미국의 대학은 영국뿐 아니라 유럽 대륙의 학술 전통도 받아들일 수 있었다. 게다가 2차 세계대전 이후 냉전이 시작되면서 이번에는 소련이나 동유럽의 지식인들이 미국으로 이주했다. 미국에도 매카시즘의 광풍이 불기는 했지만 유럽의 나치즘이나 공산주의와는 비교할 수 없는 수준이었다. 유럽이 여전히 국경의 장벽이 높은 지식 사회였다면, 미국은 유럽 지식인들을 흡수하여 유럽의 다양한 전통을 한곳에 집중적으로 녹여 발전시키는 장이 되었다.

미국이 초강대국으로 부상하면서 세계 각지의 똑똑한 젊은이들이 미국 대학으로 몰려들었다.[20] 아시아, 아프리카, 남아메리카 등지에서 우수한 인재들이 미국 대학으로 진학했고, 이들은 학문의 발전에 기여했다. 1980년대 이후 미국의 유능한 학생들이 돈벌이에 관심을 보이며 경영 분야로 몰려들 때도 외국 인재들이 다른 비인기 분야의 학문을 지탱하고 발전시키는 역할을 담당했다.

중세 유럽에서 파리나 볼로냐, 옥스퍼드가 하던 역할을 21세기 지구촌에서는 미국의 대학들이 담당하게 된 셈이다. 미국 대학의 역할은 영어가 세계의 공용어로 부상하는 데도 톡톡히 기여했다. 미국에서 유학한 인재들이 자국으로 돌아가 학계의 주요 위치를 차지하면서 영어 개념과 표현과 교재가 전 세계에 확산되었기 때문이다. 현재 주요 국제 학회의 공용어는 당연히 영어다.

미국 대학과 학문의 부상은 유럽에 심각한 외부 충격이었다. 원래 미국과 긴밀한 관계에 있던 영국을 제외하면 프랑스, 독일, 이탈리아 등 유럽 국가들은 자신만의 학술체계가 확고했다. 유럽 내부의 교류가 항상 존재해왔지만 동시에 각자의 독특한 전통과 제도의 특성을 보유하고 있었다.

1980년대만 하더라도 프랑스 학생들은 모든 책을 거의 프랑스어로 읽었다. 고대 그리스-로마 시대의 고전부터 르네상스의 마키아벨리, 근세의 헤겔이나 마르크스, 현대의 베버와 파레토나 그람시의 책은 모두 프랑스어로 번역되어 있었다. 또 원래 프랑스어로 쓰인 루소나 볼테르의 계몽주의 철학부터 사회학의 태두인 뒤르켐 등을 중심으로 공부했다. 하지만 인터넷이 등장한 1990년대부터 학술 영역에서도 세계화가 진행되기 시작했다. 이제는 유럽을 포함하여 거의 전 세계의 학생들이 영어로 쓴 교재나 책을 가지고 공부하는 시대가 되었다.

예를 들어 파리정치대학의 변화가 눈에 띈다. 이 학교는 19세기 말 프랑스가 프로이센에 패한 뒤 베를린대학을 모델로 엘리트 양성을 위해 세운 학교다. 그리고 영국에서 사회주의 엘리트 양성을 위해 모방한 학교이기도 하다. 프랑스의 수많은 정치인과 고위 관료, 언론인과 기업인이 이 학교 출신이다.

1990년대에 시작한 이 학교의 개혁을 간단하게 요약하면 '미국화'다. 즉 미국의 대학처럼 국제화를 통해 세계적 명성을 획득해야 한다는 목표였다. 교수들은 유명 학술지에 영어로 논문을 발표하고, 학교는 영어 강의를 제공하여 외국 학생의 수를 늘려야 한다는 것이었다. 혁신의 최종 목표는 파리정치대학을 미국의 프린스턴대학과 같이 소수정예 엘리트 학교로 만들겠다는 것이다. 미국에 대한 종속이 심각한 한국에서 일어나는 변화와 그리 다르지 않다.

#

## 에라스무스의 부활

유럽에서 만들어진 대학 제도가 세계로 전파되고, 이제 미국이라는 토양에서 성장한 새로운 모델이 다시 유럽에 영향을 미치는 모습이다. 부메랑 효과다. 유럽에서 던졌는데 대서양을 건너가더니 다시 유럽으로 돌아오는 모양이다.

학사를 의미하는 'bachelor'와 석사를 뜻하는 'master', 박사를 지칭하는 'doctor'는 모두 중세 유럽 대학에서 사용하던 학위의 명칭이다. 이들 용어가 미국이라는 신대륙에 가서 제도화되더니 이제 다시 유럽의 다양한 전통을 하나로 묶는 틀이 되어 돌아오는 중이다.

유럽은 국가마다 다른 학제가 있었는데 미국처럼 학사, 석사, 박사로 표준을 다시 정하는 변화가 일어나고 있다. 미국으로 유학 가는 유럽

학생이 늘어난 이유도 있지만 그보다는 유럽 내부에서 학생 교환이 빈번하게 이루어지면서 제도 표준화의 필요성이 대두된 것이다.

20세기 후반 유럽연합은 청년들이 다른 나라의 교육을 경험하도록 대학생 교류 프로그램을 활성화했다. 1987년에 출범한 유럽연합의 '에라스무스 프로그램'은 유럽 내 교수와 학생의 상호교류 정책이다.[21] 대학 생활 가운데 1년은 유럽의 다른 나라 대학에 다니도록 한다는 것이다. 이 프로그램을 통해 이미 수백만 명의 교수와 학생이 다른 나라에 가서 연구와 학습의 경험을 쌓았다. 이런 활발한 교류는 미국에는 없는 새로운 제도다. 다른 나라에 가서 1년 정도 생활하면서 공부하면 타자와 다른 문화에 대해 훨씬 개방된 정신과 태도를 갖게 되고 이해의 폭을 넓힐 수 있다.

에라스무스는 르네상스 시대에 유럽에서 활동한 대표적인 학자다. 그는 네덜란드 로테르담에서 태어나 고대 그리스어와 라틴어를 배웠으며, 가톨릭교회의 신부가 되었다. 그 후 성직자보다는 신학자로 활발하게 활동했다.

에라스무스는 선택의 자유와 관용의 정신을 상징하는 '휴머니스트의 왕(Prince of the humanists)'으로 불린다. 게다가 에라스무스는 네덜란드에서 태어났지만 유럽 전역을 무대로 활동했다.[22] 그는 파리대학에서 공부했고, 영국 케임브리지대학 퀸스칼리지에서 강의를 하면서 《유토피아》의 저자 토머스 무어 같은 당대 최고의 학자들과 교류했다.

에라스무스는 또 이탈리아 토리노대학에서 신학 박사학위를 받았고, 베네치아에서 출판업에 종사하기도 했다. 그는 벨기에 루뱅대학에서 교편을 잡기도 했으며 스위스 바젤을 방문하던 중 사망했다. 500여 년 뒤 에라스무스가 범유럽 학문과 교류의 세계를 여는 상징적인 이름이 된 것은 당연한 일인지도 모른다.

　20세기에는 미국이 유럽의 전통을 기반으로 더 큰 규모의 시장에서 더 강력한 경쟁을 통해 학문과 대학을 발전시켰다. 21세기에는 다시 유럽이 국경을 허물면서 미국에 버금가는 열린 대학의 장을 만들어가는 중이다. 여기에 한국, 일본, 중국 등 동아시아의 대학들이 도전하는 모습이다. 21세기 미국과 유럽과 동아시아의 새로운 대학 경쟁이 흥미로운 이유다.

## 유럽의 주요 대학

| 번호 | 국가 | 지역 | 이름 | 설립 연도 | 재학생 수 |
|---|---|---|---|---|---|
| 1 | 노르웨이 | 오슬로 | 오슬로 대학교 University of Oslo | 1811 | 27,227 |
| 2 | 스웨덴 | 웁살라 | 웁살라 대학교 Uppsala universitet | 1477 | 41,470 |
| 3 | 스웨덴 | 솔나 | 카롤린스카 인스티튜트(의과대학) Karolinska Institutet | 1810 | 5,978 |
| 4 | 스웨덴 | 스톡홀름 | 스톡홀름 대학교 Stockholms universitet | 1878 | 66,944 |
| 5 | 스웨덴 | 룬드 | 룬드 대학교 Lunds universitet | 1666 | 31,000 |
| 6 | 덴마크 | 오르후스 | 오르후스 대학교 Aarhus Universitet | 1928 | 44,500 |
| 7 | 덴마크 | 코펜하겐 | 코펜하겐 대학교 Københavns Universitet | 1479 | 40,866 |
| 8 | 핀란드 | 헬싱키 | 헬싱키 대학교 Helsingin yliopisto | 1649 | 36,500 |
| 9 | 에스토니아 | 타르투 | 타르투 대학교 Tartu Ülikool | 1632 | 13,719 |
| 10 | 라트비아 | 리가 | 라트비아 국립 대학교 Latvijas Universitāte | 1919 | 14,020 |
| 11 | 아일랜드 | 메이누스 | 성 패트릭 대학교 Coláiste Naoimh Phádraig, Maigh Nuad | 1795 | 250 |
| 12 | 영국 | 애버딘 | 애버딘 대학교 University of Aberdeen | 1495 | 14,035 |
| 13 | 영국 | 세인트앤드루스 | 세인트앤드루스 대학교 University of St Andrews | 1413 | 10,660 |
| 14 | 영국 | 글래스고 | 글래스고 대학교 Oilthigh Ghlaschu | 1451 | 26,815 |
| 15 | 영국 | 리버풀 | 리버풀 대학교 University of Liverpool | 1882 | 22,715 |
| 16 | 영국 | 맨체스터 | 맨체스터 대학교 Victoria University of Manchester | 1851 | 38,590 |
| 17 | 영국 | 케임브리지 | 케임브리지 대학교 University of Cambridge | 1209 | 19,515 |
| 18 | 영국 | 옥스퍼드 | 옥스퍼드 대학교 University of Oxford | 1096 | 23,195 |
| 19 | 영국 | 런던 | 런던 정치경제대학교 London School of Economics and Political Science | 1895 | 10,600 |
| 20 | 영국 | 런던 | 유니버시티 칼리지 런던 University College London | 1826 | 35,615 |
| 21 | 영국 | 런던 | 임페리얼 칼리지 런던 Imperial College London | 1907 | 16,610 |
| 22 | 포르투갈 | 리스본 | 리스본 대학교 Universidade de Lisboa | 1290 | 46,989 |
| 23 | 포르투갈 | 코임브라 | 코임브라 대학교 Universidade de Coimbra | 1290 | 23,368 |
| 24 | 스페인 | 살라망카 | 살라망카 대학교 Universidad de Salamanca | 1134 | 28,000 |
| 25 | 스페인 | 바야돌리드 | 바야돌리드 대학교 University of Valladolid | 1290 | 31,780 |
| 26 | 스페인 | 바르셀로나 | 바르셀로나 자치 대학교 Autonomous University of Barcelona | 1968 | 43,175 |
| 27 | 프랑스 | 캉 | 캉 노르망디 대학교 Université de Caen Normandie | 1624 | 26,000 |
| 28 | 프랑스 | 릴 | 릴 가톨릭 대학교 Université Catholique de Lille | 1875 | 25,000 |
| 29 | 프랑스 | 파리 | 파리 정치대학교 Sciences Po | 1872 | 7,900 |
| 30 | 프랑스 | 파리 | 파리 소르본 대학교 Université de Paris | 1150 | 57,800 |
| 31 | 프랑스 | 팔레조 | 에콜 폴리테크니크 École Polytechnique | 1794 | 2,888 |
| 32 | 프랑스 | 푸아티에 | 푸아티에 대학교 Université de Poitiers | 1431 | 24,000 |

| | | | | | |
|---|---|---|---|---|---|
| 33 | 프랑스 | 리옹 | 리옹 1 대학교 Université Claude-Bernard Lyon 1 | 1791 | 35,000 |
| 34 | 프랑스 | 리옹 | 리옹 카톨릭 대학교 Université Catholique de Lyon | 1875 | 10,000 |
| 35 | 프랑스 | 툴루즈 | 툴루즈 대학교 Université de Toulouse | 1229 | 100,674 |
| 36 | 프랑스 | 몽펠리에 | 몽펠리에 대학교 Université de Montpellier | 1289 | 41,000 |
| 37 | 프랑스 | 마르세유 | 엑스마르세유 대학교 Université d'Aix-Marseille | 1409 | 74,000 |
| 38 | 벨기에 | 루뱅 | 루뱅 대학교 KU Leuven | 1425 | 55,484 |
| 39 | 네덜란드 | 레이던 | 레이던 대학교 Universiteit Leiden | 1575 | 24,270 |
| 40 | 네덜란드 | 암스테르담 | 암스테르담 대학교 University of Amsterdam | 1632 | 31,186 |
| 41 | 네덜란드 | 암스테르담 | 암스테르담 자유 대학교 Vrije Universiteit Amsterdam | 1880 | 23,656 |
| 42 | 네덜란드 | 바헤닝언 | 바헤닝언 대학교 Wageningen UR | 1918 | 9,426 |
| 43 | 독일 | 쾰른 | 쾰른 대학교 Universität zu Köln | 1388 | 48,179 |
| 44 | 독일 | 괴팅겐 | 괴팅겐 대학교 Georg-August-Universität Göttingen | 1734 | 26,381 |
| 45 | 독일 | 로스토크 | 로스토크 대학교 Universität Rostock | 1419 | 14,417 |
| 46 | 독일 | 그라이프스발트 | 그라이프스발트 대학교 Ernst-Moritz-Arndt-Universität Greifswald | 1456 | 10,857 |
| 47 | 독일 | 베를린 | 훔볼트 대학교 Humboldt University of Berlin | 1810 | 33,540 |
| 48 | 독일 | 라이프치히 | 라이프치히 대학교 Universität Leipzig | 1409 | 28,125 |
| 49 | 독일 | 에르푸르트 | 에르푸르트 대학교 Universität Erfurt | 1397 | 5,596 |
| 50 | 독일 | 프랑크푸르트 | 괴테 대학교 Johann Wolfgang Goethe-Universität Frankfurt am Main | 1914 | 44,428 |
| 51 | 독일 | 하이델베르크 | 하이델베르크 대학교 Ruprecht-Karls-Universität Heidelberg | 1386 | 30,873 |
| 52 | 독일 | 뷔르츠부르크 | 뷔르츠부르크 대학교 Julius-Maximilians-Universität Würzburg | 1402 | 28,814 |
| 53 | 독일 | 프라이부르크 | 프라이부르크 대학교 Albert-Ludwigs-Universität Freiburg | 1457 | 24,721 |
| 54 | 독일 | 튀빙겐 | 튀빙겐 대학교 Eberhard Karls Universität Tübingen | 1477 | 28,700 |
| 55 | 독일 | 뮌헨 | 루트비히 막시밀리안 대학교 LMU Munich | 1472 | 50,542 |
| 56 | 독일 | 뮌헨 | 뮌헨 공과대학교 Technische Universität München | 1868 | 39,081 |
| 57 | 스위스 | 로잔 | 로잔 대학교 Université de Lausanne | 1537 | 13,500 |
| 58 | 스위스 | 에퀴블렌 | 로잔 공과대학교 École Polytechnique Fédérale de Lausanne | 1853 | 5,205 |
| 59 | 스위스 | 베른 | 베른 대학교 Universität Bern | 1834 | 17,430 |
| 60 | 스위스 | 바젤 | 바젤 대학교 Universität Basel | 1460 | 12,955 |
| 61 | 스위스 | 취리히 | 취리히 대학교 Universität Zürich | 1833 | 25,732 |
| 62 | 스위스 | 취리히 | 취리히 연방 공과대학교 ETH Zurich | 1855 | 18,616 |
| 63 | 이탈리아 | 토리노 | 토리노 대학교 Università degli Studi di Torino | 1404 | 67,000 |
| 64 | 이탈리아 | 파비아 | 파비아 대학교 Università degli Studi di Pavia | 1361 | 21,349 |
| 65 | 이탈리아 | 파르마 | 파르마 대학교 Università degli Studi di Parma | 1117 | 30,000 |

| 66 | 이탈리아 | 파도바 | 파도바 대학교 Università degli Studi di Padova | 1222 | 59,317 |
| --- | --- | --- | --- | --- | --- |
| 67 | 이탈리아 | 페라라 | 페라라 대학교 Università degli Studi di Ferrara | 1391 | 16,138 |
| 68 | 이탈리아 | 볼로냐 | 볼로냐 대학교 Università di Bologna | 1088 | 82,363 |
| 69 | 이탈리아 | 피사 | 피사 고등사범대학교 Scuola Normale Superiore di Pisa | 1810 | 150 |
| 70 | 이탈리아 | 피렌체 | 피렌체 대학교 Università degli Studi di Firenze | 1321 | 51,000 |
| 71 | 이탈리아 | 시에나 | 시에나 대학교 Università degli Studi di Siena | 1240 | 20,000 |
| 72 | 이탈리아 | 페루자 | 페루자 대학교 Università degli Studi di Perugia | 1308 | 27,934 |
| 73 | 이탈리아 | 카메리노 | 카메리노 대학교 Università degli Studi di Camerino | 1336 | 10,000 |
| 74 | 이탈리아 | 로마 | 로마 라 사피엔자 대학교 Sapienza - Università di Roma | 1303 | 112,564 |
| 75 | 이탈리아 | 나폴리 | 나폴리 대학교 Università degli Studi di Napoli Federico II | 1224 | 78,324 |
| 76 | 그리스 | 아테네 | 아테네 국립 대학교 Εθνικόν και Καποδιστριακόν Πανεπιστήμιον Αθηνών | 1837 | 65,682 |
| 77 | 알바니아 | 티라나 | 티라나 대학교 Universiteti i Tiranës | 1957 | 65,000 |
| 78 | 불가리아 | 소피아 | 소피아 대학교 Софийски университет „Св. Климент Охридски" | 1888 | 24,000 |
| 79 | 키프로스 | 니코시아 | 키프로스 대학교 Πανεπιστήμιο Κύπρου | 1989 | 6,500 |
| 80 | 보스니아–헤르체고비나 | 사라예보 | 사라예보 대학교 Univerzitet u Sarajevu | 1949 | 30,866 |
| 81 | 크로아티아 | 자그레브 | 자그레브 대학교 Sveučilište u Zagrebu | 1669 | 72,480 |
| 82 | 슬로베니아 | 류블랴나 | 류블랴나 대학교 Univerza v Ljubljani | 1919 | 42,922 |
| 83 | 오스트리아 | 빈 | 빈 대학교 University of Vienna | 1365 | 94,000 |
| 84 | 체코 | 프라하 | 카렐 대학교 Univerzita Karlova | 1347 | 50,000 |
| 85 | 슬로바키아 | 브라티슬라바 | 이스트로폴리타나 대학교 Universitas Istropolitana | 1465 | 현존하지 않음 |
| 86 | 루마니아 | 이아시 | 이아시 대학교 Universitatea "Alexandru Ioan Cuza" | 1860 | 25,724 |
| 87 | 우크라이나 | 키예프 | 키예프 모휠라 국립 대학교 Національний університет «Києво-Могилянська академія» | 1615 | 3,000 |
| 88 | 폴란드 | 바르샤바 | 바르샤바 대학교 Uniwersytet Warszawski | 1816 | 51,700 |
| 89 | 폴란드 | 브로츠와프 | 브로츠와프 대학교 Uniwersytet Wrocławski | 1702 | 31,557 |
| 90 | 폴란드 | 크라쿠프 | 야기엘론스키 대학교 Uniwersytet Jagielloński | 1364 | 48,006 |
| 91 | 벨라루스 | 폴로츠크 | 폴로츠크 국립 대학교 Полацкі дзяржаўны ўніверсітэт | 1968 | 10,500 |
| 92 | 러시아 | 칼린그라드 | 쾨니히스베르크 대학교 Albertus-Universität Königsberg | 1544 | 현존하지 않음 |
| 93 | 러시아 | 상트페테르부르크 | 상트페테르부르크 대학교 Санкт-Петербургский государственный университет, СПбГУ | 1724 | 32,400 |
| 94 | 러시아 | 모스크바 | 모스크바 국립 대학교 Московский государственный университет имени М. В. Ломоносова | 1755 | 47,000 |
| 95 | 조지아 | 트빌리시 | 트빌리시 국립 대학교 ივანე ჯავახიშვილის სახელობის თბილისის სახელმწიფო უნივერსიტეტი | 1918 | 18,000 |
| 96 | 아르메니아 | 예레반 | 예레반 국립 대학교 Երևանի Պետական Համալսարան, ԵՊՀ | 1919 | 9,850 |

6장

지배의 그물

2

노르웨이

1

스웨덴

덴마크 • 8
        6, 7

• 5

영국

북 해

네덜란드
        35
32, 33    • 36
        34

독일

39  • 37, 38

40, 41

아일랜드 • 11

12~15

28~30
벨기에

8

체

대 서 양

22~25

• 21

• 26

31

룩셈부르크

프랑스

42~44

76

75

리히텐슈타인 → 45  • 74 오스트리

• 47

• 46

48~54

• 55

• 27

• 56

모나코

이탈리아

포르투갈

18~20

스페인

• 16, 17

57 • 58

59~

지 중 해

• 6

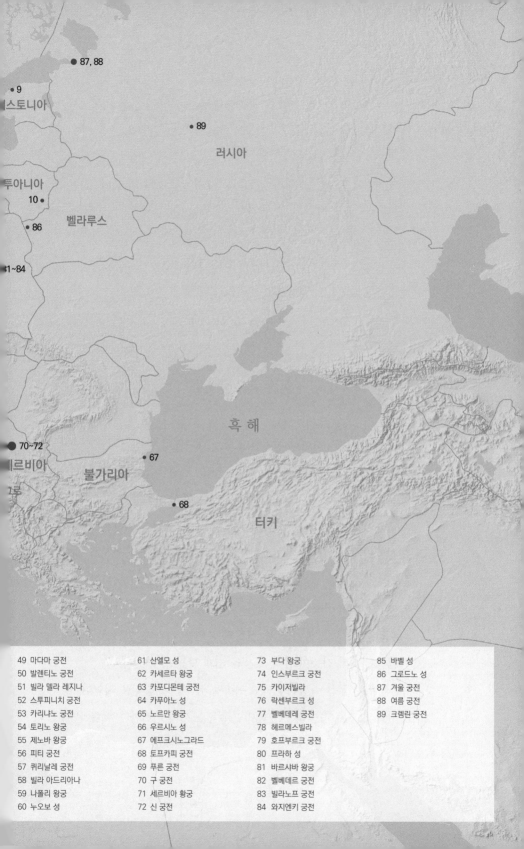

- 87, 88
- 9

스토니아

- 89

러시아

투아니아

- 10
- 86

벨라루스

1~84

흑해

- 70~72
- 67

제르비아

가론

불가리아

- 68

터키

#

# 왕과 귀족의 그물

인간은 모두 평등하다고 선언한 프랑스 대혁명이 일어난 지 200년이 넘었지만 유럽에서 귀족이 사라지지는 않았다. 영국, 스페인, 네덜란드, 덴마크, 노르웨이 등은 여전히 입헌군주제로 왕이 나라를 상징한다.

2012년 영국의 엘리자베스 여왕은 등극 60주년의 다이아몬드 주빌리를 성황리에 기념했으며, 2015년에는 빅토리아 여왕의 최장기 재임 (1837~1901) 기록을 넘어섰다. 영국에는 정치권력은 없지만 작위를 가진 귀족이 여전히 존재한다. 이들은 성(姓) 앞에 로드(Lord)나 서(Sir), 즉 경(卿)이라는 호칭을 붙이는 등 상징의 특권을 가진다. 이처럼 영국에는 여전히 귀족의 전통이 남아 있음을 쉽게 확인할 수 있다.

사람들은 평등을 주장하면서도 귀족을 꿈꾸는 이중성을 지닌다. '평민'이 왕족과 결혼하면 대중은 대리만족을 느끼며 기뻐한다. 예를 들어

2018년 미국의 여배우 메건 마클과 영국 해리 왕자의 혼인은 '세기의 결혼'이라 불렸다. 마클은 흑백혼혈에 이혼 경험도 있는 배우였다. 해리는 영국 왕위 계승과는 거리가 멀었지만 왕자와 여배우의 결혼은 세상을 떠들썩하게 했다.

유럽 사회에서 귀족은 엄청난 특권을 누리는 신분이었다. 대혁명을 치르고 시민 평등의 원칙을 선언한 프랑스조차 1000년 가까이 내려오는 전통을 단숨에 없애기는 힘들었다. 프랑스에서 왕이나 황제의 제도가 완전히 사라진 것은 1870년대, 즉 혁명 후 100년 가까이 지난 뒤다.

왕정을 유지하면서 의회와 정부의 권한을 강화한 영국식 민주화의 여정과, 잦은 혁명과 반혁명을 통해 왕정과 제정, 공화정을 오락가락한 프랑스 정치사는 대비된다.[1] 유럽에서 근대화란 이런 오랜 역사의 전통을 바꾸어 평등한 사회를 만드는 과정이었다고 해도 과언이 아니다.

이 장에서는 과거 유럽의 사회 지배구조가 현재 유럽 문명에 미치는 영향을 분석하고자 한다. 귀족이 특권을 누리는 사회는 사라졌지만 이들이 형성한 유럽의 그물은 오랜 기간 대륙을 하나로 묶는 명백한 효과를 가져왔기 때문이다.

특히 우리가 관심을 가지는 부분은 유럽을 지배하는 탄탄한 귀족의 그물이 존재했고, 신흥 부르주아 계급이 이에 반발하면서 유럽의 역사가 발전해왔다는 사실이다.[2] 자본주의 시대가 되어서는 부르주아에 대한 노동자들의 투쟁이 시작되었고, 이는 사회주의와 공산주의 운동의 기반이 되었다. 유럽의 귀족이 가지는 국제 그물의 성격은 이후 부르주아나 노동계급이 각각 지향했던 국제주의 성향을 설명하는 중요한 출발점이다.

# 노블레스 오블리주

한국에서는 종종 '노블레스 오블리주(Noblesse oblige)'가 언급된다. 노블레스는 프랑스어로 '귀족'이라는 의미다. 오블리주는 '의무를 부과한다'라는 의미다. 즉 노블레스 오블리주는 귀족에게 부과되는 의무를 말한다. 귀족이라면 아무렇게나 행동해서는 안 되며 귀족의 신분에 걸맞은 행실을 보여야 한다는 뜻이다. 한국 사회에서는 지배층이 자신의 이익만 챙기고 사회적 의무를 다하지 않기 때문에 이 표현이 자주 등장한다. 지배층이라면 지켜야 하는 도덕의 규범을 망각하거나 소홀히 한다는 비판이다.

사실 노블레스 오블리주는 도덕의 문제를 넘어서 정치사회의 정통성과 직결된다. 유럽의 문명에서 사람들이 귀족이나 지배층의 권력을 인정하는 이유는 이들이 주민의 안보를 보장하는 정치 의무를 수행하기 때문이다.[3] 이런 의무를 제대로 수행하지 못하면 대중으로부터 권력을 인정받지 못한다. 여기서 노블레스 오블리주는 단순히 도덕의 의무가 아니라 사회의 지배구조를 지탱하는 정통성의 원칙이다.

장기 역사의 관점에서 동아시아와 유럽을 비교하면 지배관계의 성격이 다르다. 한국이나 중국 등 유교사회에서 지배관계는 통치계급의 도덕적 우월성에 기초한다. 군주는 물론 그 신하들도 몸과 마음을 다스려 모범을 보여야 한다. 수신제가치국평천하(修身齊家治國平天下)라는 이상은 지배층의 노력이 공동체의 삶을 향상시키는 출발점이라고 보는 것이다. 시대는 변했지만, 그리고 민주화도 이루어졌지만 동아시아에는 여전히 이런 지도자의 도덕과 모범에 대한 요구가 존재한다.

유럽에서는 지배층과 민중 사이에 좀 더 명백한 교환 관계가 존재한다. 봉건제가 만들어지기 시작하는 6세기 이후 유럽에서 귀족의 역할은 자신의 영토에 거주하는 민중에게 안전을 제공하는 일이었다.

유럽에서는 로마제국 붕괴 이후 500여 년 동안 대규모 인구 이동이 일어났다. 북유럽의 게르만족이 권력의 공백을 이용해 남부의 지중해 지역으로 몰려왔다. 잦은 전쟁에 시달리는 주민들에게 안보는 가장 중요한 관심사였고, 귀족은 이를 제공함으로써 자신들의 지배 신분과 위상을 정당화할 수 있었다. 귀족이 말을 타거나 갑옷을 입고 칼을 차는 권리를 독점하는 것은 주민을 외부의 폭력으로부터 보호해주기 때문이다.

오블리주에는 단순히 의무를 진다는 의미가 아니라 "빚을 졌기 때문에 갚아야 한다"는 교환 또는 호환의 원리가 담겨 있다. 영어에서 "I am much obliged"라는 말은 "도움이나 신세를 졌기 때문에 마음의 빚이 있다"는 뜻이다.

이처럼 유럽에서 노블레스 오블리주는 "귀족이 사회로부터 특별한 혜택을 누리기 때문에 빚을 졌고 그에 상응하는 의무를 다해야 한다"는 의미다. 유럽에서 귀족과 평민의 관계는 바로 이렇게 서로 주고받는 호환의 지배체제로 규정할 수 있다.

한국과 유럽의 역사 비교에서 놀라운 사실은 조선의 지배층이 병역을 면제받는 특권을 누렸다는 점이다. 문치(文治)의 문화에서 군자가 칼을 휘두르는 것은 적절하지 않다고 보았던 것일까.

반면 유럽에서 병역은 귀족의 존재 이유였다. 노블레스 오블리주의 첫 번째 조건이었던 셈이다. 특권을 누리고 사회를 지배하는 귀족이라면 목숨을 걸고 명예를 지키고 전쟁에 나서 주민들을 보호하는 일을 게을리해서는 곤란하다. 특권만 누리고 의무를 다하지 않는다는 것은 어불성설이었다.

#

# 전사왕(戰士王)의 전통

유럽에서 왕이란 제도는 게르만족의 전통에서 유래한다. 고대 그리스나 로마에서 권력은 제도가 규정하는 형식을 따랐다. 선거를 통해서 선출된 자가 권력을 얻었고, 정해진 규칙에 따라 후계자가 결정되었다. 로마 시대에 이들은 총통, 카이사르, 황제 등의 명칭으로 불렸다.

하지만 게르만족은 수많은 소규모 집단에서 전투력과 지도력이 뛰어난 전사를 왕으로 선출하는 전통을 가졌다.[4] 제도보다는 개인의 카리스마와 전투 능력이 왕이 되는 조건이었다.

왕의 자리를 유지하기 위해서는 계속 전쟁을 벌여 승리해야만 했다. 그리고 왕의 자식들 가운데서도 전쟁에서 두각을 나타내야만 왕위를 계승할 수 있었다. 이처럼 중세 유럽에서 권력자이자 지배자는 전쟁을 통해 정통성을 확인하고 영광을 내세우는 존재였던 것이다.

유럽은 게르만족의 이런 전통으로부터 호전성이 강한 지배 제도를 물려받았다. 혈통을 중요시한 이유는 카리스마와 지도력과 전투 능력이 피를 통해 후손에게 전해진다고 믿었기 때문이다.

이런 게르만족의 전통에 정통성을 부여한 것은 교회다. 프랑크족의 클로비스 1세는 508년 가톨릭 세례를 받음으로써 '야만인의 왕'이 로마 국교의 은총과 인정을 획득했다. 전쟁에서 잘 싸우는 왕이 종교적인 권위까지 갖추게 됨으로써 세속권력과 종교권력을 한 몸에 상징하게 되었다. 중세 프랑스 사람들은 왕이 예수처럼 병을 고치는 능력을 가졌다고 믿었다. 프랑스 왕은 '기적을 행하는 군주(rois thaumaturges)'였던 것이다.

10~11세기 잉글랜드-덴마크의 크누트 대왕이나 헝가리의 이슈트반 1세, 폴란드의 미에슈코 1세 등도 새로운 국가를 세우고 가톨릭교회의 인정을 받아 권력의 정통성을 세운 경우다.

이처럼 종교와 권력의 결합은 이후 유럽 세력의 확산 과정에서도 되풀이되었다. 십자군은 종교와 정치의 협력을 보여준 전형적인 예다. 교황은 종교의 이름으로 유럽 국가들의 왕을 동원했고, 왕들은 신을 위해 전투력을 과시함으로써 자신의 정치기반을 강화했다.

유럽 세력의 해외 진출 역시 기독교를 전파하려는 선교사와 권력을 확산하려는 왕들의 공동 사업이었다. 스페인이나 포르투갈처럼 이베리아반도에서 이슬람을 몰아내고 권력을 세운 왕조에서 해외 진출을 이교도와의 투쟁이자 선교활동으로 보는 것은 당연했다. 아메리카에 진출하는 스페인 군대는 신부를 앞세웠고, 다른 대륙으로 나가는 배들은 모두 신부를 태우고 야만 세계의 선교를 지향했다.

#
## 기사도의 전통

게르만족의 기독교 개종이 문명화의 한 과정이었듯이 중세의 기사도는 무력과 폭력의 용사들을 순화하는 또 다른 방식이었다. 이 과정에서 기독교와 여성의 역할은 무척 중요했다.

기사(騎士)는 말을 타고 전쟁하는 무사를 가리킨다. 초기 봉건 유럽에서 귀족이 평소 무기를 지니고 말을 탄다는 점에서 기사와 귀족은 거의 동의어였다. 봉건제도가 자리 잡으면서 등장한 기사도는 귀족의 윤리와 의무를 문화 코드로 만들었다. 특히 귀족의 기사도는 1000년 가까이 유럽 지배층의 문화에 스며들었다.

기사도는 8~9세기 유럽에 거대한 제국을 형성한 샤를마뉴 시대에서 비롯된다. 샤를마뉴는 지금의 프랑스와 독일, 베네룩스 등의 지역을 지배하던 프랑크 왕국의 왕이다. 그의 선조 클로비스 1세가 가톨릭교회와 프랑크 왕국을 결합시켰듯이 샤를마뉴 역시 이 전통을 연장하여 가톨릭교회와 긴밀한 관계를 맺었다. 특히 800년에는 자신이 점령한 거대한 영토를 '로마제국의 부활'이라 포장하여 교황으로부터 인정을 받아 황제로 등극했다. 가톨릭교회의 인정을 통해 전쟁의 폭력과 피로 만든 제국의 정통성을 확보한 것이다.

이 과정에서 샤를마뉴의 기사들은 전쟁 중에는 종교 윤리에 따라 폭력을 자제하고, 평화 시에는 주민들과 잘 어울릴 필요가 있었다. 황제와 교황의 결속은 군대의 폭력을 종교의 통제 아래 놓게 만들었던 것이다.[5]

12세기가 되면 기사도의 전통은 종합적인 문화 코드로 완성된다. 기사도의 원칙은 몇 가지로 요약할 수 있다. 우선 기사는 충성해야 한다. 봉건사회에서 충성(loyalty)은 군주와 기사 사이의 상하관계와 기사들 사이의 평등관계에 모두 적용된다. 개인 사이의 약속에 근거하며 배신을 하지 않는다는 의미다.

다음은 관용과 용기다. 자신의 행동에는 절도가 있어야 하지만 타인에게는 관용을 베풀어야 하며, 전쟁터나 일상생활에서 용기 있는 행동을 하여 보통 사람과 차별성을 보여야 한다.

···
〈돈키호테〉(귀스타브 도레, 1863). 세르반테스는 소설《돈키호테》에서 기사도를 신랄하게 풍자한다.

또한 기독교 정신으로 약자를 보호할 의무를 가진다. 여성과 아동을 보호하는 의무는 기사도의 기본이다. 이 모든 것을 종합하는 가치를 '명예'라고 할 수 있다. 기사가 명예를 잃는다는 것은 목숨을 잃는 것보다 더 치욕스러운 일이다. "불명예스럽게 거대한 제국을 소유하느니 명예로운 땅 한 조각 갖기를 원한다"라는 것이 기사들의 모토다.[6]

기사도는 중세 후기(12~15세기)를 지배했던 기사들의 윤리관이었다. 특히 십자군전쟁에 참여한 기사들과 먼 원정에서 돌아온 기사들이 이런 윤리관을 가지고 활동했다고 전해진다.

다른 한편 기사와 여인 간의 로맨스 역시 유럽 사회의 이상적인 문화 코드로 유행했다. 기사는 왕에게 충성하고 교회를 위해 전쟁하며 사랑하는 여인에게 마음을 바치는 사람으로 묘사되었다.

일부 작가들은 기사도와 현실 사이에는 큰 괴리가 있었다고 지적한다. 실제의 기사들은 난폭하고 강압적이며 심지어 약탈적이었다는 것이다. 따라서 기사도가 유럽 귀족사회의 현실을 충실히 반영한다고 생각하면 곤란하다.

그럼에도 기사도가 유럽 귀족사회의 규범이 되었다는 사실은 무척 중요하다. 왜냐하면 이 문화 코드는 귀족이 사라진 오늘날에도 여전히 영향력을 미치기 때문이다.

#

## 피가 파란 유럽 귀족

유럽의 역사, 특히 정치사는 귀족의 역사라고 해도 과언이 아니다. 그만큼 귀족들은 역사에서 핵심 역할을 담당했다. 주요 결정을 내리는 왕뿐 아니라 위대한 장군과 재상은 거의 모두 귀족이었기 때문이다.

하지만 이런 중요성에 비해 귀족의 수는 매우 적었다. 귀족 제도가 뿌리를 내리고 사회의 핵심 역할을 한 15세기부터 18세기까지를 분석한 자료에 따르면 유럽에서 귀족 인구는 1~2퍼센트 수준이었다.[7] 프랑스, 독일, 오스트리아, 이탈리아 등에는 극소수의 귀족만이 존재했고, 동유럽이나 이베리아반도 등으로 가면 비중이 다소 높지만 전체적으로 보면 무척 적은 수에 불과했다.

11세기 프랑스의 수도사가 쓴 글에 따르면 유럽 사회에는 세 종류의 사람들이 있었다. 첫째는 기도를 하는 사람들이고, 둘째는 생산을 하는 사람들이며, 셋째는 전쟁을 하는 사람들이다. 교회와 성직자가 '영혼의 안보'를 책임진다면, 전쟁을 수행하는 귀족은 '육체 안보'를 담당한다. 그리고 나머지 절대다수의 사람들은 먹고사는 문제를 해결하기 위해 일을 해야 한다.

위계질서에 따른 사회 분업체계는 인도유럽어 계통의 사회가 가지는 공통점이다. 인도 사회에는 기도를 하는 브라만과 전쟁을 하는 크샤트리아, 그리고 생산을 담당하는 바이샤가 있다. 그 외에 잡다한 서비스를 담당하는 수드라가 존재한다.

유럽에서도 성직자, 귀족, 제3신분의 질서는 명확하다. 예를 들어 땅을 일구는 것은 평민이나 농노이지만 땅을 소유하는 것은 교회와 귀족이다. 게다가 사람의 숫자로 결코 비교할 수 없는 집단으로 세 개의 기둥을 세운다는 것은 거대한 불평등을 은폐하는 기능이 있음을 반증한다.

2퍼센트 미만의 특권층을 정당화하기 위해 세 개 기둥의 분업 이미지를 만들고, 실제로는 정치권력과 토지 소유권을 독차지해온 것이 유럽의 귀족이다. 이런 관점에서 본다면 기사도나 '노블레스 오블리주'는 이미지 조작의 이데올로기 장치라고 할 수도 있다. 유럽의 귀족은 여러 신화를 통해 자신들의 정체성과 이미지를 조작해왔다.

대표적인 신화가 프랑크족과 골족의 대립이다.[8] 원래 프랑스 영토는 골족이 사는 지역이었다. 로마제국은 그곳을 갈리아라고 불렀다. 율리우스 카이사르가 갈리아를 점령한 뒤에는 로마인과 골족이 섞여 로마-골족이라는 혼합 집단이 탄생했다.

그런데 로마제국 붕괴 이후 게르만 계통의 프랑크족이 갈리아를 점령하여 프랑스를 세웠다. 이에 프랑크족은 용맹과 지혜와 정복의 프랑크족이 기존의 로마-골족을 지배하게 되었고, 프랑스의 귀족은 바로 프랑크족의 후손이라고 설명한다. 프랑크족이 프랑스 북부를 점령하면서 로마-골족을 정복한 것이나 프랑스 '왕족'이 프랑크족 출신이라는 것은 사실이다. 하지만 '귀족'의 조상이 프랑크족이라는 주장은 확인하기 어렵다. 귀족의 지배를 정당화하려는 자들이 수백 년 전의 역사를 동원하여 활용했다고 볼 수밖에 없다.

설사 이런 주장이 사실이라고 할지라도 5~6세기에 일어난 정복이 1000년 이상의 지배를 정당화하기는 어렵다. 귀족이 사회를 지배한 것은 프랑스의 경우 적어도 18세기 말 대혁명까지 지속되므로 1000년도 훨씬 넘는 기간인 셈이다.

귀족은 자신들끼리만 결혼을 해서 혈통의 순수성을 지켜왔다고 주장했다. 하지만 이런 주장은 그리 믿을 만한 게 못 된다. 역사 자료는 많은 귀족 가문이 자연스럽게 멸종했고, 따라서 새로운 피의 수혈이 없었다면 그 규모를 유지하지 못했을 것이라고 지적하기 때문이다. 확인하기 어려운 혈통의 순수성을 주장하려다 보니 무리수를 두게 되는데, 그 대표 사례가 파란 피 이론이다. 유럽의 귀족들은 일반인의 피는 붉은색이지만 귀족의 피는 파란색이라고 주장했다.

이 전통은 9세기 스페인에서 만들어졌다. 게르만 계통의 서고트족 정복자들이 이베리아반도의 주민이나 아프리카 출신의 무어족과 자신들을 차별화하기 위해 만든 것이었다.[9] 이베리아반도에 정착한 서고트족은 410년에 로마를 공격하여 초토화한 바 있으며, 프랑스 남부에도 왕국을 세웠지만 결국 이베리아반도로 가서 정착했다. 이곳에서는 검은 피부의 무어족과 전쟁을 벌였고, 그 와중에 흰 피부와 그 살에 비치는 푸른 핏줄에서 푸른 피의 신화가 만들어졌다. 이런 비과학적 신화는 19세기 영국에서 블루 블러드(Blue blood)라는 표현이 일반화될 정도로 오랫동안 지속되었다.

#

## 순수성의 희석

소수의 지배를 정당화하기 위해 귀족은 혈통의 순수성을 내세웠다. 하지만 유럽 사회는 자손 번창이 쉽지 않은 문화가 지배했다. 유럽은 그리스-로마 시대 이후 일부일처제 사회였다. 유대 사회가 일부다처제의 전통을 갖기는 했지만 기독교는 이런 전통과 결별하여 일부일처제로 나아갔다.

일부일처제 사회에서는 자식의 수가 한 여성이 낳을 수 있는 아이로 제한될 수밖에 없다. 또 귀족이라고 할지라도 이혼과 재혼을 통해 자식을 얻으려는 전략은 교회에서 인정하지 않았다. 게다가 전투나 결투에서 용맹을 휘날려야 하는 귀족은 젊은 나이에 죽는 경우가 많았다. 이에 덧붙여 의학이 발달하기 전에 높았던 영아 및 아동 사망률은 귀족이라고 해서 다르지 않았다. 이 때문에 대가 끊기는 귀족이 많을 수밖에 없는 사회구조였던 것이다.

다른 한편 새로운 귀족은 끊임없이 등장했다. 전쟁을 치르느라 돈이 궁했던 군주들은 귀족 타이틀과 돈을 맞바꾸었다. 중세 이탈리아의 메디치 가문은 상업을 통해 부를 축적하고 금융을 통해 대부호로 부상하여 피렌체의 귀족 명문가로 성장했다. 이처럼 유명한 가문이 아니더라도 돈을 주고 귀족을 사는 일은 매우 빈번했다.

특히 근대로 넘어오면서 국가 규모가 커지고 예산의 압박이 심해지자 왕들은 매관매직으로 재정 문제를 해결하곤 했다.[10] 프랑스에서는 귀족을 무관귀족(noblesse d'épée)과 법복귀족(noblesse de robe)으로 구분할 정도였다. 직역하면 '칼의 귀족'과 '옷의 귀족'이다. 무관귀족이 조상으로부터 승계된 전통 귀족이라면, 법복귀족은 관직을 통해 귀족이 된 사람을 가리켰다.

프랑스에서는 대혁명 이후 법 앞에 모두가 평등한 세상이 되었다. 또한 프랑스가 혁명전쟁을 통해 주변 국가를 지배하면서 나폴레옹 법전이 유럽에 널리 전파되었다. 이와 함께 법 앞의 평등 원칙 역시 유럽 대륙에 뿌리를 내리기 시작했다.

그래서 사람들은 19세기에 귀족의 시대가 막을 내리고 부르주아의 시대가 열렸다고 말한다. 특히 19세기 산업혁명과 함께 부르주아와 노동자의 계급투쟁이 전면에 등장했다. 귀족은 이미 과거의 영광을 잃고 멸종의 길을 가는 한편, 부르주아라는 신흥 계급이 사회를 지배하기 시작했다는 인식이 보편화되었다. 마르크스의 역사 설명은 이런 인식에 크게 기여했다.

하지만 19세기 유럽에서도 혁명의 힘이 미치지 못하는 사회에서는 여전히 귀족이 막강한 권력과 부를 누렸다. 러시아는 1861년까지 봉건주의 농노제가 존재했다. 서유럽에서는 중세 말기에 이미 농노가 사라지고 자영농이나 소작농이 늘어나던 현실에 비교하면 중유럽이나 동유럽에서는 아주 오랫동안 봉건질서가 유지되었다는 말이다.

러시아는 워낙 유럽 중심에서 멀리 떨어져 있어 예외라고 치자. 하지만 동유럽에서도 귀족의 세력은 막강했다. 폴란드에서는 귀족의 권한이 막강해서 오히려 왕권이 성장하지 못했고, 결국 18세기에 국가가 붕괴되어 프로이센, 오스트리아, 러시아 등으로 분할되는 비극을 맞았다.

영국에서는 봉건제가 일찍이 사라졌지만 그럼에도 불구하고 귀족은 권력과 부를 유지하면서 사회의 지배자 역할을 유지했다. 특히 정치질서에 점차 변화가 생기면서 신흥 계급이 과거의 계급을 대체하기보다는 둘이 융합하는 모습을 보였다. 귀족과 부르주아가 특권을 둘러싸고 투쟁을 벌이다 혁명으로 치달은 프랑스와 달리 영국은 두 계급이 결혼과 협력으로 사회를 지배하는 구조를 만들었던 것이다.

심지어 혁명의 프랑스에서도 귀족의 특권이 없어졌다고 해서 권력과 부가 사라진 것은 아니었다. 특히 1815년 군주제로 복귀하면서 상당수의 귀족들이 재산을 확보할 수 있었고 영국만큼은 아니지만 부르주아와 귀족의 융합 현상이 비슷하게 나타났다.

베토벤의 재판과 관련한 일화는 19세기 유럽 사회에서 여전히 유지되었던 귀족의 특권을 잘 보여준다. 베토벤은 원래 조상이 네덜란드와 벨기에 지역 출신으로 판 베토벤(van Beethoven)이라는 성을 가졌다. 독일이나 오스트리아에서는 '폰(von)'이라는 명칭이 성 앞에 붙으면 귀족을 뜻하는데, 네덜란드와 벨기에에서는 반드시 그런 것은 아니다.

빈에 살던 베토벤은 여동생이 죽은 뒤 조카에 대한 양육권을 두고 제수와 송사를 벌였다. 귀족은 송사에서 유리했기 때문에 그는 법정에서 자신이 귀족이라고 속였다. '판'과 '폰'이 비슷한 것을 이용해 속이려 했던 것이다. 하지만 법정에서 거짓말이 탄로나서 망신을 당했다.

이 일화는 중부 유럽이 19세기를 거쳐 20세기 중반까지 여전히 귀족이 지배하던 사회였음을 보여준다. 19세기에 프로이센의 총리로 독일을 통일하여 '철의 재상'이라는 별명을 얻은 비스마르크도 오토 폰 비스마르크이고, 히틀러가 등장하던 1933년 바이마르공화국의 대통령이었던 사람 역시 파울 폰 힌덴부르크다.

2차 세계대전에서 영국을 이끈 처칠 역시 영국의 전통적인 귀족 말버러 공작 가문의 자손이다. 프랑스에서는 20세기 드골이나 지스카르 대통령 모두 귀족은 아니었지만 귀족의 뉘앙스를 풍기는 이름의 de나 d'를 자랑스럽게 내세웠다. 귀족의 상징 가치가 여전했던 것이다.

#

## 왕과 민족

영국의 학자 겔너는 《쟁기, 칼, 책: 인류 역사의 구조》라는 대작에서 인류의 진화 과정을 크게 세 단계로 나누었다.[11] 최초의 수렵채집 단계에서 농경사회로, 그리고 다시 산업사회 단계로 발전했다고 분석한다. 그는 특히 농경사회에서 산업사회로 이행하는 과정에서 민족의 개념이 발전했다고 주장하는 근대민족론자다.

겔너는 농경사회의 특징으로 사회의 경직된 수평의 분화를 들었다. 예를 들어 상부에 기도하는 집단, 전쟁하는 집단이 있고, 나머지 농민은 사회의 기초를 이루었다는 것이다. 이런 신분 차별 때문에 귀족은 같은 지역의 농민보다는 다른 지역의 귀족과 더 강한 연대를 가진다는 말이다.

하지만 농경사회에서 산업사회로 바뀌면서 신분의 장벽이 무너지고 사회가 민족이라는 더 큰 규모의 수직 공동체를 이루게 되었다고 말한다. 산업사회는 문자를 해독할 수 있는 인력을 필요로 하며, 이를 위해 대중을 교육시키면서 언어나 문화의 특성을 중심으로 민족이 부상한다는 이론이다.

겔너의 시각으로 유럽의 역사를 살펴보면 상당 부분 수긍하게 된다. 적어도 겔너가 말하는 산업사회 단계로 진입하는 19세기 이전까지 민족의 유럽이라기보다는 신분이 가장 중요한 귀족의 유럽이라고 보는 것이 더 정확하기 때문이다.

근대에 유행하게 된 민족주의 원칙을 따른다면 A라는 민족의 정치권력은 A라는 민족의 일부가 차지해야 한다. 이는 겔너의 민족주의 정의에 해당한다.[12] 하지만 유럽 역사는 A라는 민족을 다른 민족의 일부가 지배하는 현상이 대부분이었고, 주민들도 이를 자연스럽게 받아들였다. 봉건제 사회에서 민중 또는 주민은 영토에 정착한 수동적인 존재일 뿐 정치권력의 근원이라고 생각하지 않았기 때문이다.

겔너의 제자인 앤서니 스미스는 그와 반대로 민족의 기원은 근대 개념이라기보다는 적어도 중세까지 거슬러 올라간다고 보는 입장이다. 스미스는 인간이 공동체를 이루어 생활하는 고대에 이미 민족의 원형을 발견할 수 있다고 주장한다.[13] 예를 들어 유대인은 종교 특수성을 바탕으로 하나의 공동체라는 의식을 갖고 있었으며, 이와 유사한 많은 사례를 제시한다. 또한 유럽에서는 백년전쟁 등을 통해 영국과 프랑스 등에서 이미 민족공동체에 대한 의식이 생겨났다고 말한다.

지금까지 살펴본 유럽의 현실은 두 이론가의 주장을 모두 뒷받침한다. 언어나 문자의 차원에서 본다면 아주 오래전부터 게르만과 로망스어 계통은 서로 다른 특징을 드러내면서 이후 정치공동체의 형성에 지대한 영향을 미쳤다. 특히 독일 민족은 언어를 중심으로 강하게 결속했고, 결국 19세기 민족통일의 밑바탕이 되었다.

종교 역시 같은 기독교이지만 가톨릭과 그리스정교의 분열, 그리고 가톨릭과 프로테스탄트의 분열은 다양한 민족이 형성되는 데 중요한 차이를 만들었다. 민족이 오래전부터 존재했거나 그 전신(prototype)이 이미 역사 속에 있었기 때문에 19세기에 민족주의가 만개할 수 있었다는 스미스의 해석을 확인할 수 있다.

하지만 19세기 말에 초등교육과 징병의 보편화가 이루어지기 전에 프랑스에서 프랑스어를 하는 사람은 소수에 불과했다.[14] 또 이탈리아가 1860년에 통일했을 때도 "이탈리아라는 국가가 존재하니 이제 이탈리아인을 만들 차례"라는 말이 나왔을 정도로 민족공동체의 존재는 취약했다. 오늘날까지 계속되는 스코틀랜드, 카탈루냐 등의 독립 성향은 민족의 문제가 그리 간단치 않음을 보여준다.

이런 점을 보면 스미스의 입장을 완전히 부정하기는 어렵지만 겔너의 설명이 훨씬 더 설득력이 높다. 왜냐하면 민족이라는 것은 무엇보다 정체성의 문제이며, 민족이 가장 강력한 독점의 정체성이 된 것은 19~20세기에 보편화된 교육의 효과이기 때문이다. 또 각 지역을 통치했던 귀족 또는 왕과 주민의 관계를 살펴보면 공동체 의식이 어느 정도 있었지만 왕이나 귀족 간에 형성된 전 유럽 단위의 수평적인 신분 공동체가 더 강했다고 볼 수 있기 때문이다.

# 영국과 프랑스

유럽 역사에서 가장 오래된 민족 정체성을 가졌다고 소개되는 사례가 영국과 프랑스다. 앞에서 잠시 프랑스의 사례를 보았듯이 골족에서 로마-골족으로, 그리고 프랑크족의 점령 등으로 얼마나 많은 종족이 뒤섞였는지 알 수 있다.

영국도 이와 크게 다르지 않다. 잉글랜드 지역에는 프랑스의 골족과 뿌리가 같은 켈트족이 살고 있었다. 여기에 로마인들이 이동하여 섞여 살았다. 나중에는 대륙의 게르만 계통인 앵글족과 색슨족이 이동해 와서 다시 합쳐졌다. 잉글랜드나 프랑스의 파리 근교 지역 모두 원주민+로마인+게르만이 합쳐지는 등식이 성립한다.

영국과 프랑스의 왕족은 모두 게르만 계통이다. 프랑스에서는 프랑크족의 일부가 지배했고, 영국에서는 앵글족과 색슨족의 일부가 지배층이었기 때문이다. 그런데 여기서 더 복잡해지는 것은 9세기에 스칸디나비아의 바이킹이 유럽 전역에 침투하면서부터다.

북해를 따라 프랑스 지역에 도착한 바이킹은 파리 북부의 해안 지역에 정착했고, 프랑스 왕으로부터 이 지역 통치권을 인정받았다. 그들은 북쪽에서 온 사람이라는 의미의 노스맨(Norse Man)이라 불렸는데 노르망, 노르망디 등의 명칭이 여기에서 유래한다. 프랑크족과 마찬가지로 이들도 기존의 로마-골-프랑크족 주민 위에 군림하는 지배층으로 정착한 셈이다.

중요한 사건은 1066년 노르망디 귀족들의 잉글랜드 점령이다. 노르망디를 지배하던 바이킹 출신 귀족들이 군대를 이끌고 바다를 건너 잉글랜드를 침공하여 점령했던 것이다. 여기서 우리는 가장 복잡한 인구의 융합 현상을 발견할 수 있다.

오늘날 민족을 기준으로 설명하면 11세기의 잉글랜드는 잉글랜드 원주민(켈트족), 이탈리아인(로마제국), 독일인·덴마크인·네덜란드인(앵글족과 색슨족), 노르웨이인·스웨덴인(바이킹), 프랑스인(프랑크족, 골족)이 섞여 사는 공간이었다. 유럽이 거의 모두 녹아들어 있다고 해도 과언이 아니다. 이들을 하나로 묶을 수 있는 것은 크게 두 가지다. 하나는 공동의 생활공간이고, 다른 하나는 왕이라는 상징이다.

그런데 왕족은 자신이 지배하는 영토에 대한 애착과 욕심을 가졌지만 그 주민들과 공동체를 형성했다고 보기는 어렵다. 잉글랜드를 점령한 노르망디 출신 왕가는 여전히 자신이 지배하는 대륙의 영토와 잉글랜드를 모두 중요시했다. 게다가 프랑스와 영국의 왕가는 혼인관계로 복잡하게 얽혀 있었다.

두 나라가 치른 백년전쟁(1337~1453)은 왕가 사이에 영토 상속을 둘러싼 싸움이었지 민족 감정으로 치른 전쟁은 아니었다.[15] 같은 프랑스 귀족이라도 자신이 속한 땅이 아니라 어떤 왕에게 충성을 맹세했는가가 진영을 결정했다.

영국 왕실과 프랑스 왕실 사이의 복잡한 관계는 백년전쟁으로 끝난 것이 아니었다. 두 나라는 역사의 우연에 따라 합쳐질 수도, 더 작게 나뉠 수도 있었다. 16세기 스코틀랜드의 메리 스튜어트는 태어난 지 6일 만에 아버지의 죽음으로 왕위를 물려받았다.

메리는 프랑스 왕실로 시집가서 1560년 열여덟 살에 프랑스 왕비가 되었다. 시아버지인 앙리 2세가 마상시합에서 부상을 당해 숨진 뒤 남편 프랑수아 2세가 프랑스 왕이 되었기 때문이다. 프랑스와 스코틀랜

〈오를레앙 전투의 잔다르크〉(쥘 르느뵈, 1886~1890). 이 전투로 백년전쟁에서 프랑스를 승리로 이끌고 샤를 7세를 즉위시킨 영웅 잔다르크는, 그러나 샤를 7세의 시샘 어린 방기로 인해 영국군에 생포된 뒤 마녀로 선고되어 화형당했다.

드의 왕위가 하나로 통합될 수 있는 기회였다.[16] 만일 프랑수아 2세와 메리 스튜어트가 천수를 누리며 자식을 두었다면 유럽의 역사는 크게 달라졌을 것이다.

하지만 프랑수아 2세는 등극한 지 1년도 안 되어 병으로 사망했다. 메리는 스코틀랜드로 돌아가 영국의 왕족과 재혼하여 1567년에 아들을 낳았다. 그 아들이 스코틀랜드의 제임스 6세다. 그는 태어난 지 13개월 만에 메리 여왕으로부터 왕위를 물려받았다.

그리고 1603년 잉글랜드의 엘리자베스 여왕이 자식 없이 죽자 스코틀랜드의 제임스 6세가 잉글랜드의 왕위를 제임스 1세의 이름으로 계승했다. 잉글랜드의 왕위를 물려받은 이유는 어머니 메리 스튜어트와 생부가 모두 튜더 왕조의 시조인 헨리 7세의 증손자였기 때문이다. 이로써 잉글랜드와 스코틀랜드의 왕위가 합쳐졌다. 이처럼 한 여인의 두 번의 결혼과 다양한 사건이 프랑스, 영국, 스코틀랜드의 장기 운명을 결정한 것이다.

백년전쟁에서 잉글랜드와 프랑스 두 진영이 반복되는 전투를 통해 각자 결속력을 다졌고, 그것이 민족 개념의 씨앗이 되었다는 주장도 일리는 있다. 하지만 이는 결과론적인 역사 해석이다. 요동치는 역사의 흐름에 따라 전혀 다른 결과가 도출될 수도 있었기 때문이다.

예를 들어 프랑스 서부의 브르타뉴 지방은 영국을 의미하는 브리튼과 어원이 같다. 브르타뉴와 바다 건너 잉글랜드 서부의 웨식스가 하나의 민족으로 발전했을 가능성도 높다는 말이다.

프랑스 남부의 프로방스는 이탈리아 북부의 피에몽과, 랑그독은 스페인의 카탈루냐와 언어 및 문화 동질성을 갖고 있다. 프로방스나 랑그독이 프랑스가 된 이유는 이 지역 영주의 개인적 충성, 혼인, 상속관계

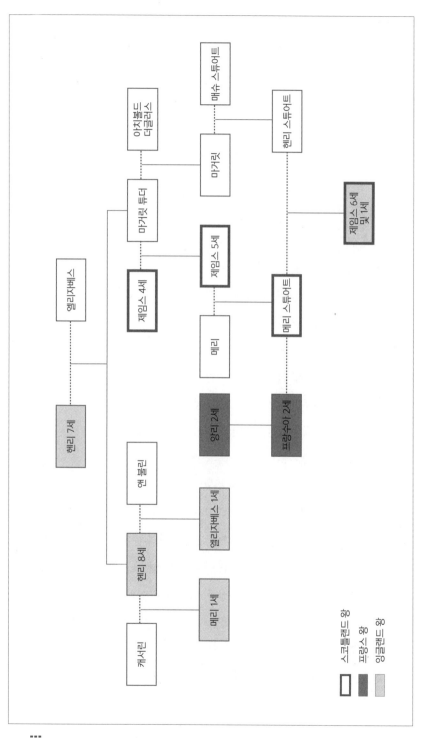

스코틀랜드 왕
프랑스 왕
잉글랜드 왕

16세기 영국, 프랑스, 스코틀랜드 왕가 가계도.

나 전쟁의 결과이지 종족이나 문화 동질성이 미리 형성되어 있었기 때문이 아니다.

#

## 근대 영국·하노버·프로이센 왕조

1714년 영국의 앤 여왕은 자식 없이 사망했다. 당시 영국의 국법은 가톨릭 신자가 왕이 되는 것을 금하고 있었다. 따라서 프로테스탄트 신도만을 대상으로 계승 순위를 따져보니 바다 건너 먼 하노버 공국의 국왕인 조지 1세가 상속 조건에 해당했다.

조지 1세는 54세의 나이에 영국으로 건너가 두 개의 왕관을 차지했다.[17] 그는 1727년에 사망할 때까지 자주 하노버를 찾았다. 영국에서는 외국에서 불려온 취약한 국왕이 있는 틈을 타 의회의 권력이 강화되었고 의회 중심 정부가 부상했다. 당시 등장한 월폴은 영국 최초의 총리가 되었고, 영국식 의회민주주의의 출범을 상징하는 인물이 되었다.

조지 1세의 아들 조지 2세는 외국에서 태어난 마지막 영국 국왕이다. 당시 정치권력은 의회로 이동하고 있었지만 동시에 민족의 상징성을 갖는 국왕의 존재도 필요한 시대였다.

영국에 온 하노버 가문 제4세대인 조지 2세의 손자 조지 3세는 영국에서 태어났고 하노버에는 한 번도 가본 적이 없었다. 그는 영어가 모국어였고, 영국식 교육을 받은 첫 영국-하노버 왕이었다. 그의 아들들인 조지 4세와 윌리엄 4세는 영국 국왕과 하노버 공국 왕을 겸한 마지막 왕이 되었다.

영국은 딸의 왕위 계승을 허용했지만 독일과 프랑스에서는 아들만

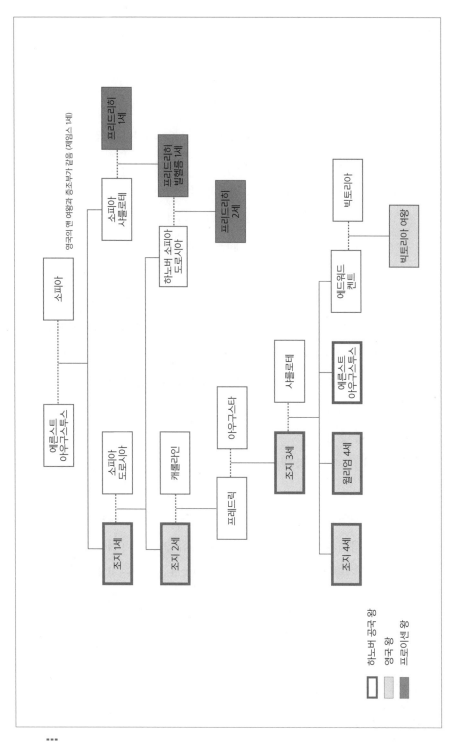

영국의 앤 여왕과 증조부가 같음 (제임스 1세)

하노버 공국 왕
영국 왕
프로이센 왕

18세기 영국, 하노버, 프로이센 왕가 가계도.

이 왕위를 계승할 수 있는 전통이 있었다. 이에 따라 1837년 자식이 없던 윌리엄 4세를 계승한 사람은 조카딸 빅토리아 여왕이었지만, 하노버 공국의 왕위는 조지 3세의 5남이자 윌리엄 4세의 동생인 에른스트 아우구스투스가 계승했다. 이로써 123년 동안 지속되었던 영국과 하노버의 통합 왕실은 다시 분리되었다.

18세기 하노버에서 영국으로 건너가 국왕이 된 조지 1세의 외손자는 프로이센을 강국으로 만든 프리드리히 대왕(프리드리히 2세)이다. 조지 1세의 여동생 소피아 샤를로테는 프로이센의 프리드리히 1세와 결혼했다. 이들의 아들인 프리드리히 빌헬름 1세는 외삼촌인 조지 1세의 딸 소피아 도로시아와 결혼했다. 즉 사촌끼리 결혼한 것이다.

프리드리히 빌헬름 1세와 소피아 도로시아 사이에서 태어난 프리드리히 대왕의 친할머니(소피아 샤를로테)와 외할아버지(조지 1세)는 서로 남매간이다. 프리드리히 대왕은 1740년부터 1786년까지 장기간 집권하면서 프로이센이 게르만 세계를 대표하는 국가, 즉 현대 독일의 모태로 성장하도록 결정적으로 기여했다.

앞에서 11세기 영국의 앵글로색슨 왕가, 프랑스의 프랑크 왕가, 노르망디의 바이킹 왕가가 혼인관계로 복잡하게 연결되었고, 그 때문에 백년전쟁이 일어났다는 것을 간략하게 소개했다. 그리고 18세기부터 19세기까지 유럽의 주요 민족국가인 영국과 하노버, 프로이센 등의 왕실이 얼마나 긴밀하게 혼인관계의 그물을 형성하고 있었는지를 살펴보았다. 1000년 가까운 긴 시간 동안 유럽의 왕족 및 귀족은 혼인과 가문의 그물을 촘촘히 짜서 유럽을 뒤덮었던 것이다.

# 왕족의 유럽

19~20세기는 바야흐로 민족의 시대다. 18세기 말 프랑스 대혁명의 여파로 근대적 의미의 민족이 유럽 각지에서 형성되었다. 그리고 민족과 국가를 하나의 패키지로 만들기 위한 다양한 시민운동과 전쟁이 벌어졌다. 1848년에는 유럽의 주요 대도시에서 동시다발로 민족주의 운동이 벌어졌고, 이를 '민중의 봄'이라고 부른다. 1860년대~1870년대는 이탈리아와 독일에서 통일을 위한 전쟁이 벌어졌다. 또 1차, 2차 세계대전은 민족국가 논리의 충돌이 빚어낸 인류의 비극이었다.

하지만 이런 민족의 시대에도 왕족은 여전히 유럽의 가족 그물을 형성하고 있었다. 러시아의 마지막 황제인 니콜라이 2세의 사례를 보자. 그는 1차 세계대전의 와중에 터진 러시아 혁명으로 제국의 마지막 차르가 되었다. 그의 아버지는 알렉산드르 3세였고, 그의 어머니는 덴마크의 공주 마리아 페오도로브나였다. 니콜라이 2세의 외할아버지는 덴마크의 국왕 크리스티안 9세였으며, 외삼촌은 외할아버지의 뒤를 이어 국왕이 된 프레데리크 8세였다. 또 다른 외삼촌은 그리스 의회에서 그리스 국왕으로 선출된 조지 1세로 1863년부터 1913년까지 재임했다. 이모 알렉산드라는 대영제국의 황제이자 영국의 국왕인 에드워드 7세와 결혼했다. 이렇게 20세기까지도 유럽의 왕실들은 서로 혼인관계로 긴밀하게 연결되어 있었다.

1차 세계대전이 발발할 당시 영국-러시아-프랑스의 연합에 대응하는 세력은 독일-오스트리아-오스만제국이었다. 독일의 황제는 빌헬름 2세였는데 그 역시 영국 왕실과 피를 나누었다. 빌헬름 2세는 19세기 영국을 장기 통치한 빅토리아 여왕의 외손자다.[18] 그의 어머니도 빅토리아라는 이름의 공주였는데, 빅토리아 여왕의 장녀다. 따라서 영국에서 빅토리아 여왕의 뒤를 이어 등극한 에드워드 7세와 독일의 빌헬름 2세는 외삼촌과 조카 사이다. 1차 세계대전은 이처럼 유럽 왕족의 그물 안에서 벌어진 내분이었다.

#

## 왕족과 귀족의 경쟁

유럽의 왕족과 귀족은 긴밀한 혈통과 소통의 관계를 맺고 있었던 만큼 경쟁도 대단했다. "사촌이 땅 사면 배가 아프다"는 한국 속담은 가까운 사람들, 비교 가능한 사람들 사이에 경쟁이 가장 심하다는 진리를 잘 지적한다.

유럽의 왕족과 귀족은 경쟁을 제도화하는 데 열심이었다. 예를 들어 유럽에서 만들어진 많은 스포츠 대회는 토너먼트 형식으로 진행된다. 토너먼트란 두 사람 또는 두 팀이 맞대결을 벌여 승패를 겨루는 방식을 반복하여 최종 챔피언을 결정하는 시스템이다. 중세 기사들이 벌이던 마상 시합에서 기원을 찾을 수 있는 이 방식은 전투를 통해 왕을 결정했던 게르만족의 관습을 상기시킨다. 하지만 게르만의 전투가 무차별의 폭력 대결이었다면 토너먼트는 시간이 지나면서 점차 세밀한 규칙을 통해 가능과 불가능, 정상과 비정상을 구분하는 대결로 발전했다.

이는 동아시아의 경쟁과는 조금 다르다. 예를 들어 과거는 다수의 응시자 가운데 급제한 소수는 무한의 영광을 누리지만, 그렇다고 나머지 다수가 패했다고 보기는 어려운 제도다. 체면을 중시하는 동아시아 문화에서 토너먼트 방식의 대회가 있었는지 잘 모르겠다. 손자병법에서는 전쟁을 하지 않고 거두는 승리가 참다운 승리라고 한다. 용기보다 지혜가 더 중요하고, 전투는 마지막으로 고려할 수단이라는 시각이다. 하지만 유럽의 전통에서 전투는 그 자체로 중요한 목적이다. 전투를 통해 인간의 용기를 확인하고, 왕의 자격을 가릴 수 있기 때문이다.

유럽에서 왕족과 귀족의 경쟁, 특히 명예를 최고의 가치로 삼는 사람들의 경쟁은 전쟁이나 토너먼트 대회에서만 나타나지 않았다. 예를 들어 중세에는 신성로마제국과 프랑스 왕국 사이에 신앙심을 두고 치열한 경쟁이 벌어졌다.[19]

웅장하고 높은 건물로 신의 영광을 기리는 행위도 경쟁의 일환이었다. 신성로마제국의 콘라트 2세는 슈파이어 대성당을 확장하여 황실 묘를 만들었다. 이어 하인리히 4세는 마인츠 대성당을 다시 황실 묘로 건설했다. 이에 질세라 프랑스의 왕들은 '가장 기독교적인 왕'이라는 명칭과 전통을 유지하기 위해 고딕 대성당을 짓는 데 열심이었다. 프랑스 왕실은 1063년 십자군이 팔레스타인에서 가져온 예수의 가시관을 모시기 위해 1239~1248년에 성 샤펠 성당을 파리에 지었다. 기독교 세계의 중심이 되려는 시도였다.

이 투자를 통해 프랑스는 아헨에 있는 샤를마뉴의 성당이나 프리드리히 황제가 팔레르모에 세운 카펠라 팔라티나 성당, 그리고 콘스탄티노플의 성당을 능가하는 기독교의 수도라 자부할 수 있었다. 성 샤펠 성당이 너무나 부러웠던 신성로마제국의 카를 4세는 아헨과 프라하에 이를 모방한 성당을 세우도록 명할 정도였다.

중세의 왕실들 간에 벌어진 건축 경쟁은 17~18세기에는 궁중문화의 경쟁으로 이어졌다. 프랑스와 영국 궁정에서 만들어진 전통과 매너와 에티켓은 귀족사회로 전파되고 이웃 나라로도 전해졌다. 영국이나 프랑스의 귀족은 궁정의 습관을 몸에 익혀야만 왕족과 친해질 수 있었고, 특혜와 출세의 기회를 가질 수 있었다.

왕족의 유럽이라는 그물을 통해 영국과 프랑스의 관습은 다른 왕정으로 확산되었다. 사람은 신기한 습관을 보면 모방하는 본능이 있다. 하물며 그것이 선진국으로 알려진 궁중의 습관이라면 더 말할 나위가 없다. 왕족과 귀족의 습관이 유럽으로 확산됨과 동시에 이들의 문화는 다시 하인이나 부르주아를 통해 다른 계급으로 전파되었다.

지금까지 유럽에서 왕족과 귀족이 만들었던 그물을 살펴보았다. 유럽의 왕과 귀족의 전통이 남긴 공통의 유산은 유럽 문명에 깊이 뿌리를 내리고 있다. 이 장에서 우리는 이들의 이중성을 동시에 지적했다. 호전성과 이를 통제하는 전통이 동시에 존재한다는 말이다.

다른 문명과 비교해보자면 유럽의 왕족과 귀족이라는 지배층은 가장 호전성이 강한 전쟁의 전문가 집단이라고 할 수 있다. 로마제국의 붕괴 이후 유럽에서는 전쟁을 주요 임무이자 존재 이유로 삼는 집단이 영토를 분할하여 서로 대립하고 충돌해왔다. 유럽 문명에 내재된 폭력성은 이런 지배층의 성격과 떼어놓고 논의하기 어렵다. 적어도 20세기 중반까지 유럽에서 전쟁은 지극히 정상이자 일상의 활동이었다.

하지만 이들의 호전성과 동시에, 자신의 모든 것을 걸고 대결하는 태도와 그를 통해 얻어진 결과에 승복한다는 전통이 존재한다. 되도록 대결을 피하고 승패가 나더라도 그것은 일시의 결과일 뿐이라는 태도와는 대조적이다. 물론 유럽에서도 왕이나 귀족이 아닌 부르주아의 전통은 대결보다는 계산과 타협을 중시한다. 하지만 1000년 이상을 지배해온 봉건 사고가 완전히 사라졌다고 보기는 어렵다.

## 유럽의 주요 궁전

| 번호 | 국가 | 지역 | 이름 | 건축 시기 |
|---|---|---|---|---|
| 1 | 노르웨이 | 오슬로 | 노르웨이 왕궁 Det kongelige slott | 1849 |
| 2 | 노르웨이 | 트론헤임 | 스티프츠고르덴 Stiftsgården | 1778 |
| 3 | 스웨덴 | 드로트닝홀름 | 드로트닝홀름 왕궁 Drottningholms slott | 1580 |
| 4 | 스웨덴 | 스톡홀름 | 스톡홀름 왕궁 Stockholms slott | 1760 |
| 5 | 덴마크 | 그로스텐 | 그로스텐 궁전 Gråsten Slot | 1603 |
| 6 | 덴마크 | 코펜하겐 | 아말리엔보르 성 Amalienborg Slot | 1673 |
| 7 | 덴마크 | 코펜하겐 | 크리스티안 보르 궁전 Christiansborg Slot | 1400년경 |
| 8 | 덴마크 | 프레덴스보그 | 프레덴스보그 궁전 Fredensborg Slot | 1726 |
| 9 | 에스토니아 | 탈린 | 카드리오르그 궁전 Kadrioru loss | 1727 |
| 10 | 리투아니아 | 빌뉴스 | 리투아니아 대공작 성 Lietuvos Didžiosios Kunigaĩkštystės valdovų rūmai Vilniaus žemutinėje pilyje | 1400년경 |
| 11 | 아일랜드 | 더블린 | 더블린 성 Caisleán Bhaile Átha Cliath | 1204 |
| 12 | 영국 | 런던 | 버킹엄 궁전 Buckingham Palace | 1703 |
| 13 | 영국 | 런던 | 세인트제임스 궁전 St James's Palace | 1530 |
| 14 | 영국 | 런던 | 윈저 궁전 Windsor Castle | 1087 |
| 15 | 영국 | 런던 | 켄싱턴 궁전 Kensington Palace | 1605 |
| 16 | 포르투갈 | 리스본 | 아주다 궁전 Palácio da Ajuda | 1795 |
| 17 | 포르투갈 | 켈루스 | 켈루스 궁전 Palácio de Queluz | 1747 |
| 18 | 스페인 | 마드리드 | 마드리드 왕궁 Palacio Real de Madrid | 1735 |
| 19 | 스페인 | 마드리드 | 엘 에스코리알 Monasterio y Sitio de El Escorial en Madrid | 1584 |
| 20 | 스페인 | 마드리드 | 파르도 궁전 Palacio Real de El Pardo | 1406 |
| 21 | 프랑스 | 콩피에뉴 | 콩피에뉴 성 Château de Compiègne | 1374 |
| 22 | 프랑스 | 베르사유 | 베르사유 궁전 Château de Versailles | 1668 |
| 23 | 프랑스 | 생제르망앙레이 | 생 제르망 앙 레이 성 Château de Saint-Germain-en-Laye | 1238 |
| 24 | 프랑스 | 파리 | 루브르 궁전 Palais du Louvre | 1868 |
| 25 | 프랑스 | 파리 | 팔레 루아얄 Palais Royal | 1830 |
| 26 | 프랑스 | 퐁텐블로 | 퐁텐블로 궁전 Château de Fontainebleau | 1100년경 |
| 27 | 모나코 | 모나코빌 | 모나코 대공궁 Palais de Monaco | 1191 |
| 28 | 벨기에 | 라컨 | 라컨 궁전 Kasteel van Laken | 1782 |
| 29 | 벨기에 | 브뤼셀 | 브뤼셀 왕궁 Königlicher Palast von Brüssel | 1400년경 |
| 30 | 벨기에 | 브뤼셀 | 슈타이언베르크 성 Schloss Stuyvenberg | 1725 |

| | | | |
|---|---|---|---|
| 31 | 룩셈부르크 | 룩셈부르크 | 그랑듀크 궁전 Groussherzogleche Palais | 1572 |
| 32 | 네덜란드 | 헤이그 | 노르타인데 궁전 Paleis Noordeinde | 1533 |
| 33 | 네덜란드 | 헤이그 | 후이스 텐 보쉬 Huis ten Bosch | 1737 |
| 34 | 네덜란드 | 수스트데이크 | 수스트데이크 궁전 Paleis Soestdijk | 1650 |
| 35 | 네덜란드 | 암스테르담 | 네덜란드 왕궁 Koninklijk Paleis Amsterdam | 1648 |
| 36 | 네덜란드 | 아펠도른 | 헷 로 궁전 Paleis Het Loo | 1686 |
| 37 | 독일 | 베를린 | 베를린 궁전 Berliner Stadtschloss | 1400년경 |
| 38 | 독일 | 베를린 | 샤를로텐부르크 궁전 Schloss Charlottenburg | 1700 |
| 39 | 독일 | 포츠담 | 상수시 궁전 Schloss Sanssouci | 1748 |
| 40 | 독일 | 드레스덴 | 드레스덴 궁전 Dresdner Residenzschloss | 1100년경 |
| 41 | 독일 | 드레스덴 | 츠빙기 궁전 Dresdner Zwinger | 1728 |
| 42 | 독일 | 뮌헨 | 님펜부르크 궁전 Schloss Nymphenburg | 1662 |
| 43 | 독일 | 뮌헨 | 레지덴츠 궁전 Münchner Residenz | 1385 |
| 44 | 독일 | 뮌헨 | 슐라이스하임 궁전 Schloss Schleißheim | 1598 |
| 45 | 리히텐슈타인 | 파두츠 | 파두츠 성 Schloss Vaduz | 1100년경 |
| 46 | 이탈리아 | 트리에스테 | 미라마레 성 Schloss Miramar | 1860 |
| 47 | 이탈리아 | 밀라노 | 밀라노 왕궁 Palazzo Reale di Milano | 알 수 없음 (고대) |
| 48 | 이탈리아 | 베나리아 | 베나리아 왕궁 Reggia di Venaria Reale | 1675 |
| 49 | 이탈리아 | 토리노 | 마다마 궁전 Palazzo Madama | 1200년경 |
| 50 | 이탈리아 | 토리노 | 발렌티노 궁전 Castello del Valentino | 1275 |
| 51 | 이탈리아 | 토리노 | 빌라 델라 레지나 Villa della Regina | 1615 |
| 52 | 이탈리아 | 토리노 | 스투피니치 궁전 Palazzina di caccia di Stupinigi | 1731 |
| 53 | 이탈리아 | 토리노 | 카리냐노 궁전 Palazzo Carignano | 1679 |
| 54 | 이탈리아 | 토리노 | 토리노 왕궁 Palazzo Reale di Torino | 1500년경 |
| 55 | 이탈리아 | 제노바 | 제노바 왕궁 Palazzo Reale | 1655 |
| 56 | 이탈리아 | 피렌체 | 피티 궁전 Palazzo Pitti | 1458 |
| 57 | 이탈리아 | 로마 | 퀴리날레 궁전 Palazzo del Quirinale | 1583 |
| 58 | 이탈리아 | 티볼리 | 빌라 아드리아나 Villa Adriana | 135 |
| 59 | 이탈리아 | 나폴리 | 나폴리 왕궁 Palazzo Reale di Napoli | 1644 |
| 60 | 이탈리아 | 나폴리 | 누오보 성 Castel Nuovo | 1282 |
| 61 | 이탈리아 | 나폴리 | 산엘모 성 Castel Sant'Elmo | 1343 |
| 62 | 이탈리아 | 나폴리 | 카세르타 왕궁 Reggia di Caserta | 1752 |

| 63 | 이탈리아 | 나폴리 | 카포디몬테 궁전 Reggia di Capodimonte | 1742 |
|----|---------|--------|-----------------------------------------|------|
| 64 | 이탈리아 | 나폴리 | 카푸아노 성 Castel Capuano | 1100년경 |
| 65 | 이탈리아 | 팔레르모 | 노르만 왕궁 Palazzo dei Normanni | 800년경 |
| 66 | 이탈리아 | 카타니아 | 우르시노 성 Castello Ursino | 1250 |
| 67 | 불가리아 | 바르나 | 에프크시노그라드 Евксиноград | 1891 |
| 68 | 터키 | 이스탄불 | 토프카피 궁전 طوپقاپw سراىی | 1453 |
| 69 | 몬테네그로 | 체티네 | 푸른 궁전 Plavi Dvorac | 1895 |
| 70 | 세르비아 | 베오그라드 | 구 궁전 Стари Двор | 1884 |
| 71 | 세르비아 | 베오그라드 | 세르비아 황궁 Краљевски двор | 1929 |
| 72 | 세르비아 | 베오그라드 | 신 궁전 Нови Двор | 1922 |
| 73 | 헝가리 | 부다페스트 | 부다 왕궁 Budavári Palota | 1247년경 |
| 74 | 오스트리아 | 인스부르크 | 인스부르크 궁전 Hofburg, Innsbruck | 1460년경 |
| 75 | 오스트리아 | 바트이슐 | 카이저빌라 Kaiservilla | 1854 |
| 76 | 오스트리아 | 빈 | 락센부르크 성 Schlösser von Laxenburg | 1724 |
| 77 | 오스트리아 | 빈 | 벨베데레 궁전 Belvedere | 1722 |
| 78 | 오스트리아 | 빈 | 헤르메스빌라 Hermesvilla | 1886 |
| 79 | 오스트리아 | 빈 | 호프부르크 궁전 Hofburg | 1200년경 |
| 80 | 체코 | 프라하 | 프라하 성 Pražský hrad | 1300년경 |
| 81 | 폴란드 | 바르샤바 | 바르샤바 왕궁 Zamek Królewski w Warszawie | 1619 |
| 82 | 폴란드 | 바르샤바 | 벨베데르 궁전 Belweder | 1822 |
| 83 | 폴란드 | 바르샤바 | 빌라노프 궁전 pałac w Wilanowie | 1696 |
| 84 | 폴란드 | 바르샤바 | 와지엔키 궁전 pałac Łazienkowski | 1689 |
| 85 | 폴란드 | 크라쿠프 | 바벨 성 Zamek Królewski na Wawelu | 1540 |
| 86 | 벨라루스 | 흐로드나 | 그로드노 성 Стары замак | 1000년경 |
| 87 | 러시아 | 상트페테르부르크 | 겨울 궁전 Зимний дворец | 1762 |
| 88 | 러시아 | 상트페테르부르크 | 여름 궁전 Летний дворец | 1723 |
| 89 | 러시아 | 모스크바 | 크렘린 궁전 Большой Кремлёвский дворец | 1156 |

# 전쟁의 그물

## 유럽의 주요 성

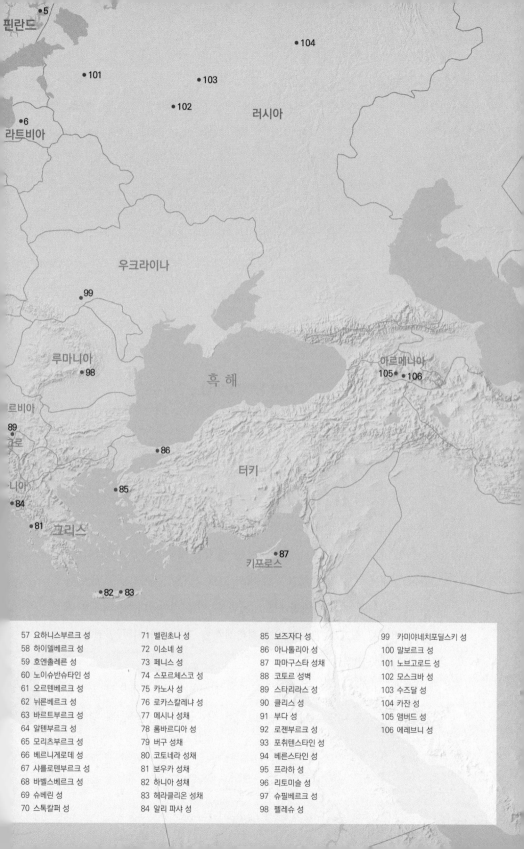

핀란드

•5

•104

•101

•103

•102

러시아

•6

라트비아

우크라이나

•99

루마니아

•98

흑 해

아르메니아

105• •106

르비아

89•

고로

니아

•84

86•

85•

81•

그리스

터키

•87

키프로스

82• •83

# 유럽 통합의 명암

1951년 유럽석탄철강공동체를 출범시킨 파리조약은 유럽 통합의 공식 시작을 알린 사건이다. 유럽이 석탄과 철강으로 통합을 시작한 이유는 이것이 당시 전략 군수산업이었기 때문이다. 전쟁에 필요한 탱크, 군함, 비행기, 철도 등을 만들려면 석탄과 철강이 필수였다.

석탄·철강 다음으로 유럽이 추진한 통합은 유럽방위공동체였다. 유럽이 군대를 하나로 합치면 내부에서 서로 전쟁이 불가능하고 소련을 비롯한 공산권의 군사 위협에도 대처할 수 있을 것이었다. 이 계획은 비준 과정에서 실패하기는 했지만 평화체제를 구축하기 위한 일관된 노력의 일환이었다.

유럽은 1957년 로마조약에서 공동시장이라는 경제통합으로 방향을 전환했다. 공동시장 자체가 목표라기보다는 공동시장을 통해 평화를 추구하고자 한 방편이었다. 로마조약과 동시에 핵의 평화적 사용을 지향하는 유라톰(Euratom)조약이 맺어진 데서도 이를 확인할 수 있다.

지난 70여 년 동안, 경제통합을 위한 유럽의 노력은 눈부신 성공을 거두었다. 국가 간 장벽을 허물고 하나의 시장을 만들었고, 화폐를 통합하여 유로라는 강력한 하나의 통화를 만들어냈다.[1]

반면 외교와 군사 분야에서 유럽 통합은 지지부진하다는 비판을 자주 받는다. 국제 사건이 터지면 미국은 강한 군사력으로 개입하면서 목소리를 내는 데 비해 유럽은 여전히 국가별로 서로 다른 주장을 하면서 통일된 행동을 보여주지 못하기 때문이다.

일례로 유럽 대륙에서 안보 사태가 발생해도 유럽보다는 미국이 더 적극 나선다. 1990년대 유고슬라비아연방이 붕괴하면서 크로아티아, 세르비아, 보스니아 등으로 분리되어 내전이 빈번했다. 이때 유럽의 주요 국가들은 각자 다른 외교를 펼쳤다. 역사적으로 프랑스는 세르비아와 가까웠고, 독일은 크로아티아와 친했기 때문이다. 여기서 미국만이 군사 리더십을 확실하게 보여주며 영향력을 제대로 발휘할 수 있었다.

많은 사람들이 유럽 경제통합의 성공과 정치통합의 실패를 비교하지만, 장기 역사의 시각에서 유럽이 2차 세계대전 이후 이룩한 평화라는 정치적 결과는 높이 평가받아야 한다. 왜냐하면 유럽은 세계에서 가장 전쟁이 빈번하고 치열하게 일어났던 지역이기 때문이다.

유럽을 동아시아나 남아시아와 비교해보면 차이가 확연하게 드러난다. 중국은 전쟁이 자주 휩쓸고 지나가기는 했지만 한, 당, 송, 원, 명, 청 등의 통일왕조 시기에는 태평성세를 누렸다. 인도 역시 지역마다 자율성을 가진 매우 분할된 사회구조를 가졌지만 전쟁이 일상은 아니었다. 반면 유럽은 20세기 중반까지 전쟁이 없는 시기가 매우 드물었다. 전쟁의 일상화가 유럽 문명의 특징이라고 할 수 있을 정도다.

# 폭력의 문화?

미국이나 유럽은 선진사회이므로 평화로울 것이라고 생각하면 큰 오해다. 오히려 한국이나 일본보다 폭력 사건이 더 빈번하게 일어난다. 유럽의 뉴스를 보면 폭력이 얼마나 광범위하게 일어나는지 알 수 있다.

예를 들어 유럽 축구의 훌리건들을 보자. 이들은 오랜 전통을 가진 지역의 토박이 서포터 집단이다. 특히 영국의 서포터들은 자신의 팀이 경기하는 날이면 축구 경기장 주변에서 술을 마시다가 운동장에 들어가 고함을 치고 노래를 부르며 응원한다. 혹시라도 싸움이 벌어지면 언제라도 집단의 명예를 지키기 위해 폭력을 행사할 준비가 되어 있다. 영국의 훌리건이 악명 높지만 사실 이런 집단은 유럽 각지에 널려 있다.

2016년 유로 축구대회가 열린 프랑스에서는 서포터 집단의 충돌이 일어났다. 특히 마르세유에서는 영국의 훌리건과 러시아의 서포터가 충돌하는 사건이 발생했다. 러시아 서포터들은 영국의 훌리건이 대륙에서 누리는 폭력의 명성이 부러웠던 모양이다. 이들은 수년 동안 술, 담배, 마약을 멀리하면서 무술을 연마했고 영국 훌리건을 폭력으로 제압하는 것을 목표로 삼아왔다고 한다. 술 취한 영국의 훌리건과 맨 정신의 러시아 '투사'는 게임이 되지 않았다. 당연히 러시아 측의 승리(?)로 패싸움은 종료되었고, 이들은 유럽의 집단폭력 챔피언이라는 '명예'를 얻게 되었다.

거리의 정치 역시 잠재 폭력으로 인한 긴장을 느끼게 한다.[2] 시위의 역사를 살펴보면 폭력적인 충돌과 사망 또는 부상은 늘상 발생하는 일이었다.

19세기 좌파의 사회주의 운동은 원래 노동자를 기반으로 대중조직을 갖고 있었다. 지역 유지들을 중심으로 의회 내 정당을 구성했던 전통 보수세력과는 전혀 다른 성격이었던 것이다. 사회주의 세력은 거리라는 도시 공간을 점령하여 대중의 힘을 과시했다. 이에 대한 반발로 우파세력도 1880년대부터 민족주의의 이름으로 대중 폭력조직을 형성했다.

특히 1차 세계대전이 끝나고 민간으로 복귀한 군인들이 이런 정치조직에 들어갔다. 20세기에 극우 민족주의 정치세력으로 성장하여 정권을 잡은 파시스트나 나치 모두 처음에는 폭력을 주요 활동으로 삼는 조직으로 출발했다.[3]

이들 폭력조직은 사회주의 세력이 시위를 하거나 노동조합이 파업을 하면 그들을 공격하고 파괴하는 활동으로 악명 높았다. 대기업 자본가들은 파시스트 폭력 부대를 동원하여 좌파 정치조직 및 시민단체를 공격하도록 자금을 지원했고, 이들이 성장하게 지원했다.

독일의 나치 세력도 처음에는 좌파 대중조직을 공격하기 위해 군대식 폭력집단을 운영했다. 프랑스 같은 나라에서 군대를 방불케 하는 좌파와 우파의 폭력조직은 1930년대 나라를 거의 내란 상황으로 몰고 갔다. 거리의 정치는 바로 좌우의 정치 충돌을 동반하는 폭력의 대립이었던 것이다.

20세기 후반에 시위가 정치행동의 하나로 자리 잡은 유럽에서 각 정치세력이나 노동조합 등은 모두 '질서유지 부대'를 보유하고 있다. 외부세력으로부터 시위대를 보호하고, 시위대가 흥분하여 폭력을 행사하는 것을 막기 위한 자체 조직이다.

이처럼 유럽이 민주주의의 선진국이라고 해서 거리 정치가 평화롭다고 착각해선 곤란하다. 역사를 거슬러 올라가거나 현재를 들여다봐도 유럽의 거리 정치는 폭력으로 변질될 위험성을 항상 안고 있으며, 종종 강력한 폭력과 충돌이 발생한다. 2016년 말 한국의 촛불시위가 평화롭게 진행된 것에 전 세계가 놀랐던 이유다.

#

## 전쟁이 국가를 만들다

미국의 사회학자 틸리는 유럽에서 폭력의 문제를 오랫동안 연구한 학자다. 그는 프랑스 사례를 중심으로 국내 정치에서 폭력을 통한 집단행동의 역사를 분석했다.[4] 그것을 바탕으로 시위와 혁명, 폭동과 투쟁 등을 망라하는 '집단행동의 레퍼토리'라는 개념을 발전시켰다.

틸리는 국제정치에서 전쟁과 국가 건설의 긴밀한 상호관계에 주목했다. 그는 유럽에서 반복되는 전쟁이 민족국가 형성의 동기와 과정으로 작동했음을 보여주었다. 특히 그는 유럽의 근대화와 근대국가의 탄생이 지속되는 전쟁과 불가결의 관계라는 사실을 밝혀냈다. 틸리의 설명을 살펴보자.

전쟁은 유럽 민족국가의 그물을 짰고 전쟁의 준비는 그 그물 안에 있는 국가의 내부 구조를 만들었다. 1500년 전후가 이런 점에서 결정적이었다. 유럽인들은 14세기 중반부터 전쟁에서 화약을 대량으로 사용하기 시작했다. 이후 150여 년 동안 총포 무기의 발명과 확산으로 대포를 만

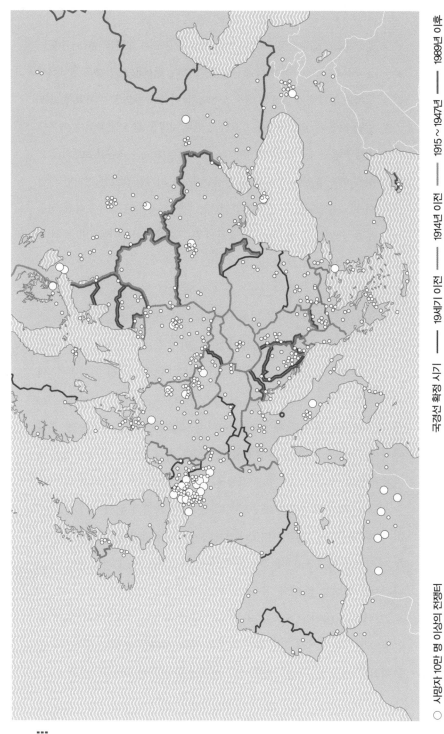

18세기 이후 유럽의 주요 전쟁터.

들고 대포 공격에 저항할 수 있는 새로운 종류의 성벽을 쌓을 수 있는 군주들은 큰 군사적 이득을 얻을 수 있었다. 전쟁은 과거 넓은 평야에서 벌이는 전투에서 중요한 성곽 도시를 둘러싼 공방으로 바뀌었다. 1500년을 전후해 성의 공격에 필요한 공병과 보병을 활용해야 했기 때문에 전쟁 비용은 더 올라갔다. 16세기 초 소총의 발전은 숙련된 보병의 중요성을 더욱 높였다. 동시에 해상 전투에서도 커다란 대포를 장착한 함선이 필요하게 되었다. 이처럼 불어나는 비용을 감당하고 이를 통해 적을 누를 수 있는 국가는 알프스 북쪽의 큰 규모의 국가들이었으며, 특히 프랑스와 합스부르크제국을 들 수 있다.[5]

틸리의 계산에 따르면 유럽의 대국들이 참여한 전쟁은 16세기 34개, 17세기 29개, 18세기 17개, 19세기 20개, 20세기 15개 등이었다. 그만큼 전쟁이 끊이지 않았다는 것이다. 유럽에서 전쟁이 벌어진 기간은 16세기 95퍼센트, 17세기 94퍼센트, 18세기 78퍼센트, 19세기 40퍼센트, 20세기 53퍼센트 등으로 매우 길다는 사실을 알 수 있다.[6] 이 정도면 유럽에서 전쟁이 일상이었다는 표현이 적합하다. 아니 유럽은 전쟁과 평화를 경험한 것이 아니라 거의 항상 전쟁을 치르고 있었다고 보아야 한다.

서구 사회가 보여주는 표면의 평화는 이런 폭력의 위협이 상시 존재하기 때문인지도 모른다. 미국에서 운전을 하면 사람들은 서로에게 매우 예의 바르다고 느낀다. 경적을 거의 울리지 않으며, 보복운전이 다른 나라보다 적다는 뜻이다.

그 이유는 아마도 총기를 자유롭게 구할 수 있는 미국에서 운전 중 언쟁이라도 벌어지면 감당하기 어려운 폭력 사태를 초래할 수 있기 때문이리라. 유럽의 귀족사회에서도 서로에게 최대한 예의를 갖춘 가장

큰 이유는 상대의 명예를 건드렸다가는 결투의 위험에 직면할 수 있었
다는 점이 크다. 큰 폭력의 위험은 작은 폭력을 사라지게 하는 게 틀림
없다.

## 국가는 '조폭'

정치학의 기본 개념은 국가이며, 이를 대부분 "정당한 폭력을 독점
하는 제도"라는 베버의 정의를 통해 설명한다.[7] 여기서 핵심은 두 가지
다. 하나는 한 국가가 통치하는 영토 내부에는 다른 폭력의 공존을 인
정하지 않는다는 뜻이다. 폭력의 중앙 집중이며 국토 내에 경쟁 세력이
없어야 한다. 만일 도심에서 조폭들이 활개를 치며 상인에게 자릿세를
걷는다면 국가 폭력의 독점이나 포괄성을 말할 수 없다.

다른 하나는 정당성이다. 국가가 행사하는 폭력이 정당하다는 것을
사회 구성원들이 인정해야 한다. 아무리 주어진 영토에서 폭력을 독점
하더라도 국민이 그 정당성을 인정하지 않으면 국가다운 국가라고 할
수 없다.

베버의 이 국가 정의를 처음 접했을 때 신선한 충격과 다소의 의아
함을 느꼈다. 신선한 충격이라 함은 미처 생각하지 못했던 사실이 하나
의 압축된 정의로 제시되었을 때 느끼는 감정이다. 국가를 가장 강하고
가장 설득력 있는, 독점 '조폭'이라고 보는 시각은 정치를 이해하는 데
많은 도움을 준다.

하지만 이런 기발한 정의가 의아함을 완전히 지우지는 못한다. 동양
에서 사람들이 기존에 가지고 있는 정치와 국가에 대한 생각은 도덕에

크게 의존하기 때문에 폭력으로 국가를 정의 내린다는 것이 불편할 수 있다.

오랜 시간 정치를 관찰하면 이런 의아함이 다소 풀린다. 베버의 국가 정의는 유럽의 독특한 역사에서 비롯된다. 로마제국 붕괴 이후 중세에 봉건질서가 자리 잡기까지 유럽은 집단 이동과 무력 투쟁의 세계였기 때문이다.

프랑스와 영국만 게르만족과 바이킹의 침략을 받은 것이 아니다. 이베리아반도는 게르만과 바이킹에 이어 이슬람 세력의 침공을 받았다. 이탈리아반도에도 게르만계의 고트족과 롬바르드족, 바이킹과 무슬림의 침공이 이어졌다. 헝가리와 폴란드는 중앙아시아의 초원에서 이동해온 훈족과 몽골의 침략을 받았다. 이런 상황에서 왕과 귀족의 의무는 주민의 안전을 지켜주는 것이었다.

언어만 보더라도 유럽 언어에서 국가는 영어의 스테이트(state), 프랑스어의 에타(Etat), 독일어의 슈타트(Staat) 등 '상태'라는 의미를 동시에 가지며, '튼튼한, 견고한, 안정된(stable, stabil)'이라는 뜻의 단어와 연결된다. 이는 영어에서 부동산을 의미하는 리얼에스테이트(real estate)나 사유지를 뜻하는 에스테이츠(estates)에서 알 수 있듯이 영토나 토지의 안정성, 지속성과 긴밀히 닿는다.

#

## 마키아벨리에서 히틀러까지

9세기 샤를마뉴의 제국 건설은 로마의 붕괴로 인한 혼란의 시기에 새로운 정치와 종교의 결합으로 종지부를 찍으려는 노력이었다. 하지만 샤를마뉴의 시도는 그의 손자 대에 가면 분열과 대립으로 실패한다. 이후 오토 대제의 노력으로 신성로마제국이 형성되어 형식상 통일성을 유지하지만 실제 유럽은 충돌과 전쟁에 시달리게 되었다.

근대 정치사상의 출발점이라고 할 수 있는 마키아벨리는 정치를 도덕이나 규범으로부터 독립시킨 것으로 잘 알려져 있다. 그는 16세기에 기독교의 도덕과 규범이 세계의 평화와 안정을 보장하지 못하는 상황에서 정치와 국가가 질서를 창출해야 한다는 강력한 의무를 규정했던 것이다.

마키아벨리는 수단과 방법을 가리지 않고 국가권력을 활용하여 통치하는 기술을 주장했던 것으로 일반인에게는 알려져 있다. 하지만 그의 주장은 사실 국가의 기초 의무가 기독교 도덕관이나 윤리관에 얽매이는 것이 아니라 주민의 안전을 보장하는 것임을 강조한 것이다.[8] 정치 기능을 도덕과 신앙의 세계에서 분리했다고 할 수 있다. 전쟁이 일상화되면서 강력한 힘을 바탕으로 질서를 제공하는 국가의 역할을 역설한 것이다.

1651년에 출판된 홉스의 《리바이어던》은 이런 유럽의 상황을 잘 반영한다. 홉스가 말하는 '만인의 만인에 대한 투쟁' 상태는 극단의 무질서와 혼돈의 자연을 그린 것이지만 사실 유럽의 역사를 상당 부분 반영한다. 혼란에 질서를 부여하려면 모든 폭력을 독점하는 국가라는 괴물, 즉 리바이어던을 만들지 않고는 불가능하다는 설명이다. 홉스에 따르면, 인류에게 주어진 "최악의 조건은 항상 폭력적인 죽음을 맞을 수 있다는 위험에 노출되어 공포를 느낀다는 사실"이다. 따라서 "인간의 삶은 외롭고, 가난하며, 더럽고, 난폭하고, 짧다".[9] 이런 자연 상태에서 벗어나기 위해서는 국가가 필요하다. 마키아벨리가 기독교와 규범의 국가관으로부터의 독립과 탈피를 역설했다면 홉스는 국가를 통한 정치질서의 확립을 강조했다.

17세기부터 19세기까지 유럽의 정치철학과 사상의 역사는 국가의 성격에 대해서 다양한 원칙과 방향을 제시했다. 영국에서 홉스에 이어 로크는 정치질서의 보루인 국가의 통치에 시민들의 동의를 얻어야 한다는 자유주의 원칙을 덧붙였다.

프랑스의 계몽주의 역시 현명한 군주의 관용을 주장했고, 루소는 시민 공동체가 국가 주권을 가져야 한다고 주장했다. 헤겔은 국가가 이성을 결집하는 결정체로서 역사 발전의 최종 단계라고 규정했다.

유럽인들에게 국가는 종교로부터 독립하여 점점 더 강해졌고 절대의 존재로 부상했다. 다만 여기에는 조건이 따랐다. 로크는 시민의 동의, 루소는 시민 공동체의 일반 의지, 헤겔은 절대 이성을 제시했다. 하지만 현실 속에서 시민의 동의나 일반 의지, 절대 이성 등은 확인하기 어려운 조건이었고, 다만 국가의 힘만 확실하게 성장했다.

극좌의 공산주의 소련이나 극우의 나치 독일은 모두 각각의 방식으로 폭력을 독점하여 완벽한 질서를 추구했던 전체주의의 사례다. 이들이 각각 추구했던 세계 지배 또한 완전한 독점 폭력의 중앙 집중을 이루기 위한 시도로 보인다. 독일은 1000년의 제국을 세웠고, 소련은 모스크바를 공산주의 세계의 수도로 키웠다. 새로운 세상을 만들려는 시도는 한계를 모르고 확산되었던 것이다.

폭력의 독점으로 정의되는 국가는 자신의 폭력이 정당하다고 주장하며 폭력으로 다른 세력을 누르려고 했다. 소련이나 나치 독일의 전체주의란 국가가 독점한 폭력으로 시민의 안전 보장을 넘어 시민의 삶을 지배하려는 시도였다. 공산주의와 민족주의라는 국가 목표는 시민들에게 주입해야 하는 사상이자 모두가 일사불란하게 실천해야 하는 과제였다.

국가의 폭력 독점을 추구한 유럽의 역사는 20세기에 상상 밖의 비극으로 종결되었다. 히틀러의 나치 독일은 유대민족을 말살시키겠다는 목적으로 수백만 명의 유대인을 학살했다. 국가 폭력의 가장 극단적이고 비극적인 사례다.

2차 세계대전에서 나치 독일이 패전함으로써 전체주의 시도는 실패로 끝났다. 소련은 나치 독일의 패배에 기여한 뒤 반세기를 더 지탱했지만 결국 전쟁이 아니라 스스로 무너져 해체되었다. 소련 역시 정치범을 탄압하고 학살한 점에서 나치 못지않게 폭력적이었다. 나치 독일과 소련은 극단의 형식으로 국가 폭력의 부조리를 보여준 사례다.

#

## 폭력: 동양과 서양

미국에서 활발하게 활동하는 일본계 학자 프랜시스 후쿠야마는 《정치질서의 기원》이라는 책에서 폭력과 정치의 문제를 광범위하게 다루었다. 그는 인간이 항상 서로 싸우면서 지냈다는 사실에 주목하면서 난폭함이나 호전성을 인간 유전자의 특징으로 인정한다. 인간이 서로 경쟁하는 과정에서 폭력은 자연스러운 행동이었다는 설명이다. 개인도 그렇지만 특히 집단 간 폭력은 인류의 역사에서 빈번한 현상이었다.[10]

《침팬지 폴리틱스》라는 책을 보면 인간뿐 아니라 유인원들도 폭력을 통해 경쟁하고 우위를 점한 녀석이 우두머리가 된다.[11] 그리고 일단 서열이 생기면 새로운 싸움으로 승자가 바뀔 때까지는 폭력이 유보된다.

동물의 세계에서도 생존을 위한 먹이사슬의 폭력이 아니라 사회 우위를 점하기 위한 폭력이 존재한다는 뜻이다. 여기서도 큰 폭력이 작은 폭력을 다스리는 현상을 발견할 수 있다. 죽음까지 무릅쓰는 큰 폭력으로 우두머리가 되기 위한 투쟁이 벌어지지만 일단 승패와 우열이 가려지면 폭력은 사라진다. 우열이 제도화되는 것이다.

인류학자 지라르는 《희생양》이라는 책에서 인류를 지배하는 집단 내부의 폭력을 설명한다.[12] 경쟁은 인간에게 큰 스트레스를 준다. 지라르의 인류학에서 인간은 경쟁하여 얻는 결과보다는 경쟁에서의 승리 자체가 관건이다. 보상보다는 승리 자체가 목적이라는 말이다. 하지만 경쟁 상대는 끊임없이 새롭게 생겨나고 경쟁관계는 영원하다.

홉스가 '만인의 만인에 대한 투쟁'을 말했다면, 지라르는 '만인의 만인에 대한 경쟁'을 주장했다. 이런 항시 경쟁으로 사회는 불만으로 가득 차고 서서히 긴장이 높아진다. 이런 팽팽한 상황을 버티기 힘든 인간은 특정 약자를 희생양으로 지목하고 그를 향해 무자비한 폭력을 행사함으로써 긴장을 해소한다. 이것이 바로 '희생양' 이론이다. 불만으로 고조되던 긴장은 피를 흘리고 고통받는 희생양을 보면서 해소된다는 해석이다.

인간은 그나마 다른 약한 인간에 대한 폭력을 희생양, 즉 동물로 대체함으로써 폭력의 강도를 조절해왔다. 지라르는 어디서나 동물의 피를 흘리게 하는 의식과 제사를 지내는데, 신에게 동물을 바치는 의식 이면에는 인간의 폭력성을 그런 행위를 통해 해소하는 목적이 있다고 말한다. 21세기에도 이방인이나 사회의 약자를 희생양으로 삼는 사례를 흔히 볼 수 있다.

이처럼 후쿠야마부터 지라르까지 인류의 폭력성에 대한 인식을 공유한다. 하지만 이런 폭력성을 조절하고 통제하는 국가라는 기구의 역사는 다양하다. 서구 중심의 정치학에서 근대국가는 유럽에서 만들어졌다고 배운다.

예를 들어 역사학자 칸토로비치의《왕의 두 육체》는 죽을 수밖에 없는 인간 왕이 한편에 있고, 다른 한편에는 국가의 지속성을 보존해야 하는 영원의 왕이 존재한다고 설명한다.[13] 그래서 인간 왕이 죽으면 곧바로 "왕이 서거하셨습니다. 새 왕 만세!"라고 외쳤다고 소개한다. 삶과 죽음 속에서도 국가의 지속성을 천명했다는 뜻이다. 유럽에서 근대국가는 왕 개인과 별개로 영속성을 가진 국가로 17~18세기에 완성되었다고 설명한다.

하지만 후쿠야마는 근대국가의 시초를 2000여 년 전 중국 진시황의 제국이라고 명백하게 밝혔다. 유럽의 역사를 바탕으로 틸리가 설명했던 전쟁이 국가를 만들고, 국가가 전쟁을 치르면서 성장한다는 가설을 고대 중국에 그대로 적용한 것이다. 후쿠야마는 춘추전국시대야말로 유럽의 중세와 마찬가지로 다양한 집단이 서로 경쟁하면서 전쟁을 벌이던 시대였으며, 그 과정에서 우위를 점하고 멸망을 피하기 위해 강한 국가조직을 만들 수밖에 없었다고 설명한다.

강한 국가의 조건은 신분이나 혈연, 지연 등을 초월한 인재 등용과 원칙과 규율에 따른 국가 운영이다. 우수한 인재가 공정한 규칙에 따라 국정을 운영하고 전쟁을 지휘해야 적국을 누르고 승리할 수 있기 때문이다. 중국에서 발달한 과거제도는 우수한 인재를 선발하기 위한 제도였다. 결국 춘추전국시대를 거치면서 중국 통일에 성공한 진시황의 제국이야말로 인류 역사상 최초로 근대 정치질서를 형성한 국가라는 것이다.

# 통합과 분열

진나라가 중국을 통일하여 하나의 국가를 만들 무렵 로마는 지중해를 중심으로 유럽을 통일했다. 이후 중국은 이민족의 침입으로 분열의 시기를 겪기는 했지만 통일된 정치 단위를 유지했다. 반면 유럽은 로마 제국 붕괴 이후 한 번도 통일을 경험하지 못하고 분열과 경쟁과 전쟁을 지속해왔다. 이런 역사 전개의 차이는 어떻게 설명할 수 있을까. 중국과 유럽의 차이를 설명하기 위해 몇 가지 가설을 제기할 수 있다.

첫째는 지리의 설명이다.[14] 중원(中原)이란 표현이 잘 보여주듯이 중국 북부는 거대한 평야 지역이다. 따라서 지리상 군사 통제가 수월하다. 중앙권력이 되었건 아니면 북부 몽골이나 만주에서 침공한 이민족이 되었건 군사력이 우세한 세력이 통일을 이루고 유지하기가 좀 더 쉬운 지리 조건이다.

반면 유럽의 지형은 복잡하다. 많은 산맥들이 가로막고 있어 이동하기가 어렵고, 이는 지역 간의 소통이 어려울 수밖에 없는 조건이다. 군대가 알프스나 피레네산맥을 넘는 것은 무척 힘들었다. 또 바다라는 보호막을 가진 영국이 11세기 이후 외부 세력에게 점령된 적이 없음을 들 수 있다.

하지만 이런 가설에 대한 비판도 가능하다. 예를 들어 모스크바에서 폴란드를 거쳐 독일, 그리고 프랑스까지 광활한 평야가 이어진다. 그 규모는 중국 북부의 중원에 비해 결코 작지 않다. 하지만 중앙아시아에서 출발한 다양한 유목민족은 이 길을 통해 유럽을 점령하고 지배하는 데 실패했다.

둘째는 문화의 설명이다. 중국은 진시황의 통일 이후 강력한 군사력의 중앙 집중을 추진했다. 국가 중심에서 통제하는 군대를 제외하고 주변에서 중심을 위협할 만한 능력을 없앰으로써 폭력의 독점을 확실하게 실현한 것이다. 주변을 지배하는 세력도 유럽처럼 귀족이 아니라 중앙정부에서 파견한 황제의 관료였다.

이에 덧붙여 유교사상에 따라 도덕의 모범으로 나라를 다스리는 형식을 이상으로 추구했다. 이는 지방의 군사를 운영하며 전쟁을 준비하는 문화와는 거리가 멀다. 문치문화가 지배하는 사회는 군사력을 가진 세력이 비교적 손쉽게 통일을 이루고 치국평천하의 새로운 시대를 열 수 있었던 것이다.

반면 유럽은 고대 그리스와 로마 문명 자체가 군사적 성격을 강하게 띠고 있었다. 덧붙여 게르만족이 이동하여 만든 국가들 자체가 상시 무장 상태였다. 지배의 유럽에서 보았듯이 유럽의 지배층은 전쟁을 통해 자신의 존재 이유를 드러내는 집단이었다.

따라서 중앙아시아의 훈족이나 몽골족, 또는 아라비아에서 출발한 이슬람 군대, 그 누구도 유럽을 쉽게 점령하지 못했다. 상당한 세력을 가진 국가도 유럽 통일에 실패할 수밖에 없었던 것은 다른 국가들도 모두 무장한 상태로 경쟁했기 때문이다. 결국 군사귀족의 호전문화는 유럽의 분열을 초래하고 지속하는 중대한 요인이었다.

물론 이런 주장에 대해서도 얼마든지 반론이 가능하다. 유럽의 역사를 살펴보면 작은 규모의 정치 단위들이 매우 오랫동안 생존에 성공한 경우를 발견할 수 있다. 예를 들어 룩셈부르크, 리히텐슈타인이나 안도라, 산마리노, 모나코 등은 도시 규모의 정치 단위인데도 불구하고 21세기까지 살아남아 동아시아에서 온 관광객들의 호기심을 자극한다.

군사문화를 가진 유럽에서는 지역의 저항력이 강해 통일이 되지 않았다는 주장은 이런 작은 도시들의 생존을 설명하기 어렵다. 프랑스나 독일이 힘이 모자라 룩셈부르크를 흡수하지 못한 것은 아닐 것이기 때문이다.

세 번째 가설은 문명의 설명이다. 유럽은 전쟁을 상시 수행할 수 있는 문화였지만 막무가내의 전쟁, 약육강식의 전쟁이 아니라 이상과 규칙이 존재하는 전쟁이었다. 중세 유럽의 지도를 보면 다양한 정치 단위가 공존했음을 알 수 있다. 19세기까지만 하더라도 유럽의 중심을 북에서 남으로 연결하는 독일과 이탈리아, 그리고 동유럽에는 작은 단위의 국가들이 다수 존재했다.

틸리의 연구에서 알 수 있듯이 유럽은 중세부터 전쟁이 끊이지 않았다. 하지만 이는 상대방을 제압하여 점령하고 흡수해버리는, 그래서 영토를 무한대로 늘리는 전쟁이 아니었다. 이런 전쟁이 지배했다면 유럽은 빠른 속도로 통일되어 중국처럼 중앙권력이 지배하는 모습이었을 것이다. 하지만 유럽에서 전쟁은 항상 정통성을 둘러싼 다툼이었다.[15]

유럽은 기독교를 중심으로 한 같은 문명이라는 인식이 있었기 때문에 전쟁을 하더라도 이교도와 치르는 전쟁과는 달랐다. 기사도에서 보았듯이 유럽의 귀족들은 주민들을 보호하는 것을 이상으로 여겼고, 전쟁에서 승리했다고 모든 것이 허용되는 상황이 아니었다.

유럽의 귀족과 왕족은 하나의 커다란 그물을 형성했기 때문에 명성을 무척 중요하게 여겼다. 전쟁 역시 귀족이나 왕족의 행동을 판가름하는 중요한 기회였다. 무엇보다 약소국을 침략하여 흡수해버리는 것은 야만의 행동이었다. 유럽 내부의 전쟁은 명분이 있어야 했고, 원칙을 지키면서 치르는 행위였다.

이런 설명을 뒷받침하는 두 가지 증거가 있다. 하나는 유럽에서 벌어진 전쟁 대부분이 상속권을 둘러싼 전쟁이라는 점이다.[16] 유럽의 왕족과 귀족은 혼인관계로 긴밀하게 맺어져 있었다. 실제로 영토를 넓히는 가장 좋은 방법은 혼인을 통해 여러 개의 정치 단위를 하나로 합치는 것이었다.

스페인이 하나의 왕국으로 통합된 것은 1474년 페르난도 2세와 이사벨라 여왕의 결혼 덕분이었다. 페르난도 2세는 이베리아의 아라곤과 시칠리아의 왕이었고, 이사벨라 여왕은 카스티야의 왕이었다. 두 부부는 이베리아반도에서 이슬람 세력을 몰아내고 콜럼버스의 해양모험을 지원함으로써 신대륙 발견의 후원자로 역사에 남았다.

문명의 설명을 뒷받침하는 또 다른 증거는 전쟁을 동반하는 다양한 규칙들이 만들어지기 시작했다는 점이다. 특히 외교와 조약의 발전은 전쟁이 단순한 무력 충돌로 끝나는 것이 아니라 차이와 이견을 조정하는 하나의 방식일 뿐이라는 생각을 일반화했다. 전쟁 및 평화와 관련된 국제법의 발달은 이런 충돌과 문제 해결의 노력을 잘 보여준다.

1차 세계대전 때 유럽 국가들은 전쟁을 개시하기 전에 선전포고를 했고, 전쟁을 종결짓기 위한 협상을 벌였다. 2차 세계대전 때 일본의 진주만 공격 같은 기습의 전쟁과는 다른 모습이다. 또 전쟁 중에도 절대 허용될 수 없는 행위를 규정하려는 노력이 꾸준히 있었다. 예를 들어 포로에 대한 규칙이나 적십자 같은 제도는 전쟁 중에도 최소한의 인간성을 유지하기 위한 노력이었다.

# 기마부대

우리는 서장에서 유럽의 문명과 기술, 특히 군사력이 발달한 원인으로 다양한 세력 간에 계속되는 경쟁과 모방을 지적했다. 유럽은 끊임없는 전쟁을 통해 상호작용을 해왔고 그 결과 무기와 군대를 혁신하여 전투력을 키울 수 있었다. 특히 유럽은 다른 대륙이나 문화에 비해 전투력에서 압도적인 우위를 점하면서 16세기부터는 세계를 무대로 세력을 확장해나갔고, 19~20세기에는 세계를 지배하게 되었다.[17]

그 시작은 말이었다. 인류 전쟁의 역사에서 말을 활용하는 집단은 맨발로 걸어서 싸우는 집단에 대해 절대우위를 차지했다. 최초에 거대한 제국을 형성한 집단들은 마차를 타고 싸우는 군사력을 자랑했다.

그리스의 알렉산드로스 대왕이나 로마제국의 군대는 말과 마차를 활용한 대표 문명이었다. 그리고 2세기경 하드리아누스 황제 시대에는 무장한 기마병이 등장했다. 영화에서만 보던 말을 실제로 보면 무척 크다는 사실을 깨닫는다. 무장한 병사들이 말을 타고 빠른 속도로 이동하면서 전투를 하면 사실 땅 위에 취약하게 서 있는 병사들은 추풍낙엽 같은 신세다.

기마민족이 농경민족을 침략하여 지배하는 데 성공한 대표 예가 칭기스 칸의 몽골제국이다. 어릴 때부터 말을 다루는 능력이 뛰어난 몽골민족은 달리는 말 위에서 활을 쏘는 기술이 출중했다. 몽골족의 기마부대는 전광석화같이 나타나 신속하게 전투를 치르고 사라지는 것으로 유명했다.

고대의 전쟁에서는 전진하는 군대를 보급하기 위한 수송 때문에 속

몬텔레오네 전차(기원전 6세기). 다만 이 전차는 전투용이 아니라 의식용이다.

도가 더뎠지만, 몽골 부대는 빠른 속도로 진격하여 그 지역을 수탈하는 방식으로 지배력을 넓혀갔다. 하지만 몽골제국의 확장을 가로막은 두 장벽이 있었다. 하나가 바다로, 몽골은 일본을 침략했지만 실패하고 만다. 다른 하나는 유럽의 무장한 기마부대였다.

로마제국이 멸망한 뒤 중세 유럽은 봉건제 사회가 되었다. 소수의 귀족이 영토를 기반으로 사람과 자원을 통제하는 시스템이다. 그리고 이런 사회체제를 뒷받침하는 무력 또는 폭력의 질서는 말을 타고 중무장한 소수가 다수를 압도하는 불평등한 관계라고 할 수 있다.

몽골의 기마병과 중세 유럽의 기마병을 비교해보라. 전자는 속도전의 대명사다. 번개같이 달려가 날카로운 활로 상대방을 무너뜨리는 전술이다. 하지만 중세 유럽의 기사는 철가면과 갑옷으로 무장한 차림으로 긴 창을 들고 달려가 적을 떨어뜨려 칼로 공격했다. 번개 같은 속도와 철갑의 육중함이 대비된다. 유럽의 기사는 활이나 칼로 공격을 해도 급소를 찌르지 못하면 멀쩡하다.

빠른 속도로 이동하는 아랍 세력이 732년 프랑스에서 샤를 마르텔의 벽을 넘지 못하고 가로막힌 것이나, 13세기 몽골제국이 유럽 공략에 실패한 이유다. 달리 말해 유럽의 군인은 말이라는 커다란 동물에 덧붙여 철로 만든 무기와 갑옷과 방패로 무장한 고비용의 전투력이었다. 적은 수의 기사들이 귀족임을 내세우며 다수의 농민을 지배하기에 수월한 관계였던 것이다.

스페인의 군대가 16세기 라틴아메리카를 정복하는 순간에도 기마부대의 활약이 컸다. 말을 처음 보는 원주민들에게 기마병은 놀라운 기세로 나타났으며 공격을 해도 끄떡없는 철갑옷의 스페인 병사들은 신처럼 보였다.

#

## 대포와 성벽

유럽이 다른 지역에 비해 군사 우위를 점하게 된 주요 계기는 대포의 발달이다. 화약을 발명한 것은 중국이지만 이를 군사에 활용하여 이용하는 기술은 유럽에서 발전했다. 유럽은 항상 새로운 기술을 전쟁에 이용하려는 수요가 있었기 때문이다.

영국과 프랑스의 백년전쟁(1337~1453)은 유럽에서 벌어진 군사 경쟁의 극단의 모습이었다. 당시 유럽의 군대는 돌덩어리를 발사하여 성벽을 깨고 공격하는 전략을 썼는데 화약을 활용한 대포의 등장은 많은 관심을 끌었다. 문제는 무거운 대포를 이동하는 것이었다. 1453년 콘스탄티노플의 성벽을 허물었던 오스만 군대의 대포는 원자재를 가지고 가서 현장에서 철을 녹여 만든 것이었다.

1465년부터 1477년 사이 프랑스와 부르고뉴 공국은 대포 기술에서 놀라운 발전을 이룬다. 우선 돌 대신 철로 만든 덩어리를 발사하는 대포를 제작하여 파괴적인 효과를 누릴 수 있었다. 또한 화약을 옥수수(corns)라고 불리는 작은 조각으로 갈아서 활용함으로써 더 빠른 점화를 통해 폭발력을 높이고 발사 대기 시간을 단축했다. 게다가 대포에 바퀴를 달고 말이 끌게 함으로써 대포는 군대의 필수 무기가 되었다.

그 덕분에 샤를 8세의 프랑스 군대는 1494년 나폴리의 성벽을 공격한 지 8시간 만에 무너뜨리는 성과를 거두었다. 나폴리의 성벽은 7년간의 포위 공세도 버텨냈던, 유럽에서 유명한 철옹성이었는데 새로운 대포의 위력 앞에 무릎을 꿇은 셈이다.[18]

이 가공할 새로운 무기는 15세기부터 1840년대까지 비슷한 모델이었다. 대포의 등장은 세계 전쟁의 무대에서 기마부대의 위력을 크게 떨어뜨린 사건이다. 이제 화력이 군사력의 핵심이 되었고 말을 타고 갑옷을 입는 것은 구식의 상징으로 전락했다.

이처럼 두터운 성벽을 대포가 뚫게 되자 발등에 불이 떨어진 것은 이탈리아 도시국가들이었다. 이들은 작은 도시에 부를 축적하여 성을 쌓아 방어하던 세력들이다. 과거에는 성문을 닫고 포위 공격에 저항할 수 있었지만 이제는 항복하는 길만이 남았다.

따라서 이탈리아의 당대 천재들은 대포 공격을 막아낼 방도에 골몰하게 되었다. 다빈치와 미켈란젤로 등도 이런 무기 혁신에 기여하기 위해 노력했다. 1500년에 피렌체는 피사를 공격했는데 이 과정에서 이탈리아인들은 흙으로 만든 성벽이 돌로 만든 성벽보다 대포의 공격을 막는 데 오히려 더 유리하다는 사실을 깨달았다. 딱딱한 대나무가 쉽게 부러지는 이치와 같이, 강한 철 포탄에 돌벽은 무너지지만 물렁물렁한 진흙벽은 포탄을 흡수해버렸다.

이탈리아에서는 이중벽을 쌓고, 성 둘레에 해자를 파서 물로 채우며, 성벽에 대포를 설치하여 반격하는 새로운 성을 개발해냈다. 이 기술은 1530년대가 되면 유럽 전역으로 퍼져나갔다. 대포라는 공격 수단과 이에 저항하는 성벽이라는 방어 수단이 유럽에 확산됨으로써 기존의 정치 다원성을 유지할 수 있었다. 다만 틸리의 책에서 보았듯이 새로운 무기를 제작하고 새로운 성을 쌓으려면 많은 돈이 필요했다.

유럽은 이에 덧붙여 총기를 발전시켜 보병부대를 무장시켰다. 포병 및 보병부대가 주를 이루는 새로운 군대조직이 확산되었고, 이를 통해 유럽은 주변 국가를 압도하는 군사 우위를 점하기 시작했다. 유럽은 오스만제국과의 전쟁(1593~1606), 그리고 러시아와의 리보니아 전쟁(1557~1582)에서 막강한 공격력을 자랑했다.

게다가 유럽은 대항해 시대의 함선에도 대포를 장착함으로써 막강한 군사력을 투영할 능력을 갖게 되었다. 맥닐은 유럽과 세계의 만남을 면역력이 강한 사람과 없는 사람의 생리 충격에 비유한다.[19] 아메리카 인디언들이 유럽인들에게서 옮은 세균에 감염되어 죽어나갔듯이 대포와 총기를 가진 유럽의 군사력 앞에서 다른 대륙의 군대는 속수무책으로 붕괴될 수밖에 없었다는 말이다.

유럽 내부의 경쟁이 워낙 치열했기 때문에 유럽을 통일하거나 광대한 영토를 지배하는 것은 무척 어려운 일이었다. 예를 들어 16세기 합스부르크가는 오스트리아, 스페인, 네덜란드 지역을 모두 지배했지만 네덜란드에서 반란이 일어나자 이를 진압하는 데 큰 어려움을 겪었다.

그리고 결국 네덜란드의 독립을 인정할 수밖에 없게 된다.

그러나 아메리카에서 스페인은 소수의 군대로 거대한 대륙을 점령할 수 있었다. 마찬가지로 네덜란드나 영국도 작은 영토를 가진 국가였지만 다른 대륙에 진출하여 거대한 제국을 건설할 수 있었다.

#

## 군사조직과 오케스트라

음악의 장에서 우리는 오케스트라의 연주가 근대 유럽 문화의 정수를 드러내는 상징이라고 소개했다. 유럽의 근대식 군대와 클래식 음악은 비슷한 시기인 17~18세기에 본격 발전했다.

여기서 음악과 군대 사이의 인과관계나 선후를 따지는 것은 별 의미가 없다. 오히려 비슷한 역사 국면에서 군대와 음악에 조직 협력의 문화가 동시에 나타나 같은 방향으로 발전했다는 사실이 중요하다. 악기를 연주하는 데 오랜 훈련과 연마가 필요하듯이 군대에서도 훈련의 중요성이 대두되었다.

상시 반복 훈련을 통해 군대의 조직력을 크게 드높인 인물은 네덜란드공화국의 총독을 역임한 마우리츠 공이다.[20] 그는 1585년 홀란트와 제일란트의 총독을 역임한 뒤 네덜란드의 총사령관으로 임명되어 스페인과의 전쟁을 지휘하면서 네덜란드 군대의 근대화에 앞장섰다.

마우리츠는 레이던대학과 하이델베르크대학에서 수학과 고전학을 전공했다. 그는 고전학을 통해 배운 고대 그리스와 로마의 군사기술을 근대화하려 했고, 수학자답게 체계적인 적용을 고민했다. 그의 군대 개혁은 다음 세 가지로 요약할 수 있다.

첫째, 군대에 공병(工兵)의 개념을 도입했다. 한국에서 군대 하면 '삽질'을 떠올리지 않는가. 네덜란드에서 공병 개혁이란 로마군처럼 군대에 삽을 들여와 군인의 일상에 활용하는 것이었다. 중세 유럽에서 기존의 전쟁은 기마병을 중심으로 이루어졌고 기사도가 지배했다. 군인이 흙으로 담을 쌓고 뒤에 숨어서 싸우는 것은 비겁하다고 여겼다. 하지만 마우리츠는 공격하는 군대도 땅을 파서 도랑을 만들고 그 흙으로 벽을 쌓아 스스로를 방어하도록 했다. 진격으로 적진에 가까워지면 기존의 도랑을 메우고 더 나아가 새로운 도랑과 벽을 만드는 방식이다. 그야말로 '삽질'은 '총질'만큼이나 중요한 전투의 한 부분이 된 것이다.

마우리츠 개혁의 두 번째 특징은 반복 훈련의 도입이다. 그전까지는 농민들을 모아다 대충 무기 다루는 법을 가르치고 전투에 투입하는 식이었다. 하지만 마우리츠는 화승총을 발사하는 과정을 42개의 세밀한 동작으로 나누어 각각 명칭을 부여했다. 그리고 부대장의 호령에 따라 대원들이 동작을 이행하도록 반복하여 훈련시켰다. 오케스트라의 단원이 복잡한 오선지의 지시에 따라 일사불란하게 연주를 하는 것과 마찬가지로 군인도 대장의 명령에 따라 일관되게 동작을 취하는 체계를 만든 것이다.

게다가 마우리츠는 행진 훈련을 반복시킴으로써 전투 중에 군인들이 신속한 동작을 취할 수 있게 했다. 특히 앞으로 전진하는 행진뿐 아니라 뒤로 물러나는 퇴진도 훈련시킴으로써 화승총 부대의 첫 번째 열이 발포를 하고 나서 뒤로 물러나면 두 번째 열이 앞으로 나가 발포하는 집단 발포 체계를 만들었다.

마우리츠 개혁의 세 번째 요소는 군대를 세분화한 것이다. 소대나 분대를 만들어 각 장이 책임을 지도록 함으로써 장군부터 영관, 위관 장교를 거쳐 분대장으로 내려오는 명령체계를 만들었다. 과거에는 장군이 쓰러지면 오합지졸이 되었지만 이제는 우두머리가 없더라도 명령체계가 가장 작은 단위에까지 미치게 되었다. 전투 과정에서 예측불허의 상황이 벌어지더라도 대응할 수 있는 군대로 성장한 것이다.

현대 사회에서 삽질과 반복 훈련, 세밀한 조직화와 엄격한 위계질서는 군대의 비효율성을 상징하는 말이다. 하지만 마우리츠가 전쟁을 벌이던 16~17세기에 유럽의 군대란 농민이나 도시 하층민을 모아놓은 그야말로 오합지졸에 불과했다. 전투를 벌이다가 도망가는 일이 빈번했고, 적의 성곽을 포위한 채 마냥 기다려야 하는 경우 군대의 기강이 해이해졌다. 이런 풍토에서 삽질과 훈련은 군인의 긴장을 늦추지 않고 일상을 지배하는 규율의 내재화를 가능하게 했다. 특히 반복되는 행진과 훈련은 병사들의 결속력을 높였고, 전투에서 이들이 보여주는 조직력은 승리의 열쇠였다.

유럽에서 다른 개혁과 마찬가지로 마우리츠가 개발한 근대식 군사 훈련 방식은 빠른 속도로 확산되었다. 마우리츠의 사촌 요하네스가 1607년에 출판한 책에는 군대의 훈련 과정을 상세히 소개하는 그림과 설명이 담겼다. 1619년에 마우리츠는 유럽 최초로 네덜란드 군사학교를 설립하여 장교 교육에 나섰다. 푸른 혈통을 자랑하는 귀족들의 시대에서 체계적인 군사훈련을 통해 양성된 장교들이 전쟁을 지휘하는 시대로 돌입한 것이다.

네덜란드의 근대식 군사훈련을 제일 먼저 도입한 나라는 스웨덴이었다. 이어서 대부분의 프로테스탄트 국가들이 이를 받아들였다. 그리고 종교적 벽을 넘어 가톨릭 프랑스에서도 훈련제도를 도입하여 1643년 로크루아 전투에서 스페인 군대에 승리를 거두었다. 이후 네덜란드와 오랜 적이었던 스페인에까지 확산되었다. 1649년에는 군사훈련 관련 서적이 독일어 번역본을 통해 러시아까지 퍼져나갔다.

이처럼 유럽 내부에서는 새로운 군사훈련 방식과 조직화, 분업 등이 빠른 속도로 확산되었다. 네덜란드에서 시작된 군대 개혁이 스페인과 러시아까지 확대되는 데는 불과 반세기만이 필요했다. 하지만 지리상 유럽에 접해 있던 오스만제국은 끝내 유럽식 개혁을 이룩하지 못했다.

우리는 음악과 군대를 비교하면서 비슷한 시기에 유사한 원칙이 적용되었다는 점을 강조했다. 이에 덧붙여 일부 학자는 군대에서 발전한 분업과 작업의 세분화, 반복 훈련을 통한 기술의 습득, 그리고 이것이 군대의 심리와 조직의 통제에 미치는 영향이 산업혁명 이후 공장에도 그대로 적용되었다고 분석했다.[21]

#

## 전쟁의 상업화

유럽이 오랫동안 전쟁 상태에 있었다는 점은 불행한 일이지만 한편으로 그것은 유럽이 강한 군사력을 보유하게 된 배경이 되었다. 역사에서는 이처럼 한편의 불행이 장기로는 행운으로 작용하는 경우를 종종 발견할 수 있다.

유럽의 무기와 군사력 강화에 기여한 또 다른 요인은 돈이었다. 맥닐은 이를 '유럽 전쟁의 상업화'라고 부른다. 전쟁을 수행하는 데는 돈이 들게 마련이다. 심지어 맨손으로 맞붙는 전쟁이라 할지라도 병사가 평소 어떤 음식을 먹었는가가 신체조건에 영향을 미친다. 또 농사만 짓던 사람에 비해 싸우는 훈련을 한 사람이 승리할 가능성이 높다. 하지만 여기서 말하는 전쟁의 상업화란 이런 전쟁의 경제 기반을 넘어 전쟁 자체가 비즈니스로 변화하는 현상을 뜻한다.

유럽에서 전쟁의 상업화를 주도한 것은 용병의 등장이다. 원래 중세에 귀족들이 이끄는 전쟁에서 중요한 물질 요소는 말과 투구, 갑옷, 창, 칼, 방패 등의 무기였다. 통상 한 명의 기사는 두 명의 기마병의 도움을 받았다. 한 명은 방패를 챙기고 다른 한 명은 창이나 칼, 철퇴 같은 무기를 챙겼다. 공격과 방어에 보조원을 하나씩 둔 셈이었다. 그리고 몇 명의 농민이 이들을 뒤따랐다.

하지만 활로 기마병을 공격하는 기술이 발전하면서 보병의 전투력이 서서히 향상되었다. 대궁과 석궁으로 갑옷까지 뚫어버리면서 보병도 기마병을 저지할 능력이 생겼다.

14세기가 되면 보병 중심의 농민 군대가 기마부대에 승리를 거두는 일이 빈번해졌다. 1291년과 1315년 스위스의 보병부대는 합스부르크가의 기마부대에 승리를 거두었고, 1302년에는 네덜란드의 농민과 도시민 부대가 프랑스 기마부대를 눌렀다. 1314년에는 스코틀랜드 부대가 배넉번에서 영국을 물리쳤다. 약속과 충성심을 기반으로 한 기사도의 시대가 가고 용병의 시대가 온 셈이다. 이제 돈을 주고 많은 용병을 살 수 있는 지도자가 전쟁에서 승리하는 시대가 되었다.

가난한 스위스의 농민들은 유럽 각지의 군주들에게 전투 서비스를 제공하는 부대를 형성했다. 스위스가 중립국이니 평화로운 나라라고 생각하기 쉽지만, 역사에서 스위스의 중립국 지위는 이들이 가장 전투적인 민족으로 소문나 유럽 전역에 용병을 제공하는 나라였기 때문에 만들어진 전통이다. 다른 나라 군주들이 가장 잘 싸우는 용병들의 나라인 스위스를 감히 침공할 꿈이나 꾸었겠는가. 그것은 마치 돈 많은

⟨성 세바스티안의 순교⟩(폴라이올로 형제, 1475). 전쟁의 중심이 기마병에서 활을 쏘는 보병으로 넘어
간 사실을 상징적으로 보여준다.

재벌이 조폭을 힘으로 누르겠다고 방망이를 들고 쳐들어가는 것마냥 무모한 일이었다.

유명한 관광상품이 된 스위스 칼도 원래 스위스 용병이 지녔던 무기다. 중세에 다른 나라 농민들은 평상시에 무기를 몸에 지닐 수 없었다. 이는 귀족의 특권이었기 때문이다. 하지만 스위스는 귀족이 지배하는 지역이 적었고, 유럽에서 용병으로 활약했기 때문에 누구나 작은 칼을 몸에 지니고 다녔다.

그 외에도 유럽의 다양한 지역에 전투 서비스를 제공하는 부대들이 생겨났다. 도시국가가 많은 이탈리아에서도 콘도티에리(condottieri)라고 불리는 전투 사업가들이 등장했고, 독일에서도 이런 무력 사업과 서비스가 성행했다.

#
## 용병 대신 상비군

총기와 대포의 등장은 기마병의 쇠퇴를 촉진했다. 이제 보병이 중요해졌다. 더 많은 용병이 필요해졌고 따라서 유럽의 군주들은 더 많은 자금을 동원해야만 했다.[22] 물론 용병보다 싸게 먹히는 군사 동원은 징병제도였다. 프랑스는 1439년부터 징병을 통한 상비군 제도를 만들었다. 물론 이렇게 동원한 군대도 돈이 들기는 마찬가지였지만 외국 용병보다는 경제적이었다.

유럽에서는 어떤 제도가 한곳에서 성공하면 다른 지역으로 빠르게 확산된다. 프랑스의 상비군 제도는 곧바로 이웃 나라로 번졌다. 1475년 프랑스와 영국과 카스티야-레온(스페인 일부)은 총합 8만 5000명의 상비군을 보유했는데, 300년쯤 뒤인 1760년이 되면 그 수는 55만 명으로 늘어났다. 유럽 전체를 놓고 보면 1500년과 1800년 사이 인구는 두 배로 늘어났는데, 상비군의 수는 열 배로 늘어났다.[23]

이처럼 전쟁을 통해 경쟁하는 유럽 사회에서 군인을 확보하는 능력은 국가의 생존을 결정했다. 예를 들어 스웨덴은 16세기부터 강대국으로 부상했는데 그 기반은 국민을 쥐어짜서 강한 군대를 형성한 것이었다. 1709년 스웨덴은 11만 명의 대군을 보유했는데 그것은 140만 명 인구의 7.8퍼센트를 차지했다. 5000만 대한민국 인구 가운데 군인이 400만 명에 가까운 셈이다.

프로이센 역시 강력한 군대를 보유함으로써 유럽의 강국으로 부상했다. 18세기 후반 프로이센은 유럽에서 영토는 10위, 인구는 13위 정도였는데 군대 규모는 서너 번째였다. 프로이센은 1722년 귀족 자녀를 위한 사관학교를 베를린에 설립했고, 귀족 남성의 60~68퍼센트를 장군과 장교로 동원했다!

광대한 제국을 보유한 러시아의 표트르 대제도 징병제도를 통해 37만 대군을 동원할 수 있는 능력을 키웠다. 예카테리나 시대가 되면 러시아는 100만 대군을 보유한 강대국으로 부상했다.

반면 군주의 힘이 약했던 폴란드에서는 귀족들이 자신들은 물론 농민의 동원도 반대했다. 그 때문에 폴란드는 이웃의 신흥 강대국인 프로이센과 러시아, 오스트리아에 의해 나라가 분할되어 사라져버렸다.

19세기 산업혁명을 통해 군사력은 더욱 많은 과학기술과 자본을 집중했다. 철도의 발전으로 더욱 신속하게 군대를 전쟁에 투입할 수 있게되었고, 물자를 먼 지역까지 수송함으로써 전국이 전쟁에 총동원되었다. 로마 시대 이후 말의 속도를 추월하는 이동수단이 최초로 등장한

Britannia, isolated, full of Rage almost forgets Ireland. Spain, Smoking, leans on poor Portugal. France fighting the Invader, Prussia, which stretches one hand towards Holland the other towards Austria. Italy says to Bismark, " Take off your foot." Corsica and Sardinia, a little Joker, laughs over everything. Denmark lost his legs in Holstein, hoping to retake them again. Asiatic Turkey sucks her Hookah. Sweden bounds a la Panther ; and Russia resembles a rag-picker, waiting his chance to fill his basket.

---

19세기, 큰 국가 중심으로 재편되는 상황을 풍자한 유럽 지도 그림(폴 아돌, 1870).

것이었고, 이는 전쟁 속도를 높이고 큰 지리의 변화를 초래했다.

강철로 만든 근대 군함은 파괴력을 배가하여 유럽을 세계 무적으로 만들어주었다. 유럽이 세계를 휘젓고 다니며 무역을 하고 군사기지를 만들던 16세기에 대포를 장착한 함선에 저항할 수 있는 외부 세력은 드물었다. 이제 강철 군함은 더욱 빠른 속도로 대해를 누비며 원하는 지역을 공격하는 선봉이 되었다. 칭기스 칸이 기마부대를 앞세워 세계를 정복했듯이 이제 유럽의 군함이 세계 대양을 지배하는 시대가 되었다.

19세기 말 유럽의 지도를 보면 정치세력들이 거대한 제국이나 국가로 통합되었음을 알 수 있다. 지속되는 전쟁을 위해 자원과 돈을 동원하는 과정에서 작은 단위들이 점차 사라지고 커다란 국가를 중심으로 통합이 진행된 결과다.

영국, 프랑스, 스페인은 중세부터 국가로 성장한 선두주자들이다. 스웨덴과 네덜란드 등이 뒤를 따랐고 프로이센, 러시아 등의 강대국으로 약소국의 통합이 이루어졌다. 19세기에 독일과 이탈리아가 민족국가로 통일되면서 다양한 세력이 공존하던 중유럽이 도시에서 국가로 재편되었다.[24] 하지만 아직 전쟁을 통한 경쟁이 사라진 것은 아니었다. 1000년 가까이 지속되어온 전쟁은 점점 더 규모를 키워왔고, 유럽 대륙에 검은 먹구름을 드리웠다.

#
## 세계대전은 유럽 전쟁

인류는 20세기에 가장 잔혹한 전쟁을 경험했다. 두 세계대전은 시간과 공간에서 모두 이전의 전쟁과는 완전히 다른 규모의 큰 전쟁이었다. 1차 세계대전은 1914년부터 1918년까지, 2차 세계대전은 1939년부터 1945년까지 지속되었다. 물론 백년전쟁과 30년전쟁을 겪었고, 전쟁이 5~6년 지속되는 것은 빈번한 일이었다. 아마도 두 세계대전의 가장 큰 특징은 특정 국가나 대륙에서 전쟁이 치러진 것이 아니라 전 세계를 무대로 전쟁이 치러졌다는 점이다.

정확하게 표현하면 세계대전이라기보다는 유럽 대전이라고 말해야 한다. 적어도 1차 세계대전은 유럽의 강대국 사이에 벌어진 전쟁이었고, 전쟁의 주요 무대는 유럽이었다. 전쟁이 다른 대륙으로 확산된 것은 유럽의 참전국이 보유하고 있던 식민지 때문이었다.

물론 2차 세계대전은 일본과 미국이 태평양에서 벌인 거대한 전쟁으로 진정한 세계성을 가진다. 하지만 여기서도 일본의 유럽화가 초래한 전쟁의 성격이 강하다. 제국주의 경쟁과 유럽 동맹체제에 일본이 진입한 결과이기 때문이다. 일본은 유럽의 근대화와 부국강병을 추구했고, 유럽의 모델을 따라 식민지를 보유하려 했으며, 그 이유로 미국을 공격했다.

두 차례의 세계대전은 전쟁의 범위만 방대했던 것이 아니라 전면전의 양상을 띠었다.[25] 세계대전은 전쟁을 통해 성장한 유럽식 근대화 논리의 종착점이었던 셈이다. 중세부터 근대까지 유럽의 전쟁은 왕족과 귀족의 경쟁에서 점차 농민과 국민을 동원하는 방식으로 규모를 키워 왔다.

프랑스 대혁명으로 전쟁은 국가와 국가, 국민과 국민이 대결하는 장이 되었다. 국민 전체를 징병 대상으로 삼는 움직임은 이전에도 있었지만 프랑스 대혁명의 주권재민 사상과 함께 당연시되었다. 유럽 대부분의 국가에서 18~60세의 남성은 국가가 전쟁에 동원할 수 있는 대상이 되었다. 수백만 수천만 명의 군인이 동원되는 현대 전쟁은 이렇게 유럽에서 국가의 성장과 함께 나타난 결과다.

유럽의 전쟁은 국민뿐 아니라 나라의 경제를 활용하는 총력전이었다. 19세기 내내 유럽의 경제 발전은 군사력의 증강과 밀접한 관계를 맺었다. 예를 들어 독일의 크루프(Krupp)나 영국의 암스트롱(Armstrong), 프랑스의 슈나이더-크뢰조(Schneider-Creusot) 등은 대표 군수업체다.

영국은 세계 최강의 해군을 만들려고 노력했다. 육지에 비해 이동이 자유로운 바다에서 영국은 더 큰 전함을 만들어 온 세계를 지배하려 했다. 영국은 항상 뒤따라오는 2위 국가에 비해 두 배의 해군력을 보유한다는 목표를 세우고 개혁을 추진했다. 하지만 중세 성과 대포의 상호작용에서 보았듯이 영국이 거대한 함선을 개발하자 독일은 어뢰와 잠수함을 개발하는 것으로 대응했다. 1차 세계대전에서는 탱크와 비행기 같은 새로운 무기들을 생산하는 군산복합체가 발전했다.

이처럼 두 번의 세계대전은 유럽의 거시 역사 흐름의 정점이라고 할 수 있다. 전쟁의 문화가 극에 다다르는 모습이었고, 이는 큰 사회 변화가 일어나는 계기가 되었다.

유럽의 국가들은 국민을 가혹하게 전쟁에 동원한 만큼 이들에게 정치 권리를 인정하지 않을 수 없었다. 따라서 20세기 전반기 유럽에서는 점차 남성 모두에게 투표권이 주어졌고, 여성에게도 투표권을 주는 나라가 늘었다. 또한 전쟁에 동원된 식민지의 독립을 인정할 수밖에 없는 입장이 되었다. 유럽의 국가들은 전쟁 시기의 관리 체제를 유지하는 과정에서 복지를 강화해야 했다. 국민이 정치·경제·사회의 권리를 거세게 요구했기 때문이다.

#

## 평화의 유럽 통합

두 번의 세계대전이 유럽에 가져다준 가장 중요한 변화는 1000년 이상 지속되어온 전쟁의 역사에 종지부를 찍고 드디어 평화를 모색하게 되었다는 점이다. 1940년대 유럽 전역에서는 국민 전체를 동원하여 원수처럼 싸우도록 만드는 민족주의에 대한 반성이 일어났다. 범유럽주의는 바로 이런 반성이 만들어낸 운동이었다.

전쟁이 끝나면 사람들은 대개 기쁘게 평화를 맞는다. 하지만 얼마 지나면 다시 전쟁을 향한 열정이 불타오르는 것이 역사에서 반복된 현상이다. 유럽에서는 이런 일시적인 평화주의가 아니라 전쟁의 근본 원인과 구조에 대한 깊은 후회와 비판이 뿌리내린 것이다. 특히 유럽 통

합이라는 제도를 통해 상호작용의 그물을 만들고 이를 장기 운동으로 추진하고 있다.[26]

물론 오랜 기간 지속되어온 전통이 하루아침에 사라지지는 않는다. 미국이 일본에 원자폭탄을 투하하여 전쟁을 종식시킨 뒤 유럽에서도 영국과 프랑스가 각각 1952년과 1960년에 원자폭탄을 개발하여 핵보유국이 되었다. 그러나 이 두 국가의 군사적 노력은 미국과의 경쟁보다는 소련의 위협에 대비하기 위해서라고 보아야 한다. 서유럽에서 시작한 유럽 통합은 일단 지역의 평화를 추진하면서 소련과 공산권이 가하는 군사 위협에 대처하는 도구이기도 했다. 소련의 주도 아래 바르샤바 조약기구가 공산권의 군사 그물이었고, 반대 진영에서는 미국이 이끄는 북대서양조약기구(NATO)가 설립되었다.

1989년 베를린 장벽의 붕괴로부터 시작된 공산권의 몰락은 유럽 통합의 그물을 동유럽으로 확산시키는 결과를 낳았다. 동독이 곧바로 서독으로 통일되는 행운을 얻었다면 동유럽의 다른 국가들은 15년 정도의 과도기를 거쳐 유럽연합 가입에 성공했다. 유럽연합은 구공산권 국가들의 정치 민주화와 시장경제 체제로의 이행을 완성해야만 받아들인다는 조건을 걸었다. 그리고 2004년과 2007년 두 차례에 걸쳐 대부분의 동유럽 국가들을 회원국으로 흡수했다.[27]

군사 차원에서는 미국이 주도하는 나토가 역시 동유럽 국가들을 회원국으로 받아들임으로써 자유민주주의 시장경제를 바탕으로 한 지역 평화를 조성하는 데 기여했다. 물론 러시아는 한때 민주화와 시장경제로 이행하는 모습을 보였지만 21세기 들어 푸틴의 권위주의와 통제경제, 국수주의 등으로 서방에 위협을 가하고 있다.

유럽의 근대국가는 전쟁을 통해 만들어졌다고 보는 것이 학계의 중론이다. 진시황 때 중국에서 만들어진 국가의 모델 역시 춘추전국시대를 극복하는 과정에서 형성되었다는 점에서 전쟁의 결과라고 할 수 있다. 하지만 유럽의 전쟁 국가는 통일이 이루어지지 않은 상태에서 서로 경쟁하면서 장기간 지속되어왔다. 그 결과는 20세기 들어 인류 역사에서 가장 잔혹한 폭력과 야만의 전쟁으로 표출되었다.

현재 유럽 사회는 전쟁을 피하는 것은 물론 전쟁의 불씨가 될 수 있는 민족주의조차 거부하고 적대시하는 문화가 지배한다. 대부분의 유럽 국가들은 1990년대에 징병제를 포기했으며, 군비 지출을 줄이는 상황이다. 미국은 나토를 통해 유럽 회원국들에게 국내총생산의 최소한 2퍼센트를 군비로 사용하라고 강요하고 있지만 이를 지키는 나라는 소수에 불과하다. 전 세계를 전쟁터로 만들었던 유럽이 이제는 평화에 몰두하겠다는 모습이다.

유럽 역사를 불행으로 물들였던 전쟁의 그물, 그러면서 유럽을 세계 최강의 군사 강국으로 올려놓은 전쟁의 그물은 이제 역사의 무대에서 밀려났다. 유럽은 평화의 그물을 치고 공동의 번영을 누리겠다는 목표를 다짐하고 있다. 하지만 긴 역사에서 유럽이 만들어 세계에 뿌린 전쟁의 씨앗은 활발하게 세력을 키워, 유럽이 도도하게 홀로 평화를 누리는 것을 지켜보기만 할 것 같지는 않다.

| 번호 | 국가 | 지역 | 이름 | 건축 시기 |
|---|---|---|---|---|
| 1 | 스웨덴 | 그립스홀름 | 그립스홀름 성 Gripsholms slott | 1537~1545 |
| 2 | 덴마크 | 코펜하겐 | 코펜하겐 성 Københavns Slot | 1370년경 |
| 3 | 덴마크 | 헬싱외르 | 크론보르 성 Kronborg Slot | 1574 |
| 4 | 덴마크 | 쾨게 | 발뢰 성 Vallø Slot | 1586 |
| 5 | 핀란드 | 사본린나 | 올라빈린나 성 Olofsborg | 1475 |
| 6 | 라트비아 | 리제메 | 투라이다 성 Turaidas pils | 1214 |
| 7 | 아일랜드 | 킬케니 | 킬케니 성 Kilkenny Castle | 1213 |
| 8 | 아일랜드 | 더블린 | 더블린 성 Dublin Castle | 1204 |
| 9 | 영국 | 럼 | 킨로크 성 Kinloch Castle | 1906 |
| 10 | 영국 | 인버네스 | 코더 성 Cawdor Castle | 1300년경 |
| 11 | 영국 | 안크로치 | 켈리 성 Kellie Castle | 1360 |
| 12 | 영국 | 메이볼 | 컬지언 성 Culzean Castle | 1792 |
| 13 | 영국 | 애니크 | 애니크 성 Alnwick Castle | 1096 |
| 14 | 영국 | 캐슬타운 | 루셴 성 Castle Rushen | 1250 |
| 15 | 영국 | 렉섬 | 치크 성 Chirk Castle | 1280년경 |
| 16 | 영국 | 체셔 | 할튼 성 Halton Castle | 1200년경 |
| 17 | 영국 | 맨체스터 | 래드클리프 타워 Radcliffe Tower | 1403 |
| 18 | 영국 | 요크 | 요크 성 York Castle | 1068 |
| 19 | 영국 | 링컨 | 링컨 성 Lincoln Castle | 1068 |
| 20 | 영국 | 레스터셔 | 비버 성 Belvoir Castle | 1832 |
| 21 | 영국 | 케임브리지셔 | 노스보로우 성 Northborough Castle | 1340 |
| 22 | 영국 | 케임브리지셔 | 우드크로프트 성 Woodcroft Castle | 1280 |
| 23 | 영국 | 워릭셔 | 워릭 성 Warwick Castle | 1068 |
| 24 | 영국 | 버클리 | 버클리 성 Berkeley Castle | 1150 |
| 25 | 영국 | 버크셔 | 도닝턴 성 Donnington Castle | 1386 |
| 26 | 영국 | 드루스테인튼 | 드로고 성 Castle Drogo | 1930 |
| 27 | 영국 | 셔번 | 셔번 성 Sherborne Castle | 1596 |
| 28 | 영국 | 파넘 | 파넘 성 Farnham Castle | 1138 |
| 29 | 영국 | 런던 | 런던 성채 Fortifications of London | 200년경 |
| 30 | 영국 | 런던 | 런던 타워 Tower of London | 1399 |
| 31 | 영국 | 켄트 | 리즈 성 Leeds Castle | 1119 |
| 32 | 포르투갈 | 알렌테주 | 엘바스 요새 도시 Cidade-Quartel Fronteiriça de Elvas e as suas Fortificações | 1640 |
| 33 | 스페인 | 세고비아 | 세고비아 성 Alcázar de Segovia | 1120년경 |
| 34 | 스페인 | 세비야 | 세비야 성 Alcázar de Sevilla | 1100년경 |

| | | | |
|---|---|---|---|
| 35 | 스페인 | 그라나다 | 알람브라 성 Alhambra | 13~15세기 |
| 36 | 프랑스 | 루아르아틀랑티크 | 굴랜느 성 Château de Goulaine | 1100년경 |
| 37 | 프랑스 | 비트레 | 비트레 성 Château de Vitré | 1000년경 |
| 38 | 프랑스 | 캉 | 캉 성 Château de Caen | 1060 |
| 39 | 프랑스 | 피에르퐁 | 피에르퐁 성 Le cheteau de Pierrefonds | 1100년경 |
| 40 | 프랑스 | 파리 | 바스티유 Bastille | 1380 |
| 41 | 프랑스 | 파리 | 콩시에르주리 Conciergerie | 1314 |
| 42 | 프랑스 | 스당 | 스당 성 Château de Sedan | 1424 |
| 43 | 프랑스 | 맨에루아르 | 브레제 성 Château de Brézé | 1500년경 |
| 44 | 프랑스 | 맨에루아르 | 세랑 성 Château de Serrant | 1500년경 |
| 45 | 프랑스 | 맨에루아르 | 앙제 성 Château d'Angers | 850년경 |
| 46 | 프랑스 | 앵드르에루아르 | 뤼느 성 Château de Luynes | 1200년경 |
| 47 | 프랑스 | 루아르에셰르 | 보르가르 성 Château de Beauregard | 1490년경 |
| 48 | 프랑스 | 루아르에셰르 | 트루세 성 Château de Troussay | 1450년경 |
| 49 | 프랑스 | 루아르에셰르 | 푸제르쉬르비에브르 성 Château de Fougères-sur-Bièvre | 1470 |
| 50 | 프랑스 | 루아레 | 지앵 성 Château de Gien | 1400년경 |
| 51 | 프랑스 | 아리에주 | 푸아 성 Château de Foix | 900년경 |
| 52 | 벨기에 | 브뤼셀 | 카레벨드 성 Château du Karreveld | 1200년경 |
| 53 | 벨기에 | 엔트워프 | 본엠 성 Kasteel van Bornem | 1587 |
| 54 | 독일 | 하겐 | 호엔림부르크 성 Schloss Hohenlimburg | 1240 |
| 55 | 독일 | 바하라흐 | 슈탈레크 성 Burg Stahleck | 1135 |
| 56 | 독일 | 브라우바흐 | 막스부르크 성 Burg Marksburg | 1171 |
| 57 | 독일 | 아샤펜부르크 | 요하니스부르크 성 Schloss Johannisburg | 1614 |
| 58 | 독일 | 하이델베르크 | 하이델베르크 성 Heidelberger Schloss | 1225 |
| 59 | 독일 | 바덴-뷔르템베르크 | 호엔촐레른 성 Burg Hohenzollern | 1867 |
| 60 | 독일 | 퓌센 | 노이슈반슈타인 성 Neuschwanstein | 1886 |
| 61 | 독일 | 바우첸 | 오르텐베르크 성 Schloss Ortenberg | 1002 |
| 62 | 독일 | 뉘른베르크 | 뉘른베르크 성 Nürnberger Burg | 1000년경 |
| 63 | 독일 | 아이젠아흐 | 바르트부르크 성 Wartburg | 1067 |
| 64 | 독일 | 알텐부르크 | 알텐부르크 성 Schloss Altenburg | 1744 |
| 65 | 독일 | 드레스덴 | 모리츠부르크 성 Schloss Moritzburg | 1546 |
| 66 | 독일 | 베르니게로데 | 베르니게로데 성 Schloss Wernigerode | 1100년경 |
| 67 | 독일 | 베를린 | 샤를로텐부르크 성 Schloss Charlottenburg | 1713 |
| 68 | 독일 | 포츠담 | 바벨스베르크 성 Schloss Babelsberg | 1849 |
| 69 | 독일 | 슈베린 | 슈베린 성 Schweriner Schloss | 973 |
| 70 | 스위스 | 브리크 | 스톡칼퍼 성 Stockalperschloss | 1658 |
| 71 | 스위스 | 벨린초나 | 벨린초나 성 Castelli di Bellinzona | 13~15세기 |

| 72 | 이탈리아 | 이소녜 | 이소녜 성 Castello di Issogne | 1151 |
|----|---------|--------|------------------------------|------|
| 73 | 이탈리아 | 페니스 | 페니스 성 Castello di Fenis | 1320년경 |
| 74 | 이탈리아 | 밀라노 | 스포르체스코 성 Castello Sforzesco | 1370년경 |
| 75 | 이탈리아 | 카노사 | 카노사 성 Castello di Canossa | 970년경 |
| 76 | 이탈리아 | 키에티 | 로카스칼레냐 성 Castello di Roccascalegna | 1205 |
| 77 | 이탈리아 | 메시나 | 메시나 성채 Le fortificazioni di Messina | 1200년경 |
| 78 | 이탈리아 | 시칠리 | 롬바르디아 성 Castello di Lombardia | 1076 |
| 79 | 몰타 | 버구 | 버구 성채 Is-Swar tal-Birgu | 1691 |
| 80 | 몰타 | 보르물라 | 코토네라 성채 Is-Swar tal-Kottonera | 1670년경 |
| 81 | 그리스 | 프레베자 | 보우카 성채 Κάστρο της Μπούκας | 1478년경 |
| 82 | 그리스 | 하니아 | 하니아 성채 Χανιά | 1629 |
| 83 | 그리스 | 헤라클리온 | 헤라클리온 성채 Ενετικά τείχη Ηρακλείου | 820년경 |
| 84 | 알바니아 | 포르토팔레르모 | 알리 파샤 성 Kalaja e Ali Pashës | 1490년경 |
| 85 | 터키 | 보즈자다 | 보즈자다 성 Bozcaada kalesi | 1455 |
| 86 | 터키 | 이스탄불 | 아나톨리아 성 Anadoluhisarı | 1393~1394 |
| 87 | 키프로스 | 파마구스타 | 파마구스타 성채 Famagusta | 1550년경 |
| 88 | 몬테네그로 | 코토르 | 코토르 성벽 Cattaro | 500년경 |
| 89 | 세르비아 | 노비파자르 | 스타리라스 성 Стари Рас | 8세기 |
| 90 | 크로아티아 | 클리스 | 클리스 성 Tvrđava Klis | 850년경 |
| 91 | 헝가리 | 부다페스트 | 부다 성 Budavári Palota | 1265 |
| 92 | 오스트리아 | 로젠부르크 | 로젠부르크 성 Schloss Rosenburg | 1175 |
| 93 | 오스트리아 | 매터스부르크 | 포취텐스타인 성 Burg Forchtenstein | 1400년경 |
| 94 | 오스트리아 | 베른스타인 | 베른스타인 성 Burg Bernstein | 860년경 |
| 95 | 체코 | 프라하 | 프라하 성 Pražský hrad | 890년경 |
| 96 | 체코 | 리토미슬 | 리토미슬 성 Litomyšl | 1582 |
| 97 | 체코 | 브르노 | 슈필베르크 성 Hrad Spilberk | 1250년경 |
| 98 | 루마니아 | 시나니아 | 펠레슈 성 Castelul Peleş | 1914 |
| 99 | 우크라이나 | 카미야네치포딜스키 | 카미야네치포딜스키 성 Кам´янець-Подільська фортеця | 15세기 |
| 100 | 폴란드 | 말보르크 | 말보르크 성 Zamek w Malborku | 1406 |
| 101 | 러시아 | 벨리키노브고로드 | 노브고로드 성 Новгородский детинец | 1484~1490 |
| 102 | 러시아 | 모스크바 | 모스크바 성 Московский Кремль | 1366~1368 |
| 103 | 러시아 | 수즈달 | 수즈달 성 Суздальский кремль | 11~12세기 |
| 104 | 러시아 | 카잔 | 카잔 성 Казанский Кремль | 16세기 |
| 105 | 아르메니아 | 아라가초튼 | 앰버드 성 Ամբերդ | 600년경 |
| 106 | 아르메니아 | 예레반 | 에레브니 성 Էրեբունի | 기원전 782 |

8장

# 도시의 그물

**유럽의 주요 축제**

1~3
● 4
아이슬란드

● 7

● 5
노르웨이
● 6

● 17, 18
북해

8, 9
● 10
덴마크

영국
네덜란드
● 50

● 19
48 49
47 46
43
51
독일
57
55
56

● 20
22
41
42 벨기에
45
52
53
85
8

21
룩셈부르크
44
54
60
39
38
오스트

대서양
31
프랑스
스위스
37
58
59 61
모나코
62
63
6

28
32
40
64
6

29
30
33~35 36
68
24
이탈

포르투갈
스페인
이탈

23
● 26

25
27
지중해

| | | |
|---|---|---|
| 1 맥주의 날 | 13 반 현대 미술제 | 25 국제 모래조각 축제 | 37 빛의 축제 |
| 2 시퀀스 예술 축제 | 14 세계 마을 축제 | 26 치비리 축제 | 38 크리스마스 시장 |
| 3 토라블롯 페스티벌 | 15 헬싱키 프라이드 | 27 토마토 축제 | 39 에피카 어워즈 |
| 4 아이스트나플루크 록 축제 | 16 금발 축제 | 28 위대한 주말 | 40 황금님프상 |
| 5 비에른손 축제 | 17 에든버러 국제 도서 축제 | 29 알라바 축제 | 41 헨트 축제 |
| 6 더 게더링 축제 | 18 에든버러 국제 페스티벌 | 30 산페르민 축제(소몰이 축제) | 42 알스트 카니발 |
| 7 파켄 축제 | 19 헤이 페스티벌 | 31 앙굴렘 국제 만화 축제 | 43 브뤼셀 국제 판타스틱 영화제 |
| 8 바이킹 축제 | 20 글래스턴베리 페스티벌 | 32 아비뇽 축제 | 44 일요일의 불 축제 |
| 9 오르후스 축제 | 21 올드버러 음악제 | 33 미뎀 | 45 히터나흐의 춤 행렬 |
| 10 코펜하겐 카니발 | 22 노팅힐 카니발 | 34 칸 국제 광고제 | 46 로테르담 국제 영화제 |
| 11 탱고 축제 | 23 붐 축제 | 35 칸 영화제 | 47 10월 3일 축제 |
| 12 카우스티넨 민속 음악 축제 | 24 아이비 축제 | 36 망통 레몬 축제 | 48 큐겐호프 꽃 축제 |

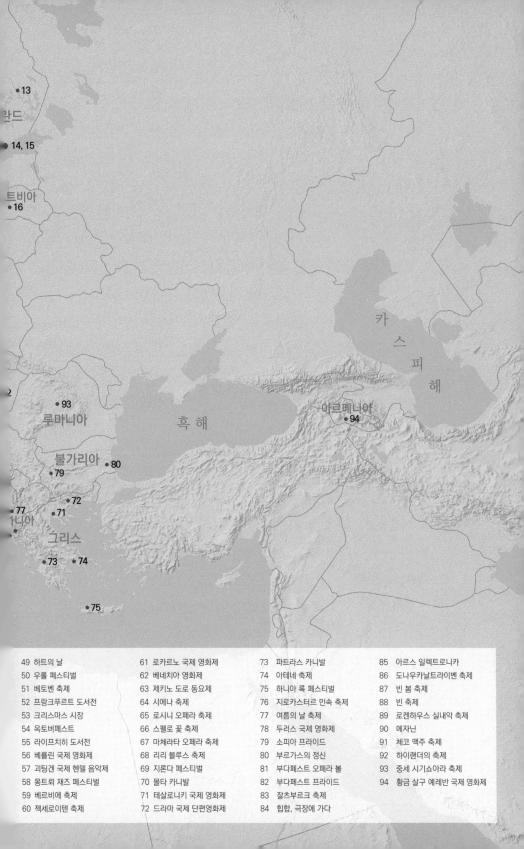

• 13

갈드

• 14, 15

트비아
• 16

카
스
피
해

2

• 93
루마니아

불가리아
• 79    • 80

흑 해

아르메니아
• 94

• 72
• 77   • 71
니아
그리스

• 73   • 74

• 75

#

# 도시 그물의 문명

도시는 문명의 상징이다. 인류 문명의 시간은 수렵채집의 삶에서 농경의 단계로 진화하면서 동이 텄다고 할 수 있는데 도시는 이런 문명 발생의 중심에 있다. 항상 이동하는 수렵채집의 삶과 달리 농업은 인간의 정착을 가능하게 했다. 한곳에 머물면서 씨를 뿌려 수확하고 가축을 키우면서 안정적으로 식량을 생산하고 저장도 가능해졌다. 그래서 사람들은 모여서 생활할 수 있는 도시를 만들 수 있었다.

도시와 농촌으로 나누는 이분법의 사고는 근대화 이후에 나온 것이다. 도시와 농촌은 사실 하나의 몸통을 이루고 있다. 문명의 거시 역사를 보면 인간이 농경생활을 하기 전까지 도시의 존재는 불가능했다. 농촌과 도시는 아담의 갈비뼈로 이브를 만들었다는 성경의 이야기와 유사하다. 남성에게서 여성이 나와 남녀를 구분하게 되었듯이 도시는 농촌으로부터 생성된, 하지만 농촌과 대비되는 존재다.

도시는 문명의 요소가 모인 중심이다. 고대 이집트, 메소포타미아, 인더스, 황하 문명은 모두 강가의 도시를 중심으로 발전했다. 그곳에 사람들이 모여 살았기 때문이다. 이집트의 룩소르, 메소포타미아의 바빌론, 인더스의 모헨조다로, 황하의 장안은 각 문명을 대표하는 쇼윈도다. 이들 도시는 신을 모시는 종교 기능을 갖추고 있었고, 신과 연결된 권력기관을 보유했다. 신전과 궁궐은 이들 도시의 핵심이었다.

종교와 정치는 도시의 존재 이유이자 도시를 먹여 살리는 중요한 요소였다. 종교를 지탱하기 위해 농촌에서 도시로 식량이 자연스럽게 이동했다면, 정치는 농촌의 식량 공급을 강제하는 장치였다. 도시는 자신의 생존을 위해 동의와 강제의 장치를 가동했다.

종교나 정치는 사회에 기생하는 사람들을 만들었고, 따라서 노예 같은 노동인력을 필요로 했다. 그 결과 도시에는 다양한 계급이 형성되었다.[1] 신분의 차이가 생기자 이를 드러내려는 노력이 나타나면서 상업과 수공업의 발달을 촉진했다. 상류층을 표시하는 의복, 장식, 주택, 가구 등은 모두 수공업 기술과 인력을 필요로 했다. 이처럼 도시가 발달하면서 종교와 정치뿐 아니라 상업과 수공업이 생겨나 번성하게 되었다.

이집트의 피라미드나 중국의 병마용은 모두 최고 통치자의 사후세계를 위한 투자였다. 당시 최고의 통치자란 신과 동격이라고 보아도 무리가 아니다. 신비하고 거대한 이들 무덤은 고대 도시가 가졌던 막강한 종교권력 및 정치권력의 상징이었다.

이런 인류의 고대사를 기준으로 보면 유럽의 도시는 형편없다. 유럽에는 피라미드 같은 거대한 무덤을 만든 황제는 존재하지 않았다. 진시황처럼 사후에도 그를 지켜줄 수천 명의 병마를 거느린 황제도 없었다.

그럼에도 불구하고 유럽은 도시 문명의 전형이다. 하나의 도시에 모든 기능을 집중한 것이 아니라 유럽 전역에 크고 작은 다양한 규모의 도시가 우후죽순 솟아올라 서로 경쟁하고 협력하면서 성장했기 때문이다. 유럽은 한 도시가 지배하는 문명이 아니라 다수의 도시 그물이 만들어낸 문명이라고 보는 것이 정확하다.

#

## 분산의 도시 지도

유럽의 도시는 고대부터 분산의 특징을 가졌다. 유럽은 고대 중국의 진나라나 이집트의 파라오 도시만큼 제국 수도의 건설에서 두각을 나타내지 못했다. 아테네의 파르테논 신전이나 로마의 콜로세움 등이 대표 건축물이지만 여전히 중국이나 이집트의 규모에 미치지 못한다.

이 같은 유럽의 특징은 현대에도 그대로 드러난다. 우리는 뉴욕이나 상하이에서 마천루가 빼곡하게 들어선 도시의 이미지를 떠올린다. 맨해튼에서 펼쳐지는 마천루의 병풍은 인간의 기술에 대한 경탄을 자아내기에 충분하다. 상하이 푸둥은 뉴욕의 맨해튼보다 훨씬 현대적인 스타일의 마천루가 들어서 중국의 경제력을 과시한다.

미국이나 중국의 대도시에서 볼 수 있는 높은 빌딩숲을 유럽에서는 찾아보기 어렵다. 유럽 대륙에서 제일 높은 빌딩은 독일 프랑크푸르트에 있는 56층 건물이다. 유럽 도시의 특징을 건물의 높이나 규모, 밀집도에서 찾으면 안 된다. 유럽의 특징은 도시의 분산성에서 찾아야 한다.

유럽 도시의 분산성은 그리스 시대부터 시작되었다. 그리스 문명은 도시국가를 중심으로 발전했다. 그 도시국가의 명칭은 우리에게 매우 익숙한 폴리스(polis)다. 물론 한국인에게 제일 익숙한 폴리스는 경찰을 뜻하는 'police'일 것이다. 경찰과 도시는 어원이 같다. 다양한 사람들이 모여 사는 도시에서는 분쟁이 일어나게 마련이다. 이를 통제하고 조정하는 경찰의 기능이 필요할 수밖에 없다.

고대 그리스는 아테네와 스파르타가 대표 도시이지만 그리스는 기본적으로 여러 도시들의 그물로 형성된 문명이다. 도시들 사이에 존재하는 경쟁과 협력의 원칙은 고대에 뿌리를 두고 있다. 페르시아 같은 외부 세력, 또는 다른 문명권이 침략하면 그리스의 도시국가들은 서로 협력하여 대처했다. 하지만 내부에서는 서로 경쟁하면서 헤게모니와 반(反)헤게모니의 균형 정치가 작동하는 다원 세계였던 것이다.[2]

로마 문명은 다른 고대 제국처럼 로마라는 수도를 중심으로 팽창하고 발전했다. 하지만 제국은 겉으로는 하나의 중심을 가졌지만 그리스 문명의 분산된 도시문화를 그대로 받아들인 부분이 적지 않다.

로마제국의 앞마당이라고 할 수 있는 지중해 연안 지역은 모두 그리스 모델에 따라 크고 작은 도시들이 망을 형성하여 제국의 중심 역할을 담당했다. 그리스 도시들은 지중해 다른 지역으로 팽창하여 식민지를 만들었고, 이 식민지들은 기본적으로 그리스의 영향을 받았다. 프랑스의 마르세유나 튀니지의 카르타고, 시칠리아의 시라쿠사나 스페인의 발렌시아는 모두 그리스 도시국가 모델을 따른 식민지였다.

그리스 문명에서 유래하는 도시의 삶은 거대한 극장의 존재에서도 확인할 수 있다. 표상의 문화에서 보았듯이 그리스 사람들은 반원형의 극장에 모여 디오니소스 축제를 즐기고 다양한 연극을 관람했다. 이런 극장은 적게는 수천 명에서 많게는 1만 명 이상의 사람들이 모여 공연을 즐겼다.

이탈리아 시칠리아에 있는 고대 그리스의 반원형 극장(©vic15 / flickr).

로마 시대가 되면 극장보다는 원형경기장에 군중이 모여 오락을 즐겼다. 제국의 수도 로마에는 콜로세움이 있었고, 프랑스 남부의 아를이나 북부의 파리에도 원형경기장을 의미하는 아레나가 있었다.

로마의 콜로세움은 1세기에 지어졌는데 5만 명에서 8만 명의 관람객을 수용할 수 있었다. 아를의 아레나 역시 비슷한 시기에 건축되었으며 2만여 명을 수용할 수 있는 규모다. 이곳에서도 전차 경주나 검투사의 대결이 군중을 흥분시켰다. 같은 시기에 지어진 파리 경기장은 1만 5000명 규모의 오락시설로, 로마의 영향력이 유럽 북부에까지 미쳤음을 보여주는 유적이다. 그리스와 로마가 남겨놓은 이런 식민지 지배의 유산은 비슷한 도시의 삶이 얼마나 오랫동안 유럽을 하나로 묶었는지를 생생히 증언해준다.[3]

#

## 기독교와 로마의 유산

기독교의 유럽을 다루는 장에서 종교 확장의 시기와 로마제국의 전성기가 일치함을 확인했다. 또 기독교의 확장 초기에 기본적으로 로마제국에서 유대 문화와 그리스 문화의 융합이 확산되었다는 사실도 강조했다. 유대민족의 유일신 전통과 그리스의 도시문화가 합쳐져 기독교는 도시 종교의 전형으로 자리매김했다.

기독교 초기에 정기 미사를 드리기 위해 다수의 신도들이 모였고, 신도 공동체의 상부상조 정신이 이 종교의 트레이드마크였다. 달리 말해 교회의 설립과 종교의 확산은 기본적으로 도시 현상이다. 기독교가 로마제국에서 확산되었다는 것은 점점 더 많은 도시에 성당이 건설되었다는 뜻이며, 성당의 망토가 바로 종교 그물을 형성했다. 그 결과 종교 그물과 도시의 그물은 상당 부분 겹치고 중복된다.

고대와 중세의 유럽을 연결하는 대표 도시는 동로마제국의 수도인 콘스탄티노플이다.[4] 특히 9세기부터 13세기까지 콘스탄티노플은 유럽에서 100만의 인구를 자랑하는 최대의 도시로 화려한 문화를 자랑했다. 원래 이 도시의 이름은 비잔티움이었으나 로마 황제 콘스탄티누스가 330년에 제국의 수도를 이전하면서 콘스탄티노플이라는 명칭을 갖게 되었고 아시아와 유럽, 그리고 흑해와 지중해를 연결하는 교통의 요지로 세계의 중심을 자처했다. 하지만 1204년 서유럽의 십자군이 콘스탄티노플을 파괴하고, 1453년 오스만제국의 군대에 무릎을 꿇은 뒤 유럽의 대표적인 도시라는 위상에서 추락했다.

중세 유럽에는 도시의 지도가 새로 그려지기 시작했다. 기존 로마제국의 도시들은 여전히 중요한 역할을 담당했다. 로마는 가톨릭교회의 중심으로 종교 기능을 유지했고, 프랑스 북부의 루테시아는 파리, 잉글랜드의 론도니움은 런던으로 각각 지역의 중심이 되었다. 로마제국의 전통은 이탈리아, 특히 이탈리아 중부와 북부에서 다양한 도시들이 발달하는 데 기여했다.

이탈리아 북부에서부터 프랑스 동부를 거쳐 영국으로 연결되는 길은 유럽의 남북을 잇는 상업의 경로로 발전했다. 당시 프랑스 동부의 샹파뉴 지역의 시장은 국제무역의 중심지라고 해도 과언이 아니었으며, 벨기에의 브뤼헤 역시 상인들이 부를 축적한 상업 도시였다.

무엇보다 중세에 나타난 새로운 현상은 로마제국의 밖에 있었던 중부 유럽에서 상업활동의 거점 도시들이 발달하기 시작했다는 사실이다. 이런 변화는 도시 이름에서 정확하게 드러난다. 독일어의 '부르크

(burg)'나 프랑스어의 '부르(bourg)'로 끝나는 도시들이 대표적이다. 독일의 함부르크, 아우크스부르크, 오스트리아의 잘츠부르크, 프랑스의 스트라스부르 등은 작은 마을에서 도시로 성장하게 된다.

영국에서도 9~10세기에 '버러(burgh)'의 그물이 형성되었다. 원래 국왕의 군사기지로 출발하여 점차 상업적 기능을 갖게 된 자치도시들이라고 할 수 있다.[5] 잉글랜드 지역의 옥스퍼드, 워릭, 사우샘프턴 등이 대표적인 '버러'들이며, 스코틀랜드에는 에든버러가 그런 도시다.

#

## 도시의 통로

유럽 지도를 보면 도시의 통로라는 것이 존재한다. 위에서 지적한 로마부터 런던까지 연결되는 유럽 중앙의 커다란 지역을 뜻한다. 로마를 중심으로 이탈리아반도의 북부에는 번성하는 수많은 도시가 있었고, 프랑스 동부와 독일의 서부, 베네룩스 지역, 그리고 런던 주변의 잉글랜드 남부까지 도시로 형성된 하나의 통로가 존재한다는 의미다.

이 도시의 통로에서 특히 이탈리아 북부와 독일의 서부, 베네룩스 지역은 19세기가 될 때까지 도시 중심의 문화가 강해 오히려 민족의 형성이 늦어진 경우다. 이 부분은 도시의 정치·사회 기능을 설명하면서 더 자세히 살펴볼 것이다.

중세에 이미 런던에서부터 로마까지 여행한다는 것은 수많은 도시가 형성한 그물을 지나간다는 것을 의미했다. 런던은 기본적으로 항구 도시다. 런던에서 배를 타고 출발해서 벨기에 브뤼헤로 가서 육로를 따라 남쪽으로 가다 보면 샹파뉴 시장이나 파리를 들를 수 있다. 파리에서 리옹을 거쳐 마르세유로 연결되는 도로는 유럽의 남북을 잇는 통로였다.

프랑스 쪽 육로 대신 라인강을 따라 유럽의 남부로 이동할 수도 있다. 런던에서 네덜란드 로테르담을 거쳐 유럽 대륙으로 진입하면 독일의 쾰른, 코블렌츠, 마인츠, 만하임, 프랑스의 스트라스부르 등을 거쳐 스위스의 바젤까지 갈 수 있다. 여기서 다시 알프스를 넘거나 론강을 따라 마르세유까지 남하할 수 있다.

프랑스에서 바다를 통하거나 독일에서 육지를 거쳐 이탈리아로 들어가면 베네치아나 제노바, 밀라노, 토리노 등이 있는 북부를 거쳐 피사나 피렌체에 도달하고 로마까지 이동할 수 있다.

이상에서 언급한 도시의 통로가 남북을 연결했다면, 바다를 통한 도시의 발달은 지중해와 북해 두 경로를 통해 이루어졌다. 우선 지중해를 남북, 그리고 동서로 연결하는 항로는 고대부터 이미 빈번한 이동의 경로였다.

중세가 되면 지중해 북쪽의 기독교가 지배하는 유럽과, 남쪽 및 동쪽의 이슬람이 지배하는 아시아 및 아프리카가 대립하면서 지중해라는 소통의 바다가 다소 단절되는 경향을 보인다. 하지만 베네치아와 제노바 같은 도시국가는 오히려 이 시기에 유럽과 아랍 및 아프리카와의 무역을 통해 부를 축적했다.

북해를 통한 도시의 발전은 한자(Hansa)동맹이라는 무역의 그물을 통해 이루어졌다. 14세기부터 16세기까지 전성기를 구가한 한자동맹은 서쪽의 런던부터 동쪽의 러시아 노브고로드까지 연결하는 긴 해양 통로를 형성했다. 런던과 브뤼헤에서 시작하여 함부르크나 뤼베크를 거쳐 단치히나 리가까지 펼쳐지는 북해 고속도로는 지중해 못지않은 활

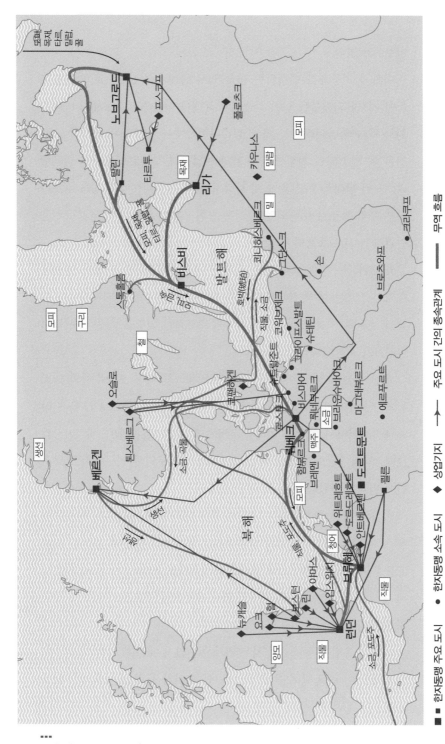

■ 한자동맹 주요 도시    ● 한자동맹 소속 도시    ◆ 상업기지    ⟶ 주요 도시 간의 종속관계    ── 무역 흐름

14세기 한자동맹의 주요 도시와 무역로.

발한 통로였다.

북해와 지중해를 연결하는 항로 역시 중세에 점진적으로 발전했다. 특히 지브롤터해협을 넘어 지중해와 북해를 이어준 것은 9세기 바이킹의 침략과 확장이다. 이들은 스칸디나비아에서 출발하여 대서양을 내려온 뒤 지중해로 진입했고, 이탈리아 남부나 북아프리카까지 침략했다. 한 번 닦아놓은 길은 쉽게 사라지지 않는다. 바이킹의 침략 경로는 이후 무역 통로로 이용되었고, 기후나 환경이 다른 남유럽과 북유럽을 연결하는 길로 통했다.

16세기에는 유럽의 배들이 세계를 누비는 대항해의 시대가 열렸다. 도시의 지도는 이 과정에서 또다시 진화한다.[6] 지중해의 베네치아나 북해의 브뤼헤가 지고 대서양 무역에서 주도적인 역할을 하는 도시들이 발전하기 시작했다.

우선 아프리카 및 아메리카와의 무역을 개척했던 포르투갈의 리스본과 스페인의 카디스나 세비야 등이 남유럽의 무역항으로 부를 누리게 된다. 이어서 영국의 리버풀, 프랑스의 보르도와 낭트, 네덜란드의 로테르담과 암스테르담 등이 노예무역과 향료무역의 선두주자로 나서면서 번영을 누렸다.

이상의 역사에서 우리는 다음과 같은 변화를 볼 수 있다. 우선 유럽은 도시화가 장기간에 걸쳐 점진적으로 일어났기 때문에 분산된 도시 그물을 가지게 되었다. 고대 그리스부터 적어도 2000년 이상 지속된 도시 형성의 역사, 자본주의 발전의 역사 때문에 한곳으로 기능이 집중되지 않았다는 말이다.

더욱이 유럽은 통합된 정치 단위가 아니었기 때문에 이런 도시의 수와 다양성이 증폭될 수밖에 없었다. 한 도시가 주변 도시를 흡수하고 지배하는 현상은 한 국가에서 빈번하게 일어난다. 하지만 유럽에서는 각각의 도시가 어느 정도 힘을 가지고 경쟁하는 체제였고, 나라가 다르기 때문에 한 도시가 주변 도시를 흡수하기는 어려웠다.

#

## 자유의 온실로서의 도시[7]

도시를 찾는 사람들은 자유를 꿈꾼다. 농촌 마을에서는 사람들이 친족관계나 오랜 이웃관계로 긴밀하게 연결되어 있기 때문에 자유롭게 행동하기 어렵다. 하지만 도시에 오면 익명성이 보장된다. 농촌에서는 튀는 행동을 하면 금방 소문이 나지만 도시에서는 무슨 행동을 하건 서로 신경 쓰지 않는다. 사회학의 시각으로 볼 때 농촌의 전통사회는 집단주의가 강하지만 도시의 근대 사회는 개인주의를 장려한다.

지금은 도시의 삶이 전 세계로 확산되었다. 대부분의 사람들이 농촌보다는 도시에서 생활하고 있다. 유럽처럼 경제 발전을 먼저 이룩한 지역에서 도시화가 빠르게 진행되었고, 이어서 미국이나 러시아, 동아시아 등에서 도시화가 이루어졌다. 지금은 아프리카 같은 저발전 지역에서도 도시화가 활발하다.

하지만 도시를 인구 통계의 범주나 공동의 삶의 조건만 보고 모두같다고 생각하면 곤란하다. 유럽에서 중세에 등장하기 시작한 도시는 다른 대륙에서 발견하기 어려운 특징을 가진다. 도시는 대개 정치와 행정의 중심지였는데 중세 서유럽에서 도시는 오히려 권력이 미치지 못하는 해방구의 성격을 가졌다. 봉건제가 지배하는 중세 유럽에서 정치력과 군사력은 오히려 농촌에 집중되었고, 도시는 이런 기능을 포기한 예

외의 지역이었다.[8]

　지배의 유럽에서 살펴보았듯이 유럽의 봉건제는 전쟁을 담당하는 귀족들이 농촌의 영토를 기반으로 농노의 노동과 생산에 의존하여 전원의 삶을 영유하는 체제였다. 칼을 차고 말을 타는 귀족과 기사 들은 평야와 숲을 누비며 사냥을 하고 전쟁을 하고 연애를 했지만 도시의 삶을 싫어했다. 전쟁이 나면 성곽으로 둘러싸인 도시를 공략하여 함락시킨 뒤 전리품을 챙기는 정도였지 답답한 도시의 삶은 이들의 이상이 아니었다.

　중세 유럽에서 도시란 기본적으로 상인과 공인의 영역이었다. 군주와 도시 사이에는 일종의 교환이 이루어졌다. 군주는 도시민들에게 자율성을 보장해주는 대신 도시는 군사조직을 포기함으로써 군주에 대한 위협의 가능성을 차단했다.

　정치와 군사 기능을 가진 왕족과 귀족의 그물이 농촌을 중심으로 형성되었고, 상공업과 금융의 기능을 가진 도시의 그물이 교통망을 따라 형성되었던 것이다. 달리 말해서 정치의 그물과 상업의 그물이 유럽을 덮으면서 서로 겹치기는 하지만 각 그물의 고리는 서로 달랐다.

　정치와 상업 기능을 동시에 가진 예외의 경우는 이탈리아 북부의 도시국가들이었다. 베네치아, 피렌체, 밀라노 등은 정치와 상업 기능이 중복된 특별한 도시였다. 중세 이탈리아의 소규모 도시국가들은 로마의 교황과 북쪽 신성로마제국 황제의 경쟁관계 속에서 어느 한편을 들어 전쟁을 빈번하게 치르곤 했다.

　파리나 런던처럼 국가의 수도 기능을 가진 도시들도 물론 존재했다. 얼핏 보기에 이들은 정치, 군사, 상업의 기능을 모두 보유한 것으로 이해할 수 있다. 하지만 파리와 런던은 서유럽의 다른 도시들과 마찬가지로 자율성을 가진 도시였다. 국왕이 그곳에 궁을 보유하고 있었지만 도시의 자율성을 완전히 무시하고 지배하는 일반적인 의미의 수도는 아니었다. 프랑스 국왕은 랭스 대성당에서 즉위했고 루아르 강변의 도시들과 성을 오가면서 집권했다. 왕이 거주하는 곳이 곧 수도가 되는 '모바일 수도'였다는 뜻이다.

## 헌장과 시민사회

중세 유럽의 도시는 국왕이나 군주가 허용한 헌장(Charter)을 가지고 있었다. 이 헌장을 통해 군주와 도시의 교환관계가 명확하게 드러난다. 도시는 자율성을 확보하는 대신 군사 기능을 포기했다. 도시가 보유할 수 있는 무장세력이란 스스로 치안을 유지하고 외부의 공격으로부터 방어할 수 있는 정도였다. 가톨릭교회가 기도하는 사람들, 즉 성직을 독점했듯이 군주와 기사는 전쟁할 권리를 독점했다. 대신 군주는 도시의 일에 간여하지 않겠다는 약속을 헌장에 명시한 것이다.

오늘날 자주 접하는 프랜차이즈라는 개념이 바로 여기서 나온 것이다. 군주가 도시에 주는 자치권의 헌장을 바로 프랜차이즈 헌장이라고 불렀다. 맥도날드 상표를 내걸고 장사를 하지만 매점의 운영은 자율성을 갖고 하는 시스템을 생각하면 된다. 또는 과거 동아시아의 조공체계를 생각할 수도 있다. 조선 왕조가 대륙의 황제에게 형식으로 충성을 맹세하는 대신 실질 자율권을 보장받는 방법 말이다.

도시의 시민들은 대부분 직종에 따라 자율 조직을 가지고 있었다. 상공업의 다양한 직종은 길드라는 형식으로 자신들만의 규칙과 전통에 따라 운영되었다.[9] 또 다른 형식의 모임은 도시의 동네별로 구성된 지역 공동체다. 이들은 종교 축제나 큰 행사가 있으면 같은 복장을 갖추고 거리를 행진했다.

직종이나 지역 공동체가 종교 친목회와 결탁된 경우도 빈번하다. 이들은 특정한 성자를 모시는 친목회의 성격을 띠며 종교, 직종, 동네를 중심으로 강한 결속력을 과시한다. 도시 전체의 공동체를 아우르는 기관은 대부분 의회(Parliament), 공동집회(Commons) 등의 이름을 가진다. 명칭에서 알 수 있듯이 민주주의의 발전은 이런 도시의 자율성과 밀접하게 연결된다.

한국에서 정치학을 공부하는 학생들이 혼란스러워하는 부분이다. 국민이라고 하면 되는데 일부 학자들은 왜 시민이라는 개념을 굳이 사용하는 것일까. 시민, 즉 'citizen'에는 이런 유럽의 역사가 담겨 있기 때문이다. 시민이란 도시에서 생활하기 때문에 군주의 통제와 속박에서 벗어난 자유로운 인간이라는 의미가 담겨 있다. 농촌 사람이 군주에 종속된 신민(臣民)이라면 도시민은 자율성을 가진 존재라는 뜻이다.

마찬가지로 시민사회라는 표현도 도시 사람들이 조직한 자율 공동체라는 의미가 있다. 앞에서 언급한 대학이 교수와 학생의 자율 공동체로 출발했다는 점에서 시민사회의 대표 단체인 셈이다. 각종 직업을 중심으로 형성된 단체와 종교 모임 들도 시민사회 세포의 전형이라고 할 수 있다. 이처럼 유럽에서 도시는 군주의 영향력에서 벗어난 해방구였고, 근대의 자유를 키우는 온실의 역할을 담당했다.

# 부르주아의 기원

도시민이 가지는 자율성은 두 가지 의미다. 하나는 주어진 도시의 시민들이 집단으로 누리는 자율성이다. 군주의 지배로부터 자율성을 확보하여 도시가 자신의 일을 스스로 결정한다는 자치권이다. 두 번째 자율성은 도시민 개개인이 누리는 자율성이다. 이는 개인주의 개념과 통한다. 개인이 가족이나 가문, 지역이나 공동체의 영향력으로부터 자율성을 누린다는 뜻이다.[10]

물론 도시에도 결속력이 강한 공동체들이 존재한다. 예를 들어 대장장이 길드에 속하는 사람은 이 공동체에 가입하기 위해 오랫동안 훈련 과정을 거쳐야 하며 길드의 전통에 따른 통과의례를 치러야 한다. 그런 만큼 한 번 길드에 속하면 직업을 바꾼다는 것은 상상하기 어려운 일이었다.

인도의 카스트제도에서 도시 상공인들은 명확한 직종의 신분체제에서 벗어나기 어려웠지만 유럽의 길드는 적어도 진입과 탈퇴가 원칙상 자유로운 공동체였다. 또 중국의 도시 상공인이 국가로부터 규제를 받고 정부의 주문에 종속되어 있었다면, 유럽의 도시민들은 정치권력으로부터 비교적 자유로운 입장이었다.

18세기 프랑스의 계몽주의 사상가 루소는 스위스 제네바의 시계공 집안의 자손이며, 디드로는 프랑스 랑그르 지방의 칼 제조업자 집안의 아들이다. 이들이 인도에서 태어났다면 시계공이나 칼 기술자가 되었을 가능성이 높다. 또는 중국에서 태어났다면 과거시험을 치러 고관대작이 되었을지 모른다. 하지만 이들은 유럽에서 태어나 도시민의 자유를 누렸고 다양한 도시를 다니며 계몽주의 사상을 퍼뜨려 세상을 바꾸려고 했다.

계몽주의의 목표는 유럽의 도시들이 원래 가지고 있던 개인의 자유를 더욱 완벽하게 만드는 것이었다. 계몽주의에서 주장하는 개인의 자유는 절대주의 왕권에 대한 저항이기도 하지만 동시에 도시의 길드나 종교 공동체 등에 대한 개인의 자율성을 확보하겠다는 의미다.

하나의 자유는 또 다른 자유를 낳는다. 도시가 군주에 대해 해방구로서 자유를 누리듯이, 도시 안의 개인도 길드나 종교로부터 자유로운 사상과 표현과 행동의 자유를 누리겠다는 운동이다. 예를 들어 과학기술의 발전으로 새로운 생산 방식을 시도해보고 싶은 사람은 길드의 전통을 깰 수밖에 없다.

마찬가지로 가톨릭교회의 틀을 깨고 새로운 종교 혁신을 꾀한 운동은 모두 도시에서 일어났다. 루터는 비텐베르크에서, 칼뱅은 제네바에서 종교개혁의 깃발을 들었다. 제네바는 스위스의 가장 큰 도시로 프랑스어를 사용한다. 비텐베르크는 독일 동부에 있는 작센국의 수도였다.

프랑스 대혁명 이후 혁명정부가 제일 먼저 취한 조치 가운데 하나가 길드의 특권을 폐지하는 한편 파업 같은 집단행동을 금지한 것이었다. 이는 자유로운 상공업활동을 촉진하기 위한 것이었다. 1791년에 제정된 르샤플리에(Le Chapelier)법이다. 요즘의 표현으로 설명한다면, 길드들이 독점권을 가지고 좌지우지하던 상업을 시장의 원리에 따라 조정되도록 탈규제 정책을 시행했다고 볼 수 있다. 과거에는 대장장이가 되려면 엄격한 도제 수업을 거쳐 길드로부터 인정을 받아야 했지만 이제는 누구나 원하면 대장장이가 되어 물건을 만들어 팔 수 있게 되었다.

물론 18세기 말 프랑스에서 이루어진 탈규제는 국가 규제로부터의 탈피가 아니라 대부분 사회의 전통과 규제로부터의 해방이었다. 전통의 틀과 규칙으로부터 벗어나 자유롭게 상공업에 종사할 수 있다는 점에서 프랑스 대혁명은 분명 자유시장을 지향하는 부르주아의 운동이었다.

#

## 다양한 부르주아

노동계급의 혁명을 꿈꾸던 마르크스는 프랑스 대혁명을 부르주아 혁명으로 규정함으로써 그 보편성의 한계와 계급성을 지적했다.[11] 프랑스 대혁명은 보편성의 혁명이 아니라 부르주아의 이익을 위해 시장 중심의 제한된 자유만을 추진했다는 해석이다. 그는 인구 대부분을 차지하는 프롤레타리아트의 혁명만이 보편성을 가질 수 있다고 보았다. 하지만 마르크스의 이런 해석은 유럽 사회를 이해하는 데 오해를 부르기도 한다.

우선 마르크스는 부르주아의 의미를 편향되게 축소했다. 마르크스 정치경제학에서 부르주아는 '경제적 생산수단을 소유한 집단'으로 규정되지만 현실의 부르주아는 그냥 '도시민'일 뿐이다. 마르크스 사상이 큰 영향을 미치면서 19세기에는 유럽에서도 도시민 가운데 부유한 사람들을 부르주아라고 부르기 시작했다.

하지만 여전히 프티부르주아(petits bourgeois), 즉 작은·가난한 도시민들이 존재했다. 한국에서는 소시민이라고 번역하곤 하는데 시민이면 시민이지 소시민이란 키 작은 시민이란 말인가, 아니면 이류 시민이란 말인가. 실제로 프랑스어에서는 프티부르주아와 대비되는 그랑부르주아가 존재한다. 소시민/대시민이 동시에 사용된다는 말이다. 의역하면 소시민/대시민보다는 소자산가/대자산가 또는 큰 부자/작은 부자가 더 적절해 보인다.

19세기 유럽에서도 부르주아의 현실이나 이상형은 매우 다양했다. 영국의 부르주아는 마르크스가 말했듯이 생산수단을 소유하면서 사업을 운영하는 기업가의 모습을 띤다. 하지만 프랑스에서 부르주아의 조건은 일하지 않는 것이다. 영국에서는 귀족이 부르주아 계급과 융합되면서 사업에 열심인 새로운 모습을 갖게 되었다면, 프랑스에서는 부르주아들이 귀족처럼 일을 하지 않고 여유를 즐기는 생활을 따라 했다. 영국의 부르주아가 렌트를 파괴하여 새로운 사업을 개발하려는 슘페터식 기업가라면, 프랑스의 부르주아는 반대로 렌트 추구를 이상으로 삼는 부동산 부자에 가깝다.

한국에서도 부르주아라는 표현의 용도는 다양하다. 사회과학이나 운동권에서 부르주아는 재벌과 자본가를 의미한다. 자유민주주의를 부르주아 민주주의라고 부르며, 결국 재벌과 부자의 이익을 대변하는 정치제도라고 폄하하기도 한다. 영화나 소설, 그리고 일상에서 부르주아란 포크와 나이프로 식사하면서 와인을 즐기는 부잣집 상속자의 이미지다. 요즘은 '금수저'라는 말이 부르주아를 대신하고 있다. 큰 부자와 작은 부자는 '금수저'와 '은수저', 프롤레타리아트는 '흙수저'인 셈이다. 아무튼 한국에서 부르주아는 주로 부정적인 의미로 쓰인다. 하지만 유럽의 역사에서 부르주아가 갖는 의미는 좀 더 복잡하다.

유럽에서 부르주아는 자유주의 가치를 상징하는 계급이다. 여기서 자유주의는 마르크스가 강조한 사업과 무역의 자유뿐 아니라 사상과 표현의 자유를 포함한다. 계몽주의 사상에서 핵심 위치를 차지하는 관용, 즉 톨레랑스(tolérance)는 부르주아 계급의 전형적인 가치다.

특히 종교와 관련한 관용은 부르주아 가치관의 중심이다. 가톨릭교회에서 정의 내린 기독교가 아니라 각자가 이해하고 해석하고 선택한 종교를 믿을 자유가 부르주아에겐 중요하다. 언론과 표현 및 비판과 결사의 자유는 이런 사상의 자유에서 비롯되는 논리적 귀결점이다.

## 부르주아의 특징

한국에서는 아직도 이런 정치 자유주의의 역사에 대해 잘 알지 못하며, 경제 자유주의와의 연결에 대한 이해가 부족하다. 시장 중심의 경제 자유주의는 사상의 자유를 주장하는 정치운동과 긴밀하게 연결되어 있다. 2015년 한국에서 "자유민주주의를 지키기 위해 국정 교과서를 만들어야 한다"는 보수진영의 터무니없는 주장은 이런 자유주의에 대한 이해의 빈곤을 잘 보여주었다.

부르주아는 단순히 와인을 마시는 부자가 아니다. 부르주아는 개인의 자유에 대해 확고한 신념과 믿음을 가진 사람이다. 부르주아는 개인이 자유롭게 생각하고 실천하는 것은 물론 책임감을 가지고 행동하는 사회를 이상이라고 여긴다.

부르주아는 또 열정에 따라 행동하는 사람이 아니라 합리적으로 생각하고 행동하는 존재다. 귀족같이 명예 때문에 목숨을 거는 열정의 동물이 아니다. 명예 실추로 인한 손실과 결투의 위험, 승리할 가능성을 철저하게 재보고 결정을 내리는 사람이다.

하지만 개인주의 합리성에 기초한다면 무엇이 목숨보다 중요하겠는가. 위험을 감수할 만한 도박은 거의 존재하지 않는다. 부르주아는 따라서 결투 같은 것은 절대 고려하지 않는다. 합리적으로 사리를 판단하고 전후좌우를 살펴 재보고 적절한 판단을 하는 사람이 바로 부르주아의 전형이다.

독일 베를린에서 태어나 파리, 런던, 이탈리아 트리에스테 등에서 수학한 미국의 정치경제학자 허시먼은《열정과 이익》이라는 책에서 유럽 귀족의 가치인 열정이 점차 부르주아의 가치인 이익으로 대체되는 과정을 분석했다.[12] 그 자신은 1930년대~1940년대 공화주의 세력을 돕기 위해 스페인 내전에 자원한 것은 물론 나치의 광기에서 탈출하려는 유럽의 지식인과 예술가 들을 돕는 열정 넘치는 삶의 주인공이었다.

열정이란 종교에서 비롯되는 가치관이며 명예를 목숨보다 중요하게 여기는 귀족들의 행동지침이다. 우리가 '예수의 수난'이라고 부르는 경험을 유럽 언어에서는 '예수의 열정(Passion of Christ)'이라고 표현한다. 패션(passion)이라는 말이 중세의 '수난'에서 근대의 '열정'으로 진화했기 때문이다. 목숨을 내던져 인류에 대한 사랑을 실천한 예수의 행동이야말로 열정의 정신이고 핵심이다.

열정은 계산의 대상이 아니다. 내가 얻을 이익을 따지고 행동하는 것은 지저분한 상혼(商魂)에 물든 자들의 저급한 행태다. 십자가를 진 예수가 자신의 이익을 계산하여 살아보려고 노력하는 모습을 상상할 수 있는가.

허시먼은 유럽에서 열정이 이익의 논리에 자리를 내주는 과정을 섬세하게 소개한다. 열정이 전쟁을 하는 귀족이나 군인의 논리였다면, 이익은 장사를 하는 상인과 도시민의 논리다. 전쟁에서 승리와 패배는 생명과 재산의 분배를 결정한다. 하지만 상업에서는 승리와 패배가 뚜렷하지 않은 것은 물론 모두가 약간의 이득을 누릴 수 있는 상황이 훨씬 많다.

상업에서는 이익을 더하고 빼는 것이 수월하며, 이를 계산하는 일이

전 사회에 확산되었다. 우리가 생각하는 '주판을 튕기는 사람', '이해득실의 계산이 빠른 사람'은 모두 상인, 즉 부르주아의 전형이다. 귀족의 시대가 가고 부르주아의 시대가 오면서 유럽을 지배하는 가치관은 열정에서 이익으로 대체되었다.

#

## 도시의 패러독스

도시에는 많은 사람들이 모여 산다. 하지만 도시는 동시에 사람들이 홀로 되기를 가장 선호하는 곳이기도 하다. 여기에 도시의 패러독스가 있다. 도시 사람들은 프라이버시라고 부르는 자신만의 공간을 갖기를 원한다.

도시의 개인주의 문화가 가장 잘 드러나는 것이 레스토랑이다.[13] 중세 유럽에서 밥을 파는 일은 드물었다. 사람들이 모여서 식사를 하기는 했지만 그것은 결혼식이나 종교 축제 같은 특별한 날에 베푸는 시혜일 뿐 요식업의 서비스가 아니었다. 돈을 내고 식사를 할 수 있는 곳은 여인숙 같은 숙박업소였다. 손님들은 주인이 정한 시각에 식당에 내려가 커다란 식탁에서 공동으로 식사를 했다. 여행자를 위한 식사는 끼니를 때우는 수준이었지 고급 음식을 기대하기는 어려웠다.

반면 귀족은 훌륭한 식사를 할 수 있었다. 귀족의 결혼식이나 행사에 초대받으면 보통 사람도 가끔씩 진수성찬을 맛볼 수 있었다. 물론 귀족들은 절대 음식에 대한 대가를 받지 않았다. 그것은 자신이 지배하는 지역의 주민들에게 베푸는 시혜였기 때문이다.

18세기가 되면 파리에서 레스토랑이라는 새로운 형태의 서비스업이

〈비 오는 날의 파리〉(귀스타브 카유보트, 1877).

등장한다. 부르주아를 위한 고급 식당이라고 보면 된다. 부르주아는 계산에 밝은 사람이기 때문에 귀족처럼 음식을 장만하기 위해 상시 요리사를 두는 것을 낭비라고 생각했다. 먹고 싶을 때 레스토랑에 가서 먹고 싶은 만큼만 먹고 대가를 지불하는 것이 훨씬 합리적이라고 생각했다. 귀족처럼 식당을 짓는 것은 부담이자 낭비이기 때문에 필요할 때만 레스토랑에 가서 개별 식탁을 사용하면 된다고 생각했다.

여기서 우리는 현대 자본주의 사회를 지배하는 부르주아의 생각을 읽을 수 있다. 귀족 같은 삶을 살기 위해서 반드시 귀족처럼 낭비를 할 필요는 없다. 그만한 돈도 없고 설사 있다고 하더라도 낭비는 부르주아 도덕에 대한 모독이다. 귀족과 비슷한 서비스를 훨씬 저렴한 가격에 누릴 수 있다면 이보다 더 좋은 일이 어디 있겠는가.

음식마다 가격을 붙여 내가 먹은 만큼만 지불하는 것보다 더 합리적인 방법은 없다. 게다가 식당 앞에는 메뉴와 가격표를 전시해놓는다. 가격을 모르고 음식을 먹다가는 체할지도 모른다.

음식 문화만큼 부르주아의 영향이 강하게 작동한 것이 공연 분야다. 귀족은 손님들을 초대하여 음식을 대접했듯이 사람들을 초대하여 공연을 즐기기도 했다. 물론 비용은 전부 귀족이 지불했다. 부르주아들이 이런 초대의 전통을 사업으로 만들어 레스토랑을 개인 소비의 공간으로 만들었다면, 극장은 공연 부문에서 오락과 예술을 소비하는 공간으로 태어났다.

우리는 오페라의 역사 초기에 베네치아나 나폴리에서 도시민의 공연에 대한 열기가 어떻게 오페라라는 장르의 발전에 기여했는지 살펴보았다. 도시는 시민도 표를 구매하면 귀족처럼 연극과 음악을 향유할 수 있는 자유의 공간이었다.

레스토랑은 개인 메뉴의 선택과 소비에 적합한 장소였다. 여러 명이 같이 가더라도 먹고 싶은 요리를 주문할 수 있으니 말이다. 반면 공연은 완전히 개인의 취향에 따라 소비하기는 어려웠다. 한 편의 연극이나 오페라, 콘서트에는 수많은 사람들이 동원되기 때문이다.

그렇지만 극장에는 칸막이와 개별 부스가 있었다. 돈 많은 부르주아는 자신만의 부스를 사서 사람들을 초대하여 귀족 흉내를 낼 수 있었다. 귀족처럼 극장을 통째로 빌려 대중이나 친구들에게 시혜를 베푸는 것은 부르주아답지 않다. 하지만 극장의 부스 하나를 빌려 개인 공간처럼 사용하는 것은 부르주아다운 일이다.

도시의 부르주아들이 만든 개인주의 문화는 기술의 발전으로 계속 진화했다. 이제 사람들은 굳이 공연장에 가지 않더라도 라디오나 텔레비전을 통해 집의 거실이나 침실에서 음악과 연극을 즐길 수 있게 되었다. 물론 온 가족이 함께 라디오나 텔레비전을 즐기는 것이 보통이었고, 이 때문에 가족 간에 대화가 단절된다는 비판도 있었다. 아무튼 이것은 각 집마다 부스를 하나씩 만들어놓은 것과 같은 효과를 낳았다. 요즘에는 스마트폰의 등장으로 개인주의가 더욱 극단에 이르렀다. 이제 가족도 멀리하고 나 홀로 원하는 오락과 예술을 맞춤형으로 즐길 수 있다.

#
## 개인주의 확산

유럽의 도시문화에서 시작된 개인주의는 이제 인류 전체에 퍼져나가면서 극단으로 치닫는 듯하다. 레스토랑이나 극장 같은 서비스의 소비를 넘어 가족 자체를 해체하는 단계로까지 발전했기 때문이다.

유럽은 과거 다른 대륙과 마찬가지로 대가족 제도였다. 하지만 도시 생활을 하면서 대가족은 점차 핵가족이 되었다. 인간 사회의 가장 기초 단위인 가족의 변화가 시작된 것이다.

핵가족이 된 원인에 대해서는 다양한 설명이 있다. 일부 인류학자는 영국과 독일 등에서 개인주의 문화 요소가 이미 전통 가족 제도에 반영되었다고 주장한다.[14] 아이가 성인이 되면 독립시키는 관습이 근대화 이전부터 내려온 아주 오래된 전통이라는 뜻이다.

또 다른 설명은 도시문화가 개인주의를 확산시켜 핵가족을 만들어냈다고 주장한다. 농촌의 경제활동은 대가족을 필요로 하지만 도시에서는 경제활동이 개인 단위로 이루어지기 때문에 핵가족이 적합하다는 의미다. 사실 상공업이 농업보다 더 개인주의에 가깝고 근대 경제의 임노동이 개인주의와 더 친화적이다.

문화적 설명이나 도시 중심의 구조적 설명에 덧붙여 일부에서는 귀족과 부르주아가 출산을 줄이는 전략이 개인주의 성향을 부추겼다고 분석한다. 귀족은 자식이 많으면 재산이 분산되는 효과를 낳는다. 영지를 유지하려면 자식의 수를 제한할 필요가 있었고, 이는 프랑스 같은 지역에서 일찍이 다양한 피임법이 나오는 원인으로 작용했다.

일부 연구는 귀족의 출산제한 전략이 확산되는 과정을 묘사했다.[15] 이런 귀족들의 습관이 점차 부르주아 계급으로 확산되었다. 부르주아는 귀족처럼 물려줄 영지는 없었지만 가문의 지위를 유지하기 위해서는 자녀 수를 줄여 집중 투자하고 유산을 몰아줄 필요가 있었다. 귀족과 부르주아의 다양한 피임법과 산아제한 전략은 하인들을 통해 도시 서민과 심지어 농촌에까지 확산되었다. 그 결과 프랑스는 18~19세기에 이미 출산율이 급격하게 떨어지는 현상이 나타났다.

개인을 사고의 출발점으로 삼는 유럽의 부르주아 문화, 계산과 합리주의에 기초한 도시민들의 생활습관, 귀족과 부르주아의 산아제한과 핵가족의 일반화 등 매우 다양한 요소들이 개인주의 발전과 확산에 기여했다. 그 개인주의의 극단은 여전히 유럽에서 나타난다.

이제는 핵가족조차 붕괴되면서 1인 가구가 급격하게 늘어나는 시대가 되었다. 출산율이 급격하게 떨어지면서 핵가족조차 줄어들고, 아이가 있더라도 한부모 가족이 늘어난다.

물론 유럽에도 여전히 가족 또는 가정이 존재하지만 그 형식은 조금 더 개인의 자유를 가능하게 하는 느슨한 모습이다. 예를 들어 유럽에서 결혼이라는 제도는 더 이상 가족 구성의 표준이 아니다. 많은 커플들이 결혼을 하지 않고 동거하면서 아이를 낳고 키운다. 유럽의 상당

수 국가에서 아이들 가운데 절반 이상이 결혼이라는 틀 밖에서 출생한다.[16] 결혼하지 않은 부모 밑에서 태어난다는 뜻이다.

유럽 문화의 특징을 보여주는 의미 있는 통계 중 하나는 1인 가구의 비중이다. 2012년 통계에 따르면 스웨덴에서 1인 가구의 비중은 47.1퍼센트다.[17] 전체 가구의 절반 정도가 혼자 사는 사람인 것이다. 1인 가구 비중의 세계 순위 1위부터 10위까지가 모두 유럽 국가다. 10위인 에스토니아에서 1인 가구는 35.5퍼센트다.

반면 6인 이상 가구의 비중은 쿠웨이트가 60.8퍼센트로 제일 높다. 1위부터 10위까지 거의 중동 및 북아프리카의 이슬람 국가다. 10위인 인도는 6인 이상 가구가 37.5퍼센트이며, 힌두교와 이슬람이 혼재되어 있는 유일한 예외다.

비슷한 통계로 가구당 평균 사람 수를 비교할 수 있다. 역시 가구원이 가장 적은 나라는 유럽 국가들이다. 독일이 평균 2인으로 제일 낮고, 덴마크·핀란드·스웨덴 등이 2.1명, 에스토니아·리투아니아·노르웨이·스위스 등이 2.2명이다. 반대로 가구당 사람 수가 가장 많은 나라는 세네갈로 9.6명이며, 1위부터 10위까지 거의 모두 아프리카 국가다. 중동의 오만(9위, 가구당 평균 7명)만이 예외다.

이처럼 개인주의는 단순히 하나의 가치관이나 성향이 아니다. 한 사회의 성격이나 그 속에서의 삶을 규정하는 매우 중요한 구조라고 할 수 있다. 유럽에서는 일찍부터 도시문화가 발달했고, 그 과정에서 개인주의가 자리 잡았다. 21세기 유럽의 도시에서 혼자 사는 것은 흔한 일이다. 두세 명이 함께 살기도 하지만 결혼제도로 묶인 것이 아니라 언제든 헤어질 수 있는 느슨한 가족이라고 볼 수 있다.

# 개인에서 대중으로

도시에 사는 사람들이 모두 개인주의의 섬에 고립된 것만은 아니다. 도시는 군중이라는 개념을 낳았고, 폭동과 저항, 시위와 혁명 같은 거대한 운동의 기반이 되었다. 사람들이 넓게 분산되어 사는 농촌에서 그들을 한곳에 모으기란 매우 어려운 일이다. 그러나 도시는 일단 사람들을 모으기가 수월한 공간 구조다. 소문도 금세 퍼지고 연락도 쉬운 편이라 동원이 쉽다.

19세기 산업혁명 이전 유럽의 도시는 규모가 작은 편이었다. 파리, 런던, 로마 등 그 어느 곳도 아시아의 도시와 비교할 만한 규모는 아니었다. 18세기 세계 최대의 도시는 인구 100만 명의 도쿄였고, 중국의 많은 도시가 유럽보다 큰 규모를 자랑했다. 유럽 도시의 특징은 인구 규모가 아니라 정치 자율성과 촘촘한 도시의 그물이다.

유럽에서 도시가 본격 확장되면서 근대를 연 것은 19세기 들어서다. 산업화가 진행되면서 도시의 공장으로 노동자들이 유입되었고, 그 결과 도시의 인구가 크게 증가했다.[18] 농업사회에서 인구 분포는 고루 분산될 수밖에 없었지만 광산이나 공장은 인구를 한곳에 집중시킨다. 19세기 산업화는 이농현상과 도시 인구의 집중으로 '산업화=도시화=근대화'라는 등식을 만들었다.

바로 이 부분에서 개인주의와 자유주의로 특징지을 수 있었던 유럽의 도시문화가 집단행동과 민주주의라는 새로운 성향을 낳았다. 19세기부터 도시로 유입된 노동자들은 부르주아의 도시 가치관보다는 농촌의 전통 가치관을 가진 사람들이었다. 그러나 그들은 새로운 도시 환

전 유럽에 번진 1848년 혁명의 시초가 된 프랑스의 2월 혁명(앙리 필리포토, 19세기), 1848년 3월
에 시작된 독일 혁명(작자 미상, 1848~1850).

경을 접하면서 가치관이 달라졌다. 도시의 개인주의보다는 농촌의 집
단 삶의 양식에 더 가까웠던 노동자들은 19세기 중반부터 노동운동에
참여하면서 집단행동이라는 전술로 도시 무대를 점령하기 시작했다.

　　부르주아들은 프랑스 대혁명의 길드 형성 금지 조항을 근거로 노
동자들의 집단행동을 막았다. 프랑스에서 노동조합이 합법화된 것은
1901년이다. 그만큼 부르주아들은 집단행동을 의심의 눈초리로 보았던
것이다.

　　유럽의 역사를 살펴보면 도시의 성장은 곧 정치·사회 변화를 수반
한다는 점을 발견할 수 있다. 1789년 프랑스 대혁명으로 파리는 혁명과
시위의 수도로 자리 잡게 되었다.[19] 유럽의 지식인, 혁명가, 사상가 들이
파리에 모여 혁명을 모색했다. 당시 프랑스의 새로운 정치 시대를 구경

하기 위해 '정치관광'이라는 표현이 등장할 정도였다.

1848년 민중의 봄은 유럽의 주요 도시들이 혁명의 불을 동시에 지핀 놀라운 사건이었다. 부르주아들과 노동자들이 서로 목적은 달랐지만 군주가 지배하고 귀족이 권력을 독점하는 봉건주의에 반발하며 함께 행동했던 것이다.

파리, 베를린, 뮌헨, 프라하, 빈, 베네치아, 밀라노, 팔레르모, 로마, 부다페스트, 부쿠레슈티 등에서 동시다발로 일어난 봉기는 프랑스 대혁명이라는 하나의 표준과 이를 기반으로 하는 유럽 도시의 그물이 없었다면 불가능했다.[20] 중세부터 유럽의 도시가 이룬 그물은 상인들이 물건과 화폐를 교환하는 체제였다. 이런 그물이 아이디어와 사상의 그물이 되었고, 시간이 지나면서 정치적 네트워크로 발전한 것이다.

아주 오래전부터 귀족과 왕족이 형성한 유럽의 그물이 지배층의 한 가족을 이루었다면, 1848년 민중의 봄은 이에 대항하는 부르주아와 노동자의 혁명 그물이 형성되었음을 알리는 변화였다. 이때부터 유럽의 거대한 정치 사건들이 도시를 중심으로 동시다발로 일어나는 패턴이 만들어졌다. 언어와 민족은 서로 다르지만 비슷한 삶의 조건과 사상이 이런 동시성을 만들어낸 것이다.

#

## 도시 대중의 혁명 시대

1917년 러시아에서 노동자 혁명이 성공했다. 1차 세계대전의 와중에 봉건제 국가, 따라서 취약한 국가였던 러시아에서 차르 체제가 무너지고 노동자 혁명이 성공한 것이다. 1789년의 부르주아 혁명이 1848년 혁명의 불꽃을 초래했듯이 1917년의 러시아 볼셰비키 혁명은 1차 세계대전이 끝나자 유럽에서 노동자들의 봉기를 초래했다.[21]

1919년 베를린에서 룩셈부르크가 주도하는 스파르타쿠스 혁명이 일어났고, 뮌헨도 소비에트 공화국을 선언했다. 부다페스트에도 쿤이 이끄는 소비에트 정부가 잠시 들어섰고, 프레쇼프에서도 슬로바키아 소비에트가 수립되었다.

18세기의 부르주아 혁명이 50~60년의 시차를 두고 유럽에 전파되어 19세기 중반에 동시에 폭발했다면, 노동자 혁명은 거의 시차 없이 러시아의 성공 사례를 보고 곧바로 유럽 전역에서 진행된 것이다. 그물의 논리에서 본다면 19세기 초에 만들어진 정치의 그물을 타고 20세기 초에 혁명의 파도가 빠른 속도로 전파된 셈이다.

20세기는 그야말로 도시 정치의 시대였다. 대중이 정치의 중심으로 등장했고, 군중이 정치활동의 주요 역할을 담당하는 시대라는 뜻이다. 19세기 노동자 운동에 이어 20세기가 되면 극우세력도 대중을 동원하여 노동자와 대립하는 모습을 보였다.

파시즘과 나치즘은 도시민들을 준군사조직으로 만드는 정치운동의 전형이었다. 1차 세계대전과 2차 세계대전 사이 좌파와 우파의 대중조직이 도시의 거리에서 충돌하는 일이 빈번하게 일어났다. 로마에서 파시스트의 행진이 무솔리니의 집권을 가능하게 했고, 베를린에서 나치의 폭력은 히틀러 집권의 전조를 알렸다. 런던과 파리 등에서도 좌우의 폭력 대립은 의회민주주의를 위협하는 혼란스러운 양상이었다.

도시민들의 대중 동원이 다시 한 번 체제 붕괴를 가져온 것은 1989년의 베를린이다. 2차 세계대전 이후 반세기 가까이 동유럽은 소련의 지배 아래 놓였다. 소련은 1956년 부다페스트의 봄, 1968년 프라하의 봄 등 자유를 갈망하는 동유럽 국가들을 막강한 군사력으로 짓눌렀다.[22] 하지만 이번에는 동유럽의 공산권 국가에서 동시다발로 자유를 획득하기 위한 대중운동이 벌어졌다. 폴란드 그단스크의 솔리다르노시치(Solidarność: 자유노조) 노동운동이나 동베를린, 헝가리의 부다페스트, 체코슬로바키아의 프라하 등에서 일어난 도시민의 대중 시위와 서유럽으로의 이주 현상, 루마니아 티미쇼아라와 부쿠레슈티 등에서의 폭동 등 나라마다 양상은 조금씩 달랐지만 기본적으로 자유를 향한 도시민의 저항이 폭발한 것이었다. 도시의 그물을 타고 몰아친 혁명의 파도는 소련의 붕괴와 동유럽의 민주화로 귀결되었다.

도시는 이처럼 개인주의와 집단행동이 공존하는 장이다. 사람들은 부르주아의 역사를 반영하듯 평소에 개인주의적으로 행동하고 살아가지만, 자유를 억압당한다고 느낄 때 새로운 변화를 모색하게 된다. 어느 순간 이것은 무서운 동원력과 파괴력을 가진다. 자유의 온실이라는 초기 도시의 모습이 여전히 살아 있는 것 같다.

#

## 유럽연합과 도시의 그물

유럽연합의 수도는 어디일까? 유럽연합이라는 거대한 정치체제의 행정 기능이 집중된 도시는 벨기에의 브뤼셀이다. 유럽의 정부 역할을 집행위원회가 담당하고 있으며, 그 본부가 브뤼셀에 있기 때문이다. 하지만 여러 나라가 함께 세운 통합체의 두뇌 기능을 한 나라나 도시가 독점하기는 어렵다.

유럽연합은 유럽석탄철강공동체 시절부터 여러 개의 중심을 가졌다. 유럽의회는 프랑스 스트라스부르에 있고, 유럽법원은 룩셈부르크에 있다. 또한 유럽연합은 정책 협력을 추진하면서 많은 독립기구들을 만들었는데 이들 역시 유럽 전역에 흩어져 있다.

예를 들어 유럽환경청은 덴마크 코펜하겐에 있고 유럽경찰청 유로폴은 네덜란드 헤이그에 있다. 유럽의 경계를 책임지는 프론텍스(Frontex)는 폴란드 바르샤바에 위치하며, 지적재산권청은 스페인 알리칸테에 있다. 이 밖에도 수십 개에 달하는 유럽연합 기구들이 유럽 전역에 골고루 분포되어 있다. 별로 중요하지 않은 기관을 분산했다고 그 의미를 평가절하해서는 안 된다.

유럽에서 가장 중요한 결정을 내리는 제도는 회원국 정상들이 모이는 유럽이사회다. 유럽이사회는 1년에 두 번 상반기와 하반기에 개최되며, 중요한 쟁점이 있으면 특별 이사회를 열기도 한다. 이사회는 회원국을 돌아가면서 열리기 때문에 유럽의 주요 도시들이 차례로 거대한 연합의 수도가 된다. 중요한 결정이 내려지면 그 도시의 이름은 영원히 역사에 남는 것이다.

1951년의 파리조약은 유럽석탄철강공동체를 출범시켰고, 1957년의 로마조약은 유럽경제공동체의 시발점이다. 1974년 유럽이사회가 정기모임으로 만들어진 이후 1991년의 마스트리히트조약, 1997년의 암스테르담조약, 2007년의 리스본조약 등은 유럽 통합의 역사를 배우는 학생들이 줄줄이 외워야 하는 이사회의 장소들이다.

이처럼 유럽연합은 정책을 하나의 초국적 기구로 통합하는 경향이 있지만 동시에 모든 것을 공정하게 배분하려는 노력을 반영한다.[23] 대국인 독일, 프랑스, 이탈리아, 영국보다는 소국을 우대한다는 철학이 지배한다. 유럽연합이 아니라면 사실 마스트리히트나 리스본처럼 작은 규모의 도시가 역사의 전면에 등장할 가능성은 낮다.

유럽연합 기구나 정치 회의뿐 아니라 유럽에는 순회 문화수도 제도가 있다. 매년 유럽의 문화수도(European Capital of Culture)를 정해 그 도시에서 다양한 문화 행사를 개최하는 제도다.

1985년 그리스 아테네에서 시작하여 이탈리아 피렌체, 독일의 베를린, 프랑스 파리, 영국의 글래스고 등으로 이어졌다. 2017년에는 덴마크의 오르후스와 키프로스의 파포스가 선정되었고, 2018년에는 네덜란드의 레이우아르던과 몰타의 발레타, 그리고 2019년에는 이탈리아의 마테라와 불가리아의 플로브디프가 선정되었다. 이 정책은 앞으로 유럽 도시들의 문화적 그물을 치는 역할을 할 것이다.

그렇다면 유럽 도시 그물의 중심은 어디일까. 유럽에서 가장 많은 인구를 자랑하는 도시는 파리와 런던으로 각각 1000만 명이 넘는다. 유럽에서 제일 오래된 두 왕국으로 출발하여 항상 유럽 역사의 선두에서 달렸던 두 나라, 그리고 세계 규모의 제국을 형성했던 나라의 수도인 만큼 여전히 유럽의 중심이다. 세계 차원에서 보더라도 파리와 런던은 뉴욕과 함께 방문객이 가장 많은 도시다. 과거에는 코스모폴리스라고 불렸고, 요즘은 글로벌시티라는 이름으로 칭할 수 있는 대표주자들이다.

인구를 중심으로 보면 독일의 루르 지역(660만 명)과 마드리드(610만 명), 바르셀로나(530만 명) 정도가 뒤를 잇는다. 루르 지역은 도르트문트, 에센, 뒤스부르크 등 인구 50만 명 정도의 도시들이 오밀조밀 모여 있는 곳이다. 통일 이후 정치 영향력이 커진 독일의 수도 베를린(400만 명)이 두각을 나타내고 있지만 국제적 명성에서는 여전히 런던이나 파리에 미치지 못하고 있다.

물론 이렇게 순위를 매겨 비교한다는 것 자체가 유럽답지 않다. 로마는 세계 가톨릭교회의 수도이며, 밀라노는 패션의 수도, 유럽중앙은행이 있는 프랑크푸르트는 금융의 수도, 국제올림픽위원회가 자리한 로잔은 스포츠의 수도, 각종 국제재판소가 있는 헤이그는 사법의 수도, 세계 다이아몬드 시장을 지배하는 안트베르펜은 보석의 수도로서 각각의 역할을 수행하고 있다. 모든 기능을 한곳에 집중해야 한다고 생각하는 중앙집권의 마인드로는 이해하기 어려운 '그물 유럽'의 모습이다.

## 유럽의 주요 축제

| 번호 | 국가 | 지역 | 이름 | 시기 | 시작 연도 | 분야 |
|---|---|---|---|---|---|---|
| 1 | 아이슬란드 | 레이캬비크 | 맥주의 날 Bjórdagurinn | 3월 1일 | 1985 | 음식 |
| 2 | 아이슬란드 | 레이캬비크 | 시퀀스 예술 축제 SEQUENCES Real Time Art Festival | 10월 | 2006 | 영화 |
| 3 | 아이슬란드 | 레이캬비크 | 토라블롯 페스티벌 Þorrablót | 2월경 | 1873 | 음식 |
| 4 | 아이슬란드 | 네스퀘이프스타뒤르 | 아이스트나플루크 록 축제 Eistnaflug | 5월 | 2005 | 음악 |
| 5 | 노르웨이 | 몰데 | 비에른손 축제 Bjørnsonfestivalen | 8~9월 | 1997 | 문학 |
| 6 | 노르웨이 | 하마르 | 더 게더링 축제 The Gathering | 부활절 주 수요일 | 1991 | 컴퓨터 |
| 7 | 노르웨이 | 보되 | 파켄 축제 Parkenfestivalen | 8월 | 2006 | 음악 |
| 8 | 덴마크 | 오르후스 | 바이킹 축제 Moesgård Viking Moot | 7월 마지막 주 | 1977 | 문화 |
| 9 | 덴마크 | 오르후스 | 오르후스 축제 Aarhus Festuge | 8~9월 | 1965 | 문화, 예술 |
| 10 | 덴마크 | 코펜하겐 | 코펜하겐 카니발 Copenhagen Carnival | 오순절 | 1982 | 문화 |
| 11 | 핀란드 | 세이네요키 | 탱고 축제 Tangomarkkinat | 7월 | 1985 | 춤 |
| 12 | 핀란드 | 카우스티넨 | 카우스티넨 민속 음악 축제 Kaustinen kansanmusiikkijuhlat | 7월 | 1968 | 민속 |
| 13 | 핀란드 | 쿠오피오 | 반 현대 미술제 ANTI-Contemporary Art Festiva | 9월 | 2002 | 문화 |
| 14 | 핀란드 | 헬싱키 | 세계 마을 축제 Maailma kylässä | 10월 | 1995 | 문화 |
| 15 | 핀란드 | 헬싱키 | 헬싱키 프라이드 Helsinki Pride | 홀수 해 6월 | 1975 | 게이 퍼레이드 |
| 16 | 라트비아 | 리가 | 금발 축제 Go Blonde Festival | 7월 | 2009 | 문화 |
| 17 | 영국 | 에든버러 | 에든버러 국제 도서 축제 Edinburgh International Book Festival | 8월경 | 1983 | 책 |
| 18 | 영국 | 에든버러 | 에든버러 국제 페스티벌 Edinburgh International Festival | 8월경 | 1947 | 연극 |
| 19 | 영국 | 헤이온와이 | 헤이 페스티벌 Hay Festival of Literature & Arts | 5월 말 | 1988 | 문학 |
| 20 | 영국 | 필튼 | 글래스턴베리 페스티벌 Glastonbury Festival | 6월경 | 1970 | 음악 |
| 21 | 영국 | 올드버러 | 올드버러 음악제 Aldeburgh Festival | 6월경 | 1948 | 음악 |
| 22 | 영국 | 런던 | 노팅 힐 카니발 Notting Hill Carnival | 8월경 | 1966 | 음악, 춤 |
| 23 | 포르투갈 | 노바 | 붐 축제 Boom Festival | 8월 | 1997 | 문화 |
| 24 | 포르투갈 | 포보아드바르징 | 아이비 축제 Festa da Hera | 부활절 주 월요일 | 1920년대 | 꽃 |
| 25 | 포르투갈 | 알가르베 | 국제 모래 조각 축제 Festival Internacional de Escultura em Areia | 5월 | 2003 | 예술 |
| 26 | 스페인 | 트루히요 | 치비리 축제 Chíviri | 부활절 일요일 | 19세기 | 민속 |
| 27 | 스페인 | 부뇰 | 토마토 축제 La Tomatina | 8월 마지막 수요일 | 1945 | 문화 |
| 28 | 스페인 | 빌바오 | 위대한 주말 Aste Nagusia | 8월 | 1987 | 문화 |
| 29 | 스페인 | 알라바 | 알라바 축제 Araba Euskaraz | 6월 | 1981 | 문화 |
| 30 | 스페인 | 팜플로나 | 산 페르민 축제(소몰이 축제) Fiesta de San Fermin | 7월 6일 | 13~14 세기 | 문화 |

| 31 | 프랑스 | 앙굴렘 | 앙굴렘 국제 만화 축제 Festival international de la bande dessinée d'Angoulême | 1월경 | 1974 | 만화 |
|----|--------|--------|----------------------------------------------------------------------|-------|------|------|
| 32 | 프랑스 | 아비뇽 | 아비뇽 축제 Festival d'Avignon | 7월경 | 1947 | 예술 |
| 33 | 프랑스 | 칸 | 미뎀 Marché International du Disque et de l'Edition Musicale | 6월경 | 1967 | 음악 |
| 34 | 프랑스 | 칸 | 칸 국제 광고제 Festival international de la créativité | 6월경 | 1954 | 광고 |
| 35 | 프랑스 | 칸 | 칸 영화제 Festival international du film | 5월경 | 1946 | 영화 |
| 36 | 프랑스 | 망통 | 망통 레몬 축제 La Fête du Citron | 2월경 | 1934 | 민속 |
| 37 | 프랑스 | 리옹 | 빛의 축제 Fête des lumières | 12월경 | 1643 | 민속 |
| 38 | 프랑스 | 스트라스부르 | 크리스마스 시장 Marché de Noël | 12월경 | 1570 | 민속 |
| 39 | 프랑스 | 파리 | 에피카 어워즈 Epica Awards | 11월경 | 1987 | 광고 |
| 40 | 모나코 | 라르보토 | 황금님프상 Nymphe d'O | 7월 | 1961 | 텔레비전 |
| 41 | 벨기에 | 헨트 | 헨트 축제 Gentse Feesten | 7월 | 1969 | 문화 |
| 42 | 벨기에 | 알스트 | 알스트 카니발 Carnaval Aalst | 2월 | 1923 | 퍼레이드 |
| 43 | 벨기에 | 브뤼셀 | 브뤼셀 국제 판타스틱 영화제 Festival international du film fantastique de Bruxelles | 3월 | 1983 | 영화 |
| 44 | 룩셈부르크 | 룩셈부르크 | 일요일의 불 축제 Buergbrennen | 3월 | 1930 | 문화 |
| 45 | 룩셈부르크 | 히터나흐 | 히터나흐의 춤 행렬 Iechternacher Sprangprëssessioun | 오순절 | – | 문화 |
| 46 | 네덜란드 | 로테르담 | 로테르담 국제 영화제 International Film Festival Rotterdam | 4월경 | 1972 | 영화 |
| 47 | 네덜란드 | 라이덴 | 10월 3일 축제 3 Oktober Feest | 10월 3일 | 1886 | 문화 |
| 48 | 네덜란드 | 리서 | 큐겐호프 꽃 축제 Keukenhof | 3~5월 | – | 꽃 |
| 49 | 네덜란드 | 암스테르담 | 하트의 날 Hartjesdag | 8월 세 번째 월요일 | 1997 | 문화 |
| 50 | 네덜란드 | 테르스헬링섬 | 우롤 페스티벌 Oerol | 6월경 | – | 연극, 음악 |
| 51 | 독일 | 본 | 베토벤 축제 Beethovenfest | 10월경 | 1845 | 음악 |
| 52 | 독일 | 프랑크푸르트 | 프랑크푸르트 도서전 Frankfurter Buchmesse | 10월 | 1600년대 | 책 |
| 53 | 독일 | 뉘른베르크 | 크리스마스 시장 Christkindlesmarkt | 12월 | – | 민속 |
| 54 | 독일 | 뮌헨 | 옥토버페스트 Oktoberfest | 9월 | 1810 | 맥주 |
| 55 | 독일 | 라이프치히 | 라이프치히 도서전 Leipziger Buchmesse | 3월경 | 1600년대 | 책 |
| 56 | 독일 | 베를린 | 베를린 국제 영화제 Internationale Filmfestspiele Berlin | 2월경 | 1951 | 영화 |
| 57 | 독일 | 괴팅겐 | 괴팅겐 국제 헨델 음악제 Internationale Händel-Festspiele Göttingen | 9월경 | 1919 | 음악 |
| 58 | 스위스 | 몽트뢰 | 몽트뢰 재즈 페스티벌 Festival de Jazz Montreux | 7월경 | 1967 | 음악 |
| 59 | 스위스 | 베르비에 | 베르비에 축제 Verbier Festival | 7월경 | 1994 | 음악 |
| 60 | 스위스 | 취리히 | 젝세로이텐 축제 Sächsilüüte | 4월경 | – | 민속 |
| 61 | 스위스 | 로카르노 | 로카르노 국제 영화제 Festival del film Locarno | 8월경 | 1946 | 영화 |
| 62 | 이탈리아 | 베네치아 | 베네치아 영화제 Mostra Internazionale d'Arte Cinematografica della Biennale di Venezia | 8월경 | 1932 | 영화 |
| 63 | 이탈리아 | 볼로냐 | 제키노 도로 동요제 Zecchino d'Oro | 11월경 | 1959 | 음악 |

| 64 | 이탈리아 | 시에나 | 시에나 축제 Palio di Siena | 8월경 | – | 민속 |
|---|---|---|---|---|---|---|
| 65 | 이탈리아 | 페사로 | 로시니 오페라 축제 Rossini Opera Festival | 8월경 | 1980 | 음악 |
| 66 | 이탈리아 | 스펠로 | 스펠로 꽃 축제 Spello´s Infiorate | 6월경 | 1831 | 민속 |
| 67 | 이탈리아 | 마체라타 | 마체라타 오페라 축제 Macerata Opera | 7월경 | 1992 | 음악 |
| 68 | 이탈리아 | 로마 | 리리 블루스 축제 Liri Blues Festival | 7월경 | 1988 | 음악 |
| 69 | 이탈리아 | 아풀리아 | 지론다 페스티벌 Festival la Ghironda | 여름 | 1995 | 음악 |
| 70 | 몰타 | 발레타 | 몰타 카니발 il-Karnival ta´ Malta | 사순절 | 1535 | 문화 |
| 71 | 그리스 | 테살로니키 | 테살로니키 국제 영화제 Φεστιβάλ Κινηματογράφου Θεσσαλονίκης | 11월 | 1992 | 영화 |
| 72 | 그리스 | 드라마 | 드라마 국제 단편 영화제 Δράμα διεθνής απόσπασμα | 9월 | 1995 | 영화 |
| 73 | 그리스 | 파트라스 | 파트라스 카니발 Πατρινό καρναβάλι | 1월 17일 | – | 문화 |
| 74 | 그리스 | 아테네 | 아테네 축제 Ελληνικό Φεστιβάλ | 3~10월 | 1955 | 문화 |
| 75 | 그리스 | 하니아 | 하니아 록 페스티벌 Χανιά φεστιβάλ | 7~8월 | 2002 | 음악 |
| 76 | 알바니아 | 지로카스터르 | 지로카스터르 민속 축제 Festivali Folklorik Kombëtar i Gjirokastrës | 일정하지 않음 | 1949 | 민속 |
| 77 | 알바니아 | 엘바산 | 여름의 날 축제 Dita e Veres | 3월 14일 | – | 민속 |
| 78 | 알바니아 | 두러스 | 두러스 국제 영화제 Festivali Ndërkombëtar Veror i Filmit në Durrës | 8~9월 | 2008 | 영화 |
| 79 | 불가리아 | 소피아 | 소피아 프라이드 Гей парад в София | 6월경 | 2008 | 게이 퍼레이드 |
| 80 | 불가리아 | 부르가스 | 부르가스의 정신 Спирит ъф Бургас | 7~8월 | 2008 | 음악 |
| 81 | 헝가리 | 부다페스트 | 부다페스트 오페라 볼 Budapesti Operabál | 3월 | 1886 | 음악 |
| 82 | 헝가리 | 부다페스트 | 부다페스트 프라이드 Meleg Méltóság Menet | 7월 | 2007 | 게이 퍼레이드 |
| 83 | 오스트리아 | 잘츠부르크 | 잘츠부르크 축제 Salzburger Festspiele | 7~8월 | 1920 | 음악 |
| 84 | 오스트리아 | 잘츠부르크 | 힙합, 극장에 가다 Hip Hop goes Theatre | 11월 | 2004 | 음악 |
| 85 | 오스트리아 | 린츠 | 아르스 일렉트로니카 Ars Electronica | 9월 | 1979 | 음악 |
| 86 | 오스트리아 | 빈 | 도나우카날트라이벤 축제 Donaukanaltreiben | 5~6월 | 2007 | 음악 |
| 87 | 오스트리아 | 빈 | 빈 봄 축제 Wiener Frühlingsfestival | 4~5월 | 1992 | 고전 |
| 88 | 오스트리아 | 빈 | 빈 축제 Wiener Festwochen | 5~6월 | 1951 | 문화 |
| 89 | 오스트리아 | 부르겐란트 | 로켄하우스 실내악 축제 Kammermusikfest Lockenhaus | 여름 | 1981 | 음악 |
| 90 | 체코 | 프라하 | 메자닌 Mezipatra | 6월 | 2000 | 게이 영화제 |
| 91 | 체코 | 프라하 | 체코 맥주 축제 Český pivní festival | 5월경 | – | 음식 |
| 92 | 체코 | 야블룬코프 | 하이랜더의 축제 Gorolski Święto | 8월 첫 주말 | 1948 | 민속 |
| 93 | 루마니아 | 시기쇼아라 | 중세 시기쇼아라 축제 Festivalul „Sighişoara medievală" | 7월 마지막 주 | – | 문화 |
| 94 | 아르메니아 | 예레반 | 황금 살구 예레반 국제 영화제 《Ոսկե Ծիրան》 Երևանի միջազգային կինոփառատոն | 7월 | 2004 | 영화 |

9장

자본의 그물

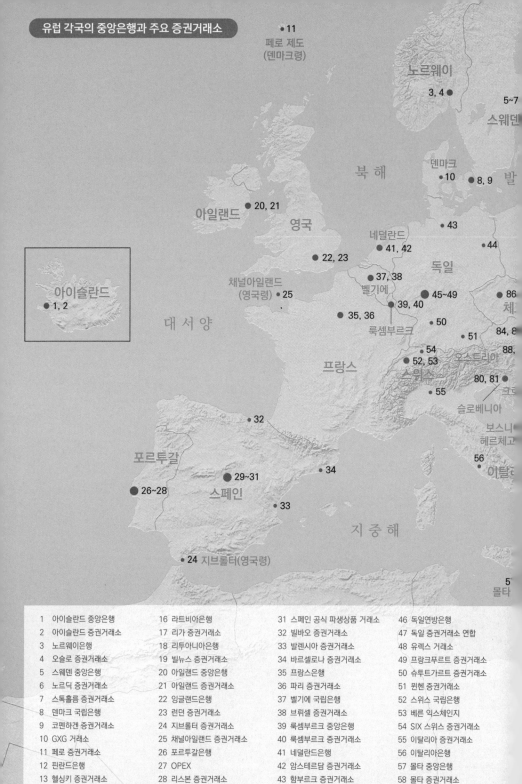

유럽 각국의 중앙은행과 주요 증권거래소

| | | | |
|---|---|---|---|
| 1 | 아이슬란드 중앙은행 | 16 | 라트비아은행 | 31 | 스페인 공식 파생상품 거래소 | 46 | 독일연방은행 |
| 2 | 아이슬란드 증권거래소 | 17 | 리가 증권거래소 | 32 | 빌바오 증권거래소 | 47 | 독일 증권거래소 연합 |
| 3 | 노르웨이은행 | 18 | 리투아니아은행 | 33 | 발렌시아 증권거래소 | 48 | 유렉스 거래소 |
| 4 | 오슬로 증권거래소 | 19 | 빌뉴스 증권거래소 | 34 | 바르셀로나 증권거래소 | 49 | 프랑크푸르트 증권거래소 |
| 5 | 스웨덴 중앙은행 | 20 | 아일랜드 중앙은행 | 35 | 프랑스은행 | 50 | 슈투트가르트 증권거래소 |
| 6 | 노르드 증권거래소 | 21 | 아일랜드 증권거래소 | 36 | 파리 증권거래소 | 51 | 뮌헨 증권거래소 |
| 7 | 스톡홀름 증권거래소 | 22 | 잉글랜드은행 | 37 | 벨기에 국립은행 | 52 | 스위스 국립은행 |
| 8 | 덴마크 국립은행 | 23 | 런던 증권거래소 | 38 | 브뤼셀 증권거래소 | 53 | 베른 익스체인지 |
| 9 | 코펜하겐 증권거래소 | 24 | 지브롤터 증권거래소 | 39 | 룩셈부르크 중앙은행 | 54 | SIX 스위스 증권거래소 |
| 10 | GXG 거래소 | 25 | 채널아일랜드 증권거래소 | 40 | 룩셈부르크 증권거래소 | 55 | 이탈리아 증권거래소 |
| 11 | 페로 증권거래소 | 26 | 포르투갈은행 | 41 | 네덜란드은행 | 56 | 이탈리아은행 |
| 12 | 핀란드은행 | 27 | OPEX | 42 | 암스테르담 증권거래소 | 57 | 몰타 중앙은행 |
| 13 | 헬싱키 증권거래소 | 28 | 리스본 증권거래소 | 43 | 함부르크 증권거래소 | 58 | 몰타 증권거래소 |
| 14 | 에스토니아은행 | 29 | 스페인은행 | 44 | 베를린 증권거래소 | 59 | 그리스은행 |
| 15 | 탈린 증권거래소 | 30 | 마드리드 증권거래소 | 45 | 유럽 중앙은행 | 60 | 아테네 증권거래소 |

#

# 무한의 자본 축적

21세기는 세계 자본주의의 시대다. 우리는 자본주의 세상에서 태어나 살아왔기 때문에 이 체제가 무척 자연스럽고 당연하다고 생각한다. 하지만 베버는 정치경제학의 고전인《프로테스탄티즘의 윤리와 자본주의 정신》에서 자본주의의 특수성을 잘 설명한다.[1] 그는 고대부터 사람들은 보편적으로 부를 추구해왔지만 그렇다고 자본주의가 항상 존재했던 것은 아니라고 말한다. 자본주의란 개개인의 탐욕을 넘어 사회 전체가 부의 축적을 위해 움직이는 체제를 뜻하기 때문이다.

인류 역사에서 부의 축적은 신분의 상징이었다. 권력자는 부를 통해 자신의 지위를 드러내고 표시하면서 지배력을 강화했다. 귀족들은 파티를 열어 사람들에게 자신의 부를 자랑하고 관대함을 보여줌으로써 추앙의 대상이 되었다. 인류 역사에서 생산과 저축은 소비를 목적으로 삼았다는 말이다. 베버가 자본주의에서 발견한 특수성은 소비하기 위한 저축이 아니라 자본의 증식 자체가 목적으로 등장했다는 점이다. 이러한 행위는 매우 비합리적이다.

우리가 자본을 축적하는 이유는 장래에 닥칠지 모르는 위험한 상황에 대비하거나 더 나은 삶을 위해서다. 자본을 축적해서 자신의 부를 과시함으로써 타인으로부터 존경받거나 영향력을 행사하는 것이 목적이 될 수도 있다.

자본주의의 불가사의는 "자본가들은 평생 동안 쓰고도 남을 만한 거대한 자본을 보유하고 있는데도 불구하고 왜 계속 더 많은 자본을 축적하기 위해 노력하는가" 하는 것이다. 게다가 돈이 있으면 마음껏 소비하는 것이 정상일 텐데, 자본가는 오히려 검소한 삶으로 오로지 자본 축적만을 추구하는 행태를 보인다. 베버의 책은 이런 비정상적인 행태와 그것을 통한 자본주의의 발전을 설명하려는 시도다.

베버는 기독교, 특히 프로테스탄티즘의 윤리가 자본가의 근면하고 검소한 삶, 그리고 자본의 끝없는 축적을 설명한다고 말한다. 프로테스탄티즘의 교리에서(특히 칼뱅교와 청교도의 교리에서) 사업의 성공과 자본의 축적은 신의 은총이다. 그 때문에 자본가는 돈이 많아도 과시하거나 사치하지 않는다. 평생을 다 써도 남을 만큼 재산이 많아도 신의 은총인 재산의 증식을 중단할 수 없다.

우리는 중세의 도시 상인들이 천국에 가려고 돈을 버는 대로 교회에 바쳐 고딕 대성당의 그물을 만든 사례를 보았다. 이런 방식이 가톨릭의 윤리였다면 프로테스탄트의 윤리는 근검절약하는 생활 속에서 재산을 모으는 것이 천국에 가기 위한 지름길이 된 셈이다. 산업혁명과 프로테스탄트 윤리의 조합은 유럽의 자본주의가 무한대로 팽창하게 만들었다.

베버의 이론에 대해서는 다양한 반론이 제기되었다. 예를 들어 가톨릭이나 유교 등 다른 문화에서도 자본주의가 발달했기 때문에 프로테스탄트만이 자본주의 발전의 조건이라는 주장은 적절하지 못하다는 지적이다. 하지만 베버는 종교의 윤리관과 경제사회체제를 인과관계로 보지 않았다. 다만 유럽과 미국의 역사에서 그 두 가지가 가지는 친화력에 주목했던 것이다. 베버를 제대로 이해한다면 우리는 가톨릭이나 유교 등 다른 윤리관과 자본주의의 연결고리를 추가로 탐색해보아야 한다.

#

## '도시=시장'의 그물

유럽 역사를 공부하면서 놀라게 되는 사실은 왕과 군주와 귀족 들이 전쟁을 하기 위해 상인들에게 돈을 빌렸다는 사실이다. 왕이 국가의 운명이 달린 전쟁을 치른다면 힘을 통해 부를 동원하는 것이 당연하다고 생각할 수 있지만, 그렇지 않다. 유럽에서 전쟁은 군주와 귀족의 일이었고, 자본은 도시와 부르주아의 세상이었다.[2] 정치와 경제를 구분함으로써 무력을 가진 자와 돈을 가진 자 사이에 경쟁과 협력을 강요하는 체제였던 셈이다.

유럽에서는 정치와 경제를 구분한 덕분에 군주 또는 영주의 전쟁이 벌어지는 와중에도 도시들은 교역과 경제활동을 계속할 수 있었다. 귀족과 전쟁의 유럽이 부르주아와 도시와 상업의 유럽과 병행하여 발전할 수 있었다. 물론 도시가 전쟁으로 인해 피해를 보고 파괴된 경우도 많았다. 주로 정치권력과 경제력을 동시에 가진 이탈리아 도시국가나 정치 기능을 가진 수도가 그런 경우였다.

이처럼 런던에서 로마까지 중부 유럽의 도시 통로가 만들어진 것은 유럽의 남과 북을 연결하는 무역과 상업의 그물 덕분이다. 마찬가지로 한자동맹은 북해 중심의 무역 그물이었으며, 지중해 또한 고대부터 내려오는 교역망을 유지, 발전시켰다. 대서양의 삼각무역이 발달하면서 유럽의 서북부에 주요 도시들, 즉 시장들이 형성되어 새로운 도시의 그물을 쳤다.

런던은 요즘도 세계 금융의 중심 역할을 하고 있는데 그곳에는 롬바드가가 있다. 이 거리는 중세 이탈리아의 롬바르디아 출신 은행가들이 금융업을 했던 데서 유래한다.

은행을 뜻하는 뱅크(bank)라는 이름도 중세 유럽의 환전상들이 긴 탁자와 의자를 놓고 각 도시의 돈을 바꿔주던 모습에서 비롯되었다. 대개 긴 탁자와 의자를 뱅크라고 불렀고, 이런 어원은 오늘날 강변을 뱅크라고 부르는 데서도 확인할 수 있다. 강가의 평평한 지역을 뱅크라고 부르듯이, 환전상들이 앉아 피렌체의 금화를 런던의 금화로 바꿔주던 의자와 탁자를 뱅크라고 불렀다. '의자에 앉은 사람'을 뜻하는 뱅커가 나중에는 돈을 다루는 사업가를 의미하게 되었다.

15세기 독일 출신의 유명한 금융업자 푸거의 사무실을 그린 그림은 당시 유럽의 금융 그물을 잘 보여준다. 뱅크 옆에 놓인 장에 다양한 서랍이 있는데, 각각의 서랍에 로마, 피사, 크라쿠프 등 푸거가 사업을 벌이는 도시의 이름이 열거되어 있다. 이는 당시 금융업의 망이 잘 형성되어 있었음을 보여준다. 이런 금융업자들은 유럽에서 신용에 기초한 화폐가 만들어지는 데 결정적으로 기여했다.

유럽에는 거대한 도시의 통로가 존재했지만 도시와 도시 사이는 군

··· 위는 〈대금업자와 아내〉(쿠엔틴 마세이스, 1514). 화가는 탐욕을 금하고 공정함을 추구하라는 의도를 담았지만, 한편으로 성경책을 손에 든 아내의 시선이 돈에 머문 모습이 의미심장하다. 아래는 〈야코프 푸거의 사무실〉(작자 미상, 1517). 오른쪽이 푸거다.

주가 지배하는 전쟁의 영역이었다. 한 도시에서 다른 도시로 금은보화를 이동시키는 것은 무척 위험한 일이었다. 따라서 푸거와 같이 유럽의 다양한 도시에 네트워크를 형성하고 있는 금융업자들은 예를 들어 프랑크푸르트에서 받은 돈을 런던에서 내주겠다는 어음이나 신용권을 발행했다. 이런 경제력과 네트워크를 가진 조직이 보증을 해주면 한낱 종이 한 장이 가치를 가진다는 사실은 유럽에서 신용에 기초한 화폐가 만들어지는 데 기여하게 된다.

#

## 금융의 유럽: 로스차일드 사례

19세기 유럽의 금융업을 지배한 로스차일드가는 중세 푸거의 네트워크를 발전시켜 훨씬 강력한 그물로 만든 사례다.[3] 원래 프랑크푸르트에서 사업을 시작한 유대인 로스차일드는 여러 명의 아들을 유럽의 주요 도시에 파견하여 지부를 만들었다. 프랑크푸르트를 중심으로 런던, 파리, 빈, 나폴리에 로스차일드가의 아들들이 진출하여 금융업의 지부를 만들었고 그 사회에 뿌리를 내리면서 국제 가문으로 변신했다.

예를 들어 영국에 진출한 로스차일드가의 자손은 영국에서 최초로 옥스퍼드에 진학한 유대인이 되었고, 하원의원으로 선출되면서 경제력을 바탕으로 정치권에 진출하여 정계에 영향을 미치는 모습을 보였다. 로스차일드의 프랑스파 역시 파리의 최고 부르주아 세력이 되었고, 19세기 프랑스 문학에서 부를 대표하는 주인공으로 등장하기도 했다. 프랑스어로 로칠드라 불리는 이 가문은 포도밭을 운영하여 최고의 포도주를 생산하는 등 현지화에 성공했다. 이들은 여러 전쟁에 자금을 대

면서 민족주의 시대에도 유럽에는 하나의 통일된 자본주의 세력이 존재한다는 사실을 명확하게 보여주었다.[4]

이처럼 환전이나 고리대금업으로 시작한 금융업자들이 유럽의 여러 도시들을 연결하는 그물을 구축하고 무역과 금융의 기능을 장악하기 시작한 것은 자본주의의 기원을 설명하는 데 무척 중요한 요소다.

첫째, 정치권력으로부터 금융과 경제의 자율성을 확보하는 데 그물은 중요한 자원으로 작용했다. 각각의 도시가 군주와의 헌장을 통해 자율성을 확보한 것은 앞 장에서 살펴보았다. 이런 금융업자는 혹시라도 군주가 약속을 어기고 특정 도시를 점령하거나 무력으로 자율성을 침범하더라도 다른 지역으로 이전하거나 피신할 수 있다.

둘째, 시간이 지나면서 무역과 금융의 자율성은 군주들이 침범하기 어려울 만큼 강화되었다. 군주가 전쟁을 벌이기 위해서는 무역과 금융에 의존하는 도시와 상인 들로부터 경제적 지원을 받지 않을 수 없었기 때문이다. 유럽의 역사에서 왕실이 파산하는 일은 빈번했다. 전쟁을 위해 또는 군주의 사업을 위해 도시와 상인 들로부터 돈을 빌렸다가 갚을 수 없는 상황이 되면 파산을 선언했다. 금융업자의 입장에서 군주에게 전쟁 자금을 빌려주는 장사는 위험한 비즈니스였지만 그만큼 높은 이자를 받을 수 있는 고수익 사업이었다.

셋째, 정치권력과 경제권력은 이렇게 서로 견제하면서 부상했다. 두 권력은 종종 서로 결탁하기도 했다. 예를 들어 정치권력은 돈을 빌리는 것보다 관직을 판매하는 것이 더 유리하다고 생각했다. 그 결과 돈 많은 부르주아 또는 부자 들이 관직을 사들였다.

또 경제권력을 가진 부르주아는 더 많은 부를 축적하기 위해서는 귀족들이 독점했던 폭력을 사용하는 것이 유용하다는 사실을 깨닫고 이를 적절히 활용하기 시작했다. 부르주아의 관직 진출이 경제에서 정치로의 진출이었다면, 사업에 폭력을 동원하는 것은 정치의 논리를 경제에 활용하는 방식이었다.

#

## 폭력과 자본주의

몽테스키외의 이론은 무역이 상호관계를 평화롭게 만든다고 설명한다.[5] 베버가 종교 윤리와 자본주의 정신을 논의하는 과정에서도 폭력은 그다지 중요하지 않다. 하지만 자본주의 역사를 살펴보면 부르주아와 상업 역시 폭력을 관리하거나 활용하지 않고는 성장하지 못했음을 알수 있다.

중세부터 유럽에서 상업을 하기 위해서는 용병을 활용하는 일이 필요했다. 도시는 상인들의 자율 공간으로 치안을 어느 정도 확보할 수있었지만 도시와 도시 사이의 이동에는 통행료(toll) 외에도 도적들로부터 공격받을 위험이 뒤따랐다. 그들은 상인단을 공격하여 물건을 빼앗았다. 요즘 고속도로를 사용하기 위해 내는 요금을 영어로 '톨'이라고 하는데, 이는 중세 유럽에서 군주가 걷던 통행료에서 비롯되었다.

도난의 위험은 바다에서도 마찬가지였다. 육지에서는 그나마 각 지역에 영주가 있었고 관할권이 존재했다. 하지만 바다는 무법지대였다. 물건을 실은 배를 공격하여 물건을 빼앗으면 그만이었다. 폭력의 전문가라고 할 수 있는 국가들은 함대를 운영하면서 상품을 실어 나르는 배를 공격하여 물건을 빼앗곤 했다.[6] 오늘날의 관점에서는 이해하기 어려운 일일 것이다. 예를 들어 한국 해군이 부산 앞바다를 지나가는 러시아 컨테이너선을 공격하여 물건을 빼앗는 것과 같다.

대항해 시대가 시작되면서 아메리카나 아시아로의 진출은 높은 이윤을 보장했지만 매우 위험한 장사였다. 전쟁하는 군주에게 돈을 빌려줬다가 떼일 가능성이 높았듯이 무역에 돈을 투자했다가 배가 해적의 공격을 받아 침몰하면 망하는 것이었다. 하지만 계산이 빠른 상인들은 이런 위험 부담을 분산하는 방법을 찾아냈다.

하나는 여러 배로 위험을 분산하는 것이다. 즉 거대한 회사를 만들어 배의 수를 늘리는 것이다. 그러면 한두 척이 태풍이나 해적을 만나 침몰하더라도 나머지 배를 통해 이윤을 보전할 수 있었다. 주식회사의 시초다. 암스테르담과 런던의 상인들은 동인도 무역을 위해 자금을 모아 많은 배를 확보한 뒤 이윤을 나눠 가졌다. 자본주의의 협력 방식을 발명한 것이다.

다른 하나는 거대한 함대를 무장시켜 안전하게 상품을 실어 나르는 것이다. 앞에서 설명했듯이 당시 바다는 국제법이 적용되지 않아 각국의 해군이 해적 노릇을 하는 무법지대였다. 상인들로부터 세금을 거두어 해군을 운영하는 것보다는 상인들이 직접 군대를 운영하는 것이 훨씬 간편했다고 볼 수 있다.

상인들은 물건을 싣고 바다에 나갈 때면 배를 무장하고 전투할 선원을 선발했다. 이처럼 유럽에서 자본주의의 발전은 장거리 해외무역을 하는 상인들이 무장을 하면서 이루어졌다.

군사력을 가진 주식회사, 이것은 많은 자본금을 모으기 위한 협력 방안으로 주식회사가 생겨났다는 설명보다 한층 더 중요할 수 있다. 왜냐하면 동인도주식회사뿐 아니라 자본주의 초기 회사들은 모두 해외무역과 식민주의를 동반하는 조직이었기 때문이다. 유럽에서 부르주아는 평화롭게 교역을 하는 이미지를 가졌지만 다른 대륙에서 보면 유럽의 주식회사는 전쟁을 치르면서 약탈과 폭력을 일삼는 존재였다.

## 대서양 삼각무역

폭력과 자본주의의 유기적인 관계를 명확하게 보여주는 사례는 대서양을 중심으로 발달한 삼각무역이다.[7] 15세기에 유럽은 아프리카 연안을 탐험했고 아메리카 대륙을 발견했다. 16세기부터는 아메리카를 식민지로 만들면서 유럽, 아프리카, 아메리카를 연결하는 삼각무역이 발달하기 시작했다.

아프리카는 풍토병이 창궐하는 기후와 적대적인 원주민들 때문에 유럽인들이 침투하기 어려운 지역이었다. 반면 아메리카는 유럽인이 옮긴 병균으로 수많은 원주민이 사망했기 때문에 유럽인이 쉽게 정착할 수 있는 곳이었다.

유럽인들은 아메리카에서 금은보화를 약탈한 뒤 열대작물을 재배하는 농업을 발전시키려 했다. 커피, 카카오, 사탕수수, 면화, 담배 등은 아메리카에서 재배할 수 있는 대표 농작물이었다. 다만 아메리카에는 현지 노동력이 전염병으로 초토화된 이후 일손이 없었다. 유럽에서 건너간 농민들이 있긴 했지만 남쪽의 열대 아메리카에서 노예처럼 일할 유럽인은 없었다. 결국 유럽인은 아프리카에서 사람들을 잡아와 아메리카 농장에서 노동을 시켰다. 대서양을 중심으로 하는 국제 자본주의 체제를 만든 것이다.

유럽은 무기와 소비재를 배에 싣고 아프리카로 가서 연안에 있는 국가나 부족들과 교역을 했다. 총, 칼, 장신구 등을 제공하고 대신 노예를 얻었던 것이다. 이런 무역으로 아프리카 연안의 집단은 강력한 군사력을 보유하게 되었고 더 큰 노예사냥에 나설 수 있었다. 아프리카는 이로 인해 내부 갈등이 심해지면서 인구가 외부로 유출되는 피해를 입었다.[8]

유럽 상인들의 노예무역으로 아메리카는 식량생산의 농업보다는 수출을 위한 농업이 자리 잡게 되었다. 더욱 심각한 현상은 플랜테이션 경제(plantation economy)가 정착하면서 불평등한 정치경제체제가 뿌리내리게 되었다는 점이다. 플랜테이션 경제란 극소수의 농장 소유주들이 대다수의 노예를 거느리는 구조로, 이로 인해 사회 전체가 농장주와 노예라는 매우 불평등한 대립구조를 갖는 체제다. 이런 상황에서는 정상적인 경제 발전이나 민주 정치를 기대하기 어렵고, 결국 착취의 정치경제가 지속된다.

이처럼 유럽의 힘의 우위를 바탕으로 한 대서양 삼각무역은 아프리카의 상시 분쟁, 아메리카의 불평등한 사회구조, 그리고 대서양 유럽 도시의 자본 축적이라는 결과를 초래했다. 앞에서 영국의 리버풀이 삼각무역으로 얼마나 급속하게 성장했는지 살펴보았다.

유럽 역사를 전공하는 학자들 사이에는 삼각무역과 산업혁명의 상관관계에 대해 많은 논쟁이 있다. 하지만 자본주의 확장과 폭력의 조합이라는 측면에서는 16~18세기 삼각무역과 19~20세기 산업혁명 사이에 공통점과 지속성을 명백하게 확인할 수 있다. 달리 말해서 산업혁명 이후 세계 자본주의의 성격과 성장 속도, 범위 등 모든 것이 변화하지만, 유럽이 세계를 대상으로 폭력과 착취를 통해 자본주의를 발전시키는 모습은 같다.

#

# 해외 폭력: 주식회사에서 국가로

산업혁명이 시작된 이후 1840년대까지 영국이 중국에 아편을 팔기 위해 전쟁을 벌이고 굴복시킨 사례를 보자. 이 사례는 당시 세계 최강인 영국이 군사력을 동원해 마약을 강제로 판매하려 했다는 점에서 너무나 명백하게 부당한 폭력과 침략에 해당한다.

영국은 중국에서 차, 도자기 같은 상품을 사들였지만 영국이 중국에 팔 수 있는 것은 많지 않았다. 중국 소비자에게 경쟁력을 가질 수 있는 상품이 인도에서 가져온 아편이었다. 이런 역사는 쉽게 지워지거나 잊히지 않는다. 중국은 불과 200여 년 전의 이런 억울하고 황당한 역사를 아직까지 기억하고 있다. 중국과 서방의 갈등을 쉽사리 역사에서 지울 수 없는 이유이기도 하다.

폭력을 통한 유럽의 자본주의 발전은 적어도 20세기 말 제국주의 시대가 종말을 고할 때까지 지속되었다. 물론 19세기 말이 되면 유럽은 굳이 폭력을 앞세우지 않아도 세계시장을 지배할 만한 경제력과 과학기술을 가지게 된다. 그때부터 유럽의 식민주의는 자본주의 색채를 지우고 국가의 영향 아래 놓인다.

영국은 동인도주식회사를 통해 인도를 지배했으며, 허드슨베이컴퍼니를 앞세워 캐나다를 지배했다. 네덜란드는 동인도주식회사를 통해 인도네시아를 통치했다. 하지만 19세기 중반부터는 국가가 직접 식민지를 관리하는 체제로 전환한다.[9] 민간 회사의 사설 군대를 통한 착취 경제가 한계에 이르렀기 때문이기도 하지만 무엇보다 유럽의 경제력이 이미 경쟁력을 확보한 상태였기 때문이다.

런던의 항구에서 동인도회사 물건을 싣고 내리는 인부들(그림의 일부, 작자 미상, 1800년경).

서구의 정치경제학은 유럽이 자유로운 시장경제와 이를 뒷받침하는 정치체제가 있었기 때문에 다른 대륙에 비해 더 일찍 경제 발전과 민주주의를 이룩할 수 있다고 설명한다. 애쓰모글루와 로빈슨은 《국가는 왜 실패하는가》라는 책에서 실패한 국가들의 사례와 대비하여 영국과 미국의 성공의 역사를 소개한다.[10] 이들은 자유로운 경쟁이 개인과 기업의 창의력을 발휘할 수 있는 장을 마련했고, 정치에서도 지배층이 사회를 착취하는 것이 아니라 서로 경쟁하는 개방체제가 존재한다고 설명한다. 자유경쟁과 개방 정치가 만날 때 성공할 수 있다는 말이다.

경제 발전에서 자유경쟁과 법치 등을 강조하는 제도주의 경제학의 더글러스 노스도 최근에는 '개방 진입 사회(open access society)'와 '제한 진입 사회(limited access society)'라는 개념을 내세운다. 이 둘을 비교

하면서 전자가 발전할 수밖에 없는 이유, 그리고 후자가 낙후될 수밖에 없는 이유를 설명했다.[11]

20세기 후반부를 장식한 이론 가운데 '세계 자본주의 체제론'과 '종속이론'이 있었다.[12] 마르크스주의의 영향을 받은 이들 이론은 앞의 자유주의적 해석과 정반대로 유럽의 발전이 다른 지역에 대한 착취로 가능했으며, 동시에 타 지역이 낙후된 원인이 유럽에 있다는 주장을 폈다.

하지만 동아시아의 발전은 이들 자본주의 체제론이나 종속이론의 오류를 증명하는 거대한 변화였다. 중심부의 발전이 주변부의 저발전에 기초하고 있다면 주변에서 중심으로의 진입은 애초부터 불가능해야 한다. 하지만 일본을 선두로 한국과 대만이 중심으로 진입했으며 중국의 산업 능력은 이제 미국을 능가하게 되었다.

노스, 애쓰모글루, 로빈슨 등 21세기 자유주의자들의 주장은 이런 동아시아의 부상을 설명하면서 동시에 그 한계를 지적하고자 한다. 동아시아가 산업 능력에 있어서는 영국이나 미국의 수준에 도달할 수 있지만, 정치에서 자유민주주의를 채택하지 않는 이상 절대 발전을 지속할 수 없다는 주장이다. 이들은 '제한 진입 사회' 같은 전문용어를 동원하여 설명하지만 방법론에서 많은 문제를 안고 있으며, 특히 거시 역사에서 미국 중심의 희망을 이론에 투영하는 듯하다.

이 거대 담론과 논쟁을 여기서 자세히 논의하기는 어렵다. 다만 유럽 문명에서 자본주의의 발전은 폭력을 동반했고, 자본주의와 폭력은 긴밀하게 연결되어 있었다는 점을 짚어보려는 것이다. 적어도 유럽 내부에서는 자본주의가 평화롭고 자유로운 경쟁의 원칙에 따라 진화했을지 몰라도(물론 이것도 정확하지 않지만) 외부 세계와의 관계에서는 폭력에 의존하여 경제적 열세를 만회하려 했다.

유럽 도시들의 정치적 자율성, 도시의 그물이 형성했던 자유로운 교역망, 그리고 군주의 영향에서 벗어남으로써 존재했던 관용과 독창적인 도시문화 등이 모두 자본주의 발전에 기여했다. 하지만 동시에 유럽 국가들 간의 군비 경쟁, 그로 인한 우세한 무기와 군사력 등이 다른 지역을 지배하고 자본을 축적하는 데 기여했다는 사실도 잊어선 곤란하다.

#
## 화폐의 등장과 자본주의

고대에는 조개껍데기나 보석을 화폐로 사용하기 시작했고, 기술이 발달하면서 금화, 은화, 동화가 생겨났다. 처음에는 화폐 자체가 가치를 가져야 했다. 부피가 작고 가벼우면서 가치가 높은 물질들을 화폐로 사용한 것이다.

처음으로 약속을 화폐로 유통시키기 시작한 것은 중세 이탈리아 북부의 금융업자들이었다.[13] 앞에서 살펴보았듯이 중세 도시들을 연결하던 금융 그물의 전문가들이 신용을 바탕으로 한 화폐를 도입하여 실용화했던 것이다.

금화나 은화는 화폐 자체가 가치를 가졌기 때문에 화폐량을 조절하는 게 쉽지 않았다. 아무리 수요가 많아도 금이나 은의 양이 제한되어 있으면 화폐량을 늘릴 수 없다. 하지만 신용에 기초한 화폐는 신용의 크기에 따라 화폐량도 달라질 수 있었다. 사람들은 이탈리아 북부 출신의 금융업자에게 자금을 빌렸고, 그들이 서명한 종이를 돈으로 여겼다.

프랑스 국왕 루이 9세의 동생인 앙주의 샤를은 이탈리아 시에나의 금융업자들한테 자금을 빌려 군대를 동원했고, 1266년 시칠리아 왕국을 점령하여 샤를 1세로 즉위했다. 돈으로 군대를 사서 왕의 자리를 차지한 것이다. 샤를 1세는 목숨을 걸고 싸웠던 군인들에게 월급을 지급했고, 그 돈은 시에나 금융업자에게 빌린 것이었다.

귀족이나 국왕은 경제 개념이 없어 자신의 명예를 위해 전쟁을 자주 벌였고, 상인들의 자금을 동원했다. 이 돈을 갚기 위해서 관세와 통행료 등 자신이 다스리는 영토에서 세금을 징수할 수 있는 권한을 양도하곤 했다. 토지나 성을 담보로 제공하는 방법이었는데, 이는 이자를 금지하는 종교법을 피할 수 있는 수단이기도 했다. 금융업자는 군주 대신 세금을 거둘 뿐이지 이자를 받는 것은 아니라고 주장할 수 있었기 때문이다.

금이나 은에 비해 신용에 기초한 화폐는 안정된 제도가 아니었다. 신용의 정도를 정확하게 계산하여 화폐량을 조절하는 것은 어려운 일이다. 오늘날에도 신용평가가 잘못되어 세계적인 기업들이 파산하고 국가가 부도나는 일이 일어나지 않는가. 당연히 이 제도가 만들어지는 초기에 이런 사고는 빈번했다.

예를 들어 14세기 백년전쟁에서 영국의 에드워드 3세는 피렌체 금융의 혜택으로 막강한 군사력을 동원하여 승기를 잡았다. 피렌체 금융업자들은 영국 왕실의 채무 상환 능력을 신뢰했고, 유럽의 많은 상인들이 피렌체 금융업자들의 사업 능력을 믿었던 것이다.

하지만 1339년에 에드워드 3세는 왕실의 파산을 선언했다. 그 여파로 피렌체의 페루치 은행과 바르디 은행이 각각 1342년과 1346년에 파산했다.[14] 이 같은 왕실과 은행의 파산은 유럽의 역사에서 자주 일어나는 일이었다.

군주들이 벌이는 잦은 전쟁으로 인해 봉건제와 도시의 관계는 새롭게 규정되었다. 과거에는 군주가 우월한 입장에서 헌장을 통해 도시의 자율권을 인정해주었지만 시간이 지나면서 도시의 경제력이 군주의 권력을 능가하게 되었다. 국가와 자본의 관계에서 반드시 자본이 국가를 통제한다고 말하기는 어렵지만 적어도 힘의 균형을 이루었다. 이는 국가가 자본을 통제하고 지배하는 다른 문명과는 커다란 차이를 만들었다.

#
## 중앙은행의 등장

정치권력과 경제권력은 서로 경쟁하는 관계였지만 동시에 상생의 관계였다. 쉽게 돈을 빌릴 수 있는 지역의 국가들이 유럽의 헤게모니 경쟁에서 우위를 점하게 되었다. 예를 들어 영국, 프랑스, 아라곤, 이탈리아의 북부 도시국가들은 금융의 혜택을 누렸으나, 스코틀랜드, 카스티야, 덴마크 등은 여전히 봉건제 수익에 의존했다.

16세기가 되면 국가 간 경쟁에서 금융이 중요한 변수가 되었다. 앞에서 언급한 푸거 은행은 독일 남부 아우크스부르크에 근거를 두고 있었지만 스페인, 프랑스, 영국, 오스트리아, 독일, 폴란드 등에서 국가 재정에 개입할 정도로 영향력이 컸다.

유럽 자본주의 발전에서 흥미로운 현상은 시민들의 영향력이 큰 국가일수록 금융과 재정의 원칙을 잘 지켰다는 점이다. 계산에 밝고 안정을 추구하는 부르주아의 속성이 명예와 자존심을 중시하는 귀족의 열정을 길들였기 때문이리라.

스위스의 제네바와 바젤은 유럽 각국 정부에 돈을 빌려주는 중요한 시장이 되었다. 특히 바젤의 금융시장은 1506년부터 외국 정부의 채권을 발행하는 시장을 운영했다. 1555년에 어떤 귀족이 빌린 돈을 갚지 못하자 스위스 의회는 그의 영토를 몰수했다. 그 영토는 베른과 프라이부르크 주가 나누어 가졌다. 돈을 갚지 않으면 몰수하는 확실한 조치를 취함으로써 스위스는 재정 건전성을 지킬 수 있었다. 오늘날 스위스 금융의 명성은 하루아침에 만들어진 것이 아니다.

영국은 1688년 명예혁명을 통해 의회의 권한이 커지고 왕실의 영향력을 축소하는 정치 변화를 이룩했다. 그리고 1694년 잉글랜드 은행을 설립함으로써 최초의 중앙은행 제도를 도입했다. 과거에는 한편에 군주와 국가, 다른 한편에 부르주아와 민간은행이 서로 독립된 상황이었으나 잉글랜드 은행을 통해 재정 및 금융 기능이 통합되었다. 잉글랜드 은행은 영국 정부의 재정을 담당하는 것은 물론 신용과 안정성을 바탕으로 화폐를 발행하는 기능을 수행했다.

이후 잉글랜드 은행을 모델로 삼은 중앙은행들이 우후죽순 생겨났다. 1703년 비너슈타트방크(Wiener Stadtbank)를 시작으로 덴마크, 스웨덴, 프로이센, 러시아, 스페인 등에 중앙은행이 생겨났다. 프랑스에서는 1716년 스코틀랜드 출신의 존 로가 제네랄 은행(Banque Générale)을 설립하여 중앙은행의 역할을 하려 했지만 화폐를 너무 많이 발행하는 바람에 파산하고 말았다.[15] 프랑스에서 신용에 기초한 화폐 발행은 18세기 말 프랑스 대혁명 시대에 와서야 가능하게 되었다.

빈번한 파산과 흥망성쇠를 거치면서 금융업은 점차 경험을 축적했고, 정치 조건이 무르익는 18세기에 잉글랜드 은행을 기점으로 유럽에 중앙은행의 그물이 형성되기 시작했다. 이런 움직임은 이후 유럽 문명권으로 확산되었고, 점차 전 세계로 퍼져나갔다. 일본의 일본은행(1882), 미국의 연방준비이사회(1913) 등이 설립되었다. 21세기 국가는

위부터 〈잉글랜드 은행〉(토머스 롤런드슨, 1808), 〈암스테르담 주식시장〉(요브 베르크헤이데, 1668).

영토와 주권, 국기(國旗)와 국가(國歌)에 덧붙여 권위 있는 탄탄한 중앙
은행을 보유해야 한다.

## 신뢰의 금본위제

자본주의의 본질을 날카롭게 분석한 정치경제학자 폴라니는 이 특
수한 제도를 규정하는 세 가지 상품을 소개했다.[16]

그 첫 번째가 노동이다. 노동이란 인간이 제공하는 '일'이라고 할 수
있다. 하지만 자본주의는 노동이라는 개념을 통해 인간에게서 일하는
능력을 떼어내 하나의 상품으로 만들었다.

두 번째는 토지다. 땅은 하느님이 인류에게 선물해준 자연이다. 그런
데 그곳에서 경제활동에 의미가 있는 부분을 분리하여 토지라는 상품
으로 만들었다.

세 번째 상품은 화폐다. 사실 돈은 금화나 은화, 그리고 지폐, 신용카
드와 계좌거래 등 다양한 형식을 띠지만 이는 인간이 만든 제도일 뿐이
다. 폴라니는 노동과 토지와 화폐를 '허구적 상품'이라고 불렀다. 자본
주의의 필요에 따라 만들어진 인공 상품들이기 때문이다.

사람들은 화폐가 경제활동을 위한 수단이지 무슨 상품이냐고 되물
을 것이다. 화폐의 절대가치를 믿는 보통 사람들의 생각이다. 하지만 조
금만 더 깊이 생각해보면 화폐가치는 항상 변화한다는 사실을 알 수
있다. 물가가 오른다는 것은 오늘의 1만 원이 내일의 1만 원이 아니라는
뜻이다. 1997년 IMF 위기가 발생했을 때 우리는 한국의 원화 가치가
빠른 속도로 하락하는 뼈아픈 경험을 했다. 오늘과 내일의 가치가 변동

하기 때문에 화폐도 사고파는 상품이라는 말이다.

유럽에서 처음 중앙은행을 만든 이유는 화폐가치를 안정시키기 위해서였다. 영국의 부르주아들은 왕이 마음대로 돈을 빌려 전쟁을 벌이거나 큰 사업을 추진했다가 파산하는 경우를 자주 보았다. 따라서 정부의 지출을 의회가 엄격하게 감시하는 것은 물론 미래의 국가 파산을 피하기 위해 중앙은행을 만들어 재정을 관리하겠다는 의미였다.

부르주아의 궁극 목적은 국가 예산을 통제하고 국가 파산을 막는 제도를 설립하는 것이었다. 실제 영국은 중앙은행이라는 선진 제도를 통해 경쟁국인 프랑스보다 낮은 이자율로 더 많은 자금을 빌릴 수 있었다. 일부 연구는 이러한 재정의 여유가 영국이 프랑스를 추월하게 된 결정적인 요인이었다고 주장한다.[17]

잉글랜드 은행은 파운드화라는 영국 화폐를 엄격하게 관리했기 때문에 이 상품은 국제시장에서 신뢰를 받았다. 폴라니는《거대한 전환》이라는 책에서 19세기는 영국의 화폐가 국제 기축통화의 역할을 하는 세계경제의 축이었다고 설명한다. 잉글랜드 은행의 엄격한 화폐 관리, 영국의 의회민주주의 등이 파운드화에 대한 신뢰를 높였지만 가장 중요한 장치는 금본위제였다.

금본위제는 중앙은행이 보유한 금의 양에 비례하여 화폐를 발행하는 제도다. 영국은 1844년 의회 투표를 통해 파운드화의 금본위제를 공식 결정했다. 파운드화는 금과 대등한 가치를 지닌다는 점을 정책으로 공인한 셈이다. 물론 비율에 따라 금 보유량보다 훨씬 많은 화폐를 찍어낼 수 있으며, 이는 경제에 유동성을 공급할 수 있는 유연한 제도였다.

자본주의의 원칙은 경쟁이지 않은가. 화폐도 상품이라 서로 경쟁하고, 신뢰를 더 많이 받는 화폐의 가치가 올라간다. 가장 신뢰를 받는 화폐가 파운드화였기 때문에 영국은 세계 금융의 중심으로 성장할 수 있었다. 결국 다른 국가의 중앙은행도 영국과 마찬가지로 금본위제를 채택할 수밖에 없었다.

미국, 프랑스, 독일, 러시아, 일본 등이 모두 금본위제를 채택함으로써 세계 화폐질서는 금을 통해 하나로 통일되는 모양새를 갖추었다. 영국의 파운드나 미국의 달러, 프랑스의 프랑 등이 금의 가치와 연동되었다. 따라서 사람들은 이들 화폐를 신뢰할 수 있었다.

#
## 유연성의 변동환율

세계 자본주의에서 경쟁하다 보면 성공하는 나라도 있고 부진한 나라도 있다. 성공하는 나라는 금이 몰리고 화폐량이 늘어나 물가가 오르고 임금과 소득이 높아지지만, 실패하는 나라는 금이 빠져나가고 물가와 임금이 모두 하락한다. 실업자가 증가해 빈곤이 늘고 사회가 불안정해진다.

금본위제가 아니라면 은행에서 더 많은 화폐를 발행하여 일단 어려운 경제 상황을 극복하고, 자국의 화폐가치를 낮추어 불황을 완화할 수 있다. 하지만 금본위제는 원칙을 지켜 운영해야만 국제 신뢰를 유지할 수 있다. 경기가 나쁘면 허리띠를 졸라매야 한다는 것인데, 사실 도시의 빈곤층과 노동자 들은 허리띠를 졸라매는 정도가 아니라 굶어 죽을 판이 되었던 것이다.

이처럼 화폐를 관리하는 제도는 신용과 유연성의 딜레마를 안고 있다.[18] 유럽은 신용을 강조하는 금본위제를 1차 세계대전이 일어나는

1914년까지 확고하게 유지했다. 신용의 화폐는 자본가와 부자 들에게 매우 중요했다. 소유한 돈의 가치를 유지해야 하기 때문이다. 하지만 불황으로 고통을 겪을 수밖에 없는 노동자와 빈곤층에게는 유연한 화폐의 관리가 더 필요했다.

1차 세계대전과 2차 세계대전 사이 유럽은 자본과 노동의 대립으로 금본위제와 유연한 화폐제도가 서로 대립하는 상황이었다. 하지만 2차 세계대전이 끝난 후 세계는 금본위제와 유연한 화폐를 혼합한 미국 중심의 달러-금태환제를 만들어냈다. 미국만이 금의 물량에 기초한 달러를 발행하고 미국 달러와 다른 화폐의 환율을 국제통화기금(IMF)에서 조정하는, 신용과 유연성이 타협하는 제도였다.[19]

이를 브레튼우즈(Bretton Woods) 체제라고 부른다. 1944년 브레튼우즈라는 미국의 휴양도시에 경제학자와 관료 들이 모여 고안해낸 제도이기 때문이다. 브레튼우즈 체제는 1971년에 폐지되었다. 미국이 금 보유량보다 더 많은 달러를 찍어냈기 때문에 신뢰가 무너졌고, 결국 금본위제를 포기하는 결정을 내렸던 것이다.

잘 알다시피 1970년대 이후 지금까지 세계는 각국의 중앙은행이 발행하는 화폐가치가 해당 국가에 대한 신뢰에 의존하는 체제다. 중앙은행이 보유한 금의 양과 상관없이 중앙은행이 찍어내는 화폐 그 자체를 믿어야 하는 시대다. 신사임당의 얼굴이 그려진 5만 원권 지폐는 사람들이 한국의 경제력과 정부의 능력과 중앙은행에 대해 가지는 신뢰만큼의 가치가 있을 뿐이다.

브레튼우즈 체제에서 각국의 화폐가치는 국제통화기금을 통해 고정된 환율을 가졌고, 경제 상황이 변하면 조정하는 제도였다. 그러나 이 체제가 무너지고 난 뒤 화폐 간의 환율은 매일 또는 매순간 시장에서 수요와 공급의 원칙에 의해 결정되는 구조가 되었다. 명절 때가 되면 큰 폭으로 오르내리는 식품 가격이 잘 보여주듯이 시장이란 유연하지만 가격 변동이 큰 불안정한 제도다. 특히 유럽처럼 중소 규모의 국가들이 많이 모여 있고 상호의존성이 강한 경우 환율 변동은 경제활동에 지장을 주는 불편한 현실이었다.

#

## 하나의 화폐

앞에서 화폐가 가지는 유연성과 신뢰 사이의 딜레마를 논의했다. 1970년대 미국 중심의 금태환제가 폐지된 이후 세계경제 질서는 매우 유연한 체제로 탈바꿈한 셈이다. 왜냐하면 금 보유량 같은 가치의 기준이 사라지고 각국의 정치와 정책에 따라 화폐를 발행하는 체제로 바뀌었기 때문이다.

환율, 즉 화폐의 가치는 매일 시장에서 결정되는데, 이 같은 변동성은 단점이 될 수도 있지만 유연성에 대한 대가라고 봐야 한다. 그러나 여기에 덧붙여 신뢰의 차이가 누적되면서 화폐의 불평등이 나타나기 시작했다.

미국의 달러는 세계에서 가장 커다란 경제 세력의 화폐이기 때문에 많은 특혜를 누릴 수 있었다.[20] 2차 세계대전 이후 달러는 세계 기축통화 노릇을 했다. 30여 년 가까이 지속된 달러의 지위는 브레튼우즈 체제가 끝난 다음에도 어느 정도 계속 유지되었다. 게다가 미국은 세계 최강의 군사력을 가진 나라가 아닌가. 사람들은 미국의 국력과 달러를 높이 신뢰했다. 미국은 1971년 브레튼우즈 체제를 포기함으로써 세계

기축통화의 의무에서 해방되었지만 지배적인 위상은 계속 유지할 수 있었다. 미국은 달러, 즉 자국 화폐로 국제 채무를 지고 갚는 거의 유일한 나라다.

미국과 비교하면 유럽 국가들은 훨씬 작은 규모다. 1970년대~1980년대 미국은 인구가 2억 명 이상인 데 비해 유럽의 영국, 프랑스, 독일, 이탈리아 등은 각각 인구 6000만 정도였으며 4개국을 합쳐야 미국 수준에 도달했다.

영국의 파운드는 19세기부터 20세기 중반까지 국제 위상을 어느 정도 유지했지만 달러에 밀리게 되었다. 프랑스의 프랑도 제국주의 시절 국제적 역할을 했지만 미국의 경제 규모와 비교할 만한 수준은 아니었다. 유럽 최대의 경제 세력인 독일도 단독으로 미국 달러와 경쟁할 수는 없었다.

하지만 1960년대부터 국제자본이 어느 정도 자유롭게 이동하면서 미국의 경제정책은 유럽의 중소 규모 국가에 큰 영향을 미쳤다. 정치경제학에서는 이를 비대칭적 충격(asymmetric shock)이라고 부른다. 미국은 자국의 이익에 따라 정책을 결정하는데, 그 효과는 미국뿐 아니라 세계경제 전체에 미친다. 유럽의 국가들도 미국의 정책에 휘둘릴 수밖에 없다.

이런 상황을 극복하기 위해 유럽은 단일화폐를 만드는 운동을 추진했다.[21] 사실 유럽의 무역이 자유화되고 관세동맹을 형성하면서 1960년대에 이미 단일화폐에 관한 논의가 시작되었다. 그리고 1970년대 브레튼우즈 체제의 붕괴로 국제 화폐질서의 변동성이 너무 커지자 유럽은 안정된 제도를 만들려는 노력을 본격 시작했다.

그 결과 1979년에 유럽통화체계(European Monetary System: EMS)가 출범했다. 이는 환율을 고정하여 변동의 폭을 제한하는 환율안정체제였다. 물론 경제 조건이 나라마다 다르기 때문에 환율 조정이 필요할 경우 정부 대표들이 모여 회의를 통해 조정하는 제도였다. 과거 세계 차원에서 시행되었던 브레튼우즈 체제 같은 안정된 제도를 유럽에서 부활시킨 셈이다.

유럽은 1991년 마스트리히트조약에서 단일화폐를 만들기로 결정했으며, 1999년에는 유로라는 하나의 화폐를 출범시키는 데 성공했다. 우리가 이 책의 다양한 분야에서 확인할 수 있었던 네트워크의 유럽은 중앙은행의 그물로 공식화되면서 다시 재현되었다. 유럽의 화폐인 유로를 관리하는 것은 프랑크푸르트에 위치한 유럽중앙은행(European Central Bank: ECB)이다. 이 은행은 유로에 참여하는 19개 회원국의 중앙은행 연합체다.

#
## 유로, 선진국의 '마패'

이처럼 유럽중앙은행은 유로에 참여하는 국가들의 중앙은행 그물이 만들어낸 '화폐의 망토'다. 유로 동전의 한 면은 유럽 공통의 디자인이 들어가고, 다른 면은 이 동전을 발행한 국가 고유의 디자인이 들어간다. 유로는 유럽 전체의 화폐이기도 하지만 이를 만든 것은 유로를 형성하는 각 국가라는 점을 명확하게 밝히는 디자인이다.

유로는 유럽인들이 매일 사용하는 화폐다. 민족국가가 여전히 유럽인 정체성의 중요한 부분이지만 유로의 등장은 무의식 속에 유럽인들을 하나로 묶는 데 기여한다.[22] 그것은 일상을 지배하는 국기(國旗)가 민족 정체성을 사람들에게 심어주는 것과 같은 이치다. 또는 지도가 사람들에게 하나의 공동체에 대한 상징과 인식이 되는 것과도 같은 원리다. 화폐야말로 사람들이 일상에서 빈번하게 사용하는 도구가 아닌가. 여행을 떠나면서 쓰던 지폐와 동전을 그대로 갖고 갈 수 있다면 그곳은 타국이 아닌 한 나라라는 생각이 들 것이다.

유로라는 화폐는 또 내부와 외부를 가르는 경계를 형성한다. 1990년대 전문가들은 프랑스, 독일, 베네룩스 등 유럽의 선진국만이 유로화에 동참할 것으로 예상했다. 하지만 실제로는 이탈리아, 스페인, 포르투갈 등 취약한 경제구조를 가진 국가들도 모두 유로화에 동참하는 놀라운 결과를 이루어냈다. 남유럽의 국가들이 다소 무리가 되더라도 기필코 유로에 동참하려고 한 것이다. 그 이유는 유로라는 화폐가 단순한 경제 수단이 아니라 선진 유럽을 상징하는 '마패'였기 때문이다. 오죽하면 그리스는 1999년 유로에 동참하지 못하자 통계 조작까지 해가며 참여하려 했겠는가.

유로화가 출범하자 가장 불만이 컸던 나라는 역시 미국이다. 달러의 독주에 제동을 걸 수 있는 유일한 대안의 출현에 위협을 느끼는 것은 당연했다. 유로가 출범한 뒤 달러의 위상이 무너진 것은 아니지만 유로는 확고한 제2의 국제 기축통화, 즉 달러의 잠재 대안으로 자리 잡는 데 성공했다.

2010년 이후 유로의 반복되는 위기로 최근에는 유로를 하찮게 생각하는 경향이 있지만 유로는 여전히 달러에 대한 잠재 도전자다. 일본의 엔화나 최근 중국의 위안화가 경제력을 바탕으로 화폐권력을 확장하려 하고 있지만 쉽지 않다. 하지만 세계 금융시장을 오랫동안 지배했던 유럽의 노하우와 경험, 그리고 자본주의와 자유주의의 역사를 감안할 때 유로의 숨은 힘을 무시해선 곤란하다.

2010년대 국제 경제 뉴스의 상당 부분은 유로의 위기에 할애되었다. 특히 그리스가 유로에서 탈퇴함으로써 유로라는 시도가 실패로 끝나는 것이 아닌가 하는 질문이 세계의 관심을 집중시켰다. 하지만 유로는 여전히 건재하며, 위기가 진행되는 사이에도 새로운 국가들이 유로에 동참하겠다고 나섰다. 슬로베니아(2006), 키프로스(2007), 슬로바키아(2008), 에스토니아(2010), 라트비아(2013), 리투아니아(2014) 등이 줄줄이 유로라는 배에 올라탄 후발주자다.

언론은 작은 변화에도 민감하게 반응하고, 특히 부정적인 가능성을 확대 해석하는 경향이 있다. 하지만 유로는 수십 년 동안 준비되어왔고 적어도 19년(1999~2018) 동안 생존하는 데 성공했다. 단숨에 무너지기는 어려운 제도이며, 여전히 유럽 통합의 대표 성과라고 할 수 있다.

#
## 영국의 산업혁명

이제 화폐에서 실물경제로 눈을 돌릴 차례다. 유럽이 세계경제에서 선두로 나서기 시작한 것은 중세부터가 아니라 19세기 산업혁명을 통해서였다는 주장이 국제정치경제학의 캘리포니아 수정주의 학파에서 나왔다.[23] 유럽의 성공이 필연이었다고 설명하는 기존의 역사 서술은 유럽중심주의 시각이라는 비판이다.

여러 가지 자료들을 비교해보았을 때 1800년경 유럽과 중국과 일본, 그리고 인도의 생활수준은 비슷하거나 오히려 아시아가 더 높았다. 인구만 하더라도 유럽에서 인구 폭발은 19세기에 일어난 현상이었고 그 이전에는 동아시아와 남아시아가 더 높은 인구 밀도를 자랑했다. 높은 인구 밀도는 더 높은 식량 생산성을 뜻한다. 구디 같은 학자는 《역사의 절도》라는 책에서 유럽의 근대를 유럽 역사만으로 설명하는 것은 도둑질에 해당한다며 강하게 비판하기도 했다.[24]

19~20세기 유럽이 세계의 중심으로 부상했다고 해서 12세기부터 유럽이 다른 지역보다 선진 제도와 경제를 가졌다고 믿는 것은 분명 잘못된 시각이다. 또한 중세부터 19~20세기까지 유럽의 성공이 필연이었고 일관되게 발전해왔다고 보는 것도 유럽중심주의의 시각을 드러내는 것이다.

하지만 1800년경 유럽에서 일어난 산업혁명이 그 직전 수십 년의 기간만으로 설명 가능하다는 주장도 받아들이기 어렵다. 산업혁명은 여러 변수의 조합으로 가능했다. 그리고 그런 변수들은 필연으로 생겨났거나 합쳐지는 것은 아니다. 그 변수의 상당 부분은 유럽 내부의 요소라기보다는 외부 문명과의 교류를 통해 얻어진 것도 사실이다. 역사에 대한 올바른 이해는 이런 복합성을 차근차근 설명하는 것이어야 한다.

여기서 산업혁명에 대한 학술 논쟁을 상세하게 다루기는 어렵다. 하지만 영국을 중심으로 발달한 산업화를 설명하는 학자들의 주장을 소개할 필요는 있을 것이다. 일부 학자들은 산업혁명이 유럽에서 일어난 것으로 소개하지만 자세히 들여다보면 유럽보다는 영국이라는 특수한 국가의 조건에서 일어났다고 주장한다.

앞에서 언급한 자유주의 전통에서는 영국의 의회주의가 절대주의보다 우월한 정치경제 및 사회제도를 제공했다고 본다. 특히 소유권이 보장되었고, 법치질서가 확립되어 있어 자본가들이 사업과 자본 축적에 적극 나섰기 때문에 산업혁명 같은 거대한 변화가 가능했다는 말이다. 기계를 사용하여 생산성을 높이려는 노력은 자유주의 시장경제의 기

〈유럽의 다리〉(연작 중 일부, 귀스타브 카유보트, 1876~1880). 19세기 중반 헨리 베세머가 개발한 철강 제조술로 인류는 철강시대를 열었다. 크고 단단하게 만든 철강으로 철교, 기찻길, 더 큰 배의 생산이 가능해졌고, 이는 산업혁명에 더욱 박차를 가했다.

본 틀이 없다면 이루어지지 않았을 것이라는 시각이다.

물론 영국은 섬나라이기 때문에 바다라는 천연조건을 가지고 있었고, 운송을 쉽게 할 수 있었으며, 석탄이라는 새로운 에너지 자원이 풍부했다는 지리 요인도 무시할 수 없다. 존스는 영국이야말로 석탄이라는 산 위에 세워진 나라라고 말했다.[25]

여기에 덧붙여 영국은 거대한 해외 식민지를 가지고 있었기 때문에 식량 생산을 걱정할 필요가 없었다는 해석도 존재한다. 인구가 많아야 산업혁명이 가능한데 외부로부터 식량을 조달할 수 있었던 영국은 잉여 노동력을 쉽게 확보하게 되었고, 그것이 산업혁명에 크게 기여했다는 분석이다. 존스는 영국의 이런 조건을 '횡재(windfall)'라는 표현으로 압축한다. 이런 모든 요소들은 영국에서 산업혁명이 일어난 사실을 설명하는 데 중요한 부분이다.

#

## 그물 속의 영국에서 세계로

하지만 영국이라는 나라의 특징만으로 산업혁명을 설명하는 것은 문제가 있다. 역사 비교를 통해야만 정확한 분석이 가능하기 때문이다. 소유권과 법치를 중시하는 자유주의 정치·경제질서도 물론 중요하지만 프랑스나 독일의 경우를 보면 절대 조건은 아님을 알 수 있다.

프랑스는 여전히 절대주의 왕권이 지배하는 상황에서 자본 축적의 과정을 시작했다. 독일 역시 군주를 중심으로 하는 비스마르크의 철권 통치 시대에 놀라운 산업혁명을 이루어냈다. 이후 일본이나 소련, 중국 등의 산업화를 보더라도 자유주의 정치·경제질서가 필수 조건은 아니며, 최소한의 안정된 질서와 시장의 자율성이 더 중요해 보인다.

교통의 이점이나 석탄 같은 자원의 소유는 중요한 변수다. 하지만 영국이 유럽 대륙에 가까이 있는 섬이 아니라 대서양 한가운데 있었더라면 별 도움이 되지 않았을 것이다. 영국이 산업혁명에 성공한 것은 섬이라는 사실 자체도 중요하지만 35킬로미터 도버해협 건너에 베네룩스와 프랑스가 있었고, 1500킬로미터 안에 독일, 덴마크, 스웨덴, 스페인, 포르투갈 등이 자리했기 때문이다. 석탄도 마찬가지다. 21세기 산유국들이 반드시 산업화에 성공한 것은 아니라는 사실을 감안하면 석탄이 산업화의 필수 요인으로 보이지는 않는다. 19세기에 석탄이 산업화에 그토록 중요했다면 20세기에 사우디아라비아가 새로운 산업 선진국으로 부상했어야 한다.

즉 영국에서 산업혁명이 이루어질 수 있었던 데에는 유럽 문명권 안에 위치한 데 따른 유리한 여건이 크게 작용했다. 재레드 다이아몬드는 세계 문명 발전의 우열을 설명하면서 아프리카와 아메리카가 상대적으로 뒤처진 가장 큰 요인은 고립이었다고 말한다.[26] 반대로 유라시아는 속도는 느렸지만 계속 교류를 했기 때문에 발전할 수 있었다는 것이다.

마찬가지로 과학기술의 발전과 자본의 축적 등은 영국이 단독으로 이룰 수 없는 것들이었다. 유럽 대륙과의 경쟁과 교류가 영국의 과학기술 발전을 가능하게 했다. 자본의 축적도 도시의 네트워크나 유럽의 금융 그물이 없었더라면 불가능했을 것이다. 영국 정치제도의 특수성 또한 유럽 봉건제의 다양한 버전 가운데 하나라고 할 수 있으며, 영국의 제도는 다른 유럽 국가들과 경쟁하는 과정에서 다듬어진 것이었다.

산업혁명에 대한 설명이 영국에 국한되기보다는 유럽의 문명 요인에 기초한다는 주장은, 영국에서 시작한 운동이 빠른 속도로 유럽에 전달되는 과정으로 확인할 수 있다. 베네룩스 지역은 거의 영국과 동시에 산업혁명을 이룩했고, 프랑스, 독일, 이탈리아 북부 역시 19세기 중반에 산업화 과정에 돌입했다. 19세기 후반에는 러시아와 미국 등 유럽에서 멀리 떨어져 있지만 유럽 사회문화 모델을 상당 부분 수용한 지역에서도 산업화가 시작되었다.

반면 유럽과 국경을 맞대고 있지만 문화 차이가 큰 오스만제국이나 북아프리카 지역은 산업화에 돌입하지 못했다. 일본이 비유럽 문명권에서 유일하게 산업화에 성공했는데, 일본은 아시아에서 유럽 모델을 가장 적극 수용한 나라였다.

20세기 후반이 되면 유럽은 더 이상 경제 혁신과 자본주의 발전에서 선두를 달리는 세력이 아니다. 미국과 일본이 바통을 이어받아 새로운 상품과 서비스를 개발하고 자본주의 발전의 새로운 양식과 모델 들을 적극 만들면서, 세계는 다양한 선진 자본주의 모델을 갖게 되었다.

또 산업 능력에서는 중국이 이미 세계의 중심이 되었다. 과거에는 영국이 세계의 공장이라 불렸지만, 21세기 세계의 공장은 중국이다. '메이드 인 차이나'가 세계시장을 점령하고 있고, 미국은 중국에서 생산된 제품을 소비하는 가장 큰 시장이다. 미국 및 세계를 대상으로 물건을 팔아 돈을 벌어들인 중국은 과거 영국처럼 세계의 금융세력으로 서서히 부상하는 중이다.

유럽에서 만들어진 자본주의 제도와 정신은 미국, 일본, 중국으로까지 전파되었다. 경쟁과 협력으로 맺어진 유럽의 경제 그물이 전 세계로 뻗어나가면서 글로벌 그물을 만들었다. 무한의 자본 축적을 추구하는 신기한 제도는 유럽을 넘어 세계를 뒤덮게 되었다.

# 유럽 각국의 중앙은행과 주요 증권거래소

| 번호 | 국가 | 지역 | 이름 | 설립 연도 |
|---|---|---|---|---|
| 1 | 아이슬란드 | 레이캬비크 | 아이슬란드 중앙은행 Seðlabanki Íslands | 1961 |
| 2 | 아이슬란드 | 레이캬비크 | 아이슬란드 증권거래소 Iceland Stock Exchange | 1985 |
| 3 | 노르웨이 | 오슬로 | 노르웨이은행 Norges Bank | 1816 |
| 4 | 노르웨이 | 오슬로 | 오슬로 증권거래소 Oslo Stock Exchange | 1819 |
| 5 | 스웨덴 | 스톡홀름 | 스웨덴 중앙은행 Sveriges Riksbank | 1668 |
| 6 | 스웨덴 | 스톡홀름 | 노르딕 증권거래소 Nordic Growth Market | 2003 |
| 7 | 스웨덴 | 스톡홀름 | 스톡홀름 증권거래소 Stockholm Stock Exchange | 1863 |
| 8 | 덴마크 | 코펜하겐 | 덴마크 국립은행 Danmarks Nationalbank | 1818 |
| 9 | 덴마크 | 코펜하겐 | 코펜하겐 증권거래소 Copenhagen Stock Exchange | 1620 |
| 10 | 덴마크 | 호센스 | GXG 거래소 GXG Markets (중소기업 중심 증권거래) | 1998 |
| 11 | 페로 제도 (덴마크령) | 토르스하운 | 페로 증권거래소 Faroese Securities Market | 2004 |
| 12 | 핀란드 | 헬싱키 | 핀란드은행 Suomen Pankki | 1812 |
| 13 | 핀란드 | 헬싱키 | 헬싱키 증권거래소 Helsinki Stock Exchange | 1912 |
| 14 | 에스토니아 | 탈린 | 에스토니아은행 Eesti Pank | 1919 |
| 15 | 에스토니아 | 탈린 | 탈린 증권거래소 Tallinn Stock Exchange | 1994 |
| 16 | 라트비아 | 리가 | 라트비아은행 Latvijas Banka | 1922 |
| 17 | 라트비아 | 리가 | 리가 증권거래소 Riga Stock Exchange | 1993 |
| 18 | 리투아니아 | 빌뉴스 | 리투아니아은행 Lietuvos Bankas | 1922 |
| 19 | 리투아니아 | 빌뉴스 | 빌뉴스 증권거래소 Vilnius Stock Exchange | 1993 |
| 20 | 아일랜드 | 더블린 | 아일랜드 중앙은행 Banc Ceannais na hÉireann | 1943 |
| 21 | 아일랜드 | 더블린 | 아일랜드 증권거래소 Irish Stock Exchange | 1793 |
| 22 | 영국 | 런던 | 잉글랜드은행 Bank of England | 1694 |
| 23 | 영국 | 런던 | 런던 증권거래소 London Stock Exchange | 1801 |
| 24 | 지브롤터 (영국령) | 지브롤터 | 지브롤터 증권거래소 Gibraltar Stock Exchange | 2014 |
| 25 | 채널아일랜드 (영국령) | 건지 | 채널아일랜드 증권거래소 Channel Islands Securities Exchange | 2013 |
| 26 | 포르투갈 | 리스본 | 포르투갈은행 Banco de Portugal | 1846 |
| 27 | 포르투갈 | 리스본 | OPEX (중소 규모 대안 증권거래) | 2003 |
| 28 | 포르투갈 | 리스본 | 리스본 증권거래소 Bolsa de Valores de Lisboa (2000년 유로넥스트로 통합) | 1769 |
| 29 | 스페인 | 마드리드 | 스페인은행 Banco de España | .1782 |
| 30 | 스페인 | 마드리드 | 마드리드 증권거래소 Bolsa de Madrid | 1831 |
| 31 | 스페인 | 마드리드 | 스페인 공식 파생상품 거래소 Mercado Oficial Español de Futuros y Opciones | 1989 |
| 32 | 스페인 | 빌바오 | 빌바오 증권거래소 Bolsa de Valores de Bilbao | 1890 |
| 33 | 스페인 | 발렌시아 | 발렌시아 증권거래소 Bolsa de Valores de Valencia | 1981 |
| 34 | 스페인 | 바르셀로나 | 바르셀로나 증권거래소 Bolsa de Valores de Barcelona | 1831 |

| 35 | 프랑스 | 파리 | 프랑스은행 Banque de France | 1800 |
|----|--------|------|------------------------------|------|
| 36 | 프랑스 | 파리 | 파리 증권거래소 Bourse de Paris (2000년 유로넥스트로 통합) | 1724 |
| 37 | 벨기에 | 브뤼셀 | 벨기에 국립은행 Nationale Bank van België | 1850 |
| 38 | 벨기에 | 브뤼셀 | 브뤼셀 증권거래소 Bourse de Bruxelles (2000년 유로넥스트로 통합) | 1801 |
| 39 | 룩셈부르크 | 룩셈부르크 | 룩셈부르크 중앙은행 Banque Centrale du Luxembourg | 1998 |
| 40 | 룩셈부르크 | 룩셈부르크 | 룩셈부르크 증권거래소 Bourse de Luxembourg | 1927 |
| 41 | 네덜란드 | 암스테르담 | 네덜란드은행 De Nederlandsche Bank | 1814 |
| 42 | 네덜란드 | 암스테르담 | 암스테르담 증권거래소 Amsterdamse effectenbeurs (2000년 유로넥스트로 통합) | 1602 |
| 43 | 독일 | 함부르크 | 함부르크 증권거래소 Hamburger Börse | 1558 |
| 44 | 독일 | 베를린 | 베를린 증권거래소 Berliner Börse | 1685 |
| 45 | 독일 | 프랑크푸르트 | 유럽 중앙은행 European Central Bank | 2000 |
| 46 | 독일 | 프랑크푸르트 | 독일연방은행 Deutsche Bundesbank | 1957 |
| 47 | 독일 | 프랑크푸르트 | 독일 증권거래소 연합 Deutsche Börse Group | 1992 |
| 48 | 독일 | 프랑크푸르트 | 유렉스 거래소 Eurex Exchange | 1998 |
| 49 | 독일 | 프랑크푸르트 | 프랑크푸르트 증권거래소 Börse Frankfurt | 1585 |
| 50 | 독일 | 슈투트가르트 | 슈투트가르트 증권거래소 Börse Stuttgart | 1861 |
| 51 | 독일 | 뮌헨 | 뮌헨 증권거래소 Börse München | 1830 |
| 52 | 스위스 | 베른 | 스위스 국립은행 Schweizerische Nationalbank | 1907 |
| 53 | 스위스 | 베른 | 베른 익스체인지 Berne eXchange | 1888 |
| 54 | 스위스 | 취리히 | SIX 스위스 증권거래소 SIX Swiss Exchange (1995년 제네바, 바젤, 취리히 증권거래소를 통합) | 1850 |
| 55 | 이탈리아 | 밀라노 | 이탈리아 증권거래소 Borsa Italiana | 1808 |
| 56 | 이탈리아 | 로마 | 이탈리아은행 Banca d'Italia | 1893 |
| 57 | 몰타 | 발레타 | 몰타 중앙은행 Bank Ċentrali ta' Malta | 1968 |
| 58 | 몰타 | 발레타 | 몰타 증권거래소 Malta Stock Exchange | 1992 |
| 59 | 그리스 | 아테네 | 그리스은행 Τράπεζα της Ελλάδος | 1927 |
| 60 | 그리스 | 아테네 | 아테네 증권거래소 Χρηματιστήριο Αθηνών | 1876 |
| 61 | 알바니아 | 티라나 | 알바니아은행 Banka e Shqipërisë | 1925 |
| 62 | 알바니아 | 티라나 | 티라나 증권거래소 Bursa e Tiranës | 1996 |
| 63 | 마케도니아 | 스코페 | 마케도니아공화국 국립은행 Народна банка на Република Македонија | 1991 |
| 64 | 마케도니아 | 스코페 | 마케도니아 증권거래소 Македонска берза | 1995 |
| 65 | 불가리아 | 소피아 | 불가리아 국립은행 Българска народна банка | 1879 |
| 66 | 불가리아 | 소피아 | 불가리아 증권거래소 Българска фондова борса−София | 1914 |
| 67 | 터키 | 이스탄불 | 이스탄불 증권거래소 Borsa Istanbul | 1866 |
| 68 | 터키 | 앙카라 | 터키공화국 중앙은행 Türkiye Cumhuriyet Merkez Bankası | 1930 |
| 69 | 키프로스 | 니코시아 | 키프로스 중앙은행 Κεντρική Τράπεζα της Κύπρου | 1963 |
| 70 | 키프로스 | 니코시아 | 키프로스 증권거래소 Χρηματιστήριο Αξιών Κύπρο | 1996 |
| 71 | 몬테네그로 | 포드고리차 | 몬테네그로 중앙은행 Centralna Banka Crne Gore | 2001 |
| 72 | 몬테네그로 | 포드고리차 | 몬테네그로 증권거래소 Montenegroberza AD | 1993 |

| 73 | 세르비아 | 베오그라드 | 세르비아 국립은행 Народна банка Србије | 1884 |
|---|---|---|---|---|
| 74 | 세르비아 | 베오그라드 | 베오그라드 증권거래소 Београдска берза | 1894 |
| 75 | 보스니아–헤르체고비나 | 사라예보 | 보스니아-헤르체고비나 국립은행 Centralna banka Bosne i Hercegovine | 1997 |
| 76 | 보스니아–헤르체고비나 | 사라예보 | 사라예보 증권거래소 Sarajevska Berza | 2001 |
| 77 | 보스니아–헤르체고비나 | 바냐루카 | 바냐루카 증권거래소 Бањалучка берза | 2001 |
| 78 | 크로아티아 | 자그레브 | 크로아티아 국립은행 Hrvatska narodna banka | 1990 |
| 79 | 크로아티아 | 자그레브 | 자그레브 증권거래소 Zagrebačka burza | 1991 |
| 80 | 슬로베니아 | 류블랴나 | 슬로베니아은행 Banka Slovenije | 1991 |
| 81 | 슬로베니아 | 류블랴나 | 류블랴나 증권거래소 Ljubljanska borza | 1989 |
| 82 | 헝가리 | 부다페스트 | 헝가리 국립은행 Magyar Nemzeti Bank | 1924 |
| 83 | 헝가리 | 부다페스트 | 부다페스트 증권거래소 Budapesti Értéktőzsde | 1864 |
| 84 | 오스트리아 | 빈 | 오스트리아 국립은행 Oesterreichische Nationalbank | 1816 |
| 85 | 오스트리아 | 빈 | 빈 증권거래소 Wiener Börse | 1771 |
| 86 | 체코 | 프라하 | 체코 국립은행 Česká národní banka | 1993 |
| 87 | 체코 | 프라하 | 프라하 증권거래소 Burza cenných papírů Praha | 1861 |
| 88 | 슬로바키아 | 브라티슬라바 | 슬로바키아 국립은행 Národná banka Slovenska | 1993 |
| 89 | 슬로바키아 | 브라티슬라바 | 브라티슬라바 증권거래소 Burza cenných papierov v Bratislave | 1991 |
| 90 | 루마니아 | 시비우 | 시비우 증권거래소 Sibex S. A. | 1997 |
| 91 | 루마니아 | 부쿠레슈티 | 루마니아 국립은행 Banca Națională a României | 1880 |
| 92 | 루마니아 | 부쿠레슈티 | 라스닥 RASDAQ | 1996 |
| 93 | 루마니아 | 부쿠레슈티 | 부쿠레슈티 증권거래소 Bursa de Valori Bucureşti | 1882 |
| 94 | 몰도바 | 키시너우 | 몰도바 국립은행 Banca Națională a Moldovei | 1991 |
| 95 | 몰도바 | 키시너우 | 몰도바 증권거래소 Moldova Stock Exchange | 1994 |
| 96 | 우크라이나 | 키예프 | 우크라이나 국립은행 Національний банк України | 1991 |
| 97 | 우크라이나 | 키예프 | 우크라이나 증권거래소 Фондова біржа | 2002 |
| 98 | 폴란드 | 바르샤바 | 폴란드 국립은행 Narodowy Bank Polski | 1945 |
| 99 | 폴란드 | 바르샤바 | 바르샤바 증권거래소 Giełda Papierów Wartościowych w Warszawie | 1817 |
| 100 | 벨라루스 | 민스크 | 벨라루스공화국 국립은행 Нацыянальны банк Рэспублікі Беларусь | 1992 |
| 101 | 벨라루스 | 민스크 | 벨라루스 화폐 및 증권 거래소 Белорусская валютно-фондовая биржа | 1998 |
| 102 | 러시아 | 모스크바 | 러시아은행 Банк России | 1860 |
| 103 | 러시아 | 모스크바 | 모스크바 증권거래소 ПАО Московская биржа | 2011 |
| 104 | 러시아 | 상트페테르부르크 | 상트페테르부르크 증권거래소 Фондовая биржа Санкт-Петербург | 1991 |
| 105 | 조지아 | 트빌리시 | 조지아 국립은행 საქართველოს ეროვნული ბანკი | 1919 |
| 106 | 조지아 | 트빌리시 | 조지아 증권거래소 საქართველოს საფონდო ბირჟა | 1999 |
| 107 | 아르메니아 | 예레반 | 아르메니아 중앙은행 Հայաստանի Հանրապետության Կենտրոնական Բանկ | 1907 |
| 108 | 아르메니아 | 예레반 | 아르메니아 증권거래소 ՆԱՍԴԱՔ ՕԷՄԷՔՍ Արմենիա | 2001 |
| 109 | 아제르바이잔 | 바쿠 | 아제르바이잔 중앙은행 Azərbaycan Mərkəzi Bankı | 1992 |
| 110 | 아제르바이잔 | 바쿠 | 바쿠 증권거래소 Bakı Fond Birjası | 2000 |

# 10장

# 평등의 그물

■ 아이슬란드
공화 · 의회제

■ 노르웨
군주 · 의회

북 해

■ 덴
군주 ·

■ 아일랜드
공화 · 의회제

● 영국
군주 · 의회제

■ 네덜란드
군주 · 의회제

★ 벨기에
군주 · 의회제

★ 독
공화 ·

■ 룩셈부르크
군주 · 의회제

대 서 양

■ 프랑스
공화 · 반대통령제

★ 스위스
공화 · 의회제

■ 포르투갈
공화 · 반대통령제

● 스페인
군주 · 의회제

지 중 해

■ 핀란드
공화·반대통령제

■ 에스토니아
공화·의회제

■ 라트비아
공화·의회제

■ 리투아니아
공화·반대통령제

발트 해

■ 폴란드
공화·반대통령제

■ 슬로바키아
공화·의회제

■ 헝가리
공화·의회제

■ 루마니아
공화·반대통령제

흑 해

■ 세르비아
공화·의회제

■ 불가리아
공화·의회제

■ 그리스
공화·의회제

■ 키프로스
공화·대통령제

웨덴
의회제

코
의회제

트리아
대통령제

아
제

티아
회제

탈리아
·의회제

#

# 평등의 근대성

우리 시대에 평등은 너무나 당연한 가치가 되었다. 모든 인간은 평등하게 태어나고 누구나 똑같이 한 장의 투표권을 가진다는 사실, 또는 법 앞에서 모든 사람이 동등해야 한다는 원칙에 문제를 제기하는 사람은 없다.

하지만 인류 역사에서 이런 평등을 당연하게 여기게 된 것은 최근의 일이다. 이 평등의 원칙이 뿌리를 내리기까지는 많은 노력과 투쟁이 필요했다. 이 장에서 우리의 질문은 '유럽 문명에서 인간의 평등이라는 생각이 어떻게 사회의 기본 원칙으로 발전하게 되었는가'다.

평등에 관해서 가장 강력한 사상과 이론을 만든 사람을 꼽으라면 프랑스의 토크빌을 들 수 있다. 그는 귀족 가문에서 태어나 프랑스 대혁명 이후 격변의 시대를 살았던 인물이다. 당시로서는 드물게 대서양을 건너 10개월 동안 미국을 여행하면서 미국 사회를 관찰하고 유럽과 비교한 사상가다. 근대 사회과학의 비교연구 방법론을 처음으로 적용한 저술인 《아메리카의 민주주의》와 《앙시앵레짐과 프랑스 혁명》은 오늘날에도 여전히 학생들에게 고전으로 읽힌다.[1]

토크빌의 작품을 관통하는 역사관은, 인류는 불평등에서 평등의 상태로 나아간다는 것이다. 그는 불평등한 사회를 '귀족 상태'라고 부르고, 평등한 사회를 '민주 상태'라고 불렀다. 즉 다시 말해 인류의 커다란 흐름은 불평등의 귀족사회에서 평등의 민주사회로 가는 것이라고 설명한다.

19세기 중반 토크빌의 생각이 21세기에도 여전히 읽히는 이유는 바로 이 평등의 도도한 팽창 때문이라고 할 수 있다. 토크빌은 봉건시대에 존재했던 신분사회가 어떻게 서서히 붕괴되고 평등사상이 일반화되는지 설명한다. 미국 혁명이나 프랑스 혁명은 모두 평등사상이 실현되는 과정이라고 본 것이다.

위대한 사상의 힘은 사상가 자신이 의도한 수준을 뛰어넘어 역사에 영향을 미친다는 데 있을지 모른다. 평등의 확산과 실현은 토크빌 사후에도 꾸준히 유지되었다. 남성에게만 주어졌던 권리들이 여성에게도 확산되었고, 유럽인에게 한정되었던 권리가 식민지와 다른 대륙으로 퍼져나갔다.

최근에는 남성과 여성의 결합 또는 결혼이라는 전통조차 동성 및 트랜스젠더로 확대되어 동등한 권리를 주장하게 되었으며, 생명의 권리는 인간에서 동물 및 식물이나 자연으로까지 확대되고 있다. 이런 관점에서 인류의 역사는 권리의 확대 과정이라는 분석도 가능하다.

평등의 원칙과 권리의 확산에 대해 영국의 사회학자인 마셜은 《시

••• 토크빌을 그린 캐리커처(오노레 도미에, 1849).

민권과 사회계급》에서 시민의 권리가 정치 권리로 발전하고, 이는 다시 사회 권리로 전파되었다고 설명한다.[2] 시민의 권리는 이동이나 사상, 표현, 결사 등의 자유를 의미한다. 현대 사회에서는 이를 '기본권'이라고 부른다.

이어서 정치 권리란 통상 투표권을 말한다. 소수의 투표 제도에서 다수의 투표, 남성의 일반투표에서 여성까지 포함한 일반투표로 진화했다. 마지막으로 사회 권리는 '요람에서 무덤까지'라는 복지 슬로건으로 발전했고, 실제로 국가나 공동체가 이런 권리를 충족시켜야 한다는 의식이 확산되었다.

앞 장의 여러 분야에서 확인할 수 있었듯이 평등사상과 민주주의 발전 역시 유럽 문명에서 그물 안의 경쟁이라는 틀로 상당 부분 설명할 수 있다. 의회제도와 일반투표권은 도미노처럼 유럽 내에서 파도를 그리며 확산되었다. 의회가 국가에서 중요한 권력을 차지하는 정치 변화는 영국에서 빠르게 진행된 뒤 점차 다른 나라로 확산되었다. 다른 한편 일반투표나 법 앞의 평등 등은 프랑스를 중심으로 크게 발전했고, 그 역시 유럽의 다른 곳으로 빠르게 전파되었다.

#
## 직접민주주의와 공화국

그리스 도시국가들은 저마다 나름의 정치체제가 있었고, 그 체제는 시대에 따라 변화했다.[3] 평등이라는 관점에서 보면 그리스 사회는 결코 모델이 될 수 없었다. 고대 그리스 사회에는 노예제도가 있었으며, 그들이 말하는 민주주의란 자유민 남성들만의 특권이었기 때문이다. 하지만 그리스가 우리에게 중요한 이유는 직접민주주의 제도를 운영한 바 있고, 이것이 오늘날에까지 전해지기 때문이다.

그리스의 직접민주주의는 황제나 왕이 권력을 독점하는 체제가 아니라 다수의 시민들이 모여서 토론을 통해 공동의 결정을 내리는 제도였다. 한 사람이 아닌 다수의 결정에서는 자신의 논지를 명확히 밝히는 수사학과, 결정에 도달하기 위한 설득의 과정이 무척 중요한 역할을 한다. 이 같은 공공성의 정치는 현대 민주주의에서도 중요한 요소다.

그리스 직접민주주의의 또 다른 특징은 시민들이 제비뽑기로 공직을 맡을 정도로 정치의 전문화를 거부했고, 누구나 기회가 주어지면 참여했다는 사실이다. 어쩌면 그리스인들이 중요하게 여겼던 것은 이 같은 직접 정치 참여일 것이다.

그러나 이 부분은 현대 민주주의에 거의 전달되지 못하고 사장되었다. 현대의 대의민주주의는 정치의 전문화와 선거라는 장치를 통해 직접민주주의의 요소를 제한하기 때문이다. 국민투표나 주민투표 등으로 유권자나 시민의 불만을 완화하려 하지만 공직을 제비뽑기로 하는 체제는 없다. 기껏해야 배심원 제도가 시민이 공공 결정에 참여하는 제도라고 할 수 있다.

로마 역시 그리스와 마찬가지로 기본적으로 노예사회였다는 점에서 평등을 추구하는 사회는 아니었다. 로마가 현대 민주주의의 형성에 기여한 부분은 권력의 공공성을 강조하는 공화국이라는 제도, 그리고 공화주의 사상이다. 로마제국은 황제가 지배하던 시기가 있었지만 동시에 황제를 선출하거나 권력을 분할하는 제도가 있었고, 레스푸블리카(Res Publica), 즉 '공공의 일'이라는 표현을 통해 공화주의를 실천했다.

중세 유럽에서 게르만족 등이 나라를 세우면서 왕권과 국권이 혼용되는 것은 말하자면 역사의 후퇴였던 셈이다. 이에 마키아벨리 등이 그리스-로마 전통을 살려 공화주의를 부활시키려 했고, 이는 공과 사, 왕조와 국가를 구분하는 출발점이 되었다.

그렇다면 유럽 문명의 요람이라고 할 수 있는 그리스-로마 문명이 유럽의 평등사상과 민주주의를 낳았다고 할 수 있을까. 르네상스 시대에 그리스-로마 전통을 되살리고 대학에서 아리스토텔레스를 열심히 공부했다는 점에서 고대의 직접민주주의나 공화주의의 요소가 근대 유럽의 형성에 기여한 부분을 부정하기는 어렵다.

하지만 그리스 문명과 사상은 중세 이슬람 세계에도 존재했다. 오히려 이슬람 지역에서 더 많은 그리스 자료들을 보존하고 연구했다. 따라서 단순하게 보자면 그리스의 직접민주주의는 유럽보다 아랍 세계에서 더 발전했어야 한다. 하지만 역사는 단선적인 계승과 지속으로 만들어지는 것이 아니라 때로는 서로 다른 요소들이 화학작용을 일으키면서 진화한다.

#

## 기독교의 평등

개인주의의 기원에서 보았듯이 민주주의에서도 기독교의 역할은 무척 중요하다. 우선 "신 앞에 평등하다"는 의식은 개인주의뿐 아니라 평등의식을 낳는 데도 기여했다.

예수는 당시 유대교가 갖고 있던 선민사상을 초월하여 보편의 구원을 설파했다. 기독교를 하느님의 선택을 받은 유대민족만의 종교가 아니라 차별 없는 모든 인간의 종교로 확장한 것이다. 게다가 예수는 당시 사회가 멸시하고 차별하던 사람들을 신도로 받아들였다. 남녀 차별 없이 여성도 수용했으며, 사회 약자인 병자, 노인, 노예, 창녀 등을 신도로 끌어안았다.

창조주는 인간을 자신과 닮은 형상으로 빚었기 때문에 모든 사람은 신을 품고 있는 존재이며, 따라서 누구나 하느님 앞에서 평등하다는 생각은 기독교 세상이 되면서 유럽에 널리 퍼졌다.

물론 4세기 말 기독교가 로마제국의 국교가 되면서 초기 기독교의 혁명성은 많이 수그러들었다. 예를 들어 교회(Church)는 원래 기독교 신앙을 가진 모든 신도의 집단을 의미했다. 하지만 기독교가 제국의 국교가 되면서 신도 수가 폭발적으로 증가했고, 따라서 교회는 성직자 집단만을 지칭함으로써 일반 신도들과 구분되었다.[4]

이제 소수의 혁명 종교가 다수의 지배 종교가 되면서 사회 현실과 타협하려는 경향이 생긴 것이다. 중세의 유럽 봉건주의에서 귀족 제도는 이런 초기의 평등사상과는 거리가 있었다. 가톨릭교회 또한 신 앞의 평등을 현세에서 실현하는 데 그다지 관심이 없었다. 사회 불평등은 카이사르의 영역, 즉 정치의 소관이지 신의 영역이 아니라고 치부할 수 있는 탈출구는 항상 존재했기 때문이다.

그럼에도 기독교와 평등사상의 긴밀한 관계는 투표라는 제도가 교회 안에서 시작되었다는 사실에서도 확인할 수 있다. 모든 사람이 똑같이 한 표를 행사하는 투표 방식은 중세 유럽의 수도원에서 시작되었다는 가설이 유력하다.

힘이 지배하는 속세와 달리 수도원은 평등한 수도사들의 집단이었으므로, 공동의 결정을 내릴 때 각자의 의견을 취합하는 과정이 필요했다. "하느님 앞에 인간은 모두 평등하다"라는 원칙은 한 사람이 하나의 의견을 제시하는 방법으로 구현되었다. 이것이 점차 발전하여 선택지에 대해 의견을 묻고 다수결로 결정을 내리는 관습이 만들어진 것이다.

#

## 자연의 평등

모든 사람의 의견이 동일한 가치를 지닌다는 것은 지금은 자연스럽고 당연하지만 사실은 무척 특이하고 부자연스러운 생각이라고 할 수도 있다. 어떻게 아버지와 아들의 의견이 같은 가치를 지니고, 남자와 여자의 의견이 같은 비중을 가지며, 똑똑한 사람의 생각과 무지한 사람의 판단을 대등하다고 말할 수 있는가.

연장자의 권위를 당연시하는 사회에서 아버지와 아들의 판단은 같을 수 없다. 남성이 여성을 소유물로 생각하던 사회에서 어떻게 남편과 아내가 동등하게 한 표를 가질 수 있겠는가. 또한 높은 자리에 있는 사람과 글도 모르는 농사꾼의 판단에 어떻게 같은 비중을 둘 수 있단 말인가.

현대 사회에서도 평등을 싫어하는 사람들은 종종 이런 논지를 들이민다. 사람이 각각 다르게 생겼고 다른 능력을 갖고 있는데, 어떻게 평등할 수 있느냐는 반론이다. 이런 불평등의 지지자들은 생김새나 능력처럼 개인차가 큰 사례를 들어 평등의 이상주의 또는 비현실성을 지적하려 한다. 불평등은 자연스럽다는, 그래서 당연하다는 주장이다. 하지만 토크빌이 예리하게 포착했던 평등으로의 도도한 흐름은 다음과 같은 몇 가지 이유에서 불가피한 것이었는지도 모른다.

내가 학생들에게 평등을 설명할 때 즐겨 드는 사례는 "아무리 뛰어나고 싸움을 잘하는 사람도 한 사람이 두 사람을 이길 수는 없다"는 것이다. 물론 프로 권투 선수가 두세 명을 대적해서 이기는 것은 가능할지 모르겠다.

하지만 아무런 규칙도 심판도 없는 자연의 세계에서 한 사람이 두 사람의 연대를 극복하고 지배하기는 어렵다. 인간은 잠을 자야 하는데, 두 사람이 연대하면 잠잘 때를 기다렸다가 공격해 죽일 수 있다.

《침팬지 폴리틱스》라는 책에서 이런 사례를 확인할 수 있다.[5] 침팬지 사회에서조차 지배자를 결정하는 것은 단순한 폭력의 힘이 아니라 설득과 공정성, 여론과 동의를 포함하는 정치력에 있다. 우두머리조차 강한 수컷 두 마리가 연대해서 도전하면 이길 수 없다는 단순한 진리를 포함해서 말이다.

이 같은 자연의 이치는 생각의 힘으로 강조될 때 원칙으로 자리 잡을 수 있다. 말하자면 정당화의 힘이라고 하겠다. 기독교는 '하느님 앞에 평등한 인간'이라는 생각을 명확하게 표현하고 설명한 내러티브다. 이미 지적했듯이 모든 인간 안에는 하느님이 있기 때문에 생김새와 능력에 차이가 있을지라도 모두 소중하고 평등하다는 원칙은 무척 단순하지만 강력한 메시지다.

초기에 이런 사상은 수도원이라고 하는 작은 공동체에서나 실현될 수 있었다. 하지만 강력한 생각은 사회 조건이 무르익으면 빠른 속도로 전파된다. 수도원에서 시행되던 평등한 투표와 다수결의 원칙은 교회 안에서 점차 보편화되었고, 이는 교황 선출 방식에도 영향을 미치면서 근대 사회의 결정 메커니즘으로 자리 잡았다.[6]

진화론의 관점에서 본다면 평등한 사회가 불평등한 사회보다 우수하고 경쟁에서 이길 수 있었기 때문에 평등이 보편화되었다는 주장도 가능하다. 불평등한 사회에서 리더십은 팔로워(follower)들을 끊임없이 설득하고 동원하고 보상해야 한다. 하지만 평등한 사회에서 사람들은 공동체의 일원이라는 주인의식으로 공동의 일에 자연스럽게 참여한다. 동원의 논리가 아닌 참여의 논리로 공동체의 역량을 결집하기 때문에 결국 평등한 사회가 불평등한 사회를 누르고 성공한다. 유럽 역사에서 프랑스가 평등사상의 혁명을 통해 국민 모병제를 도입하면서 강한 군사력을 발휘한 사례를 들 수 있다.

평등의 확대에 대해서 다양한 설명이 가능하겠지만 여기서 우리는 세 가지 요인을 들었다. 첫째, 인간 개개인의 똑같지는 않지만 엇비슷한 '능력의 평등'이다. 둘째, 유럽의 기독교가 가졌던 인간 평등의 원칙이 가지는 강한 힘이다. 셋째, 평등한 사회가 불평등한 사회에 대해 가지는 효율성과 힘에 주목하여 평등이 확산될 수밖에 없는 진화론의 구조다.

이런 요인은 역사 속에서 매우 다양하게 변증법적으로 화학작용을 일으켰다. 예를 들어 기독교는 평등사상을 공표함으로써 그 확산에 기여했지만 교회는 오히려 봉건세력과 연합하여 평등의 확산을 막았다. 즉 하나의 요인이 일방의 결과를 초래했다기보다는 복합적인 과정을 거쳐 다양한 결과로 표출되었다는 것이다.

#

## 평등 확대의 경로

유럽에서 평등이 실현되기 시작한 곳은 도시였다. 우리는 앞에서 중세 유럽의 도시들은 해방구였음을 확인했다. 그곳에서는 물론 부의 차이나 신분의 차이가 여전히 존재했지만 상대적으로 동등한 자유인의 지위를 누릴 수 있었다.

군주의 신민이 아니라 도시의 시민이라는 사실은 그만큼 자유롭게 행동할 권리를 가지고 있다는 의미였다. 도시에서 시작된 자유와 평등은 점차 도시의 주변으로, 그리고 서유럽에서 남유럽, 중유럽, 동유럽으로 확산되었다.

도시의 부르주아들은 부를 축적하면서 귀족들이 누리던 특혜에 대해 불만을 가졌다. 그들은 자신들이 일하고 버는 돈으로 귀족과 성직자들을 먹여 살린다고 생각했다. 그들이 보기에 그것은 불평등하고 불공정한 것이었다.

그런 불만에도 불구하고 부르주아들은 하나로 규합되기가 쉽지 않았다. 왕족이나 귀족은 유럽에 네트워크를 형성하여 강력한 연대성을 발휘했고, 교회도 로마를 중심으로 하나로 뭉친 엄청난 세력이었기 때문이다.

이런 봉건체제에 균열을 낸 것이 16세기의 종교개혁이다. 가톨릭교회에 대한 루터와 칼뱅의 도전은 사실상 봉건주의에 대한 도전이었다. 표면상 종교개혁은 가톨릭교회의 부패와 경직성을 비판하고 나섰지만 자유로운 사상을 가진 부르주아 세력이 봉건 왕족과 귀족, 성직자의 특혜를 공격하는 것이었다.

종교개혁으로 가톨릭교회의 독점적 지위는 무너지고 종교 다양성의 세상이 열렸다. 물론 중세에 이미 가톨릭교회와 그리스정교는 분열을 겪었다. 15세기 비잔틴제국이 오스만제국에 의해 멸망하면서 그리스정교는 약화되었는데, 16세기 종교개혁으로 북유럽에 새로운 프로테스탄트 세력이 등장함으로써 기독교의 세계도 다양해졌다.

17세기 유럽은 전쟁이 잦았고, 종교 요소가 개입하여 복합성을 띠게 된다. 종교가 개입하는 전쟁은 단순히 국가와 국가, 또는 군주와 군주가 대립하던 전통적인 전쟁보다 더 치열했다. 이처럼 군주 간의 경쟁과 종교적 요소에 덧붙여 고개를 들기 시작한 것이 민족의 정체성이다. 특히 영국에서 이런 정치구조와 종교, 그리고 민족 정체성의 조합은 내전으로 폭발하게 되었다.

#

## 영국의 명예혁명

영국은 헨리 8세 때 국왕이 주도하는 종교개혁을 통해 로마 가톨릭교회와 결별하고 성공회(Anglican Church)라는 '민족교회'를 설립했다. 하지만 군주라고 할지라도 오랜 종교를 마음대로 바꿀 수는 없었다. 영국에는 가톨릭 신자와 성공회 신자, 그리고 근본주의 요소가 강한 청교도 등 다양한 기독교 분파들이 공존하는 상황이었다. 따라서 정치 투쟁이 종교 대립과 긴밀한 관계를 맺었고, 17세기 영국의 내전과 혁명은 정치와 종교, 그리고 계급의 종합 산물이었다.

영국의 내전은 기본적으로 왕권을 옹호하는 세력과 의회의 권한을 강화하려는 세력 사이에 벌어진 전쟁이었다. 의회 세력이 승리를 거두면서 찰스 1세를 처형하고 공화국을 세워 크롬웰이 집권했다. 그러나 이는 오래가지 못하고 다시 왕이 권력을 차지한다. 가톨릭 신자인 찰스 2세에 이어 제임스 2세가 집권했는데, 1688년에 아들을 낳아 후계자가 생기자 의회 세력은 당황했다.

이들은 네덜란드의 외세를 불러들여 다시 공세를 펼쳤다. 제임스 2세의 딸 메리는 아버지와 달리 프로테스탄트였고, 네덜란드의 오렌지 공에게 시집간 상태였기 때문이다. 의회 세력의 계략과 네덜란드의 개입으로 제임스 2세는 프랑스로 도주했고, 메리와 그의 남편 윌리엄이 공동 국왕으로 옹립되었다. 이것이 영국의 명예혁명으로, 의회민주주의의 시발점으로 통하는 사건이다. 왜냐하면 명예혁명 이듬해인 1689년에 의회에서 권리장전(Bill of rights)을 채택하여 왕의 권한을 제한하는 혁명적 변화가 있었기 때문이다.

영국의 자유주의 입장에서 서술한 역사는 명예혁명과 권리장전이야말로 근대 의회주의의 승리이자 출발점이라고 본다. 하지만 마르크스 역사관에서는 명예혁명과 권리장전을 왕권 및 귀족의 봉건세력과 부르주아 세력의 투쟁으로 설명한다. 역사 현실은 이런 정치적 자유주의나 계급 갈등의 문제가 복잡하게 얽혀 있었다.

평등이라는 원칙에서 보면 권리장전이 그다지 혁명성을 띤 것은 아니었다. 마르크스주의가 비판했듯이 명예혁명과 권리장전은 절대 보편 평등을 주장하지 않았다. 그 핵심 내용은 의회의 동의 없이 국왕이 집권하기 어렵게 만든 제도였다. 예를 들어 징세나 예산집행 등에서 의회의 권리를 확보했으며, 상설 군대를 유지하는 데도 의회의 결정권을 확립했다. 17세기 영국의 변화는 딱 그 정도에서 멈추었다.

하지만 여기서 다시 유럽 역사의 모방과 경쟁이 작동한다. 영국이 채택한 자유주의 개혁과 의회주의는 유럽 국가들에게 하나의 모델이 되었다. 프랑스의 지식인들은 영국인들이 누리는 자유와 의회의 권한을 보면서 자국의 문제점을 인식하고 지적했다. 그들은 자유로운 영국을 하나의 모델로 보았고, 검열과 탄압을 받을 경우 런던으로 망명하기도 했다.

18세기 영국과 프랑스는 서로 정치사회 모델과 철학을 주고받으며 교류하는 사이였지만 근대에 진입하는 경로는 완전히 달랐다. 영국은 17세기에 내전을 치르면서 명예혁명을 통해 의회주의를 채택했으며, 이후 서서히 정치제도를 개혁한 반면, 프랑스는 절대주의 왕권을 통한 중앙집권 체제로 나아갔다.

영국에서는 국왕의 권한이 제한되고 의회의 권력이 커진 반면, 프랑스에서는 왕이 불통의 정치로 일관했다. 프랑스 왕은 전국의 다양한 의견을 청취할 수 있는 삼부회의를 1614년 이후 100년 넘게 소집하지 않고 있었다. 그 사이 프랑스의 계몽주의 철학은 세상을 밑바닥부터 바꾸겠다는 급진주의로 나아갔다.

# 프랑스 대혁명

영국의 명예혁명 이후 딱 100년 만에 발생한 1789년 프랑스 대혁명은 '인간과 시민의 권리선언'을 통해 모든 "인간은 권리에 있어 자유롭고 평등하게 태어나며 그 권리를 유지한다"라고 표명했다. 영국 혁명이 의회의 권리를 선언했다면, 프랑스는 보편 인간에 관한 영구불멸의 원칙을 주장한 것이었다.

루소의 《불평등 기원론》은 이와 비슷한 문구로 시작한다.[7] "인간은 자유롭게 태어났지만 사회의 다양한 사슬에 묶여 있다"라고 말이다. 프랑스 대혁명은 이처럼 18세기 계몽주의 사상을 바탕으로 인간의 해방과 권리를 선언한 것이었다.

마르크스는 봉건제를 타파하는 데 있어 프랑스 대혁명의 진보적인 역할을 인정하면서도 부르주아 혁명의 성격에서 벗어나지 못해 보편 권리를 실현할 수는 없었다고 주장했다. 프랑스 대혁명을 주도한 세력이 부르주아였다는 사실은 역사의 팩트다.

그러나 스토리텔링은 그것을 만든 사람들의 의도와 상관없이 스스로 생명을 갖고 진화한다. 신 앞에 모두 평등하다는 기독교 사상이 많은 결과를 낳았듯이, 프랑스 대혁명의 인권선언은 평등에 대한 인류의 욕망을 자극하고 부추겼다. 프랑스의 부르주아들이 자신들의 계급 이익을 위해 귀족과의 평등을 주장했을지 모르지만, 일단 보편 평등을 선언한 이상 아래에서부터 올라오는 평등에 대한 요구를 부정하기는 어려웠다.

프랑스 대혁명 이후 인간의 불평등이 가장 적나라하게 드러난 것은

노예제도였다. 모든 인간이 평등하다면 인간이 인간을 소유하는 노예
제도는 철폐되어야 마땅했다.

　프랑스에서 시작된 인간 평등의 권리는 투표권이라는 상징을 통해
그 발전 과정을 확인할 수 있다.[8] 17세기에 영국이 혁명과 반동의 역사
를 겪었듯이, 프랑스 역시 대혁명이 보수세력에 의해 뒤집어졌다가 다
시 혁명이 일어나는 과정을 반복했다.

　1848년에 프랑스는 세계에서 최초로 모든 남성의 투표권을 인정했
다. 정치 선언에서 정치 권리로 평등이 실현되는 데 반세기가 넘게 걸린
셈이다. 그 사이는 원칙과 현실의 괴리를 보이는 과도기였는데, 재산 보
유의 여부나 교육 수준에 따라 투표권을 제한했다. 유럽 대부분의 국가
에서 남성의 일반투표권은 19세기 후반에 주어졌다.

투표권에 있어 계급 평등이 남녀평등보다 먼저 시행된 셈이다. 여성이 투표권을 가지게 되는 것은 그로부터 반세기 뒤인 20세기 전반이다. 1차 세계대전이 끝나고 영국을 중심으로 여성의 일반투표권이 인정되었다. 프랑스는 1944년이 되어서야 여성에게도 투표권을 주었다.

여기서도 유럽의 국가들은 도미노처럼 일부에서 실현된 투표권이 점차 전체로 퍼져나가는 것을 발견할 수 있다. 누구나 한 표를 행사하여 정부를 선출한다는 것은 불과 200년 전만 해도 상상하기 어려운 일이었다. 오늘날에는 너무나도 자연스럽고 당연한 일인데 말이다. 생각의 힘이고 변화의 에너지다.

# 

## 독립 사법부

후쿠야마는 근대국가의 기본 요소로 강한 정부, 의회를 통한 정치 참여, 법의 지배 등을 꼽는다. 강한 정부에 법치와 민주주의가 더해짐으로써 비로소 균형 잡힌 근대국가가 형성된다는 주장이다. 여기서 법치는 종교와 밀접하게 연결되어 있다. 후쿠야마가 주장하는 법치의 근원은 황제나 왕과 같이 살아 있는 권력 위에 그보다 더 큰 힘을 가진 존재가 있을 때 가능하다.

후쿠야마는 기독교나 이슬람처럼 절대 창조주가 존재할 때 세속권력을 통제할 수 있는 개념이 발전한다고 보았다. 특히 기독교는 교회라는 제도를 통해 권력의 분산을 가능하게 했다고 설명한다.

부연하자면 유럽의 기독교에는 정치권력 위에 신이라는 존재가 있었고, 이에 덧붙여 신의 뜻을 현세에서 뒷받침할 수 있는 교회라는 막강

한 조직이 있었기 때문에 법치의 기반이 마련될 수 있었다는 것이다.[9]

국왕이나 황제라고 할지라도 종교법에 대해 왈가왈부할 수는 없었다. 종교법은 교회가 담당하는 영역이었으며, 이를 논의하고 다듬는 역할은 중세부터 대학이 맡아왔다. 앞에서 살펴보았듯이 대학 교육의 네 축은 신학, 인문학, 의학, 법학이었다.

동아시아에서는 기독교에 견줄 만한 막강한 종교 개념이나 세력을 발견하기 어렵다. 중국 황제의 권력을 견제할 세력이 없었다는 의미다. 다른 한편 이슬람은 기독교와 마찬가지로 절대 신이 존재했지만 이를 대변하고 대표할 수 있는 종교 조직을 갖지 못했다. 이슬람에는 수많은 독립 모스크가 있지만 통합된 조직은 없다. 따라서 정치권력을 통제하는 역할을 수행하지 못했다.

유럽에서 종교의 역할은 막강했다. 프랑스에서 18세기는 왕권이 가장 강했던 시기였지만 교회의 힘을 잘 보여주는 일화가 있다. 루이 15세는 신앙심이 별로 없는 왕이었고 문란한 성생활로 교회의 눈살을 찌푸리게 한 군주였다. 그래도 왕이 살아 지배하는 동안에는 거의 간섭하지 않았다.

하지만 1774년에 왕이 병상에 누워 죽음을 눈앞에 두자 교회는 그의 고해성사를 거부하면서 조건을 달았다. 왕족이 모두 모인 자리에서 자신의 잘못을 고해야 죄를 사해준다는 조건이었다.[10] 루이 15세는 교회의 조건을 들어줌으로써 고해성사를 할 수 있었다.

현대 사회의 사법부의 독립과 자율성은 바로 이러한 유럽 기독교의 독립과 자율성, 권력에 대한 견제에서 비롯된 전통이다. 교회가 군주를 통제하고 간섭하고 관리했듯이 사법부는 법치를 통해 정치권력을 견제했다. 종교가 지배하던 시대의 교회법과 사법조직이 헌정체제에서는 국가의 법과 사법부로 자연스럽게 연결되었기 때문이다.

## 의회와 책임정치

법치가 절대 신의 존재에서 비롯되었다면, 책임정치는 군주의 권력을 견제하는 사회 세력으로부터 나온다. 근대국가의 또 다른 중요한 요소는 정부가 막무가내로 권력을 행사하는 것이 아니라 의회에서 자신의 정책에 대해 설명하고 책임을 지는 제도다.

중국에서는 춘추전국시대에 막강한 군사력과 중앙권력을 가진 제국이 형성되었다. 반면 유럽의 봉건시대는 다양한 군주와 귀족 들이 대륙을 나누어 지배했다. 로마는 중국과 비교할 만한 통일제국을 건설했지만 중앙집권의 정도나 국가 형성의 수준은 중국에 미치지 못했다. 권력이 분산된 유럽의 토양에서 책임정부라는 제도가 생성될 수 있었던 배경이다.

모자이크 같은 봉건 유럽의 정치구조에서 근대국가의 형성은 힘센 군주가 국가를 만들면서 진행되었다. 강한 군주는 자신의 권한을 더욱 강화하기 위해 두 집단에 대한 통제력을 확보해야 했다.

하나는 자신에게 충성을 맹세한 귀족 집단이다. 예를 들어 프랑스의 베르사유 궁정에는 전국의 귀족들이 체류하면서 왕에 대한 충성을 증명해야 했다. 물론 왕도 궁정사회의 여론을 좋게 유지해야 국가에 대한 통제권을 유지할 수 있었고 전쟁 때 군사와 물자를 충당할 수 있었다.

또 다른 집단은 도시의 부르주아들이다. 이들은 대부분 자신들만의 자치 집단을 형성하고 있었는데, 이것이 의회라는 제도가 만들어지는 데 크게 기여한다. '의회(Parliament)'는 토론의 장이라는 의미를 지닌다.

프랑스에서 '말하다'라는 동사가 'parler'이고, 의회는 말하는 곳이다. 영국에서 의회 의장은 '말하는 사람'을 뜻하는 'speaker'다.

나는 학생들에게 유럽 정치를 가르칠 때 영국 의회의 토론 영상을 보여준다. 총리가 의회에 나와 정책을 설명하면 곧바로 야당 의원들이 질문을 하고 야유를 퍼붓기도 하며 서로 논쟁을 벌인다. 자신의 정책을 설득하지 못하면 권력을 책임질 수 없는 구조다. 토론하지 않고 일방적인 연설만으로 통치하는 집권자가 절대 나올 수 없다.

유럽에서 책임정치란 바로 궁정과 의회의 대립에서 만들어진 전통이다. 국가를 대표하는 정부가 시민을 대표하는 의회에서 정책에 대해 설명하고 동의를 얻어내야 한다. 설득과 동의의 절차는 내팽개치고 다수의 힘만을 과시하는 한국의 국회는 책임정치와는 거리가 멀다.

요약하자면 강한 정부란 우수한 인재들로 구성되어 사회를 이끌어가는 중립 조직이다. 이 부분은 중국이 유럽보다 훨씬 먼저 성공했고, 한국도 그 전통의 영향으로 강한 힘을 발휘하고 있다.

하지만 법치는 권력 위에 또 다른 힘이 존재한다는 종교의 믿음에서 비롯된다. 현대적 의미는 헌법이나 인권처럼 국가권력 위에 존재하는 더 큰 이상과 목적이 있고 실제 힘을 발휘한다는 뜻이다.

끝으로 책임정부는 정부가 사회에 대해 정책과 행동의 책임을 진다는 의미다. 사회라는 개념의 실제 모습은 의회에서 볼 수 있다. 의회는 처음에는 귀족과 부르주아 등을 대변했지만 점차 평등의 원칙에 따라 선출직이 되면서 전 국민을 대표하는 기관이 되었다.

프랑스의 자유주의자 몽테스키외가 처음 언급한 권력의 분립은 무슨 행정 조직의 분할이 아니다. 권력은 강하지만 그 범위와 방법에 있어 제약을 받아야 하며, 결과에 대해 책임을 져야 한다는 철학이다. 대개 권력은 하나로 통일된다는 생각을 하게 마련인데 권력을 다른 권력으로 통제한다는 생각은 당시 새로운 발견이었고, 이런 사고는 서구의 다원주의로 발전하게 된다.[11]

## 보수와 자유주의의 그물

한국의 정치 지형은 보수와 진보로 나뉜다. 서구에서 만들어진 정치 개념을 적용한 결과다. 때로는 보수와 진보를 우파와 좌파라는 명칭으로 부르기도 한다. 보수/진보, 좌파/우파는 상대 개념이다. 어떤 특정 이념이 보수성의 핵심이라거나 진보성의 본질이라고 말하기는 어렵다.

좌/우의 개념도 프랑스 의회에서 비슷한 생각을 가진 사람들이 모여 앉은 위치에 따라 만들어진 말이다. 강한 왕권의 유지를 위한 사람들이 오른쪽에, 왕권을 제약해야 한다는 사람들이 왼쪽에 앉았기 때문에 좌파/우파라는 표현이 생겼다.

현대 정치에 등장하는 대부분의 사상과 주의는 유럽에서 만들어졌다. 근대 정치사상이 태동할 때 보수는 왕권, 즉 국가를 중심으로 하는 귀족 세력이었다. 이에 대립하는 부르주아 세력은 귀족의 특권을 없애자는 민족, 즉 사회를 중시하는 집단이었다.

현대의 독자는 국가와 민족이 결국 비슷한 개념이 아니냐고 되물을지도 모른다. 아니다. 당시 국가란 왕과 왕족, 그리고 국가 기관을 의미하는 정부에 가까운 개념이었다. 반대로 민족이란 모든 국민을 포괄하는 집합을 지칭하는 새로운 개념이었다. 이처럼 18세기 영국과 프랑스에서 보수와 진보는 국가 대 민족, 귀족 대 부르주아라는 대립 구도를 나타냈다.

물론 18세기에는 이런 요소들이 복잡하게 얽혀 있었다. 왕이 부르주아와 연합하여 귀족의 특권을 없애려 했고, 부르주아 가운데 국가와 왕권의 수호에 적극 나선 세력도 있었다. 귀족 출신 지식인이 변화의 바람을 읽고 부르주아 혁명의 리더로 동참하기도 했다. 특히 당시는 정치 세력이라는 것이 매우 제한된 엘리트의 집합이었기 때문에 개인의 선택이 무척 중요한 역할을 했다.

19세기로 넘어오면 보수세력이 민족의 개념을 서서히 흡수한다. 강한 국가를 건설하기 위해서 민족이라는 개념은 무척 유용하기 때문이다. 특히 전쟁을 통해 민족주의의 동원이 사람들을 징집하여 전쟁을 치르는 데 얼마나 유용한지 보수주의자들은 깨닫게 되었다.

영국의 보수당이나 프랑스의 보수세력은 모두 민족국가라는 개념을 통해 집권하고 국민을 동원하려 했다. 독일의 비스마르크 보수세력도 국가나 엘리트가 국민을 돌본다는 가부장적인 태도로 민족국가 건설에 나섰다.

이에 대항하는 19세기의 진보세력은 민족국가를 당연시하면서 더 나아가 개인의 자유와 평등을 실현하려는 자유주의 세력이었다. 민족의 공동체주의를 보수세력에서 흡수했다면, 진보세력은 개인주의 요소를 강조했다. 민족의 개인주의 요소란 민족의 모든 구성원은 평등하다는 사실이며, 따라서 같은 권리와 자유를 누려야 한다는 뜻이다. 영국의 자유당, 프랑스의 공화주의 세력, 그리고 독일의 의회주의자들은 보수주의 네트워크에 대립하는 자유주의 그물을 형성했다.

19세기 말 프랑스를 분열의 소용돌이로 몰아넣은 드레퓌스 사건은 자유주의의 대표 쟁점이었다.[12] 드레퓌스는 프랑스군 장교였는데 독일의 간첩이라는 누명을 쓰게 되었다. 보수세력은 유대인인 드레퓌스가 간첩이라는 사법부의 판단을 지지했고, 자유주의 세력은 개인의 명예와 권리를 침해하는 국가의 잘못된 판단은 바로잡아야 한다고 주장했다.

이 사건으로 프랑스는 한 가족이 식사도 함께하기 어려울 정도로 분란이 심했다. 드레퓌스는 결백을 증명하고 군에 복귀했다. 이 사건을 겪으면서 프랑스 사회는 자유주의의 커다란 산을 넘었다고 할 수 있다. 국가나 집단의 이익 때문에 개인의 권리가 짓밟혀서는 곤란하다는 자유주의의 산 말이다.

#
## 사회주의 그물

19세기 중반 프랑스에서 일반투표권이 실현되면서 엘리트들의 전유물이었던 정치가 대중에 확산되기 시작했다. 한국에서는 좌파나 노동운동, 사회주의 세력을 마르크스주의와 동일시하는 경향이 있다. 하지만 유럽에서 이들 운동은 매우 다양한 뿌리에서 비롯되었다.

마르크스가 자신의 연구에서 '이상주의'라고 비판했던 사회주의 운동은 초기에 가장 강력한 힘을 발휘했다. 기존의 부르주아 자유주의 세력 가운데 인본주의 성향의 세력은 노동 문제와 평등의 실현에 관심을 가졌다. 또한 순수한 노동운동에서 출발하여 노동조건의 개선이나 임금 투쟁 같은 현실적인 성과에만 관심을 갖는 세력도 있었다.

유럽에서 대중운동으로 좌파나 사회주의가 발전하게 된 것은 이런

하원 연단에서 연설하고 있는 프랑스 사회주의 정치가 장 조레스(장 베베르, 1903). 그가 이끌던 프랑스 통합사회당은 1914년, 그가 암살당하기 몇 달 전에 열린 총선에서 하원의석 602석 중 103석을 차지했다.

다양한 뿌리와 성향의 운동이 결합하여 만들어낸 결과다.[13] 19세기 후반으로 갈수록 대중조직을 갖춘 사회주의 운동은 노동과 정치를 연결하는 정당으로 발전한다.

　20세기에 들어서자 유럽 전역에서 사회주의 정당은 수십만 명에서 100만 명을 넘는 당원을 보유한 강력한 세력으로 부상했다. 마르크스의 과학적 사회주의는 노동세력에 철학과 사상과 과학의 외양을 부여했다. 또 도시에서 정착하지 못한 외로운 노동자들은 일상 투쟁과 연대의 경험으로 공동체 의식에 눈뜨게 되었다. 인본주의 성향의 엘리트들도 노동운동에 동참하여 의회에 진출하거나 정치활동에 나섰다.

　사회주의는 앞에서 지적했듯이 다양한 운동의 연합이라고 할 수 있으며, 크게 혁명 노선과 개혁 노선으로 나뉘었다. 혁명 노선은 1차 세계대전 중이던 1917년에 러시아에서 성공하여 소비에트연방공화국을 수립했다.

개혁 노선은 의회민주주의를 수용하여 1928년 영국, 1936년 프랑스에서 집권에 성공했다. 혁명 노선과 소련의 주도권을 인정한 유럽 사회주의 세력은 공산당으로 발전했고, 의회민주주의를 주장하며 자국 중심의 노선을 지속한 세력은 사회민주주의 정당으로 나아갔다. 이처럼 유럽은 다양한 정치세력과 사상이 국경을 넘어 대륙 차원의 그물을 형성했다.

#

## 기독교민주주의 그물

대중 노동운동과 사회주의 세력화는 반대 진영의 대응과 조직화를 초래했다. 특히 가톨릭교회는 수많은 양들이 자신의 품을 떠나 무신론을 주장하는 사회주의 세력으로 흡수되는 것을 보고 당황했다. 농촌에서 가톨릭교회의 대중 통제는 오랜 전통이었다. 하지만 이농과 도시화가 진행되면서 교회가 담당하던 리더십과 사회복지의 기능을 점차 노동운동이나 사회주의 정당이 대신하게 되었다. 각종 모임, 결혼, 축제, 장례 같은 사회 기능을 노조나 공산당이 담당하게 되었다는 말이다.

19세기 정치에서 가톨릭교회는 전통 지지기반이자 후원자였던 봉건주의에 묶여 있었다. 평등을 향한 역사의 흐름을 무시하고 왕권과 군주제를 옹호하며 공화국과 의회민주주의에 불편함을 드러냈다. 하지만 19세기 말이 되면 교회가 더 이상 과거에 묶여 고집을 부리다가는 존재 자체가 위태로워질 수 있는 상황이었다.

1891년 교황 레오 13세는 레룸 노바룸(Rerum Novarum), 즉 '새로운 것'에 대한 칙령을 통해 노동 문제에 대한 교회의 입장을 밝혔다. 어떤 의미에서 기독교가 항상 가져왔던 인본주의 전통으로 돌아가 자본주의 시장경제가 초래하는 불평등과 빈곤을 비판하고 사회주의 운동의 위험한 반종교적 발상을 지적했다. 그리고 교회는 계급 간 상부상조의 사회를 지향한다고 설명했다.

무엇보다 가톨릭교회는 민주주의와 평등의 가치를 인정하고 신도들의 민주정치 참여를 적극 장려했다. 달리 말해 19세기 후반과 20세기 초반이 되면 사회주의 운동과 가톨릭교회가 서로 대중이라는 양 떼의 목자가 되겠다고 경쟁하고 나선 셈이다.

기독교민주주의의 출발점은 이렇게 기독교가 공식적으로 민주주의를 수용하고 사회주의와 경쟁하기 시작한 것이다.[14] 지금까지 유럽의 온건 우파를 대표하는 세력은 기독교민주주의 세력이다. 특히 독일과 이탈리아, 스페인과 포르투갈 등에서 기독교민주주의 세력은 온건 우파의 대표 정치세력으로 성장했다.

한국에서 생각하는 우파와 달리 유럽의 기독교민주주의는 반(反)자본주의, 반(反)자유주의 성향이 강하다. 기독교의 입장에서 자유주의는 반(反)교회주의 전통이 강하고 개인의 자유를 지나치게 허용하기 때문에 종교의 복종과 겸손의 가치에 반한다. 또 자본주의는 물신숭배 제도이며 인간성을 황폐하게 만드는 시스템이다. 여기에 민주주의는 신의 이미지로 창조된 인간의 고유한 권리, 삶의 기본 조건과 상부상조의 사회를 만들어야 한다는 주장으로 연결된다.

이상에서 기존의 봉건제에서 보수주의와 자유주의가 만들어지고, 이후 산업화와 도시화가 진행되면서 민주주의와 사회주의가 등장했으며, 다시 기독교민주주의가 나타나는 과정을 간략하게 살펴보았다.

#

## 다양한 색상의 그물

독일과 이탈리아는 국가 형성이 늦었기 때문에 영국이나 프랑스에 비해 민족 단결을 이루는 데도 미숙했고 식민지 쟁탈전에도 뒤늦게 뛰어들었다. 1차 세계대전에서 패배하는 국가 위기가 닥쳤을 때 극단 민족주의 세력이 등장하여 민주주의를 파괴하고 전체주의 국가를 건설하기가 수월했던 것이다.

이탈리아의 파시즘과 독일의 나치즘은 민족주의 세력의 부상으로 집권에 성공한 사례였지만, 동시에 2차 세계대전에서 참패한 뒤 민족주의 보수세력의 붕괴로 이어졌다. 이는 이 두 나라에서 기독교민주주의가 우파를 대표하는 집권세력으로 부상할 수 있었던 배경이 되었다. 기독교민주주의는 민족주의와 정반대로 국제주의 성향이 강하고 인본주의를 강조하기 때문이다.

나치즘과 파시즘이라는 검은 극우의 그물은 스페인과 포르투갈까지 확장되었다. 이베리아의 이 두 국가는 세계대전에 동참하지 않았다. 그 덕분에 생존하는 데 성공했지만 1970년대까지 각각 프랑코와 살라자르라는 독재자의 지배를 받았다.

독재자가 죽은 뒤 민주화 과정을 거치면서 우파의 대표로 떠오른 것은 기독교민주주의 세력이었다. 결국 영국과 프랑스에서는 보수·민족주의 온건 우파가 지배하고, 독일, 이탈리아, 스페인, 포르투갈에서는 기독교민주주의가 지배하는 형국이 되었다.

극우의 검은 그물은 전체주의 체제가 무너졌다고 완전히 사라진 것이 아니다. 여전히 포퓰리즘의 새로운 모습으로 민주주의를 위협하고 있다. 21세기 유럽 전역에서 나타나는 포퓰리즘은 정치·경제·사회 위기가 만들어낸 결과다. 그것은 영국이나 프랑스처럼 극우 민족주의의 모습을 띨 수도 있고, 스페인이나 그리스처럼 극좌 혁신주의로 나타날 수도 있다.

영국이나 프랑스는 오래전부터 이민자들을 받아들인 나라다. 극우 민족주의 세력은 이런 이민자들에 대한 반감을 자양분으로 삼아 성장했다. 영국의 영국독립당(UKIP)이나 프랑스의 민족전선(Front National)은 두 나라의 대표 정치세력으로 부상했다. 심지어 민족전선은 일부 선거에서 제1당의 자리를 차지했을 정도다.

스페인이나 그리스 역시 민족주의 성향을 드러내는 세력들이 약진하고 있다. 다만 전통 약소국이거나 경제 발전의 후발국가인 이들 국가에서는 외세에 대한 반발과 저항의 세력이 좌파 성향을 지닌다. 스페인의 좌파 정당 포데모스(Podemos)와 그리스의 급진좌파 정당 시리자는 주요 사회문제가 세계화와 강대국, 국제자본의 강요로 발생한다고 주장한다. 여기에 자국의 엘리트들이 편승하여 국민을 착취하고 불평등을 심화시킨다는 분석이다.

유럽의 정치는 오랜 민주주의 경험을 갖고 있기 때문인지 상당히 역동성을 지닌다. 이념이나 정책에 관한 새로운 깃발을 들고 정치의 무대에 등장하는 세력이 많다는 점에서 말이다.

우선 정치 단위를 새롭게 규정하겠다는 지역주의나 민족주의 세력들이 1970년대부터 대거 등장했다. 스코틀랜드에서 독립을 추진하는 스코틀랜드민족당이나 카탈루냐 민족주의, 이탈리아의 북부 리그 등은 모두 기존의 민족국가에서 벗어나 강한 자치, 심지어 독립까지 추진하려는 세력들이다. 이들이 정당의 기치를 내걸고 자유롭게 활동할 수 있다는 사실 자체가 유럽 민주주의의 강한 기반을 반영한다.

세계에서 다양하게 존재하는 환경보호주의가 단순한 사회운동이 아니라 정치세력으로 성장한 것도 유럽의 특징이다.[15] 녹색당은 독일에서 처음으로 의회에 진출하는 데 성공했으며, 1980년대부터는 연정의 주요 파트너로 성장했다. 이어 영국과 프랑스 등에서도 녹색 정치세력은 상당히 인기를 끌었다.

물론 의회에 진출하는 것은 여전히 쉽지 않은 일이다. 하지만 유럽의 회를 살펴보면 이들 녹색당은 1989년 이후 지속적으로 7퍼센트 이상의 득표율을 보이고 있으며, 수십 명의 의원을 보유한 정치세력으로 성장했다. 2004년 녹색주의자들은 과거 느슨한 정당의 연합이었던 그룹을 넘어 최초로 유럽 차원의 정당인 유럽녹색당을 출범시켰다.

환경운동뿐 아니라 최근에는 자유로운 인터넷과 소통의 권리를 주장하는 해적당과 같이 특정한 쟁점을 내세운 정치세력이 부상하기도 했다.

이처럼 정치 분야에서 유럽을 하나로 묶는 그물은 적어도 프랑스 대혁명 이전부터 자유와 평등을 추구하는 과정에서 만들어졌다. 의회를 통한 책임정치나 국민 모두가 선거권을 가지는 민주주의 제도는 이미 19세기 유럽에서 유행처럼 번져 확산되었다. 우리는 이것을 평등의 그물이라고 부를 수 있을 것이다.

이런 틀 속에서 활동하는 정치세력도 보수주의와 자유주의, 사회주의와 기독교민주주의, 파시즘, 포퓰리즘 등 나라별로 조금씩 차이는 나지만 유럽을 하나로 묶는 그물을 형성하고 있다. 최근에는 지역주의나 녹색주의마저 유럽의 그물을 만들어 여론의 파도를 타고 출렁이고 있다. 백색의 왕권주의부터 청색의 보수주의, 적색의 공산주의와 분홍색의 사회주의, 검은색의 무정부주의와 회색의 파시즘, 녹색의 환경주의 등등 색색의 정치 그물이 유럽을 뒤덮고 있다. 자연에서 각각의 세포가 자율성을 가지면서도 비슷한 구조를 보여주듯이, 유럽의 정치는 각 나라가 독특한 모습을 갖지만 또 서로 유사한 세력들로 구성되었다는 말이다.

## 유럽 각국의 정치체제

| 국가 | 국가성격 | 군주/공화 | 권력구조 |
|------|----------|-----------|----------|
| 키프로스 | 단일 | 공화 | 대통령제 |
| 루마니아 | 단일 | 공화 | 반대통령제 |
| 리투아니아 | 단일 | 공화 | 반대통령제 |
| 포르투갈 | 단일 | 공화 | 반대통령제 |
| 폴란드 | 단일 | 공화 | 반대통령제 |
| 프랑스 | 단일 | 공화 | 반대통령제 |
| 핀란드 | 단일 | 공화 | 반대통령제 |
| 그리스 | 단일 | 공화 | 의회제 |
| 라트비아 | 단일 | 공화 | 의회제 |
| 몰타 | 단일 | 공화 | 의회제 |
| 불가리아 | 단일 | 공화 | 의회제 |
| 세르비아 | 단일 | 공화 | 의회제 |
| 슬로바키아 | 단일 | 공화 | 의회제 |
| 슬로베니아 | 단일 | 공화 | 의회제 |
| 아이슬란드 | 단일 | 공화 | 의회제 |
| 아일랜드 | 단일 | 공화 | 의회제 |
| 에스토니아 | 단일 | 공화 | 의회제 |
| 체코 | 단일 | 공화 | 의회제 |
| 크로아티아 | 단일 | 공화 | 의회제 |
| 헝가리 | 단일 | 공화 | 의회제 |
| 네덜란드 | 단일 | 군주 | 의회제 |
| 노르웨이 | 단일 | 군주 | 의회제 |
| 덴마크 | 단일 | 군주 | 의회제 |
| 룩셈부르크 | 단일 | 군주 | 의회제 |
| 스웨덴 | 단일 | 군주 | 의회제 |
| 이탈리아 | 분권 | 공화 | 의회제 |
| 스페인 | 분권 | 군주 | 의회제 |
| 영국 | 분권 | 군주 | 의회제 |
| 오스트리아 | 연방 | 공화 | 반대통령제 |
| 독일 | 연방 | 공화 | 의회제 |
| 스위스 | 연방 | 공화 | 의회제 |
| 벨기에 | 연방 | 군주 | 의회제 |

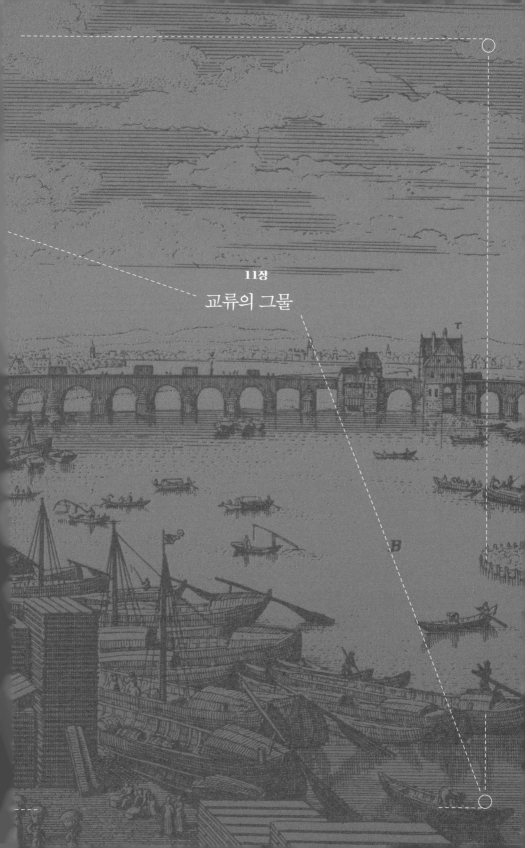

**11장**

교류의 그물

노르웨이

• 1

• 2

북 해

덴마크

영국

네덜란드

• 7

• 33, 34

• 32

• 35

36~

• 25
• 26

● 8~15

29 31
• • • 30
28 27

독일

• 23

벨기에

• 43

• 24

• 44

• 46

● 18~22

룩셈부르크

• 45

• 4

• 52  56
• 54, 55
51  53

오ㅅ

대 서 양

프랑스

50
• 49

스위ㅅ

60

● 58, 59

• 57

• 62

• 63

이ㅌ

포르투갈

• 17

• 16

스페인

지 중 해

| | | | |
|---|---|---|---|
| 1 베르겐 역 | 11 런던 워털루 역 | 21 파리 북역 | 31 에센 중앙역 |
| 2 오슬로 중앙역 | 12 런던 체링크로스 역 | 22 파리 생라자르 역 | 32 브레멘 중앙역 |
| 3 스톡홀름 중앙역 | 13 런던 킹스크로스 역 | 23 브뤼셀 중앙역 | 33 함부르크 중앙역 |
| 4 코펜하겐 중앙역 | 14 런던 패딩턴 역 | 24 룩셈부르크 역 | 34 함부르크-알토나 역 |
| 5 헬싱키 중앙역 | 15 스트랫퍼드 역 | 25 암스테르담 중앙역 | 35 하노버 중앙역 |
| 6 탈린 중앙역 | 16 로시오 역 | 26 위트레흐트 중앙역 | 36 베를린 중앙역 |
| 7 버밍햄 뉴스트리트 역 | 17 마드리드 아토차 역 | 27 쾰른 중앙역 | 37 베를린 동물원 역 |
| 8 런던 리버풀스트리트 역 | 18 몽파르나스 역 | 28 뒤셀도르프 중앙역 | 38 베를린 동역 |
| 9 런던 브릿지 역 | 19 파리 동역 | 29 뒤스부르크 중앙역 | 39 베를린 프레드리히거리 역 |
| 10 런던 빅토리아 역 | 20 파리 리옹 역 | 30 도르트문트 중앙역 | 40 베를린-게순트브루넨 역 |

핀란드
● 5
● 6
에스토니아
● 77

러시아
● 78

폴란드
● 76

우크라이나
● 75

헝가리
● 69
● 67, 68

루마니아
● 74

흑 해
● 73

# #
# 커뮤니케이션에서 커뮤니티로

커뮤니케이션을 번역하면 '소통'이 가장 적합하다. 유럽 언어에서 커뮤니케이션은 라틴어의 '공유하다', '함께 나누다' 등을 의미하는 동사 'communicare'에서 유래한다. 영어의 공동을 뜻하는 'common'과 행동이나 변화를 의미하는 'ation'을 합쳐 만들어진 단어다.

사회과학에서 커뮤니케이션은 사람들 사이의 소통을 의미하며, 그 과정에서 언어는 무척 중요한 역할을 한다. 우리는 언어의 유럽에서 그리스어나 라틴어의 영향력을 검토한 바 있고, 또 유럽이 문명 발전 과정에서 하나의 그물을 형성하면서 비슷한 개념들을 공유했음을 살펴보았다. 이 장에서는 소통의 수단을 중심으로 다룬다.

커뮤니케이션은 생각이나 이미지, 소리 등을 주고받는 과정이지만 동시에 교통이 될 수도 있다. 사람들은 직접 이동하여 다른 사람과 만나고 대화하고 소통하려는 욕구가 강하다. 교통은 사람이나 물건을 직접 나르는 일인데 과학과 기술이 발달하지 않았던 때에는 사람이 이동해야 그 사람의 아이디어도 함께 갈 수 있었다.

그리스 문명의 확산은 그리스인들이 배를 타고 지중해를 오가며 식민지를 만들었기 때문에 가능했다. 로마의 제국은 도로망을 통해 가능했다. 기독교의 전파 역시 베드로와 바울의 여정이 보여주듯이 교통을 통한 이동에서 비롯되었다.

유럽이 근대를 열고 세계를 지배하는 데 크게 기여한 요소가 바로 이 교통의 발달이다. 대항해 시대의 배와 이후 발전하는 군함, 산업혁명의 기차와 자동차, 그리고 비행기를 통해 유럽은 새로운 시대를 열어왔다.

다른 한편 언어를 통한 커뮤니케이션은 직접 대면이 아닐 경우 책이나 자료를 통해 이루어질 수도 있었다. 달리 말해서 아이디어의 소통은 출판과 유통 기술의 영향을 크게 받을 수밖에 없었던 것이다. 유럽에서 인쇄술의 발달과 확산은 근대가 출범하는 데 중요한 역할을 했다. 특히 민족이라는 '상상의 공동체'를 만드는 데 하나의 언어와 사고체계는 중심축을 형성하는 수단이 되었다.[1]

19세기에는 전신과 전화 같은 통신수단이 등장했다. 이는 뉴스의 유럽을 만드는 데 직접 기여했으며, 전쟁과 비즈니스의 유럽을 형성하는 데 가속기 역할을 했다.

최근에는 인터넷의 발달로 유럽뿐 아니라 전 세계가 긴밀하게 연결되어 소통하는 세상이 되었다. 언어를 통한 아이디어의 소통에서 이제는 소리와 이미지를 포함하는 종합 소통의 시대가 된 것이다.

커뮤니케이션과 공동체의 형성을 설명한 사회과학 이론으로는 1950

년대 미국의 정치학자 도이치의 저서 《민족주의와 사회 커뮤니케이션》을 들 수 있다.[2] 체코 프라하 출신인 도이치는 나치의 박해를 피해 미국으로 이민 가서 사회과학 이론을 발전시켰다.

도이치의 핵심 주장은 커뮤니케이션이 발달함으로써 사람들 사이에 공동체 의식이나 정체성이 생겨나고, 그 결과 민족공동체와 같이 광범위한 추상 집단이 만들어질 수 있다는 것이다.

그는 이 이론의 연장선에서 '안보공동체(security community)'라는 개념을 발전시켰다. 안보공동체란 서로 전쟁을 불가능하게 생각하는, 달리 말해서 이익이나 의견의 차이가 있더라도 평화적인 방법으로 해결한다는 생각을 공유하는 공동체다. 그는 북대서양 공동체 나토(NATO)를 그 사례로 들면서, 유럽과 미국이 갖고 있는 신념이나 가치관, 정체성이 공동체의 기본이라고 설명한다.

#

## 하나의 유럽

우리에게 유럽은 모호하고 멀지만 영국이나 프랑스, 독일, 이탈리아는 손에 잡히는 듯하다. 영국은 '해가 지지 않는 제국'이자 영어의 조국이고, 프랑스는 낭만과 예술의 나라이며, 독일은 벤츠와 BMW의 산업 강국이고, 이탈리아는 피자와 파스타, 패션의 고향이 아닌가.

그러면 유럽은 무엇인가? 이 질문에는 유럽인들도 제대로 답하지 못한다. 유로라는 화폐를 쓰는 지역이라는 답이 가장 먼저 떠오른다. 또 유럽인들에게는 다양한 규제를 만들어내는 기관이라는 생각도 널리 퍼져 있다. 하지만 여론조사에 따르면 유럽은 무엇보다 자유롭게 이동하고 여행하고 일할 수 있는 공간이다.

한국에서 비행기를 타고 유럽에 가면 도착하는 공항에서 여권을 조사하고 확인한다. 한국은 유럽연합 회원국과 비자 면제 협정을 맺었기 때문에 여권만 있으면 유럽이라는 공간에 진입할 수 있다. 그리고 유럽연합 내에서는 국경에서 검문을 받지 않고 자유롭게 이동할 수 있다.

정확하게 말해서 솅겐(Schengen)조약에 가입한 나라들 사이에는 국경 검문이 존재하지 않는다. 영국은 유럽연합 회원국이지만 솅겐조약에는 참여하지 않았다. 스위스는 유럽연합 비회원국이지만 솅겐조약에는 서명했다. 파리에서 자동차를 몰고 스위스를 거쳐 이탈리아로 넘어가도 차를 세우거나 여권을 조사하는 국경은 존재하지 않는다는 말이다. 2015년 가을 벨기에에 거주하던 테러리스트들은 이런 자유로운 국경 이동을 이용하여 파리에 가서 테러를 저지르고 벨기에로 돌아갔다.

최근 시리아에서 난민들이 대거 몰려오자 일부 국경에서 검문이 다시 시작되었다. 난민들은 개방정책을 펴는 독일로 몰려들었고, 시리아에서 독일로 가는 길목에 있는 그리스, 크로아티아, 헝가리, 오스트리아 등은 이들이 통과하도록 방치했다.

유럽연합 내부의 합의에 따르면 처음에 난민이 도착한 나라에서 난민 신청을 받아 처리하도록 했다. 하지만 그리스나 이탈리아처럼 지중해 남부의 국가들은 난민의 쇄도에 부담이 크다며 다른 나라의 난민 분담을 요청했다. 하지만 외면당했다.

따라서 이들은 밀려드는 난민 신청을 받으려 하기보다는 다른 나라로 가는 난민을 방치함으로써 부담을 덜려고 했다. 그리스 북부의 크로아티아, 헝가리, 오스트리아 등도 같은 입장이었다. 헝가리는 혹시라도 난민들이 자국에 남을까 봐 국경에 철조망을 쳐서 아예 입국을 방해하는 정책을 펴기도 했다.

난민 사태로 유럽 내에서의 자유로운 이동에 약간의 제동이 걸린 것은 사실이다. 하지만 장기 역사의 시각에서 보면 유럽의 국경은 점점 그 의미를 잃어가고 있다. 솅겐조약의 초기인 1990년대만 해도 여전히 국경은 존재했고, 경찰이 지나가는 차들을 감시하면서 일부 차를 세워 검문검색을 하곤 했다. 하지만 이제 유럽의 고속도로 그물에서 국경은 거의 존재하지 않는다.

1994년에 도버해협을 가로질러 유럽 대륙과 영국을 잇는 유로 터널이 개통된 이후 당일로 파리와 런던을 오갈 수 있게 되었다. 비행기나 배를 타지 않고 파리에서 런던까지 간다는 것은 신기한 경험이다. 한국인이 고속철도로 평양이나 도쿄, 베이징까지 갈 수 있는 것과 비슷한 느낌일 것이다. 도이치가 말하는 이론, 즉 커뮤니케이션이 공동체 의식을 만들고, 공동체 의식이 생기면 전쟁으로 문제를 해결하려는 경향이 사라진다는 것을 상상해볼 수 있다.

물론 사람들이 자유롭게 오간다고 저절로 공동체 의식이 생겨나는 것은 아니다. 잦은 접촉이 오히려 분쟁과 불화의 원인이라는 해석도 있다. 하지만 일상에서 보고 듣고 만나는 것에 대한 애착은 자연스러운 반응이다. 태어나서 제일 먼저 경험하고 익숙해진 환경에 대한 고향 사랑처럼 말이다.

#

## 유럽인의 유목생활

유럽인들은 자주 다른 나라를 방문하고 여행하면서 그곳 사람들과 교류한다. 국경을 넘는다는 느낌은 이미 사라진 지 오래다. 기차를 타거나 비행기를 타더라도 여권 검사도 없고 국경이 어디인지도 알기 어렵다. 차를 타고 고속도로를 달리면 어느새 이웃나라에 와 있다. 물론 사람들이 다르고 쓰는 말도 다르다. 그러나 처음에는 마냥 신기하던 일도 나중에는 일상이 되어버린다. 대부분의 여행객은 언어의 차이에도 불구하고 결국 사람 사는 곳은 다 비슷하다고 느낀다.

실제로 민주주의와 자본주의라는 제도는 유럽 어디나 마찬가지이고, 개인주의 사회도 별반 차이가 없다. 일상 습관의 차이가 있지만 그런 작은 변화도 없으면 여행이 무슨 재미를 주겠는가. 과거에는 화폐가 바뀌는 것이 신기하기도 했지만 환전은 비용이 들고 번거로운 일이었다. 하지만 이제 유럽 국가들은 대부분 유로화를 사용한다. 국경을 건널 때 필수였던 여권과 검색, 환전 등이 사라졌다는 말이다. 동네 놀러 가듯이 슬리퍼를 끌고 주머니에 지폐 몇 장이면 옆 나라에 가서 놀다 올 수 있다.

유럽에는 유목민의 생활방식을 가진 사람이 많다. 예를 들어 스페인 남부에는 '태양의 연안'이라는 뜻의 코스타델솔(Costa del Sol)이라는 지역이 있다. 그곳은 연중 태양이 내리쬐는 날이 대부분이며 온화한 지중해성 기후로 휴양에 적합한 천국이다. 2008년 글로벌 경제위기 때 부동산 거품의 붕괴로 유명해졌지만 이전부터 이곳은 유럽 전역에서 은퇴한 노인들이 생활하는 곳이었다. 대개 독일이나 영국, 스칸디나비아 등 기후가 춥고 햇볕 보기가 어려운 지역의 사람들로, 스페인에 콘도나 아파트를 사놓고 겨울이 되면 추위를 피해 이동하곤 한다.

은퇴한 노인들이 계절에 따라 움직인다면 학생이나 어린 자녀를 둔 부모, 직장인들은 방학이나 휴가철이 되면 지중해 해변으로 대거 이동한다. 유럽연합의 공공기관들은 8월 한 달 동안 일을 하지 않는다. 모두 휴가를 가는 철이기 때문이다. 이들의 행선지는 지중해 부근인 경우가 많다. 미국인들이 직장을 찾아 도시나 주를 쉽게 바꾸고 옮겨 다니는 데 비해, 유럽인들은 휴가를 즐기기 위해 대륙을 동서남북으로 질러 다닌다.

최근에는 유럽에서도 직장을 구하기 위해 국경을 넘나드는 일이 빈번해졌다. 1993년에 유럽 단일시장이 완성되면서 다른 나라에서 직장을 구하는 일이 자연스럽고 수월해졌다.[3] 단일시장은 상품의 자유로운 이동뿐 아니라 서비스, 즉 노동력의 자유로운 이동을 보장하는 제도이기 때문이다.

미국에 비해 거주지를 옮기는 데 인색했던 유럽인들이지만 21세기 들어 동유럽 국가들이 유럽연합에 가입하면서 구직을 위한 이동이 대폭 늘어났다. '폴란드 배관공(Polish plumber)'의 이미지가 이때부터 유행하는데, 동유럽의 이민자들이 서유럽의 부유한 지역으로 몰려가 일자리를 찾는 데서 비롯된 표현이다.

2010년부터 글로벌 경제위기가 유럽으로 전파되자 이번에는 그리스를 비롯한 남유럽에서 독일이나 영국 등으로 이주하는 젊은이들이 대폭 늘어났다. 심지어 프랑스에서도 경제활동에 많은 규제가 있고 세금이 높다는 이유로 상당수의 인력이 영국으로 건너갔다. 이 때문에 런던에 사는 프랑스인이 늘면서 런던이 프랑스 제6의 도시로 부상했을 정도다. 이처럼 유럽은 바캉스뿐만 아니라 일자리에 있어서도 하나로 통합되어가는 중이다.

물론 2016년 영국의 브렉시트 결정으로 불확실성의 시대에 돌입했다. 영국인들이 유럽연합 탈퇴를 지지한 이유 가운데 하나가 밀려들어

오는 이민자에 대한 반발이었다. 영국으로 가는 이민자 중에는 유럽 내부 사람들도 있고, 과거 영국 식민지 출신도 있으며, 전쟁과 가난을 피해 온 난민들도 있다. 영국의 유럽연합 탈퇴를 주장한 세력은 이런 이민의 물결이 마치 유럽연합 때문인 것처럼 선동했다. 그리고 불행히도 국민 상당수가 이런 선동에 넘어갔다.

#

## 고대 지중해 제국: 페니키아와 그리스

최초로 유럽을 하나의 그물로 묶은 것은 엄밀하게 말해서 유럽인들이 아니다. 지금의 서남아시아 지역에서 활동하던 페니키아인들이 지중해를 고속도로 삼아 남부 유럽과 북부 아프리카에 진출하여 식민 도시를 만든 것이 첫 번째 그물이라고 할 수 있다.

페니키아인들은 기원전 11세기부터 기원전 6세기 사이에 시칠리아의 팔레르모, 사르데냐의 칼리아리, 스페인의 카디스, 말라가, 카르타헤나, 북부 아프리카의 탕헤르, 카르타고, 렙티스마그나 등에 식민 도시를 세웠다.

이어서 그리스인들이 흑해와 지중해를 연결하여 거대한 유럽 그물을 만들었다. 그들은 흑해 연안에 수많은 도시를 세웠다. 크림반도의 테오도시아와 헤라클레아, 캅카스의 디오스쿠리아와 트라페주스, 발칸 지역의 티라스, 아폴로니아와 비잔티움 등이 그런 곳들이다. 지중해 쪽에도 유럽 연안의 그리스 도시는 그물처럼 형성되었다. 아드리아해의 에피다우룸, 아드리아, 안코나 등이 있었고, 이탈리아 남부에는 나폴리, 메시나, 시라쿠사 등이 있었다. 프랑스 남부의 니스와 마르세유, 스페인의 알리칸테도 그리스 도시의 그물에 포함되었다.

수천 년 전 그리스의 식민 팽창 시기나 지금이나 육로보다는 수로가 훨씬 경제적이고 이동이 수월했다. 배를 만드는 일이 번거롭고 이동의 동력을 확보하는 것이 쉽지는 않았지만 마찰이 적은 물 위에서의 이동은 힘과 비용이 훨씬 적게 들었기 때문이다.

그리스 문명은 유럽뿐 아니라 아시아 방향으로도 커다란 그물을 펼쳤다. 알렉산드로스 대왕은 발칸반도에서 출발하여 서남아시아와 북부 아프리카를 점령하고 다시 아시아로 향하여 인도까지 진출함으로써 거대한 제국을 건설했다. 이집트에 세운 알렉산드리아는 당시 인구 50만 명으로 이 지역 최대 규모를 자랑했다. 그리스는 전통 해양제국에 이어 육지와 육로에 기초한 대륙의 제국을 형성한 셈이다. 유럽의 일부 지역에서만 사용하던 그리스어는 북부 아프리카와 서남아시아, 남아시아로 퍼져 공용어로 사용되었고, 그리스의 철학과 사상, 의복과 생활습관이 인도까지 확산되는 결과를 낳았다.

이처럼 초기에 페니키아와 그리스를 통해 바다와 육지에 길이 만들어지는 과정을 보면 군사와 상업의 요소가 공존함을 알 수 있다. 자본주의 발전에서 이미 확인했듯이 처음에 강압적인 힘의 우위 없이 교역이 이루어지기는 어렵다.

페니키아인들이나 그리스인들이 지중해에서 바다 건너 멀리까지 도시를 형성할 수 있었다는 사실은 이들의 군사 우위를 의미한다. 군사 점령으로 인구가 이동하여 정착하면 해외 동포의 그물을 활용하여 교역의 다리를 놓았던 것이다. 알렉산드로스 대왕의 대륙 제국 역시 군사 진출과 지배의 길이 무역으로 연결된 경우다.

그리스 상인들은 포도와 올리브라는 특산품으로 만든 포도주와 기

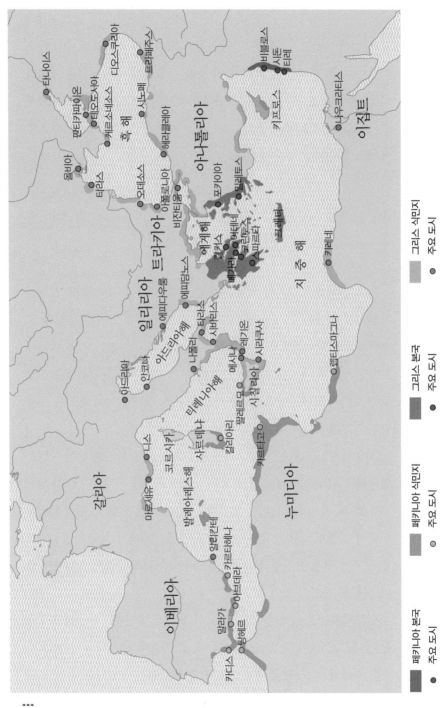

고대 페니키아인과 그리스인의 식민지 건설(기원전 900년경~기원전 500년경).

름을 실어 날랐고, 그리스 수공업자들의 도자기와 금속품을 수출했다.[4]
이집트는 밀, 파피루스, 리넨, 유리 등을 수출했고, 아프리카의 코끼리,
타조, 상아 등을 중개했다. 아라비아와 페르시아에서는 카펫을 수출했
고, 인도의 면직물이나 중국의 비단을 가져왔다. 북유럽의 발트해 연안
에서도 호박(琥珀)을 수출했다.

#
## 모든 길은 로마로 통한다

길을 논하면서 로마를 빼놓을 수는 없다. 로마제국은 그리스 도시국
가들처럼 바다를 건너 도시 식민지를 건설하는 데 그치지 않았다. 또
로마제국은 알렉산드로스 대왕처럼 육지의 제국만 만든 것이 아니다.
로마는 해양과 육지의 세력을 포괄하는 거대한 제국을 건설했다. 지중
해는 로마의 앞마당이었고 이탈리아, 프랑스, 스페인, 잉글랜드 등 서유
럽의 영토는 로마의 뒤뜰이었다.

제국의 수도 로마는 인구 100만 명을 자랑하는 도시였다. 이 수많은
인구를 먹여 살리기 위해서는 식량 공급이 중요한 과제였다. 특히 당시
프롤레타리아트라고 불리던 빈곤층은 20만 명에 달했고, 정치 안정을
위해 이들에게 식량 공급은 필수였다. 인근 지역에서 식량을 공급했지
만 부족한 부분은 시칠리아나 북아프리카, 이집트 등에서 수입해야 했
다. 바다를 통한 수송이 필수였던 이유다.

인류학자들은 아메리카의 문명들이 놀라운 발전에도 불구하고 중요
한 장애 요소들이 있었다고 분석한다. 그 가운데 하나가 덩치가 큰 가
축의 부재였고, 또 다른 하나는 바퀴를 사용하지 않았다는 점이다. 이

동을 위한 동력과 기술이 없었다는 의미이며, 역으로 수송이 문명의 발전에 얼마나 중요한지를 증명하는 셈이다.

로마제국의 대륙 지배는 도로와 수송 능력에서 비롯되었다. 이탈리아에서 프랑스와 스페인, 베네룩스와 잉글랜드로 연결되는 도로의 그물은 군사 이동에 결정적이었다. 로마의 군인은 기본적으로 보병이었지만 로마의 도로는 전차의 이동과 식량 및 군수물자의 수송에 필수였다.

군사 이동을 목적으로 하는 전략 도로의 그물은 당연히 치안과 안보를 가져다주는 요소였다. 실제 로마의 도로는 가벼운 상품의 이동에 사용되기도 했다. 또한 로마가 놓은 수로를 보면 엄청난 규모의 토목 기술을 발휘했음을 알 수 있다. 하지만 로마제국의 경제는 기본적으로 노예에 기초한 농업경제였다. 군사 이동이나 식량 보급에 도로가 사용되었지만 상업이나 무역을 통한 경제 발전에는 한계가 뚜렷했다.

로마제국이 붕괴하면서 이런 교통의 그물은 혼란의 시대로 돌입한다. 게르만의 민족 이동과 아랍인들의 북아프리카 지배 및 이베리아반도 진출, 그리고 바이킹의 바다 지배로 인해 기존의 로마 도로망에서 누리던 안전은 사라졌다.

#
## 뜻이 있는 곳에 길이 있다

중세에 다시 도로와 해로를 통한 교역이 활발해진 것은 봉건주의 질서가 자리 잡고 도시들이 부각되는 11세기 이후다. 이탈리아 북부의 도시국가들은 로마와 마찬가지로 식량 문제를 해결해야 했다. 그들은 시칠리아의 밀을 수입했다.

베네치아나 제노바 같은 도시는 지중해를 중심으로 무역활동을 하면서 번영하기 시작했다. 13세기와 14세기 제노바는 코르시카 섬과 사르데냐 섬 북부, 그리고 멀리는 흑해의 크림반도까지 영토를 보유한 거대한 해양제국을 건설했고, 지중해 주요 도시에 무역 기지를 만들어 지배했다.

15세기와 16세기에 베네치아는 이탈리아 북부를 시작으로 아드리아해의 주요 도시와 에게해의 크레타 섬, 서남아시아의 전진기지로 키프로스 섬을 식민지로 보유하고 있었고, 북아프리카와 서남아시아 항구 도시에도 무역 기지를 보유했다.

북유럽에서도 영국과 베네룩스, 독일과 스칸디나비아, 발트해를 연결하는 북해의 그물이 형성되었다는 점은 이미 살펴보았다. 예를 들어 영국의 양모는 네덜란드 지역으로 수출되어 그곳에서 모직산업에 활용되었다. 또 네덜란드의 도시들은 발트해 연안에서 밀을 수입했다. 프랑스의 보르도는 포도주 무역으로 부상하는 도시였다.

중세 초기에는 바다보다는 육지를 통한 무역이 성행했다. 네덜란드 지역에서 프랑스와 독일을 거쳐 이탈리아 북부로 연결되는 육로는 상인들이 선호하는 루트였다. 이 무역에서 제일 큰 장애물은 알프스산맥이었고 브레너, 생고타르, 생플롱, 생베르나르, 몽스니 등의 고개가 중요한 연결 통로였다.

도로의 안전 문제는 해당 지역 군주들이 책임졌다. 통행세를 받으려면 강도와 도적을 소탕하는 것이 필수였기 때문이다. 유명한 프랑스의 샹파뉴 장은 유럽의 동서남북을 연결하는 교통 요지였으며, 프로뱅, 트루아, 라니, 바르쉬르오브 등 네 도시가 돌아가면서 장을 열어 상시 교환이 가능했다.

17세기 마인강 하류의 프랑크푸르트 항구(마테우스 메리안, 1646).

교통의 요지로 경제 발전을 이룩한 또 다른 도시는 현대 독일의 프랑크푸르트와 라이프치히다. 중세에 일부 도시는 상업 역할을 강화하는가 하면 다른 도시의 기능은 쇠퇴하는 현상도 발견할 수 있다. 예를 들어 샹파뉴의 장들은 서서히 그 기능을 다른 도시로 넘기게 된다. 특히 파리의 기능이 강화되고 남쪽에 있는 제네바가 부상하면서 샹파뉴는 쇠퇴의 길을 걸었다.

이탈리아 북부 상인들은 부유한 네덜란드 지역과 무역하기를 원했는데, 육로를 사용하게 되면 스위스, 독일, 프랑스 등 지역의 중개상인을 거쳐야 했다. 그 덕분에 번영한 도시들이 샹파뉴, 제네바, 프랑크푸르트, 파리, 라이프치히 등이었다.

베네치아와 제노바의 상인들은 이런 육로 이용에 따른 손해를 줄이고자 지브롤터해협을 지나 대서양을 거슬러 올라가 베네룩스로 진출하는 항로를 개척했다. 우리에게는 '플랜더스의 개'로 유명하지만 유럽의 무역사에서는 13세기 말부터 '플랜더스 함대'가 명성을 날렸다. 베네치아나 제노바에서 출발하여 길고 긴 항해 끝에 대륙을 우회하여 플랜더스 저지대의 브뤼헤나 안트베르펜을 다녀오는 함대였다. 이들은 군사력을 갖춰 해적에 대비했고 물건을 실어 나르는 수송선 함대이기도 했다.

이탈리아 북부의 플랜더스 함대가 돈을 잘 번다는 소문에 항로 주변에 위치한 포르투갈, 프랑스, 영국의 상인들도 남북 해양무역에 동참하기 시작했다. 이들은 남부의 소금을 북유럽으로 실어 날랐고, 북쪽에서 소금에 절이거나 말린 생선을 가져와 팔았다.

이처럼 유럽인들은 땅과 바다에 길을 놓았다. 때로는 군사 지배를 위해서, 때로는 상업의 이윤을 창출하기 위해서. 당시 유럽은 정치질서가 안정되지 못했기 때문에 길은 위험한 영역이었고, 수송로에서는 스스로 안전을 책임져야 했다.

힘센 국가가 수송로를 장악하면서 국가 중심의 무역이 발달했던 것이 아니라 어느 정도의 혼란과 자유 속에서 폭력과 이윤을 적절하게 조합한 국제무역이 만들어진 셈이다. 좋은 길목에 위치한 프랑스 샹파뉴나 스위스 제네바, 독일의 남부 지역 등이 이런 무역의 특혜를 볼 수 있었다.

#
## 교통을 지배하는 자가 세계를 지배한다

15세기와 16세기가 되면 스페인과 포르투갈이 세계를 지배하는 거대한 제국으로 부상한다. 유럽의 주변부에 위치한 두 나라가 세계 최강으로 부상한 첫 번째 이유는 지리 요인에서 찾을 수 있다. 13세기 말부터 이탈리아 북부의 상인들은 플랜더스 함대를 활용했는데 이 바닷길에서 중요한 곳이 지브롤터해협이었다.

지브롤터해협은 스페인이 통제할 수 있는 곳이었다. 과거 육로에서 알프스의 여러 고개와 그 아래 위치한 도시들이 혜택을 누렸듯이, 해로에서는 지브롤터 주변에 위치한 스페인과 포르투갈이 중요한 역할을 담당하게 되었다.

두 번째 요인은 정치다. 이베리아반도는 6~7세기부터 이슬람 제국의 지배를 받았다. 이에 대항하는 기독교 왕국이 서서히 성장하여 이슬람과 전쟁을 벌였고, 급기야 1492년에는 이슬람 제국을 이베리아반도에서 완전히 몰아내고 바닷길에 대한 통제권을 확보하게 되었다.

이에 덧붙여 포르투갈에서는 왕실이 직접 나서 해양 진출 모험을 적극 지원했다.[5] 항해왕자로 유명한 엔리케는 해양연구기관을 설립하여 천문학자, 지리학자, 지도 제작자, 항해사 등을 모아 해외 진출을 준비하도록 했다. 이곳에서는 조선 기술을 연구했고, 매년 배를 띄워 대서양을 따라 내려가면서 아프리카 연안의 지도를 작성했다.

1460년에 포르투갈의 배는 세네갈 근처에 있는 베르데 곶까지 도달했다. 당시 유럽의 주요 국가들이 육지에서 군대를 동원하여 전쟁을 벌이던 시절 포르투갈은 항해술의 개발에 국력을 집중함으로써 대항해시대를 준비했던 것이다.

엔리케가 죽은 후에도 포르투갈은 계속 바다를 지배함으로써 자국의 미래를 찾으려는 전략을 추진했다. 1488년에 리스본을 출발한 바르톨로메우 디아스의 배는 아프리카 대륙 남단의 희망봉을 넘었다. 이로써 인도양에 진출하여 아시아로 가는 새로운 항로를 개척하는 데 성공했다.

여기서 세 번째 요인이 등장한다. 스페인과 포르투갈은 이베리아반도에서 단순히 지리의 이점과 정치 투자에서만 혜택을 입은 것이 아니다. 어쩌면 성공의 핵심 요인은 이 두 이점에 덧붙여 유럽이라는 그물 안에 있었기 때문에 다른 나라의 경험과 능력을 동원할 수 있었다는 점이다.

대표 사례로 두 신흥 해양 국가는 이탈리아의 항해술과 경험, 능력을 동원했다. 일례로 제노바인들은 1291년에 이미 아프리카를 거쳐 아시아로 가려고 시도했으나 실패한 바 있다. 항해왕자 엔리케는 포르투갈에서 홀로 만들어진 것이 아니다. 그는 이미 이탈리아가 시도했던 모험을 더 유리한 지점에서 끈기를 갖고 추구했기에 성공했다는 말이다.

세계에서 가장 유명한 이탈리아인은 아마도 제노바 출신의 콜럼버스일 것이다. 그는 인도에 가기 위해 희망봉이 아닌 다른 항로를 개척하려 했고 먼저 포르투갈 왕에게 자신의 계획을 밝히고 지원을 요청했으나 거절당했다. 그러자 콜럼버스는 스페인 왕에게 제안을 하지만 역시 거절당했다. 그는 포기하지 않고 이번에는 프랑스 왕과 영국 왕에게 해양 개척을 건의했다. 그들도 모두 거절했다.

여기서 우리는 한 모험가에게 유럽이라는 그물이 얼마나 풍요로운 경쟁의 장이었는지 발견할 수 있다. 콜럼버스는 국적과 상관없이 자신의 모험을 후원해줄 군주, 아니 정확히 말해서 '물주'를 찾기 위해 경쟁을 부추겼던 것이다.

그가 돈을 가진 상인이나 은행가를 찾아가지 않은 것은 당연한 일이었다. 합리적으로 계산하는 상인이나 은행가가 이런 무모한 모험에 돈을 댈 리 없기 때문이다. 명예심으로 가득 찬 군주가 가능성이 높다고 판단했던 것이다. 1492년 스페인이 드디어 이슬람 세력과의 싸움에서 승리했을 때 콜럼버스에게도 기회가 찾아왔다. 군주는 그의 모험에 투자를 했고, 콜럼버스는 '새로운 인도'의 발견으로 보답했다.

#

## 해양세력의 부침

콜럼버스뿐 아니라 이탈리아의 항해사들은 유럽 각국의 대양 경쟁에서 중요한 역할을 했다. 콜럼버스와 마찬가지로 제노바 출신인 카보토는 영국에서 살았다. 그는 헨리 7세의 명을 받고 북아메리카 지역을 탐험했다. 아메리카라는 이름의 주인공 아메리고 베스푸치는 이탈리아 피렌체 출생으로 포르투갈 왕을 위해 남아메리카를 탐험했다.

역시 피렌체 부근에서 태어난 베라차노는 프랑스 국왕 프랑수아 1세의 이름으로 북아메리카의 뉴욕 및 플로리다 지역을 탐험했다. 이처럼 모험심으로 가득 찬 이탈리아 출신 항해사들은 포르투갈, 스페인, 영국, 프랑스 등 대서양 연안 국가의 왕들을 후원자로 삼아 새로운 항로를 개척하는 데 나섰다.

포르투갈이 아프리카를 남하하여 희망봉을 지나 인도와 중국으로 가는 항로를 개척한 데 이어 스페인이 대서양을 건너 새로운 대륙을 발견하자 두 나라는 교황에게 세계를 지배하기 위한 정식 권한을 인정해 달라고 요청했다.

그 결과 1494년 토르데시야스조약이 맺어졌다. 이는 지구를 반으로 나누어 한편을 포르투갈, 그리고 다른 편을 스페인이 지배하겠다는 조약이다. 포르투갈은 남아메리카의 브라질에서 시작하여 아프리카와 인도양 지역에서 지배권을 확보했다. 포르투갈인들은 1513년에 중국 남부의 광둥까지 진출하여 마카오라는 교역 항을 확보했다. 스페인은 아메리카 대륙에서 브라질을 제외한 모든 지역을 차지했고, 태평양을 건너 필리핀까지 식민지로 삼았다.

포르투갈의 수도 리스본은 과거 이탈리아 항구 도시들을 대신하여 활기찬 국제도시로 성장했고, 아메리카의 금과 은은 스페인으로 대거 유입되었다. 포르투갈인 마젤란은 1519년에 유럽을 출발하여 세계를 일주하는 모험을 시작했다. 그러나 그는 항해 도중에 숨졌고 그의 부하 엘카노가 배를 끌고 3년 만에 유럽으로 돌아왔다(585쪽 지도 참조).

여기서도 마젤란은 자국 포르투갈의 왕으로부터 지원을 거절당하자 스페인 국왕의 후원을 받아 이 여행을 시작했다. 이처럼 유럽에서 국적

1667년 영국 남동부 도시 채텀에 정박해 있던 영국 함대가 네덜란드 함대의 기습으로 불타고 침몰하는 장면(페터르 반 데 벨데, 1670년경). 17세기 후반, 네덜란드와 영국은 해양 패권을 두고 세 차례 전쟁을 벌였다. 그림의 장면으로 상징되는 메드웨이 해전 등 네덜란드가 우세한 전투도 있었으나, 전반적으로 영국이 우세하여 해양 최강국의 지위가 서서히 넘어갔다.

은 그다지 중요하지 않았고, 능력과 조직력, 항해 실력 등이 군주의 이익과 맞아떨어지느냐가 관건이었다.

스페인과 포르투갈에 이어 부상한 나라가 네덜란드다. 프랑스와 독일 사이의 저지대는 스페인과 오스트리아를 지배하는 합스부르크가의 영토였는데 그 북부의 네덜란드 지역은 1581년에 독립을 획득했다. 이탈리아 북부와 네덜란드는 오래전부터 교류를 해왔다. 이탈리아의 항해 전통은 자연스럽게 네덜란드로 전해졌다. 또한 같은 스페인 왕조의 지배를 받던 네덜란드와 포르투갈의 교류로 선진 조선 및 항해 기술도 쉽게 접할 수 있었다.

네덜란드는 조선업에서 혁신적인 기술을 도입했다. 점차 많은 수의 마스트를 가진 배를 제작했고 돛의 모양이나 배를 조정하는 선미재를 개발하여 적용했다. 그리고 먼바다에서도 풍파를 견딜 수 있는 큰 규모의 배를 만들었다. 아라비아에서 들어온 나침반을 활용하는 한편 항해법에 지도를 이용하여 세계의 바다를 하나로 묶는 데 성공했다.

17세기는 네덜란드의 전성기였다. 1650년 1만 6000여 척의 배를 보유한 네덜란드는 남아프리카와 인도네시아, 대만과 일본의 데시마, 아메리카의 수리남과 뉴암스테르담(나중에 뉴욕이 된다) 등의 기지를 확보했다. 세계의 바다를 누비는 조선업과 해운업, 무역을 통해 암스테르담은 세계 자본주의의 중심으로 부상할 수 있었다.[6]

#

## 팍스 브리태니카에서 팍스 아메리카나로

유럽의 바다 지배력은 이후에도 계속 유지되었다. 특히 19세기 증기선을 활용하여 대규모 운송 능력과 강한 군사력을 보유하게 되었다. 인도나 중국에 비해 인구가 적었던 유럽은 19세기 신세계로부터 대규모 식량을 수입하여 인구를 늘릴 수 있었다.

유럽 각국은 증기선과 강철로 만든 군함을 앞세워 바다를 누비면서 '포함(砲艦)외교'를 벌였다. 수월하게 이동할 수 있는 군함은 세계를 돌며 원하는 지역이나 도시를 강타하는 능력을 유럽에 가져다주었다. 중국의 아편전쟁이나 한반도를 둘러싼 청일전쟁 및 러일전쟁은 모두 기본적으로 해군의 대결이었다.

16세기의 스페인과 포르투갈, 그리고 17세기의 네덜란드에 이어 18세기부터 영국은 세계의 강대국으로 부상했다.[7] 특히 19세기가 되면 산업혁명의 중심지이자 세계를 지배하는 해양세력으로 우뚝 서게 된다.

과거 로마가 지중해를 지배하며 누렸던 팍스 로마나의 영예를 영국이 이어받아 팍스 브리태니카의 질서를 만든 것이다.

영국의 군함과 상선은 유럽을 중심으로 아메리카의 캐나다, 대양주의 호주와 뉴질랜드, 아시아의 홍콩, 싱가포르, 인도, 아프리카의 남부와 동부를 연결하는 거대한 지구의 그물을 누볐다. 이 그물을 통해 영국의 언어와 상품, 문화와 습관이 전 세계로 확산되었고, 런던은 그 그물의 중심이었다.

20세기가 되면서 유럽의 우위는 미국에 추월당한다. 예를 들어 1차 세계대전이 끝난 뒤 1920년대만 하더라도 영국, 미국, 일본은 세계 3대 해군을 보유하는 세력이었다. 하지만 2차 세계대전 이후에 영국은 물론 유럽을 모두 합쳐도 군사적으로 미국이나 소련과 경쟁할 수 없는 상황이 되었다.

대영제국이 탈식민화로 붕괴하는 가운데 미국이 영국을 대체하는 해양세력으로 등장했다. 지구의 질서는 팍스 브리태니카에서 팍스 아메리카나로 바뀌었다. 바다를 연결하는 세계의 중심은 런던에서 뉴욕으로 옮겨갔고, 미국의 힘을 상징하는 항공모함이 지구 곳곳의 바다를 누비게 되었다.

이제 바다를 지배했던 유럽의 영광은 민간 해운에서 유럽 회사들이 선두를 차지하는 모습에서 간신히 발견할 수 있을 뿐이다. 오늘날 덴마크의 머스크(Maersk)는 세계 해운업계의 1위를 차지하고 있으며, 스위스 제네바에 본사를 둔 지중해해운(Mediterranean Shipping Company)과 프랑스의 CMA-CGM 사가 각각 2위와 3위로 그 뒤를 잇는다.

프랑스의 항구 도시 라로셸에서는 '방데글로브(Vendée Globe)'라는 요트 대회가 열린다. 혼자 요트를 타고 세계를 일주하는 경주다. 작은 배로 세계를 일주한다는 것은 수시로 자연의 도전에 직면해야 하는 일이라 사망자도 자주 발생한다. 세계경제에서 유럽의 지배적인 위상은 사라졌지만 방데글로브 같은 대회는 유럽인들의 바다를 통한 도전의 의지와 세계 지배정신의 잔흔이라고 할 수 있다.

#

## 교통혁명과 사회 변화

애덤 스미스는 《국부론》에서 시장의 규모가 분업의 정도를 결정한다고 했다.[8] 그는 핀 공장을 예로 들면서 아무리 많은 핀을 생산하더라도 이를 판매할 시장이 없다면 무용지물이라고 했다. 달리 말해서 시장의 규모와 분업의 정도는 정비례한다.

이런 분석은 세계화 시대인 21세기에도 그대로 적용된다. 한국은 조선업으로 특화하여 한때 전 세계 수주량의 50퍼센트 이상을 차지하기도 했다. 그만큼 최고의 경쟁력을 자랑했다. 또 중국의 원저우(溫州)라는 도시에서 세계 브랜드 안경의 90퍼센트를 생산하는 사례는 세계화 시대의 분업과 특화의 정도를 보여준다.[9]

다른 한편 시장의 규모를 결정하는 것은 여러 요소가 있지만 기본은 교통 인프라다. 19세기 유럽에서 산업혁명이 활발하게 일어나면서 두드러진 변화 중 하나는 수로의 개발이다. 특히 18세기 후반 영국에서 기존의 해운과 강을 보완하는 운하 건설이 본격 진행되었다. 앞에서 보았듯이 배를 통해 물건을 운반하는 것은 육지보다 훨씬 더 수월하고 경제적이다. 따라서 영국은 운하의 그물을 촘촘하게 만들어 국내 시장의 규모를 키우는 데 성공했다.

산업혁명의 가장 중요한 변화는 역시 철도 건설과 증기기관차를 이용한 운송이다. 철도가 생기기 전까지 육로 수송은 기본적으로 인간이나 동물의 힘에 의존했다. 사실 고대부터 19세기까지 육로 수송의 속도는 크게 변하지 않았다. 마라톤의 승전보는 인간이 달려서 전달했고, 유라시아를 지배한 몽골제국은 말의 이동 속도에 의존했다.

하지만 철도는 육로 수송의 속도와 규모를 크게 끌어올렸다. 빠른 속도로 그동안 상상하지 못했던 규모의 사람과 물건을 나를 수 있는 가능성은 근대 사회의 등장에 기여한 가장 큰 요인 가운데 하나라고 할 수 있다.

19세기 정치는 민족주의의 시대다. 따라서 육로의 철도 그물 형성은 민족국가의 틀 안에서 우리 몸의 혈관처럼 주요 도시를 연결하는 형식이었다. 수도 집중 현상이 심한 영국이나 프랑스의 철도망은 온몸의 피가 심장으로 가듯이 런던과 파리를 향해 집중되었다. 농촌을 떠나 도시로 가서 노동자로 일하는 사람들은 철도로 이동했다. 전쟁터로 가서 싸움을 벌이는 군인들도 기차를 타고 전선으로 향했다.

영국과 프랑스의 지방 특산품들이 다른 지역으로 운송되어 판매되었다. 프랑스는 각 지방마다 다양한 포도주와 치즈를 생산하는 것으로 유명한 나라다. 이들 특산품이 전국에 명성을 얻으며 교환되는 계기가 바로 19세기 철도를 통해서다.

프랑스에서 철도 교통이 발달하면서 노르망디의 카망베르와 알프스 지역의 콩테, 남프랑스의 로크포르 등이 다양한 치즈 지도를 그리게 되었다. 포도주도 마찬가지로 철도 교통의 발달로 다른 지역의 포도주를 소비할 수 있게 되었다. 대량 수송이 가능해졌기 때문이다. 부르고뉴와 보르도 포도주가 국제적 명성을 자랑하고 있었는데, 루아르 강변과 론

강변의 포도주가 그 대열에 동참하게 되었고, 샹파뉴 지방의 샴페인은 유럽 각지는 물론, 바다를 통해 영국과 미국 등지로 수출되었다.

철도는 또 샴페인 산업에서 사회 갈등과 변화를 초래하기도 했다.[10] 샴페인은 샹파뉴 지방의 백포도를 고유의 방식을 통해 스파클링 포도주로 만든 것이다. 하지만 육로 수송이 수월해지면서 일부 업자들은 독일 남부에서 포도 원액을 수입하여 샹파뉴에서 제조하는 꼼수를 부렸다. 당연히 샹파뉴 포도 재배업자들은 불만을 품었고 조합을 결성하여 집단행동에 나섰다. 19세기 말 샹파뉴 포도 재배 조합은 포도 원액을 수입하는 기차를 뒤집어엎어 버리고 관공서를 공격하여 점령하는 등 대규모 저항에 나섰다.

현대 사회에서 익숙한 상표 보호 정책은 이렇게 샹파뉴 포도주를 중심으로 처음 만들어진다. 샹파뉴 지역에서 생산한 포도를 가지고 전통적인 방식으로 만든 스파클링 포도주에만 샴페인이라는 이름을 붙이게 된 것이다. 국가가 보장하는 샴페인 포도주 상표는 이제 단순히 회사나 자본을 의미하지 않는다. 특정 지역의 토지와 기후를 담은 문화 상품이며, 동시에 그 지역의 전통적인 방식으로 만든 술이라는 뜻을 담게 되었다.

이런 원칙은 점차 프랑스의 다양한 포도주에 확산되었고, 스페인이나 이탈리아 등 주변의 포도주 생산국으로 퍼져나갔다. 샴페인의 사례는 교통의 발전이 가져오는 사회 변화와 거기에 정책이 적응하는 과정을 잘 보여준다. 포도주에서 시작한 지역 명칭과 원산지 표시는 이후 치즈, 소시지, 햄 같은 식품에도 도입되었다.

# 철도의 유럽

영국에서 시작한 철도 그물은 점차 유럽의 전 지역을 연결했다. 영국은 섬나라이기에 유럽과의 철도 연결은 20세기 말까지 기다려야 했다. 하지만 다른 국가들은 자신들의 철도 그물을 유럽 전역으로 펼쳐나갔다. 러시아와 스페인은 철도 폭이 달라 국경을 넘으려면 기차를 갈아타야 했다. 그러나 다른 국가들은 철도만 연결하면 기차가 국경을 넘어 달리는 데 아무 문제가 없었다.

1934년에 발간된 영국 작가 크리스티의 유명한 추리소설《오리엔트 특급 살인》은 유럽을 동서로 가로지르는 기차에서 일어나는 사건을 다룬 것이다.[11] 파리와 이스탄불을 연결하는 오리엔트 특급 노선은 1883년부터 유럽 대륙 횡단 고급 여행의 대명사였다.

오리엔트 특급에는 다양한 노선이 있었다. 파리에서 출발하여 스트라스부르, 뮌헨, 빈, 부다페스트, 부쿠레슈티를 거쳐 이스탄불에 도착하는 노선이 '원조' 오리엔트 특급이다. 1차 세계대전 이후에는 로잔, 밀라노, 베네치아, 베오그라드, 소피아를 거쳐 이스탄불에 도달하는 노선이 추가되었고, 1930년대에는 런던을 출발하여 파리, 취리히, 인스브루크, 빈, 부다페스트, 베오그라드를 거쳐 아테네에 도착하는 알버그 노선도 개발되었다.

오리엔트 특급은 21세기 들어 고속철도의 경쟁으로 역사의 뒤안길로 사라졌다. 그러나 유럽 근대문명의 그물을 철도처럼 잘 표현하는 사례도 드물다. 유럽의 주요 도시에 있는 역들은 철도라는 교통수단의 위상을 잘 보여준다. 오죽하면 파리의 오르세역은 20세기 들어 기본 골격에 장식과 수리를 더해 세계 최고의 미술관으로 부활했겠는가.

파리는 프랑스의 수도이자 유럽의 중심에 위치한 교통의 요지답게 수많은 역들이 자리 잡고 있다. 북부역과 동부역, 리옹역, 오스테르리츠역, 몽파르나스역, 생라자르역은 모두 거대한 인프라 시설을 자랑한다.

이처럼 역은 유럽의 주요 도시를 상징한다. 19세기의 역은 도시와 도시를 연결하는 것은 물론 국가와 국가를 이어주는 역할을 했다. 지방에서 온 사람들과 외국인들이 들어오는 역사(驛舍)를 화려하게 꾸며 도시의 위엄과 풍요를 자랑하고 싶어했다. 그래서 도시의 대표 역은 해당 지방과 국가의 얼굴이었다.

19세기 유럽을 덮었던 철도의 그물은 점차 세계로 그 영향력을 확대했다. 미국의 아메리카 대륙 횡단 철도가 1869년에 완성되었고, 유라시아 대륙을 횡단하는 시베리아 철도는 1916년에 완성되었다. 하지만 20세기까지 여전히 철도의 역할이 중요한 대륙을 꼽으라면 유럽이다. 미국은 철도보다는 자동차 문화가 자리 잡았다. 그나마 한국과 일본, 중국 등 동아시아가 철도 문화를 받아들여 발전시켰다고 할 수 있다.

#

## 20세기의 교통혁명

수로와 철도가 19세기 1차 산업혁명의 교통수단이라면 20세기의 2차 산업혁명은 자동차와 비행기를 중심으로 전개되었다.[12] 자동차를 처음 개발하고 시험한 것도 19세기 말 유럽이었다. 하지만 자동차 문화가 본격 등장한 것은 20세기 초반 미국에서다.

이런 차이는 지리에서 비롯한다. 미국은 거대한 땅에 인구 밀도가 낮

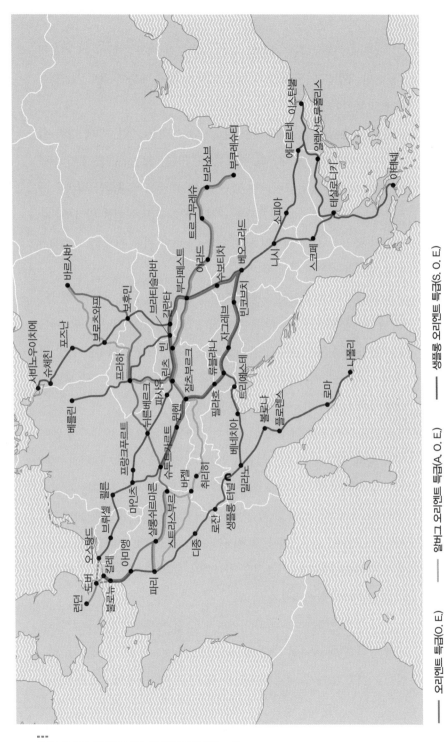

오리엔트 특급(O. E.) ——— 앙베르그 오리엔트 특급(A. O. E.) ——— 생플룅 오리엔트 특급(S. O. E.)

**■■■**
1945~1962년 사이에 운행된 오리엔탈 특급 열차 노선.

기 때문에 기차보다는 자동차 같은 소규모의 이동 수단이 더 적합하다. 반면 유럽은 인구 밀도가 높고 도시가 많기 때문에 철도 시스템이 훨씬 효율적이다.

문화도 유럽은 공동체주의가 강하지만, 미국은 개인주의에 더 가깝다. 사실 자동차만큼 개인의 자유를 제공하는 교통수단을 찾기 어렵다. 게다가 생산과 공급이라는 측면에서도 미국은 대량생산 체제를 제일 먼저 도입하여 저렴한 가격에 규격화된 자동차 산업을 발전시켰다. 현대의 분업과 생산 체계인 포디즘(Fordism)이 미국 자동차 산업에서 처음 발전한 것은 우연이 아니다.[13]

미국에서 자동차 산업이 빠른 속도로 발달하는 동안, 유럽에서는 약간 다른 방향의 교통 발전이 이루어졌다. 20세기 초에 런던과 파리에는 지하철 노선이 도시 내부를 촘촘하게 연결하는 그물을 형성했다. 땅 위에서 도시와 도시를 연결하는 데 그치지 않고 지하에 대중 교통수단을 개발하여 시민의 이동을 계획했던 것이다.

런던의 지하철은 세계에서 가장 먼저 만들어졌으며, 19세기 후반에 이미 지하 철도의 세계를 열었다. 튜브(Tube)라고 불리는 런던의 지하철은 100년 이상의 역사를 자랑한다. 메트로(Métro)라 불리는 파리의 지하철은 1900년 파리 만국박람회를 기념하여 개통됐고, 1920년대에 시내의 그물이 완성되었다. 뉴욕에서는 1904년부터, 그리고 모스크바에서는 1930년대부터 지하철을 건설하기 시작했고 이어서 전 세계로 이 교통수단이 확산되었다.

20세기 후반에는 아시아와 아메리카 등 전 세계에서 지하철 건설 붐이 일었다. 현재 지하철 수송 인원의 규모에서는 아시아 도시들이 선두를 차지하고 있다. 21세기가 되면서 세계의 55여 개국 150개 도시에서

지하철이 운영되고 있다. 또한 가장 많은 승객을 나르는 도시로는 베이징, 상하이, 도쿄, 서울 등 아시아 도시들이 상위를 차지하고 있다.

#

## 독특한 자동차 그물

유럽에서도 1950년대부터 자동차 문화가 보편화된다. 사회 계층의 구분이 뚜렷했던 유럽에서 자동차는 부르주아의 전유물로 여겨졌고, 따라서 사회 확산이 더 늦게 진행되었다. 미국처럼 유럽 역시 고속도로의 그물이 서유럽을 중심으로 만들어지기 시작했고, 그 밀도와 촘촘함은 금세 세계 최고 수준에 도달했다.

미국이 거대한 자동차 모델을 개발했다면, 유럽은 차의 크기보다는 다양한 계급과 취향에 어울리는 모델을 개발했다. 게다가 미국은 세 개 자동차 회사가 시장을 지배했지만, 유럽은 나라마다 자국의 자동차 회사가 독과점하는 시스템이 자리 잡았다.

미국에서 제너럴모터스(GM), 포드, 크라이슬러라는 회사가 공급을 과점하는 것과 마찬가지로 유럽에서는 각 국가별 과점 시장이 형성되었다. 독일은 폭스바겐과 메르세데스 벤츠, BMW 등이 대중차와 고급차의 시장을 나눠 가졌다. 프랑스에서는 푸조, 르노, 시트로앵 등이 경쟁하다가 푸조-시트로앵, 르노로 정리되었다. 이탈리아는 피아트가 독주하는 대중차 시장과 알파로메오, 페라리, 람보르기니 같은 고급차가 경쟁하는 시장이 자리 잡았다. 영국의 미니나 재규어, 스웨덴의 볼보 역시 유럽 시장에서 개성 있는 브랜드로 성장했다.

1970년대부터 불기 시작한 세계화의 바람은 자동차 산업에도 그대로 반영되어 대륙을 넘나드는 인수합병과 전략 제휴가 시작되었다. 미국의 크라이슬러와 이탈리아의 피아트가 합병한 바 있으며, 일본의 닛산과 프랑스의 르노도 합병하면서 거대한 기업으로 탄생했다. 중국과 인도의 자본은 이미 프랑스의 푸조-시트로엥과 영국의 재규어에 진입했다.

물론 이처럼 강력한 세계시장 통합을 향한 움직임에도 불구하고 자동차에 대한 인식은 커다란 차이를 드러낸다. 우선 미국인들은 큰 차를 좋아한다. 유럽과 일본은 경제성이 좋은 작은 차를 선호한다. 미국은 산유국이지만 유럽과 일본은 석유를 거의 수입에 의존하기 때문이다. 게다가 유럽의 오래된 도시는 길이 좁아 큰 차를 운전하기가 불편하다. 주차장도 비좁고 거리에 주차해야 하기 때문에 큰 차는 '골칫덩어리'다.

미국과 유럽의 차이는 디젤 차의 대중화에서도 나타난다. 미국은 여전히 휘발유 차량이 많지만 유럽은 휘발유와 디젤의 비중이 비슷하다. 2015년에 터진 폭스바겐의 배기량 조작 사건은 두 대륙의 자동차 문화 차이를 드러냈다.[14]

유럽에서는 많은 자동차 회사들이 디젤 차의 친환경성을 강조해왔지만 사실은 디젤 차가 미세먼지의 주범이다. 디젤의 친환경성은 단지 이산화탄소 배출량이 적다는 것뿐이다. 유럽 자동차 산업의 로비는 이런 사실을 은폐해왔던 것이다. 유럽에서 통하던 '침묵의 카르텔'은 미국의 조사로 무너져버렸다. 디젤 차량이 많은 것은 한국도 마찬가지다.

미국이나 동아시아와 비교하면 유럽의 또 다른 특징은 자동기어를 거의 사용하지 않는다는 점이다. 유럽인들은 아직도 이른바 '스틱'이라고 부르는 수동기어를 선호한다. 수동기어가 기름을 적게 먹기 때문이다. 특히 환경에 대한 인식이 강화되면서 하이브리드 차량도 많이 등장했고, 차가 정차해 있을 때 시동이 꺼졌다가 출발하면 다시 켜지는 차도 늘어났다.

또 다른 이유는 운전하는 재미가 있기 때문이다. 사실 자동기어 차량은 빨리 가속하는 데 한계가 분명하다. 기어로 엔진 브레이크를 거는 것도 쉽지 않다. 하지만 수동기어는 마치 경주 차량의 레이서라도 된 것처럼 속도를 조절하며 달리는 재미가 있다. 오토바이가 자동차보다 훨씬 운전하는 재미를 주듯이, 날렵하고 가벼운 작은 차가 엔진의 조정에 잘 반응하는 것도 작은 차를 선호하는 이유다.

자동차 시장에는 네트워크 효과가 존재한다. 한국이나 미국에서는 차를 구입할 때 대부분 자동기어를 선택한다. 중고로 팔 때 가격도 유리하고 구매자를 찾기도 쉽기 때문이다. 반면 유럽에서는 수동을 선택하는 것이 보통이다. 중고시장에서 쉽게 판매하고 친구들끼리 차를 빌려 쓰기도 좋기 때문이다.

이런 점에서 미국, 유럽, 동아시아는 모두 거대한 자동차 시장이지만 조금만 자세히 들여다보면 차이가 크다. 미국은 자동기어 대형차의 네트워크이고, 동아시아는 자동기어 중형차의 망이며, 유럽은 수동기어 소형차들이 누비는 그물이다.

#

## 항공과 고속철도

20세기 교통의 상징은 역시 비행기다. 이 분야에서도 유럽은 19세기 말부터 다양한 시도를 해왔고, 초기에 미국과 함께 중요한 개척자의 역할을 담당했다. 예를 들어 《어린 왕자》로 유명한 작가 생텍쥐페리는 우편물을 운송하는 비행기 조종사였다.[15] 사하라 사막이나 대서양을 날아다니면서 어린 왕자를 꿈꿨던 셈이다.

물론 항공 수송의 선두주자는 미국이었고, 유럽은 20세기 후반에 그 뒤를 따라잡고 있다. 미국과 유럽의 차이는 항공산업에서도 극명하게 드러난다. 미국은 민간 항공회사들이 시장을 지배하지만, 유럽의 항공사들은 기본적으로 국영기업이었다.

독일의 루프트한자, 프랑스의 에어프랑스, 영국의 브리티시에어웨이스, 이탈리아의 아이탈리아, 스위스의 스위스에어 등은 모두 국적기다. 일부는 민영화되었고, 다른 일부는 파산했으며, 살아남은 회사들도 합병을 통해 생존을 모색하고 있다.

1970년대까지 미국의 보잉과 맥도넬 더글러스 양사가 세계 항공기 시장을 지배했다. 하지만 유럽의 다양한 회사들이 컨소시엄을 형성하면서 미국과 경쟁할 만한 실력을 갖추기 시작했다. 일례로 영국과 프랑스가 합작해서 만든 콩코드는 초음속 항공기로 파리 또는 런던과 뉴욕을 일반 항공기보다 두 배 빠른 세 시간대에 연결했다.

유럽의 항공기 제작 능력은 에어버스라는 이름으로 증명되었고, 현재 세계 항공기 시장은 미국의 보잉과 유럽의 에어버스가 양분하고 있다. 최근에는 중국이 민간 항공기 시장에 뛰어드는 모습이다. 앞으로 미국과 유럽의 과점을 깰 수 있을지 의문이다.

19세기에 유럽 주요 도시의 기차역이 관문의 역할을 담당했듯이 20세기에는 공항이 국가나 도시의 관문으로 등장했다. 물론 공항은 대개 도심에서 멀리 떨어진 교외 지역에 있다. 파리의 샤를드골 공항이나 런던의 히스로 공항, 암스테르담의 스키폴 공항 등은 이들 도시의 상징이 되었다.

공항의 규모와 시설, 서비스 등은 도시의 경쟁력이 되었다. 2015년 통계를 보면 유럽의 100대 공항은 연 400만 명 이상의 이용객을 자랑하며, 1000만 명 이상이 이용하는 공항이 50여 개에 달한다.[16]

최근 항공기에 도전장을 던진 교통수단이 철도다. 고속철도를 개발함으로써 도심과 도심을 신속하게 연결하는 시도가 유럽에서 다시 시작되었다. 한국이 고속철도를 선택할 즈음 프랑스의 TGV와 독일의 ICE, 일본의 신칸센 등이 경쟁하는 체제였다. 자동차가 고속으로 달리면 위험하지만, 고속철은 다수의 여객을 비교적 안전하게 도심에서 도심으로 실어 나르는 수단이다.

지금은 유럽과 동아시아가 밀도 높은 고속철 그물을 자랑한다. 한국, 중국, 일본이 각각 국가별 고속철 망을 가지고 있다면, 유럽은 서로 연결된 대륙의 고속철 그물이다. 유럽연합은 각국이 보유하는 고속철을 연결하여 유럽 차원의 시스템을 형성했다. 이제 파리에서 런던에 가려면 세 시간이면 된다. 북쪽의 암스테르담과 남쪽의 제네바도 두 시간 남짓이면 도착할 수 있다. 유럽의 수도로 불리는 브뤼셀은 한 시간 정도면 족하다.

독일의 베를린-프랑크푸르트, 스페인의 마드리드-바르셀로나, 이탈리아의 로마-밀라노 노선 등은 이들 국가에서 주요 도시를 세 시간 만에 연결하는 신속한 수단으로 부상했다. 유럽 각국은 계속 고속철에 투자하여 새로운 노선을 추가하고 있으며, 앞으로 고속철과 항공의 경쟁은 더욱 치열해질 전망이다.

# 유럽의 데모스

학계는 유럽의 정치 통합이 어려운 이유로 언론과 여론의 분열을 든다. 유럽연합에 가입하기 위해서는 확고한 민주주의 체제가 기준이다. 동유럽 국가들은 1990년대 민주화에 성공한 뒤에도 유럽연합 가입을 위해 2004년에서 2007년까지 기다려야 했다. 그 이유는 민주주의가 완전히 정착했는지 확인하는 과정이 필요했기 때문이다.

하지만 많은 정치학자들은 유럽이 기존 회원국보다 한 단계 높은 초국적 민주주의로 태어나기는 어렵다고 지적한다.[17] 민주주의(democracy)는 정치의 주인이 되는 '민(民, demos)'이 있어야 한다. 데모스는 강한 결속력을 가진 공동체다. 물론 데모스가 반드시 같은 역사와 문화를 가진 공동체일 필요는 없다. 하지만 공통의 틀과 장을 형성하여 정치를 이루어나가는 의지가 존재해야 한다.

그렇다면 데모스는 어떻게 만들어지는 것인가. 데모스는 공통의 문제에 대해 토론하고 해결 방안에 대한 찬반 의견을 교환하여 결정하는 과정을 반복하면서 만들어진다는 것이 민주주의 이론가들의 주장이다. 과거 민족국가 형성 과정에서도 이런 경험을 반복하면서 서서히 데모스가 형성되었기 때문이다. 이것이야말로 그리스의 직접민주주의나 로마 레스푸블리카의 전통을 의미한다.

또는 하버마스의 공공 토론의 장 또는 여론 형성의 공간 등과 통한다. 달리 말해 데모스가 형성되기 위해서는 토론의 장을 만들어야 하고 그 역할은 대부분 미디어가 담당해야 한다.[18] 공통의 문제나 쟁점에 대해 유럽 전체를 포괄하는 토론의 장을 형성해야 한다는 의미다.

물론 엘리트 차원에서 공통 인식과 토론의 장은 이미 존재한다. 유럽 연합 제도의 틀이 각 회원국 분야별 책임자들을 다양한 차원에서 하나로 묶어 논의하고 정책을 결정하도록 하기 때문이다.

유럽의 엘리트들은 영국의 《파이낸셜 타임스》나 《이코노미스트》, 프랑스의 《르몽드》, 독일의 《슈피겔》 등을 열심히 읽으며 각국의 정치 상황을 파악하고 미래를 예측한다. 하지만 이런 수준 높은 신문이나 잡지, 그리고 소수의 엘리트 차원에서 토론의 장이 존재한다고 공공 여론의 틀이 존재한다고 할 수 없다. 큰 틀에서 유럽 전체를 아우르는 대중 언론과 미디어가 없기 때문이다.

일부 포퓰리즘적 정치세력은 이런 엘리트의 유럽을 공격하며 민중의 이익이 사라져가고 있다고 선동한다. 모든 불행은 유럽 통합을 추진하는 엘리트 때문이며, 다시 민족국가로 권한을 돌려야 한다고 주장한다. 브렉시트를 주장한 세력이나 대륙의 극우 및 극좌의 민족주의 세력들의 담론이다.

하지만 민족이라는 단위가 유럽에서 전혀 자연스러운 것이 아니고 역사 과정을 통해 서서히 형성되었듯이 유럽 차원의 데모스 역시 천천히 만들어질 수밖에 없다. 민족이 부상하는 기나긴 과정에서도 어차피 주도 역할을 한 것은 왕실과 귀족, 부르주아 등 엘리트 일부였다. 따라서 유럽의 데모스 형성도 초기에는 엘리트의 역할이 부각될 수밖에 없다. 물론 이들의 통합을 대중에 확산하고 전파하는 움직임도 계속 강화되어왔다.

대학생의 교류부터 일반인의 바캉스와 여행, 더 수월해진 이주의 자유 등은 알게 모르게 유럽 공통의 장을 만드는 기반이다. 언론만 보더라도 언어는 제각각이지만 하나의 공통 주제를 중심으로 보도하고 논의하고 토론하려는 노력이 이루어지고 있다. 예를 들어 유로파 팀이라는 그물은 여섯 개 언론사가 참여하는 컨소시엄 형태로 다양한 시도를 하고 있다.

영국의 《가디언》, 프랑스의 《르몽드》, 스페인의 《엘파이스》, 이탈리아의 《라스탐파》, 폴란드의 《가제타 비보르차》, 독일의 《쥐트도이체 차이퉁》 등은 유로파 팀을 형성한다. 이들은 각국의 대표 언론으로 중도좌파의 성향을 공유한다.

마지막으로 하나의 시도를 예로 들어보자. 프랑스와 독일은 아르테(Arte)라는 텔레비전 채널을 공동으로 운영하고 있다. 1992년에 출범한 이 채널은 두 나라가 프로그램을 제작하여 각각 프랑스어와 독일어로 더빙하여 내보내는 양 언어 채널의 실험이다.

현재 이 채널의 시청률은 매우 저조한 편이다. 프랑스에서는 2퍼센트, 독일에서는 1퍼센트 정도다. 하지만 최근 인공지능의 수준이 매우 높아지고 통번역 능력이 급속하게 발전하면서 이런 시도가 앞으로 대중 채널이나 다수의 언어로 이루어질 가능성은 높다.

현재 컴퓨터를 이용한 통번역의 영역에서 유럽이 쌓아놓은 24개 언어의 경험이 유용하게 활용되고 있다는 소식이다. 예를 들어 모든 유럽의 법과 규칙 등은 각각의 언어로 번역되어 공개해야 하기 때문에 엄청난 분량의 작업이 이루어지고 있고, 딥러닝(Deep Learning)과 같이 학습하는 컴퓨터들은 이들을 통해 통번역의 기술을 배우기 때문이다. 바둑 게임의 수많은 데이터를 바탕으로 알파고가 바둑의 전술을 익혔듯이 말이다.

이처럼 교류의 그물은 고대 지중해 제국부터 시작하여 최근의 고속 인터넷까지 점점 더 촘촘하게 유럽의 다양한 지역과 국가를 하나로 묶어왔다. 배를 타거나 말을 타고 교류하던 시대에서 철도와 자동차와 비행기로 연결된 시대가 되었고, 이제는 자유롭게 도시와 도시, 국가와 국가를 넘나드는 시대가 열렸다.

통합된 방송과 연결된 언론을 통해 유럽이라는 아이디어와 여론의 공간이 만들어진다면 민주주의 수준 역시 한 단계 높아질 것이다. 사실 이 실험의 성패는 유럽뿐 아니라 지구촌 전체가 관심을 가지고 지켜보아야 할 미래다.

## 유럽의 주요 기차역

| 번호 | 국가 | 지역 | 이름 | 연간 승객수 (100만 단위) | 플랫폼 수 | 준공 연도 |
|---|---|---|---|---|---|---|
| 1 | 노르웨이 | 베르겐 | 베르겐 역 Bergen stasjon | – | 4 | 1913 |
| 2 | 노르웨이 | 오슬로 | 오슬로 중앙역 Oslo sentralstasjon | – | – | 1987 |
| 3 | 스웨덴 | 스톡홀름 | 스톡홀름 중앙역 Stockholms Centralstation | – | 17 | 1871 |
| 4 | 덴마크 | 코펜하겐 | 코펜하겐 중앙역 Københavns Hovedbanegård | – | 7 | 1911 |
| 5 | 핀란드 | 헬싱키 | 헬싱키 중앙역 Helsingin päärautatieasema | – | 19 | 1862 |
| 6 | 에스토니아 | 탈린 | 탈린 중앙역 Balti jaam | | 7 | 1870 |
| 7 | 영국 | 버밍햄 | 버밍햄 뉴스트리트 역 Birmingham New Street | 33.3 | 13 | 1854 |
| 8 | 영국 | 런던 | 런던 리버풀스트리트 역 London Liverpool Street | 63.6 | 18 | 1874 |
| 9 | 영국 | 런던 | 런던 브릿지 역 London Bridge | 49.5 | 15 | 1973 |
| 10 | 영국 | 런던 | 런던 빅토리아 역 London Victoria station | 85.3 | 19 | 1860 |
| 11 | 영국 | 런던 | 런던 워털루 역 London Waterloo | 99.2 | 22 | 1848 |
| 12 | 영국 | 런던 | 런던 체링크로스 역 London Charing Cross | 43 | 18 | 1864 |
| 13 | 영국 | 런던 | 런던 킹스크로스 역 London King's Cross | 31.3 | 12 | 1852 |
| 14 | 영국 | 런던 | 런던 패딩턴 역 London Paddington | 35.7 | 14 | 1854 |
| 15 | 영국 | 런던 | 스트랫퍼드 역 Stratford | 31 | 15 | 1839 |
| 16 | 포르투갈 | 리스본 | 로시오 역 Estação de Caminhos de Ferro do Rossio | – | – | 1891 |
| 17 | 스페인 | 마드리드 | 마드리드 아토차 역 Madrid Atocha | 88 | 10 | 1988 |
| 18 | 프랑스 | 파리 | 몽파르나스 역 Gare Montparnasse | 53.8 | 28 | 1840 |
| 19 | 프랑스 | 파리 | 파리 동역 Paris Gare de l'Est | 30.8 | 30 | 1849 |
| 20 | 프랑스 | 파리 | 파리 리옹 역 Paris Gare de Lyon | 96.8 | 32 | 1900 |
| 21 | 프랑스 | 파리 | 파리 북역 Paris Gare du Nord | 207.5 | 31 | 1864 |
| 22 | 프랑스 | 파리 | 파리 생라자르 역 Paris Saint-Lazare | 105.5 | 27 | 1837 |
| 23 | 벨기에 | 브뤼셀 | 브뤼셀 중앙역 Bruxelles-Central | – | 6 | 1952 |
| 24 | 룩셈부르크 | 룩셈부르크 | 룩셈부르크 역 Gare Lëtzebuerg | – | 13 | 1859 |
| 25 | 네덜란드 | 암스테르담 | 암스테르담 중앙역 Amsterdam Centraal station | 91.3 | 11 | 1889 |
| 26 | 네덜란드 | 위트레흐트 | 위트레흐트 중앙역 Utrecht Centraal railway station | 104 | 16 | 1834 |
| 27 | 독일 | 쾰른 | 쾰른 중앙역 Köln Hauptbahnhof | 102 | 11 | 1859 |
| 28 | 독일 | 뒤셀도르프 | 뒤셀도르프 중앙역 Düsseldorf Hauptbahnhof | 91.3 | 20 | 1891 |
| 29 | 독일 | 뒤스부르크 | 뒤스부르크 중앙역 Duisburg Hauptbahnhof | 36.2 | 12 | 1846 |
| 30 | 독일 | 도르트문트 | 도르트문트 중앙역 Dortmund Hauptbahnhof | 47.4 | 31 | 1847 |
| 31 | 독일 | 에센 | 에센 중앙역 Essen Hauptbahnhof | 62.1 | 13 | 1902 |
| 32 | 독일 | 브레멘 | 브레멘 중앙역 Bremen Hauptbahnhof | 43.8 | 9 | 1847 |
| 33 | 독일 | 함부르크 | 함부르크 중앙역 Hamburg Hauptbahnhof | 175 | 12 | 1906 |
| 34 | 독일 | 함부르크 | 함부르크-알토나 역 Hamburg-Altona | 36.5 | 12 | 1898 |
| 35 | 독일 | 하노버 | 하노버 중앙역 Hannover Hauptbahnhof | 91.2 | 12 | 1843 |
| 36 | 독일 | 베를린 | 베를린 중앙역 Berlin Hauptbahnhof | 110 | 14 | 2006 |
| 37 | 독일 | 베를린 | 베를린 동물원 역 Berlin Zoologischer Garten | 47.4 | 6 | 1844 |
| 38 | 독일 | 베를린 | 베를린 동역 Berlin Ostbahnhof | 36.5 | 9 | 1842 |

| 39 | 독일 | 베를린 | 베를린 프레드리히거리 역 Berlin Friedrichstraße station | 76.7 | 8 | 1878 |
|---|---|---|---|---|---|---|
| 40 | 독일 | 베를린 | 베를린-게순트브루넨 역 Berlin-Gesundbrunnen | 38.3 | 10 | 1872 |
| 41 | 독일 | 베를린 | 베를린-리텐베르크 역 Berlin-Lichtenberg | 31 | 8 | 1930 |
| 42 | 독일 | 라이프치히 | 라이프치히 중앙역 Leipzig Hauptbahnhof | 43.8 | 21 | 1915 |
| 43 | 독일 | 프랑크푸르트 | 프랑크푸르트 중앙역 Frankfurt (Main) Hauptbahnhof | 164.3 | 29 | 1888 |
| 44 | 독일 | 만하임 | 만하임 중앙역 Mannheim Hauptbahnhof | 40.2 | 9 | 1840 |
| 45 | 독일 | 슈투트가르트 | 슈투트가르트 중앙역 Stuttgart Hauptbahnhof | 87.6 | 17 | 1922 |
| 46 | 독일 | 뉘른베르크 | 뉘른베르크 중앙역 Nürnberg Hauptbahnhof | 65.7 | 21 | 1844 |
| 47 | 독일 | 뮌헨 | 뮌헨 중앙역 München Hauptbahnhof | 127.8 | 34 | 1839 |
| 48 | 독일 | 뮌헨 | 뮌헨-파징 역 München-Pasing station | 31 | 9 | 1840 |
| 49 | 스위스 | 제네바 | 제네바 역 Gare de Genève-Cornavin | – | 8 | 1858 |
| 50 | 스위스 | 로잔 | 로잔 역 Gare de Lausanne | 39.1 | 9 | 1856 |
| 51 | 스위스 | 베른 | 베른 역 Bahnhof Bern | 73.9 | 16 | 1860 |
| 52 | 스위스 | 바젤 | 바젤 역 Bahnhof Basel SBB | 41.2 | 16 | 1907 |
| 53 | 스위스 | 루체른 | 루체른 역 Bahnhof Luzern | 33.5 | 14 | 1856 |
| 54 | 스위스 | 취리히 | 취리히 올리콘 역 Zürich Oerlikon | 30.8 | 6 | 1855 |
| 55 | 스위스 | 취리히 | 취리히 중앙역 Zürich Hauptbahnhof | 161.1 | 26 | 1847 |
| 56 | 스위스 | 빈터투어 | 빈터투어 중앙역 Winterthur Hauptbahnhof | 38.4 | 9 | 1855 |
| 57 | 이탈리아 | 토리노 | 토리노 포르타 누오바 역 Torino Porta Nuova | 70 | 20 | 1861 |
| 58 | 이탈리아 | 밀라노 | 밀라노 중앙역 Milano Centrale | 120 | 24 | 1931 |
| 59 | 이탈리아 | 밀라노 | 밀라노 카도나 역 Milano Cadorna | 33.1 | 10 | 1879 |
| 60 | 이탈리아 | 베네치아 | 베네치아 메스트레 역 Venezia Mestre | 31 | 13 | 1842 |
| 61 | 이탈리아 | 베네치아 | 베네치아 산타루치아 역 Venezia Santa Lucia | 30 | 16 | 1861 |
| 62 | 이탈리아 | 볼로냐 | 볼로냐 중앙역 Bologna Centrale | 58 | 28 | 1864 |
| 63 | 이탈리아 | 피렌체 | 피렌체 산타마리아 역 Firenze Santa Maria Novella | 59 | 19 | 1848 |
| 64 | 이탈리아 | 로마 | 로마 테르미니 역 Roma Termini | 150 | 32 | 1862 |
| 65 | 이탈리아 | 로마 | 로마 티부르티나 역 Roma Tiburtina | 51 | 20 | 1866 |
| 66 | 이탈리아 | 나폴리 | 나폴리 중앙역 Napoli Centrale | 50 | 25 | 1866 |
| 67 | 헝가리 | 부다페스트 | 부다페스트 동역 Budapest Keleti pályaudvar | – | 18 | 1884 |
| 68 | 헝가리 | 부다페스트 | 부다페스트 서역 Budapest-Nyugati pályaudvar | – | – | 1877 |
| 69 | 헝가리 | 미슈콜츠 | 미슈콜츠 역 Miskolc Tiszai | – | – | 1857 |
| 70 | 오스트리아 | 잘츠부르크 | 잘츠부르크 중앙역 Salzburg Hauptbahnhof | – | 9 | 1860 |
| 71 | 오스트리아 | 빌라흐 | 빌라흐 중앙역 Villach Hauptbahnhof | – | 12 | – |
| 72 | 오스트리아 | 빈 | 빈 중앙역 Wien Hauptbahnhof | – | 12 | 2012 |
| 73 | 루마니아 | 부쿠레슈티 | 부쿠레슈티 북역 Bucureşti Gara de Nord | – | 8 | 1872 |
| 74 | 루마니아 | 이아시 | 이아시 역 Gara Mare Iaşi | – | 5 | 1870 |
| 75 | 우크라이나 | 키예프 | 키예프 남서역 Київ-Пасажирський | – | 7 | 1870 |
| 76 | 폴란드 | 바르샤바 | 바르샤바 중앙역 Warszawa Centralna | – | 4 | 1975 |
| 77 | 러시아 | 상트페테르부르크 | 상트페테르부르크-글라브니 역<br>Санкт-Петербург-Главный | – | 6 | 1847 |
| 78 | 러시아 | 모스크바 | 레닌 그라드스키 역 Ленинградский вокзал | – | 6 | 1851 |

12장

축구의 그물

스웨덴
덴마크
북 해
영국
네덜란드
독일
벨기에
대 서 양
프랑스
스위스
오스트리아
크로아티아
포르투갈
스페인
이탈리아
보스
헤르

5~7
1
8
9
10
15
16
11, 12
13, 14
17
3
18~23
53
60
59
52
57
61
62
42
54
58
51
63
43
56
55
44
66
64
45
65
68
41
67
40
69, 70
71
101
47, 48
46
72
73
75
99
33
74
76
39
77
24
49
50
98
31, 32
27
25, 26
35
78
28~30
34
36~38
79
80
83
84

| 1 올레비 | 16 힐스보로 스타디움 | 31 에스타디오 비센테 칼데론 | 46 스타드 조프루아 기샤르 |
|---|---|---|---|
| 2 프렌즈 아레나 | 17 빌라 파크 | 32 에스타디오 산티아고 베르나베우 | 47 스타드 제를랑 |
| 3 텔리아 파르켄 | 18 불린 그라운드 | 33 에스타디오 산마메스 | 48 파르크 올랭피크 리오네 |
| 4 헬싱키 올림픽스타디움 | 19 스탬포드 브릿지 스타디움 | 34 에스타디오 마누엘 마르티네스 발레로 | 49 스타드 벨로드롬 |
| 5 셀틱 파크 | 20 에미레이츠 스타디움 | 35 에스타디오 데 메스타야 | 50 알리안츠 리베라 |
| 6 아이브록스 스타디움 | 21 올림픽 스타디움 | 36 에스타디 올림픽 유이스 콤파니스 | 51 스타드 루아 보두앵 |
| 7 햄덴 파크 | 22 웸블리 스타디움 | 37 에스타디 코르네야 엘 프라트 | 52 데 쿠이프 |
| 8 세인트제임스 파크 | 23 화이트 하트 레인 | 38 캄 노우 | 53 암스테르담 아레나 |
| 9 라이트 경기장 | 24 에스타디오 도 드라강 | 39 스타드 뮈니시팔 | 54 보루시아 파크 |
| 10 리버사이드 스타디움 | 25 에스타디오 다 루스 | 40 마트뮈 아트란티크 | 55 에스프리 아레나 |
| 11 구디슨 파크 | 26 에스타디오 조세 알바라데 | 41 스타드 드 라 보주아르 | 56 라인에네르기 슈타디온 |
| 12 안필드 | 27 에스타디오 나시오날 | 42 스타드 피에르-모루아 | 57 펠틴스 아레나 |
| 13 올드 트래포드 | 28 에스타디오 라몬 산체스 피즈후안 | 43 스타드 볼라르트 들렐리 | 58 베스트팔렌슈타디온 |
| 14 이티하드 스타디움 | 29 에스타디오 베니토 비야마린 | 44 스타드 드 프랑스 | 59 베저슈타디온 |
| 15 앨런드 로드 | 30 에스타디오 데 라 카르투하 | 45 파르크 데 프랑스 | 60 볼크스파크슈타디온 |

핀란드
• 4

러시아
• 116
● 113, 114

벨라루스
● 112

우크라이나
● 103        ● 104
              ● 105

루마니아                    조지아
● 102        흑 해        115   ● 117        카 스 피 해
                         아르메니아   119
불가리아                    ● 118   아제르바이잔
87
● 88~91                        지중해
● 92                    이스라엘
● 93
터키
● 95    ● 94
● 85, 86

지중해        이스라엘
              ● 120

#

# 축구로 마치는 문명 순례

우리가 그리는 유럽 문명의 마지막 그물은 축구의 네트워크다. 물론
국제축구연맹(FIFA)이 유엔보다 더 많은 회원국을 보유할 정도로 축구
는 유럽 사람들만이 아니라 전 세계인이 사랑하는 스포츠다. 유럽 문
명 순례의 출발점인 언어의 그물도 유럽에서 세계로 퍼져나갔음을 보
았다. 이 책에서 소개한 대부분의 그물은 유럽에서 세계로 범위를 확대
했다. 축구는 가장 늦게 형성된 그물이지만 유럽 문명의 특징을 잘 함
축하고 있어 우리의 순례를 마치기에 적절하다.

역사학자 하위징아는 인간을 '호모 루덴스(Homo ludens)', 즉 '노는
존재'로 표현했다.[1] 그는 유희를 즐기는 인간의 성향에 주목했다. 인간은
도구를 만드는 호모 파베르(Homo faber)가 되기 이전에 이미 놀이를 즐
겼고, 따라서 게임이 문화보다 더 오래되었다고 주장한다.

문화는 놀이 속에서 만들어진다. 놀이나 게임은 인간이 어떤 목적을 추구해서가 아니라 일상에서 벗어나 상상력을 발휘하면서 경쟁을 즐기는 과정이기 때문이다. 놀이는 순전히 불필요한 행동을 동반한다. 하위징아의 논리는 우리가 문화라고 부르는 음악이나 언어, 심지어 법까지도 이런 놀이와 게임의 요소를 포함한다는 것이다.

축구는 사람들의 열정을 불러일으키고 일상에서 벗어나 정신을 잃게 하는 놀이이자 게임임에 틀림없다. 그런데 많은 놀이 가운데 유독 축구가 인류를 하나로 묶을 정도로 성공한 이유는 무엇일까.

축구는 19세기 영국이 만든 게임이다. 산업혁명과 의회민주주의를 통해 근대의 문을 연 영국에서 축구가 시작된 것은 우연이 아니다. 산업혁명이나 민주주의가 세계에 확산되었듯이 축구가 인류를 지배하게 된 것도 우연이라고 보기는 어렵다.

유럽 문명 논의에서 이미 만난 적이 있는 엘리아스의 《문명화의 과정》을 다시 상기할 수 있다.[2] 문명화란 야만에서 탈피하는 과정이며, 문명과 야만을 둘로 나누어 차별화한다. 야만이 폭력의 노골적 충돌이나 표현을 의미한다면, 문명은 폭력을 지양하고 충돌을 완화하며 경쟁의 규칙을 도입하는 과정이다.

엘리아스는 영국과 프랑스에서 제일 먼저 이런 문명화의 과정이 시작되었다고 분석한다. 문명화의 선두를 함께 달렸지만 신체활동과 관련해서 영국과 프랑스는 서로 다른 길을 걸었다. 이성과 합리주의의 선두에 섰던 프랑스에서는 사냥이나 군사훈련이 엘리트들의 신체활동을 대표했다. 신체활동은 열등하고 정신활동이 우월하다는 인식이 지속되었다. 머리를 쓰는 시인보다 손을 놀리는 화가나 조각가의 사회 위상이 낮았던 이유다.

따라서 프랑스의 왕과 귀족들은 열심히 달리는 순수한 신체활동보다는 이성이나 전략과 결합하여 천천히 즐기는 활동을 선호했다. 루이 14세는 베르사유 궁전에서 춤을 즐겼지만 실제로 몸을 움직이는 일은 그다지 좋아하지 않았다. 루이 16세 역시 말을 타고 달리는 사냥을 즐겼기에 그의 몸은 근육질의 날씬한 몸매와는 거리가 있었다. 프랑스에서 죄드폼(Jeu de paume)이라 불리는 테니스는 왕실의 대표 운동이었지만, 18세기를 거치면서 왕들은 공을 치기 위해 달리기보다는 정신과 신체를 동시에 단련할 수 있는 당구를 선호했다.

반면 영국에서는 순수한 운동이 엘리트의 교육 과정에서 중요한 역할을 담당했다. 건강한 육체에 건강한 정신이 따른다는 모토를 믿고 실천했던 것이다. 이런 점에서 영국의 엘리트는 고대 그리스와 로마의 전통을 원형 그대로 물려받은 셈이었다.

근대 운동의 상당수가 영국에서 발달한 원인을 여기서 찾을 수 있다. 영국인들은 운동을 통해 교육의 목표를 달성하려 했고, 더 나아가 사회 전체를 운동을 통해 개선하고 변화시키려는 노력을 했다. 그렇게 해서 가장 성공한 사례가 축구라고 할 수 있다.

#

## 축구의 기원

축구의 기원에는 많은 가설이 있다. 공을 발로 차고 몸으로 다루는 활동은 다양한 문화와 사회에서 아주 오래전부터 존재해왔다. 중남미의 고대문명에서는 발의 사용을 금지하고 어깨와 엉덩이, 무릎을 중심으로 공을 움직여 둥근 원형의 테를 통과시켜야 하는 게임이 있었다.

■■■
칼치오 경기를 하는 모습(작자 미상, 1688).

이는 종교 의례의 한 부분이었고 게임이 끝나면 승리한 팀의 선수를 제물로 바치는 의식이 행해지기도 했다. 선수는 목숨을 바쳐야 하는 승리를 위해 싸웠던 것이다.

유럽에서는 16세기 르네상스 시대에 피렌체에서 칼치오(Calcio)라고 부르는 공놀이가 유행했다. 국제축구연맹은 이를 축구의 조상쯤으로 본다. 이탈리아에서는 지금도 축구를 칼치오라고 부른다. 프랑스에서도 술(Soule)이라고 부르는 공놀이가 19세기까지 있었는데 폭력적인 패싸움의 양상을 띠었다는 기록이 남아 있다.

유럽의 역사에서 축구와 비슷한 대중오락은 고대 그리스의 연극이나 고대 로마의 검투사 대결에서도 찾을 수 있다.[3] 도시에 대중이 모이는 장소를 마련하고 그곳에서 관중을 위한 공연이 오락의 기능을 했다는 점에서 말이다. 하지만 연극은 언어와 무용의 공연이라는 점에서 신체활동이 두드러지는 축구와 비교하기 어렵다. 또 검투사의 대결은 폭력적인 결투라는 점에서 유사하지만 목숨을 놓고 벌이는 개인의 충돌이라는 점에서 단체 운동인 축구와 구별된다.

현대 축구와 그나마 가장 비슷한 운동은 로마 시대의 경마다. 로마의 경마는 파란색, 빨간색, 흰색, 초록색 등으로 상징되는 팀들이 전차 경주를 벌이는 게임이다. 각 팀은 다수의 마부를 보유하며 서포터 집단이 있었다. 서포터들은 경주 결과에 불만을 품고 폭동을 일으키기도 했으며 서로 패싸움을 벌이기도 했다. 물론 네 팀이 달리는 전차 경주는 두 팀이 서로 맞부딪쳐 승패를 가르는 축구만큼 대결의 강도가 세지는 않았다.

영국도 이탈리아나 프랑스 등 다른 유럽 국가들과 마찬가지로 폭력을 동반하는 공놀이가 중세부터 있었다. 스트리트 풋볼, 즉 길거리 축구는 거리에서 공을 차다가 주먹다짐으로 끝나기 일쑤인 활동이었다. 영국의 국왕들은 민중을 길들여 훌륭한 군인으로 만들기 위해 공놀이보다는 활쏘기를 장려했지만, 대중은 양궁과 같이 '재미없는 귀족의 놀이'를 외면했다.

18세기가 되면 영국의 명문 사립학교에서 축구를 학교 전통으로 발전시켰다. 그중 럭비라는 사립학교는 공을 들고 뛰는 전통을 확립했는데, 여기에서 럭비 종목이 탄생했다. 말버러와 첼튼엄이 럭비 전통을 공유하는 학교들이다. 다른 한편 이튼, 슈루즈버리, 웨스트민스터, 차터하우스 등은 공을 차고 달리는 드리블링 게임을 즐겼다.

중세 유럽의 대학생들은 젊음을 불태우며 술을 마시고 폭동을 일으키는 일이 빈번했다. 이에 질세라 영국의 엘리트 청소년들도 고주망태가 되어 패싸움을 벌이고 신입생 신고식을 치르고, 약자를 왕따시키는 일이 많았다. 이들 학교에서 운동은 혈기왕성한 학생들의 기운을 빼고, 폭력을 통제하는 법을 가르치기 위한 교육의 일환으로 고안된 것이다. 여름에는 크리켓을 하고 겨울에는 축구나 럭비를 하는 것이 중요한 커리큘럼이 되었다. 중·고등학교뿐 아니라 옥스퍼드대학과 케임브리지대학에서도 이런 운동은 교육의 한 부분으로 자리 잡았다.

#

## 근대 축구의 탄생

1856년에 만든 케임브리지대학의 게임 규칙이 근대 축구의 기본이 되었다. 당시 케임브리지대학에는 여러 고등학교 출신들이 뒤섞였는데 게임의 규칙이 서로 달라 하나로 통일할 필요가 있었다.

예를 들어 축구장 길이만 해도 50야드에서 800야드까지 다양했다. 이는 45~731미터에 해당하는데 길이 700미터가 넘는 큰 축구장에서 이리 뛰고 저리 뛰는 모습을 상상해보라! 해로고등학교의 골대 폭은 2.66미터였지만, 이튼에서는 3.35미터였다. 또 해로는 무승부인 경우 골대 폭을 7.32미터로 넓혀 연장전을 벌이는 흥미로운 규칙도 정했다. 지친 선수들을 고려하여 빨리 승부를 내기 위한 묘수였다.

골대도 처음에는 옷이나 물건을 놓고 표시했다. 나중에는 성당의 문으로 골대를 대체하기도 했다. 땅에 기둥을 박아 표시한 이후에도 높이를 규제하지는 않았다. 럭비처럼 두 기둥 사이로 통과하기만 하면 골로 인정하는 시기가 상당히 오래 지속되었다.

축구는 빅토리아 여왕 시대의 산물이라고 알려져 있다. 그만큼 축구는 귀족사회의 산물이다. 축구는 귀족이나 부르주아의 자식들을 교육하는 과정에서 활용되었기 때문에 길거리 축구와 달리 엄격한 규칙을 만들었다. 거리나 공터에서 대충 벌이던 패싸움의 축구에서 정확한 규격의 운동장에서 벌이는 게임으로 다시 태어난 것이다. 골대의 넓이와 높이도 규격화했다. 또한 게임에 참여하는 선수의 수를 정했다.

원래 길거리 축구는 대충 둘로 나누어 벌이는 폭력 게임이었지만 이제는 유니폼을 입은 선수들만이 참여할 수 있는 공식 대결이 되었다. 수십 명이 한꺼번에 공을 향해 뛰어들어 난장판이 되었던 싸움에서 일정한 규칙에 따라 평등하게 치러지는 게임으로 진화한 것이다.

더 나아가 선수 사이에 기능의 전문화가 이루어졌다. 대표적인 사례가 선수 가운데 유일하게 손을 사용할 수 있는 골키퍼가 생겼다는 점이다. 초기 축구에서는 공격수가 압도적으로 많았지만 수비와 공격으로 역할이 분담되었다. 애덤 스미스가 말한 핀 공장의 분업체계가 운동장에서도 재현되었던 것이다. 1871년에서 1872년이 되면 게임 시간을 총 90분으로 제한하는 규칙이 생겼다. 시간이 지배하는 세상을 그대로 반영한 셈이다.[4]

축구의 귀족성을 드러내는 흥미로운 특징은 초기에 심판의 존재를 거부했다는 점이다. 심판은 상대 팀의 선수가 반칙을 할 수도 있다고 의심하기에 필요하다. 귀족학교 자녀들에게 이는 명예와 관련된 일이었다. 이견이 생기면 주먹다짐으로 결정하면 했지 심판을 두어 처음부터 선수를 의심하는 것은 용납하기 어려운 일이었다. 하지만 반복되는 분쟁으로 결국 주심과 부심을 두는 제도를 마련하지 않을 수 없었다.

규칙을 정하고 심판을 두면서 축구는 매우 인위적인 게임이 되었다. 하위징아가 말했듯이 인간의 놀이는 오로지 즐기기 위해 존재한다. 공을 찬다고 돈이 생기는 것도 아니고 밥이 나오는 것도 아니다. 하지만 사람들은 열심히 공을 쫓아 뛰어다니고 공이 골 망을 흔들면 미친 듯이 열광한다.

이와 유사한 19세기의 변화로 영국 귀족의 여우 사냥을 들 수 있다. 과거의 사냥에서는 토끼, 사슴, 꿩 등을 포획하여 잡아먹었다. 하지만 여우는 식용 동물이 아니다. 여우 사냥은 배를 채우거나 피를 보려는 저급한 욕망의 활동이 아니다. 남녀 불문하고 말을 타고 사냥개를 몰아 여우를 잡는 두뇌 중심의 야외활동이었던 것이다. 축구와 여우 사냥은 불필요한 활동일수록 가치가 높아지는 문명의 아이러니를 그대로 반영한다.

# #
# 근대 사회의 반영

축구는 19세기 영국 사회를 반영하여 클럽이라는 시민사회 조직의 전형을 통해 발전했다. 영국은 유럽에서 제일 먼저 자유주의를 실천한 나라다. 자유주의는 사상이나 철학의 조류이기에 앞서 결사의 자유라는 권리에서 시작한다.

클럽은 결사의 자유를 실천하는 기본 형식이다. 클럽이란 국가 개입 없이 특정 목적을 위해 자생적으로 만들어지며 나름의 규칙과 운영 방식을 가진다. 축구 자체가 새로운 것이지만 클럽 역시 새로운 사회 조직의 형태다. 축구팀 명칭에 붙는 'FC'는 'Football Club'의 약자로 '축구 클럽'이라는 뜻이다.

최초의 축구 클럽은 대학에서 축구를 즐기던 학생들이 졸업하고 사회에 나간 뒤에도 계속 운동을 하기 위해 만든 단체들이다. 명문학교 출신들이었던 만큼 최초 축구 클럽의 회원들은 사회 지위가 높았다. 앞에서 살펴본 축구 규칙의 형성에 이들 성인 클럽은 중요한 역할을 했다.

특히 축구에서 폭력을 줄이고 충돌을 피하는 규칙을 도입하는 데 중대한 영향을 미쳤다. 학생 때는 축구하다가 멍이 들거나 다쳐도 명예로운 상처로 여길 수 있었다. 하지만 국회의원이나 은행에 근무하는 간부가 멍든 얼굴로 일하러 가기는 곤란했다. 따라서 정강이를 발로 차거나 머리로 몸을 가격하는 것과 같은 행동은 금지되었다.

학벌 좋은 귀족과 부르주아 계급에서 시작한 축구 클럽의 전통은 빠른 속도로 사회 전체로 확산되었다.[5] 축구가 신속히 확산된 데에는 우선 게임의 규칙이 단순해서 누구라도 쉽게 동참할 수 있다는 점이 컸다. 크리켓은 전통적인 여름 게임이고, 축구와 럭비는 겨울 게임이라고 할 수 있다. 하지만 크리켓은 규칙이 복잡해서 다른 계급이나 나라로 확산되기에 어려움이 있었다.

사람들은 귀족의 운동을 따라 하면서 계급 상승의 달콤함을 상상할 수 있었다. 요즘엔 골프를 치면서 계급 상승을 꿈꾸듯이, 19세기 영국의 젊은이들은 이튼과 옥스브리지 출신 귀족 자녀들의 운동인 축구를 하면서 엘리트가 된 듯한 환상을 가졌다. 또한 젊은이들은 축구를 하면서 에너지를 발산할 수 있었다.

일부 자본가들은 노동자 축구 클럽에 뒷돈을 대면서 이 새로운 활동의 확산에 기여했다. 영국축구협회에 등록된 클럽의 수는 1867년 10개에서 1888년 1000개, 1905년 1만 개, 그리고 1910년이 되면 3만~5만 개로 늘어났다.

당시 영국 노동자들은 일주일에 한 번 쉬었다. 그들은 대부분 쉬다가 술을 퍼마셨고, 그 때문에 월요일에 출근하지 못하는 일이 많았다. '성스러운 월요일(Saint Monday)'이라 불렸던 이 월요병은 예나 지금이나 마찬가지인 모양이다. 영국의 자본가들은 토요일에 반나절만 근무하는 제도를 도입했고, 축구를 통해 건전한 주말 문화를 만들어보려 했다. 노동자들이 주말이 되면 축구장으로 달려가서 공을 차거나 경기를 구경하도록 유도했다. 그들은 경기가 끝난 후 한잔했지만 하루 종일 마시는 것보다는 나아졌다고 한다.

19세기 후반과 20세기 초반에는 노동자의 생활수준이 어느 정도 향상되었기 때문에 축구라는 여가 활동에 돈을 지출할 여유가 생겼다. 이들은 신문을 사서 보거나 펍(pub)이라는 주점에 다니고 축구 경기를 보러 갈 수 있는 시간과 경제력을 가지게 되었다. 따라서 1890년대가 되면 수천 명에서 수만 명에 달하는 관중이 축구 경기장을 찾기 시작했다.

영국에서 프로 축구가 탄생한 것은 1880년대~1890년대의 일이다. 원래 귀족이나 중산층에서는 돈을 벌기 위해 게임하는 것을 경멸했다. 따라서 프로 축구에 반대하는 입장이었다. 하지만 게임의 수준을 높이기 위해서는 우수한 선수가 축구만으로 생활할 수 있는 기반을 마련해 주어야 했다.

1885년이 되면 축구협회가 프로 선수의 존재를 인정하게 되고, 1888년에는 축구 리그가 출범하여 경쟁하는 체제가 만들어진다. 1892년에는 1부 리그 밑에 2부 리그가 형성되었고, 1898년에는 두 개의 리그 사이에 승급과 강등을 결정하는 제도가 생겼다.

20세기 초가 되면 지금 우리가 아는 축구의 제도와 그림이 거의 완성된다. 규칙이 정해지고, 축구 경기장이 지어지고, 축구를 직업으로 삼는 프로 선수가 형성된다. 영국이라는 나라를 단위로 토너먼트 방식의 대회와 리그 방식의 대회라는 두 개의 경쟁 트랙도 완성된다. 1914년부터는 영국 국왕이 축구협회컵(FA Cup) 대회 결승을 주관하고 우승 트로피를 수여하는 전통이 만들어짐으로써 축구는 영국을 대표하는 국기(國伎)로 자리 잡는다.

#

## 축구의 영국 확산

2000년대부터는 한국에서도 텔레비전이나 인터넷을 통해 유럽 축구 게임을 볼 수 있게 되었다. 박지성 덕분에 맨체스터 유나이티드 팬이 많이 생겨났으며, 손흥민이 영국에 진출한 이후에는 토트넘 팬도 늘어났다.

4년마다 열리는 월드컵이 세계 축구팬을 열광시키는가 하면 유럽의 국가 대항전인 유로가 월드컵 못지않은 인기를 누린다. 그만큼 축구는 최고로 인기 있는 세계 스포츠가 되었다. 그리고 유럽은 여전히 세계 최대의 축구 시장이자 무대를 형성하고 있다.

19세기 후반 영국에서 시작된 축구가 유럽에 전파되는 과정은 무척 흥미롭다. 그동안 다양한 그물에서 보았듯이 유럽의 국가와 지역과 도시들은 서로 경쟁하고 모방하는 관계이기 때문에 축구 역시 매우 빠른 속도로 퍼져나갔다.

축구는 처음 잉글랜드에서 스코틀랜드로 전파되었다. 잉글랜드에서 럭비와 축구의 차이는, 하나는 손을 사용하는 게임이고, 다른 하나는 발로 차고 달리는 드리블링 게임이라는 것이었다. 스코틀랜드에서는 드리블에 덧붙여 선수들끼리 공을 차서 주고받는 패싱 게임을 유행시켰다. 패스를 중시하는 현대 축구의 관점에서 보면 진정한 축구의 발상지는 잉글랜드가 아니라 스코틀랜드라고 해도 과언이 아닐 것이다.

스코틀랜드는 또 문화와 종교의 대립으로 상징되는 강력한 라이벌 관계를 축구에 도입하는 데 기여했다.[6] 스코틀랜드의 글래스고는 대영제국에서 런던 다음으로 큰 도시였다. 또 스코틀랜드에 있는 도시지만 스코틀랜드 원주민은 물론 아일랜드에서 온 이주자들이 많이 거주했다.

글래스고에서 셀틱 팀은 아일랜드 출신 가톨릭 팀으로 발전했고, 레인저스는 스코틀랜드 농촌이나 산악지역에서 도시로 이주한 프로테스탄트가 응원하는 팀이 되었다. 셀틱의 흰색과 초록색 유니폼은 아일랜

드 국기를 재현하며, 샴록(shamrok)이라 불리는 클로버 문양 역시 아일 랜드의 상징이다. 또한 셀틱이 대중 이미지를 가졌다면, 산업자본이 클 럽을 보유하고 있는 레인저스는 화이트칼라 서포터 층이 두터웠다.

20세기 초 두 팀의 경기장은 6만~7만 명의 관중을 수용할 수 있을 만큼 큰 규모를 자랑한다. 같은 도시에 두 팀이 서로 경쟁하면서 함께 발전해나가는 모델이 생긴 셈이다. 민족이 다르고, 종교도 대립하며, 사 회계층도 달랐기에 경쟁심은 남달랐다.

웨일스와 아일랜드는 스코틀랜드와 달리 축구에서 그다지 두각을 나타내지 못했다. 여기서는 축구에 대한 문화 저항이 일어났기 때문이 다. 웨일스는 럭비 전통이 강한 지역이다. 일부 목사들은 럭비가 순수한 아마추어 정신을 반영한다고 선호했고, 축구는 돈과 술, 도박 등과 연 결된다는 이유로 싫어했다.

잉글랜드에 대한 반감이 강한 아일랜드에서도 축구에 대한 저항이 강했다. 잉글랜드 이주민이 많이 사는 북아일랜드 지역이 축구를 도입 한 반면, 영국을 상대로 독립운동을 벌이던 아일랜드는 헐링이라는 국민 스포츠를 장려했다. 헐링 운동장은 럭비 운동장과 비슷한 형태이며, 하키에서 사용하는 것과 비슷한 헐리(hurley)라고 불리는 막대기로 공을 쳐서 골을 넣는 게임이다.

아일랜드는 1922년 영국으로부터 독립을 쟁취했지만 반감은 계속 남아 있었다. 따라서 1970년대까지 럭비, 축구, 하키, 크리켓 등 '수입' 스포츠를 하는 선수는 국민 스포츠인 헐링 선수 자격을 박탈당했다!

#

## 스위스라는 축구 허브

잉글랜드와 한 국가를 형성하는 아일랜드나 웨일스에서 이 정도로 저항이 심했다면 유럽 대륙의 다른 나라에서는 어땠을지 상상할 만하다. 우선 프랑스나 이탈리아에서 대중 스포츠는 자전거 경주였다. 투르 드 프랑스(Tour de France)처럼 전국을 일주하는 자전거 시합은 '근육의 귀족'들이 벌이는 인간 경쟁의 무한도전으로 대중의 인기를 독차지했다. 이탈리아도 마찬가지로 전국 일주 자전거 경주가 국민 통합의 중요한 기회가 되었다.

다른 한편 독일은 체조를 통해 국민의 정신과 육체를 하나로 묶어 통일하는 체제를 굳혔다. 유럽에서 각각의 나라가 고유의 스포츠로 민족정신을 고양하고 대중의 시대를 맞이하는 첫걸음이었다. 하지만 알게 모르게 이들은 서로 영향을 미치며 경쟁을 벌였다. 어떤 모델이 승리하여 확산될지는 이 단계에서 알 수 없었다. 사후에 과거를 살피는 우리는 축구의 엄청난 성공을 알고 있지만 말이다.

영국은 교육 과정에서 게임을 통해 미래 엘리트들의 정신과 신체를 단련시키려 했다. 그리고 이런 전통에 대해 자부심을 갖는 것은 물론 심지어 세계를 지배하는 비법이라고까지 주장했다. 1881년부터 1895년 까지 잉글랜드의 명문인 해로고등학교 교장을 역임한 웰든은 영국인 과 프랑스인과 독일인이 사고와 과학, 군사조직 등에서는 비슷한 능력 을 가졌지만 영국인만이 축구, 크리켓, 럭비 같은 게임을 통해 건강과 자기통제, 규율과 협력, 팀 정신 등에서 앞서가고 있다고 주장했다. 그 는 "대영제국의 역사에서 잉글랜드의 지배력은 운동에서 비롯한다"라 고 못 박았다.[7]

이처럼 19세기 말 유럽에서는 프랑스와 이탈리아의 자전거, 독일의 체조, 영국의 축구나 럭비 같은 단체 구기종목이 경쟁했다. 서로 경쟁하 면서도 곁눈질을 하는 유럽 문명의 그물에서 누가 승리했겠는가. 두 팀 이 맞부딪쳐 승부를 내는 게임이 인기를 끌게 된 것은 그리 놀랍지 않 다. 가장 극적인 장면을 연출하며 대중의 열정을 불러일으키기에 적합 하기 때문이다.

더 흥미로운 부분은 과정이다. 19세기 후반 영국의 부자들은 따뜻한 프랑스 남부의 리비에라라는 해안에서 겨울을 보냈고, 더운 여름에는 스위스 산장으로 떠나곤 했다. 당시에도 부자들은 자기 나라에서 별로 일하지 않았던 것이다.

아무튼 영국의 부잣집 자녀들을 위한 학교가 스위스에 세워졌고, 시 간이 지나면서 점차 국제학교의 성격을 띠게 되었다. 유럽 각국에 선진 국의 부유층 아이들과 같은 교육을 받고 싶어하는 사람들이 생겼기 때 문이다. 축구는 알프스의 맑은 공기를 마시며 자라나는 엘리트 자녀들 을 통해 유럽 대륙으로 확산되었다.

영국에서 수출된 축구는 우선 알프스의 스위스에서 뿌리를 내렸다.

19세기 말 생갈, 로잔, 취리히 등에 축구 클럽이 생기고 스위스 출신 축구광들이 유럽 전역에 축구 붐을 일으키는 데 기여한다.

1899년 FC 바르셀로나 팀을 설립한 것은 감페라는 스위스 사람이다. 그는 취리히 축구팀을 만들고 프랑스 리옹에서 선수로 뛰었으며 바르셀로나에서는 스위스인, 독일인, 오스트리아인, 영국인 들과 함께 주로 외국인으로 구성된 팀을 출범시켰다. 바르셀로나 팀의 푸른색과 붉은색의 세로줄이 쳐진 유니폼은 스위스 바젤 팀의 유니폼에서 유래한다.

1893년에 스위스인들은 이탈리아에서 최초의 축구 클럽인 제노바 팀을 만들었고, 1908년 바리 FC의 출범에도 기여했다. 또 이탈리아 토리노 팀의 감독을 역임하고 국가대표 팀을 맡아 1934년과 1938년에 두 번이나 월드컵을 우승으로 이끈 포초는 이탈리아 축구의 아버지 같은 인물이다. 그는 스위스에 유학하면서 경영학과 독일어, 그리고 축구를 배웠다.

이처럼 영국인이 직접 축구를 수출하는 것보다 이를 수용한 스위스나 다른 나라 사람들이 제3국에 전달하는 방법이 더 수월했을 수 있다. 민족의 저항을 덜 받기 때문이다.

#

## 팍스 브리태니카와 축구

물론 영국인이 직접 축구를 전파하기도 했다. 예를 들어 프랑스에서 최초로 만들어진 축구 클럽은 영국을 바라보는 항구 도시 르아브르 팀으로 1872년에 만들어졌다. 중부 유럽에서도 1890년대가 되면 프라하, 빈, 부다페스트 등에 축구팀이 생겨났으며, 스페인 바스크 지역의 빌바오 FC는 철강과 조선업에 종사하러 온 영국인 기술자와 노동자 들이 1890년대에 만든 팀이다.

1890년대 러시아 철강산업에 투자했던 영국 자본은 주말에 노동자들의 보드카 소비를 줄이려는 목적으로 공장 내에 축구팀을 만들었다. 러시아인들의 술 사랑에 축구라는 대체재를 제시한 것이다. 1905년이 되면 오스만제국의 수도이자 이슬람 세계의 중심인 이스탄불에서도 축구팀이 형성되었다. 갈라타사라이고등학교 학생들이 처음 축구팀을 만들었고, 이는 오늘날 터키를 대표하는 프로 팀으로 성장했다.

물론 축구는 유럽뿐 아니라 다른 대륙으로도 전파되었다.[8] 당시 축구의 종가로 불리던 영국은 세계에 거대한 제국을 통해 팍스 브리타니카를 구현하고 있었다. 영국인들은 식민지에 크리켓과 럭비, 그리고 축구라는 운동을 수출했다. 무엇보다 여름의 크리켓과 겨울의 럭비가 대영제국을 대표하는 운동이었다.

대영제국의 보물이라 불리던 인도와 파키스탄에서는 크리켓이 엄청난 인기를 끌었다. 반면 럭비나 축구는 문화 저항에 부딪혔다. 힌두교도들은 동물 가죽으로 만든 공으로 게임을 벌이는 것을 끔찍하게 생각했고, 자신과 카스트가 다른 사람들과의 신체 접촉을 꺼렸기 때문이다. 호주와 뉴질랜드 등에서는 럭비가 인기를 끌었고, 미국은 미식축구나 야구를 선호했다.

영국의 축구가 뿌리내리는 데 크게 성공한 지역은 직접 지배한 식민지보다는 영국의 경제 지배를 받았던 남아메리카 대륙이었다. 19세기 말 철도와 금융 등 각종 비즈니스에 종사하던 영국인들은 남아메리카에서 축구 클럽을 만들었고, 현지인들에게 둥근 공의 묘미를 전달하는 데 성공했다.

영국의 경쟁국이던 프랑스, 독일, 이탈리아는 쉽게 영국의 게임을 받아들이지 않았다. 하지만 남아메리카에서 영국은 세계의 중심 제국이라는 위상을 누렸다. 브라질이나 아르헨티나, 우루과이에서 영국은 경쟁 대상이라기보다는 선진국의 모델이었다. 따라서 축구는 자연스럽게 받아들이고 환영할 수 있는 선진 게임이었다.

#

## 축구의 대중화 시대

유럽의 축구 그물에도 국가나 민족, 지역마다 특성이 존재한다. 하지만 그 특성은 서로 융합할 수 없는 벽이 아니라 상호작용을 하면서 진화해나간다. 서로 경쟁하면서 우수한 제도나 스타일이 있으면 모방하여 따라잡는 관계이기 때문이다. 이처럼 개성과 통합의 상호관계는 축구에서 적나라하게 드러난다.

축구를 근대문명의 아이콘이라고 할 수 있는 이유는 여러 가지다. 규칙을 정해 폭력을 완화하는 수단으로 사용했다는 점은 앞에서 이미 지적했다. 또한 축구는 큰 인기를 끌면서 인류 최초의 대중 스포츠로 자리 잡았다.

특히 1차 세계대전은 축구의 발전에 크게 기여했다. 군인들에게 축구는 무료한 일상을 재미있게 보낼 수 있는 달콤한 꿀 같은 존재였다. 프랑스에 체류하던 영국군은 짬만 나면 축구를 즐겼다. 그 열기가 얼마나 뜨거웠던지 영국군 사령부는 농민의 밭을 함부로 축구장으로 만드는 것을 엄격하게 금지할 정도였다.

프랑스 군인들도 이에 질세라 축구를 즐겼다. 1917년부터 프랑스 정부가 매 분기마다 5000개의 축구공을 군대에 공급할 정도로 전쟁 중에 축구는 필수 오락이었다. 일부 부대장은 전투 중에 축구공을 몰고 드리블을 하면서 부대원을 적진으로 이끌었다는 소문도 있고, 크리스마스에 영국과 독일의 병사들이 잠시 휴전을 하고 축구를 즐겼다는 이야기도 있다.

이처럼 축구는 1차 세계대전 시기에 거대한 선수층을 확보하게 되었다. 독일축구협회의 통계에 따르면 축구선수의 수가 전쟁 전인 1913년 16만 명 정도에서 전쟁 후인 1920년에는 46만 명으로 대폭 늘어났다. 프랑스에서도 축구선수로 등록한 사람이 1925년이 되면 10만 명을 넘는다.

축구 인구는 계속 성장했다. 21세기의 통계를 살펴보면 유럽에는 6400만 명이 축구를 즐기고 있으며, 그 가운데 선수로 등록한 사람이 2100만 명이다. 이는 총인구의 2.48퍼센트에 해당하는 비중이다. 이에 비해 아시아에서 등록된 축구선수는 인구의 0.1퍼센트, 즉 400만 명에 불과하다.[9] 선수의 절대 수만 비교해도 유럽은 아시아보다 다섯 배 이상인 셈이다. 유럽이 작은 대륙임에도 불구하고 세계 축구를 지배하는 이유를 보여주는 수치다.

유럽 축구의 또 다른 특징은 실제로 공을 차는 사람뿐 아니라 돈을 내고 구경하는 관중이 두터운 층을 형성하고 있다는 점이다. 이 때문에 축구장은 근대 도시를 상징하는 대중오락의 전당으로 등장했다.

영국에서 축구의 성지로 불리는 웸블리 경기장은 1923년에 지어졌다. 12만 6000명의 관객을 수용할 수 있는 거대한 경기장이다. 원래 있던 축구 경기장을 부수고 새로 지어 2007년에 개장한 운동장의 수용 인원은 9만 명이다. 수용 인원이 줄어든 것은 서서 관람하는 경기장 대

···
1차 세계대전이 한창이던 1914년 12월 24일, 벨기에의 이프르 전장에서 독일군의 한 병사가 크리스마스 캐럴을 불렀는데, 이를 들은 영국 군사들이 환호로 화답했다. 이어 독일군 장교와 영국군 하사가 나와 악수를 하여 역사적인 '크리스마스 정전'이 맺어졌다. 잠깐이었지만 영국군과 독일군은 함께 축구와 카드 놀이를 하고 담배도 나눠 피우면서 전쟁의 괴로움을 잊고 서로를 위로했다. 위는 《일러스트레이티드 런던 뉴스》 1915년 1월 9일자에 실린 그림(A. C. 마이클, 1914~1915).

신 앉아서 볼 수 있도록 좌석을 마련했기 때문이다.

구(舊)웸블리 경기장이 개장한 1923년 4월 28일 FA컵 결승전에서 런던 노동자 구역의 웨스트햄과 잉글랜드 북부 노동자 도시의 볼턴원 더러스가 맞붙었을 때 30만 명의 관중이 몰려들었다. 이들은 관중석은 물론 운동장마저 가득 메웠다. 결국 경찰이 나서서 경기장을 정리하고 일부는 경기장 밖으로 몰아내야 했다.

그럼에도 정원을 크게 초과한 관중이 경기장에 입장하여 결승전을 구경했고, 나머지는 거리에서 열정과 호기심을 달래야 했다. 그날 관중이 너무 몰리는 바람에 갈비뼈나 팔다리가 부러진 부상자가 50여 명이나 발생했다. 입장권을 예매하는 제도를 고민하게 된 계기다.

비슷한 시기 대륙에서도 축구는 엄청난 관중을 끌어들였다. 1922년 라이프치히에서 열린 뉘른베르크와 함부르크의 경기에는 6만 명의 관중이 몰려들었고, 1923년 빈에서 열린 오스트리아와 이탈리아의 경기에는 8만 5000명이 입장했다. 또 1926년 볼로냐에서 열린 이탈리아와 스페인의 경기에는 7만 명이 모였다.

지금은 중요한 경기에 수만 명의 관객이 모이는 일이 일상이지만 당시는 놀라운 현상이었다. 경기장의 규모를 키우자니 토지와 건설 비용이 부담될 수밖에 없었다. 그러다 보니 교외와 같이 토지 비용이 저렴한 지역에 경기장을 만들자는 움직임이 일었다.

1922년에 개장한 바르셀로나의 코르츠 경기장과 토리노 유벤투스의 코르소 마르실리아 경기장은 도심에서 떨어진 교외에 있다. 수용 인원은 각각 2만 명, 3만 명 정도로 그다지 많지 않았지만 팬들의 자율 모금으로 건설된 민주적인 경기장들이다.

이처럼 1920년대와 1930년대 유럽에서 축구는 대중운동으로 정착했고, 거대한 관중을 움직이는 스펙터클로 성장했다. 프랑스 대혁명에서 시작된 정치의 대중시대는 스포츠 분야에까지 확산된 것이었다.

#

## 민족 스타일

정치와 스포츠는 서로 긴밀하면서도 복잡한 관계를 맺게 되었다. 역사학자 홉스봄은 20세기 전반에 축구가 민족 투쟁의 표현이 되었다고 분석했다.[10] 각 민족마다 축구 스타일이 다르다는 시각이다. 1920년 벨기에 안트베르펜에서 치러진 올림픽 축구 경기는 이런 시각이 투영될 수 있는 첫 번째 계기였다. 골키퍼 사모라가 이끄는 스페인 축구팀은 '스페인의 열정'을 반영하는 플레이로 명성을 날렸다.

또 4만 2000명의 관중이 지켜보는 가운데 주최국 벨기에와 신생국 체코슬로바키아의 올림픽 축구 결승전이 벌어졌는데, 심판이 체코슬로바키아 선수 한 명을 퇴장시키자 체코슬로바키아 팀이 이에 항의하여 경기장을 떠나버렸다. 불과 2년 전에 만들어진 체코슬로바키아라는 나라의 민족 자존심을 내세운 행동이었다. 이들이 경기장으로 돌아오지 않자 15분 만에 심판은 벨기에의 승리를 선언했다.

1934년 이탈리아 월드컵부터 유럽 각국은 자신들만의 축구 스타일을 자랑했다. 프랑스의 전문 주간지 《풋볼》에 따르면 오스트리아는 '예술가'의 축구를 선보였고, 독일은 '수학가'의 축구였다. 헝가리가 '학자' 스타일이라면, 체코슬로바키아는 '기하학자'의 축구였다. 이탈리아 축구는 '아베 카이사르'라는 표현이 보여주듯이 독재자 무솔리니를 향한 복종의 축구라는 조롱을 받았다.

남아메리카의 아르헨티나는 '곡예사', 우루과이는 '영예'라는 별칭으로 불렸다. 영국은 '창시자'라는 호칭을 얻었다. '스위스의 열쇠(verrou suisse)'라는 이름으로 시작한 강한 수비와 반격의 전술은 이탈리아의 열쇠 '카테나치오(catenaccio)'로 전파되었고, 1950년대까지 실속 축구의 전형으로 통했다.

2차 세계대전으로 중단되었던 월드컵은 1950년 브라질에서 다시 열렸다. 1954년 스위스에서 열린 월드컵 대회에서 독일이 우승을 차지하면서 축구는 다시 유럽에서 인기를 끌게 되었다. '베른의 기적'으로 불리는 결승전에서 서독은 푸슈카시 페렌츠가 이끄는 헝가리 팀을 3 대 2로 누르고 우승을 차지했다. 2차 세계대전에서의 패전과 동·서독 분단으로 침울했던 독일인들에게 월드컵 우승은 민족 자부심을 마음껏 표출할 수 있는 기회가 되었다. 이와 동시에 독일 사람들에게 축구는 평화로운 이미지를 표현할 수 있는 상징이 되었다.

1960년대 유럽에 자유의 바람이 불고 1968년에 청년 문화와 해방의 기운이 일면서 네덜란드의 '토털 사커(total soccer)'가 유행했다. 분업체계에서 벗어나 개인의 장점을 자유롭게 발휘하는 경기 스타일이 주목을 끈 것이다.

이후 1990년대 말에는 다양한 인종의 프랑스 팀이 월드컵과 유로를 지배하며 다문화 '아트 사커(art soccer)'의 시대를 열었다. 자유, 평등, 박애의 삼색기를 흑인(블랙), 백인(화이트), 아랍인(뵈르)이라는 용어로 표현할 정도로 1998년 월드컵 우승은 프랑스 사회와 유럽 다문화주의의 상징이었다. 여기에 반발한 프랑스 백인들이 축구를 외면하면서 갑자기 럭비가 인기를 끌기도 했다. 스페인은 2010년대 월드컵과 유로를 휩쓸면서 '티키타카(tiki-taka)' 축구로 유럽 경기를 지배했다.

창시자 영국은 '위대한 고립'으로 유럽의 축구 흐름에서 스스로 빠졌다가 1950년대부터 동참했다. 지금 영국은 유럽 최고 수준의 리그를 유지하면서 세계의 우수한 선수들을 영입하고 있지만 막상 영국 국가대표 팀은 세계 무대에서 초라한 성적을 보인다.

#

## 축구 비즈니스

　　1930년부터 열리기 시작한 월드컵은 비즈니스와 스포츠가 결합한 결과다.[11] 우선 경제력을 가진 귀족이나 부르주아만 가능했던 아마추어 스포츠에 대한 열정은 수그러들고 프로 스포츠가 유럽에서 각광을 받기 시작했다. 특히 축구처럼 대중의 인기를 누리는 스포츠는 실력 향상을 위해 프로 제도를 도입하는 것이 필요했다.

　　영국에 이어 중부 유럽 국가들에서 프로 축구 리그가 출범했다. 오스트리아가 1924년에 깃발을 들었고, 뒤이어 체코슬로바키아와 헝가리가 프로 리그를 출범시켰다. 스페인은 1928년에 라리가(La Liga)를 만들었고, 그 이듬해에는 이탈리아가, 프랑스는 1932년에 프로 제도를 도입했다. 반면 스칸디나비아나 네덜란드, 독일 등은 프로 리그의 출범에 거부감을 드러냈다. 독일의 경우 1932년 라이히리가(Reichliga)라는 전국 리그를 시작했지만 히틀러가 집권하면서 자유주의 시장경제의 경쟁 게임은 사라졌다.

　　프로 축구가 생겨나면서 경기 수준이 향상되었고, 당연히 축구는 올림픽의 꽃으로 피어났다. 1924년 파리 올림픽에서 축구 경기가 벌어들인 수입이 전체 수입의 31퍼센트에 달할 정도였다. 우루과이와 스위스가 치른 결승전 수입이 올림픽 전체 수입의 10퍼센트가 넘었다고 하니 축구 없는 올림픽은 상상하기 어려울 정도였다.

1928년 암스테르담 올림픽에서도 축구는 여전히 전체 수입의 3분의 1이 넘는 비중을 차지했다. 당연히 국제축구연맹의 입장에서는 올림픽과 별개로 돈벌이에 나설 만한 여건이 마련된 셈이다. 국제축구연맹은 국제올림픽위원회의 간섭에서 벗어나서 독자 대회를 만들려는 계획을 추진했다.[12]

초대 월드컵은 우루과이에서 열렸다. 당시 우루과이는 올림픽에서 최고의 축구 실력을 보여주었고, 1930년은 우루과이 독립 100주년을 기념하는 해였기 때문이다. 하지만 한 달 이상 열리는 대회에 유럽 국가들이 참여하게 만드는 것은 어려운 일이었다.

유럽에서는 프랑스, 벨기에, 루마니아, 유고슬라비아가 초대 대회에 참여했다. 월드컵 개최와 같은 시기에 제네바에서는 유럽 10개국의 최고 클럽이 참여하는 국가 컵(Coupe des Nations) 경기가 열렸고, 유럽인들의 관심은 먼 라틴아메리카의 대회보다는 이쪽에 쏠려 있었다.

1934년 제2회 월드컵은 이탈리아에서 열렸다. 유럽의 입장에서는 이 대회가 진정한 월드컵의 시작이라고 해도 과언이 아니다. 무솔리니의 파시스트 독재체제에 있던 이탈리아는 월드컵을 위해 6만 명 이상의 수용 인원을 자랑하는 대규모 경기장을 전국에 지었다.

볼로냐, 밀라노, 로마, 피렌체, 제노바, 토리노, 나폴리 등에 거대한 축구 경기장이 모습을 드러냈다. 이탈리아 월드컵은 유럽인들만의 잔치라고 할 수 있었다. 왜냐하면 다른 대륙에서는 이집트와 아르헨티나만이 참가했기 때문이다. 우루과이는 자국에서 열린 초대 대회에 유럽 국가들이 많이 참여하지 않은 것에 화가 나서 불참을 선언했다.

••••
우루과이 몬테비데오에 있는 에스타디오 센테나리오. 이곳에서 1930년 제1회 월드컵 결승전이 열렸다
(©Bicentenario Uruguay / flickr).

이탈리아 대회는 이런 제약에도 불구하고 유럽 축구의 새로운 패턴을 만들었다. 우선 275명의 기자들이 몰려들어 취재 경쟁을 벌였으며, 라디오 중계방송으로 대중의 관심을 이끌어냈다. 특히 유럽 최초의 '스포츠 관광' 현상을 불러일으켰다.

밀라노에서 열린 8강전에서 스위스와 네덜란드가 맞붙었을 때 7000명의 네덜란드 서포터와 1만 명의 스위스 서포터가 이동했다. 토리노에서 열린 프랑스와 오스트리아의 경기를 보기 위해 프랑스 관중 1만 명이 국경을 넘었다. 지금은 월드컵의 자연스러운 풍경이지만 당시에는 무척 생소했다. 군대의 침략을 제외하면 이렇게 많은 외국인들이 한꺼번에 몰려다니는 것은 진풍경이었다.

1938년 프랑스 대회를 치르면서 월드컵은 정기 대회로 자리 잡았다. 당시 프랑스의 좌파 정부는 이탈리아처럼 거대한 경기장을 짓는 것을 반대했다. 결국 파리, 리옹, 보르도에 벨로드롬(Vélodrome)이라 불리는 자전거 경기가 가능한 축구 경기장을 짓는 것으로 만족해야 했다. 프랑스와 이탈리아가 축구라는 대중 운동을 받아들이기는 했지만 자전거에 대한 최초의 사랑을 완전히 버린 것은 아니었기 때문이다.

#

## 유럽 축구의 조직

유럽만의 축구 조직과 대회는 1920년대부터 만들어지기 시작했다. 예를 들어 1927년부터 1939년 사이 각 국가별 축구 시즌이 끝날 무렵 오스트리아, 헝가리, 이탈리아, 체코슬로바키아 등의 클럽들 사이에 미트로파(Mitropa, 중앙유럽) 컵 대회가 열렸다.

1930년대가 되면 항공 교통이 발달하면서 유럽이라는 대륙 차원에서 열리는 대회를 상상할 수 있게 되었다. 과거 기차가 전국 대회를 가능하게 했듯이 이제는 비행기를 통해 유럽 차원의 대회를 열 수 있게 된 것이다.[13]

1948년 파리에서는 라틴연합이라는 조직이 출범하여 시즌 말에 스페인, 포르투갈, 프랑스, 이탈리아의 챔피언 클럽이 참여하는 대회를 만들었다. 1949년 초대 대회에서 바르셀로나가 마드리드에서 우승을 차지했으며, 1953년 파리 대회에서는 유벤투스, 바르셀로나, 스포르팅, OGC 니스 등이 참가하여 바르셀로나가 또다시 우승을 차지했다.

축구를 유럽 통합의 선봉이라고 부를 수 있는 이유는 유럽 차원에서 축구 조직이 만들어진 시기가 냉전이 한창이던 1950년대이기 때문이다. 유럽축구협회연합(UEFA)은 1954년에 설립되었는데 철의 장막으로 나뉜 유럽 대륙을 하나로 묶는 스포츠의 그물이었다.

유럽축구협회연합은 서방의 국가들과 소련을 비롯한 공산권 국가들, 그리고 스페인이나 포르투갈 같은 독재국가들까지 모두 참여하는 진정한 범유럽 조직이었다. 심지어 아시아에 속하던 터키협회는 1962년 유럽으로 소속을 옮길 수 있었다. 이스라엘의 경우 축구 무대에서 아랍 국가들이 아시아의 국가로 인정하지 않아 한동안 대양주와 예선을 치르기도 했다. 결국 1993년부터 유럽 소속으로 인정되어 다양한 대회를 치를 수 있게 되었다.

축구 팬이라면 잘 알겠지만 월드컵이나 유로대회는 국가대표 팀들이 겨루는 시합이다. 하지만 진검승부는 매주 경기를 벌이는 클럽 차원에서 볼 수 있다. 몇 차례의 훈련과 경기로 이루어진 국가대표 팀이 아니라 한솥밥을 먹으면서 꾸준히 훈련을 하고 경기를 치르는 팀들이기 때문이다.

유럽의 챔피언스 리그야말로 세계 축구 팬들의 관심이 쏠리는 대회다. 이 대회 역시 1955년 각국의 챔피언 클럽들이 모여 출범시켰다. 스페인의 레알마드리드, 이탈리아 AC밀란, 포르투갈의 스포르팅, 독일의 에센, 프랑스의 랭스 등이 모여 규칙을 정하고 유럽 각국 챔피언들이 승자를 가리는 대회를 열기로 한 것이다.

이처럼 축구 팬들에게 유럽이 하나의 그물로 교류하기 시작한 것은 1950년대부터다. 동서 유럽의 화해와 통합이 이루어진 1990년대보다 반세기 가까이 앞선 것이다.

'유럽 챔피언 클럽 컵'이라는 명칭으로 시작된 이 게임의 발상은 유럽축구협회연합이나 국제축구연맹에서 나온 것이 아니다. 프랑스의 스포츠 일간지 《레키프(L'Equipe)》가 축구 시합이 있는 주말을 빼면 신문이 팔리지 않아 고육지책으로 내놓은 것이다. 수요일에 유럽 차원의 시합이 열리면 일주일 내내 신문 판매가 늘 것이라는 생각이었다.

클럽들이 모여 시합 참가를 약속하고 유럽축구협회연합에서 대회 조직위원회를 통해 공식 인정함으로써 국제 세례를 내렸다. 이에 프랑스 신문사는 대회 트로피를 제공함으로써 재정적 기여를 했다. 이어 《레키프》의 자매지로 축구 전문지인 《프랑스 풋볼》은 1956년 유럽 기자들이 뽑은 그해의 최고 선수에게 발롱도르(Ballon d'or, 金球賞)를 수여하기 시작했다.

그 결과 주말에 국가 차원의 리그 게임을 하고, 주중에는 유럽 차원의 클럽 대항전을 벌이며, 틈틈이 국가대표 팀에서 뛰어야 하는 선수들은 죽을 지경이 되었다. 하지만 자본주의 논리가 빈틈없이 적용되는 축구 세계에서 축구 노동자인 선수를 최대한 쥐어짜는 원칙은 예외를 허용하지 않았다.

축구 관계자들은 프로 클럽들의 유럽 대회가 출범하자 국가들이 대항하는 대회를 구상했다. 프랑스축구협회장이던 들로네는 적극 이 움직임을 주도했는데 초기에는 유럽 협회들을 동원하는 데 많은 어려움을 겪었다. 축구의 종가 영국은 대륙이 주도하는 일에 관심을 보이지 않았다.

프랑스 입장에서 더 곤란한 사실은 이탈리아, 독일 같은 대국들 역시 참가를 거부했다는 점이다. 유로대회 예선에는 결국 16개국만이 참가했고, 개최국 프랑스도 예외 없이 예선을 치렀다. 대회 본선에는 프랑스, 소련, 체코슬로바키아, 유고슬라비아 등이 참여했으며, 결승전에서 소련이 유고슬라비아를 누르고 우승을 차지했다.

하지만 초기의 어려움은 시간이 지남에 따라 점차 사라지고 이제 유로대회는 월드컵과 대등한 인기를 누리는 축제가 되었다. 2016년에 유로대회는 다시 프랑스에서 열렸다. 첫 대회 때 4개국만이 참여했던 대회는 이제 24개 팀이 참여하는 거대한 행사로 발전했다. 1980년 대회부터 8개 팀, 1996년부터 16개 팀이 참여하던 본선의 규모가 축구 약소국들의 요청과 협회의 비즈니스 이해관계가 맞아떨어지며 크게 늘어난 것이다.

또한 2000년 대회를 벨기에와 네덜란드가 공동 개최한 이래 두 나라가 함께 대회를 주최하는 방식이 유행하기 시작했다. 2008년에는 스위스와 오스트리아가, 2012년에는 폴란드와 우크라이나가 공동 개최를 함으로써 작은 나라도 대륙의 축제를 주관하여 온 국민이 즐길 수 있는 기회를 갖게 되었다.

# 축구의 단일시장

이처럼 축구를 통해 유럽은 하나의 네트워크를 형성했다. 1950년대부터 각 국가의 챔피언들이 벌이는 대회, 그리고 1960년대부터는 국가 대표 팀이 벌이는 대회를 갖게 되었다. 유럽은 터키와 이스라엘과 소련까지 포함하는 거대한 축구 그물을 형성한 셈이다.

1990년대가 되면 유럽 통합의 정치가 축구에 엄청난 변화의 물결을 가져온다. 지역통합의 이론에서는 이런 동력을 연쇄효과라고 부른다. 처음에는 축구가 교류를 통해 유럽을 이끌다가 다시 유럽의 정치와 정책이 축구의 통합을 가져오는 방식으로 말이다. 작용과 반작용이 시너지를 일으키는 현상이 연쇄효과의 핵심이다.[14]

유럽의 단일시장은 축구의 유럽보다 훨씬 뒤늦은 1993년에 출범했다. 단일시장의 가장 중요한 기능은 상품과 서비스, 그리고 자본과 노동이 자유롭게 이동하는 공간을 만드는 일이다. 이 관점에서 축구선수는 노동을 하는 사람이고, 게임을 통해 서비스를 제공하는 주체다. 따라서 축구선수는 자유롭게 유럽 내에서 이동할 수 있는 권리가 생긴 것이다.

벨기에의 축구선수 보스만은 여러 소송을 통해 이런 이동과 취업의 권리를 제한하는 기존의 관습과 법률에 도전했다. 1995년 유럽연합의 법원은 보스만 판례를 통해 축구선수들의 이동권을 보장해야 한다는 결정을 내렸다. 이 판결로 선수의 이전이나 외국인의 수를 제한하는 기존의 규칙은 폐기될 수밖에 없었다. 유럽 통합의 시장 자유주의가 축구에 거대한 변화를 초래한 셈이다.

1990년대까지 한 팀이 보유하거나 시합에 내보낼 수 있는 외국인 선수는 대개 세 명으로 제한되어 있었다. 하지만 이런 규정이 불법이 됨으로써 외국인에 대한 제한은 사라졌다. 원칙상 한 도시의 축구팀이 그 도시 출신은 물론 해당 국가의 선수가 한 명도 뛰지 않아도 상관없다. 실제로 재정 능력이 있는 유명 클럽들은 자국 선수의 비중이 적은 경우가 많다.

보스만 판결은 유럽 국적의 선수들을 대상으로 하는 것이었지만 그 결과 유럽 외부의 선수들도 혜택을 보게 되었다. 따라서 유럽의 축구는 세계의 훌륭한 선수들을 흡입하는 거대한 블랙홀 시장으로 변했다. 남아메리카와 아프리카는 물론 한국이나 일본 등 아시아의 우수한 인재들도 유럽 무대에서 활약할 수 있게 된 것이다.

#

## 21세기, 유럽에서 세계로

이 장에서 살펴본 축구의 그물은 19세기 유럽을 근본적으로 변화시킨 자본주의와 민주주의의 성격을 동시에 품고 있다. 아마추어에서 시작하여 클럽이라는 자율 단체의 형식을 거쳐 프로 팀으로 발전했다. 동시에 대표 대중 스포츠로 떠올랐다.

여기에 국가들까지 참여하여 자본주의와 민주주의에 덧붙여 민족주의 성향까지 포함하게 되었다. 이 장에서 그물의 형성이 보여주는 짧지만 명확한 흐름은 유럽을 중심으로 삼고 남아메리카를 부(副)중심으로 삼아 세계를 포괄하는 그물의 확산이 지속되어왔다는 사실이다. 최근에 나타난 현상은 세 가지로 요약할 수 있다.

하나는 계속되는 자본주의 성격의 강화다. 축구의 인기와 대중성 때문에 이 스포츠의 경제 가치는 끊임없이 커졌고 그 결과 축구를 둘러싼 투자와 이익의 규모가 치솟았다. 세계 최대 자본주의 기업들은 축구팀의 후원사가 되고 월드컵의 공식 파트너가 되기 위해 엄청난 돈을 아끼지 않는다. 독일의 형제가 다투면서 만든 아디다스와 푸마가 축구 시장을 양분해왔고, 여기에 미국의 나이키가 동참하면서 삼국시대가 열렸다.

다른 하나는 민주주의의 견제다. 귀족의 교육을 위해 등장한 축구가 대중성을 띠게 된 것 자체가 민주적인 변화라고 할 수 있다. 비록 자본주의 과정을 거치기는 하지만 이런 대중성 때문에 관중은 축구에 지대한 영향을 미칠 수 있고, 따라서 축구라는 활동 자체가 민주주의의 희망이나 의지, 성향을 외면하기는 어렵다.

국제축구연맹은 1국 1표라는 민주주의 원칙을 가진다. 물론 실제로는 유럽과 남아메리카의 기득권 세력이 국제축구연맹을 지배하면서 부패와 독점의 운영을 해온 것도 사실이다.

2015년 국제축구연맹 스캔들과 블라터 회장의 입건 등이 이런 문제를 잘 드러낸다. 앞으로 새로운 집행부의 민주성이나 청렴성은 두고 볼 일이지만 월드컵 참가국 수를 늘리는 개혁은 개방성과 상업성을 동시에 추구하는 조치라고 할 수 있다. 다른 분야에서도 마찬가지겠지만 축구에서도 민주주의란 지속되는 과정이 아니겠는가.

마지막 현상은 지구 차원에서 벌어지는 민족주의 성향의 강화다. 축구는 유럽과 남아메리카에서 다른 대륙으로 그 열정의 범위를 넓혀왔다. 축구의 세계화 현상이다. 이제 미국도 축구에 많은 관심을 보이고 있고, 아프리카도 축구 강국과 훌륭한 선수 들을 배출하고 있다. 아시아에서도 일본과 한국에 이어 중국과 인도에서 프로 리그가 출범했다. 특히 중국은 자본을 집중 투자하여 '축구 굴기' 프로그램에 나섰다.

축구의 그물은 이처럼 유럽에서 시작하여 세계를 하나로 묶고 있다. 돈이 지배하는 자본주의 성격이 강하지만 이를 견제하려는 민주주의 요소도 목소리를 내는 중이다. 민족의 대립이 강화되는 것 역시 분명한 사실이지만 공통의 규칙에 따라 경쟁한다는 사실은 공놀이로 세계가 하나 됨을 잘 보여준다.

언어로 시작한 우리의 유럽 문명 여정이 이제 막바지에 도달했다. 축구는 언어만큼 오래된 뿌리가 있는 것도 아니고 표상이나 음악처럼 장기간에 걸쳐 그물이 만들어진 것도 아니다. 도시나 자본, 평등의 그물처럼 근대 세계를 지배하는 힘도 없다. 하지만 축구의 그물은 이 모든 그물을 가장 잘 종합하여 보여주는 축소판이자 상징이다.

| 번호 | 국가 | 지역 | 이름 | 사용 주체 | 준공 연도 | 수용 인원 |
|---|---|---|---|---|---|---|
| 1 | 스웨덴 | 예테보리 | 울레비 Ullevi | 1958년 월드컵 경기장 | 1958 | 43,000 |
| 2 | 스웨덴 | 스톡홀름 | 프렌즈 아레나 Friends Arena | AIK | 2012 | 54,329 |
| 3 | 덴마크 | 코펜하겐 | 텔리아 파르켄 Telia Parken | FC 코펜하겐 | 1992 | 38,065 |
| 4 | 핀란드 | 헬싱키 | 헬싱키 올림픽스타디움 Helsingin Olympiastadion | 핀란드 축구 국가대표팀 | 1938 | 40,600 |
| 5 | 영국 | 글래스고 | 셀틱 파크 Celtic Park | 셀틱 FC | 1892 | 60,355 |
| 6 | 영국 | 글래스고 | 아이브록스 스타디움 Ibrox Stadium | 레인저스 FC | 1899 | 50,947 |
| 7 | 영국 | 글래스고 | 햄덴 파크 Hampden Park | 퀸즈 파크 FC | 1903 | 52,103 |
| 8 | 영국 | 뉴캐슬 | 세인트제임스 파크 St. James' Park | 뉴캐슬 유나이티드 FC | 1886 | 52,387 |
| 9 | 영국 | 선더랜드 | 라이트 경기장 Stadium of Light | 선더랜드 AFC | 1997 | 49,000 |
| 10 | 영국 | 미들즈보로 | 리버사이드 스타디움 Riverside Stadium | 미들즈보로 FC | 1995 | 35,100 |
| 11 | 영국 | 리버풀 | 구디슨 파크 Goodison Park | 에버튼 FC | 1892 | 40,394 |
| 12 | 영국 | 리버풀 | 안필드 Anfield | 리버풀 FC | 1884 | 54,074 |
| 13 | 영국 | 맨체스터 | 올드 트래포드 Old Trafford | 맨체스터 유나이티드 | 1910 | 75,635 |
| 14 | 영국 | 맨체스터 | 이티하드 스타디움 Etihad Stadium | 맨체스터 시티 FC | 2002 | 55,000 |
| 15 | 영국 | 리즈 | 앨런드 로드 Elland Road | 리즈 유나이티드 AFC | 1897 | 39,460 |
| 16 | 영국 | 쉐필드 | 힐스보로 스타디움 Hillsborough Stadium | 쉐필드 웬즈데이 FC | 1899 | 39,814 |
| 17 | 영국 | 버밍엄 | 빌라 파크 Villa Park | 아스톤 빌라 FC | 1897 | 42,788 |
| 18 | 영국 | 런던 | 불린 그라운드 Boleyn Ground | 웨스트햄 유나이티드 | 1904 | 35,303 |
| 19 | 영국 | 런던 | 스탬포드 브릿지 스타디움 Stamford Bridge (stadium) | 첼시 FC | 1877 | 41,841 |
| 20 | 영국 | 런던 | 에미레이츠 스타디움 Emirates Stadium | 아스날 FC | 2006 | 60,338 |
| 21 | 영국 | 런던 | 올림픽 스타디움 Olympic Stadium | 2012년 하계 올림픽 주경기장 | 2012 | 60,000 |
| 22 | 영국 | 런던 | 웸블리 스타디움 Wembley Stadium | 영국 축구 국가대표팀 | 1923 | 90,000 |
| 23 | 영국 | 런던 | 화이트 하트 레인 White Hart Lane | 토트넘 핫스퍼 FC | 1899 | 36,257 |
| 24 | 포르투갈 | 포르투 | 에스타디오 도 드라강 Estádio do Dragão | FC 포르투 | 2003 | 52,000 |
| 25 | 포르투갈 | 리스본 | 에스타디오 다 루스 Estádio da Luz | SL 벤피카 | 2003 | 64,642 |
| 26 | 포르투갈 | 리스본 | 에스타디오 조세 알바라데 Estádio Jose Alvalade | 스포르팅 리스본 | 2003 | 50,466 |
| 27 | 포르투갈 | 오에이라스 | 에스타디오 나시오날 Estádio Nacional | 포르투갈 컵 | 1944 | 37,593 |
| 28 | 스페인 | 세비야 | 에스타디오 라몬 산체스 피즈후안 Estadio Ramón Sánchez Pizjuán | 세비야 FC | 1957 | 45,500 |
| 29 | 스페인 | 세비야 | 에스타디오 베니토 비야마린 Estadio Benito Villamarín | 레알 베티스 | 1929 | 52,500 |
| 30 | 스페인 | 세비야 | 에스타디오 데 라 카르투하 Estadio de La Cartuja | 스페인 축구 국가대표팀 | 1999 | 57,619 |
| 31 | 스페인 | 마드리드 | 에스타디오 비센테 칼데론 Estadio Vicente Calderón | 아틀레티코 마드리드 | 1966 | 54,851 |

| | | | | | |
|---|---|---|---|---|---|
| 32 | 스페인 | 마드리드 | 에스타디오 산티아고 베르나베우<br>Estadio Santiago Bernabéu | 레알 마드리드 | 1947 | 81,044 |
| 33 | 스페인 | 빌바오 | 에스타디오 산마메스 Estadio San Mamés | 아틀래틱 빌바오 | 2013 | 53,332 |
| 34 | 스페인 | 엘체 | 에스타디오 마누엘 마르티네스 발레로<br>Estadio Manuel Martínez Valero | 엘체 CF | 1976 | 38,750 |
| 35 | 스페인 | 발렌시아 | 에스타디오 데 메스타야 Estadio de<br>Mestalla | 발렌시아 CF | 1923 | 55,000 |
| 36 | 스페인 | 바르셀로나 | 에스타디 올림픽 유이스 콤파니스<br>Estadi Olímpic Lluís Companys | 1992년 하계 올림픽<br>경기장 | 1927 | 56,000 |
| 37 | 스페인 | 바르셀로나 | 에스타디 코르네야 엘 프라트 Estadi<br>Cornellà-El Prat | RCD 에스파뇰 | 2009 | 40,500 |
| 38 | 스페인 | 바르셀로나 | 캄 노우 Camp Nou | FC 바르셀로나 | 1957 | 99,354 |
| 39 | 프랑스 | 툴루즈 | 스타드 뮈니시팔 Stade municipal | 툴루즈 FC | 1937 | 35,472 |
| 40 | 프랑스 | 보르도 | 마트뮈 아트란티크 Matmut Atlantique | FC 지롱댕 보르도 | 2015 | 42,115 |
| 41 | 프랑스 | 낭트 | 스타드 드 라 보주아르 Stade de la<br>Beaujoire | FC 낭트 | 1984 | 38,285 |
| 42 | 프랑스 | 릴 | 스타드 피에르-모루아 Stade Pierre-<br>Mauroy | 릴 OSC | 2012 | 50,186 |
| 43 | 프랑스 | 랑스 | 스타드 볼라르트 들렐리 Stade Bollaert-<br>Delelis | RC 랑스 | 1932 | 41,233 |
| 44 | 프랑스 | 생드니 | 스타드 드 프랑스 Stade de France | 프랑스 축구 국가대표팀 | 1998 | 81,338 |
| 45 | 프랑스 | 파리 | 파르크 데 프랭스 Parc des Princes | 파리 생제르망 FC | 1897 | 46,480 |
| 46 | 프랑스 | 생테티엔 | 스타드 조프루아 기샤르 Stade Geoffroy-<br>Guichard | AS 생테티엔 | 1931 | 42,000 |
| 47 | 프랑스 | 리옹 | 스타드 제를랑 Stade Gerland | (구) 올랭피크 리옹 | 1926 | 40,494 |
| 48 | 프랑스 | 리옹 | 파르크 올랭피크 리오네 Parc Olympique<br>Lyonnais | 올랭피크 리옹 | 2016 | 59,186 |
| 49 | 프랑스 | 마르세이유 | 스타드 벨로드롬 Stade Vélodrome | 올랭피크 드 마르세유 | 1937 | 67,371 |
| 50 | 프랑스 | 니스 | 알리안츠 리베라 Allianz Riviera | OGC 니스 | 2013 | 35,624 |
| 51 | 벨기에 | 브뤼셀 | 스타드 루아 보두앵 Stade Roi Baudouin | 벨기에 축구 국가대표팀 | 1930 | 50,093 |
| 52 | 네덜란드 | 로테르담 | 데 쿠이프 De Kuip | 페에노르트 | 1937 | 51,577 |
| 53 | 네덜란드 | 암스테르담 | 암스테르담 아레나 Amsterdam Arena | AFC 아약스 | 1996 | 53,502 |
| 54 | 독일 | 묀헨글라트<br>바흐 | 보루시아 파크 Borussia-Park | 보루시아 묀헨글라트바흐 | 2004 | 54,067 |
| 55 | 독일 | 뒤셀도르프 | 에스프리 아레나 Esprit Arena | 포르투나 뒤셀도르프 | 2004 | 54,600 |
| 56 | 독일 | 쾰른 | 라인에네르기 슈타디온 RheinEnergie<br>Stadion | FC 쾰른 | 2004 | 50,374 |
| 57 | 독일 | 겔젠키르헨 | 펠틴스 아레나 Veltins-Arena | FC 샬케 04 | 2001 | 62,271 |
| 58 | 독일 | 도르트문트 | 베스트팔렌슈타디온 Westfalenstadion | 보루시아 도르트문트 | 1974 | 81,359 |
| 59 | 독일 | 브레멘 | 베저슈타디온 Weserstadion | SV 베르더 브레멘 | 1923 | 42,500 |
| 60 | 독일 | 함부르크 | 볼크스파크슈타디온 Volksparkstadion | 함부르크 SV | 1953 | 57,274 |
| 61 | 독일 | 하노버 | AWD 아레나 AWD-Arena | 하노버 96 | 1954 | 49,000 |
| 62 | 독일 | 베를린 | 올림피아슈타디온 Olympiastadion | 헤르타 BSC 베를린 | 1936 | 74,649 |

| 63 | 독일 | 라이프치히 | 레드불 아레나 Red Bull Arena | RB 라이프치히 | 1954 | 44,345 |
|---|---|---|---|---|---|---|
| 64 | 독일 | 프랑크푸르트 | 코메르츠방크 아레나 Commerzbank-Arena | 아인트라흐트 프랑크푸르트 | 1925 | 51,500 |
| 65 | 독일 | 카이저슬라우테른 | 프리츠-발터 슈타디온 Fritz-Walter-Stadion | FC 카이저슬라우테른 | 1920 | 49,780 |
| 66 | 독일 | 자르브뤼켄 | 루드비히슈파르크 슈타디온 Ludwigspark Stadion | FC 자르부뤼켄 | 1953 | 35,303 |
| 67 | 독일 | 슈투트가르트 | 메르세데스-벤츠 아레나 Mercedes-Benz Arena | VfB 슈투트가르트 | 1933 | 60,469 |
| 68 | 독일 | 뉘른베르크 | 막스 모를로크 슈타디온 Max-Morlock-Stadion | FC 뉘른베르크 | 1928 | 50,000 |
| 69 | 독일 | 뮌헨 | 알리안츠 아레나 Allianz Arena | FC 바이에른 뮌헨 | 2005 | 75,000 |
| 70 | 독일 | 뮌헨 | 올림피아슈타디온 Olympiastadion | 1972년 하계 올림픽 | 1972 | 69,250 |
| 71 | 스위스 | 바젤 | 장크트 야콥 파크 St. Jakob-Park | FC 바젤 | 2001 | 38,512 |
| 72 | 이탈리아 | 토리노 | 유벤투스 스타디움 Juventus Stadium | 유벤투스 FC | 2011 | 41,507 |
| 73 | 이탈리아 | 밀라노 | 스타디오 쥬세페 메아차 Stadio Giuseppe Meazza | AC밀란, 인터밀란 | 1926 | 81,277 |
| 74 | 이탈리아 | 제노아 | 스타디오 루이지 페라리스 Stadio Luigi Ferraris | UC 삼프도리아 | 1911 | 36,536 |
| 75 | 이탈리아 | 베로나 | 스타디오 마르칸토니오 벤테고디 Stadio Marcantonio Bentegodi | AC 키에보베로나 | 1963 | 39,211 |
| 76 | 이탈리아 | 볼로냐 | 스타디오 레나토 달라라 Stadio Renato Dall'Ara | 볼로냐 FC(1909) | 1927 | 39,444 |
| 77 | 이탈리아 | 피렌체 | 스타디오 아르테미오 프란키 Stadio Artemio Franchi | ACF 피오렌티나 | 1931 | 47,282 |
| 78 | 이탈리아 | 로마 | 스타디오 올림피코 Stadio Olimpico | SS 라치오, AS 로마 | 1930 | 72,698 |
| 79 | 이탈리아 | 나폴리 | 스타디오 산파올로 Stadio San Paolo | SSC 나폴리 | 1959 | 60,240 |
| 80 | 이탈리아 | 살레르노 | 아레키 경기장 Stadio Arechi | 살레르니타나 갈치오(1919) | 1991 | 37,245 |
| 81 | 이탈리아 | 바리 | 스타디오 산니콜라 Stadio San Nicola | FC 바리(1908) | 1990 | 58,248 |
| 82 | 이탈리아 | 레체 | 스타디오 비아 델 마레 Stadio Via del Mare | US 레체 | 1966 | 36,285 |
| 83 | 이탈리아 | 팔레르모 | 스타디오 렌초 바르베라 Stadio Renzo Barbera | US 시타 디 팔레르모 | 1932 | 37,619 |
| 84 | 이탈리아 | 메시나 | 스타디오 산필리포 Stadio San Filippo | ACR 메시나 | 2004 | 40,200 |
| 85 | 그리스 | 아테네 | 아테네 올림픽 경기장 Ολυμπιακό Στάδιο Αθηνών | AEK 아테네 FC | 1982 | 69,618 |
| 86 | 그리스 | 아테네 | 파나티나이코 경기장 Παναθηναϊκό Στάδιο | 1896년 하계 올림픽 | 1869 | 45,000 |
| 87 | 불가리아 | 소피아 | 바실 레브스키 국립 경기장 Национален стадион „Васил Левски" | 불가리아 축구 국가대표팀 | 1953 | 43,530 |
| 88 | 터키 | 이스탄불 | 보다폰 파크 Vodafone Park | 이스탄불 베식타스 | 2016 | 41,903 |
| 89 | 터키 | 이스탄불 | 쉬크뤼 사라졸루 스타디움 Şükrü Saracoğlu Stadyumu | 페네르바체 SK | 2006 | 50,509 |
| 90 | 터키 | 이스탄불 | 아타튀르크 올림픽 스타디움 Atatürk Olimpiyat Stadyumu | 베식타스 JK | 2001 | 76,092 |

| 91 | 터키 | 이스탄불 | 튀르크 텔레콤 스타디움 Türk Telekom Stadyumu | 갈라타사라이 SK | 2011 | 52,652 |
|---|---|---|---|---|---|---|
| 92 | 터키 | 부르사 | 팀사 아레나 Timsah Arena | 부르사 스포르 | 2015 | 43,331 |
| 93 | 터키 | 앙카라 | 세베치 이뇌뉘 스타디움 Cebeci İnönü Stadyumu | 앙카라 데미스포르 | 1967 | 37,000 |
| 94 | 터키 | 코냐 | 토르쿠 아레나 Torku Arena | 콘야스포르 | 2014 | 42,276 |
| 95 | 터키 | 이즈미르 | 이즈미르 아타튀르크 스타디움 İzmir Atatürk Stadyumu | 터키 축구 국가대표팀 | 1971 | 51,295 |
| 96 | 세르비아 | 베오그라드 | 라이코 미티치 스타디움 Стадион Рајко Митић | 레드스타 베오그라드 | 1963 | 55,538 |
| 97 | 보스니아– 헤르체고비나 | 사라예보 | 아심 페르하토비치 하세 경기장 Asim Ferhatović Hase Stadium | FK 사라예보 | 1947 | 35,630 |
| 98 | 크로아티아 | 스플리트 | 스타디온 폴주드 Stadion Poljud | 하이두크 스플리트 | 1979 | 35,000 |
| 99 | 크로아티아 | 자그레브 | 스타디온 막시미르 Stadion Maksimir | 크로아티아 축구 국가대표팀 | 1912 | 37,168 |
| 100 | 헝가리 | 부다페스트 | 푸스카스 페렌츠 경기장 Puskás Ferenc Stadion | 헝가리 축구 국가대표팀 | 1953 | 56,000 |
| 101 | 오스트리아 | 빈 | 에른스트 하펠 슈타디온 Ernst-Happel-Stadion | 오스트리아 축구 국가대표팀 | 1931 | 53,008 |
| 102 | 루마니아 | 부쿠레슈티 | 국립 경기장 Arena Națională | 루마니아 축구 국가대표팀 | 2011 | 55,634 |
| 103 | 우크라이나 | 키예프 | 올림피스키 경기장 Національний спортивний комплекс «Олімпійський» | 우크라이나 축구 국가대표팀 | 2012 | 70,050 |
| 104 | 우크라이나 | 하르키프 | 메탈리스트 경기장 Стадіон «Металіст» | FC 메탈리스트 하르키프 | 1926 | 40,003 |
| 105 | 우크라이나 | 도네츠크 | 돈바스 아레나 Донбас Арена | FC 샤흐타르 도네츠크 | 2009 | 52,187 |
| 106 | 폴란드 | 단스크 | 스타디온 에네르가 단스크 Stadion Energa Gdańsk | 레치아 단스크 | 2011 | 43,615 |
| 107 | 폴란드 | 포즈난 | INEA 스타디온 INEA Stadion | KKS 레흐 포즈난 | 1980 | 43,269 |
| 108 | 폴란드 | 바르샤바 | 바르샤바 국립 경기장 PGE Narodowy | 폴란드 축구 국가대표팀 | 2011 | 58,585 |
| 109 | 폴란드 | 브로츠와프 | 브로츠와프 올림픽 경기장 Stadion Olimpijski | 스파르타 브로츠와프 | 1928 | 35,000 |
| 110 | 폴란드 | 브로츠와프 | 스타디온 브로츠와프 Stadion Wrocław | 실롱스크 브로츠와프 | 2011 | 42,771 |
| 111 | 폴란드 | 카토비체 | 스타디온 실롱스키 Stadion Śląski | 루흐 호주프 | 1959 | 55,477 |
| 112 | 벨라루스 | 민스크 | 스타디온 디나마 Нацыянальны Алімпійскі стадыён Дынама | FC 민스크 | 1934 | 41,040 |
| 113 | 러시아 | 모스크바 | 루즈니키 경기장 стадион «Лужники» | 러시아 축구 국가대표팀 | 1956 | 81,000 |
| 114 | 러시아 | 모스크바 | 어트크리티예 경기장 «Открытие Арена» | 스파르타크 모스크바 | 2014 | 45,360 |
| 115 | 러시아 | 소치 | 피시트 올림픽 스타디움 Олимпийский стадион «Фишт» | 2014년 동계 올림픽 주경기장 | 2013 | 40,000 |
| 116 | 러시아 | 카잔 | 카잔 아레나 «Казань Арена» | FC 루빈 카잔 | 2013 | 45,105 |
| 117 | 조지아 | 트빌리시 | 보리스 파이차제 디나모 아레나 ბორის პაიჭაძის ეროვნული სტადიონი | FC 디나모 트빌리시 | 1976 | 54,549 |
| 118 | 아르메니아 | 예레반 | 흐라즈단 경기장 Հրազդան մարզադաշտ | FC 아라랏 예레반 | 1971 | 54,208 |
| 119 | 아제르바이잔 | 바쿠 | 바쿠 올림픽 경기장 Bakı Olimpiya Stadionu | 아제르바이잔 축구 국가대표팀 | 2015 | 68,700 |
| 120 | 이스라엘 | 라마트간 | 라마트간 스타디움 Ramat Gan Stadium | 마카비 텔 아비브 FC | 1951 | 41,583 |

**결장**

# 세계로 확산된 유럽의 그물들

#

## 서울 속의 유럽

게임이론에서 포컬 포인트(focal point)란 사람들이 서로 소통하지 못하는 무질서 속에서 자연스럽게 만들어낸 중심을 말한다.[1] 미국에서는 포컬 포인트의 확률이 가장 높은 장소로 정오의 뉴욕 펜스테이션을 꼽는다.

한국의 포컬 포인트는 어디일까. 서울에 있는 대표 광장은 시청 앞이나 광화문인데 평소 수많은 차가 달리는 도로의 한복판이다. 지금은 철거된 광화문의 중앙청은 조선총독부 건물이었고, 조금 남쪽의 시청은 경성부청(서울시청) 건물이었다. 일본 제국주의의 권력기관이던 두 건물은 유럽 스타일로 지어졌다. 역사 청산 과정에서 중앙청은 사라지고 시청 건물은 현재 서울시도서관으로 바뀌었다.

한국의 국가 중심이라 불리는 서울역 역사(驛舍)나 근대 자본주의 도입의 상징인 한국은행 건물 역시 유럽의 건축 스타일을 흉내 낸 일제유산이다. 서울역의 돔은 파리 팡테옹이나 피렌체 두오모 대성당의 둥근 지붕을 연상시킨다.[2] 또 돌로 만든 한국은행 역시 유럽 양식으로 지어졌다.

한반도의 건물이라고 믿어지지 않는 것이 덕수궁의 석조전이다. 그리스-로마 스타일을 부활시킨 신고전주의 스타일로 지어진 이 건물은 대한제국 황제를 위해 이 땅에 지어진 것이다. 그리스에서 2000년 전에 유행하던 기둥이 올라가고 한국의 전통 소재인 목재 대신 돌로 지어진 궁궐이다.

이처럼 유럽의 지배를 받은 적이 없는 한반도에서도 다양한 석조 건물을 통해 유럽 문화의 강한 영향력을 발견할 수 있다. 궁궐과 총독부, 도시의 관문인 역, 그리고 한국은행은 우리가 앞에서 살펴본 다양한 유럽의 그물에서 중요한 요소가 아니었던가.

이 장에서는 유럽에서 만들어지기 시작한 문명의 그물이 어떻게 세계로 확산되었는지 살펴본다. 가장 간단한 방법은 각각의 그물이 세계로 전파되는 과정을 보면서 우리에게 익숙한 사례를 검토하는 것이다.[3] 이런 접근법은 유럽의 문명이 우월하다거나 문명 전파와 확산이 한 방향으로만 일어났다는 편견을 반영하는 것은 아니다. 다만 유럽에서 만들어진 문명의 그물이 어떤 경로와 과정을 거쳐 확산되었는지를 살펴보자는 취지다.

모든 문명은 다른 문명과 접촉하고 교류하고 대립하면서 변화하고 발전한다. 지난 5세기 동안 강한 힘을 바탕으로 외부로 진출하여 다른 문명과 적극 부딪친 문명이 유럽에서 만들어진 근대문명이라는 사실을 부정하기는 어렵다.

# 영어 스트레스

서울에서 유럽 스타일의 건물보다 유럽 문명의 그물을 더 쉽게 느낄 수 있는 것은 언어 영역이다. 한국인을 가장 괴롭히는 스트레스 가운데 하나가 영어다. 영어만 잘해도 좋은 대학에 들어갈 수 있고, 좋은 직장에 취직하기 수월한 세상이다.

영어는 유럽의 섬나라인 잉글랜드에서 여러 언어가 섞인 결과다. 원주민 켈트족의 말과 바다를 건너 침공해온 앵글족과 색슨족의 말이 섞이고, 다시 바이킹의 언어가 더해진 뒤 프랑스 북부의 노르만족의 언어가 덧붙여진 결과다.

20세기 말부터 미국은 영어의 확산과 영향력을 소프트파워라는 이름으로 선전하고 있지만 사실 영어가 국제공용어가 된 것은 폭력적인 제국주의의 결과다. 유럽인들의 언어가 세계에서 통용되고 확산되기 시작한 것은 15세기의 대항해 시대부터다. 당시 유럽의 세계 진출에 앞장섰던 포르투갈어의 '빵'이 우리에게 가장 먼저 전달된 유럽 단어 중 하나일 것이다.

언어의 자연스러운 확산은 대개 크리올이라고 하는 언어 융합 현상을 낳았다. 여러 나라 사람들이 자주 접하다 보면 다양한 말이 뒤섞여 하나의 새로운 혼합 언어를 낳는 현상이다. 하지만 유럽 언어의 확산은 이런 크리올 현상이 아니라 유럽인이 원주민을 말살하거나 자신들의 언어를 총칼의 힘으로 강요함으로써 이루어졌다. 자연스러운 확산이 융합을 낳는다면 강제와 폭력의 확산은 역으로 언어를 냉동시킨다.

제국의 언어, 본토의 발음과 억양은 높은 위상을 차지하게 되고, 따라서 쉽사리 진화하지 못하는 상태를 '언어의 냉동'이라고 할 수 있다. 예를 들어 캐나다 퀘벡 지역의 프랑스어는 17~18세기 프랑스어의 단어와 억양을 고스란히 유지하고 있다. 미국의 영어도 빨리 진화한 영국의 영어에 비하면 훨씬 오래된 스타일의 말이다. 해외 동포들이 사용하는 한국어가 국내 언어보다 과거의 단어와 억양, 발음을 더 잘 간직하고 있는 것과 비슷한 현상이다.

유럽의 언어는 아메리카와 대양주라는 신대륙에서 유럽인들의 집단 이주 및 정착을 통해 자연스럽게 현지어로 자리 잡았다. 북아메리카와 대양주에서는 영어가 공통어로 사용되었고, 남아메리카에서는 스페인어와 포르투갈어가 정착했다. 시베리아를 거쳐 연해주까지 연결되는 러시아인의 진출로 동유럽의 슬라브어는 한반도 경계에까지 와 있다.

아프리카와 아시아에서도 제국주의 식민 경험을 통해 유럽의 언어가 국어로 뿌리 내린 경우가 많다.[4] 세계에서 인구가 두 번째로 많은 인도는 영어를 국어로 채택한 대표 사례다. 인도에서는 힌두족이 다수였지만 다른 종족들이 제국의 언어인 영어가 낫다고 판단했기 때문이다. 아프리카의 많은 국가에서도 영어와 프랑스어가 공용어로 쓰이고 있다. 다양한 종족으로 구성된 국가들이 특정 종족의 언어보다는 식민지 시대의 언어를 국어로 삼음으로써 내부 분쟁을 최소화할 수 있기 때문이다. 형제보다는 침략자의 언어를 선호하는 인간 사회의 비극이다.

국제 교류가 활발한 21세기에 유럽의 언어, 특히 영어의 위상은 더욱 높아질 기세다. 왜냐하면 언어야말로 네트워크 효과가 가장 극명하게 드러나는 영역이기 때문이다. 네트워크 효과는 더 많은 사람이 사용할수록 그 언어 사용의 이점이 늘어나고, 그 결과 독점과 지배의 위상이 강화되는 현상을 말한다.

한국인과 일본인과 중국인이 만나면 어떤 언어를 사용할까. 사실 세 언어 가운데 하나를 사용하는 것이 효율적인 선택이다. 하지만 세 나라의 교육 과정에서 영어를 기본 외국어로 가르치는 상황에서는 영어가 가장 적절한 선택이 된다. 동아시아뿐 아니라 전 세계가 이런 상황에 놓여 있다 보니 국제공용어로서 영어의 위상은 뒤집기 어려운 대세가 되었다.

#

## 한국의 기독교, '꼴찌가 첫째로'

언어와 비교하면 유럽 종교의 확산은 그리 성공하지 못했다. 물론 유럽인들이 바다를 건너 정착한 지역의 종교는 당연히 유럽에서 가져가 이식한 기독교다. 스페인과 포르투갈의 지배를 받은 중남미에서는 가톨릭이 뿌리를 내렸고, 영국의 식민지였던 북아메리카에서는 프로테스탄트가 지배 종교가 되었다.

다른 대륙에서 유럽의 기독교가 현지 사회로 침투해 들어간 경우는 아프리카의 일부와 필리핀 정도를 들 수 있다. 아프리카에서 기독교가 유행하는 지역은 이슬람이 지배하는 북부 아프리카가 아니라 사하라 이남 아프리카다. 스페인이 점령하여 지배한 필리핀에서도 가톨릭은 식민주의의 유산이라고 할 수 있다.

다양한 지역에서 유럽인들의 기독교와 경쟁하거나 이에 저항하는 주요 종교는 이슬람이다. 이슬람과 기독교는 7세기 이후 접촉과 경쟁, 그리고 충돌을 거듭해왔다.[5] 이슬람 세력은 북아프리카를 통해 이베리아반도로 진출한 뒤 유럽으로 침투했고, 프랑스 한가운데까지 영향력을 넓했다.

15세기부터는 이슬람 세력인 오스만제국이 발칸반도를 지배하면서 유럽의 중심부인 빈을 위협할 정도였다. 그 사이 중세에는 유럽의 기독교 십자군이 서남아시아를 침공하여 장기 지배를 한 적도 있다. 이처럼 기독교와 이슬람은 오랫동안 대립의 역사를 이어왔다.

유럽이나 서남아시아를 벗어나 사하라 이남 아프리카나 동남아시아에서도 기독교와 이슬람은 자주 대립 구도를 형성했다. 서아프리카 코트디부아르나 나이지리아는 종교 갈등으로 내전을 겪었고, 동아프리카 수단이나 소말리아, 케냐에서도 종교 갈등이 심각하다. 가까운 동남아시아의 필리핀이나 인도네시아에서도 이슬람과 기독교가 다수·소수 관계를 형성하면서 그로 인한 종교 분쟁이 존재한다.

갈등과 충돌의 역사가 이슬람만큼 길지는 않지만 힌두교나 유교문화권도 기독교의 확산에 저항한 지역이다. 이슬람과 힌두교가 경쟁하는 인도에서 식민제국의 종교인 기독교는 사회에 침투하는 데 성공하지 못했다. 유럽인들이 오래 정착했던 일부 항구 도시에 소수 기독교 공동체가 존재할 뿐이다.

마찬가지로 유교문화권의 중국이나 일본은 기독교 전파에 저항했던 폐쇄 사회다. 심지어 프랑스의 식민 지배를 받았던 베트남이나 라오스, 캄보디아에서도 기독교는 크게 성공하지 못했다.

이런 세계사를 염두에 둘 때 한국은 매우 특이한 경우다. 한국은 기독교 세계와는 지리와 문화가 모두 거리가 있는 나라다. 오히려 유교나 불교의 영향이 강한 동아시아와 핵심 유산을 공유하고 있다. 그럼에도 불구하고 오늘날 한국은 대표적인 기독교 국가다.

가톨릭이 세계로 전파된 것은 주로 유럽에서 해외로 파견한 선교사의 업적이었다. 하지만 한국은 중국으로부터 자발적으로 천주교를 수입하여 신도 공동체를 형성했으며, 로마교황청에 신부의 파견을 요청한 특수한 경우다. 기독교가 근본적으로 갖는 평등주의 성향과 조선 후기 사람들의 사회개혁에 대한 열망이 만난 결과로밖에는 설명하기 힘들다.

또한 개신교는 구한말 개항기와 일제강점기에 한반도에 들어오기 시작하여 한국의 근대화에 크게 기여했다. 한글 성경이 확산됨으로써 유럽 역사에서와 마찬가지로 민족의식의 발판이 되었고, 평등의식이 반영된 교육의 열기는 기독교 학교의 엘리트 형성에 기여했다.

해방 이후 한국에서 기독교는 대중 기반을 더욱 강력하게 확보했다. 이제 가톨릭과 개신교를 합치면 기독교는 한국 최대 종교로 부상했다. 한국은 과거 선교의 대상 지역에서 해외 선교를 주도하는 국가가 되었다. 미국은 여전히 프로테스탄티즘이 활발한 종교 사회라고 할 수 있지만 유럽은 세속화의 바람이 강해 성당이 텅텅 비어 있는 상황이다. 이제 한국의 신부와 수녀가 기독교의 심장이자 고향인 유럽으로 가서 무너져가는 교회의 버팀목이 되는 시대가 왔다. "나중 된 자로서 먼저 되고 먼저 된 자로서 나중 되리라."(마태복음 20장 16절)

#

## 흥거운 한국인

한국인들은 왜 그렇게 노래를 잘 부르는 것일까. 노래와 춤을 겸비한 한류 스타가 세계에서 인기를 끌게 된 이유는 무엇일까. 전통에서 민족성을 찾기를 좋아하는 사람들은 한반도에 사는 동이(東夷)민족이 음주가무를 즐겼다는 중국 고전의 기록을 들면서 우리 민족의 문화 유전자라고 말한다.

미국의 인류학자 하크니스는 근대화를 맞으면서 기독교 교회가 노래를 부르는 전통을 한국 사회에 전파했다고 분석한다.[6] 전통의 유전자와 근대화 과정의 노래 부르기 습관의 설명이 반드시 배타적인 것은 아니다. 술 마시고 가무를 즐기는 부류와 주일학교에 가서 예배를 보면서 찬송가를 부르는 사람들이 시너지 효과를 낼 수 있기 때문이다.

나의 어린 시절을 돌아보더라도 두 가지 기억이 또렷하다. 어른들끼리 술을 마시며 이야기를 나누다가 분위기가 무르익으면 한 명씩 돌아가면서 노래를 부르던 모습이 기억에 남는다. 좀 놀아본 어른은 젓가락으로 상을 두드리거나 병에 숟가락을 꽂아 흔들면서 리듬에 맞춰 노래를 부르기도 했다.

주일학교는 또 다른 분위기의 노래 세상이었다. 그곳에서는 선생님의 오르간 연주에 맞추어 코흘리개 어린이들이 노래를 부르며 주님을 찬양했다. 초등학교 때는 보이스카우트였는데 여기서도 많은 시간을 노래 부르는 일로 보냈다. 물론 일주일에 한 번씩 학교 조회에서도 애국가와 교가를 불렀다. 그러고 보니 유년시절을 거의 노래 부르는 일로 보낸 듯하다.

유럽에서 시작한 클래식 음악의 세계 전파는 언어나 종교와는 다르다. 예를 들어 유럽인들이 정착한 신대륙은 물론 구대륙 아시아와 아프리카에도 유럽의 언어는 어느 정도 뿌리를 내렸다. 하지만 클래식 음악이 아프리카나 아시아로 퍼지는 데 성공했다고 보기는 어렵다.

종교도 언어만은 못하지만 구대륙에 많이 확산되었다. 사하라 이남 아프리카와 필리핀, 한국 등이 유럽 종교로 개종한 대표 사례다. 하지만 클래식 음악은 사실 서구를 제외하고는 한국, 일본, 중국 등 동아시아만이 확실한 애호가 층을 형성한 듯 보인다.

실제로 유럽의 콘서트홀이나 오페라를 다녀보면 심심치 않게 동양인들을 마주칠 수 있다. 유럽에는 아랍인이나 아프리카 사람들이 많이 살지만 이들은 클래식 음악을 그다지 즐기지 않는 듯하다. 유럽 음악의 확산은 서구의 문명을 받아들여 근대화를 달성하겠다는 의지가 강한 국가들, 그리고 이런 서구화에 성공한 동아시아만의 특징이라고 할 수 있다.

한국에서 클래식 음악을 즐길 수 있는 장소로는 1978년에 개장한 세종문화회관, 1993년에 개장한 예술의 전당 등을 꼽을 수 있다. 명성 높은 도쿄의 산토리홀도 1978년에 개관했으니 경제 발전과 클래식 음악 인프라 건설이 얼마나 긴밀한 관계인지 확인할 수 있다. 베이징의 국가대극원(國家大劇院) 역시 2008년 올림픽을 앞두고 2007년에 개관했다.

이처럼 인프라만을 놓고 본다면 유럽을 능가하는 대규모 극장이 전 세계에 만들어지고 있다. 1973년에 개장한 시드니의 오페라하우스는 건축의 묘미를 뽐내며 도시의 상징이 되었다. 클래식의 본고장인 유럽에서도 베를린 필하모니(1963), 파리 바스티유 오페라(1989), 파리 필아르모니(2015) 등이 개관을 했으니 선진국 간에 음악 인프라 경쟁이 진행되는 셈이다.

인프라 경쟁에도 불구하고 오케스트라의 명성은 여전히 유럽이 세계 정상을 차지하고 있다. 독일이나 오스트리아의 관현악단, 이탈리아의 오페라, 러시아와 프랑스의 발레는 여전히 세계 정상의 실력과 명성을 자랑한다. 심지어 인프라의 측면에서도 콘서트홀의 밀도를 따져본다면 여전히 유럽 그물의 촘촘함을 따라잡기에는 갈 길이 멀다고 할 수밖에 없다.

# 표상 문화의 세계 확산

유럽 스타일의 표상의 문화는 한국에도 어김없이 전파되었다. 유신 시절인 1975년에 지어진 둥근 돔 지붕의 국회의사당은 경회루의 기둥을 본뜬 24개의 기둥이 받치고 있는데, 이는 원만한 의회의 운영을 기원하는 것이라고 한다. 내부의 반원형 회의장은 프랑스 의회의 전통을 반영한다. 그리고 독재의 권위주의를 표현하듯 높은 의장의 자리나 편하고 넓은 의원들의 좌석은 '폼은 잡지만 하는 일은 별로 없었던 의회'를 상상하게 한다.

근거리에서 의원들이 열변을 토하는 영국의 웨스트민스터와 비교하면 아주 대조적이다. 프랑스에서 국회는 민족회의(assemblée nationale)라는 명칭을 갖는데, 민족을 대표하는 사람들이 모였다는 의미다. 그만큼 국회 건물과 회의장은 상징 가치를 지닌다. 민주화를 이룬 한국이 여전히 독재시절의 건물에 의회를 두고 있는 것은 아쉬운 일이다.

미술에서도 한국은 유럽의 영향을 많이 받았다. 구한말에 시작된 유럽 문화의 도입은 일제강점기에 지속되었고, 해방 이후에도 미국을 통해 계속되었다. 경제 성장 및 국제 위상의 강화와 더불어 많은 유학생들이 유럽으로 가서 미술이나 음악을 배우는 현상이 나타났다.

어린 시절 내 어머니의 미술학원에는 서양인의 얼굴과 몸을 가진 하얀 석고가 많았다. 나중에 유럽이나 미국의 미술관에서 이들을 다시 만나니 그렇게 반가울 수가 없었다. 비너스의 아름다운 몸이나 로마 장군 아그리파의 강인한 얼굴, 몰리에르의 우스꽝스러운 헤어스타일과 수염 등이 특히 기억에 남는다.

···
영국 하원의사당의 모습. 상대 진영과 토론하고 논쟁하도록 가까이 마주 보고 앉게 되어 있다.

음악과 비교하면 미술은 유럽의 특징이 덜 드러나는 장르다.[7] 무엇보다 클래식 음악은 오케스트라 단원의 집단행동의 양식을 띠는 데 비해 미술은 개인의 행위라고 할 수 있다. 게다가 음악은 악기라는 매개체의 역할이 중요한 반면, 미술에서는 예술가의 직접적인 표현이 가능하다.

악기의 문화 특수성이 미술 도구보다 더 강하기도 하다. 피아노와 바이올린이 가지는 개성이 유화의 특수성보다 더 강하다는 말이다. 미술이 음악보다 국제 확산과 보편화, 평준화를 이루는 데 좀 더 수월한 이유일 것이다. 따라서 유럽 전통을 반영하는 서양화는 전 세계에 쉽게 확산되었다.

시각의 미와 언어의 마술, 그리고 음악까지 동반하는 종합예술인 영화는 유럽과 미국에서 거의 동시에 발전했다. 예술의 발전과 사회 배경이라는 차원에서 두 지역의 역사 경로는 흥미롭다. 미국에서 대중을 위한 영화가 성공을 거두었다면, 유럽은 예술성을 추구함으로써 계급 특성을 반영하는 영화가 꾸준히 명맥을 유지하고 있다.

물론 현대 사회에서 대중 영화는 어느 지역에서나 주류임에 틀림없다. 유럽에서도 할리우드 영화가 가장 인기를 끌고 있다. 하지만 유럽은 칸 영화제, 베네치아 영화제, 베를린 영화제의 전통에서 볼 수 있듯이 예술성에 대한 추구와 집념을 보여준다.

영화는 그 대중성 덕분에 음악이나 미술보다 더 빠른 속도로 세계로 확산되었다. 인도의 볼리우드(Bollywood, Bombay+Hollywood)는 이미 영화 제작 편수에서 할리우드를 능가한 지 오래이며, 나이지리아의 영화산업도 풍성한 결실을 맺고 있다.

다른 한편 일본의 영화는 그 예술성을 일찍이 유럽에서 인정받았으며, 최근 들어 한국 영화도 국제 명성을 얻고 있다. 한국은 고유한 전통

문화를 갖고 있으면서도 평등 지향의 사고가 강하고 현대적인 대중 사회다. 따라서 이국성(異國性)과 동시에 보편 메시지를 전달하는 능력에 뛰어난 것으로 보인다.

이처럼 유럽의 특징을 담은 음악과 미술, 건축과 영화는 이제 유럽만의 것이 아니다. 유럽과 문화 전통을 공유하는 아메리카 대륙, 그리고 '유럽 따라 하기'에 성공한 동아시아가 세계의 그물을 만들어 서로 긴밀하게 상호작용하는 세상이 되었다. 종교와 마찬가지로 학생이 스승을 능가하는 일도 자주 생긴다.

#
## 유럽 제국의 거점으로서의 도시

고대 페니키아와 그리스는 지중해를 중심으로 해외로 뻗어나가 식민 도시를 만들곤 했다. 15세기부터 아프리카 연안을 탐험했던 유럽인들은 새로운 세상을 발견했고, 그곳에 유럽식 도시를 세웠다. 16~17세기에는 유럽 도시를 모방한 도시의 그물이 지구 곳곳을 덮기 시작했다.[8] 대항해 시대를 개척한 스페인과 포르투갈은 식민지 지배를 위해 도시를 세웠다.

스페인은 중앙아메리카의 식민지를 뉴스페인이라고 부르며 멕시코시티에 수도를 두었다. 유럽의 스페인 안에 레온 지역이 있듯이 아메리카의 뉴스페인에도 뉴레온이 만들어졌다. 뉴레온은 아직까지도 멕시코에 있는 주의 이름이다.

또 스페인은 남아메리카에 페루라는 행정구역을 만들어 리마를 수도로 삼고 지배했으며 파나마, 보고타, 키토, 칠레의 산티아고, 차르카스, 부에노스아이레스 등의 도시에 법원을 두면서 식민 도시를 건설했다. 필리핀에서는 마닐라라는 도시가 스페인의 지배를 상징했다. 브라질의 포르투세구루나 아시아의 고아, 말라카, 마카오 등은 포르투갈 제국의 기지로 유럽식 도시를 형성한 사례다.

스페인과 포르투갈에 이어 식민 지배에 뛰어든 네덜란드, 영국, 프랑스도 자국의 영향권을 확대하는 데 혈안이었고, 그 첫걸음은 도시를 만드는 일이었다. 네덜란드가 북아메리카의 맨해튼에 만든 뉴암스테르담은 훗날 뉴욕이 되어 세계 최대의 도시로 성장했다. 17세기만 하더라도 북아메리카의 동부 연안은 제일 북쪽의 뉴프랑스부터 시작하여 뉴잉글랜드, 뉴네덜란드, 뉴스웨덴으로 이어졌다. 말하자면 북아메리카는 작은 유럽이나 마찬가지였다.

대양주로 가서 살펴보면 영국의 식민지였던 호주에는 뉴노스웨일스와 사우스웨일스가 있고, 뉴질랜드는 네덜란드의 한 주였던 제일란트에서 따온 명칭이다. 아시아에서 제일 성공한 도시국가인 홍콩과 싱가포르는 20세기 중후반까지 영국의 식민지였다.

유럽 도시의 특징은 건축 스타일에서 가장 잘 드러나고 도시 중심에 자리한 거대한 성당이나 관공서에서 찾아볼 수 있다. 뉴프랑스의 수도 퀘벡이나 뉴스페인의 멕시코, 리마와 마닐라의 성당은 모두 유럽 대륙에 있는 도시 못지않은 규모다.

중국에서도 유럽 도시와 건축의 영향을 찾아볼 수 있다. 베이징에 있는 원명원(圓明園)을 찾으면 청 황실이 유럽의 조각과 건축의 영향을 받았음을 확인할 수 있다. 또한 19~20세기에 중국에 설치한 조계가 유럽풍의 동네를 형성한 것을 아직도 쉽게 찾아볼 수 있다. 윈난성의 쿤밍이나 후베이성의 우한에는 유럽식 건물이 늘어선 동네가 있는데 마

····
원명원은 베이징에 있는 청 왕조의 황실 정원으로, 1707년 강희제가 네 번째 아들 윤진에게 하사한 이후 바로크 양식의 건축물 등으로 확장되어 1860년까지 황제가 정무를 처리하던 곳이었다. 하지만 1860년 10월 영국·프랑스 연합군이 베이징을 침공했을 때 이곳을 약탈하고 불을 질러 폐허로 만들었다(고드프루아 뒤랑, 1860).

치 유럽에 온 듯한 환상을 준다. 한자로 된 간판만이 그곳이 중국이라는 사실을 상기시켜준다.

물론 외형이 닮았다고 도시의 성격이나 특수성, 문화가 그대로 이식되는 것은 아니다. 유럽의 도시는 자유의 온실로 기능했고, 시골의 왕족이나 귀족을 견제하는 역할을 했다. 하지만 유럽이 전 세계에 만든 기지들은 자유의 온실이라기보다는 식민 지배를 위한 정치와 군사의 기능이 강했다.

특히 아메리카 대륙에 세워진 도시들은 상당히 오랜 기간 동안 제국의 식민 도시 역할을 했다. 상업 기능이 발달하면서 상대적으로 자유로운 분위기의 도시로 발전한 것은 소수의 경우에 해당한다. 예를 들어 공산화된 중국이라는 억압의 바다에서 홍콩은 도시가 가지는 최소한의 자유를 보장하는 온실의 섬이 되었다.

#

## 유럽식 대학의 확산

유럽식 도시가 만들어지면 성당과 함께 대학이 세워졌다. 1551년 스페인은 국왕령으로 리마와 멕시코에 왕립대학을 설립했다. 산마르코스대학과 멕시코대학으로 발전한 이 두 대학은 라틴아메리카를 대표하는 지성의 기둥으로 성장했다.

1636년에 영국 식민지에 세워진 하버드대학은 북아메리카에서 최초로 인쇄기를 보유한 기관으로 청교도 목사를 양성하는 것이 주요 목적이었다. 유럽에서 시작된 도시의 문명이 유럽인들에 의해 신대륙으로 확산되었고, 그 결과 뉴욕에서 20세기의 대도시가 세워졌다. 앞에서도 살펴보았듯이 대학의 중심 또한 미국으로 옮겨간다.

유럽 문명에서 대학의 존재는 도시의 특징이었다. 대학은 원래 시민, 즉 부르주아 시대의 대표 기관이었고 시간이 지나면서 근대 사회를 주도하는 종합 엘리트 육성 기관으로 성장했다. 1960년대까지 유럽의 대학은 이런 계급성이 강하게 남아 있는 기관이고 제도였다.

물론 미국에서도 대학은 고등교육 기관으로 상류층에 진입하는 관문이었지만 유럽만큼 폐쇄적이지는 않았다. 따라서 미국의 대학은 대중 고등교육의 시대를 열었다.[9] 게다가 유럽에서 파시즘이나 나치즘 같은 정치 혼란이 벌어지자 유대계 지식인들은 대거 미국으로 이주했고, 이는 미국의 학문 수준을 끌어올리는 데 기여했다. 최초의 대학은 유럽에서 시작했지만 미국에서 대중성과 독립성을 확보하면서 만개한 셈이다. 노벨상 수상 같은 연구 성과나 대학의 재정 능력, 세계적인 명성 등 그 어느 면에서 보더라도 미국의 대학은 이제 세계 대학 그물의 중심으로 작동한다.

한국의 근대 고등교육의 장을 연 힘은 크게 국가와 사회로 나누어볼 수 있다. 국가에 의한 근대 교육은 일제강점기 일본인 공동체의 교육을 담당하기 위한 제도였다. 한국인은 소수만이 제한된 영역에 진입할 수 있었다. 이 교육제도는 일제강점기 이후 국립대학 체계로 발전했다. 메이지 유신 이후 일본은 유럽의 교육제도를 수입했다는 점에서 조선에 들어온 교육제도도 유럽식이었다고 할 수 있다.

한국 근대 교육의 또 다른 힘은 사회의 동원이다. 적어도 고등교육에서 한국의 대학은 국가보다 사회가 훨씬 중요한 역할을 담당했다. 구한말에서 일제강점기까지 고등교육의 모태가 된 교육기관들이 설립되었고, 그 과정에서 기독교와 민족주의가 큰 힘을 발휘했다.

해방 이후 고등교육은 더욱 빠르게 발전했다. 한국은 국가가 고등교육을 담당하게 된 유럽 제도보다는 시민사회의 역할을 강조하는 미국의 모델에 더 가깝다. 고등교육의 대중화라는 측면에서도 유럽보다는 미국에 가까운 형편이다. 심지어 21세기에 들어서면 한국은 세계에서 대학 진학률이 제일 높은 나라로 급부상했다.

결국 중세에 볼로냐, 파리, 옥스퍼드 등에서 만들어지기 시작한 대학이라는 제도는 일본과 미국을 통해 한국에까지 전해졌고, 한국은 국민 다수가 대학에 다니는 고등교육의 나라가 되었다. 내가 근무하는 숭실대학교는 1897년 미국 선교사가 평양에 설립한 기독교 학교다. 한국의 대표 사학으로 꼽히는 연세대학교와 이화여대도 기독교의 기원을 가지고 있다. 미국을 거치기는 했지만 기원을 찾아가보면 유럽에 도달하게 된다.

다른 한편 국립대학의 대표격인 서울대학교의 모토는 '베리타스 룩스 메아(Veritas Lux Mea)'라는 라틴어로 '진리는 나의 빛'이라는 의미다. 한국에는 방패에 문장을 그려 넣는 전통이 없지만 유럽의 표상 문화를 받아들여 서울대도 방패 문장을 자랑스럽게 내걸고 있다.

#

## 유럽 군주의 세계 지배

영국은 군주제를 유지하면서 여전히 세계 무대에서 영향력을 행사하고 있다. 영국의 왕은 유럽에 있는 통합왕국(United Kingdom)이라는 나라의 국가 원수일 뿐 아니라 과거 식민지 국가의 상징이다.

예를 들어 캐나다나 호주, 뉴질랜드의 국가 원수는 여전히 영국의 국왕이다. 영국 국민들이 과거 제국의 영광을 기억하고 착각하게 만드는 원인 가운데 하나다. 많은 영국인들은 지금도 영국과 유럽은 대등한 단위라고 생각하지 영국이 유럽의 일부라고 생각하지 않는다.

군주제가 대세이던 제국주의 시대에 유럽의 국왕은 본국과 식민지를 연결하는 강한 상징이자 고리였다. 그중에서도 포르투갈의 사례는 특이하다. 포르투갈은 작은 국가였지만 남아메리카에서 가장 큰 브라질을 지배하는 제국의 중심이었다. 1807년 포르투갈 본국이 프랑스의 나폴레옹이 이끄는 혁명 군대에 점령당하자 국왕은 남아메리카의 식민지 브라질로 도주하여 그곳으로부터 제국을 지배했다.

하지만 그 후 프랑스 혁명정부가 군주들의 연합군에 패하고 유럽에서 다시 군주가 득세하는 시대가 왔다. 1820년 포르투갈 황제 주앙 6세는 유럽으로 돌아가면서 아들 페드루 1세에게 브라질을 맡겼다. 하지만 권력의 유혹에는 부자관계도 흔들리기 마련이다. 페드루 1세는 아버지를 배신하고 독립을 선언하면서 브라질 황제로 등극했다.[10]

페드루 1세의 아들 페드루 2세는 1889년까지 장기간 브라질 제국을 통치하다가 군부의 쿠데타로 실권하자 유럽으로 돌아갔다. 유럽의 왕실과 귀족 제도가 해외 확장을 통해 남아메리카까지 지배했다가 평등의 정신이 확산되면서 실권하자 유럽으로 돌아온 셈이다.

1860년대에는 유럽의 군주들이 멕시코에도 군주제를 수립하려고 시도했다가 실패했다. 특히 프랑스 황제 나폴레옹 3세는 합스부르크가의 페르디난트 막시밀리안을 멕시코 황제로 옹립하면서 군대까지 파견했으나 멕시코의 공화국을 뒤집는 데 실패했다. 3년이라는 짧은 기간 (1864~1867) 황제의 자리에 있던 막시밀리안 1세는 결국 공화국 군대에 잡혀 사형당했다. 이처럼 19세기 말이 되면 유럽인이 다른 대륙에 가서 무력으로 군주가 되는 일은 힘들어졌다.

누가 보더라도 유럽이 과거에 가졌던 왕족과 귀족의 그물은 이제 더 이상 강력한 영향력을 행사하지 못한다. 1차 세계대전까지는 여전히 제국의 시대였지만 20세기에는 다양한 혁명이 지배하는 새로운 시대가 열렸기 때문이다. 군주제를 유지하는 나라는 세계에서 매우 드물다.

태국처럼 군주제를 보존하더라도 실질 권한은 군부나 민주적으로 선출된 정부로 넘어가 입헌군주제의 양식을 띤다. 또한 평등사상이 보편화되면서 귀족의 존립 기반도 사라져버렸다. 현대 사회에서 여전히 카스트의 잔재로 신분제도가 강하게 남은 지역은 인도가 유일하지 않을까 싶다.

현대 세계에서 나타나는 사회 신분과 비슷한 현상으로는 인종의 차별화를 들 수 있다. 유럽의 귀족을 살펴보면서 푸른 피의 이론을 언급했다. 당시에도 흰 피부의 유럽인과 검은 피부의 무어인의 대립이 차별의 출발점이었다.

유럽인들의 세계 진출로 인해 아메리카 대륙에서 대부분의 인디언이 전쟁과 학살과 질병으로 사라져버렸다. 유럽인들은 또 아프리카 인구를 노예무역을 통해 아메리카로 대거 이동시켰다. 그 결과 아메리카 대륙은 유럽인과 인디언과 아프리카 흑인이 함께 살아가는 사회가 되었다.

여기서 등장하는 인종 정치는 새로운 형태의 신분 사회를 만들었다.[11] 대개 스페인이나 포르투갈이 지배했던 지역에서는 인종의 혼합이 더 잘 이루어졌고, 영국의 지배 지역에서는 인종 간 대립이 심했다. 하지만 어떤 경우라도 아메리카 사회를 지배한 것은 유럽 출신의 백인들이다.

유럽인들이 현지 사회에 침투하여 지배한 또 다른 사례가 아프리카다. 남아프리카는 유럽인이 대량 이주하여 흑인과 대립한 대표 사례다. 남아프리카공화국은 아파르트헤이트 체제를 종결하고, 이제는 법의 평등이 확립되었지만 여전히 백인들이 경제력을 독점하는 체제다.

또 독립한 이후의 아프리카 사회에서 영국과 프랑스는 여전히 강한 영향력을 행사하며, 블랙 아프리카의 엘리트들은 많은 경우 유럽에서 교육을 받고 유럽인 여성과 결혼하는 경향을 보인다.[12] 2018년 현재 카메룬, 세네갈, 코트디부아르, 가봉 등 다수 아프리카 국가 원수의 부인은 유럽 여성이며, 이처럼 아프리카의 엘리트가 유럽인과 결혼하는 전통은 식민 시대부터 존재해왔다.

#

## 전쟁 문화의 세계화

유럽에서 왕족이나 귀족의 존재 이유는 전쟁으로부터 주민들을 보호해주는 것이었다. 유럽 왕족이나 귀족의 그물은 이들 사이에 혈통과 연대의 관계를 긴밀하게 만들어주었지만 동시에 경쟁을 벌이고 전쟁을 치르는 갈등의 차원을 포함했다.

유럽의 문명이 다른 문명보다 비교할 수 없을 정도로 월등하다고 말하기는 어렵다. 그럼에도 불구하고 유럽이 세계를 지배하게 된 가장 중요한 이유는 전쟁을 벌이는 능력에서 비롯된다. 16세기 유럽이 대항해 시대를 열었을 때 유럽 경제는 해외로 수출할 만한 제품이 그리 많지 않았다. 하지만 유럽은 수백 년 동안 전쟁을 치렀던 경험과 신식 무기를 통해 바다를 통제했고, 해외 기지를 각 대륙에 건설할 수 있었다.

유럽의 전쟁 수행 능력을 제일 먼저 도입한 나라가 일본이다. 포르투 갈과 네덜란드로부터 근대 무기를 접한 일본은 유럽의 봉건제도와 비 슷하게 영주들이 경쟁하는 체제였다.

유럽에서 도입한 무기로 일본은 16세기 말 임진왜란을 일으켰다. 그 리고 19세기 메이지 유신 이후 국가 체제를 유럽식으로 개량한 뒤에는 청일전쟁과 러일전쟁을 통해 강력한 군사대국으로 부상했다. 20세기에 는 세계대전을 아시아와 태평양 전역으로 확산시키는 주범이 되었다.

20세기 중국의 내전과 한국전쟁은 근대 전쟁의 조직과 무기를 동아 시아에 뿌리내리게 한 사건들이라고 할 수 있다. 중국과 한국에서의 전 쟁은 미국과 소련이라는 유럽에서 시작된 두 새로운 문명이 벌이는 경 쟁의 투영이었다. 워싱턴 D. C.와 모스크바는 지리상 유럽은 아니지만 문명으로 보면 '유럽의 자식' 같은 존재였다.

이들은 유럽의 제국주의에 저항하는 세력을 자처했다. 미국은 영국 의 식민지에서 독립전쟁을 치르고 건국한 만큼 제국주의를 반대하는 노선을 따랐다. 소련은《제국주의, 자본주의의 최고 단계》라는 레닌의 분석에 따라 역시 반(反)제국주의를 국시로 삼은 새로운 나라였다.[13]

하지만 '유럽의 자식' 미국과 소련은 각자 이념을 앞세운 제국주의 세력으로 탈바꿈했고, 결국 지구를 대상으로 냉전시대를 만들었다. 유 럽에서 출발한 근대 전쟁의 기술은 냉전시대에 한반도에서 인도차이나 를 거쳐, 남아시아와 서남아시아, 아프리카와 라틴아메리카까지 확산되 었다.

20세기는 식민주의의 종말을 고하는 시기라고도 할 수 있으며, 그 과정에서도 근대 무기를 사용하는 독립전쟁이 빈번하게 발생했다. 베트 남은 프랑스 식민지에서 독립하기 위해 1947년부터 1954년까지 장기전을 벌여야 했고, 프랑스군이 물러간 후에는 미국과 전쟁을 치렀다.

아프리카에서 알제리의 독립전쟁이나 앙골라, 자이레, 나이지리아 등의 내전은 모두 근대식 무기를 동원한 전쟁이었다. 근대식 무기는 전쟁의 피해를 키우는 동시에 유럽 및 미국, 소련 등에서 군수산업을 발전시키는 계기가 되었다.

또 유럽식 전쟁 문화의 확산으로 군대라는 근대 조직이 국가의 핵심으로 부상했다.[14] 사회를 동원하고 조직하는 기제로서 군대가 가져오는 근대화의 효과를 부정하기는 어렵다. 사람들의 효율적인 통제를 가능하게 하고 협력을 도출하는 조직이기 때문이다.

하지만 이들은 수많은 지역에서 정치권력을 불법으로 획득하여 인권을 유린하는 권위주의 체제를 유지했다. 일본이 근대화 과정에서 제국주의의 경로로 돌입한 데는 군부의 세력이 결정적이었으며, 한국도 쿠데타를 통해 집권한 군부가 수십 년 동안 국가권력을 독점한 경험을 갖게 되었다. 아직까지도 군부는 태국에서처럼 국가권력을 독점하거나 파키스탄에서처럼 강한 영향력을 행사하고 있다.

#

## 민주와 평등의 메아리

후쿠야마의 《역사의 종말》은 인류의 이상적인 사회 모델이 자유민주주의와 시장경제라는 결론을 내린 만큼 더 이상 진보할 방향은 없다고 선언했다.[15] 후쿠야마의 다소 도발적인 제목이 반발을 불러일으키기는 했지만 자유민주주의와 시장경제가 세계를 하나로 묶는 중요한 모델로 작동하는 것은 부정하기 어렵다. 예를 들어 헌팅턴이 말한 《문명의 충돌》보다는 후쿠야마의 시장민주주의로 세계가 하나 된다는 문명의 통합론이 더 현실에 가까워 보인다.[16]

서구의 시장민주주의를 거부한 이슬람 혁명의 이란조차 선거 같은 민주 제도를 운영하며 세계 시장경제의 풍요에 동참하기 위해 노력하고 있다. 또한 반서구적인 민족주의로 강력한 국내 기반을 형성한 푸틴의 러시아조차 선거라는 민주 절차를 밟아 정통성을 확보하며, 석유와 가스를 국제시장에 팔려고 안달이다.

유럽과 미국으로 대표되는 서구 문명에 저항하는 또 다른 세력으로 중국도 공산당 일당독재를 자신들의 고유한 민주주의로 소개하며, 시장경제를 운영한다고 주장한다. 물론 '사회주의 시장경제'라는 수식어를 붙이기는 하지만 말이다. 결국 전 세계가 시장민주주의를 사회의 핵심 가치로 공식 인정하느냐의 여부와 정도에 차이가 있을 뿐 후쿠야마의 말대로 이를 대체할 수 있는 대안 모델을 발견하기는 어렵다.

유럽 문명에서 정치를 분석하면서 평등을 향한 진보가 가장 중요한 변수라고 설명했다. 토크빌은 인류가 불평등에서 평등으로 나아간다고 선언했고, 이런 예상은 유럽과 미국에서 확인되었다. 그리고 이후 평등의 동력은 전 세계에 확산되었다.

영국에서 먼저 시행한 다양한 자유는 프랑스 대혁명을 통해 인권선언으로 명확해졌다. 또한 프랑스 대혁명은 이런 자유를 모두가 평등하게 누릴 권리가 있다고 못 박았다. 나폴레옹의 군대는 다른 나라를 침략하여 지배했지만 '자유, 평등, 박애'의 혁명정신을 전 유럽에 전파했다. 마찬가지로 유럽의 제국주의 군대는 세계를 지배했지만, 결국은 자신이 전파한 '자유, 평등, 박애'라는 이념의 역풍으로 독립을 요구하는 세력 앞에서 철수할 수밖에 없었다.

유럽 문명의 그물이 세계에 남긴 자취는 적어도 몇 가지 현상에서 쉽게 확인할 수 있다. 유럽의 민주주의 정치는, 헌법이 한 국가의 기본 조건이라는 사실을 국제사회의 문법으로 확고하게 만들었다.

따라서 비록 형식에 불과할지라도 헌법이 없는 국가는 없다. 헌법의 존재는 어느 순간 기회가 주어지면 제기능을 할 수 있다. 또 헌법의 존재는 독재자 개인을 초월하는 국가의 영구한 틀이 있음을 일깨워준다.

인간의 평등은 보통선거권의 원칙이 어디서나 유효하다는 사실에서도 확인할 수 있다. 언론의 자유를 억압하거나 야당 인사를 탄압, 체포, 심지어 처형할 수는 있어도 한 사람이 한 표를 행사하는 평등의 원칙을 완전히 부정하는 체제는 없다.[17] 북한과 같은 가장 비민주적인 체제에서도 1인 1표의 투표 원칙은 굳건하다.

남성과 여성의 평등 문제는 브로델이 말했듯이 문명의 핵심이다. 성의 차이를 설명하고 그에 기초하여 사회를 조직하는 것은 문명의 가장 오래된 역사이기 때문이다.

하지만 여기서도 평등의 원칙은 명백하게 세계를 지배하게 되었다. 이 점에서 가장 낙후된 사우디아라비아 같은 이슬람 국가도 선거에서 여성이 투표하거나 입후보할 수 있는 변화가 일어나고 있으며, 일부다처제가 여전히 존재하지만 다양한 변명을 내놓아야 할 정도로 수세에 놓였다.

인류에 평등사상이 확산되는 현상은 자본주의와 시장경제의 발전에도 지대한 영향을 미쳤다. 민주주의의 투표가 1인 1표라는 전제 위에 구축된 것과 마찬가지로 시장경제의 논리는 개인의 자율성과 선택을 바탕으로 하기 때문이다.

물론 자본주의는 재산이나 소득 같은 경제 능력에 따라 심각한 불평등을 야기한다. 하지만 신분 차별이 심했던 과거 역사와 비교할 때 돈만 있으면 누구나 동등한 대접을 받는다는 점에서 진보적이라고 할 수 있다.

경제 분야에서도 유럽의 근대 제도는 세계로 전파되었다. 중앙은행은 영국에서 제일 먼저 생겼고 점차 세계로 확산되면서 근대 통화정책의 중심이 되었다.

프랑스는 1800년에 프랑스 은행을 설립했고 대부분의 유럽 국가들은 19세기에 중앙은행을 보유하게 되었다. 일본은 1882년에 일본은행을 설립했고, 미국은 1913년에 연방준비이사회(Federal Reserve)를 출범시켰다. 1920년대와 1930년대에는 라틴아메리카와 캐나다, 호주, 뉴질랜드 등이 중앙은행 제도를 도입하고, 2차 세계대전 이후 독립한 신생국들도 대개 정부 수립과 함께 중앙은행 제도를 마련했다.

중앙은행과 함께 유럽의 자본주의 발전을 동반한 제도는 주식시장이다. 네덜란드와 영국에서 시작한 주식시장의 전통은 다른 유럽 국가들과 미국으로 빠르게 전파되었다. 이 분야에서도 일본은 매우 신속하게 1878년 도쿄 가부시키 취인소(取引所)라는 이름으로 주식시장을 출범시켰다. 영국의 식민지였던 인도의 뭄바이에서도 19세기에 이미 증권 거래가 개설되었고, 1875년에는 증권중개인협회가 발족했다. 홍콩에서도 1891년에 중개인협회가 출범한 뒤 1914년 홍콩 증권시장으로 발전했다. 한국은 1956년에, 대만은 1961년에 증권 거래 기구가 공식 등장했다.

중국의 경우 상하이에서 19세기부터 증권 거래가 이루어지다가 1904년 정식 증권시장의 형식을 갖추고 운영되었다. 하지만 일본의 침략과 공산당 혁명으로 증권시장이 문을 닫았고 개혁개방 정책이 시행된 1990년에야 상하이와 선전에 증권거래소가 문을 열게 되었다.

아시아 증권시장의 규모는 유럽이나 미국의 시장과 견줄 만하다. 세계 20대 시장 가운데 여덟 개가 아시아에 있으니 말이다. 미국이나 유럽을 제외하면 캐나다, 호주, 남아프리카공화국, 브라질 등이 커다란 증권시장을 보유한 국가들이다. 경제가 가장 낙후되었다고 하는 아프리카만 하더라도 20여 개의 증권시장이 존재한다. 세계는 바야흐로 금융 자본주의의 시대에 돌입한 것이다.[18]

경제 부문에서 세계화는 19세기와 20세기에 두 차례에 걸쳐 진행되었다. 19세기는 유럽의 제국주의가 세계를 지배했기 때문에 유럽을 중심으로 뻗어나간 교류의 그물이었다. 런던이나 파리가 자본과 기술을 공급하는 역할을 담당했고, 제국 내 경제를 통합하여 총괄하는 역할을 맡았다. 반드시 제국이 아니더라도 러시아나 남아메리카의 투자에서 유럽의 자본은 핵심 역할을 담당했다.

같은 문명권 안에서 서로 경쟁하고 협력하면서 발전하는 유럽의 경험을 우리는 20세기 미국이나 일본, 중국 등에서 다시 확인할 수 있다. 다양한 세력이 경쟁하고 협력할 수 있는 공동의 시장을 만드는 것이 이들 경제 발전에 결정적이었다.

미국이 유럽을 앞지르면서 자본주의의 선두에 서게 된 가장 큰 이유는 유럽에서 시작된 '거대한 전환'의 움직임을 근본부터 뿌리 깊게 실현했기 때문일 것이다. 정치가 분열된 유럽과 달리 미국은 거대한 대륙 규모의 시장을 가질 수 있었다. 또 다양한 사회 전통으로 경제 혁신을 가로막던 유럽과 달리 미국은 폴라니가 말한 커다란 노동과 토지와 화폐의 시장을 형성할 수 있었다.[19] 대량생산과 소비에 기초한 자본주의는 따라서 유럽보다 미국에서 더 순수한 형태로 성장할 수 있었다.

일본, 중국 등의 발전 역시 유럽의 경쟁과 협력의 모델이 세계로 확산된 결과다. 일본은 메이지 유신을 통해 분산되어 있던 봉건제의 권력과 시장을 하나로 통합했다. 그리고 중앙정부가 나서서 유럽과 미국의 근대국가와 경제 모델을 적극 수용했다. 이런 위로부터의 변혁이라는 일본 모델은 유럽에서 프랑스처럼 국가가 중요한 근대화 역할을 수행한 모델과 유사하다.

다른 한편 일본도 유럽과 같은 봉건 경쟁체제였다는 점을 잊어서는 곤란하다. 일본은 다양한 세력의 무력 경쟁 속에서 근대 무기의 도입에 적극 나섰고, 데지마를 통해 네덜란드와의 연결고리를 유지했다. 또한 메이지를 전후해서 조슈번과 사쓰마번 등은 중앙정부의 쇄국정책을 어기고 서양의 근대 문물을 배우기 위한 사절단을 파견했다.[20] 당시 일본의 정치 상황에서 생존을 위한 경쟁체제가 개방과 개혁의 동력이었음을 잘 보여준다.

중국의 산업화와 경제 발전은 1970년대 말에 뒤늦게 시작되었지만 엄청난 기세로 추진되었다. 중국은 1911년 청의 종말로부터 1970년대까지 내전과 일본의 침략, 그리고 문화혁명 같은 유토피아 공산주의의 추진 등 다양한 시행착오를 거쳤다. 이 60~70년은 중국이라는 거대한 지역이 최소한의 정치·사회적 안정을 찾는 데 필요한 시간이었다.

게다가 중국의 인구는 유럽과 미국과 일본을 모두 합친 것보다도 많아 거대한 시장을 형성할 수 있었다. 공산주의 경험은 사회 변화에 저항할 수 있는 전통과 과거의 장벽을 모두 허물어주었다는 점에서 오히려 그다음에 전개되는 자본주의 발전에 기반이 되었다. 중국에서는 또한 지방 간의 경쟁이 개혁개방 정책 이후 발전의 동력으로 작용했다. 학계에서는 이를 '중국식 연방주의'라고 부르기도 한다.[21]

이처럼 유럽의 역사 발전 모델은 미국, 일본, 중국 등에서 비슷하게 반복되었다. 무엇보다 공통의 규칙을 가진 커다란 경쟁의 장이 형성되어야 한다. 이런 점에서 미국, 일본, 중국은 늦게 출발했지만 유럽보다 더 통일되고 더 큰 시장을 만들 수 있었다. 유럽을 앞서게 된 중요한 요인이다.

1990년대 공산 제국의 붕괴와 신자유주의 바람은 세계경제를 하나로 묶는 거대한 변화를 불러일으켰다.[22] '팍스 아메리카나'라는 표현에서 알 수 있듯이 21세기의 세계경제 그물은 미국을 중심으로 짜였다. 그리고 유럽과 동아시아는 그 중심으로 연결된 두 개의 커다란 기둥이라고 할 수 있다. 치메리카(Chimerica, China+America)라는 표현이 보여주듯이 중국은 누적되는 무역 흑자와 외환 보유고를 미국의 국채를 사는 데 집중적으로 사용했다.[23] 이렇게 세계경제 그물은 유럽과 미국과 동아시아를 긴밀하게 묶었다. 물론 유럽의 역사에서 보았듯이 경쟁과 협력의 체제가 안정과 평화를 보장하는 것은 아니지만, 폭력 충돌의 위험을 줄이는 하나의 장치로 작동할 수는 있을 것이다.

#

## 교류의 세계 그물

유럽인들은 세계 탐험에 부단히 노력해왔다. 특히 15세기부터 시작된 대항해 시대는 세계를 하나로 연결하는 데 결정적으로 기여했다. 1519년 마젤란의 함대는 스페인 세비야를 출발하여 대서양을 건너 남아메리카 대륙의 남쪽 끝을 돌았다. 그리고 태평양을 넘어 필리핀과 인도네시아에 도착했다. 그곳에서 다시 인도양을 건너 아프리카 남쪽을 돌아 유럽으로 복귀했다. 지구를 한 바퀴 도는 데 성공한 것이다.

이 최초의 지구 일주는 3년이 걸렸다. 처음에 출발한 다섯 척의 배 가운데 돌아온 것은 한 척뿐이고 260여 명의 선원 가운데 돌아온 사람은 20명 미만이다. 여행의 기획자이자 강력한 지도자였던 마젤란도 필리핀에서 벌어진 전투에서 목숨을 잃고 유럽으로 돌아오지 못했다.

세계를 향한 유럽인의 열망을 자극한 것은 유럽이라는 시스템 내부의 경쟁이었다. 포르투갈은 항해왕자 엔리케의 노력으로 아프리카를 돌아 아시아로 진출하는 데 성공했고, 베네치아가 독점하던 향료무역을 차지하게 되었다. 이웃나라인 스페인도 이에 질세라 함대를 파견하기 시작했다. 콜럼버스의 아메리카 탐험은 이런 경쟁의 일환이었다.

마젤란의 경우는 더욱 인상적이다. 그는 포르투갈 사람이었고, 말라카까지 가본 경험 많은 인물이었다. 그가 지구를 돌아 향료의 섬으로 가겠다는 계획을 처음 제안한 상대는 포르투갈 왕이었다. 하지만 이미 아프리카 항로로 짭짤한 재미를 보고 있던 포르투갈은 그의 제안에 관심이 없었다.

결국 훗날 신성로마제국의 카를 5세가 되는 스페인의 젊은 왕이 마젤란의 계획을 지원하기로 했다. 많은 사람이 죽고 처음 출발한 배 가운데 제일 작은 한 척만이 돌아왔지만, 그 배에 싣고 온 26톤의 향료를 판매하여 초기 투자액을 다 회수했다고 하니 아시아와의 무역이 위험하지만 얼마나 남는 장사였는지 짐작할 수 있다.

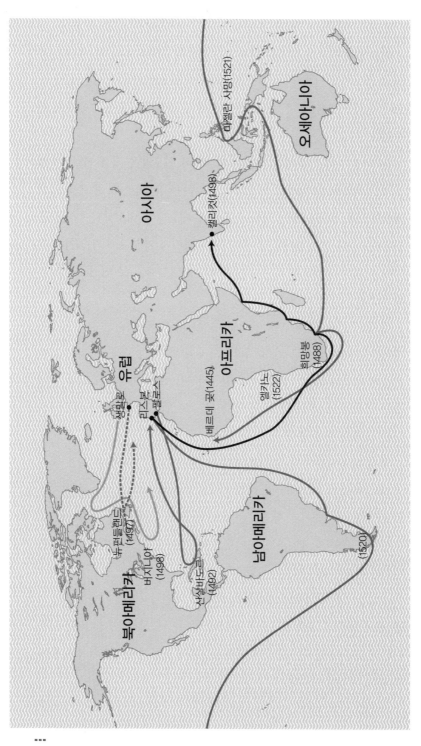

오세아니아

마젤란 해협(1521)

아시아

캘리컷(1498)

아프리카

희망봉
(1488)

디아스
(1522)

베르데 곶(1445)

리스본
포르투

유럽

세비야

남아메리카

(1520)

북아메리카

뉴펀들랜드
(1497)

버지니아
(1498)

산살바도르
(1492)

15~16세기 대항해 시대를 연 탐험가들의 항해 경로.

콜럼버스(1492) → 카보트(1497~1498) → 바스쿠 다 가마(1497~1498) → 마젤란(1519~1522) ---▶ 카르티에(1534~1536)

이때부터 지구의 각지를 연결하는 교통의 그물은 다양한 수단을 통해 촘촘하게 발전해왔다. 특히 산업혁명 이후 발명된 증기선은 항해 속도와 선적 규모를 크게 향상시켰고 사람과 물건의 이동을 수월하게 해주었다.

1868년 수에즈 운하의 개통은 지중해와 인도양을 직접 연결해주었고 아프리카를 우회하여 인도양에 진입하던 유럽인들의 수고를 크게 덜어주었다. 1913년에는 파나마 운하가 개통되어 대서양과 태평양을 연결해주었다. 마젤란처럼 남아메리카 끝까지 돌아갈 필요가 없어진 것이다. 이처럼 수에즈와 파나마는 세계의 바다를 하나로 연결하는 지름길이었다.

비행기는 자동차와 마찬가지로 유럽보다 미국에서 먼저 발달했다. 미국은 거대한 국토를 가진 나라이기에 비행기로 이동하는 것이 자연스럽게 보편화되었다. 요즘 세계 항공시장을 보면 미국과 유럽을 연결하는 대서양 노선이 여전히 가장 중요한 루트임에 틀림없지만 최근에는 다른 세력이 부상 중이다.

국제 항공시장에서 중동의 오일머니를 중심으로 출범한 걸프 국가의 항공사들이 세계시장의 주요 세력으로 등장했다. 두바이에 기지를 두고 있는 에미레이트 항공사는 2015년 국제 승객 최다 수송 회사로 부상했고, 주변의 에티하드, 카타르, 터키 항공사 등도 활발하게 경쟁을 벌이는 상황이다.[24]

고속철도를 살펴보면 프랑스가 TGV를, 독일이 ICE를 개발했지만 요즘 세계 최대의 고속철도망은 유럽이 아니라 중국에 있다. 해발 수천 미터의 고원을 달리는 중국의 티베트 고속철도는 첨단기술의 전시장이라 해도 과언이 아니다.

그만큼 유럽이 독점하던 기술과 자본의 우위는 사라지고 이제 미국이나 동아시아와 대등한 관계에서 경쟁해야 하는 단계가 되었다. 달리 표현하자면 유럽의 발전에서 그토록 중요했던 한 시스템 안에서 국가 사이의 경쟁이 이제 세계가 한 시스템이 되고 그 안에서 주요 세력이 경쟁하는 체제로 바뀌었다는 말이다.

#

## 월드 스포츠 네트워크

축구의 유럽에서 우리는 이 '아름다운 게임'이 가지는 문명사의 의미를 확인하고 유럽에서 가장 현대적인 대중의 그물을 형성했음을 살펴보았다. 신기한 점은 국제축구연맹(FIFA)이 유럽축구연맹(UEFA)보다 반세기나 먼저 만들어졌다는 사실이다. 이를 어떻게 설명할 수 있을까.

19세기 말과 20세기 초는 유럽이 세계를 지배하던 시대였다. 따라서 당시 국제사회는 유럽 사회만을 의미했다. 나머지 세계는 대개 유럽의 식민지에 불과했다. 그래서 유럽만의 조직을 만든다는 것은 유럽을 다른 대륙과 같은 수준으로 격하시키는 일이었다. 어떻게 문명의 중심인 유럽을 다른 '미개한 대륙'과 비교할 수 있겠느냐는 생각이었다.

1950년대와 1960년대 유럽의 대회가 만들어지고 유럽이라는 단위가 의미를 갖게 되는 것은 다른 대륙에서 새롭게 독립한 나라들이 생겼기 때문이다. 또 새로운 국제질서는 미국과 소련이 지배하는 냉전의 구조였기 때문이다. 달리 말해 유럽은 세계의 중심에서 미국과 소련이 양분하는 일종의 식민지로 하락한 셈이었다. 이처럼 운명은 돌고 돈다.

프랑스의 쿠베르탱이 조직한 국제올림픽위원회는 1894년에 파리에서 출범했고, 1896년 그리스 아테네 올림픽 경기를 조직했다.[25] 그로부터 70여 년 뒤 도쿄 올림픽이 치러질 때까지 올림픽은 거의 유럽에서 열렸다. 1904년 미국의 세인트루이스 올림픽, 1932년 역시 미국의 로스앤젤레스와 레이크플래시드 올림픽, 그리고 1956년 호주의 멜버른 올림픽이 예외일 뿐이다.

당시만 하더라도 미국과 호주는 인구의 다수가 유럽계라는 점에서 유럽 대륙은 아니었지만 유럽 문명권의 연장이었다. 한국, 일본, 중국은 비서구권에서 유일하게 올림픽을 개최한 나라이며, 이런 점에서 동아시아의 부상을 확인할 수 있다. 남아메리카에서는 멕시코가 1968년에, 브라질이 2016년에 올림픽을 치렀다.

120여 년에 달하는 올림픽의 역사를 살펴보면 스포츠의 힘이 국력과 비례함을 알 수 있다. 2016년 리우 올림픽까지 하계 올림픽만을 놓고 보면 메달을 가장 많이 딴 나라는 미국으로 2520개다. 소련(1010개)과 러시아(433개)를 합치면 1443개에 달하여 소련-러시아가 2위를 차지한다.[26] 독일(615개)도 과거 서독(204개)과 동독(409개)까지 합치면 1228개로 3위를 차지한다. 이어서 영국(847개), 프랑스(715개), 이탈리아(577개)가 따라오는데, 이들 유럽의 대표 4개국을 합하면 3367개로 미국을 능가한다.

최근 엄청난 성장세를 보이는 중국도 현재 누적 메달은 544개로, 세계 7위에 머무른다. 하지만 2008년 베이징 올림픽 이후 미국과 경쟁하는 2위 국가로 부상함으로써 서구의 지배에 도전하고 있다.

유럽은 자신이 낳은 문명의 자식인 미국과 소련에 뒤지지만 그래도 세계 스포츠의 그물에서는 여전히 중심의 위상을 유지하고 있다. 하계 올림픽의 다양한 종목을 관리하는 국제연맹은 27개에 달한다. 이들 가운데 18개 연맹이 스위스에 본부를 두고 있다.

특히 로잔은 15개 종목의 국제연맹을 유치하고 있는 스포츠의 수도라고 해도 과언이 아니다. 수영, 양궁, 권투, 카누, 승마, 펜싱, 골프, 체조, 하키, 유도, 조정, 레슬링, 배구, 탁구, 철인 3종 경기 등의 국제연맹이 로잔에 있다. 국제올림픽위원회가 로잔에 있다는 사실을 감안하면 세계 스포츠 권력의 중앙 집중은 심각한 정도다.

국제축구연맹이 취리히에, 핸드볼이 바젤에 있고, 농구와 자전거 역시 스위스의 작은 도시에 자리 잡고 있다. 스위스가 아니더라도 대부분은 유럽에 위치한다. 육상과 5종 경기가 모나코에 있고, 테니스는 런던, 요트는 영국의 사우샘프턴, 역도는 헝가리의 부다페스트, 럭비는 아일랜드의 더블린, 사격은 독일의 뮌헨에 있다. 국제연맹 가운데 유럽 바깥에 있는 기구는 서울의 태권도와 말레이시아 쿠알라룸푸르에 있는 배드민턴 연맹뿐이다.

축구의 유럽에서 역사와 문명의 배경을 살펴보면서 확인했듯이 스포츠는 단순한 게임이 아니라 그 사회의 특징을 반영하는 종합 결정체다. 인간의 경쟁심을 활용하지만 규칙을 정해놓고 그에 따라 야심이 충돌하도록 만드는 문명화의 과정이다.

심판을 통해 규칙을 공정하게 적용하는 장치를 마련하며, 관중을 동원하여 스펙터클을 제공한다. 동시에 경쟁을 공개하는 공공성도 추구한다. 특히 팀을 이루어 경쟁하는 종목은 협력이 중요한 과제이자 성공의 열쇠로 작동한다. 팀의 경기가 효율적으로 진행되기 위해서는 다양한 분업과 역할 분담이 필요하고 자신의 역할에 적절한 훈련을 다년간 해야 한다.

# #
# 문명이라는 패키지

스포츠에 적용되는 이런 근대화의 요소들을 우리는 이미 음악에서도 발견한 바 있다. 오케스트라의 각 악기를 다루는 음악가에게는 훌륭한 작곡가의 악보가 전해지고, 오랜 시간 훈련을 거친 능숙한 연주자 집단은 지휘자의 조정을 통해 작곡가의 생각을 한 편의 음악으로 연주해낸다.

클래식 음악의 연주와 축구는 물론 다르다. 하나는 작곡가의 악보를 놓고 지휘자의 해석과 연주자의 협력으로 아름다운 소리를 만들어낸다면, 다른 하나는 감독의 전략과 전술 지시에 따라 두 팀이 대결하여 승부를 가리는 게임이다. 당연히 후자가 대중성을 더 강하게 띨 수밖에 없다. 하지만 유럽을 세계에 비추어 보았을 때는 이런 외면상의 차이점보다는 클래식 음악과 축구의 공통점이 더 확연하게 드러난다.

클래식 음악을 연주하거나 축구를 하는 것은 모두 자신의 몸에 대한 통제를 의미한다. 악기를 다루기 위해서는 악보를 읽을 줄 알아야 하듯이 축구를 하기 위해서는 공과 자신의 몸이 화합할 수 있도록 조정하는 훈련을 해야 한다.

연주자는 작곡가의 악보에서 벗어나면 안 되고, 더 나아가 지휘자의 해석과 지시에 따라 일사불란하게 움직여야 한다. 축구선수에게는 더 많은 자유와 창조성이 필요하지만 감독의 전술을 제대로 이해하지 못하면 상대 팀에게 점수를 내줄 수밖에 없다.

관객들도 규칙을 지켜야 한다. 연주 도중에 아무 때나 박수를 치면 곤란하며 기침도 참았다가 쉬는 시간에 해야 한다. 축구 관중은 자유롭게 소리치거나 춤을 출 수 있지만 마구 돌아다니거나 경기장 안으로 들어가는 것은 금지되어 있다. 서포터 관중이 소란을 피우면 해당 팀이 벌칙을 당하기 때문에 관중도 싸움의 승화된 한 부분이다.

경쟁과 협력은 클래식 음악과 축구에서 공통으로 찾을 수 있는 문명의 특징이다. 축구는 이기는 것이 목적이며, 오케스트라는 공연을 완성하는 것이 목적이다. 하지만 두 활동 모두 최고 수준에 도달하기 위해서는 엄청나게 높은 경쟁의 벽을 넘어야 한다.

사회 전반에서 클래식 악기를 다루는 인구 층이 두텁기 때문에 유명한 오케스트라의 단원이 되려면 높은 경쟁률을 뚫어야 한다. 마찬가지로 수만 개에 달하는 축구팀이 구성한 경쟁의 그물에서 최고 수준의 팀에 들어가는 것은 기적에 가깝다.

하지만 두 활동 모두 단순한 개인의 경쟁으로 그치지 않고 철저한 팀플레이를 해야 한다. 협력을 하지 못하는 연주자는 낙오되며 축구선수 역시 자신의 실력을 발휘할 수 없다. 이 경쟁과 협력의 적절한 조화야말로 근대 유럽 문명의 핵심이다.

이 양면성의 조화는 다원주의 민주제도에서도, 그리고 시장의 경쟁과 교역이라는 부분에서도 쉽게 찾아볼 수 있다. 민주주의는 경쟁을 필요로 한다. 공산당 독재나 일부 권위주의 국가에서는 하나의 정당에 대한 찬성과 반대를 투표로 표명하지만, 이것이 진정한 선택이라고 보기는 어렵다. 또 다른 경우 형식상 다수의 선택지가 제안되지만 실제로는 다양한 국가기관의 통제나 사회적 압력으로 선택을 행사하기 어렵다. 다원 민주주의만이 실제 선택을 보장하는 제도이며, 이는 세력 간 치열한 경쟁을 전제로 한다.

하지만 수단과 방법을 가리지 않는 치열한 경쟁은 길거리 축구처럼 폭력이 난무할 가능성이 높다. 경쟁이 정당하게 이루어지기 위해서는 공통의 규칙에 대한 인정과 존중, 이를 집행하기 위한 전통과 가치와 사회 합의가 필요하다. 이것이 바로 협력의 부분이다. 덧붙여 한 정치세력이 경쟁의 무대에서 성공하기 위해서는 정당이나 정치운동의 조직이 필요하다. 개인 간 경쟁만으로 민주주의가 완성되는 것이 아니라 협력을 통한 조직화가 필수라는 말이다.

자본주의 시장경제도 같은 원칙이 적용된다. 사람들은 자본주의가 경쟁의 제도화라고 믿으며, 이는 중요한 현실이다. 하지만 치열한 경쟁만으로 자본주의 시장경제가 만들어지는 것은 아니다. 달리 말해서 시장경제는 '약육강식의 정글'이 아니라 정해진 규칙에 따라 게임을 치르는 제도다. 왜냐하면 정치의 무한경쟁이 혼란과 내전을 가져오듯이 경제의 무한경쟁은 폭력으로 나아갈 수밖에 없다. 시장경제가 제대로 작동하기 위해서는 소유권을 지켜주고, 시장의 질서를 유지하며, 규칙을 위반하는 자를 처벌하는 일이 필수다.

또한 이론상 시장에서 다수의 공급자와 수요자를 가정하는데, 이들은 실제로 가계와 기업이라는 단위다. 개인이 아니라 조직이라는 뜻이다. 가계란 개인일 수도 있지만 대개 다수의 구성원으로 이루어진 가족이라는 사회의 기본 세포며, 기업 역시 개인으로 형성될 수도 있지만 대다수는 협력이 필수인 공동체다. 따라서 자본주의 시장경제란 전체의 질서와 개인의 협력을 가능하게 하는 정치·사회의 틀이 없다면 불가능하다.

결국 민주주의와 시장경제, 클래식 음악과 축구는 모두 하나의 유럽문명이라는 틀 속에서 볼 때 진정한 의미를 드러낸다. 다양한 요소가 서로 연결되어 하나의 패키지가 된다는 말이다. 동도서기(東道西器), 화혼양재(和魂洋才), 중체서용(中體西用) 등 자신을 지키며 타인의 장점만을 활용한다는 태도는 개혁을 추진하는 슬로건이기는 하지만 문명이 하나의 패키지를 형성한다는 사실을 간과하는 명제다.

서양의 정신은 문밖에 두고 기술만을 들여오기는 불가능하다. 물론 이와 동시에 서양의 문명을 도입한다고 동양 사회가 서양이 되는 것도 아니다. 그것은 하나의 새로운 혼합 문명을 낳을 것이기 때문이다.

## 에필로그
# 지구, 문명의 그물?

#

## 유러피언 드림

세계가 꿈꾸는 모델이 미국에서 유럽으로 바뀌고 있다. 2004년 미국의 유명 작가 리프킨이 《유러피언 드림》에서 던진 메시지다.[1] 당시 미국은 9·11 테러 이후 이라크를 침공하는 폭력 세력이었으며, 미국 사회 내부도 범죄와 총기사건으로 폭력이 난무하는 상황이었다. 또한 미국 자본주의는 심각한 사회 불평등을 초래했다.

반면 유럽은 복지국가를 통해 사회 불평등을 완화하는 제도로 '인간의 얼굴'을 하고 있었다. 사회 안전망을 유지하고 운영하는 유럽은 미국보다 치안도 좋고 사람들이 평화롭게 공존하는 모습을 보여주었다. 또 무력을 통해 외부를 지배하기보다는 다양성을 인정하면서 공존을 모색하려는 모양이었다. 이처럼 세계를 공정과 화합의 장으로 이끌기에 유럽의 꿈이 미국보다 더 적합해 보였다. 리프킨의 분석이 상당 부분 여전히 유효하지만 지난 10여 년 동안 일어난 많은 변화는 의문을 제기하게 만든다.

대표 사례가 2008년의 글로벌 경제위기다. 당시 언론은 미국발 위기라는 표현을 즐겨 사용했는데 미국 금융의 마구잡이 융자가 부동산 거품을 키웠고, 그것이 세계 금융위기를 촉발했기 때문이다. 이 순간까지도 리프킨이 말한 미국식 '야만적 자본주의'가 세계를 벼랑 끝으로 몰았다고 분석할 수 있다.

하지만 그 후 10여 년을 살펴보면 미국은 침체의 늪에서 벗어나 서서히 경제가 살아나는 모습이지만 유럽이 오히려 더 문제다. 유럽은 미국발 금융위기의 충격으로 유럽 통합 최대의 업적으로 꼽히는 유로화가 흔들리는 위기를 반복해 겪어왔다. 그리스에서 시작한 위기는 스페인, 포르투갈, 이탈리아, 그리고 아일랜드까지 전파되었고 유럽 지역은 여전히 침체에서 벗어나지 못하는 모습이다.

같은 기간 유럽은 또 아랍 세계에서 성장한 테러 세력의 공격을 집중적으로 받았다. 마드리드와 런던 테러에 이어 파리가 연달아 공격받는 충격에 유럽의 다문화 사회와 관용의 정신은 심각하게 흔들리고 있다. 이민자에 대한 적대감이 높아졌고 인구 구조 변화에 따른 복지국가의 위기도 유럽 국가들에 변화와 개혁을 요구하는 상황이다. 게다가 2015년 시리아에서 유입된 거대한 난민의 물결은 유럽 통합의 또 다른 성과인 '국경 없는 유럽'을 위협하고 있다.

다른 한편 미국은 2008년 대선에서 사상 최초로 흑인 대통령을 당선시킴으로써 거대한 진보를 이룩했다. 오바마는 2012년에 재선에 성공하면서 미국 역사에 한 획을 긋는 대통령이 되었다. 같은 기간 유럽 정치를 특징지은 것은 이런 진보적 성과보다는 극우 민족주의 정당의 득세다. 적어도 여기까지만 보면 아메리칸 드림이 유러피언 드림에 자리를 내주어야 하는지는 그다지 명확하지 않다.

2016년 6월에는 영국이 유럽연합 탈퇴를 선택함으로써 유럽 통합의 60여 년 역사상 가장 심각한 타격을 주었다. 충격적인 사건은 여기서 그치지 않았다. 포퓰리즘의 대명사라고 할 수 있는 트럼프가 같은 해 11월 미국 대선에서 당선되었다. 유러피언 드림은 영국인 다수가 국민투표로 공식 거부할 만큼 형편없는 지경에 이르렀고, 미국인들은 거짓말을 일삼는 정치인을 대통령으로 뽑았다. 드림의 사면초가 시대다.

#
## 해류와 파도

세계에 부는 거대한 변화의 태풍에 현기증이 날 정도로 파도가 넘실댄다. 그럼에도 불구하고 우리가 이 책에서 선택한 브로델의 '문명의 문법'이라는 거대한 장기 역사의 시각에서 본다면 21세기의 다양한 변화들은 그야말로 한낱 수면 위에서 춤추는 물결의 움직임일 수 있다.

이 책에서 우리는 언어나 종교 같은 문명의 가장 핵심 부분을 통해 유럽이 아주 오래전부터 하나의 문화권을 형성해왔다는 사실, 그리고 그것이 여전히 중요한 요인으로 작동한다는 점을 확인했다. 따라서 장기 문명의 문법은 변화무쌍한 21세기에도 꾸준히 중요한 역할을 담당하며 유럽의 표면적인 변화를 상대적으로 보도록 한다. 조금 심하게 표현하자면 브렉시트는 유럽 대륙과 영국의 일상적인 다툼일 뿐이며 누가 뭐래도 영국이 유럽이라는 문명 가족의 일원이라는 사실은 변하지 않는다.

이런 관점에서 본다면 미국과 유럽의 꿈을 나누는 것도 상대적이다. 미국의 정치는 18세기 말 영국으로부터 독립하여 자신의 길을 걸어왔다. 경제도 19세기 말과 20세기 전반부터는 유럽을 능가하는 산업 능력과 기술을 통해 세계를 지배하는 위치로 부상했다.

리프킨을 비롯한 수많은 사회과학자들은 미국의 자유로운 자본주의와 유럽의 사회적 자본주의의 차이를 지적해왔다. 실제로 미국인과 유럽인의 삶은 이런 자본주의 유형의 차이 때문에 매우 다르다.

하지만 미국과 유럽은 모두 세계를 지배하는 자본주의 경제의 중심이다. 미국과 유럽의 모델이 수렴되어가는지의 여부는 정치경제의 중요한 쟁점이지만, 분명한 것은 수렴을 향한 장기 압력이 점점 강해진다는 점이다.

국가와 시장의 관계를 예로 살펴보자. 학자들은 미국은 시장 중심, 유럽은 국가 중심의 경제라는 차이를 강조한다.[2] 하지만 역사상 미국과 유럽 모두 시장 중심에서 국가 중심으로 변화하는 경향이 공통이다.

비교정치학에서 말하는 국가의 사회 침투(penetration)가 두 곳에서 모두 강화되었다는 말이다.[3] 다시 문명의 관점을 강조하자면 미국의 시장민주주의는 극단의 유형이지만 서구 문명 모델에서 크게 벗어나지 않는다. 언어나 종교뿐 아니라 다양한 그물에서 미국은 유럽 중심 그물의 연장선에 있다는 사실을 앞에서 이미 지적했다.

이런 면에서 오히려 흥미로운 연구 주제는 동아시아 지역이다. 일본은 19세기 말부터 유럽 문명의 그물에 동참하려는 노력을 경주해왔다. 일본의 식민지였던 한반도 역시 그 과정에서 유럽 그물 확산의 한 부분이 되었다. 적어도 경제 분야에서 한국, 일본, 그리고 최근 들어 중국 등의 동아시아는 미국이나 유럽과 대등한 수준으로 발전을 이루었다.

동아시아는 과연 '동도서기'의 야망에 성공했는가. 일본과 한국에서 자본주의 제도가 뿌리를 내리고 정치에서 형식상 자유민주주의를 실행하고 있는 것은 사실이다. '유럽과 세계'의 장에서 보았듯이 한국과 일본은 가장 서구화된 지역 가운데 하나라고 할 수 있다.

중국도 공산당 독재 아래 자본주의라는 특수성을 유지하고 있는데, 이는 중국이라는 고유의 문명에서 비롯되는 것이 아니라 근대 역사의 굴곡에서 그 기원을 찾을 수 있다. 중국의 공산주의는 유럽의 마르크스주의와 역시 유럽에 속하는 소련의 레닌주의에 그 뿌리를 두고 있다. 이런 점에서 유럽 문명의 확산 범위나 정도에 대한 질문은 미국보다 동아시아에 적용하는 것이 더 큰 의미가 있다.

유럽이라는 문명의 그물은 제국주의나 자발적 수용 등 다양한 방식을 통해서 세계로 뻗어나갔고, 그것이 현재 우리가 살고 있는 상호의존 세계의 기원임은 틀림없다. 이 책을 마치는 장에서는 그래서 현재 형성된 세계 문명이라는 그물의 성격이나 특징에 대해 함께 생각해보도록 하자. 파도 아래 움직이는 해류를 보자는 말이다.

#

## 유럽 통합의 재발견

21세기 세계를 뒤덮고 있는 문명의 그물이 과연 얼마만큼 유럽적인가. 이 문제에서 유럽 자체의 경험과 사례는 유용한 출발점이 될 수 있다. 서장에서 나는 유럽연합을 유럽으로 보는 것은 근시안이고 단기적인 접근법이라고 설명했다. 여기서 문명이라는 긴 호흡으로 유럽을 살펴봄으로써 세밀한 정치 과정은 생략했지만 커다란 흐름과 단계를 인식하려 노력했다. 이제 이런 방법론의 우회 끝에 다시 유럽 통합을 짚어볼 시간이 되었다.

우리가 생각하는 유럽 통합은 정치 현상이다. 유럽 통합이 시작되기 이전인 19~20세기의 유럽 정치는 민족주의가 보편화되면서 근대국가가 건설되는 시기다. 1차 세계대전과 2차 세계대전은 이런 유럽의 극단 민족주의와 국가의 강화가 가져온 충돌의 결과다.

따라서 유럽 통합 직전 유럽의 구조와 인식의 틀에서 보는 통합은 매우 놀라운 현상이었다. 게다가 민족국가라는 유럽의 근대 정치와 권력의 틀은 제국주의를 통해 전 세계로 확산되었다. 제국주의에 저항하면서 민족주의가 강력하게 대두된 비서구 사회에서 볼 때 역시 유럽의 통합은 이해하기 어려운 현상이었다.

하지만 장기 시각으로 유럽을 살펴보면 유럽은 적어도 그리스-로마 시대 이후 2000여 년을 하나의 문명을 이루면서 다양한 방면의 교류와 경쟁이 존재했던 그물이다. 이 책에서 나는 단순히 긴 역사를 뭉뚱그려 그리스와 로마의 문명이 유럽 통합으로 재현되었다고 주장하는 것이 아니다. 나는 유럽의 과거와 현재가 어떻게 연결되었는지를 다양한 분야와 사례를 통해 보여주려고 노력했다.

예를 들어 그리스의 작은 도시에서 시작한 공공 토론과 결정의 문화가 어떻게 로마 시대에 공화주의라는 형식으로 발전했는지, 그리고 다시 중세가 되면 어떻게 도시라는 제한된 틀 속에서 자유라는 개념이 발화했는지 살펴보았다. 근대에서는 자유와 평등의 보편화를 거치면서 그 실현의 장으로 민족국가라는 틀이 먼저 구현되었다. 민족국가의 공동체 안에서는 인간은 모두 평등하다는 생각과 누구나 자유를 누려야 한다는 의식이 넓게 퍼졌다. 이 장기 변화가 필연의 진화는 아니다. 많은 우여곡절과 우연한 사건들이 얽혀 이런 역사의 결과를 낳았다고 보는 것이 정확할 것이다.

민족국가의 틀이 역사를 뛰어넘는 보편 공동체라고 생각한다면 유럽 통합은 신기한 현상이다. 이 자연의 틀을 넘어서는 새로운 단위의 형성이기 때문이다. 하지만 유럽 통합이 오랫동안 유럽이 보여주었던 정치 단위의 다양성을 재현한다고 보면 같은 음악의 편곡일 뿐이다.

유럽의 전통 정치 단위는 인구 수만 명의 도시부터 수천만 명의 거대한 국가까지 매우 다양했다.[4] 아직도 유럽의 민족국가라고 할 수 있는 러시아는 많은 인구와 넓은 영토를 자랑한다. 유럽연합의 회원국인 룩셈부르크나 몰타의 인구는 수십만 명으로 작은 도시 수준이다. 회원국은 아니지만 모나코, 리히텐슈타인, 안도라 등은 중세의 잔재로 현대까지 살아남았다.

현대 유럽에서 독일과 오스트리아는 게르만 독일인의 민족국가이지만 통합의 필요성을 전혀 느끼지 않는다. 스위스나 벨기에는 서로 다른 언어와 민족이 공존하지만 하나의 나라를 유지하고 있다. 유고슬라비아와 체코슬로바키아는 공산권 붕괴 이후 분할되었는데, 유럽이라는 더 큰 틀이 존재한다는 사실은 분할을 수월하게 만든 측면이 있다. 우리가 지레 상정하는 민족국가 모델은 오히려 예외적인 것이라는 말이다.

#

## 그물의 복합 질서

유럽 통합은 또 다양한 조합의 그물이 서로 중복되거나 차이를 나타내는 역사의 유연성을 잘 반영한다. 예를 들어 유럽에서 언어의 그물과 종교의 그물이 반드시 같이 중복되는 것은 아니다. 폴란드는 슬라브계 민족이지만 가톨릭이고, 바이에른 역시 게르만계 민족임에도 가톨릭을 그대로 유지했다.

아일랜드는 프로테스탄트 영국의 지배를 받았지만 종교는 가톨릭이다. 스위스의 제네바는 프랑스어를 사용하는 사람들의 도시지만 프로테스탄트 유럽의 중요한 중심지다. 언어와 종교에서처럼 대부분은 중복되지만 상당한 차이들이 언제나 존재해왔다는 사실은 다양성이 유럽 문명의 중요한 특징이고 경험이라는 점을 보여준다.

현재의 유럽 통합에서도 다양성을 존중하는 전통의 증거를 쉽게 찾을 수 있다. 유럽연합은 28개 회원국이 참여하는 거대한 정치 단위다. 하지만 스위스나 노르웨이는 유럽연합이라는 패키지에는 동참하기를 거부하여 비회원국이다. 그럼에도 불구하고 단일시장에는 참여하기를 원하기 때문에 단일시장의 혜택을 누리며, 그 대가로 유럽연합의 예산에 기여를 한다.

회원국 중에는 유로화를 원하는 국가 19개국은 유로존을 형성하지만 스웨덴이나 폴란드 같은 국가는 유로존 밖에 남아 있다. 우리가 유럽의 역사에서 관찰한 다양한 그물의 범위가 반드시 일치하는 것이 아니듯이 현재 유럽 통합은 다양한 정치와 정책의 그물을 형성해가는 중이다.

이런 다양성의 시각에서 유럽을 바라보고 유럽 통합을 생각하는 것이 무척 중요하다. 유럽은 정치 단위의 다양성을 항상 유지해왔다. 도시 단위부터 지방이나 국가 수준을 거쳐 거대한 제국까지 시대별로 중요한 패턴을 말할 수는 있지만 하나의 모델로 통일된 적은 없다.

현재 유럽연합 안에서도 영국이나 프랑스는 식민시대의 유산으로 여전히 유럽 밖에 영토를 보유하고 있다. 프랑스는 중앙집권형의 단일국가이지만 독일은 연방국가, 이탈리아와 스페인은 강한 지방분권 체제다.

통합의 영역에 대한 다양성도 무시할 수 없다. 국경의 검문검색을 없애는 셍겐조약이 있는가 하면 경제통합을 추구하는 단일시장, 정치성이 강한 단일화폐 등이 가장 잘 알려진 통합 계획이다. 하지만 일부 문화 프로그램은 비회원국을 대폭 포함하기도 한다.

지난 장을 마치면서 나는 문명의 패키지라는 표현을 사용했다. 여기서 설명하는 다양성과 관련하여 약간의 추가 설명이 필요하다. 패키지는 우리말로 보따리나 보자기에 해당한다. 유럽 문명의 패키지라는 표현을 사용한 것은 주어진 지역에서 매우 오랜 기간 서로 교류하면서 만들어낸 문화의 특징들이 서로 밀접하게 연결되어 있다는 의미다. 다양성이란 이런 연결성을 부정하는 것이 아니라 형식적인 획일성이 존재하거나 하나의 표준을 강제하지 않는다는 뜻이다.[5]

대표 사례로 유럽 국가들의 다양한 정치제도를 들 수 있다. 위에서 언급한 단일국가/연방국가, 중앙집권 국가/분권적 국가, 선거제도의 다수제/비례대표제, 정치구조에서 대통령제/반대통령제/의회제 등 놀랄만큼 다양하다. 그럼에도 유럽연합 안에서 통합을 추진할 수 있었다. 이 다양성을 하나로 묶는 유럽연합의 정치제도를 새롭게 한 층 위에서 건설했기 때문이다. 그리고 제도의 다양성에도 불구하고 국민의 의사를 반영하는 책임정부와 민주정치라는 조건의 통일성을 갖고 있기 때문이다.

유럽 통합의 역사를 살펴보면 매우 제한된 기능의 통합만을 추진할 때도 비민주적 정치체제를 가진 국가들은 제외했다. 1951년 유럽석탄철강공동체가 출범할 때나 1957년에 유럽경제공동체가 출범할 때 스페인과 포르투갈은 권위주의 정치체제를 가졌다는 이유로 자연스럽게 제외되었고, 민주화에 성공한 다음에야 동참할 수 있었다. 동유럽의 공산권 국가들도 통합에서 제외되다가 1990년대 시장경제와 민주주의로 이행하는 데 성공하면서 2004년 이후 점차 유럽연합에 들어가고 있다.

결국 유럽 통합이란 민주주의라는 구조의 동질성을 바탕으로 정치 제도의 다양성을 수용하는 운동이라고 보면 이해하기 쉽다. 하나의 구조와 제도를 똑같은 방법으로 국토에 적용하려는 민족국가의 계획과는 처음부터 다르다. 그리고 이런 획일주의는 유럽의 역사에서 오히려 예외적인 접근법이었다.

문명의 그물이라는 관점에서 살펴본 유럽의 역사는 획일성이 아니라 다양성이 지배하는 환경이었다. 다양성이 존재했기 때문에 여러 가지 실험이 가능했고 우수한 제도나 요소는 자연스럽게 주변 지역이나 단위로 확산될 수 있었던 것이다.

#

## 문명의 전환: 그물과 그물의 관계

브로델은 문명을 설명하는 틀로 지리, 사회, 경제, 문화의 네 개 기둥을 설정했다. 이 책에서는 그보다 더 많은 주제를 선택하여 각각의 영역에서 존재하는 그물을 살펴보는 접근법을 택했다. 브로델의 시도가 다양한 문명을 비교하는 데 있었다면 나는 유럽의 문명을 세밀하게 묘사하고자 했다. 하지만 영역의 선택과 순서가 우연한 것은 아니다. 유럽 문명을 묘사하는 데 제일 중요하다고 생각하는 영역을 선택했다. 또 순서는 역사에서 제일 먼저 등장하는 영역부터 최근에 확산된 영역으로 진행했다.

강물이 흐르면 시간이 지남에 따라 다양한 흙이 바닥에 누적되듯이 유럽의 문명도 언어와 문자라는 바탕 위에 종교와 표상과 음악이 서서히 쌓였다고 생각할 수 있다. 하지만 이런 구조를 너무 기계적으로 해석해서는 곤란하다. 언어와 문자가 유럽이라는 문명의 기초를 이루는 데 중요한 역할을 했지만 강물의 퇴적층처럼 바닥에만 머물러 있는 것은 아니기 때문이다. 언어도 그리고 문자도 문명이 진화하면서 계속 변화를 겪어왔다.

다른 한편 나는 축구라는 근대에 등장한 스포츠를 마지막 사례로 살펴보았다. 하지만 몸의 통제라는 전통은 고대 그리스의 올림픽 전통이나 교육 과정에서 신체의 중요성 등에 이미 존재하던 부분이다.

현대의 사회과학은 인과관계를 발견하는 것을 목표로 삼는다. 우리의 다양한 그물 사이에 인과관계가 존재한다고 말할 수 있는가. 나는 그물을 소개하는 순서에 따라 인과관계가 존재한다고 생각하지는 않는다. 예를 들어 고대 그리스나 로마의 언어와 문자가 기독교를 낳았다고 말할 수 없다. 물론 이들 사이의 복합적인 인과관계를 부정하는 것은 아니다.

기독교는 유대교의 분열 과정에서 발생한 종교라는 점에서 유대인의 역사와 언어, 문화에서 그 뿌리를 찾을 수 있다. 동시에 기독교가 확산되는 과정에서 그리스어라는 당시 지배 문화의 언어와 배경을 발판으로 삼았다는 사실을 부정하기는 어렵다. 또한 지중해 세계를 통합했던 로마제국이 제공한 정치 공간의 혜택을 누리지 않았다고 말하기도 어렵다.[6] 또 유대 사회는 일부다처제였지만 예수의 금욕의 삶과 그리스와 로마의 일부일처제 전통은 기독교를 일부일처제로 인도했다.

즉 이 책의 구성이 곧바로 인과관계의 순서에 따른 것은 아니며, 그물과 그물 사이에는 쌍방향 또는 더 많은 수의 인과관계가 복합적으로 존재한다. 예를 들어 조각이나 미술에 드러나는 표상의 문화가 정치의 대의제도와 연결되는 진화를 일방적 배타성의 인과관계로 설명한다면 논리의 비약이다. 하지만 예술과 정치에서 공통으로 드러나는 표상의 문화는 분명 다양한 방향으로 서로 연결되는 현상임에 틀림없다.

이 책에서 이 모든 관계를 섬세하게 규명하지는 못했다. 나의 지식의 한계이기도 하고 지면의 제한 때문이기도 하다. 또한 장기 문명을 다루는 목적에 부합하지 않는 부분이기도 하다. 이 책에서 다루려고 했던 것은 부분과 부분의 세밀한 인과관계가 아니라 전체의 큰 그림이기 때문이다.

#

## 역사와 우연

그렇다면 다양한 그물을 통한 문명의 접근은 커다란 흐름에 있어 어떤 인과관계나 변화를 제시하는 것은 아닌가. 유럽에서 근대의 시작은 인문·사회과학의 주요 관심 사항이다. 고대문명이 시작된 곳은 아시아와 아프리카였으며, 유럽이 문명의 경쟁에 뛰어든 다음에도 아메리카 등지에서 문명이 발생했다. 그런데 왜 16세기를 기점으로 유럽의 세력이 세계로 확장되었는가.

나는 유럽의 군사조직과 무기를 제일 중요한 요소로 주목한 바 있다.

이 우위는 유럽 질서에서 전쟁을 통한 경쟁과 국가의 부상이라는 사실과 밀접하게 연관되었다. 하지만 중요한 요인이 배타적인 설명으로 탈바꿈해서는 곤란하다. 예를 들어 유럽은 기독교인으로 구성된 공동체라는 인식이 있었고 비슷한 언어와 문자로 서로 교류하는 사이였기 때문에 상대방의 권리를 완벽하게 부정하는 정치 통일이 오히려 쉽지 않았다.

그보다는 유럽에서 전쟁을 통해 적절하게 발전시킨 군사력으로 해외로 나가 손쉽게 지배 영역을 늘리는 것이 더 매혹적이었다. 내부에서 이웃나라와 잔혹한 전쟁을 벌여 얻을 수 있는 이득, 그리고 그 때문에 쏟아지는 문명권 내부의 비난보다는 외부로 향한 진출의 길이 훨씬 더 수월했던 것이다.

유럽에서 발달한 특징들이 근대와 현대 세계의 축이 된 것은 사회의 개인주의, 경제의 자본주의, 정치의 민주주의일 것이다. 유럽에서 이 세 가지 틀이 본격 만들어진 것은 18~19세기이며, 이들이 유럽 전체에 확산되어 보편화된 것은 20세기라고 할 수 있다.

우리의 그림에서 근대와 현대의 이 세 가지 축은 그 이전의 그물들이 종합적으로 빚어낸 결과다. 특히 도시라는 공간은 군주들이 지배하는 농촌에서 벗어난 자유의 온실이었다. 부르주아의 개인주의와 자본주의 활동은 서서히 정치의식의 변화와 의회주의, 그리고 민주주의로 발전했다.

하지만 여기서도 단순한 발전과 인과관계를 속단하면 곤란하다. 개인, 자본, 민주주의의 도시가 발전할 수 있었던 이유는 이를 견제하고 경쟁하고 자극했던 농촌의 봉건세계가 있었기 때문이다. 앞에서 해외 진출과 유럽 내부 경쟁의 상호관계를 말했다. 마찬가지로 봉건제와 도시의 경쟁관계가 없었다면 도시의 부르주아들이 굳이 해외로 눈을 돌릴 이유도 없었을 것이다. 심지어 부르주아의 해외 진출에는 봉건 군주들의 경쟁이라는 요인, 게다가 부르주아와 군주를 모두 움직이게 만든 종교적 열정 등이 복합적으로 작동했다.

이처럼 그물의 이미지를 통한 문명의 접근법은 뚜렷한 인과관계를 도출해내기 어렵다. 사실 과학 실험실 안에서 진행하는 연구에서조차 인과관계를 명확하게 확인하기란 쉬운 일이 아니다. 하물며 다양한 인과관계의 고리 속에서 관계의 개연성을 유지하기는 무척 어렵다.

A→B, B→C, C→D의 관계는 매우 개연성이 높다고 하자. 하지만 이렇게 각각 높은 개연성도 B와 C의 두 단계를 거치고 나면 낮은 확률로 떨어져버린다.[7] 70퍼센트의 개연성을 가진 인과관계는 두 단계를 거친 후 3분의 1 정도로 급격하게 낮아진다.

나는 예를 들어 기독교 교리의 내용과 유럽의 개인주의 성향을 연결하여 해석했다. 하지만 이는 매우 결과론적인 이야기일 수 있다. 유대교의 구약을 공유하는 이슬람은 유럽식 개인주의와 정반대의 성향을 현대 사회에서 보여주고 있기 때문이다.

기독교의 개인주의 해석이 가능한 부분이 상업에 주로 종사하던 유럽 도시의 부르주아 문화와 결합하여 특유한 개인주의 성향을 낳았다는 복합적인 인과관계와 설명만이 설득력을 가진다. 달리 말해서 장기 역사의 문명 접근에서는 단순한 인과관계를 무리하게 도출하기보다는 다양한 요인이 조응하여 어느 한 시대에 특정한 결과를 낳는 우연의 조합을 조명하는 데 힘쓸 필요가 있다.

# 문명의 중심과 주변

하나의 획일적인 구상 아래 만들어진 민족국가라는 틀은 역시 하나의 중심을 가진다. '머리'라는 뜻의 수도(首都)가 모든 영토와 기능의 중심을 형성하고, 나머지는 몸통으로 연결되었다가 사지(四肢)의 주변부로 확산된다.

영어의 캐피털(Capital)은 '머리(caput)'라는 라틴어에서 유래한 말로 자본을 의미하지만 정치 수도를 의미하기도 한다. 원래 정치권력이 자리 잡은 지역이 수도가 되었지만 대개 정치 수도는 경제·문화의 기능이 집중되는 곳이었다. 반면 수도에서 멀어질수록 이런 기능이 약화되고 정치질서마저 취약해지는 경향을 보였다.

민족국가처럼 강력한 정치체제가 존재하기 이전에도 중심과 주변은 존재했다. 많은 지역에서 문명의 단위였던 제국은 상당히 강력한 수도를 보유하곤 했다. 수도가 때때로 이전할 수는 있었지만 황제가 거주하면서 천하를 통치하는 중심은 분명 존재했다.

중국에서는 중원에 있는 주요 도시들이 수도의 역할을 담당했으며, 유럽에서도 로마제국은 이탈리아반도 중앙에 있는 로마가 수도이자 중앙이었다. 심지어 도시국가 체제였던 고대 그리스에서도 아테네가 중심의 역할을 담당했으며, 한동안 스파르타와 중심의 지위를 두고 다투었다.

유럽은 하나의 정치 단위를 이루지 못한 대륙으로서 공식 수도를 갖지 못했다. 하지만 유럽에서 중심과 주변이 존재하지 않는다고 말할 수 없다. 오히려 유럽의 특징은 영역별로 매우 다양한 중심이 존재한다는 것이다.

언어의 차원에서 보면 라틴어의 기원이 된 이탈리아 로마 지역이 단연코 유럽의 중심이다.[8] 라틴어가 성장하던 시기에 문화 선진 지역이었던 그리스와 아테네의 영향 또한 중대한 역할을 담당한다.

종교의 차원이나 미술, 음악 같은 문화의 차원에서도 아테네와 로마의 중심 역할은 명백하다. 교황청은 여전히 로마에 있고, 18~19세기에도 북유럽의 엘리트 교육에 이탈리아 여행이 필수가 되었던 중요한 이유다.

하지만 시간이 흐르면서 새로운 영역이 등장하고 새로운 수도가 부상했다. 예를 들어 유럽에서 대학이나 학문의 중심은 더 이상 아테네나 콘스탄티노플, 로마가 아니라 볼로냐와 파리와 옥스퍼드다. 가장 강한 군대를 보유하고 명성을 자랑하는 군주들은 프랑스와 영국에서 큰 국가를 형성하면서 성장했다. 정치력에 경제력까지 겸비하면서 런던과 파리는 유럽의 중심으로 떠올랐고, 영국과 프랑스의 제국주의 확장으로 세계의 중심으로까지 커가게 되었다.

또 한 가지 주목할 현상은 같은 영역에서도 중심의 이동이 빈번하게 일어난다는 점이다. 종교의 수도는 로마였지만 대립과 분열로 로마와 콘스탄티노플로 양분되었고 이후 종교개혁이 일어나면서 런던, 제네바, 암스테르담 등이 프로테스탄트 유럽의 중심이 되었다. 언어의 수도 역시 로마에서 파리와 베르사유, 그리고 런던으로 점차 이전했다.

무역과 경제의 유럽은 로마에서 베네치아나 제노바 같은 이탈리아 북부 도시로 이동했다가 암스테르담과 런던으로 옮겨갔다. 항해의 유럽 역시 베네치아와 제노바에서 세비야와 리스본을 거쳐 다시 암스테르담과 런던으로 이동했다. 군사 부문 전쟁의 수도는 로마에서 백년전쟁 시기 파리와 런던을 거쳐 지속되다가 프로이센의 베를린이나 러시아의 상트페테르부르크, 모스크바 등지로 다변화되었다.

다양한 층위의 그물로 형성된 유럽 문명에서 수도의 다원성은 이처럼 역사에 뿌리를 내리고 있는 현실이다. 모든 기능이 한곳에 집중되어야 한다는 생각은 유럽 문명에서 오히려 예외라고 할 수 있다.

현대의 유럽연합도 마찬가지다. 유럽 통합이 공식적으로 시작된 20세기 중반부터 유럽의 수도는 하나인 적이 없었다. 입법, 행정, 사법이라는 3권 분립의 시각에서 입법 기능의 유럽의회는 프랑스의 스트라스부르에, 행정부에 해당하는 유럽집행위원회는 벨기에 브뤼셀에, 그리고 사법부인 유럽법원은 룩셈부르크에 두었다. 유럽연합의 수도가 브뤼셀이라고 하는 이유는 편의상 유럽집행위원회가 그곳에 있기 때문이다.

중앙집권을 추구했다면 회원국마다 자국 수도에 공동 기구를 유치하려고 다투었을 것이다. 하지만 1950년대 당시 파리, 본, 로마 등 강대국 수도에 유럽의 본부를 두는 것은 편향된 결정이었다. 따라서 약소국인 베네룩스나 스트라스부르처럼 지리나 문화에 있어 프랑스와 독일이 교차하는 지역에 수도 기능을 준 것이다.

1999년 유로라는 단일화폐를 출범시키면서도 유럽은 중앙은행의 도시로 독일의 금융 수도인 프랑크푸르트를 선택했다. 독일은 유럽에서 가장 중요한 화폐였던 도이치마르크를 포기한 만큼 유럽중앙은행이 독일에 있어야 한다고 강력하게 목소리를 높였다. 프랑스나 이탈리아의 입장에서도 거절할 수 없는 주장이었고, 결국 유로화를 총괄하는 유럽중앙은행은 독일의 수도 베를린이 아닌 금융의 중심 프랑크푸르트가 가져가게 되었다.

가장 중요한 상징 기구들이 이처럼 벨기에, 프랑스, 룩셈부르크, 독일 등에 분산되었을 뿐 아니라 유럽에는 일종의 수도의 그물이 존재한다. 유럽연합에는 기능과 영역별로 40여 개가 넘는 기구가 있는데, 이들은 그야말로 유럽 전역에 자리 잡고 있다.

이처럼 유럽은 전통적으로 다양한 문명의 그물을 포괄하기 때문에 여러 개의 중심을 가져왔다. 이런 전통은 유럽 통합 이후에도 지속되어 하나의 도시가 유럽연합을 통치하거나 통제하는 것이 아니라 분야별 수도의 그물을 형성하는 전통을 지속했다.

#

## 유럽의 그물, 세계의 그물

유럽 문명을 다층의 그물이라는 틀로 바라봄으로써 세 가지 교훈을 얻을 수 있다. 첫째, 유럽 통합이란 문명의 긴 흐름 속에서 계속 나타나는 지속성의 현상이다. 유럽 통합은 '자연스러운' 민족국가의 세계를 뒤집는 운동이라기보다는 원래 정치 단위가 다양하게 공존했던 유럽 문명의 연장선에 있기 때문이다.

둘째, 우리는 역사의 단순한 인과관계보다는 복합의 조합을 설명해야 한다. 기독교나 군사문화, 자본주의 등 그 어떤 결정적 요인이 유럽의 근대 진입을 설명하기는 어려우며 그보다는 역사 조합을 세밀하게 해석하고 묘사해야 한다는 뜻이다.

셋째, 유럽 문명은 그물의 중층 구조 때문에 여러 개의 중심이 서로 견제하는 구조를 이룬다. 하나의 중심이 여러 기둥을 모두 지배하는 구조가 아니라 분야와 영역별로 서로 다른 중심이 이동하면서 문명의 그물을 형성했기 때문이다.

이러한 지속성, 복합성, 다원성은 세계에도 다시 적용할 수 있다. 유럽에서 통합의 운동이 완전히 새로운 현상이라기보다는 계속 존재해 왔던 문명 흐름의 연장선이듯이, 세계화에 대해서도 같은 해석을 할 수 있다. 어쩌면 경계가 없는 유럽의 문명 형성보다 지구라는 단일 공간을 인류 문명의 틀로 정의 내리고 지속성의 시각으로 보는 것이 좀 더 수월하다.

이런 하나의 지리 공간에 덧붙여 인간은 공통의 유전자 구조를 갖고 있다. 인류가 아프리카 대륙에서 출발하여 세계에 확산되었다는 사실 자체가 통일성과 다양성의 조합이라고 하는 그물의 특징을 잘 나타낸다. 정도, 속도, 범위, 규모 등의 차이는 존재하지만 인류는 과거부터 매우 느슨한 그물을 유지해왔다. 따라서 서로 다른 문명 사이의 차이를 강조하는 것 못지않게 공통된 인류 문명의 진화를 지적하는 것이 중요할지 모른다.

바로 그 전 단계에 유행하던 민족국가 중심의 시각에서 보면 유럽 통합이 커다란 전환이지만 문명의 관점에서는 지속성이 더 강하게 드러나듯이, 중국이나 동아시아의 부상 역시 유럽중심주의에서 볼 때 놀라운 일이지 인류 문명의 시각에서 보면 다양한 중심의 경쟁관계에서 나타나는 작은 변화일 뿐이다.

다음은 설명 방식에서의 복합성이다. 유럽 중심의 세계 그물 형성은 특정 요인의 결과라기보다는 역사에서 나타나는 복잡한 우연의 조합이 만들어낸 결과다. 그리스, 로마, 스페인, 포르투갈, 네덜란드, 프랑스, 영국으로 이어지는 강대국의 흥망사는 유럽 문명이라는 틀 속에서 다양한 요인의 우연한 조합으로 결정되었다. 마찬가지로 유럽 문명의 그물은 다양한 요인의 우연한 조합으로 미국과 소련으로 전파되었다.

미국과 소련은 지리상 유럽 밖에 있으면서 각각 유럽 문명의 성격을 전혀 다른 방향으로 이끌었다.[9] 미국은 개인주의와 자유민주주의와 자본주의 시장경제를 극단의 모습으로 추구했다. 소련은 반대로 집단주의와 절대 국가, 그리고 중앙 집중의 경제체제를 시도했다.

그리고 이 두 모델은 동아시아에서 다시 새로운 조합을 형성하며 문명의 그물을 확장했다. 일본은 유럽 문명의 서유럽 그리고 미국 버전을 받아들여 자신들의 전통적인 공동체주의와 조합했고, 중국은 유럽 문명의 소련 버전을 국가 중심의 전통과 조합하여 새로운 자본주의 문명을 만들어가고 있다.

셋째, 그물의 중층 구조로 인한 중심의 다원성이다. 세계 문명의 그물 역시 이런 특징을 그대로 나타낸다. 다양한 분야와 영역의 그물 속에서 중심은 이동하고 새로운 중심이 또 만들어진다. 경제 분야의 생산 중심은 이제 유럽이나 북아메리카가 아니라 동아시아로 빠른 속도로 이동해왔다. 세계의 공장은 19세기 영국에서 20세기 미국과 일본을 거쳐 이제 21세기 중국으로 자리를 옮겼다.

하나의 세계 그물이 만들어졌다는 것은 유럽이나 유럽 문명권이 아니라 세계 어느 곳에서나 창조적 시도와 선두 발전이 나타날 수 있으며 새로운 그물의 중심이 만들어질 수 있다는 의미다. 스포츠에서 태권도와 유도는 각각 한국과 일본에서 발전한 새로운 그물이라고 할 수 있다. 유럽 문명의 확산으로 한국이 기독교의 새로운 중심이 되는가 하면 사우디아라비아의 메카는 이슬람의 그물을 세계 곳곳으로 확장했다. 또 걸프 국가들이 세계 항공의 새 중심으로 부상하는 한편, 영화의 할리우드와 지식정보산업의 실리콘밸리는 여전히 미국의 힘을 확인해준다.

이처럼 오늘날 인류를 연결하는 그물은 매우 다양하며 각각 독특한 역사와 특징을 지닌다. 물론 유럽에서 보았듯이 하나의 공통된 문명이란 상호 견제와 경쟁과 협력 속에서 진화하는 틀이다. 과거에 가끔 부분의 접촉이 이어져 연결되었던 인류는 이제 다양한 정보와 교환과 이동의 고속도로를 통해 서로 더 가까워졌고, 그래서 직접 부대끼며 사는 사이가 되었다. 결국 다양한 세계 그물의 형성은 더 빈번한 교류와 더 치열한 경쟁으로 나타날 전망이다.

이처럼 지구라는 한정된 공간에서 인류 운명공동체의 모험은 계속될 것이다. 경쟁은 약육강식의 '정글의 법칙'이 아니며 협력을 동반해야 비로소 인류가 오랫동안 이룩해온 발전의 혜택을 골고루 나눌 수 있다. 유럽이 다양한 문명의 그물을 운영하면서 도달한 결론이며, 이것이야말로 유럽의 그물이 세계의 그물에 전달할 수 있는 가장 소중한 교훈이다. 부디 유럽의 역사 경험에서 배워 충돌과 폭력의 비극을 피하고 평화와 공영의 길로 갈 수 있기를 바란다.

# 주

## 프롤로그: 나의 교향곡, 유럽

1 조홍식, 〈EC 공동통상정책의 형성을 통해서 본 유럽통합〉,《한국정치학회보》27집 2
호(下), 1993, 329~346쪽.

2 국제정치경제연구회 편,《20세기로부터의 유산: 세계경제와 국제정치》, 사회평론,
2001.

3 그동안 유럽이 그리스-로마 시대부터 예정된 발전의 경로를 걸어왔다는 분석이나
근대성의 유럽적 기원을 강조하는 설명이 유행했고, 최근 이에 대한 반발이 거세
게 일었다. 대표적인 입장으로는 구디의 저서를 들 수 있다. 우리는 이런 비판을 고
려하지만 동시에 유럽에 존재하는 매우 긴 시간의 영향력을 완전히 부정해서는 곤
란하다는 입장이다. Jack Goody, *The Theft of History*, Cambridge: Cambridge
University Press, 2006.

4 Milan Kundera, *L'art du roman*, Paris: Gallimard, 1986, pp. 89~116. 쿤데라는
'구성의 예술'이라는 장에서 음악의 작곡과 소설의 집필에 대해 비교 분석한다.

5 김찬삼,《김찬삼의 세계여행》전10권, 삼중당, 1972.

## 서장: 유럽 문명의 여정을 시작하며

1 Randall Lesaffer, *European Legal History: A Cultural and Political Perspective*,
Cambridge: Cambridge University Press, 2009.

2 조홍식, 〈발전의 동력으로 경쟁과 협력: 유럽에 대한 거시 역사적 고찰〉,《유럽연구》
34권 3호, 2016년 가을, 1~21쪽.

3 콜럼버스는 중국 황실과 소통하려고 아랍어를 구사하는 유대인을 태우고 대서양 항
해에 나섰고, 아메리카 사람들에게 이슬람의 언어로 대화를 시도했다고 할 정도다. Jane
Burbank and Frederik Cooper, *Empires in World History*, Princeton: Princeton
University Press, 2010 (이재만 옮김,《세계제국사》, 책과함께, 2016, 228쪽).

4 터키는 오스만제국 시기에 기독교 유럽을 위협하는 존재였으며, 현재는 인구의 대다수가 이슬람교도인 국가로 유럽연합 가입에 어려움을 겪고 있다. 가입 협상이 시작된 국가는 일반적으로 가입에 성공해왔는데 이런 점에서 터키는 예외다. 신종훈, 〈유럽연합의 확장과 터키의 유럽연합 가입문제: 유럽 정체성에 관한 한 문제〉, 《서양사론》 108권, 2011, 126~152쪽.

5 강원택·조홍식, 《유럽의 부활: EU의 발전과 전망》, 푸른길, 1999; 강원택·조홍식, 《하나의 유럽: 유럽연합의 역사와 정책》, 푸른길, 2009.

6 Jeremy Rifkin, *The European Dream: How Europe's Vision of the Future Is Quietly Eclipsing the American Dream*, New York: Penguin, 2004.

7 Samuel Huntington, *The Clash of Civilizations and the Remaking of World Order*, New York: Simon&Schuster, 1996.

8 Fernand Braudel, *Grammaire des civilisations*, Paris: Flammarion, 1993, p. 43.

9 Norbert Elias, *The Civilizing Process, vol. I, The History of Manners*, Oxford: Blackwell, 1969.

10 Fernand Braudel, *Identité de la France*, 3 vol., Paris: Flammarion, 1987.

11 Fernand Braudel, *Grammaire des civilisations*, Paris: Flammarion, 1993.

12 Braudel, *Civilisation matérielle, économie et capitalisme*, Paris: Colin, 1969.

13 Adam Smith, *The Wealth of Nations*, London: Bantam Classics, 2003.

14 Pierre Rosanvallon, *Le capitalisme utopique*, Paris: Seuil, 1999.

15 Fernand Braudel, *Grammaire des civilisations*, p. 80.

16 Paul Pierson, *Politics in Time: History, Institutions, and Social Analysis*, New Haven, CT: Yale University Press, 2004.

17 언어와 방언의 경계를 긋는 것도 어려운 작업인데 언어학자들은 보통 70퍼센트 이상을 서로 알아들으면 방언으로, 그 이하면 다른 언어라고 판단한다. Jared Diamond, *The World from Yesterday: What Can We Learn From Traditional Societies*, New York: Penguin, 2012, pp. 369~409.

18 Bruno Latour, *Reassembling the Social: An Introduction to Actor-Network-Theory*, Oxford: Oxford University Press, 2007; Bruno Latour, *Pandora's Hope: Essays on the Reality of Science Studies*, Cambridge: Harvard University Press, 1999.

19 여기서 대륙은 자연 지리적 의미의 유럽 대륙을 말한다. 유럽연합에서 영어가 국어 또는 공용어인 나라는 영국, 아일랜드, 몰타 등이 있다.

20 세계를 대상으로 한 발전경제학의 인류학적 접근의 소개로는 베이츠를 참고할

수 있다. Robert H. Bates, *Prosperity and Violence: The Political Economy of Development*, New York: W. W. Norton, 2010 (2nd ed.).

21 Richard E. Nisbet, *The Geography of Thought: How Asians and Westerners Think Differently... and Why*, New York: Free Press, 2003.

22 Kenneth Pomeranz, *The Great Divergence: China, Europe, and the Making of the Modern World Economy*, Princeton: Princeton University Press, 2000.

23 Eric Jones, *The European Miracle: Environments, Economies and Geopolitics in the History of Europe and Asia*, Cambridge: Cambridge University Press, 2003 (3rd ed.); Charles Tilly, *Coercion, Capital, and European States, AD 990-1992*, Malden: Blackwell, 1992.

24 James D. Tracy, *The Rise of Merchant Empires: State Power and World Trade, 1350-1750*, Cambridge: Cambridge University Press, 1990.


## 1장 언어의 그물

1 창세기 1장 3절: 하느님이 이르시되 빛이 있으라 하시니 빛이 있었고, 창세기 1장 5절: 하느님이 빛을 낮이라 부르시고 어둠을 밤이라 부르시니라 저녁이 되고 아침이 되니 이는 첫째 날이니라.

2 고대 그리스-로마의 사상과 경험의 영향으로 유럽에서 민주주의 개념은 중우(衆愚) 정치라는 부정적 이미지에서 완전히 벗어났다고 보기 어렵다. 프랑스의 경우 우리가 민주주의라고 표현하는 많은 긍정적 개념이나 가치를 공화주의라는 개념을 통해 말한다. 예를 들어 차이를 극복하고 공동의 삶을 영유하기 위한 가치를 공화주의의 핵심으로 이해한다. Patrick Weil et Nicolas Truong, *Le sens de la République*, Paris: Grasset, 2015.

3 European Commission, *Special Eurobarometer 386: Europeans and their Languages*, Brussels: EU, 2012, p. 5.

4 앤더슨은 근대 민족의 생성에서 언어의 중요성을 강조했다. Benedict Anderson, *Imagined Communities: Reflections on the Origin and Spread of Nationalism*, London: Verso, 1991, p. 78.

5 영어는 대륙에서 앵글족과 색슨족의 이동으로 전파된 서게르만 언어의 한 부분으로 인식되지만 실제로는 로마제국의 지배와 프랑스 지역에서 건너간 노르만족의 점령으로 라틴계의 영향도 강하게 받았다. 이런 점에서 독일어가 더 게르만 언어의 특

징이 강하게 나타난다. 독일은 이로 인해 언어 중심의 민족주의 발전을 경험했다. Adrian Hastings, *The Construction of Nationhood: Ethnicity, Religion and Nationalism*, Cambridge: Cambridge University Press, 1997, p. 110.

6   Ana Giacalone Ramat and Paolo Ramat, eds., *The Indo-European Languages*, London: Routledge, 1998.

7   Jared Diamond, *The Third Chimpanzee: The Evolution and Future of the Human Animal*, New York: Harper Perennial, 1992, pp. 249~275.

8   William H. McNeill, *Plagues and Peoples*, New York: Anchor Books, 1976.

9   Michael C. Howard, *Transnationalism in Ancient and Medieval Societies: The Role of Cross Border Trade and Travel*, Jefferson: McFarland&Company, 2012, pp. 21~24.

10  Josep Fontana, *Europa ante el espejo* (김원중 옮김, 《거울에 비친 유럽》, 새물결, 1999, 31쪽).

11  Ronald Wardhaugh, *An Introduction to Sociolinguistics*, Malden: Blackwell, 2006, pp. 376~378.

12  Jacques Le Goff, *La civilisation de l'Occident médiéval*, Paris: Flammarion, 2008, pp. 62~70.

13  Xavier Greffe et Sylvie Pflieger, *La politique culturelle en France*, Paris: La Documentation française, 2009, pp. 15~17.

14  Pierre-Yves Beaurepaire, *L'Europe des Lumières*, Paris: PUF Que Sais Je?, 2004, p. 60.

15  Marc Crépon, *Les géographies de l'esprit: Enquête sur la caractérisation des peuples de Leibniz à Hegel*, Paris: Payot et Rivages, 1996.

16  Anne-Marie Thiesse, *La création des identités nationales: Europe XVIIIe-XIXe siècle*, Paris: Seuil, 2001.

17  Jacques Frémeaux, *Les empires coloniaux. Une histoire-monde*, Paris: CNRS Editions, 2012, pp. 309~348.

18  European Commission, *Special Eurobarometer 386: Europeans and their Languages*, p. 5.

19  민족 정체성과 유럽의 상호관계에 대해서는 다음을 참고할 것. Anthony D. Smith, *Myths and Memories of the Nation*, Oxford: Oxford University Press, 1999, pp. 225~251.

20  Simon Hix, Abdul G. Noury, and Gérard Roland, *Democratic Politics in the*

*European Parliament*, Cambridge: Cambridge University Press, 2007.

21 European Charter for Regional or Minority Languages: https://en.wikisource. org/wiki/European_Charter_for_Regional_or_Minority_Languages (검색일 2017년 3월 30일).


## 2장 종교의 그물


1 Michael O'Neil, *The Struggle for the European Constitution: A past and future history*, London: Routledge, 2009, pp. 243~248.

2 Henri Mendras, *L'Europe des Européens: Sociologie de l'Europe occidentale*, Paris: Gallimard, 1997, pp. 73~74.

3 마태복음 22장 15~22절; 마가복음 12장 13~17절; 누가복음 20장 20~26절.

4 스탠퍼드대학 사회과학 교수인 스콧은 중세 성당에 심취하여 《고딕 사업》이라는 중세 성당 관련 유명 저서를 집필했다. 이런 관심과 경외심이 나만의 예외적인 현상은 아닌 듯하다. Robert A. Scott, *The Gothic Entreprise: A Guide to Understanding the Medieval Cathedral*, Berkeley: University of California Press, 2005.

5 Georges Duby, *L'Europe au Moyen Age*, Paris: Flammarion, 1984, pp. 103~120.

6 마태복음 18장 24절; 마가복음 10장 25절; 누가복음 18장 25절.

7 Raoul Glaber, *Les histoires*, III, 4, E. Pognon trans., *L'an mille*, Paris: Gallimard, 1947, p. 89.

8 Francis Fukuyama, *The Origins of Political Order: From Prehuman Times to the French Revolution*, New York: Farrar, Straus and Giroux, 2011; Bertrand Badie, *Les deux Etats: Pouvoir et société en Occident et en terre d'Islam*, Paris: Seuil, 1997.

9 Louis Dumont, *Homo Hierarchicus: Le système des castes et ses implications*, Paris: Gallimard, 1979.

10 Henri Mendras, *L'Europe des Européens: Sociologie de l'Europe occidentale*, pp. 13~23.

11 Jack Goody, *The development of the family and marriage in Europe*, Cambridge: Cambridge University Press, 1983, pp. 103~156.

12 Alan Macfarlane, *The Origins of English Individualism: The Family, Property and Social Transition*, Oxford: Wiley, 1978, pp. 196~201.

13  Jack Weatherford, *Genghis Khan and the Making of the Modern World*, New York: Crown Publishers, 2004.

14  《쿠오바디스》는 원래 폴란드 작가 시엔키에비치(Henryk Sienkiewicz)의 소설로 그가 1905년 노벨 문학상을 수상하는 데 크게 기여한 작품이다. 로마 네로 황제 시기 기독교 박해의 이야기는 여러 차례 영화로 만들어졌는데 그 가운데 1951년 할리우드에서 만든 작품이 큰 인기를 끌었다.

15  조홍식, 〈국가 형성과 종교, 그리고 민족 정체성: 유럽의 거시 역사적 고찰〉, 《국제·지역연구》 26권 1호, 2017년 봄호, 121~142쪽.

16  Bernard Cottret, *Histoire de la Réforme protestante*, Paris: Perrin, 2010.

17  Liah Greenfeld, *Nationalism: Five Roads to Modernity*, Cambridge: Harvard University Press, 1992, pp. 44~78.

18  Max Weber, *Die Protestantische Ethik und der Geist des Kapitalismus* (박성수 옮김, 《프로테스탄티즘의 윤리와 자본주의 정신》, 문예출판사, 2004).

19  Max Weber, 박성수 옮김, 《프로테스탄티즘의 윤리와 자본주의 정신》, 34~38쪽.

20  유럽의 자본주의는 영미식 시장 자본주의, 독일의 사회적 자본주의, 프랑스의 국가주도 자본주의, 지중해 자본주의 등으로 구분할 수 있다. Bruno Amable, *The Diversity of Modern Capitalism*, Oxford: Oxford University Press, 2003.

21  Massimo Montanari, *La fame e l'abbondanza: Storia dell'alimentazione in Europay*.

22  Georges Duby, *L'Europe au Moyen Age*, Paris: Flammarion, 1984, p. 84.

23  Bertrand Badie, *Les deux Etats: Pouvoir et société en Occident et en terre d'Islam*, Paris: Seuil, 1997.

24  David Hanley ed., *Christian Democracy in Europe: A Comparative Perspective*, London: Pinter, 1994.

25  Jean-Dominique Durand, *L'Europe de la démocratie chrétienne*, Bruxelles: Complexe, 1995.

26  Seats by Political Group: http://www.europarl.europa.eu/meps/en/hemicycle.html (검색일 2017년 4월 3일).

27  유대인의 역사에 관해서는 다음을 참고할 것. Simon Schama, *The Story of the Jews: Finding the Words 1000BCE-1492CE*, London: The Bodley Head, 2013; Simon Schama, *Belonging: The Story of the Jews, 1492-1900*, London: Random House, 2014.

28  Simone Veil, *Une vie*, Paris: Stock, 2007, pp. 50~51.

29  나치즘의 광기에 참여했던 일반인들을 인터뷰한 흥미로운 연구가 있다. Stephan
    Marks, *Warum folgten sie Hitler?* (신종훈 옮김,《나치즘: 열광과 도취의 심리학》,
    책세상, 2009).

30  Nicolas Le Roux, *Les guerres de religion*, Paris: PUF, 2016, pp. 38~57.

31  Charles Tilly, *Stories, Identities and Political Change*, Lanham: Rowman&
    Littlefield, 2002.

32  Jean Flori, *Guerre sainte, jihad, croisade: Violence et religion dans le
    christianisme et l'islam*, Paris: Seuil, 2002, pp. 229~240.

33  Edward Said, *Orientalism*, New York: Knopf, 1979.

34  최근 이런 대립은 전쟁이라는 표현을 사용할 정도로 과격한 모습을 띤다. 박단,《프
    랑스의 문화전쟁: 공화국과 이슬람》, 책세상, 2005.

35  Jonathan Laurence and Justin Vaisse, *Integrating Islam: Political and Religious
    Challenges in Contemporary France*, Washington D. C.: Brookings Institution
    Press, 2006, pp. 98~134.

## 3장 표상의 그물

1   나체의 문화 분석에 관해서는 다음을 참고할 것. Francine Barthe-Deloizy,
    *Géographie de la nudité: Etre nu quelque part*, Paris: Bréal, 2003.

2   Alain Besançon, *L'image interdite: Une histoire intellectuelle de l'iconoclasme*,
    Paris: Gallimard, 2000.

3   Sophie Chauveau, *Fragonard: L'invention du bonheur*, Paris: Gallimard, 2011,
    p. 60.

4   Benedict Anderson, *Imagined Communities: Reflections on the Origin and
    Spread of Nationalism*, London: Verso, 1991.

5  《성경과 성인》이라는 제목의 다음 연구서는 예술사에서 기독교의 세계를 체계적으
    로 소개하는 매우 유용한 자료다. Michel Pastoureau et Gaston Duchet-Suchaux,
    *La Bible et les saints*, Paris: Flammarion, 1990.

6   Michael Billig, *Banal Nationalism*, London: Sage, 1995.

7   Mary Louise Hart, *The Art of Ancient Greek Theater*, Los Angeles: The J. Paul
    Getty Museum, 2010.

8   조홍식, 〈화폐와 정체성: 유로와 유럽의 사례〉,《국제·지역연구》19권 3호, 2010년 가

을, 73~103쪽.

9    고딕 성당에 관해서는 대중적 고전에 해당하는 다음을 참고할 것. Robert A. Scott, *The Gothic Entreprise: A Guide to Understanding the Medieval Cathedral*, Berkeley: University of California Press, 2005.

10   Klaus Carl and Victoria Charles, *Baroque Art*, New York: Parkstone, 2014.

11   Stefan Zweig, *Mary Stuart*, Alzir Hella trans., *Marie Stuart*, Paris: Atrium Press, 1976, pp. 30~42.

12   John T. Paoletti and Gary M. Radke, *Art in Renaissance Italy*, London: Laurence King, 2005 (3rd ed.).

13   Paul Veyne, *Le pain et le cirque: Sociologie historique d'un pluralisme politique*, Paris: Seuil, 1976.

14   영국과 이탈리아의 상호관계를 그랑투르를 통해 살펴본 사례로는 다음을 참고할 것. Edward Chaney, *The Evolution of the Grand Tour: Anglo-Italian Cultural Relations since the Renaissance*, London: Frank Cass, 1998.

15   조홍식, 〈박물관의 정치학: 유럽국가의 문화경쟁〉, 《통합유럽연구》 8권 1집, 2017년 3월, 191~213쪽.

16   Charlotte Guichard et Bénédicte Savoy, "Le pouvoir des musées? Patrimoine artistique et naissance des capitales européennes (1720-1850)," Christophe Charle ed., *Le temps des capitales culturelles XVIIIe-XXe siècles*, Seyssel: Champ Vallon, 2009, p. 101.

17   Rodney Mace, *Trafalgar Square: Emblem of Empire*, London: Laurence and Wishart, 1976.

18   Ernest H. Gombrich, *The Story of Art*, New York: Phaidon, 1995 (16th ed.), p. 165.

19   Ernest H. Gombrich, *The Story of Art*, p. 205.

20   뒤비는 주문자와 예술가의 계약에서 이런 변화를 발견할 수 있다고 분석한다. Georges Duby, *Art et société au Moyen Age*, Paris: Seuil, 1997, pp. 90~91.

21   Ernest H. Gombrich, *The Story of Art*, p. 240.

22   Simon Schama, *The Embarrassment of Riches: An Interpretation of Dutch Culture in the Golden Age*, London: Vintage, 1997.

23   Jean-Paul Sartre, *Les Mots*, Paris: Gallimard, 1964.

24   Nigel Aston, *Art and Religion in Eighteenth-Century Europe*, London: Reaktion Books, 2009.

25 Wim Blockmans, *A History of Power in Europe: Peoples, Markets, States*, Antwerp: Fonds Mercator, 1997, pp. 290~291.

26 Jean-Christophe Victor, *Un oeil sur le monde* (조홍식 옮김, 《세상을 향한 눈》, 문학동네, 2015, 5~9쪽).


## 4장 음악의 그물

1 Plato, *The Republic*, Benjamin Jowett trans., Mineola: Dover, 2000, Book III 401.

2 Brigitte François-Sappey, *Histoire de la musique en Europe*, Paris: PUF Que Sais Je?, 1992, p. 7.

3 Norbert Elias, *Mozart: Zur Soziologie eines Genies*, Frankfurt am Mein: Suhrkamp Verlag, 1991.

4 Marc Leboucher, *Bach*, Paris: Gallimard, 2013, pp. 134~135.

5 Kathleen R. McNamara, *The Politics of Everyday Europe: Constructing Authority in the European Union*, Oxford: Oxford University Press, 2015, p. 88.

6 Marc Leboucher, *Bach*, p. 52.

7 Mélanie Traversier, "Venise, Naples, Milan: Trois capitales pour l'opéra italien, XVIIe-XVIIIe siècles," Christophe Charle ed., *Le temps des capitales culturelles XVIIIe-XXe siècles*, Seyssel: Champ Vallon, 2009, pp. 209~240.

8 런던에서 포르포라(Nicola Porpora), 굴리엘미(Pietro Alexandro Guglielmi), 사키니(Antonio Sacchini), 파리에서 페르골레시(Pergolesi), 두니(Egidio Duni), 피치니(Piccinni), 사키니, 드레스덴에서 포르포라와 피시에티(Domenico Fischietti), 상트페테르부르크에서 트라에타(Tommaso Traetta), 파이지엘로(Giovanni Paisiello), 시마로사(Domenico Cimarosa), 슈투트가르트에서 조멜리(Niccolò Jommelli), 마드리드에서 콘포르토(Nicola Conforto) 등이 나폴리 오페라풍을 대표하는 음악가다.

9 Jean-François Laby, "L'opéra italien: Donizetti, Bellini, Verdi," Jean et Brigitte Massin eds., *Histoire de la musique occidentale*, Paris: Fayard, 1985, pp. 718~732; Dominique Bosseur, "Richard Wagner," Jean et Brigitte Massin eds., *Histoire de la musique occidentale*, pp. 801~814.

10 Brigitte François-Sappey, *Histoire de la musique en Europe*, pp. 76~77.

11 Philippe Beaussant, "La musique baroque de la France classique," Jean et Brigitte Massin eds., *Histoire de la musique occidentale*, pp. 405~407.

12 예를 들면 다음을 참고할 것. Gerhardt Lehmbruch and Frans van Waarden, *Renegotiating the Welfare State: Flexible Adjustment through Corporatist Concertation*, London: Taylor&Francis, 2003.

13 Stendhal, *La vie de Rossini*, Paris: Gallimard, 1992.

14 Romain Rolland, *Jean Christophe*, Paris: Albin Michel, 2007.

## 5장 대학의 그물

1 Jacques Le Goff, *L'Europe expliquée aux jeunes*, Paris: Seuil, 2007, pp. 62~64.

2 Pierre Michaud-Quantin, *Universitas: Expression du mouvement communautaire dans le Moyen Age latin*, Paris: Vrin, 1970.

3 Georges Duby, *L'Europe au Moyen Age*, Paris: Flammarion, 1984, p. 113.

4 Christophe Charle et Jacques Verger, *Histoire des universités: XIIe-XXIe siècle*, Paris: PUF, 2012.

5 Christophe Charle et Jacques Verger, *Histoire des universités: XIIe-XXIe siècle*, pp. 22~24.

6 Georges Duby, *L'Europe au Moyen Age*, p. 119.

7 Christophe Charle et Jacques Verger, *Histoire des universités: XIIe-XXIe siècle*, pp. 68~69.

8 Marc Fumaroli ed., *Les Origines du Collège de France (1500-1560)*, Paris: Klincksick, 1998.

9 Christophe Charle et Jacques Verger, *Histoire des universités: XIIe-XXIe siècle*, p. 75.

10 Antoine Lilti, *Le monde des salons: Sociabilité et mondanité à Paris au XVIIIe siècle*, Paris: Fayard, 2005.

11 Jürgen Habermas, *Structurwandel der Offendtlichkeit*, Thomas Berger and Frederik Lawrence trans., *The Structural Transformation of the Public Sphere*, Cambridge: Polity, 1989.

12 René Girard, *Mensonge romantique et vérité romanesque*, Paris: Grasset, 2001.

13 Christophe Charle et Jacques Verger, *Histoire des universités: XIIe-XXIe siècle*, p. 77.

14 유진영, 〈카를스루에 공과대학: 유럽 과학기술 교육의 선두〉, 통합유럽연구회 편, 《유럽을 만든 대학들》, 책과함께, 2015, 194~211쪽.

15 임상우, 〈베를린훔볼트대학: 근대 대학의 어머니〉, 통합유럽연구회 편, 《유럽을 만든 대학들》, 114~133쪽.

16 조홍식, 〈시앙스포: 프랑스 권력 엘리트의 산실〉, 통합유럽연구회 편, 《유럽을 만든 대학들》, 293~313쪽.

17 윤성원, 〈런던정치경제대학: 영국식 진보적 지식의 요람〉, 통합유럽연구회 편, 《유럽을 만든 대학들》, 314~337쪽.

18 Pierre Bourdieu, *La Noblesse d'Etat: Grandes écoles et esprit de corps*, Paris: Editions de Minuit, 1989.

19 Roger L. Geiger, *Research and Relevant Knowledge: American Research Universities since World War II*, New York: Routledge, 2017.

20 Sheila Slaughter and Larry L. Leslie, *Academic Capitalism: Politics, Policies and the Entrepreneurial University*, Baltimore: The Johns Hopkins UP, 1997.

21 Kathleen R. McNamara, *The Politics of Everyday Europe: Constructing Authority in the European Union*, Oxford: Oxford University Press, 2015, p. 106.

22 Jean Delumeau, *La Civilisation de la Renaissance*, Paris: Arthaud, 1985.

## 6장 지배의 그물

1 토크빌은 프랑스의 중앙집권적 성격이 혁명의 중요한 요인이라는 거시 역사적 분석을 제시했다. Alexis de Tocqueville, *L'ancien régime et la Révolution*, Paris: Gallimard, 1967.

2 예를 들어 19세기 유럽의 지식인을 연구한 샤를은 혁명과 반동이라는 유럽의 어젠다가 민족 차원의 어젠다를 능가했다고 분석했다. Christophe Charle, *Les intellectuels en Europe au XIXe siècle: Essai d'histoire comparée*, Paris: Seuil, 2001, pp. 131~132.

3 Joseph Strayer, *Medieval Statecraft and the Perspectives of History*, Princeton: Princeton University Press, 1971, p. 63.

4  Régine Le Jan, "Le royaume des Francs de 481 à 888," Philippe Contamine ed., *Le Moyen Age: Le roi, l'Eglise, les grands, le peuple 481-1514*, Paris: Seuil, 2002, pp. 29~50.

5  Régine Le Jan, "Princes et sires," Philippe Contamine ed., *Le Moyen Age: Le roi, l'Eglise, les grands, le peuple 481-1514*, p. 204.

6  R. de Boysson, *Etude sur Bertrand de Born: Sa vie, ses oeuvres et son siècles*, Genève: Slatkine, 1973, p. 30.

7  Jonathan Dewald, *The European Nobility 1400-1800*, Cambridge: Cambridge University Press, 1996, p. 1.

8  Krzysztof Pomian, "Francs et Gaulois," Pierre Nora ed., *Les lieux de mémoire 2*, Paris: Quarto-Gallimard, 1997, pp. 2245~2300.

9  이베리아반도에서 기독교 왕국과 이슬람 세력의 전쟁은 십자군 이전에 이미 성전의 성격을 띠기 시작했다. Jean Flori, *Guerre sainte, jihad, croisade: Violence et religion dans le christianisme et l'islam*, Paris: Seuil, 2002, pp. 127~130.

10  Hervé Drévillon, "La monarchie des Lumières: réforme ou utopie? 1715-1774," Joël Cornette ed., *La Monarchie: Entre Renaissance et Révolution 1515-1792*, Paris: Seuil, 2000, pp. 380~386.

11  Ernest Gellner, *Plough, Sword and Book: The Structure of Human History*, Chicago: Chicago University Press, 1990.

12  Ernest Gellner, *Nations and Nationalism*, Ithaca: Cornell University Press, 1983.

13  Anthony D. Smith, *The Antiquity of Nations*, London: Polity, 2004.

14  Eugen Weber, *Peasants into Frenchmen: The Modernization of Rural France 1870-1914*, Stanford: Stanford University Press, 1976.

15  Philippe Contamine, "1285-1514," Philippe Contamine ed., *Le Moyen Age: Le roi, l'Eglise, les grands, le peuple 481-1514*, pp. 378~381.

16  Philippe Hamon, "Une monarchie de la Renaissance? 1515-1559," Joël Cornette ed., *La Monarchie: Entre Renaissance et Révolution 1515-1792*, Paris: Seuil, 2000, pp. 15~16.

17  Nick Harding, *Hanover and the British Empire, 1700-1837*, Woodbridge: The Boydell Press, 2007.

18  영국의 빅토리아 여왕은 '유럽의 할머니'라고 불렸다. Deborah Cadbury, *Queen Victoria's Matchmaking: The Royal Marriages that Shaped Europe*, New York:

Public Affairs, 2017.

19 Michela Passini, *La fabrique de l'art national: Le nationalisme et les origines de l'histoire de l'art en France et en Allemagne 1870-1933*, Paris: Editions de la Maison des Sciences de l'Homme, 2013.


## 7장 전쟁의 그물

1 강원택·조홍식, 《하나의 유럽: 유럽연합의 역사와 정책》, 푸른길, 2009.

2 Danielle Tartakowsky, *Les manifestations de rue en France, 1918-1968*, Paris: Publications de la Sorbonne, 1997.

3 Michel Winock, *La fièvre hexagonale: Les grandes crises politiques, 1871-1968*, Paris: Seuil, 1987.

4 Charles Tilly, *La France conteste: de 1600 à nos jours*, Paris: Fayard, 1986.

5 Charles Tilly, *Coercion, Capital, and European States, AD 990-1992*, Malden: Blackwell, 1992, p. 76.

6 Charles Tilly, *Coercion, Capital, and European States, AD 990-1992*, p. 72.

7 H. H. Gerth and C. Wright Mills eds., *From Max Weber: Essays in Sociology*, New York: Oxford University Press, 1946, p. 78.

8 마키아벨리의 과학적 차원과 규범적 차원을 동시에 강조한 연구로는 다음을 참고할 것. Pierre Manent, *Naissance de la politique moderne*, Paris: Gallimard, 2007.

9 Thomas Hobbes, *Leviathan*, New York: Touchstone, 2008, p. 100.

10 Francis Fukuyama, *The Origins of Political Order: From Prehuman Times to the French Revolution*, New York: Farrar, Straus and Giroux, 2011, pp. 3~95.

11 Franz de Waal, *Chimpanzee Politics: Power and Sex among Apes*, Baltimore: The Johns Hopkins University Press, 2007.

12 René Girard, *Le bouc émissaire*, Paris: Grasset, 1982.

13 Ernst Kantorowicz, *The King's Two Bodies: A Study in Medieval Political Theology*, Princeton: Princeton University Press, 1997.

14 John King Fairbank and Merle Goldman, *China, A New History*, Cambridge: Harvard University Press, 1998, pp. 2~14.

15 Andreas Osiander, "Sovereignty, International Relations, and the Westphalian Myth," *International Organization*, 55-2, Spring 2001, pp. 251~287.

16  Randall Lesaffer, *Peace Treaties and International Law in European History*, Cambridge: Cambridge University Press, 2004.

17  William H. McNeill, *The Pursuit of Power: Technology, Armed Force, and Society since A. D. 1000*, Chicago: The University of Chicago Press, 1984.

18  Michael Howard, *War in European History*, Oxford: Oxford University Press, 1976, pp. 19~20.

19  William H. McNeill, *Plagues and Peoples*, New York: Anchor Books, 1976, p. viii.

20  William H. McNeill, *The Pursuit of Power: Technology, Armed Force, and Society since A. D. 1000*, pp. 117~143.

21  Jacobus A. A. van Doorn, *The Soldier and Social Change: Comparative Studies in the History and Sociology of the Military*, London: SAGE, 1975, pp. 17~33; Lewis Mumford, *Technics and Civilization*, New York: Harcourt, Brace and Company, 1934, pp. 81~106.

22  Charles Tilly, *Coercion, Capital, and European States, AD 990-1992*, pp. 67~95.

23  Wim Blockmans, *A History of Power in Europe: Peoples, Markets, States*, Antwerp: Fonds Mercator, 1997, p. 181.

24  Eric Hobsbawm, *The Age of Empire 1875-1914*, New York: Vintage Books, 1989.

25  Eric Hobsbawm, *The Age of Extremes: A History of the World 1914-1991*, New York: Vintage Books, 1996, pp. 21~53.

26  Jeremy Rifkin, *The European Dream: How Europe's Vision of the Future Is Quietly Eclipsing the American Dream*, New York: Penguin, 2004, pp. 197~213.

27  Frank Schimmelfennig and Ulrich Sedelmeier eds., *The Europeanization of Central and Eastern Europe*, Ithaca: Cornell University Press, 2005.

## 8장 도시의 그물

1  Ernest Gellner, *Plough, Sword and Book: The Structure of Human History*, Chicago: Chicago University Press, 1990.

2  Xavier Lafon et al., *Histoire de l'Europe Urbaine 1: La ville antique*, Paris: Seuil, 2011, pp. 160~164.

3  Xavier Lafon et al., *Histoire de l'Europe Urbaine 1: La ville antique*, pp. 299~302.

4  Patrick Boucheron et Denis Menjot, *Histoire de l'Europe Urbaine 2: La ville médiévale*, Paris: Seuil, 2011, pp. 60~62.

5  Patrick Boucheron et Denis Menjot, *Histoire de l'Europe Urbaine 2: La ville médiévale*, pp. 90~94.

6  Olivier Zeller, *Histoire de l'Europe Urbaine 3: La ville moderne XVIe-XVIIIe siècle*, Paris: Seuil, 2012, pp. 50~61.

7  '온실로서의 도시(The town as a hothouse)'라는 표현은 블록만스에서 빌려온 것이다. Wim Blockmans, *A History of Power in Europe: Peoples, Markets, States*, Antwerp: Fonds Mercator, 1997, p. 126.

8  Patrick Boucheron et Denis Menjot, *Histoire de l'Europe Urbaine 2: La ville médiévale*, pp. 291~333.

9  Patrick Boucheron et Denis Menjot, *Histoire de l'Europe Urbaine 2: La ville médiévale*, pp. 224~236.

10  Olivier Zeller, *Histoire de l'Europe Urbaine 3: La ville moderne XVIe-XVIIIe siècle*, pp. 175~208.

11  François Furet, *Marx et la révolution française*, Paris: Flammarion, 1986.

12  Albert Hirschman, *Passions and Interests: Political Arguments for Capitalism before Its Triumph*, Princeton: Princeton University Press, 2013.

13  Rebecca L. Spang, *The Invention of the Restaurant: Paris and Modern Gastronomic Culture*, Cambridge: Harvard University Press, 2001.

14  Emmanuel Todd, *L'invention de l'Europe*, Paris: Seuil, 1996.

15  François Cadilhon et Laurent Coste eds., *L'Europe des XVIIe et XVIIIe siècles: Textes et documents*, Bordeaux: Presses Universitaires de Bordeaux, 2008, p. 153.

16  Henri Mendras, *L'Europe des Européens*, p. 168.

17  The Economist, *Pocket World in Figures 2015 Edition*, London: The Economist, 2014, p. 90.

18  Jean-Luc Pinol et François Walter, *Histoire de l'Europe Urbaine 4: La ville contemporaine jusqu'à la Seconde Guerre mondiale*, Paris: Seuil, 2012, pp.

83~104.

19 조흥식, 〈파리: 혁명과 시위의 수도〉, 통합유럽연구회 편, 《도시로 보는 유럽통합사: 영원의 도시 로마에서 EU의 수도 브뤼셀까지》, 책과함께, 2013.

20 Jean-Luc Pinol et François Walter, *Histoire de l'Europe Urbaine 4: La ville contemporaine jusqu'à la Seconde Guerre mondiale*, pp. 348~355.

21 Jean-Luc Pinol et François Walter, *Histoire de l'Europe Urbaine 4: La ville contemporaine jusqu'à la Seconde Guerre mondiale*, p. 350.

22 Guy Burgel, *Histoire de l'Europe urbaine 6: La ville contemporaine après 1945*, Paris: Seuil, 2012, p. 22.

23 Ulrich Beck and Edgar Grande, *Das kosmopolitische Europa*, Ciaran Cronin trans., *Cosmopolitan Europe*, Cambridge: Polity, 2007.

## 9장 자본의 그물

1 Max Weber, *Die Protestantische Ethik und der Geist des Kapitalismus.*

2 Charles Tilly, *Coercion, Capital, and European States AD 990-1992*, Malden: Blackwell, 1992, pp. 38~66.

3 Niall Ferguson, *The House of Rothschild*, London: Penguin Books, 1999.

4 Karl Polanyi, *The Great Transformation: The Political and Economic Origins of Our Time*, Boston: Beacon, 1957, pp. 10~16.

5 Catherine Larrère, "Montesquieu et le 'doux commerce': un paradigme du libéralisme," *Cahiers d'Histoire: Revue d'histoire critique*, no. 123, 2014, pp. 21~38.

6 Wim Blockmans, *A History of Power in Europe: Peoples, Markets, States*, Antwerp: Fonds Mercator, 1997, pp. 190~198.

7 Michel Beaud, *Histoire du capitalisme, 1500-2010*, Paris: Seuil, 2010.

8 Fernand Braudel, *Grammaire des civilisations*, Paris: Flammarion, 1993, pp. 201~204.

9 Dani Rodrik, *The Globalization Paradox: Democracy and the Future of the World Economy*, New York: W. W. Norton, 2012, pp. 3~16.

10 Daron Acemoglu and James A. Robinson, *Why Nations Fail: The Origins of Power, Prosperity, and Poverty*, New York: Crown Business, 2012.

11  Douglass C. North, John Joseph Wallis, and Barry R. Weingast, *Violence and Social Orders: A Conceptual Framework for Interpreting Recorded Human History*, Cambridge: Cambridge University Press, 2013.

12  Immanuel Wallerstein, *World-Systems Analysis: An Introduction*, Durham: Duke University Press, 2004.

13  Niall Ferguson, *The Ascent of Money: A Financial History of the World*, London: Penguin Books, 2008, pp. 42~53.

14  Wim Blockmans, *A History of Power in Europe: Peoples, Markets, States*, p. 87.

15  Niall Ferguson, *The Ascent of Money: A Financial History of the World*, pp. 139~158.

16  Karl Polanyi, *The Great Transformation: The Political and Economic Origins of Our Time*.

17  Niall Ferguson, *The Ascent of Money: A Financial History of the World*, p. 77.

18  Jeffry Frieden, *Global Capitalism: Its Fall and Rise in the Twentieth Century*, New York: W. W. Norton, 2007.

19  Barry Eichengreen, *Globalizing Capital: A History of the International Monetary System*, Princeton: Princeton University Press, 2008 (2nd ed.).

20  Benjamin Cohen, *Currency Power: Understanding Monetary Rivalry*, Princeton: Princeton University Press, 2015.

21  Amy Verdun ed., *The Euro: European Integration Theory and Economic and Monetary Union*, Lanham: Rowman&Littlefield, 2002; 강원택·조홍식,《하나의 유럽: 유럽연합의 역사와 정책》, 푸른길, 2009.

22  조홍식, 〈화폐와 정체성: 유로와 유럽의 사례〉,《국제·지역연구》19권 3호, 2010년 가을, 73~103쪽.

23  Kenneth Pomeranz, *The Great Divergence: China, Europe, and the Making of the Modern World Economy*, Princeton: Princeton University Press, 2000.

24  Jack Goody, *The Theft of History*, Cambridge: Cambridge University Press, 2006.

25  Eric Jones, *The European Miracle: Environments, Economies and Geopolitics in the History of Europe and Asia*, Cambridge: Cambridge University Press, 2003 (3rd ed.).

26  Jared Diamond, *Guns, Germs, and Steel: The Fates of Human Societies*, New York: W. W. Norton, 1997.

## 10장 평등의 그물

1   Alexis de Tocqueville, *De la démocratie en Amérique*, Paris: Gallimard, 1986;
    Alexis de Tocqueville, *L'ancien régime et la Révolution*, Paris: Gallimard,
    1967.

2   T. H. Marshall, *Citizenship and Social Class*, Cambridge: Cambridge
    University Press, 1950.

3   Anne Jacquemin, *La Grèce classique: 510-336 av. J.-C.*, Paris: Ellipses, 2016,
    pp. 18~32.

4   Alain Corbin ed., *Histoire du christianisme: Pour mieux comprendre notre
    temps*, Paris: Seuil, 2007.

5   Franz de Waal, *Chimpanzee Politics: Power and Sex among Apes*, Baltimore:
    The Johns Hopkins University Press, 2007.

6   Pierre Rosanvallon, *La légitimité démocratique: Impartialité, réflexivité,
    proximité*, Paris: Seuil, 2008, pp. 40~46.

7   Jean-Jacques Rousseau, *Discours sur l'origine et les fondements de l'inégalité
    parmi les hommes*, Paris: Flammarion, 2011.

8   Pierre Rosanvallon, *Le sacre du citoyen*, Paris: Seuil, 1992.

9   Francis Fukuyama, *The Origins of Political Order: From Prehuman Times to
    the French Revolution*, New York: Farrar, Straus and Giroux, 2011.

10  Stefan Zweig, *Marie-Antoinette*, Alzir Hella trans., Paris: Grasset&Fasquelle,
    1933.

11  Bernard Manin, *Principes du gouvernement représentatif*, Paris: Calmann-
    Lévy, 1995.

12  Christophe Charle, *Les intellectuels en Europe au XIXe siècle: Essai d'histoire
    comparée*, Paris: Seuil, 2001, pp. 308~311.

13  Pierre Rosanvallon, *Le peuple introuvable: Histoire de la représentation
    démocratique en France*, Paris: Seuil, 1998.

14  David Hanley ed., *Christian Democracy in Europe: A Comparative
    Perspective*, London: Pinter, 1994.

15  Elisabeth Bomberg, *Green Parties and Politics in the European Union*,
    London: Routledge, 2005.

## 11장 교류의 그물

1 Benedict Anderson, *Imagined Communities: Reflections on the Origin and Spread of Nationalism*, London: Verso, 1991.

2 Karl Deutsch, *Nationalism and Social Communication: An Inquiry into the Foundations of Nationality*, Cambridge: The MIT Press, 1966.

3 Jeremy Rifkin, *The European Dream: How Europe's Vision of the Future Is Quietly Eclipsing the American Dream*, New York: Penguin, 2004.

4 Anne Jacquemin, *La Grèce classique: 510-336 av. J.-C.*, Paris: Ellipses, 2016, pp. 128~130.

5 주경철, 《대항해시대: 해상 팽창과 근대 세계의 형성》, 서울대학교출판부, 2008, 46~60쪽.

6 Simon Schama, *The Embarrassment of Riches: An Interpretation of Dutch Culture in the Golden Age*, London: Vintage, 1997.

7 Paul Kennedy, *The Rise and Fall of the Great Powers: Economic Change and Military Conflict from 1500 to 2000*, New York: Vintage Books, 1987.

8 Adam Smith, *The Wealth of Nations*, London: Bantam Classics, 2003.

9 *The Economist*, "Industrial clusters: Bleak times in bra town," April 16, 2016.

10 Kolleen M. Guy, *When Champagne Became French: Wine and the Making of a National Identity*, Baltimore: The Johns Hopkins University Press, 2007.

11 Agatha Christie, *The Murder on the Orient Express*, New York: Pocket Books, 1978.

12 Rondo Cameron, *A Concise Economic History of the World: From Paleolithic Times to the Present*, Oxford: Oxford University Press, 1993 (2nd ed.).

13 Jeffry Frieden, *Global Capitalism: Its Fall and Rise in the Twentieth Century*, New York: W. W. Norton, 2007, pp. 161~164.

14 *The Economist*, "A scandal in the motor industry: Dirty secrets," September 26, 2015.

15 Antoine de Saint-Exupéry, *Le Petit Prince*, Paris: Gallimard, 1999.

16 Airport Traffic: https://www.aci-europe.org/policy/position-papers.html?view=group&group=1&id=11 (검색일 2017년 5월 6일).

17 J. H. H. Weiler, *The Constitution of Europe: "Do the New Clothes Have an Emperor?" and Other Essays on European Integration*, Cambridge: Cambridge

University Press, 1999; Jack Hayward ed., *The Crisis of Representation in Europe*, London: Frank Cass, 1995.

18  John McCormick, *Weber, Habermas, and the Transformation of the European State: Constitutional, Social, and Supranational Democracy*, Cambridge: Cambridge University Press, 2007.


## 12장 축구의 그물

1  Johan Huizinga, *Homo Ludens: A Study of the Play-Element in Culture*, Mansfield: Martino, 2014.

2  Norbert Elias, *The Civilizing Process, vol. I, The History of Manners*, Oxford: Blackwell, 1969; Norbert Elias, *The Civilizing Process, vol. II, State Formation and Civilization*, Oxford: Blackwell, 1982.

3  Paul Veyne, *Le pain et le cirque: Sociologie historique d'un pluralisme politique*, Paris: Seuil, 1976.

4  근대 경제에서 분업이나 시간의 관리 등에 대한 맥도날드화에 대해서는 다음을 참고할 수 있다. George Ritzer, *The McDonalization of Society*, London: Sage, 2004.

5  Matthew Taylor, *The Association Game: A History of British Football*, London: Routledge, 2008.

6  William J. Murray and Bill Murray, *The Old Firm: Sectarianism, Sport and Society in Scotland*, Edinburgh: John Donald Publishers, 1984.

7  Paul Dietschy, *Histoire du football*, Paris: Perrin, 2010, p. 77.

8  Jamie Cleland, *A Sociology of Football in a Global Context*, New York: Routledge, 2015.

9  Paul Dietschy, *Histoire du football*, p. 494.

10  Eric Hobsbawm, *Nations and Nationalism since 1780: Programme, Myth, Reality*, Cambridge: Cambridge University Press, 1990, p. 142.

11  Simon Kuper and Stefan Szymanski, *Soccernomics*, New York: Nation Books, 2014.

12  테니스도 비슷한 시기 아마추어와 프로의 논쟁에서 돈벌이를 선택하여 1926년 올림픽 종목에서 제외된 후 1988년 서울 올림픽까지 프로의 세계를 독자적으로 유지했다.

13  Paul Dietschy, *Histoire du football*, p. 351.

14  조홍식, 〈유럽통합과 축구: 연쇄효과의 사례연구〉, 《EU연구》 45호, 2017, 71~96쪽.


## 결장: 세계로 확산된 유럽의 그물들

1  Thomas Schelling, *The Strategy of Conflict*, Cambridge: Cambridge University Press, 1960, p. 57.

2  안창모 경기대 교수는 문화일보 기고문에서 일본이 서울역을 만들었지만 그 모델은 스위스 루체른역이라는 주장을 폈다. 안창모, 〈서울역 디자인의 모체는 루체른역⋯ 도쿄역 축소판 아니다〉, 《문화일보》, 2017년 8월 2일자.

3  국내에서 세계 그물의 확산을 살펴본 사례는 일련의 국제정치학자들의 개념사 연구라고 할 수 있다. 하영선 외, 《근대한국의 사회과학 개념 형성사》, 창비, 2009.

4  David Laitin, *Language Repertoires and State Construction in Africa*, Cambridge: Cambridge University Press, 2007, pp. 16~46.

5  Jean Fiori, *Guerre sainte, jihad, croisade: Violence et religion dans le christianisme et l'islam*, Paris: Seuil, 2002.

6  Nicholas Harkness, *Songs of Seoul: An Ethnography of Voice and Voicing in Christian South Korea*, Berkeley: University of California Press, 2014.

7  유럽 역사에서 음악은 민족주의 정신을 표현하고 국민을 동원하는 데 더 중요한 역할을 했다. Didier Francfort, *Le Chant des Nations: Musiques et Cultures en Europe, 1870-1914*, Paris: Hachette, 2004.

8  Odile Goerg et Xavier Huetz de Lemps, *Histoire de l'Europe Urbaine 5: La ville coloniale XVe-XXe siècle*, Paris: Seuil, 2012.

9  Christophe Charle et Jacques Verger, *Histoire des universités: XIIe-XXIe siècle*, Paris: PUF, 2012.

10  Jane Burbank and Frederik Cooper, *Empires in World History*, Princeton: Princeton University Press, 2010, pp. 374~375.

11  Fernand Braudel, *Grammaire des civilisations*, Paris: Flammarion, 1993, pp. 573~580.

12  Pascal Blanchard ed., *La France Noire: Présences et migrations des Afriques, des Amériques et de l'Océan Indien en France*, Paris: La Découverte, 2012.

13  Vladimir Lenine, *Imperialism, the Highest Stage of Capitalism*, London:

Penguin Classics, 2010.

14  Samuel Huntington, *Political Order in Changing Societies*, New Haven: Yale
    University Press, 2006.

15  Francis Fukuyama, *The End of History and the Last Man*, New York: Avon
    Books, 1992.

16  Samuel Huntington, *The Clash of Civilizations and the Remaking of World
    Order*, New York: Simon&Schuster, 1996.

17  Pierre Rosanvallon, *Le sacre du citoyen*, Paris: Seuil, 1992, pp. 519~601.

18  Larry Neal, *The Rise of Financial Capitalism: International Capital Markets
    in the Age of Reason*, Cambridge: Cambridge University Press, 1990.

19  Karl Polanyi, *The Great Transformation: The Political and Economic Origins
    of Our Time*, Boston: Beacon, 1957.

20  함동주,《천황제 근대국가의 탄생》, 창비, 2009, 87쪽.

21  Gabriella Montinola et al., "Federalism, Chinese Style: The Political Basis for
    Economic Success in China," *World Politics*, vol. 48 no. 1, October 1995, pp.
    50~81.

22  Jeffry Frieden, *Global Capitalism: Its Fall and Rise in the Twentieth Century*,
    New York: W. W. Norton, 2007, pp. 392~412.

23  Niall Ferguson, *The Ascent of Money: A Financial History of the World*,
    London: Penguin Books, 2008, p. 284.

24  *The Economist*, "Airlines: Super-connecting the World," April 25, 2015.

25  David Goldblatt, *The Games: A Global History of the Olympics*, London:
    Macmillan, 2016.

26  위키피디아의 올림픽 경기 메달 집계를 활용하여 저자가 계산했다. All-time
    Olympic Games medal table: https://en.wikipedia.org/wiki/All-time_Olympic_
    Games_medal_table (검색일 2017년 3월 20일).


## 에필로그: 지구, 문명의 그물?

1  Jeremy Rifkin, *The European Dream: How Europe's Vision of the Future Is
   Quietly Eclipsing the American Dream*, New York: Penguin, 2004.

2  Peter A. Hall and David Soskice eds., *Varieties of Capitalism: The Institutional*

*Foundations of Comparative Advantage*, Oxford: Oxford University Press, 2001.

3  Joel Migdal, *State in Society: Studying How States and Societies Transform and Constitute One Another*, Cambridge: Cambridge University Press, 2001.

4  신중세라는 패러다임으로 유럽연합을 분석하는 시도에 대해서는 다음을 참고할 것. Jan Zielonka, *Europe as Empire: The Nature of the Enlarged European Union*, Oxford: Oxford University Press, 2007.

5  Ulrich Beck and Edgar Grande, *Das kosmopolitische Europa*, Ciaran Cronin trans., *Cosmopolitan Europe*, Cambridge: Polity, 2007.

6  Jean Guyon, "Roma christiana, Roma aeterna: La place acquise par l'Eglise de Rome pendant l'Antiquité tardive," Alain Corbin ed., *Histoire du christianisme: Pour mieux comprendre notre temps*, Paris: Seuil, 2007, pp. 66~70.

7  James Mahoney, "Strategies of Causal Assessment in Comparative Historical Analysis," James Mahoney and Dietrich Rueschemeyer eds., *Comparative Historical Analysis in the Social Sciences*, Cambridge: Cambridge University Press, 2003, pp. 337~372.

8  예를 들어 18세기 말까지 합스부르크제국의 행정 언어는 라틴어였으며, 1784년 황제 요제프 2세가 독일어로 바꾸려 하자 강력한 반발이 일어나 1790년에 다시 라틴어로 복귀해야 했다. Benedict Anderson, *Imagined Communities: Reflections on the Origin and Spread of Nationalism*, London: Verso, 1991, p. 55.

9  Martin Seymour Lipset, *American Exceptionalism: A Double-Edged Sword*, New York: W. W. Norton, 1997.

# 참고문헌

강원택, 《보수정치는 어떻게 살아남았나: 영국 보수당의 역사》, 동아시아연구원, 2008.

강원택·조홍식, 《하나의 유럽: 유럽연합의 역사와 정책》, 푸른길, 2009.

강원택·조홍식, 《유럽의 부활: EU의 발전과 전망》, 푸른길, 1999.

국제정치경제연구회 편, 《20세기로부터의 유산: 세계경제와 국제정치》, 사회평론, 2001.

김찬삼, 《김찬삼의 세계여행》 전10권, 삼중당, 1972.

박단, 《프랑스의 문화전쟁: 공화국과 이슬람》, 책세상, 2005.

신종훈, 〈유럽연합의 확장과 터키의 유럽연합 가입 문제: 유럽 정체성에 대한 한 물음〉, 《서양사론》 108권, 2011.

안창모, 〈서울역 디자인의 모체는 루체른역… 도쿄역 축소판 아니다〉, 《문화일보》, 2017년 8월 2일자.

이영림·주경철·최갑수, 《근대 유럽의 형성: 16-18세기》, 까치, 2011.

장문석, 《자본주의 길들이기: 자본과 자본 아닌 것의 역사》, 창비, 2016.

조홍식, 〈국가 형성과 종교, 그리고 민족 정체성: 유럽의 거시 역사적 고찰〉, 《국제·지역연구》 26권 1호, 2017년 봄호.

조홍식, 〈박물관의 정치학: 유럽국가의 문화경쟁〉, 《통합유럽연구》 8권 1집, 2017년 3월.

조홍식, 〈유럽통합과 축구: 연쇄효과의 사례연구〉, 《EU연구》 45호, 2017.

조홍식, 〈발전의 동력으로 경쟁과 협력: 유럽에 대한 거시 역사적 고찰〉, 《유럽연구》 34권 3호, 2016년 가을.

조홍식, 〈화폐와 정체성: 유로와 유럽의 사례〉, 《국제·지역연구》 19권 3호, 2010년 가을.

조홍식, 〈EC 공동통상정책의 형성을 통해서 본 유럽통합〉, 《한국정치학회보》 27집 2호(下), 1993.

주경철, 《마녀: 서구 문명은 왜 마녀를 필요로 했는가》, 생각의힘, 2016.

주경철, 《모험과 교류의 문명사》, 산처럼, 2015.

주경철, 《대항해 시대: 해상 팽창과 근대 세계의 형성》, 서울대학교출판부, 2008.

통합유럽연구회 편, 《유럽을 만든 대학들》, 책과함께, 2015.

통합유럽연구회 편, 《도시로 보는 유럽통합사: 영원의 도시 로마에서 EU의 수도 브뤼셀까지》, 책과함께, 2013.

하영선 외,《근대한국의 사회과학 개념 형성사》, 창비, 2009.

함동주,《천황제 근대국가의 탄생》, 창비, 2009.

Acemoglu, Daron and James A. Robinson, *Why Nations Fail: The Origins of Power, Prosperity, and Poverty*, New York: Crown Business, 2012 (최완규 옮김,《국가는 왜 실패하는가》, 시공사, 2012).

Amable, Bruno, *The Diversity of Modern Capitalism*, Oxford: Oxford University Press, 2003.

Anderson, Benedict, *Imagined Communities: Reflections on the Origin and Spread of Nationalism*, London: Verso, 1991 (윤형숙 옮김,《상상의 공동체: 민족주의의 기원과 전파에 대한 성찰》, 나남, 2003).

Aston, Nigel, *Art and Religion in Eighteenth-Century Europe*, London: Reaktion Books, 2009.

Badie, Bertrand, *Les deux Etats: Pouvoir et société en Occident et en terre d'Islam*, Paris: Seuil, 1997.

Barthe-Deloizy, Francine, *Géographie de la nudité: Etre nu quelque part*, Paris: Bréal, 2003.

Bates, Robert H., *Prosperity and Violence: The Political Economy of Development*, New York: W. W. Norton, 2010 (2nd ed.).

Beaud, Michel, *Histoire du capitalisme, 1500-2010*, Paris: Seuil, 2010 (김윤자 옮김,《미셸 보의 자본주의의 역사 1500~2010》, 뿌리와이파리, 2015).

Beaurepaire, Pierre-Yves, *L'Europe des Lumières*, Paris: PUF Que Sais Je?, 2004.

Beck, Ulrich and Edgar Grande, *Das kosmopolitische Europa*, Ciaran Cronin trans., *Cosmopolitan Europe*, Cambridge: Polity, 2007.

Besançon, Alain, *L'image interdite: Une histoire intellectuelle de l'iconoclasme*, Paris: Gallimard, 2000.

Billig, Michael, *Banal Nationalism*, London: Sage, 1995.

Blanchard, Pascal ed., *La France Noire: Présences et migrations des Afriques, des Amériques et de l'Océan Indien en France*, Paris: La Découverte, 2012.

Blockmans, Wim, *A History of Power in Europe: Peoples, Markets, States*, Antwerp: Fonds Mercator, 1997.

Bomberg, Elisabeth, *Green Parties and Politics in the European Union*, London: Routledge, 2005.

Boucheron, Patrick et Denis Menjot, *Histoire de l'Europe Urbaine 2: La ville médiévale*, Paris: Seuil, 2011.

Bourdieu, Pierre, *La Noblesse d'Etat: Grandes écoles et esprit de corps*, Paris: Editions de Minuit, 1989.

Boysson, R. de, *Etude sur Bertrand de Born: Sa vie, ses oeuvres et son siècles*, Genève: Slatkine, 1973.

Braudel, Fernand, *Grammaire des civilisations*, Paris: Flammarion, 1993.

Braudel, Fernand, *Identité de la France*, 3 vol., Paris: Flammarion, 1987.

Braudel, Fernand, *Civilisation matérielle, économie et capitalisme*, Paris: Colin, 1969 (주경철 옮김,《물질문명과 자본주의 I-1~III-2》, 까치, 1995~1997).

Burbank, Jane and Frederick Cooper, *Empires in World History: Power and the Politics of Difference*, Princeton: Princeton University Press, 2010 (이재만 옮김, 《세계제국사》, 책과함께, 2016).

Burgel, Guy, *Histoire de l'Europe urbaine 6: La ville contemporaine après 1945*, Paris: Seuil, 2012.

Cadbury, Deborah, *Queen Victoria's Matchmaking: The Royal Marriages that Shaped Europe*, New York: Public Affairs, 2017.

Cadilhon, François et Laurent Coste eds., *L'Europe des XVIIe et XVIIIe siècles: Textes et documents*, Bordeaux: Presses Universitaires de Bordeaux, 2008.

Cameron, Rondo, *A Concise Economic History of the World: From Paleolithic Times to the Present*, Oxford: Oxford University Press, 1993 (2nd ed.) (이헌대 옮김,《간결한 세계 경제사》, 에코피아, 2009).

Klaus, Carl H. and Victoria Charles, *Baroque Art*, New York: Parkstone, 2014.

Chaney, Edward, *The Evolution of the Grand Tour: Anglo-Italian Cultural Relations since the Renaissance*, London: Frank Cass, 1998.

Charle, Christophe et Jacques Verger, *Histoire des universités: XIIe-XXIe siècle*, Paris: PUF, 2012.

Charle, Christophe ed., *Le temps des capitales culturelles XVIIIe-XXe siècles*, Seyssel: Champ Vallon, 2009.

Charle, Christophe, *Les intellectuels en Europe au XIXe siècle: Essai d'histoire comparée*, Paris: Seuil, 2001.

Chauveau, Sophie, *Fragonard: L'invention du bonheur*, Paris: Gallimard, 2011.

Christie, Agatha, *The Murder on the Orient Express*, New York: Pocket Books,

1978 (신영희 옮김,《오리엔트 특급 살인》, 황금가지, 2013).

Cleland, Jamie, *A Sociology of Football in a Global Context*, New York: Routledge, 2015.

Cohen, Benjamin, *Currency Power: Understanding Monetary Rivalry*, Princeton: Princeton University Press, 2015.

Contamine, Philippe ed., *Le Moyen Age: Le roi, l'Eglise, les grands, le peuple 481-1514*, Paris: Seuil, 2002.

Corbin, Alain ed., *Histoire du christianisme: Pour mieux comprendre notre temps*, Paris: Seuil, 2007.

Cornette, Joël ed., *La Monarchie: Entre Renaissance et Révolution 1515-1792*, Paris: Seuil, 2000.

Cottret, Bernard, *Histoire de la Réforme protestante*, Paris: Perrin, 2010.

Crépon, Marc, *Les géographies de l'esprit: Enquête sur la caractérisation des peuples de Leibniz à Hegel*, Paris: Payot et Rivages, 1996.

Delanty, Gerard, *Formations of European Modernity: A Historical and Political Sociology of Europe*, New York: Palgrave Macmillan, 2013.

Delumeau, Jean, *La Civilisation de la Renaissance*, Paris: Arthaud, 1985.

Deutsch, Karl, *Nationalism and Social Communication: An Inquiry into the Foundations of Nationality*, Cambridge: The MIT Press, 1966.

Dewald, Jonathan, *The European Nobility 1400-1800*, Cambridge: Cambridge University Press, 1996.

Diamond, Jared, *Collapse: How Societies Choose to Fail or Succeed*, New York: Penguin Books, 2006 (강주헌 옮김,《문명의 붕괴》, 김영사, 2005).

Diamond, Jared, *Guns, Germs, and Steel: The Fates of Human Societies*, New York: W. W. Norton, 1997 (김진준 옮김,《총, 균, 쇠》, 문학사상사, 2005).

Diamond, Jared, *The Third Chimpanzee: The Evolution and Future of the Human Animal*, New York: Harper Perennial, 1992 (김정흠 옮김,《제3의 침팬지》, 문학사상사, 2015).

Dieckhoff, Alain, *La Nation dans tous ses Etats: Les identités nationales en mouvement*, Paris: Flammarion, 2012.

Dietschy, Paul, *Histoire du football*, Paris: Perrin, 2010.

Dowley, Tim, *Atlas des Réformes en Europe*, Charols: Excelsis, 2015.

Drace-Francis, Alex, *European Identity: A Historical Reader*, New York: Palgrave

Macmillan, 2013.

Duby, Georges, *Atlas historique mondial*, Paris: Larousse, 2011.

Duby, Georges, *Art et société au Moyen Age*, Paris: Seuil, 1997 (김웅권 옮김,《중세의 예술과 사회》, 동문선, 2005).

Duby, Georges, *L'Europe au Moyen Age*, Paris: Flammarion, 1984.

Dumont, Louis, *Homo Hierarchicus: Le système des castes et ses implications*, Paris: Gallimard, 1979.

Durand, Jean-Dominique, *L'Europe de la démocratie chrétienne*, Bruxelles: Complexe, 1995.

Duverger, Maurice, *Le système politique français: Droit constitutionnel et système politique*, 18e éd., Paris: PUF, 1985.

Eichengreen, Barry, *Globalizing Capital: A History of the International Monetary System*, Princeton: Princeton University Press, 2008 (2nd ed.) (강명세 옮김,《글로벌라이징 캐피털: 국제 통화 체제는 어떻게 진화하는가》, 미지북스, 2010).

Elias, Norbert, *Mozart: Zur Soziologie eines Genies*, Frankfurt am Mein: Suhrkamp Verlag, 1991 (박미애 옮김,《모차르트, 사회적 초상》, 포노, 2018).

Elias, Norbert, *Über den Prozeß der Zivilisation. Soziogenetische und psychogenetische Untersuchungen. Erster Band. Wandlungen des Verhaltens in den weltlichen Oberschichten des Abendlandes* and *Zweiter Band. Wandlungen der Gesellschaft. Entwurf einer Theorie der Zivilisation.* Basel: Verlag Haus zum Falken (Published in English as *The Civilizing Process, vol. I: The History of Manners*, Oxford: Blackwell, 1969, and *The Civilizing Process, vol. II: State Formation and Civilization*, Oxford: Blackwell, 1982) (박미애 옮김,《문명화과정 I~II》, 한길사, 1996, 1999).

European Commission, *Special Eurobarometer 386: Europeans and their Languages*, Brussels: EU, 2012.

Fairbank, John King and Merle Goldman, *China, A New History*, Cambridge: Harvard University Press, 1998 (김형종 옮김,《신중국사》, 까치, 2005).

Ferguson, Niall, *The Ascent of Money: A Financial History of the World*, London: Penguin Books, 2008 (김선영 옮김,《금융의 지배》, 민음사, 2010).

Ferguson, Niall, *The House of Rothschild*, London: Penguin Books, 1999 (윤영애·박지니 옮김,《로스차일드 1~2》, 21세기북스, 2013).

Flori, Jean, *Guerre sainte, jihad, croisade: Violence et religion dans le christianisme et l'islam,* Paris: Seuil, 2002.

Fontana, Josep, *Europa ante el espejo* (김원중 옮김, 《거울에 비친 유럽》, 새물결, 1999).

Francfort, Didier, *Le Chant des Nations: Musiques et Cultures en Europe, 1870-1914,* Paris: Hachette, 2004.

François-Sappey, Brigitte, *Histoire de la musique en Europe,* Paris: PUF Que Sais Je?, 1992.

Frémeaux, Jacques, *Les empires coloniaux: Une histoire-monde,* Paris: CNRS Editions, 2012.

Frieden, Jeffry, *Global Capitalism: Its Fall and Rise in the Twentieth Century,* New York: W. W. Norton, 2007.

Fukuyama, Francis, *Political Order and Political Decay: From the Industrial Revolution to the Globalization of Democracy,* New York: Farrar, Straus and Giroux, 2014.

Fukuyama, Francis, *The Origins of Political Order: From Prehuman Times to the French Revolution,* New York: Farrar, Straus and Giroux, 2011 (함규진 옮김, 《정치 질서의 기원》, 웅진지식하우스, 2012).

Fukuyama, Francis, *The End of History and the Last Man,* New York: Avon Books, 1992 (이상훈 옮김, 《역사의 종말》, 한마음사, 1997).

Fumaroli, Marc ed., *Les Origines du Collège de France (1500-1560),* Paris: Klincksick, 1998.

Furet, François, *Marx et la révolution française,* Paris: Flammarion, 1986.

Geiger, Roger L., *Research and Relevant Knowledge: American Research Universities since World War II,* New York: Routledge, 2017.

Gellner, Ernest, *Plough, Sword and Book: The Structure of Human History,* Chicago: Chicago University Press, 1990 (이수영 옮김, 《쟁기, 칼, 책: 인류 역사의 구조》, 삼천리, 2013).

Gellner, Ernest, *Nations and Nationalism,* Ithaca: Cornell University Press, 1983.

Gerth, H. H. and C. Wright Mills eds., *From Max Weber: Essays in Sociology,* New York: Oxford University Press, 1946.

Girard, René, *Mensonge romantique et vérité romanesque,* Paris: Grasset, 2001 (김치수·송의경 옮김, 《낭만적 거짓과 소설적 진실》, 한길사, 2001).

Girard, René, *Le bouc émissaire,* Paris: Grasset, 1982 (김진식 옮김, 《희생양》, 민음사,

2007).

Glaber, Raoul, *Les histoires,* III, 4, E. Pognon trans., *L'an mille,* Paris: Gallimard, 1947.

Goerg, Odile et Xavier Huetz de Lemps, *Histoire de l'Europe Urbaine 5: La ville coloniale XVe-XXe siècle,* Paris: Seuil, 2012.

Goldblatt, David, *The Games: A Global History of the Olympics,* London: Macmillan, 2016.

Gombrich, Ernest H., *The Story of Art,* New York: Phaidon, 1995 (16th ed.) (백승길·이종숭 옮김,《서양미술사》, 예경, 2003).

Goody, Jack, *The Theft of History,* Cambridge: Cambridge University Press, 2006.

Goody, Jack, *Capitalism and Modernity: The Great Debate,* Cambridge: Cambridge University Press, 2004.

Goody, Jack, *The development of the family and marriage in Europe,* Cambridge: Cambridge University Press, 1983.

Greenfeld, Liah, *Nationalism: Five Roads to Modernity,* Cambridge: Harvard University Press, 1992.

Greffe, Xavier et Sylvie Pflieger, *La politique culturelle en France,* Paris: La Documentation française, 2009.

Guichard, Charlotte et Bénédicte Savoy, "Le pouvoir des musées? Patrimoine artistique et naissance des capitales européennes (1720-1850)," Christophe Charle ed., *Le temps des capitales culturelles XVIIIe-XXe siècles,* Seyssel: Champ Vallon, 2009.

Guy, Kolleen M., *When Champagne Became French: Wine and the Making of a National Identity,* Baltimore: The Johns Hopkins University Press, 2007.

Guyon, Jean, "Roma christiana, Roma aeterna: La place acquise par l'Eglise de Rome pendant l'Antiquité tardive," Alain Corbin ed., *Histoire du christianisme: Pour mieux comprendre notre temps,* Paris: Seuil, 2007.

Habermas, Jürgen, *Structurwandel der Offendtlichkeit,* Thomas Berger and Frederik Lawrence trans., *The Structural Transformation of the Public Sphere,* Cambridge: Polity, 1989 (한승완 옮김,《공론장의 구조변동》, 나남, 2001).

Hall, Peter A. and David Soskice eds., *Varieties of Capitalism: The Institutional Foundations of Comparative Advantage,* Oxford: Oxford University Press, 2001.

Hanley, David ed., *Christian Democracy in Europe: A Comparative Perspective*, London: Pinter, 1994.

Harding, Nick, *Hanover and the British Empire, 1700-1837*, Woodbridge: The Boydell Press, 2007.

Harkness, Nicholas, *Songs of Seoul: An Ethnography of Voice and Voicing in Christian South Korea*, Berkeley: University of California Press, 2014.

Hart, Mary Louise, *The Art of Ancient Greek Theater*, Los Angeles: The J. Paul Getty Museum, 2010.

Hayward, Jack ed., *The Crisis of Representation in Europe*, London: Frank Cass, 1995.

Hirschman, Albert, *Passions and Interests: Political Arguments for Capitalism before Its Triumph*, Princeton: Princeton University Press, 2013 (김승현 옮김,《열정과 이해관계》, 나남, 1994).

Hix, Simon, Abdul G. Noury and Gérard Roland, *Democratic Politics in the European Parliament*, Cambridge: Cambridge University Press, 2007.

Hobbes, Thomas, *Leviathan*, New York: Touchstone, 2008 (신재일 옮김,《리바이어던》, 서해문집, 2007).

Hobsbawm, Eric, *The Age of Revolution 1789-1848*, New York: Vintage Books, 1996 (정도영·차명수 옮김,《혁명의 시대》, 한길사, 1998).

Hobsbawm, Eric, *The Age of Capital 1848-1875*, New York: Vintage Books, 1996 (김동택 옮김,《자본의 시대》, 한길사, 1998).

Hobsbawm, Eric, *The Age of Extremes: A History of the World 1914-1991*, New York: Vintage Books, 1996 (이용우 옮김,《극단의 시대: 20세기 역사 상~하》, 까치, 1997).

Hobsbawm, Eric, *Nations and Nationalism since 1780: Programme, Myth, Reality*, Cambridge: Cambridge University Press, 1990 (강명세 옮김,《1780년 이후의 민족과 민족주의》, 창비, 1998).

Hobsbawm, Eric, *The Age of Empire 1875-1914*, New York: Vintage Books, 1989 (김동택 옮김,《제국의 시대》, 한길사, 1998).

Howard, Michael, *Transnationalism in Ancient and Medieval Societies: The Role of Cross Border Trade and Travel*, Jefferson: McFarland&Company, 2012.

Howard, Michael, *War in European History*, Oxford: Oxford University Press, 1976 (안두환 옮김,《유럽사 속의 전쟁》, 글항아리, 2015).

Huizinga, Johan, *Homo Ludens: A Study of the Play-Element in Culture*, Mansfield: Martino, 2014 (이종인 옮김,《호모 루덴스》, 연암서가, 2010).

Huntington, Samuel, *Political Order in Changing Societies*, New Haven: Yale University Press, 2006.

Huntington, Samuel, *The Clash of Civilizations and the Remaking of World Order*, New York: Simon&Schuster, 1996 (이희재 옮김,《문명의 충돌》, 김영사, 2016).

Jacquemin, Anne, *La Grèce classique: 510-336 av. J.-C.*, Paris: Ellipses, 2016.

Jones, Eric, *The European Miracle: Environments, Economies and Geopolitics in the History of Europe and Asia*, Cambridge: Cambridge University Press, 2003 (3rd ed.) (유재천 옮김,《유럽 문명의 신화》, 나남, 1993).

Kantorowicz, Ernest, *The King's Two Bodies: A Study in Medieval Political Theology*, Princeton: Princeton University Press, 1997.

Kennedy, Paul, *The Rise and Fall of the Great Powers: Economic Change and Military Conflict from 1500 to 2000*, New York: Vintage Books, 1987 (이왈수·전남석·황건 옮김,《강대국의 흥망》, 한국경제신문사, 1988).

Kindleberger, Charles P., *World Economic Primacy: 1500 to 1990*, Oxford: Oxford University Press, 1996 (주경철 옮김,《경제 강대국 흥망사 1500-1990》, 까치, 2004).

Kundera, Milan, *L'art du roman*, Paris: Gallimard, 1986 (권오룡 옮김,《소설의 기술》, 민음사, 2013).

Kuper, Simon and Stefan Szymanski, *Soccernomics*, New York: Nation Books, 2014 (오윤성·이채린 옮김,《사커노믹스》, 21세기북스, 2010).

Lafon, Xavier, Jean-Yves Marc et Maurice Sartre, *Histoire de l'Europe Urbaine 1: La ville antique*, Paris: Seuil, 2011.

Laitin, David, *Language Repertoires and State Construction in Africa*, Cambridge: Cambridge University Press, 2007.

Lal, Deepak, *Unintended Consequences: The Impact of Factor Endowments, Culture, and Politics on Long-Run Economic Performance*, Cambridge: The MIT Press, 2001.

Larrère, Catherine, "Montesquieu et le 'doux commerce': un paradigme du libéralisme," *Cahiers d'Histoire. Revue d'histoire critique*, no. 123, 2014.

Latour, Bruno, *Reassembling the Social: An Introduction to Actor-Network-Theory*, Oxford: Oxford University Press, 2007.

Latour, Bruno, *Pandora's Hope: Essays on the Reality of Science Studies*,

Cambridge: Harvard University Press, 1999 (장하원·홍성욱 옮김,《판도라의 희망: 과학기술학의 참모습에 관한 에세이》, 휴머니스트, 2018).

Laurence, Jonathan and Justin Vaisse, *Integrating Islam: Political and Religious Challenges in Contemporary France*, Washington D. C.: Brookings Institution Press, 2006.

Leboucher, Marc, *Bach*, Paris: Gallimard, 2013.

Le Goff, Jacques, *La civilisation de l'Occident médiéval*, Paris: Flammarion, 2008.

Le Goff, Jacques, *L'Europe expliquée aux jeunes*, Paris: Seuil, 2007.

Le Goff, Jacques, *L'Europe est-elle née au Moyen Age?* Paris: Seuil, 2003.

Lehmbruch, Gerhardt and Frans van Waarden, *Renegotiating the Welfare State: Flexible Adjustment through Corporatist Concertation*, London: Taylor&Francis, 2003.

Le Monde Hors-Série, *L'Atlas des civilisations*, Edition 2015, Paris: Le Monde, 2015.

Lenine, Vladimir, *Imperialism, the Highest Stage of Capitalism*, London: Penguin Classics, 2010 (이정인 옮김,《제국주의, 자본주의의 최고 단계》, 아고라, 2017).

Le Roux, Nicolas, *Les guerres de religion*, Paris: PUF, 2016.

Lesaffer, Randall, *European Legal History: A Cultural and Political Perspective*, Cambridge: Cambridge University Press, 2009.

Lesaffer, Randall, *Peace Treaties and International Law in European History*, Cambridge: Cambridge University Press, 2004.

Lilti, Antoine, *Le monde des salons: Sociabilité et mondanité à Paris au XVIIIe siècle*, Paris: Fayard, 2005.

Lipset, Martin Seymour, *American Exceptionalism: A Double-Edged Sword*, New York: W. W. Norton, 1997 (문지영 외 옮김,《미국 예외주의: 미국에는 왜 사회주의 정당이 없는가》, 후마니타스, 2006).

Mace, Rodney, *Trafalgar Square: Emblem of Empire*, London: Laurence and Wishart, 1976.

Macfarlane, Alan, *The Origins of English Individualism: The Family, Property and Social Transition*, Oxford: Wiley, 1978.

Mahoney, James and Dietrich Rueschemeyer eds., *Comparative Historical Analysis in the Social Sciences*, Cambridge: Cambridge University Press, 2003.

Manent, Pierre, *Les métamorphoses de la cité: Essai sur la dynamique de l'Occident*, Paris: Flammarion, 2012.

Manent, Pierre, *Naissance de la politique moderne,* Paris: Flammarion, 2007.

Manent, Pierre, *Tocqueville et la nature de la démocratie,* Paris: Arthème Fayard, 1993.

Manin, Bernard, *Principes du gouvernement représentatif,* Paris: Calmann-Lévy, 1995 (곽준혁 옮김,《선거는 민주적인가: 현대 대의민주주의의 원칙에 대한 비판적 고찰》, 후마니타스, 2004).

Marks, Stephan, *Warum folgten sie Hitler?* (신종훈 옮김,《나치즘: 열광과 도취의 심리학》, 책세상, 2009).

Marshall, T. H., *Citizenship and Social Class,* Cambridge: Cambridge University Press, 1950 (조성은 옮김,《시민권》, 나눔의집, 2014).

Martin, Thomas R., *Ancient Greece: From Prehistoric to Hellenistic Times,* New Haven: Yale University Press, 2013 (2nd ed.) (이종인 옮김,《고대 그리스사: 선사시대에서 헬레니즘 시대까지》, 책과함께, 2015).

Martin, Thomas R., *Ancient Rome: From Romulus to Justinian,* New Haven: Yale University Press, 2012 (이종인 옮김,《고대 로마사: 로물루스에서 유스티니아누스까지》, 책과함께, 2015).

Massin, Jean et Brigitte eds., *Histoire de la musique occidentale,* Paris: Fayard, 1985.

McCormick, John, *Weber, Habermas, and the Transformation of the European State: Constitutional, Social, and Supranational Democracy,* Cambridge: Cambridge University Press, 2007.

McNamara, Kathleen R., *The Politics of Everyday Europe: Constructing Authority in the European Union,* Oxford: Oxford University Press, 2015.

McNeill, William H., *The Pursuit of Power: Technology, Armed Force, and Society since A. D. 1000,* Chicago: The University of Chicago Press, 1984 (신미원 옮김, 《전쟁의 세계사》, 이산, 2005).

McNeill, William H., *Plagues and Peoples,* New York: Anchor Books, 1976 (김우영 옮김,《전염병의 세계사》, 이산, 2005).

Mendras, Henri, *L'Europe des Européens: Sociologie de l'Europe occidentale,* Paris: Gallimard, 1997.

Michaud-Quantin, Pierre, *Universitas: Expression du mouvement communautaire dans le Moyen Age latin,* Paris: Vrin, 1970.

Migdal, Joel, *State in Society: Studying How States and Societies Transform and*

*Constitute One Another,* Cambridge: Cambridge University Press, 2001.

Mintz, Sidney W., *Sweetness and Power: The Place of Sugar in Modern History,* London: Penguin Books, 1985 (김문호 옮김,《설탕과 권력》, 지호, 1998).

Montanari, Massimo, *La fame e l'abbondanza: Storia dell'alimentazione in Europay* (주경철 옮김,《유럽의 음식문화》, 새물결, 2000).

Montinola, Gabriella, Yingyi Qian and Barry Weingast, "Federalism, Chinese Style: The Political Basis for Economic Success in China," *World Politics,* vol. 48 no. 1, October 1995.

Mumford, Lewis, *Technics and Civilization,* New York: Harcourt, Brace and Company, 1934.

Murray, William J. and Bill Murray, *The Old Firm: Sectarianism, Sport and Society in Scotland,* Edinburgh: John Donald Publishers, 1984.

Neal, Larry, *The Rise of Financial Capitalism: International Capital Markets in the Age of Reason,* Cambridge: Cambridge University Press, 1990.

Nisbet, Richard E., *The Geography of Thought: How Asians and Westerners Think Differently... and Why,* New York: Free Press, 2003 (최인철 옮김,《생각의 지도: 동양과 서양, 세상을 바라보는 서로 다른 시선》, 김영사, 2004).

North, Douglass C., John Joseph Wallis and Barry R. Weingast, *Violence and Social Orders: A Conceptual Framework for Interpreting Recorded Human History,* Cambridge: Cambridge University Press, 2013.

Nora, Pierre ed., *Les lieux de mémoire,* 3 volumes, Paris: Quarto-Gallimard, 1997.

North, Douglass C., *Institutions, Institutional Change and Economic Performance,* Cambridge: Cambridge University Press, 1990 (이병기 옮김,《제도, 제도변화, 경제적 성과》, 자유기업원, 1996).

Osiander, Andreas, "Sovereignty, International Relations, and the Westphalian Myth," *International Organization,* 55-2, Spring 2001.

O'Neil, Michael, *The Struggle for the European Constitution: A past and future history,* London: Routledge, 2009.

Paoletti, John T. and Gary M. Radke, *Art in Renaissance Italy,* London: Laurence King, 2005 (3rd ed.).

Passini, Michela, *La fabrique de l'art national: Le nationalisme et les origines de l'histoire de l'art en France et en Allemagne 1870-1933,* Paris: Editions de la Maison des Sciences de l'Homme, 2013.

Pastoureau, Michel et Gaston Duchet-Suchaux, *La Bible et les saints*, Paris: Flammarion, 1990.

Pierson, Paul, *Politics in Time: History, Institutions, and Social Analysis*, New Haven, CT: Yale University Press, 2004.

Pinol, Jean-Luc et François Walter, *Histoire de l'Europe Urbaine 4: La ville contemporaine jusqu'à la Seconde Guerre mondiale*, Paris: Seuil, 2012.

Plato, *The Republic*, Benjamin Jowett trans., Mineola: Dover, 2000 (천병희 옮김,《국가》, 숲, 2013).

Polanyi, Karl, *The Great Transformation: The Political and Economic Origins of Our Time*, Boston: Beacon, 1957 (홍기빈 옮김,《거대한 전환: 우리 시대의 정치·경제적 기원》, 길, 2009).

Pomeranz, Kenneth, *The Great Divergence: China, Europe, and the Making of the Modern World Economy*, Princeton: Princeton University Press, 2000 (김규태 외 옮김,《대분기》, 에코리브르, 2016).

Ramat, Ana Giacalone and Paolo Ramat eds., *The Indo-European Languages*, London: Routledge, 1998.

Reich, Robert B., *Supercapitalism: The Transformation of Business, Democracy, and Everyday Life*, New York: Vintage Books, 2008 (형선호 옮김,《슈퍼 자본주의》, 김영사, 2008).

Rifkin, Jeremy, *The European Dream: How Europe's Vision of the Future Is Quietly Eclipsing the American Dream*, New York: Penguin, 2004 (이원기 옮김,《유러피언 드림: 아메리칸 드림의 몰락과 세계의 미래》, 민음사, 2009).

Ritzer, George, *The McDonalization of Society*, London: Sage, 2004 (김종덕 외 옮김,《맥도날드 그리고 맥도날드화》, 풀빛, 2017).

Rodrik, Dani, *The Globalization Paradox: Democracy and the Future of the World Economy*, New York: W. W. Norton, 2012 (고빛샘·구세희 옮김,《자본주의 새 판 짜기: 세계화 역설과 민주적 대안》, 21세기북스, 2011).

Rolland, Romain, *Jean Christophe*, Paris: Albin Michel, 2007 (손석린 옮김,《장 크리스토프 1~2》, 동서문화사, 2011).

Rosanvallon, Pierre, *La société des égaux*, Paris: Seuil, 2011.

Rosanvallon, Pierre, *La légitimité démocratique: Impartialité, réflexivité, proximité*, Paris: Seuil, 2008.

Rosanvallon, Pierre, *Le capitalisme utopique*, Paris: Seuil, 1999.

Rosanvallon, Pierre, *Le peuple introuvable: Histoire de la représentation démocratique en France,* Paris: Seuil, 1998.

Rosanvallon, Pierre, *Le sacre du citoyen,* Paris: Seuil, 1992.

Rousseau, Jean-Jacques, *Discours sur l'origine et les fondements de l'inégalité parmi les hommes,* Paris: Flammarion, 2011 (주경복 옮김,《인간 불평등 기원론》, 책세상, 2018).

Said, Edward, *Orientalism,* New York: Knopf, 1979 (박홍규 옮김,《오리엔탈리즘》, 교보문고, 2015).

Saint-Exupéry, Antoine de, *Le Petit Prince,* Paris: Gallimard, 1999 (곽재현 옮김,《어린 왕자》, 선영사, 2018).

Sartre, Jean-Paul, *Les Mots,* Paris: Gallimard, 1964 (정명환 옮김,《말》, 민음사, 2008).

Sassen, Saskia, *Cities in a World Economy,* London: Sage, 2012 (4th ed.) (남기범 외 옮김,《경제의 세계화와 도시의 위기》, 푸른길, 1998).

Sassoon, Donald, *One Hundred Years of Socialism: The West European Left in the Twentieth Century,* London: I. B. Tauris, 2010 (강주헌 외 옮김,《사회주의 100년: 20세기 서유럽 좌파 정당의 흥망성쇠 1~2》, 황소걸음, 2014).

Schama, Simon, *Belonging: The Story of the Jews, 1492-1900,* London: Random House, 2014.

Schama, Simon, *The Story of the Jews: Finding the Words 1000BCE-1492CE,* London: The Bodley Head, 2013.

Schama, Simon, *The Embarrassment of Riches: An Interpretation of Dutch Culture in the Golden Age,* London: Vintage, 1997.

Schelling, Thomas, *The Strategy of Conflict,* Cambridge: Cambridge University Press, 1960 (이경남 옮김,《갈등의 전략》, 한국경제신문사, 2013).

Schimmelfennig, Frank and Ulrich Sedelmeier eds., *The Europeanization of Central and Eastern Europe,* Ithaca: Cornell University Press, 2005.

Schmale, Wolfgang, *Geschichte Europas,* Wien-Köln-Weimar, 2001 (박용희 옮김,《유럽의 재발견: 신화와 정체성으로 보는 유럽의 역사》, 을유문화사, 2006).

Scott, Robert A., *The Gothic Entreprise: A Guide to Understanding the Medieval Cathedral,* Berkeley: University of California Press, 2005.

Slaughter, Sheila and Larry L. Leslie, *Academic Capitalism: Politics, Policies and the Entrepreneurial University,* Baltimore: The Johns Hopkins UP, 1997.

Smith, Adam, *The Wealth of Nations,* London: Bantam Classics, 2003 (김수행 옮김,

《국부론 상~하》, 비봉출판사, 2007).

Smith, Anthony D., *The Antiquity of Nations*, London: Polity, 2004.

Smith, Anthony D., *Myths and Memories of the Nation*, Oxford: Oxford University Press, 1999.

Spang, Rebecca L., *The Invention of the Restaurant: Paris and Modern Gastronomic Culture*, Cambridge: Harvard University Press, 2001.

Stendhal, *La vie de Rossini*, Paris: Gallimard, 1992.

Stiglitz, Joseph E., *Globalization and Its Discontent*, New York: W. W. Norton, 2003 (송철복 옮김, 《세계화와 그 불만》, 세종연구원, 2002).

Strayer, Joseph, *Medieval Statecraft and the Perspectives of History*, Princeton: Princeton University Press, 1971.

Tartakowsky, Danielle, *Les manifestations de rue en France, 1918-1968*, Paris: Publications de la Sorbonne, 1997.

Taylor, Matthew, *The Association Game: A History of British Football*, London: Routledge, 2008.

*The Economist*, "Industrial clusters: Bleak times in bra town," April 16, 2016.

*The Economist*, "Airlines: Super-connecting the World," April 25, 2015.

*The Economist*, "A scandal in the motor industry: Dirty secrets," September 26, 2015.

*The Economist*, *Pocket World in Figures 2015 Edition*, London: The Economist, 2014.

Thiesse, Anne-Marie, *La création des identités nationales: Europe XVIIIe-XIXe siècle*, Paris: Seuil, 2001.

Tilly, Charles, *Stories, Identities and Political Change*, Lanham: Rowman & Littlefield, 2002.

Tilly, Charles, *Coercion, Capital, and European States, AD 990-1992*, Malden: Blackwell, 1992.

Tilly, Charles, *La France conteste: de 1600 à nos jours*, Paris: Fayard, 1986.

Tocqueville, Alexis de, *De la démocratie en Amérique I~II*, Paris: Gallimard, 1986 (이용재 옮김, 《아메리카의 민주주의 1~2》, 아카넷, 2018).

Tocqueville, Alexis de, *L'ancien régime et la Révolution*, Paris: Gallimard, 1967 (이용재 옮김, 《앙시앵 레짐과 프랑스혁명》, 지식을만드는지식, 2013).

Todd, Emmanuel, *L'invention de l'Europe*, Paris: Seuil, 1996 (김경근 옮김, 《유럽의

발견: 인류학적 유럽사》, 까치, 1997).

Tracy, James D., *The Rise of Merchant Empires: State Power and World Trade, 1350-1750,* Cambridge: Cambridge University Press, 1990.

Traversier, Mélanie, "Venise, Naples, Milan: Trois capitales pour l'opéra italien, XVIIe-XVIIIe siècles," Christophe Charle ed., *Le temps des capitales culturelles XVIIIe-XXe siècles,* Seyssel: Champ Vallon, 2009.

van Doorn, Jacobus A. A., *The Soldier and Social Change: Comparative Studies in the History and Sociology of the Military,* London: SAGE, 1975.

Veil, Simone, *Une vie,* Paris: Stock, 2007.

Verdun, Amy ed., *The Euro: European Integration Theory and Economic and Monetary Union,* Lanham: Rowman&Littlefield, 2002.

Veyne, Paul, *Le pain et le cirque: Sociologie historique d'un pluralisme politique,* Paris: Seuil, 1976.

Victor, Jean-Christophe, *Un oeil sur le monde* (조홍식 옮김, 《세상을 향한 눈》, 문학동네, 2015).

Waal, Franz de, *Chimpanzee Politics: Power and Sex among Apes,* Baltimore: The Johns Hopkins University Press, 2007 (장대익·황상익 옮김, 《침팬지 폴리틱스: 권력 투쟁의 동물적 기원》, 바다출판사, 2018).

Wardhaugh, Ronald, *An Introduction to Sociolinguistics,* Malden: Blackwell, 2006 (박의재 옮김, 《현대 사회언어학》, 한신문화사, 1999).

Wallerstein, Immanuel, *World-Systems Analysis: An Introduction,* Durham: Duke University Press, 2004 (이광근 옮김, 《월러스틴의 세계체제 분석》, 당대, 2005).

Weatherford, Jack, *Genghis Khan and the Making of the Modern World,* New York: Crown Publishers, 2004 (정영목 옮김, 《칭기스 칸, 잠든 유럽을 깨우다》, 사계절, 2005).

Weber, Eugen, *Peasants into Frenchmen: The Modernization of Rural France 1870-1914,* Stanford: Stanford University Press, 1976.

Weber, Max, *Die Protestantische Ethik und der Geist des Kapitalismus* (박성수 옮김, 《프로테스탄티즘의 윤리와 자본주의 정신》, 문예출판사, 2004).

Weil, Patrick et Nicolas Truong, *Le sens de la République,* Paris: Grasset, 2015.

Weiler, J. H. H., *The Constitution of Europe: "Do the New Clothes Have an Emperor?" and Other Essays on European Integration,* Cambridge: Cambridge University Press, 1999.

Winock, Michel, *La fièvre hexagonale: Les grandes crises politiques, 1871-1968*, Paris: Seuil, 1987.

Womack, James P., Daniel T. Jones and Daniel Roos, *The Machine That Changes the World: The Story of Lean Production*, New York: Free Press, 2007.

Zeller, Olivier, *Histoire de l'Europe Urbaine 3: La ville moderne XVIe-XVIIIe siècle*, Paris: Seuil, 2012.

Zielonka, Jan, *Europe as Empire: The Nature of the Enlarged European Union*, Oxford: Oxford University Press, 2007.

Zweig, Stefan, *Mary Stuart*, Alzir Hella trans., *Marie Stuart*, Paris: Atrium Press, 1976 (안인희 옮김,《슈테판 츠바이크의 메리 스튜어트》, 이마고, 2008).

Zweig, Stefan, *Marie-Antoinette*, Alzir Hella trans., Paris: Grasset&Fasquelle, 1933 (양원석 옮김,《마리 앙투아네트》, 동서문화사, 2015).

**인터넷 자료**

All-time Olympic Games medal table: https://en.wikipedia.org/wiki/All-time_Olympic_Games_medal_table (검색일 2017년 3월 20일).

Airport Traffic: https://www.aci-europe.org/policy/position-papers.html?view=group&group=1&id=11 (검색일 2017년 5월 6일).

European Charter for Regional or Minority Languages: https://en.wikisource.org/wiki/European_Charter_for_Regional_or_Minority_Languages (검색일 2017년 3월 30일).

Seats by Political Group: http://www.europarl.europa.eu/meps/en/hemicycle.html (검색일 2017년 4월 3일).

# 찾아보기(인명)

뒤메질(Georges Dumézil, 1898~1986) 58
뒤몽(Louis Dumont, 1911~1998) 105, 106
뒤비(Georges Duby, 1919~1996) 99, 247
드골(Charles de Gaulle, 1890~1970) 290
드레퓌스(Alfred Dreyfus, 1859~1935) 458, 459
드보르자크(Antonín Dvořák, 1841~1904) 219
드뷔시(Claude Debussy, 1862~1918) 218, 227
들라크루아(Eugène Delacroix, 1798~1863) 187
들로네(Henri Delauney, 1883~1955) 545
디드로(Denis Diderot, 1713~1784) 250, 252, 253, 371
디아스(Bartolomeu Diaz, 1451년경~1500) 488
디킨스(Charles Dickens, 1812~1870) 228

ㄹ

라벨(Maurice Ravel, 1875~1937) 218, 226, 227
라파엘로(Raffaello Sanzio, 1483~1520) 172
래틀(Simon Rattle, 1955~) 220
레닌(Vladimir Ilich Lenin, 1870~1924) 576
레비-스트로스(Claude Lévi-Strauss, 1908~2009) 35, 204
레스피나스 부인(Julie de Lespinasse, 1732~1776) 253
레오 13세(Leo XIII, 1810~1903) 125, 462
렘브란트(Rembrandt van Rijn, 1606~1669) 156, 172, 182
로(John Law, 1671~1729) 415
로렌체티(Ambrogio Lorenzetti, 1290년경~1348) 187
로브코비치(Joseph Frantz Lobkowitz, 1772~1816) 208
로빈슨(James A. Robinson, 1960~) 410, 411
로시니(Gioachini Rossini, 1792~1868) 209, 220, 227
로크(John Locke, 1632~1704) 322
롤랑(Romain Rolland, 1866~1944) 227, 228
롤랑 부인(Madame Roland, 1754~1793) 252
롱바르(Pierre Lombard, 1096년경~1160) 249
루벤스(Peter Paul Rubens, 1577~1640) 173
루소(Jean-Jacques Rousseau, 1712~1778) 250, 265, 322, 371, 451
루이 9세(Louis IX, 1214~1270) 412
루이 14세(Louis XIV, 1638~1715) 30, 75, 219, 251, 252, 518

무솔리니(Benito Mussolini, 1883~1945) 387, 537, 540

무스쿠리(Nana Mouskouri, 1937~) 58

무스타파 케말(Mustafa Kemal, 1881~1938) 135

무어(Thomas More, 1478~1535) 267

무하마드(Muhammad, 570~632) 132

미에슈코 1세(Mieszko I, 930년경~992) 281

미켈란젤로(Michelangelo, 1475~1564) 172, 183, 333


ㅂ

바그너(Richard Wagner, 1813~1883) 209, 217, 220, 222

바르바로사(Barbarossa, 1122~1190) 243

바울(Paul, 5년경~64/67) 112, 128, 158, 473

바흐(Johann Sebastian Bach, 1685~1750) 206, 209, 230

반 에이크(Jan van Eyck, 1390년경~1441) 183

발자크(Honoré de Balzac, 1799~1850) 228

베드로(Petrus, 기원전 10~65년경) 112, 128, 158, 473

베라차노(Giovanni da Verrazzano, 1485~1528) 490

베르디(Giuseppe Verdi, 1813~1901) 209, 215~217, 220

베를리오즈(Hector Berlioz, 1803~1869) 175, 218, 220

베버(Max Weber, 1864~1920) 118, 119, 122, 265, 319, 320, 398~400, 405

베스푸치(Amerigo Vespucci, 1454~1512) 23, 228, 489

베토벤(Ludwig van Beethoven, 1770~1827) 199, 204~210, 217, 218, 227, 289

벨(Pierre Bayle, 1647~1706) 76

벨라스케스(Diego Velàsquez, 1599~1660) 179

벨리니(Vincenzo Bellini, 1801~1835) 215

보마르셰(Pierre Beaumarchais, 1732~1799) 207

보스만(Jean-Marc Bosman, 1964~) 546, 547

보티첼리(Sandro Botticelli, 1445년경~1510) 152, 172

볼테르(Voltaire, 1694~1778) 250, 265

부르디외(Pierre Bourdieu, 1930~2002) 251, 263

부르봉가의 샤를(Charles de Bourbon, 1716~1788) 214

부셰(François Boucher, 1703~1770) 152, 153

뷔퐁(Buffon, 1707~1788) 251

브람스(Johannes Brahms, 1833~1897) 199, 209, 218

브로델(Fernand Braudel, 1902~1985) 31~35, 40, 107, 579, 597, 604

ㅎ

하드리아누스 황제(Hadrianus, 76~138) 133, 330

하버마스(Jürgen Habermas, 1929~) 255, 506

하비(William Harvey, 1578~1657) 250

하위징아(Johan Huizinga, 1872~1945) 516, 523

하이든(Joseph Haydn, 1732~1809) 209, 219, 220

하인리히 4세(Heinrich IV, 1050~1106) 303

하크니스(Nicholas Harkness) 562

하트만(Viktor Hartmann, 1834~1873) 225, 226

할러(Albrecht von Haller, 1708~1777) 77

허시먼(Albert Hirschman, 1915~2012) 376

헌팅턴(Samuel Huntington, 1927~2008) 29, 39, 577

헤겔(Georg Wilhelm Friedrich Hegel, 1770~1831) 30, 265, 322

헤르더(Johann Gottfried Herder, 1744~1803) 79

헤르츠 부인(Henriette Herz, 1764~1847) 255

헨델(Georg Friedrich Händel, 1685~1759) 209, 219

헨리 7세(Henry VII, 1457~1509) 296, 297, 489

헨리 8세(Henry VIII, 1491~1547) 115, 116, 297, 448

홉스(Thomas Hobbes, 1588~1679) 321, 322, 324

홉스봄(Eric Hobsbawm, 1917~2012) 537

후스(Jan Hus, 1372년경~1415) 116

후쿠야마(Francis Fukuyama, 1952~) 323~325, 453, 577, 578

훔볼트(Wilhelm von Humbolt, 1767~1835) 261

히딩크(Guus Hiddink, 1946~) 59, 62

히틀러(Adolf Hitler, 1889~1945) 290, 320, 323, 387, 539

히포크라테스(Hippocrates, 기원전 460년경~기원전 377년경) 249

힌덴부르크(Paul von Hindenburg, 1847~1934) 290

# 문명의 그물

유럽 문화의 파노라마

1판 1쇄 2018년 8월 6일
1판 2쇄 2019년 12월 17일

지은이 | 조홍식

펴낸이 | 류종필
편집 | 이정우, 정큰별
마케팅 | 김연일, 김유리
표지·본문 디자인 | 박미정
교정교열 | 오효순
지도 | 김경진, 김채은

펴낸곳 | (주)도서출판 책과함께
　　　주소 (04022) 서울시 마포구 동교로 70 소와소빌딩 2층
　　　전화 (02) 335-1982
　　　팩스 (02) 335-1316
　　　전자우편 prpub@hanmail.net
　　　블로그 blog.naver.com/prpub
　　　등록 2003년 4월 3일 제25100-2003-392호

ISBN 979-11-88990-05-4 03920


이 도서의 국립중앙도서관 출판시도서목록(CIP)은
서지정보유통지원시스템 홈페이지(http://seoji.nl.go.kr)와 국가자료공동목록시스템
(http://www.nl.go.kr/kolisnet)에서 이용하실 수 있습니다. (CIP제어번호 : CIP2018022346)